Entwickeln von verteilten Anwendungen mit .NET Framework 2.0 – Original Microsoft Training für Examen 70-528

Microsoft Press

Dieses Buch ist die deutsche Übersetzung von:
Sara Morgan, Bill Ryan and Shannon Horn of GrandMasters: MCTS Self-Paced Training Kit: Microsoft .NET Framework 2.0 Distributed Application Development
Microsoft Press, Redmond, Washington 98052-6399

15 14 13 12 11 10 9 8 7 6 5 4 3 2 1
09 08 07

ISBN-10: 3-86645-912-2
ISBN-13: 978-3-86645-912-0

Übertragung ins Deutsche: Delta International GmbH, Bonn
Korrektorat: Karin Baeyens, Siegen
Satz: Cordula Winkler, Nadine Krumm, mediaService, Siegen (www.media-service.tv)
Umschlaggestaltung: HommerDesign GmbH, Haar (www.HommerDesign.com)
Herstellung, Druck und Bindung: Kösel, Krugzell (www.KoeselBuch.de)

Inhaltsverzeichnis

Widmung

Für meinen besten Freund

– Sara Morgan

Für meine Eltern Carole und Walter.
Und für die beiden anderen wichtigsten Menschen
in meinem Leben, Kim und Sara.

– Bill Ryan

Für Patricia, Nashly, Abbi und London

– Shannon Horn

Für meinen Engel, Belina, und meine Familie,
Greta, Tim und Jerri, die immer für mich da ist.
Ich liebe euch alle.

– Murray Gordon

Danksagungen

Die Autoren dieses Buchs danken Lisa Kreissler von GrandMasters LLC, Maureen Zimmerman von Microsoft und Ken Jones von Microsoft.

Außerdem schulden wir folgenden Menschen Dank:

Bill Ryan

Diese Danksagung ist gar nicht so einfach zu schreiben, denn es gibt so viele Menschen, denen ich ewig zu Dank verpflichtet bin. Erstens wären da Laura Sackerman, Maureen Zimmerman und Ken Jones von Microsoft, die mich die ganze Zeit über tatkräftig unterstützt haben. Es war eine Freude, mit ihnen zu arbeiten. Dann danke ich unserem technischen Gutachter, Jim Fuchs, dass er so hart gearbeitet und uns so viel nützliches Feedback gegeben hat. Des Weiteren danke ich Lisa Kreissler, Derek Moore und allen anderen bei GrandMasters für ihre Hilfe. Ich danke Magenic für die tolle Arbeitsumgebung, die es mir erlaubte, ein so großes Projekt anzupacken (und besonders Chris Winland, dem beeindruckendsten Projektpartner, mit dem ich je zusammengearbeitet habe). Allen Lesern des Buchs 70-536, insbesondere Mohammad Ali Khankan, danke ich für die unschätzbaren Hinweise. Abschließend danke ich Herb Sewell, der Familie Bellhaven, Vernon Dozier, Chris Norton und Phil, dass sie mich das ganze Jahr über zum Lachen gebracht haben.

Mark Blomsma

Ich möchte Maurice de Beijer und Frank Boyne für ihre Hilfe bei der Erstellung einiger der Materialien in diesem Buch danken!

Einführung

Dieses Training wendet sich an Software-Entwickler, die die Microsoft Certified Technology Specialist (MCTS)-Prüfung 70-529 anstreben: Entwickeln von verteilten Anwendungen mit .NET Framework 2.0. Diese Prüfung soll den Entwickler in die Lage versetzen, verteilte Anwendungen mit dem .NET Framework 2.0 zu erstellen und zu implementieren. Das Training setzt Kenntnisse in der Anwendungsentwicklung mit Microsoft Visual Studio 2005 und in wichtigen Programmierkonzepten wie etwa der objektorientierten Programmierung voraus. Außerdem sind Grundkenntnisse in relationalen Datenbanken und Datenbankabfragen mit Transact-SQL erforderlich. Das Training verwendet die Microsoft SQL Server 2005 Express Edition, die kostenlos von der Website von Microsoft heruntergeladen werden kann.

Dieses Training soll Folgendes vermitteln:

- Erstellen und Verwenden von XML-Webdiensten
- Konfigurieren und Anpassen einer Webdienstanwendung
- Erstellen, Konfigurieren und Bereitstellen von Remoteanwendungen
- Implementieren von asynchronen Aufrufen und Remote-Ereignissen
- Implementieren von Web Services Enhancements (WSE) 3.0
- Erstellen und Verwenden einer Dienstkomponente und Verwenden von Nachrichtenwarteschlangen

Hardwarevoraussetzungen

Wir raten Ihnen, die praktischen Übungen in diesem Buch nicht auf Ihrem Produktionscomputer auszuführen, da in den Übungen Änderungen am Betriebssystem und an der Anwendungskonfiguration vorgenommen werden. Eventuell werden Sie auch Sicherheitseinstellungen ändern müssen, sodass Ihre Produktionsumgebung zu anfällig für Sicherheitsverletzungen würde. Die folgende Hardware ist für die praktischen Übungen erforderlich:

- Intel Pentium III-kompatibler Prozessor mit 600 MHz oder mehr (1 GHz oder mehr sind empfehlenswert)
- 512 MB Arbeitsspeicher oder mehr (1 GB oder mehr sind empfehlenswert)
- 600 MB freier Festplattenspeicher (1 GB oder mehr sind empfehlenswert)
- CD-ROM- oder DVD-ROM-Laufwerk
- Super VGA-Monitor (1.024 × 768 oder höhere Auflösung), Grafikkarte und Monitor
- Tastatur und Microsoft-Maus oder ein kompatibles Zeigegerät

Softwarevoraussetzungen

Die folgende Software ist für die praktischen Übungen erforderlich. Sie benötigen Visual Studio 2005 und SQL Server 2005 Express für die Übungen in jedem Kapitel. Diese Produkte können zwar auf einem Produktionsserver installiert werden, aber wir raten davon ab. Am besten verwenden Sie einen einzelnen Entwicklungscomputer, um die Produkte zu installieren und die Übungen auszuführen.

- Sie benötigen eines der folgenden Betriebssysteme:
  - Microsoft Windows 2000 Professional Service Pack 4
  - Microsoft Windows 2000 Server Service Pack 4
  - Microsoft Windows 2000 Advanced Server Service Pack 4
  - Microsoft Windows 2000 Datacenter Server Service Pack 4
  - Microsoft Windows XP Professional x64 Edition (WOW)
  - Microsoft Windows XP Professional Service Pack 2
  - Microsoft Windows XP Home Edition Service Pack 2
  - Microsoft Windows XP Media Center Edition 2002 Service Pack 2
  - Microsoft Windows XP Media Center Edition 2004 Service Pack 2
  - Microsoft Windows XP Media Center Edition 2005
  - Microsoft Windows XP Tablet PC Edition Service Pack 2
  - Microsoft Windows Server 2003, Standard Edition Service Pack 1
  - Microsoft Windows Server 2003, Enterprise Edition Service Pack 1
  - Microsoft Windows Server 2003, Datacenter Edition Service Pack 1
  - Microsoft Windows Server 2003, Web Edition Service Pack 1
  - Microsoft Windows Server 2003, Standard x64 Edition Service Pack 1 (WOW)
  - Microsoft Windows Server 2003, Enterprise x64 Edition Service Pack 1 (WOW)
  - Microsoft Windows Server 2003, Datacenter x64 Edition Service Pack 1 (WOW)
  - Microsoft Windows Server 2003 R2, Standard Edition
  - Microsoft Windows Server 2003 R2, Standard x64 Edition (WOW)
  - Microsoft Windows Server 2003 R2, Enterprise Edition
  - Microsoft Windows Server 2003 R2, Enterprise x64 Edition (WOW)
  - Microsoft Windows Server 2003 R2, Datacenter Edition
  - Microsoft Windows Server 2003 R2, Datacenter x64 Edition (WOW)
  - Microsoft Windows Vista
- Eine 180 Tage lauffähige Evaluierungsversion von Visual Studio 2005 Professional Edition finden Sie auf der diesem Buch beiliegenden DVD.

WICHTIG Die Evaluierungsversion von Microsoft Visual Studio 2005 ist kein Vollprodukt

Bei der zum Lieferumfang gehörenden 180-Tage-Evaluierungsversion handelt es sich nicht um die Vollversion von Microsoft Visual Studio 2005 Professional Edition. Diese Evaluierungsversion ist nur für die Verwendung im Rahmen dieses Trainings vorgesehen. Microsoft stellt keinen technischen Support für Evaluierungsversionen bereit.

Informationen zu eventuellen Problemen beim Einsatz der in diesem Training enthaltenen Evaluierungsversion werden im Supportbereich der Microsoft Press-Website veröffentlicht (www.microsoft.com/learning/support/books/). Informationen zum Erwerb der Vollversion von Microsoft-Softwareprodukten erhalten Sie bei Microsoft unter der Telefonnummer (800) 426-9400 oder unter www.microsoft.com.

- Microsoft SQL Server 2005 Express Edition (diese können Sie kostenlos von der MSDN-Website unter **http://www.microsoft.com/germany/sql/editionen/express/default.mspx** herunterladen.)
- Die Datenbank **Adventure Works** (kann separat mit den Beispielen zu SQL Server 2005 unter **http://msdn.microsoft.com/vstudio/express/sql/default.aspx** heruntergeladen werden)
- Microsoft Internet Explorer 6.0, Service Pack 1 oder höher
- Microsoft Internet Information Services (IIS) 5.0 oder höher

Installieren von SQL Server 2005 Express

Zu SQL Server 2005 gibt es eine freie Express Edition zum Herunterladen. Diese Express Edition ist erforderlich, um einige Codebeispiele in diesem Buch auszuführen. Um das Produkt herunterzuladen und zu installieren, verfahren Sie wie folgt:

1. Gehen Sie zu **http://msdn.microsoft.com/vstudio/express/sql/default.aspx** und klicken Sie auf **Download**.
2. Lesen und befolgen Sie die Anleitungen auf der Downloadseite, um SQL Server 2005 Express Edition Service Pack 1 herunterzuladen. Das Herunterladen von SQL Server Management Studio Express ist nicht erforderlich.
3. Wenn das Herunterladen abgeschlossen ist, führen Sie die heruntergeladene Datei aus (**Sqlexpr_ger.exe**), um die Installationsdateien auf Ihrem lokalen Entwicklungscomputer zu extrahieren.
4. Markieren Sie das Kontrollkästchen **Ich stimme den Bestimmungen des Lizenzvertrags** zu und klicken Sie auf **Weiter**, um die Installation fortzusetzen.
5. Klicken Sie im Dialogfeld **Installationsvoraussetzungen** auf **Installieren**. Wenn der Vorgang abgeschlossen ist, klicken Sie auf **Weiter**.
6. Der Installationsprozess überprüft dann Ihre Systemkonfiguration. Um mit der eigentlichen Installation zu beginnen, klicken Sie im Dialogfeld **Willkommen** auf **Weiter**.
7. Ist die Systemkonfigurationsüberprüfung abgeschlossen, klicken Sie wieder auf **Weiter**.

8. Geben Sie Ihren Namen und Ihre Registrierungsdaten in das Dialogfeld **Registrierungsinformation** ein und klicken Sie erneut auf **Weiter**.
9. Klicken Sie auch im Dialogfeld **Featureauswahl** auf **Weiter**, um die Standardeinstellungen zu übernehmen.
10. Übernehmen Sie im Dialogfeld **Instancename** mit einem Klick auf **Weiter** die Standardeinstellungen.
11. Im Dialogfeld **Anmeldeinformation** klicken Sie abermals auf **Weiter**, um die Standardeinstellungen zu übernehmen.
12. Im Dialogfeld **Einstellungen für Fehler- und Verwendungsberichte** klicken Sie auf **Weiter**, um die Standardeinstellungen zu übernehmen.
13. Im Dialogfeld **Installationsbereit** klicken Sie nun auf **Installieren** und warten, bis die Installation abgeschlossen ist.
14. Nun muss die Datenbank **Adventure Works** heruntergeladen und installiert werden, da sie in einigen Übungen zu den Kapiteln verwendet wird.

Installieren der Adventure Works-Datenbank

Adventure Works ist ein fiktives Einzelhandelsunternehmen, dessen Beispieldatenbank in einigen Übungen dieses Buchs verwendet wird. Diese Datenbank können Sie anhand der folgenden Anleitung herunterladen und installieren:

1. Gehen Sie zu **http://msdn.microsoft.com/vstudio/express/sql/default.aspx** und klicken Sie auf **Download Now**.
2. Wählen Sie den **SQL Server 2005 Samples** aus und speichern Sie das DB-Installationspaket, dessen Sortierreihenfolge nicht nach Groß/Kleinschreibung unterscheidet (**AdventureWorksDBCI.msi**), entsprechend den Anleitungen auf der Downloadseite auf Ihrem lokalen Entwicklungscomputer.
3. Starten Sie den Installer mit einem Doppelklick auf die ausführbare Datei, sobald der Download abgeschlossen ist.
4. Klicken Sie im Dialogfeld **Welcome** auf **Next**.
5. Markieren Sie das Kontrollkästchen **I Accept The Terms In The License Agreement** und klicken Sie im Dialogfeld **License Agreement** auf **Next**.
6. Übernehmen Sie im Dialogfeld **Destination Folder** die Standardeinstellungen, indem Sie auf **Next** klicken.
7. Klicken Sie im Dialogfeld **Ready To Install** auf **Install**.
8. Wenn das Dialogfeld **Wizard Completed** angezeigt wird, klicken Sie auf **Finish**.

Verwenden der CD und der DVD

Eine Begleit-CD und eine DVD mit Evaluierungsversionen von Programmen liegen diesem Training bei. Die Begleit-CD hat folgenden Inhalt:

- **Übungstests (Practice Tests)** Die elektronischen Übungstests (englischsprachig) verhelfen Ihnen zu einem besseren Verständnis der Entwicklung von verteilten Anwendungen mit .NET Framework 2.0. Sie können die Tests anhand der Fragen aus den Lernzielkontrollen in diesem Buch an Ihre Bedürfnisse anpassen. Oder Sie üben für die Prüfung 70-529, indem Sie Tests durchspielen, die aus einer Sammlung von rund 300 realistischen Prüfungsfragen gebildet werden. Diese Vielzahl unterschiedlicher Übungsaufgaben gewährleistet, dass Sie gut auf die Prüfung vorbereitet sind.
- **Code** Die meisten Kapitel dieses Buchs enthalten Beispieldateien zu Übungen am Ende jeder Lektion. In manchen Übungen müssen Sie ein Projekt öffnen, ehe Sie mit der Arbeit beginnen können. Für andere Übungen müssen Sie ein neues Projekt anlegen, können jedoch bei Problemen ein fertiges Projekt auf der CD zu Rate ziehen.
- **eBook** Für Fälle, in denen Sie die Druckversion dieses Buchs nicht mit sich führen möchten, ist eine elektronische Version (eBook) dieses Buchs vorhanden. Das eBook hat das Portable Document Format (PDF) und kann mit Adobe Acrobat oder Adobe Reader gelesen werden.

Die DVD mit der Testsoftware enthält eine 180 Tage gültige Evaluierungsversion von Visual Studio 2005 Professional Edition, die mit diesem Buch verwendet werden kann.

So installieren Sie die Übungstests

Gehen Sie folgendermaßen vor, um die Übungstests von der Begleit-CD auf Ihrer Festplatte zu installieren:

1. Legen Sie die Begleit-CD in Ihr CD-Laufwerk und stimmen Sie den Lizenzvereinbarungen zu. Daraufhin öffnet sich ein CD-Menü.

HINWEIS Falls sich das CD-Menü nicht öffnet

Falls das CD-Menü oder die Lizenzvereinbarung nicht angezeigt werden, ist wahrscheinlich die AutoRun-Funktion auf Ihrem Computer deaktiviert. Bitte lesen Sie in diesem Fall die Datei Readme.txt auf der Begleit-CD, dort finden Sie Hinweise zu alternativen Installationsmethoden.

---

2. Klicken Sie auf das Feld **Practice Tests** und folgen Sie den angezeigten Anweisungen.

So verwenden Sie die Übungstests

Gehen Sie folgendermaßen vor, um die Übungstests zu starten:

1. Klicken Sie auf **Start**, **Alle Programme**, **Microsoft Press Training Kit Exam Prep**. Daraufhin öffnet sich ein Fenster, in dem alle Microsoft Press Training Kit-Prüfungsvorbereitungskomponenten aufgelistet sind, die Sie auf Ihrem Computer installiert haben.
2. Doppelklicken Sie auf die Lernzielkontrollen und Übungstests, die Sie durcharbeiten möchten.

HINWEIS Unterschiede zwischen Lernzielkontrollen und Übungstests

Wählen Sie den Punkt Lesson Review zu (70-529) Microsoft .NET Framework 2.0 Distributed Application Development aus, wenn Sie die Fragen aus den Lernzielkontrollen dieses Buchs durcharbeiten möchten. Wählen Sie den Punkt Practice Test aus, wenn Sie Fragen aus einer Sammlung von 300 Übungsfragen beantworten möchten, die den Fragen in der Prüfung 70-529 ähneln.

Optionen für Lernzielkontrollfragen

Wenn Sie die Lernzielkontrollfragen ausgewählt haben, öffnet sich das Dialogfeld **Custom Mode**, in dem Sie Ihren Test konfigurieren können. Sie können auf **OK** klicken, um die Standardeinstellungen zu übernehmen, oder auswählen, wie viele Fragen Sie beantworten möchten, welche Prüfungsziele Sie abdecken möchten und ob die Übungsdauer gemessen werden soll. Falls Sie einen Test ein weiteres Mal durchführen, können Sie auswählen, ob Sie alle Fragen erneut beantworten möchten, oder nur die, die Sie zuvor falsch oder gar nicht beantwortet haben.

Klicken Sie auf **OK**, um Ihre Lernzielkontrolle zu starten.

- Beantworten Sie im Test die Fragen und wechseln Sie mit den Schaltflächen **Next** und **Previous** von einer Frage zur anderen.
- Nachdem Sie eine Frage beantwortet haben, können Sie überprüfen, ob die Antwort richtig war, indem Sie auf die Schaltfläche **Explanation** klicken. Dabei wird auch eine Erläuterung zu den richtigen und falschen Antworten angezeigt.
- Falls Sie lieber erst den gesamten Test durcharbeiten möchten, bevor Sie sich das Ergebnis ansehen, können Sie alle Fragen beantworten und dann auf **Score Test** klicken. Daraufhin wird eine Zusammenfassung der ausgewählten Prüfungsziele angezeigt, in der Sie sehen, wie viel Prozent der Fragen Sie insgesamt und pro Lernziel richtig beantwortet haben. Sie können sich den Test ausdrucken, Ihre Antworten durchgehen oder den Test wiederholen.

Optionen für Übungstests

Wenn Sie einen Übungstest starten, können Sie wählen, ob Sie im Zertifizierungs-, Lern- oder benutzerdefinierten Modus arbeiten möchten:

- **Zertifizierungsmodus (Certification Mode)** Dieser Modus ähnelt stark dem Ablegen einer echten Zertifizierungsprüfung. Der Test enthält eine bestimmte Anzahl Fragen, die Zeit ist begrenzt und Sie können die Prüfung nicht unterbrechen.
- **Lernmodus (Study Mode)** Erstellt einen Test ohne Zeitbegrenzung, in dem Sie sich die richtigen Antworten und die zugehörigen Erklärungen ansehen können, nachdem Sie jeweils eine Frage beantwortet haben.
- **Benutzerdefinierter Modus (Custom Mode)** In diesem Modus haben Sie volle Kontrolle über die Testoptionen, sodass Sie den Test nach Belieben gestalten können.

In allen Modi ist die Benutzeroberfläche ungefähr dieselbe, nur je nach Modus mit unterschiedlichen Optionen. Die Hauptoptionen wurden im vorigen Abschnitt unter „Optionen für Lernzielkontrollfragen“ bereits beschrieben.

Wenn Sie Ihre Antwort auf eine einzelne Frage eines Übungstests überprüfen, verrät Ihnen ein Verweisabschnitt (**References**), an welcher Stelle des Trainings die Frage erklärt wird, und zeigt Verknüpfungen zu anderen Informationsquellen an. Nachdem Sie mit einem Klick auf **Score Test** eine Bewertung Ihres gesamten Übungstests angefordert haben, können Sie auf der Registerkarte **Learning Plan** eine Liste mit Referenzen zu jedem Thema einsehen.

So deinstallieren Sie die Übungstests

Sie können die Übungstests über die Systemsteuerungsoption **Software** deinstallieren.

Das Microsoft Certified Professional-Programm

Die Microsoft-Zertifizierungen bieten Ihnen die optimale Möglichkeit, Ihre Kenntnisse in den aktuellen Microsoft-Produkten und -Technologien unter Beweis zu stellen. Die Prüfungen und entsprechenden Zertifikate dienen als Nachweis Ihrer Kompetenz in Bezug auf Entwurf, Entwicklung, Implementierung und Unterstützung von Lösungen mit Microsoft-Produkten und -Technologien. Computerspezialisten, die über Microsoft-Zertifikate verfügen, sind als Experten anerkannt und in der gesamten Branche sehr gefragt. Die Zertifizierung hat viele Vorteile für Bewerber, Arbeitgeber und Unternehmen.

WEITERFÜHRENDE INFORMATIONEN Alle Microsoft-Zertifizierungen

Eine vollständige Liste der Microsoft-Zertifizierungen finden Sie unter **http://www.microsoft.com/germany/learning/zertifizierung/default.mspx**.

Support

Microsoft Press bemüht sich um die Richtigkeit der in diesem Buch und auf der Begleit-CD enthaltenen Informationen. Anmerkungen, Fragen oder Verbesserungsvorschläge zu diesem Buch oder der Begleit-CD können Sie folgendermaßen an Microsoft Press senden:

E-Mail: *presscd@microsoft.com*

Per Post:

Microsoft Press
Betrifft: Entwickeln von verteilten Anwendungen mit .NET Framework 2.0
Konrad-Zuse-Str. 1
85716 Unterschleißheim

Weitere Informationen zum Support für dieses Buch und die Begleit-CD (einschließlich Antworten auf häufig gestellte Fragen zur Installation und Verwendung) finden Sie auf der Website des technischen Supports von Microsoft Press unter **www.microsoft.com/learning/support/books/**. Informationen über den Support für Microsoft-Software finden Sie unter **http://support.microsoft.com**.

Support für die Evaluierungssoftware

Bei der zum Lieferumfang gehörenden 180-Tage-Evaluierungsversion handelt es sich nicht um die Vollversion von Microsoft Visual Studio 2005 Professional Edition. Diese Evaluierungsversion ist nur für die Verwendung im Rahmen dieses Trainings vorgesehen. Microsoft stellt keinen technischen Support für Evaluierungsversionen bereit.

Informationen zu eventuellen Problemen beim Einsatz der in diesem Training enthaltenen Evaluierungsversion werden im Supportbereich der Microsoft Press-Website veröffentlicht (**www.microsoft.com/learning/support/books/**). Informationen zum Erwerb der Vollversion von Microsoft-Softwareprodukten erhalten Sie bei Microsoft unter der Telefonnummer (800) 426-9400 oder **unter www.microsoft.com**.

KAPITEL 1

Erstellen eines XML-Webdienstes

Dieses Kapitel beschreibt die notwendigen Schritte zur Erstellung eines Webdienstes in Microsoft Visual Studio. Sie erfahren, wie Sie mit der Deklaration **WebService** eine Webanwendung erstellen und konfigurieren können. Außerdem lernen Sie, wie eine öffentliche Methode durch Anhängen des Attributs **WebMethod** erstellt und konfiguriert wird. Abschließend wird erklärt, wie eine Webdienstanwendung durch Kopieren der Dateien auf einen Webserver getestet und bereitgestellt wird.

In diesem Kapitel abgedeckte Lernziele:

- Erstellen und Konfigurieren einer XML-Webdienstmethode
  - Erstellen einer öffentlichen Methode
  - Hinzufügen des Attributs **WebMethodAttribute**
  - Erstellen einer unidirektionalen Webmethode
  - Konfigurieren einer Webdienstmethode
- Konfigurieren einer Webdienstmethode mithilfe der Eigenschaften des Attributs **WebMethod**
- Konfigurieren von SOAP-Nachrichten
  - Angeben der Basisinformationen für eine Webdienstanwendung

Lektionen in diesem Kapitel:

Bevor Sie beginnen

Um die Lektionen in diesem Kapitel bearbeiten zu können, benötigen Sie Folgendes:

- Einen Computer, der die in der Einführung am Anfang dieses Buchs aufgeführten Hardwaremindestvoraussetzungen erfüllt oder übertrifft
- Visual Studio 2005 und .NET Framework 2.0
- Programmierkenntnisse in Microsoft Visual Basic oder C# und Grundkenntnisse in XML

Praxistipp

Sara Morgan

Viele Entwickler fragen sich, welche verteilte Technologie die richtige ist - Webdienste, Remoting oder .NET Enterprise Services. Die Antwort hängt zum großen Teil davon ab, was Sie mit Ihrer Anwendung bezwecken. Es gibt keinen Königsweg, der für alle Szenarios passt, aber ich selbst und auch Microsoft raten Ihnen, zunächst die einfachste Lösung zu suchen. Fangen Sie mit Webdiensten an, und verwenden Sie Remoting oder .NET Enterprise Services nur, wenn es notwendig ist.

Auch wenn jedes Problem in einem Unternehmen einzigartig ist, geben Ihnen die folgenden Grundregeln einen Ansatzpunkt für die Entscheidung, welche verteilte Technologie Sie einsetzen sollten:

- Wenn die Anwendungen, die auf Ihre Objekte zugreifen, sich auf verschiedenen Plattformen befinden, sind meist Webdienste die richtige Lösung. Das gilt besonders in Fällen, in denen die Leistung insgesamt nicht im Vordergrund steht.
- Wenn Client und Server auf .NET-Plattformen ausgeführt werden und Effizienz eines der Hauptanliegen ist, ist Remoting die beste Lösung. Am effizientesten arbeitet Remoting, wenn eine verwaltete ausführbare Datei der Host für die Remoting-Anwendung ist.
- Wenn Ihre Anwendung Zugriff auf spezielle Funktionen benötigt, wie etwa Objektpooling, Komponenten in einer Warteschlange und rollenbasierte Sicherheit, dann ist .NET Enterprise Services am besten geeignet.

Lektion 1: Erstellen eines Webdienstes

Diese Lektion beginnt mit der allgemeinen Definition eines Webdienstes. Zuerst werden alle Schritte behandelt, die erforderlich sind, um in Visual Studio ein Webdienstprojekt zu erstellen. Danach wird in Grundzügen erläutert, woraus eine Webdienstanwendung besteht. Hierzu gehören eine oder mehrere öffentliche Methoden, die mit dem Attribut **WebMethod** angezeigt werden. Die Methoden sind in eine Klassendatei verpackt, die mit einer **WebService**-Deklaration definiert wird. Zunächst wird jedoch erklärt, wie ein Webdienstprojekt erstellt und der Webdienst mit dem Attribut **WebService** konfiguriert wird.

Am Ende dieser Lektion werden Sie in der Lage sein, die folgenden Aufgaben auszuführen:

- Erklären, was ein Webdienst ist, und warum es wichtig ist zu wissen, wie Webdienste erstellt werden
- Erstellen eines Webdienstprojekts mithilfe der Projektvorlage von Visual Studio
- Erkennen, welcher Code erforderlich ist, um einen Webdienst mit dem Attribut **WebService** zu konfigurieren

Veranschlagte Zeit für diese Lektion: 30 Minuten

Was ist ein Webdienst?

Ein Webdienst ist ein Programm, das Daten und Funktionen in einer verteilten Umgebung zur Verfügung stellt. Die Daten können einfach strukturiert sein, wie etwa eine Liste von Produktkategorien, oder sehr kompliziert, wie ein mehrstufiger DataSet, der den gesamten Einkauf eines Kunden enthält. Auch die Funktion kann beliebig einfach oder komplex sein, wobei kompliziertere Vorgänge in der Regel in mehrere öffentliche Webmethoden aufgeteilt werden.

Webdienste basieren auf XML und werden von verteilten Anwendungen im Internet über ein Kommunikationsprotokoll wie SOAP (Simple Object Access Protocol) aufgerufen. SOAP bietet eine einfache und standardisierte Möglichkeit, Nachrichten im XML-Format anzuzeigen. Außerdem ermöglicht es Entwicklern, ihren Dienst zu beschreiben und anderen Anwendungen zugänglich zu machen. Da ein Webdienst seine Daten als standardisierte XML-Nachricht zurückgibt, können Anwendungen von verschiedenen Plattformen aus auf dieselben Webdienste zugreifen. Diese Funktion von Webdiensten ist sehr praktisch, wenn mehrere, über weite Gebiete verteilte Clients auf dieselben Informationen zugreifen müssen.

HINWEIS Wählen der richtigen Methode für verteilte Anwendungen

Zur Implementierung einer verteilten Webanwendung sind Webdienste die erste Wahl, weil sie kompatibel und von fast jeder Plattform zugänglich sind.

Eine Webdienstanwendung ähnelt einer regulären ASP.NET-Anwendung. Der Hauptunterschied zwischen einer Webdienst- und einer ASP.NET-Anwendung liegt in der Benutzeroberfläche. ASP.NET-Anwendungen verwenden die üblichen Elemente grafischer Benutzeroberflächen (GUIs), wie etwa Textfelder und Beschriftungen. Eine XML-Webdienstanwendung weist keines dieser Elemente auf. Sie kommuniziert mit ihren Benutzern über Hilfeseiten und Discovery-Dateien. Da normalerweise eine andere Anwendung Benutzer eines Webdienstes ist, ist keine traditionelle Benutzeroberfläche notwendig.

Webdienste sind besonders für solche Anwendungen nützlich, die wichtige Teile ihrer Daten oder Funktionen externen, unbekannten Quellen offen legen müssen. So kann beispielsweise ein Einzelhandelsunternehmen seine Verkäufe und Lagerbestände mit einer komplexen Anwendung verwalten. Externe Lieferanten müssen wissen, wie groß zum jeweiligen Zeitpunkt der Lagerbestand für ihre Produkte ist. Das Einzelhandelsunternehmen könnte also eine Webdienstmethode zur Verfügung stellen, die es bestimmten Lieferanten erlaubt, diese Informationen in Form eines XML-Datasets abzufragen. So muss das Unternehmen nicht für jede von Lieferanten verwendete Plattform eine Schnittstelle zur Verfügung stellen, sondern nur eine einzige Webdienstmethode, die jeder nutzen kann.

Erstellen eines neuen Webdienstprojekts

Um ein neues Webdienstprojekt zu erstellen, legen Sie mit der Webdienstvorlage von Visual Studio 2005 ein Projekt an. Die Vorlage fügt Ihrem Projekt standardmäßig bestimmte Dateien und Verzeichnisse hinzu. Das erleichtert die ersten Schritte der Webdiensterstellung. Abbildung 1.1 zeigt das Dialogfeld **Neue Website**, das sich öffnet, wenn Sie ein neues ASP.NET-Webdienstprojekt erstellen.

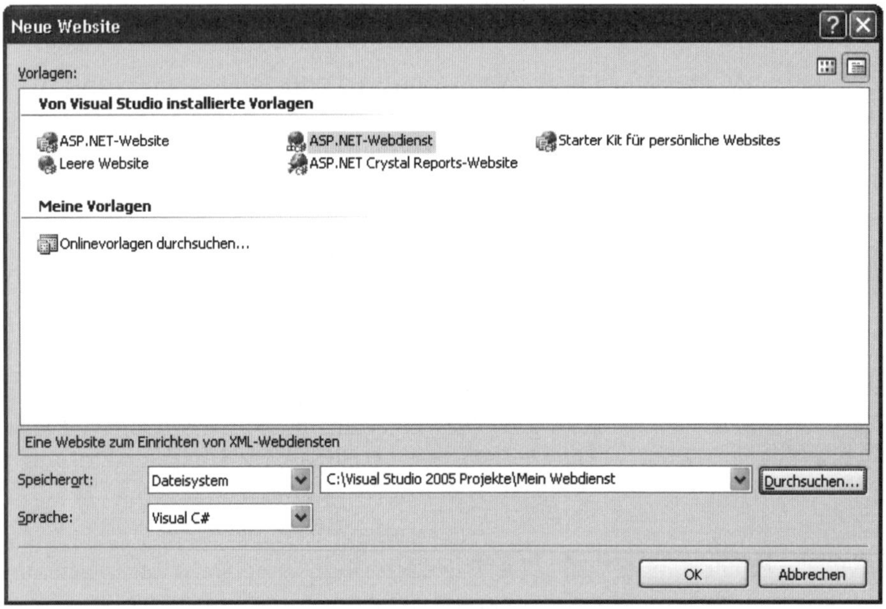

Abbildung 1.1 Verwenden Sie das Dialogfeld **Neue Website**, um ein neues ASP-NET-Webdienstprojekt zu erstellen

Die Webdienstprojektvorlage erstellt zwei Verzeichnisse namens **App_code** und **App_data** sowie eine erste Webdienstdatei namens **Service.asmx** (siehe Abbildung 1.2). Das Verzeichnis **App_code** enthält Quelldateien für alle Klassen und Geschäftsobjekte. Das Verzeichnis **App_data** enthält die Datendateien für das Projekt, einschließlich XML-Dateien oder eventueller anderer Datendateien.

HINWEIS ASMX-Dateierweiterung

Die Datei Service in Ihrem neuen Webdienstprojekt hat die Erweiterung ASMX. Alle Webdienstdateien haben die Dateierweiterung ASMX, ASP.NET-Anwendungen hingegen die Erweiterung ASPX. Auf die ASMX-Datei wird verwiesen, wenn ein anderer Benutzer oder eine verteilte Anwendung auf Methoden des Webdienstes zugreifen muss.

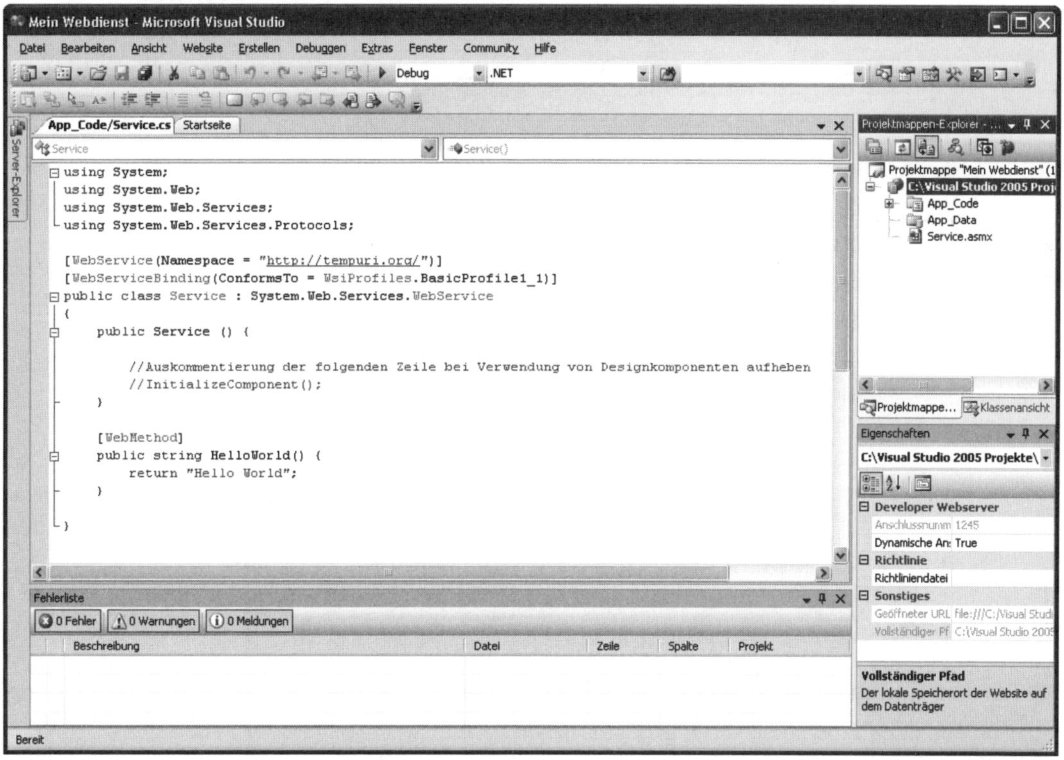

Abbildung 1.2 Eine neue Webdienst-Projektmappe, die mithilfe der Visual Studio-Vorlage erstellt wurde

Wenn das neue Projekt erstellt wurde, zeigt das Codefenster den Code der Klassendatei **Service** namens **Service.cs** (oder **Service.vb** für Visual Basic). Standardmäßig verweist diese Klasse auf folgende Namespaces von .NET Framework:

- **System** Dieser Namespace stellt die Basisdatentypen von .NET Framework dar
- **System.Web** Dieser Namespace aktiviert die Kommunikation zwischen Browser und Server
- **System.Web.Services** Dieser Namespace enthält die Basisklassen, die zur Erstellung von XML-Webdiensten verwendet werden. Dieser Namespace enthält die Klassen **WebService** und **WebMethodAttribute**, die zur Erstellung der Methoden der Webdienstanwendung erforderlich sind.
- **System.Web.Services.Protocols** Dieser Namespace enthält die Klassen zur Übertragung von XML-Daten über das Internet

Außerdem fügt die Webdienstvorlage folgenden Code in die Klassendatei **Service** ein:

```
'VB
<WebService(Namespace:="http://tempuri.org/")> _
<WebServiceBinding(ConformsTo:=WsiProfiles.BasicProfile1_1)> _
<Global.Microsoft.VisualBasic.CompilerServices.DesignerGenerated()> _
Public Class Service
     Inherits System.Web.Services.WebService

    <WebMethod()> _
    Public Function HelloWorld() As String
        Return "Hello World"
    End Function
 End Class

//C#
[WebService(Namespace = "http://tempuri.org/")]
[WebServiceBinding(ConformsTo = WsiProfiles.BasicProfile1_1)]
public class Service : System.Web.Services.WebService
{
    public Service () {

        //Auskommentierung der folgenden Zeile bei Verwendung von Designkomponenten aufheben
        //InitializeComponent();
    }
    [WebMethod]
    public string HelloWorld() {
        return "Hello World";
    }

}
```

Wenn Sie an dem Code der Klasse **Service** nichts ändern, wird Ihr Webdienst nur eine einzige Methode namens **HelloWorld** enthalten. Ein Aufruf dieser Methode gibt die Zeichenfolge **HelloWorld** zurück. Sie haben nun die Shell eines Webdienstprojekts erstellt. Als Nächstes wird untersucht, wie aus einer normalen Webanwendung ein Webdienst erstellt wird und wie Sie die Basisinformationen für Ihre Webdienstanwendung angeben können.

Das Framework *WebMethods*

ASP.NET enthält das Framework **WebMethods,** das die Erstellung von Webdiensten erleichtert. Ansonsten müssten Entwickler auf einer niedrigeren Ebene arbeiten und eine benutzerdefinierte **IHttp-Handler**-Klasse schreiben. Durch die im Framework **WebMethods** integrierten Funktionen merken Entwickler kaum, wie komplex die Implementierung von Webdiensten ist. Das Framework wird verwendet, um SOAP-Nachrichten den Methoden einer .NET-Klasse zuzuordnen.

Die Deklaration *WebService*

Die Verarbeitungsdirektive **WebService** ist der Schlüssel zur Erstellung eines Webdienstes aus einer ASMX-Datei. Sie teilt dem ASMX-Handler mit, wo die Klassendateien mit den Webmethoden zu finden sind. Die übrigen Attribute dieser Direktive geben an, wie der Webdienst zu behandeln ist. Um den Quellcode der Datei **Service.asmx** anzuzeigen, klicken Sie sie im Projektmappen-Explorer mit der rechten Maustaste an und öffnen sie. Dann klicken Sie auf den **Quellcode-Editor**, danach auf **OK**. Die Datei **Service.asmx**, die mit der Webdienstvorlage installiert wurde, ist durch folgenden Code als Webdienst erkennbar:

```
'VB
<%@ WebService Language="vb" CodeBehind="~/App_Code/Service.vb" Class="Service"%>

//C#
<%@ WebService Language="C#" CodeBehind="~/App_Code/Service.cs" Class="Service"%>
```

Die Verarbeitungsdirektive in der Datei **Service.asmx** enthält drei wichtige Attribute:

- **Language** Dieses Attribut gibt an, welche Programmiersprache für die Code-Behind-Datei verwendet wurde. Es kann auf VB, C# oder J# für die Programmiersprachen Visual Basic, C# oder JScript festgelegt werden.
- **CodeBehind** Dieses Attribut verweist auf die Klassendatei, die die Webmethoden enthalten wird. Die Codedatei für die Webdienstvorlage liegt in einer Klassendatei namens **Service** im Verzeichnis **App_code**.
- **Class** Dieses Attribut enthält den Namen der Klasse, die in der Code-Behind-Datei verwendet wird

HINWEIS Umbenennen der Klassendatei

Wenn Sie die Klassendatei umbenennen möchten, müssen Sie auch das Attribut **Class** in der Verarbeitungsdirektive **WebService** ändern.

Der Code des Webdienstes und die ASMX-Datei können durchaus in verschiedenen Assemblys liegen. Hierzu müssen Sie das Attribut **Class** so festlegen, dass es den Klassennamen enthält, gefolgt von einem Komma und dem Assemblynamen. Der folgende Code zeigt, wie dies aussehen könnte.

```
'VB
<%@ WebService Language="vb" CodeBehind="~/App_Code/Service.vb" _
  Class="Service,AnotherAssembly"%>

 //C#
<%@ WebService Language="C#" CodeBehind="~/App_Code/Service.cs"
  Class="Service,AnotherAssembly" %>
```

HINWEIS Angeben eines Assemblynamens

Wenn die Klassendatei in einer anderen Assembly liegt, diese jedoch nicht angegeben wird, ist ASP.NET gezwungen, sämtliche Assemblys im Ordner \bin der Anwendung zu durchsuchen. Dadurch würde Ihr Webdienst langsamer laufen als er sollte.

Die Klasse *WebService*

Die Basisklasse für alle Webdienste, **WebService**, gehört zum Namespace **System.Web.Services**. In Tabelle 1.1 sind die Attribute und Member dieser Klasse aufgeführt.

Tabelle 1.1 Öffentliche Eigenschaften der Klasse **WebService**

Name	Beschreibung
Application	Ruft das Anwendungsobjekt für die aktuelle HTTP-Anforderung ab. Dieses Objekt speichert den Status der Anwendung.
Container	Ruft den Container für die Komponente ab. Dieser Container wird zur Übergabe von Eigenschaften wie **MarshalByValue** verwendet.
Context	Ruft das Objekt **HttpContext** für die aktuelle Anforderung ab. Mit diesem Objekt können Sie auf HTTP-Elemente für die aktuelle Webdienstanforderung verweisen.
DesignMode	Ruft den Wert **true** ab, wenn sich die Komponente im Entwurfsmodus befindet.
Server	Ruft das Objekt für die aktuelle Anforderung ab. Dieses Objekt kann verwendet werden, wenn COM-Objekte (Component Object Model, COM) instanziert werden müssen.
Session	Ruft das Objekt **HttpSessionState** von der aktuellen Webdienstanforderung ab. Dieses Objekt wird verwendet, um auf den Status der Sitzung zu verweisen.
Site	Ruft ab oder legt fest, an welchem Standort sich die Komponente befindet. Ist dieser Wert nicht Null, so wurde der Wert dem Container hinzugefügt.
SoapVersion	Ruft die Version des SOAP-Protokolls ab, das für die Webdienstanforderung verwendet wurde. Diese Eigenschaft ist bei .NET Framework 2.0 neu.
User	Ruft das Objekt **User** ab, damit festgestellt werden kann, ob ein Benutzer berechtigt ist, eine Webdienstanforderung zu senden.

Die Klasse *WebServiceAttribute*

Das Attribut **WebService** der Klasse **Service** ist recht einfach und verwendet nur eine einzige Eigenschaft. Es gibt lediglich das Attribut **Namespace** an, das wie im folgenden Code auf einen eindeutigen XML-Namespacewert festgelegt werden sollte:

```
'VB
<WebService(Namespace:="http://tempuri.org/")>

//C#
[WebService(Namespace = "http://tempuri.org/")]
```

Die Eigenschaft **Namespace** wird standardmäßig für alle Webdienste auf **http://tempuri.org** festgelegt. Zum Testen des Webdienstes können Sie es bei dieser Festlegung von **Namespace** belassen, aber für die Produktionsumgebung muss sie geändert werden. Der XML-Namespace muss eindeutig sein, damit er von allen anderen Webdiensten zu unterscheiden ist. Normalerweise ist der Domänenname Ihres Unternehmens Teil des Werts. Häufig ist der Namespacewert ein gültiger URL, aber nötig ist das nicht, damit der URL gültig ist.

Das Attribut **WebService** stellt außerdem die Eigenschaften **Description** und **Name** zur Verfügung (siehe Tabelle 1.2). **Description** sollte eine kurze, aussagekräftige Beschreibung der Basisfunktionen des Webdienstes bieten. Die Eigenschaft **Name** sollte auf einen Wert festgelegt werden, der den Webdienst eindeutig bezeichnet. Wenn Sie keine **Name**-Eigenschaft angeben, verwendet der ASMX-Handler den Namen der Klasse, die Ihren Webdienst implementiert.

Tabelle 1.2 Öffentliche Eigenschaften der Klasse **WebServiceAttribute**

Name	Beschreibung
Description	Legt eine Nachricht fest, die Funktion und Zweck des Webdienstes beschreibt
Name	Ruft den Namen des Webdienstes ab oder legt ihn fest. Wenn Sie diese Eigenschaft nicht angeben, verwendet der ASMX-Handler den Namen der Klasse, die Ihren Webdienst implementiert.
Namespace	Ruft den XML-Namespace für den Webdienst ab oder legt ihn fest. Standardmäßig ist diese Eigenschaft auf **http://tempuri.org** festgelegt.
TypeId	Ruft eine eindeutige Kennung ab, die zur Ermittlung des Attributs verwendet wird, wenn es in einer abgeleiteten Klasse implementiert wird

Praxistipp

Sara Morgan

Kürzlich hatte ich in einem Unternehmen zu tun, das juristische Software für Kommunal- und Landesregierungen erstellt. Das Flaggschiff der Produktpalette war eine komplexe ASP.NET-Anwendung mit einer Schnittstelle für einen Drittanbieter, der Videoinhalte verwaltet. Die ASP.NET-Anwendung rief Webdienstmethoden dieses Drittanbieters auf. Als wir anfingen, mit diesem Anbieter an der Integration unserer Anwendungen zu arbeiten, haben diese Anwendungen einen Webdienst zur Verfügung gestellt, der den Standardnamespace **http://tempuri.org** verwendet hat. Bei diesem Namespace blieb es auch dann noch, als wir die Anwendung in die Produktionsumgebung übertrugen. Eines Tages beschloss der Anbieter, die Eigenschaft **Namespace** zu ändern, allerdings ohne uns das mitzuteilen. Sofort brach unsere Anwendung zusammen, da sie den Webdienst nicht mehr erkennen konnte. Wir haben die halbe Nacht benötigt, um das WSDL-Dokument zu aktualisieren und die Anwendung wiederherzustellen.

Das zeigt deutlich, wie wichtig es ist, den Namespace Ihres Webdienstes zu ändern, bevor Ihre Anwendung in die Produktion geht. Wenn Ihre Anwendungen auf externe Webdienste zugreifen, sollten Sie ebenfalls dafür sorgen, dass sie keinen Standardnamespace verwenden.

Übung 1: Erstellen eines Webdienstprojekts mit Visual Studio

In dieser Übung erfahren Sie Schritt für Schritt, wie ein Webdienstprojekt mit Visual Studio erstellt wird. Zuerst erstellen Sie ein neues Webdienstprojekt aus einer der Projektvorlagen für eine neue Website. An dem in dieser Übung erstellten Webdienstprojekt hängen noch keine Webmethoden. Die Übung soll lediglich zeigen, wie ein Webdienstprojekt mit einer der Vorlagen von Visual Studio erstellt wird. Außerdem erfahren Sie, wie die Basisinformationen für einen Webdienst mit dem Attribut **WebService** festgelegt werden. Falls Sie bei einer Übung auf Probleme stoßen, können Sie sich das fertige Projekt auf der Begleit-CD im Ordner **Code** ansehen.

Zwar ist die Erstellung eines Webdienstprojekts kein direktes Lernziel der Zertifizierungsprüfung, aber es ist wichtig für Sie, den ersten Schritt zur Erstellung eines Webdienstes zu kennen. Gehen Sie zu diesem Zweck wie folgt vor:

1. Öffnen Sie Visual Studio 2005.
2. Klicken Sie auf **Datei**, **Neu**, **Website**.
3. Wählen Sie im Dialogfeld **Neue Website** (siehe Abbildung 1.1) die Vorlage **ASP.NET-Webdienst** aus und nennen Sie Ihre Projektdatei **MyWebService**. Standardmäßig speichert Visual Studio das Projekt im Verzeichnis **\Eigene Dateien\VisualStudio 2005\WebSites**.
4. Legen Sie die Programmiersprache fest, indem Sie Visual Basic, Visual C# oder Visual J# aus dem Dropdown-Listenfeld **Sprache** auswählen. Standardmäßig wählt Visual Studio die Sprache aus, die bei der Konfiguration der Entwicklungsumgebung angegeben wurde.
5. Eine neue Projektmappe (siehe Abbildung 1.2) namens **MyWebService** wird erstellt. Die Projektmappendatei zu Ihrem Projekt wird standardmäßig im Verzeichnis **\Eigene Dateien\Visual Studio 2005\WebSites** gespeichert. Die eigentlichen Dateien des Webdienstprojekts werden in dem in Schritt 3 angegebenen Verzeichnis abgelegt.
6. Klicken Sie im Projektmappen-Explorer mit der rechten Maustaste auf die Datei **Service.asmx** und klicken Sie dann auf **Umbenennen**. Ändern Sie den Dateinamen in **MyWebService.asmx**.
7. Doppelklicken Sie auf die Datei **MyWebService.asmx** und ersetzen Sie den vorhandenen Code durch den folgenden:

```
'VB
<%@ WebService Language="vb" CodeBehind="~/App_Code/MyWebService.vb" Class="MyWebService" %>

//C#
<%@ WebService Language="C#" CodeBehind="~/App_Code/MyWebService.cs" Class="MyWebService" %>
```

8. Klicken Sie nun im Projektmappen-Explorer mit der rechten Maustaste auf die Datei **Service.cs** (oder **Service.vb**) im Verzeichnis **App_code** und klicken Sie dann auf **Umbenennen**. Ändern Sie den Dateinamen in **MyWebService.cs** (oder **MyWebService.vb**).
9. Klicken Sie mit der rechten Maustaste auf die Datei **MyWebService.cs** (oder **MyWebService.vb)** und klicken Sie dann auf **Code anzeigen**.

10. Ersetzen Sie im Codefenster den gesamten Code durch den folgenden:

```
'VB
Imports System.Web
Imports System.Web.Services
Imports System.Web.Services.Protocols
Imports System.Data.SqlClient
Imports System.Data.SqlTypes
Imports System.Data
Imports System.Xml
Imports System.Web.Services.Description

<WebServiceBinding(ConformsTo:=WsiProfiles.BasicProfile1_1)> _
<WebService(Name:="MyWebService", Description:="This Web Service is used to " + _
    "experiment with some of the Web service concepts", _
    Namespace:="http://www.mycompany.com/")> _
Public Class MyWebService
    Inherits System.Web.Services.WebService

    Public Sub New()
        MyBase.New()
    End Sub
End Class

//C#
using System;
using System.Web;
using System.Web.Services;
using System.Web.Services.Protocols;
using System.Data.SqlClient;
using System.Data.SqlTypes;
using System.Data;
using System.Xml;
using System.Web.Services.Description;

[WebServiceBinding(ConformsTo = WsiProfiles.BasicProfile1_1)]
[WebService(Name = "MyWebService", Description = "This Web Service is used to " +
    "experiment with some of the Web service concepts",
    Namespace = "http://www.mycompany.com/")]
public class MyWebService : System.Web.Services.WebService
{

    public MyWebService () {

    }

}
```

11. Erstellen Sie das Projekt und beseitigen Sie eventuelle Fehler. In den nächsten Lektionen werden Sie diesen Webdienst noch verwenden, aber vorläufig wird das Projekt nicht benötigt.

Zusammenfassung der Lektion

- Webdienste sind Anwendungen, die Daten und Funktionen über das Internet mithilfe des Kommunikationsprotokolls SOAP für viele Plattformen bereitstellen
- Die Deklaration **WebService** muss in jeder ASMX-Datei Ihrer Webdienstanwendung angegeben werden. Diese Deklaration teilt dem ASMX-Handler mit, wo die Klassendatei liegt, die den Code Ihres Webdienstes implementiert.
- Die Basisklasse aller Webdienste heißt **WebService** und liegt im Namespace **System.Web.Services**
- Das Attribut **WebService** kann verwendet werden, um die Basisinformationen über Ihren Webdienst anzugeben. Dazu zählen ein Name, eine Beschreibung und ein eindeutiger Namespace. Bevor ein Webdienst in die Produktionsumgebung verlagert wird, sollte der Namespace auf einen anderen als den Standardwert festgelegt werden.

Lernzielkontrolle

Mit den folgenden Fragen können Sie Ihr Wissen zu den Informationen aus Lektion 1, „Erstellen eines Webdienstes", überprüfen. Die Fragen finden Sie (in englischer Sprache) auch auf der Begleit-CD, Sie können sie also auch auf dem Computer im Rahmen eines Übungstests beantworten.

HINWEIS Die Antworten

Die Antworten auf diese Fragen mit Erklärungen, warum die jeweiligen Auswahlmöglichkeiten richtig oder falsch sind, finden Sie im Abschnitt „Antworten" am Ende dieses Buchs.

---

1. Welche Namespaces sind standardmäßig in der Webdienstvorlage von Visual Studio enthalten? (Wählen Sie alle zutreffenden Antworten aus.)
   a. System.Web
   b. System.WebServices
   c. System.Web.Services
   d. System.Web.Services.protocols
2. Bestimmen Sie den Visual Basic-Code, der eine ungültige **WebService**-Deklaration enthält:
   a. <%@ WebService Language="vb" CodeBehind="~/App_Code/Service.vb" _
      Class="Service,AnotherAssembly"%>
   b. <%@ WebService Language="vb" CodeBehind="~/App_Code/Service.vb" _
      Class="Service"%>
   c. <%@ WebService Language="vb" CodeBehind="ANewService.vb" _
      Class="Service"%>
   d. <%@ WebService Language="vb" CodeBehind="~/App_Code/Service.vb" _
      Class="Service:AnotherAssembly" %>

3. Was ist der Hauptzweck der Eigenschaft **Namespace**, die im Attribut **WebService** verwendet wird?

   a. Festlegen des eindeutigen XML-Namespaces, der den Webdienst von anderen unterscheidet.

   b. Angeben der Organisation, die Standards für alle im Internet veröffentlichten Webdienste definiert.

   c. Angeben, unter welchem URL weitere Informationen über diesen Webdienst zu finden sind.

   d. Angeben der Website des Unternehmens.

Lektion 2: Erstellen einer Webdienstmethode

Diese Lektion baut auf Lektion 1 auf und untersucht, wie eine öffentlich verfügbare Webmethode erstellt wird. Zuerst wird eine öffentliche Methode erstellt und dann Schritt für Schritt die Anwendung des Attributs **WebMethod** erläutert. Danach kann die Webmethode durch Festlegung einer der verschiedenen Eigenschaften des Attributs **WebMethod** konfiguriert werden. Am Ende der Lektion steht ein Beispiel einer besonderen Webmethode, die so genannte unidirektionale Methode.

Am Ende dieser Lektion werden Sie in der Lage sein, die folgenden Aufgaben auszuführen:

- Erstellen einer öffentlichen Webmethode und Anwenden des Attributs **WebMethod**
- Konfigurieren einer Webdienstmethode
- Erkennen, welcher Code erforderlich ist, um einen Webdienst mit dem Attribut **WebService** zu konfigurieren

Veranschlagte Zeit für diese Lektion: 30 Minuten

Erstellen einer öffentlichen Methode

Um eine Methode über eine Webdienstanwendung zur Verfügung zu stellen, müssen Sie im Grunde nur einer öffentlichen Methode das Attribut **WebMethod** anhängen. Die öffentliche Methode wird in der Klassendatei Ihrer Webdienstdatei (mit der Erweiterung ASMX) gespeichert. Wenn Sie mit der Webdienstprojektvorlage ein Projekt erstellen, wird standardmäßig eine öffentliche Methode namens **HelloWorld** erstellt. Den Code dieser Methode können Sie anzeigen, indem Sie im Projektmappen-Explorer mit der rechten Maustaste auf die Datei **Service.asmx** klicken und dann **Code anzeigen** wählen.

HINWEIS Methoden, die nicht öffentlich sind

Ihre Webdienstklasse kann auch andere, nicht öffentliche Methoden enthalten, doch diese sind nicht als Webmethoden zugänglich. Sie stehen lediglich den anderen Methoden in Ihrer Webdienstklasse zur Verfügung.

Anwenden des Attributs *WebMethod*

Die öffentliche Methode **HelloWorld** steht erst dann über den Webdienst zur Verfügung, wenn Sie ihr das Attribut **WebMethod** angehängt haben. Dieses Verfahren gilt für jede Deklaration einer Methode, die zugänglich sein soll. Der folgende Code zeigt, wie **WebMethod** oben in der Methodendeklaration von **HelloWorld** steht.

```
'VB
<WebMethod()> _
Public Function HelloWorld() As String
    Return "Hello World"
End Function
```

```
//C#
[WebMethod]
public string HelloWorld() {
    return "Hello World";
}
```

Konfigurieren einer Webdienstmethode

Webmethoden können mit mehreren verschiedenen Eigenschaften konfiguriert werden. Diese Eigenschaften können alles Mögliche angeben, von einer Beschreibung der Webmethode bis hin zu der Art, wie sie mit Transaktionen umgeht. Folgende Eigenschaften stehen im Attribut **WebMethod** zur Verfügung:

- **Description** Diese Eigenschaft beschreibt in allgemeiner Form, was die Webmethode leisten soll. Ihr Standardwert ist eine leere Zeichenfolge, doch es sollte grundsätzlich wenigstens ein Satz eingefügt werden, der die Webmethode kurz beschreibt. Später werden Sie sehen, wie diese Beschreibung auf der Diensthilfeseite angezeigt wird.
- **MessageName** Diese Eigenschaft ist der Wert, der Ihre Webmethode in dem mit Ihrer SOAP-Nachricht gesendeten XML-Dokument identifiziert. Standardmäßig wird sie auf den Namen der Webmethode festgelegt, doch das können Sie ändern.
- **EnableSession** Wenn der Sitzungsstatus nicht direkt angegeben wird, ist er für alle Webdienstmethoden deaktiviert. So können die Methoden effizienter arbeiten. Wenn für Ihre Webmethode der Sitzungsstatus verwendet werden muss, fügen Sie die Eigenschaft **EnableSession** hinzu und legen ihren Wert auf **true** fest. Dann können Sie über die Eigenschaft **HttpContext.Current.Session** auf den Sitzungsstatus zugreifen.
- **CacheDuration** Diese Eigenschaft gibt an, für wie viele Sekunden ASP.NET die Antwort der Webmethode zwischenspeichert. Der Standardwert 0 bedeutet, dass keine Zwischenspeicherung erfolgt.
- **BufferResponse** Puffer können die Leistung eines Webdienstes steigern, da durch sie weniger Kommunikation zwischen dem Arbeitsprozess und den Internetinformationsdiensten erforderlich ist. Der Standardwert dieser Eigenschaft ist **true**; Sie können ihn jedoch auch auf **false** festlegen, wenn Sie große Datenmengen zurückgeben, die nicht alle im Puffer gespeichert werden sollen.
- **TransactionOption** Diese Eigenschaft gibt an, ob die Webmethode an einer Transaktion teilnehmen kann. Standardmäßig ist sie auf **Disabled** festgelegt, aber Sie können sie auch auf **NotSupported**, **Supported**, **Required** oder **RequiresNew** festlegen.

HINWEIS Transaktionsanforderung

Wenn Ihre Webmethode in mehreren Datenbanken Aktualisierungen vornimmt oder die Reihenfolge der Aktualisierungen entscheidend für den Erfolg der Webmethode ist, müssen Sie **TransactionOption** auf **Required** festlegen.

Erstellen einer unidirektionalen Methode

In vielen Fällen erfordert eine Webmethode eines Webdienstes gar keine Antwort vom Client. In solchen Fällen können Sie Ihre Webmethode mit dem Attribut **OneWay** als unidirektional angeben. Mit diesem Attribut arbeitet die Methode effizienter, da sie keine Antwort vom Client abwartet. Sie verarbeitet lediglich Eingabeparameter, kann aber nicht verwendet werden, um Werte, auf die verwiesen wird, zurückzugeben oder Ausnahmen auszulösen.

Der Namespace **System.Web.Services.Protocols** enthält die Klassen **SoapDocumentMethodAttribute** (siehe Tabelle 1.3) und **SoapRpcMethodAttribute** (siehe Tabelle 1.4), die die Methoden **SoapDocumentMethod** und **SoapRpcMethod** darstellen. Diese Methoden werden verwendet, um SOAP-Nachrichten zu formatieren und einen Wert für die Eigenschaft **OneWay** festzulegen. Diese Eigenschaft akzeptiert einen booleschen Wert, der anzeigt, ob der Webdienstclient eine Antwort vom Webserver abwarten muss. Wenn die Eigenschaft auf **false** (den Standardwert) festgelegt ist, wartet der Webdienstclient selbst dann auf eine Bestätigung vom Webserver, wenn gar keine Werte zurückgegeben werden müssen. Wenn Sie also wissen, dass keine Werte zurückgegeben werden, ist der Webdienstclient sofort für andere Verarbeitungsaufgaben frei.

Tabelle 1.3 Öffentliche Eigenschaften der Klasse **SoapDocumentMethodAttribute**

Name	Beschreibung
Action	Ruft das HTTP-Headerfeld **SOAPAction** für die Webdienstanforderung ab oder legt es fest
Binding	Ruft den Bindungswert ab oder legt ihn fest. Der Standardwert ist der Name des Webdienstes, gefolgt von dem Wort „Soap".
OneWay	Ruft den booleschen Wert ab, der bestimmt, ob die Methode Werte auf die Anforderung zurückliefern kann, oder legt ihn fest
ParameterStyle	Ruft einen Wert ab, der bestimmt, wo im **Body**-Element der Anforderung die Parameter gespeichert werden, oder legt ihn fest. Diese Eigenschaft kann auf **Bare**, **Default** oder **Wrapped** festgelegt werden.
RequestElementName	Ruft den Namen des mit der Anforderungsmethode verbundenen XML-Elements ab oder legt ihn fest. Standardmäßig ist diese Eigenschaft auf den Namen der Webdienstmethode festgelegt.
RequestNamespace	Legt den Namespace der Anforderungsmethode fest oder ruft ihn ab. Standardmäßig ist diese Eigenschaft auf **http://tempuri.org** festgelegt.
ResponseElementName	Ruft den Namen des mit der Antwortmethode verbundenen XML-Elements ab oder legt ihn fest. Standardmäßig ist diese Eigenschaft auf den Namen der Webdienstmethode festgelegt.
ResponseNamespace	Ruft den Namespace der Antwortmethodenbindung ab oder legt ihn fest. Standardmäßig ist diese Eigenschaft auf **ResponseNamespace** festgelegt.
TypeID	Ruft eine eindeutige Kennung ab, die zur Ermittlung des Attributs verwendet wird, wenn es in einer abgeleiteten Klasse implementiert wird
Use	Ruft den Namen der zum Aufruf der Webmethode verwendeten Bindung ab oder legt ihn fest. Diese Eigenschaft ist bei .NET Framework 2.0 neu.

Tabelle 1.4 Öffentliche Eigenschaften der Klasse **SoapRpcMethodAttribute**

Name	Beschreibung
Action	Ruft das HTTP-Headerfeld **SOAPAction** für die Webdienstanforderung ab oder legt es fest
Binding	Ruft den Bindungswert ab oder legt ihn fest. Der Standardwert ist der Name des Webdienstes, gefolgt von dem Wort „Soap".
OneWay	Ruft den booleschen Wert ab, der bestimmt, ob die Methode Werte auf die Anforderung zurückliefern kann, oder legt ihn fest
RequestElementName	Ruft den Namen des mit der Anforderungsmethode verbundenen XML-Elements ab oder legt ihn fest. Standardmäßig ist diese Eigenschaft auf den Namen der Webdienstmethode festgelegt.
RequestNamespace	Legt den Namespace der Anforderungsmethode fest oder ruft ihn ab. Standardmäßig ist diese Eigenschaft auf **http://tempuri.org** festgelegt.
ResponseElementName	Ruft den Namen des mit der Antwortmethode verbundenen XML-Elements ab oder legt ihn fest. Standardmäßig ist diese Eigenschaft auf den Namen der Webdienstmethode festgelegt.
ResponseNamespace	Legt den Namespace der Antwortmethode fest oder ruft ihn ab. Standardmäßig ist diese Eigenschaft auf **http://tempuri.org** festgelegt.
TypeID	Ruft eine eindeutige Kennung ab, die zur Ermittlung des Attributs verwendet wird, wenn es in einer abgeleiteten Klasse implementiert wird
Use	Ruft den Namen der zum Aufruf der Webmethode verwendeten Bindung ab oder legt ihn fest. Diese Eigenschaft ist bei .NET Framework 2.0 neu.

Der folgende Code zeigt, wie die Eigenschaft für die Methode **HelloWorld** festgelegt werden kann.

```
'VB
<SoapDocumentMethod(OneWay := True), _
WebMethod()> _
Public Function HelloWorld() As String
    Return "Hello World"
End Function

//C#
[SoapDocumentMethod(OneWay=true)]
[WebMethod]
public string HelloWorld() {
    return "Hello World";
}
```

Übung 2: Erstellen einer öffentlichen Webdienstmethode

In dieser Übung erfahren Sie Schritt für Schritt, wie eine Webdienstmethode erstellt wird. Die öffentliche Methode, die Sie in dieser Übung erstellen, wird dem in der letzten Übung zu erstellenden Webdienstprojekt hinzugefügt. Wenn Sie Übung 1 noch nicht vollständig bearbeitet haben, müssen Sie dies nachholen, ehe Sie mit dieser Übung fortfahren. Falls Sie bei einer Übung auf Probleme stoßen, können Sie sich das fertige Projekt auf der Begleit-CD im Ordner **Code** ansehen.

Die in dieser Übung erstellte Methode heißt **GetVendorList** und gibt eine XML-Zeichenfolge zurück, die alle aktiven Lieferanten enthält. Die Lieferantendaten stammen aus der Datenbank **AdventureWorks**, die kostenlos mit SQL Server Express von **http://www.microsoft.com/downloads/details.aspx?FamilyId=E719ECF7-9F46-4312-AF89-6AD8702E4E6E&displaylang=en** heruntergeladen werden kann. Eine Installationsanleitung für die Datenbank finden Sie unter **http://msdn2.microsoft.com/de-de/library/ms143739.aspx**.

1. Öffnen Sie Visual Studio 2005.
2. Klicken Sie auf **Datei**, **Öffnen**, **Website**.
3. Wenn das Dialogfeld **Website öffnen** angezeigt wird, navigieren Sie zum Verzeichnis, in dem Sie in Übung 1 das Projekt **MyWebService** erstellt haben.
4. Fügen Sie in der Datei **MyWebService.cs** oder **MyWebService.vb** direkt unter dem Klassenkonstruktor folgenden Code hinzu:

```
'VB
<WebMethod(Description:="Retrieve a list of active vendors ordered by name")> _
Public Function GetVendorList() as String
    Dim sqlConn As New SqlConnection
    Dim rdr As XmlReader
    Dim ret As String = ""

    Try
        'Verbindung zu SQL Server Express öffnen
        Dim connString As String = _
            "server=.\sqlexpress;Integrated Security=SSPI;initial catalog=AdventureWorks"
        sqlConn.ConnectionString = connString
        sqlConn.Open()

        'XML-Daten mithilfe der FOR XML AUTO- Klausel zurückliefern
        Dim sqlString As String = "SELECT VendorID, AccountNumber, " + _
            "Name, CreditRating " + _
            "FROM Purchasing.Vendor " + _
            "WHERE ActiveFlag = 1 " + _
            "ORDER BY Name " + _
            "FOR XML AUTO "
        Dim command As New SqlCommand(sqlString, sqlConn)

        'SQL-Abfrage ausführen und XML an XMLReader zurückgeben
        rdr = command.ExecuteXmlReader()
```

```
        'Den Reader durchlaufen und XML abrufen
        rdr.Read()
        Do While rdr.ReadState <> System.Xml.ReadState.EndOfFile
            ret += rdr.ReadOuterXml
        Loop

        'Ein Stammelement hinzufügen
        ret = "<vendors> " + ret + "</vendors>"

        sqlConn.Close()
        rdr.Close()

    Catch ex As Exception
        'Code für Ausnahmebehandlung hinzufügen
    End Try
    Return ret
End Function
```

//C#

```
[WebMethod(Description = "Retrieve a list of active vendors ordered by name")]
public string GetVendorList()
{

    SqlConnection sqlConn;
    XmlReader rdr;
    string ret = "";
    try
    {

        //Verbindung zu SQL Server Express öffnen

    string connString =
        @"server=.\sqlexpress;Integrated Security=SSPI;initial catalog=AdventureWorks";
        sqlConn = new SqlConnection(connString);

        sqlConn.Open();

        // XML-Daten mithilfe der FOR XML AUTO- Klausel zurückliefern
        string sqlString = "SELECT VendorID, AccountNumber, Name, CreditRating " +
            "FROM Purchasing.Vendor " +
            "WHERE ActiveFlag = 1 " +
            "ORDER BY Name " +
            "FOR XML AUTO ";
        SqlCommand command = new SqlCommand(sqlString, sqlConn);

        // SQL-Abfrage ausführen und XML an XMLReader zurückgeben
        rdr = command.ExecuteXmlReader();
```

```
        //Den Reader durchlaufen und XML abrufen
        rdr.Read();
        while (rdr.ReadState != System.Xml.ReadState.EndOfFile)
        {
            ret += rdr.ReadOuterXml();
        }

        //Ein Stammelement hinzufügen
        ret = "<vendors> " + ret + "</vendors>";

        sqlConn.Close();
        rdr.Close();
    }
    catch
    {
        //Code für Ausnahmbehandlung hinzufügen
    }

    return ret;
}
```

5. Erstellen Sie das Projekt und beseitigen Sie eventuelle Fehler.

Zusammenfassung der Lektion

- Methoden, die ein Webdienst zur Verfügung stellt, müssen als öffentlich deklariert werden. Die Klassendatei eines Webdienstes kann auch private Methoden enthalten, doch diese stehen nicht öffentlich zur Verfügung.
- Das Attribut **WebMethod** muss auf alle öffentlichen Methoden angewendet werden, die ein Webdienst zur Verfügung stellt. Dieses Attribut hat mehrere öffentliche Eigenschaften, mit denen Sie alle Webdienstmethoden konfigurieren können.
- Der Namespace **System.Web.Services.Protocols** enthält die Klassen **SoapDocumentMethodAttribute** und **SoapRpcMethodAttribute**, die zur Formatierung von SOAP-Nachrichten verwendet werden. Mit beiden Methoden können Sie den Wert einer **OneWay**-Eigenschaft festlegen.

Lernzielkontrolle

Mit den folgenden Fragen können Sie Ihr Wissen zu den Informationen aus Lektion 2, „Erstellen einer Webdienstmethode“, überprüfen. Die Fragen finden Sie (in englischer Sprache) auch auf der Begleit-CD, Sie können sie also auch auf dem Computer im Rahmen eines Übungstests beantworten.

HINWEIS Die Antworten

Die Antworten auf diese Fragen mit Erklärungen, warum die jeweiligen Auswahlmöglichkeiten richtig oder falsch sind, finden Sie im Abschnitt „Antworten“ am Ende dieses Buchs.

1. Was sind die Grundvoraussetzungen, um aus einer ASP.NET-Anwendung einen Webdienst zu machen? (Wählen Sie alle zutreffenden Antworten aus.)
   a. Eine oder mehrere öffentliche Methoden.
   b. Die Verarbeitungsdirektive **WebService.**
   c. Ein **WebService**-Konfigurationsabschnitt in der Datei **web.config**.
   d. Das Attribut **WebMethod,** das an jede Methode angehängt wird, die ein Webdienst zur Verfügung stellt.
2. Wie machen Sie Ihren Webdienst transaktionsfähig?
   a. Eine Transaktionsverarbeitung steht für Webdienste in .NET Framework 2.0 nicht zur Verfügung.
   b. Festlegen der Eigenschaft **Transaction** des Attributs **WebMethod** auf einen der folgenden Werte: **Required** oder **RequiredNew**.
   c. Festlegen der Eigenschaft **TransactionOption** des Attributs **WebMethod** auf einen der folgenden Werte: **Required** oder **RequiredNew**.
   d. Festlegen der Eigenschaft **Transaction** des Attributs **WebService** auf **true**.
3. Wie erstellen Sie eine unidirektionale Methode?
   a. Festlegen der Eigenschaft **OneWay** des Attributs **WebMethod** auf **true**.
   b. Festlegen der Eigenschaft **OneWay** für die Methoden **SoapDocumentMethod** und **SoapRpcMethod** auf **true**.
   c. Importieren des Namespaces **System.Web.Services.Protocols** und Festlegen der Eigenschaft **SoapProtocol** auf **OneWay**.
   d. A und B sind richtig.

Lektion 3: Testen und Verwenden eines Webdienstes

In dieser Lektion erfahren Sie, wie eine Webdienstanwendung getestet und verwendet wird. Um einen Webdienst zu testen, rufen Sie jede seiner öffentlichen Webmethoden auf und vergewissern sich, dass die richtigen Ergebnisse zurückgeliefert werden. Diesen Test können Sie direkt über einen URL durchführen, der auf die Webdienstdatei verweist, oder indem Sie die Webmethode in einer separaten Clientanwendung aufrufen.

Am Ende dieser Lektion werden Sie in der Lage sein, die folgenden Aufgaben auszuführen:

- Testen einer Webdienstmethode in einer Debugsitzung oder direkt über einen URL
- Verwenden einer Webdienstmethode in einer Clientanwendung

Veranschlagte Zeit für diese Lektion: 20 Minuten

Testen des Webdienstes

Die Diensthilfeseite (siehe Abbildung 1.3) enthält Links zu allen öffentlichen Methoden, die das Attribut **WebMethod** zur Verfügung stellt. Da in Übung 2 nur eine einzige Webmethode erstellt wurde, würde für den Fall, dass Sie die Anwendung aus dieser Übung kompilieren und testen möchten, auf der Diensthilfeseite nur ein einziger Link angezeigt werden.

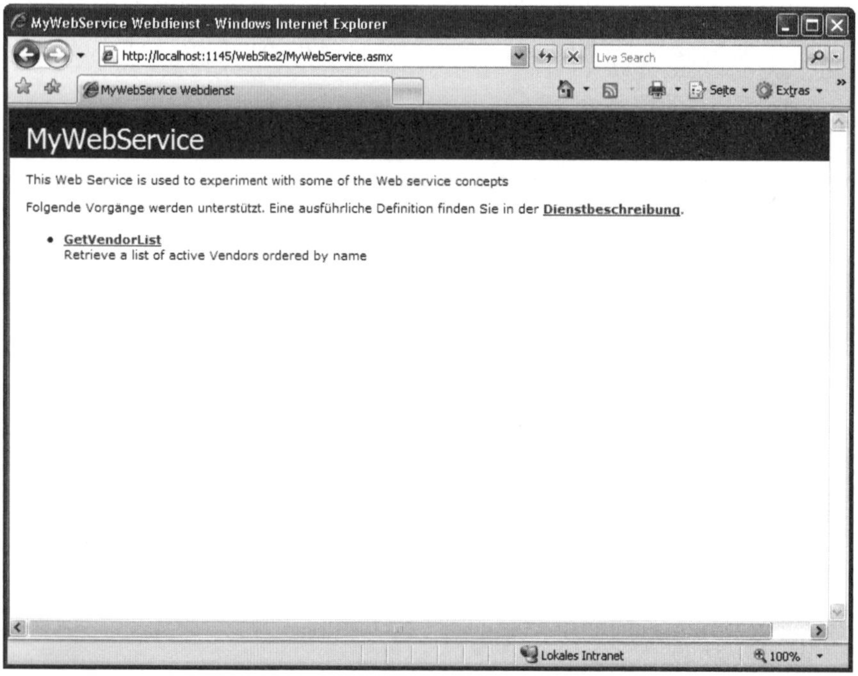

Abbildung 1.3 Wenn Sie das in den Übungen 1 und 2 erstellte Projekt ausführen, müsste folgende Diensthilfeseite angezeigt werden

Es gibt zwei Methoden, mit denen Sie Ihren Webdienst testen können. Zum einen können Sie die Anwendung erstellen und eine Debugsitzung starten, um Ihren Anwendungscode durchzugehen. Hierzu wählen Sie als Erstes eine Startseite für die Anwendung. Für die Anwendung aus Übung 1 wäre die Datei **MyWebService.asmx** die Startseite. Sie wählen die Startseite aus, indem Sie im Projektmappen-Explorer mit der rechten Maustaste auf die Datei klicken und dann **Als Startseite festlegen** auswählen.

Dann initiieren Sie eine Debugsitzung, indem Sie im Menü **Debuggen** den Befehl **Debuggen starten** auswählen. Alternativ können Sie auch F5 drücken, um das Debuggen zu starten. Wenn Sie zum ersten Mal für ein Webprojekt eine Debugsitzung starten, wird ein Dialogfeld wie in Abbildung 1.4 angezeigt. Klicken Sie auf **OK**, um das Debuggen zu beginnen.

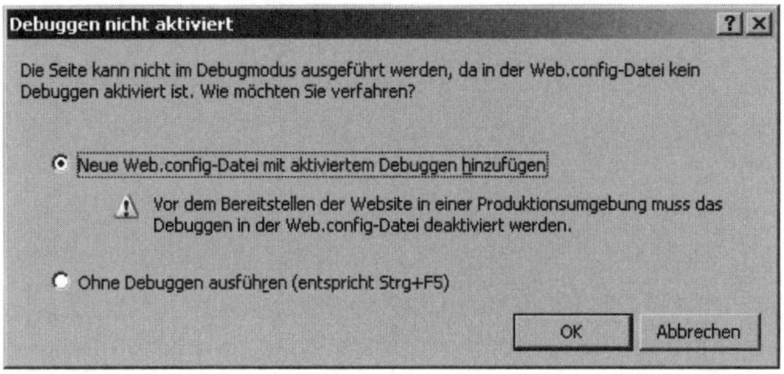

Abbildung 1.4 Das Dialogfeld **Debuggen nicht aktiviert**

Beim Starten der Debugsitzung wird die Diensthilfeseite in Ihrem Webbrowser angezeigt (siehe Abbildung 1.3). Diese müsste einen Link zur Webmethode **GetVendorList** enthalten. Ein Klick auf diesen Link leitet Sie zur Hilfeseite der Dienstmethode für **GetVendorList** weiter (siehe Abbildung 1.5).

Die Hilfeseite zur Dienstmethode ermöglicht Ihnen den Aufruf einer bestimmten Webmethode. Wenn diese Webmethode Parameter akzeptiert, werden Sie außerdem aufgefordert, die entsprechenden Werte einzugeben. Sie können nicht nur die Webmethode aufrufen und Ihre Anwendung testen, sondern auch SOAP-Nachrichten mit Musteranforderungen und -antworten für diese Webmethode anzeigen. Mehr über SOAP-Nachrichten erfahren Sie in Kapitel 2, „Erweitern von XML-Webdiensten durch SOAP-Formatierungen, -Header und -Erweiterungen".

Wenn Sie auf der Hilfeseite zur Dienstmethode auf **Aufrufen** klicken, wird die Webmethode ausgeführt. Wenn Sie mit dem Befehl **Haltepunkt umschalten** (F9) einen Haltepunkt in Ihrem Code festgelegt haben, setzt die Ausführung an dieser Stelle aus, sodass Sie den restlichen Code mit den Befehlen **Prozedurschritt** (F10), **Einzelschritt** (F11) oder **Ausführen bis Rücksprung** (UMSCHALT-TASTE+F11) schrittweise durchgehen können. Wenn die Webmethode erfolgreich ausgeführt wird und einen Wert zurückgibt, sollte als Nächstes eine Seite mit den Ergebnissen angezeigt werden.

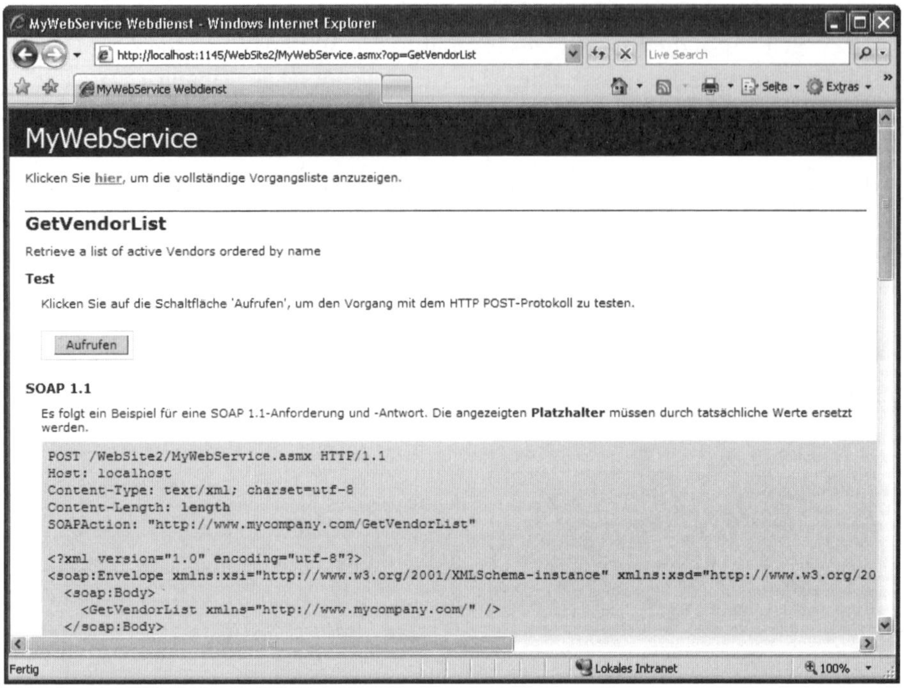

Abbildung 1.5 Die Hilfeseite der Dienstmethode für die Webmethode **GetVendorList**

In Übung 2 hatten Sie eine Webmethode namens **GetVendorList** erstellt. Diese Webmethode sollte eine XML-Zeichenfolge mit einer Liste der aktiven Lieferanten aus der Datenbank **AdventureWorks** zurückgeben. Die Ergebnisse sollten in einer neuen Instanz Ihres Webbrowsers angezeigt werden (siehe Abbildung 1.6). Die Webmethode **GetVendorList** verwendet die Klausel **FOR XML AUTO**, um automatisch eine gültige XML-Zeichenfolge direkt aus der Datenbank zurückzugeben. Wenn die Webmethode nicht erfolgreich ausgeführt werden kann und eine Ausnahme ausgelöst wird, müsste eine Seite angezeigt werden, auf der diese Ausnahme zu sehen ist. Eventuell müssen Sie mit der Funktion **Haltepunkt umschalten** einen Haltepunkt festlegen und den Code durchgehen, bis Sie das Problem lösen können.

HINWEIS Lesen Sie die Installationsanweisungen

In der Einführung zu diesem Training Kit erhalten Sie Informationen, die Sie zum Ausführen und Testen der in den Übungen erstellten Webdienste benötigen. Wenn Sie beim Ausführen und Testen Ihres Webdienstes Schwierigkeiten haben, sollten Sie diese Anweisungen lesen.

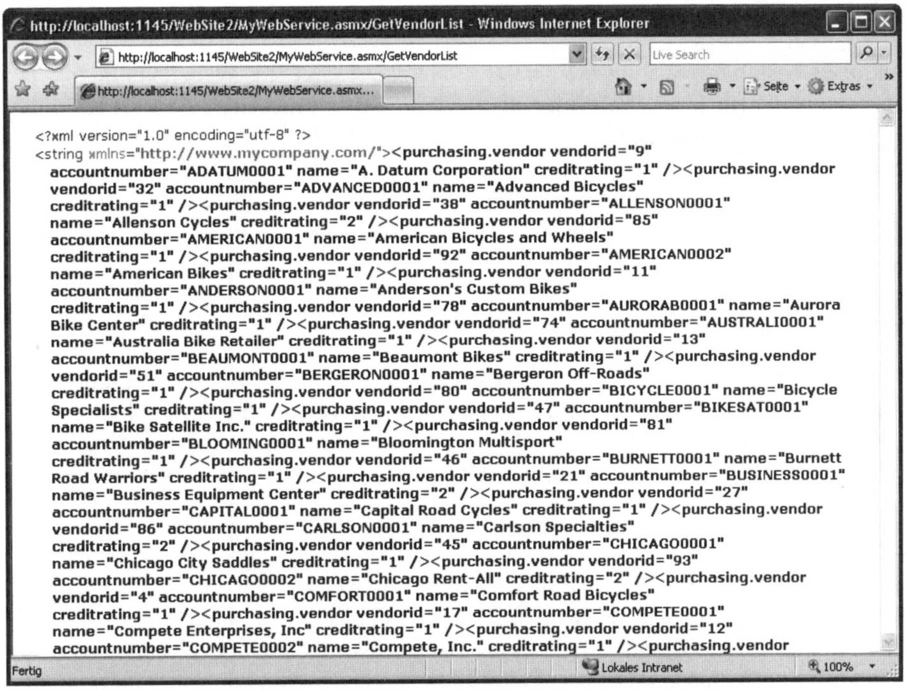

Abbildung 1.6 Nach dem Aufruf der in Übung 2 erstellten Webmethode **GetVendorList** werden die XML-Ergebnisse zurückgegeben

Zum anderen können Sie Ihren Webdienst auch testen, indem Sie die Webdienstseite mit der Erweiterung ASMX direkt in Ihren Webbrowser laden. Auf Webdienste, die lokal auf Ihrem Entwicklungscomputer erstellt wurden, können Sie zugreifen, indem Sie **Localhost** als Rechnernamen angeben. Darauf folgt der Name des Webdienstprojekts und anschließend der Name der Webdienstseite. Auf die in Übung 2 erstellte Webdienstmethode können Sie beispielsweise direkt über folgenden URL zugreifen: **http://localhost:<Portnummer>/MyWebService/MyWebService.asmx**.

HINWEIS Verwenden einer Portnummer mit Visual Studio 2005

Visual Studio 2005 verwendet beim Debuggen von Websites Portnummern. Die genaue Nummer des zugewiesenen Ports sehen Sie in einer Sprechblase, die zu Beginn des Debuggens oberhalb Ihrer Taskleiste erscheint. Wenn Sie sich diese Portnummer notieren, können Sie Ihren Webdienst anhand der Portnummer Ihres Computers in einem Webbrowser aufrufen.

Wenn Sie über den URL auf die Webdienstmethode zugreifen, müssten Sie auf die Diensthilfeseite gelangen. Hier können Sie jede mit dem Attribut **WebMethod** veröffentlichte Webmethode auswählen. Sie können jede beliebige Webmethode aufrufen und sich vergewissern, dass sie die erwarteten Ergebnisse zurückgibt.

Verwenden eines Webdienstes

Eine andere Alternative zum Testen des Webdienstes besteht darin, ein separates Webanwendungsprojekt zu erstellen, das als Client für Ihren Webdienst dient. Dieses Webanwendungsprojekt kann in derselben Projektmappe wie Ihr Webdienstprojekt gespeichert sein und simulieren, wie sich Ihr Webdienst den Benutzern darstellt. Mit dieser Methode können Sie die Rückgabedaten Ihres Webdienstes verarbeiten und ändern. Sehen können Sie die Rückgabedaten zwar schon durch einfaches Aufrufen des URLs des Webdienstes, aber erst wenn Sie versuchen, die Daten zu verwenden, können Sie alle potenziellen Probleme erkennen.

Festlegen eines Webverweises

Um Ihrer Webdienst-Projektmappe eine Clientwebanwendung hinzuzufügen, klicken Sie im Dateimenü auf **Hinzufügen**, **Neue Website**. Wenn Sie der Projektmappe das neue Projekt hinzugefügt haben, können Sie einen Webverweis auf das neue Webdienstprojekt festlegen. Hierzu klicken Sie mit der rechten Maustaste auf das neu erstellte Projekt im Projektmappen-Explorer und klicken dann auf **Webverweis hinzufügen**.

Im Dialogfeld **Webverweis hinzufügen** (siehe Abbildung 1.7) können Sie einem Webdienst aus der aktuellen Projektmappe einen Webverweis hinzufügen. Sobald der Webverweis hinzugefügt wurde, können Sie auf Webmethoden Ihres Webdienstprojekts verweisen, als seien es Methoden aus den Klassendateien Ihres aktuellen Projekts. Indem Sie einen Webverweis hinzufügen, weisen Sie Visual Studio an, die Webdienstbeschreibung herunterzuladen und eine Proxyklasse zu generieren, die zur Kommunikation mit dem Webdienst verwendet werden kann.

Angenommen, Sie sollen ein Projekt erstellen, das eine Bezeichnung namens **lblDisplay** hat und Sie erstellen einen Webverweis namens **WebService** auf einen Webdienst namens **Service.asmx** auf Ihrem lokalen Computer. Der Code, der die Methode **HelloWorld** aufruft und eine Zeichenfolge an **lblDisplay** zurückgibt, würde folgendermaßen aussehen:

```
'VB
Dim ws As New WebService.Service
lblDisplay.Text = ws.HelloWorld

//C#
ws WebService = new WebService.Service();
lblDisplay.Text = ws.HelloWorld
```

Nun können Sie testen, wie die Clients Ihres Webdienstes mit den Daten, die Ihre Webmethoden zurückgeben, interagieren können. Dieser Test wird Ihnen rasch zeigen, ob die Rückgabewerte den erwarteten Ergebnissen entsprechen.

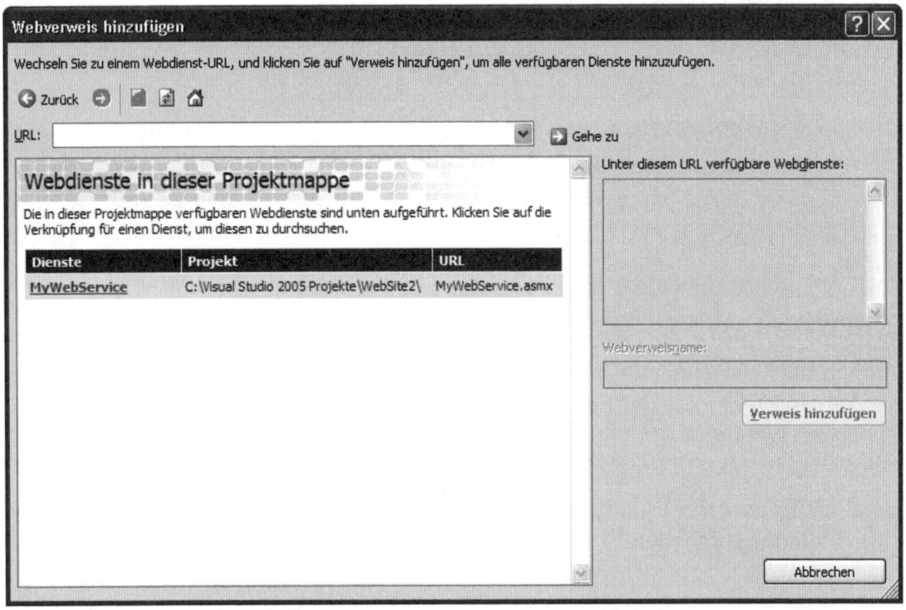

Abbildung 1.7 Verwenden des Dialogfelds **Webverweis hinzufügen** zum Erstellen eines Webverweises auf ein Projekt in der aktuellen Projektmappe

HINWEIS Verteilen einer Clientanwendung mit Ihrem Webdienst

Es empfiehlt sich, mit dem Webdienst eine ASP.NET-Anwendung zu verteilen, die zeigt, wie Clients die Rückgabedaten der Webmethoden verwenden können.

Übung 3: Testen und Verwenden eines Webdienstes

In dieser Übung werden Sie der in Übung 1 erstellten Webdienstanwendung eine Testclientanwendung hinzufügen. Diese Clientanwendung zeigt, wie die Ergebnisse der Webmethode **GetVendorList** verwendet werden können, um ein Dropdown-Listenfeld zu füllen. Wenn Sie die Übungen 1 und 2 noch nicht vollständig bearbeitet haben, müssen Sie dies nachholen, ehe Sie mit dieser Übung fortfahren. Falls Sie bei einer Übung auf Probleme stoßen, können Sie sich das fertige Projekt auf der Begleit-CD im Ordner **Code** ansehen.

1. Öffnen Sie Visual Studio 2005.
2. Klicken Sie auf **Datei**, **Öffnen**, **Website**.
3. Wenn das Dialogfeld **Website öffnen** angezeigt wird, navigieren Sie zum Verzeichnis, in dem Sie in Übung 1 das Projekt **MyWebService** erstellt haben, und klicken auf **Öffnen**.
4. Wählen Sie im Dateimenü **Hinzufügen**, **Neue Website** aus. Wählen Sie die ASP.NET-Websitevorlage aus, geben Sie als Projektname **MyWebServiceClient** ein und klicken Sie auf **OK**.

5. Klicken Sie mit der rechten Maustaste auf die neue Projektdatei und klicken Sie dann auf **Webverweis hinzufügen**. Im Dialogfeld **Webverweis hinzufügen** wählen Sie **Webdienste in dieser Projektmappe**.
6. Klicken Sie auf den Link **MyWebService**, geben Sie in das Textfeld **Webverweisname** den Namen **WebService** ein und klicken Sie dann auf **Verweis hinzufügen**.
7. Klicken Sie mit der rechten Maustaste im Projektmappen-Explorer auf die Datei **Default.aspx** und klicken Sie dann auf **Ansicht-Designer**.
8. Klicken Sie auf die Toolbox und ziehen Sie eine **DropDownList** auf die Entwurfsoberfläche. Klicken Sie auf die Entwurfsoberfläche, um das Taskfenster **DropDownList** zu schließen, und klicken Sie dann auf das Steuerelement. Legen Sie die Eigenschaft **ID** im Eigenschaftsfenster auf **ddlVendors** fest.
9. Klicken Sie auf die Toolbox und ziehen Sie ein XMLDataSource-Steuerelement auf die Entwurfsoberfläche. Klicken Sie auf die Entwurfsoberfläche, um das Taskfenster **XmlDataSource** zu schließen.
10. Doppelklicken Sie auf die Entwurfsoberfläche, um im Codefenster die Methode **Page_load** zu öffnen. Fügen Sie der Methode folgenden Code hinzu:

```
'VB
Dim ws As New WebService.MyWebService
XmlDataSource1.Data = ws.GetVendorList
ddlVendors.DataSource = XmlDataSource1
ddlVendors.DataTextField = "name"
ddlVendors.DataValueField = "vendorid"
ddlVendors.DataBind()

//C#
WebService.MyWebService ws = new WebService.MyWebService();
XmlDataSource1.Data = ws.GetVendorList();
ddlVendors.DataSource = XmlDataSource1;
ddlVendors.DataTextField = "name";
ddlVendors.DataValueField = "vendorid";
ddlVendors.DataBind();
```

11. Klicken Sie mit der rechten Maustaste auf das Projekt **MyWebServiceClient** im Projektmappen-Explorer und wählen Sie **Als Startprojekt festlegen**.
12. Klicken Sie mit der rechten Maustaste im Projektmappen-Explorer auf die Datei **Default.aspx** und klicken Sie dann auf **Als Startseite festlegen**.
13. Erstellen Sie das Projekt und beseitigen Sie eventuelle Fehler.
14. Klicken Sie im Menü **Debuggen** auf **Debuggen starten** (oder drücken Sie F5). Nun müsste sich die Seite **default.aspx** in einem Webbrowser öffnen und ein einzelnes Dropdown-Listenfeld anzeigen, in dem alle Lieferanten aus der Datenbank **AdventureWorks** aufgeführt sind.

Zusammenfassung der Lektion

- Ob eine Webdienstmethode gültige Ergebnisse zurückgibt, können Sie in einer Debugsitzung des Webdienstprojekts überprüfen. Danach können Sie das Projekt schrittweise durchgehen und mit den Debugbefehlen von Visual Studio eventuelle Fehler in Ihrem Webdienst finden.
- Alternativ können Sie die Webmethode direkt aufrufen, indem Sie zum URL der Webdienstdatei (mit der Erweiterung ASMX) navigieren
- Die Ergebnisse eines Webdienstes können Sie auch überprüfen, indem Sie eine ASP.NET-Clientanwendung erstellen, die Webmethoden des Webdienstes aufruft. Mit diesem Testverfahren können Sie gewährleisten, dass die Benutzer Ihres Webdienstes mit den Daten, die Ihre Methode zurückgibt, effektiv arbeiten können.

Lernzielkontrolle

Mit den folgenden Fragen können Sie Ihr Wissen zu den Informationen aus Lektion 3, „Testen und Verwenden eines Webdienstes", überprüfen. Die Fragen finden Sie (in englischer Sprache) auch auf der Begleit-CD, Sie können sie also auch auf dem Computer im Rahmen eines Übungstests beantworten.

HINWEIS Die Antworten

Die Antworten auf diese Fragen mit Erklärungen, warum die jeweiligen Auswahlmöglichkeiten richtig oder falsch sind, finden Sie im Abschnitt „Antworten" am Ende dieses Buchs.

---

1. Welche Seite wird verwendet, um eine Liste von Links auf Ihrem Webdienst anzuzeigen?
   a. Die Hilfeseite der Dienstmethode.
   b. Die Diensthilfeseite.
   c. Die Hilfeseite der Webmethode.
   d. Alle genannten.
2. Mit welchen Methoden können Sie die Ergebnisse Ihres Webdienstes überprüfen? (Wählen Sie alle zutreffenden Antworten aus.)
   a. Navigieren zur ASMX-Datei und direktes Aufrufen des Webdienstes.
   b. Aufrufen einer bestimmten Webmethode mit dem Objektbrowser des Webdienstes.
   c. Schrittweises Durchgehen des Codes in einer Debugsitzung innerhalb des Webdienstprojekts.
   d. Erstellen einer ASP.NET-Clientanwendung, die eine bestimmte Webdienstmethode verwendet.
3. Welche Schritte sind erforderlich, um eine Testanwendung für Ihren Webdienst zu erstellen? (Wählen Sie alle zutreffenden Antworten aus.)
   a. Erstellen eines Webverweises auf die ASMX-Datei des Webdienstes.
   b. Erstellen einer Routine, die den Webdienst auf dem Zielserver veröffentlicht.
   c. Instanzieren einer neuen Variablen, die auf den neuen Webverweis zeigt.
   d. Aufrufen der Webmethode und Zugreifen auf die Ergebnisse über die in Option C erstellte Variable.

Rückblick auf dieses Kapitel

Sie können die in diesem Kapitel vermittelten Fähigkeiten folgendermaßen einüben und vertiefen:

- Lesen Sie die Zusammenfassung des Kapitels sorgfältig durch
- Lesen Sie die Liste der Schlüsselbegriffe durch, die in diesem Kapitel eingeführt wurden
- Arbeiten Sie die Übungen mit Fallbeispielen durch. Diese Szenarios beschreiben Fälle aus der Praxis, in denen die Themen dieses Kapitels zur Anwendung kommen. Sie werden aufgefordert, eine Lösung zu entwickeln.
- Führen Sie die vorgeschlagenen praktischen Übungen durch
- Machen Sie einen Übungstest

Zusammenfassung des Kapitels

- Webdienste sind webbasierte Anwendungen, die Daten und Funktionen in einer verteilten und kompatiblen Umgebung zur Verfügung stellen
- In dem Framework **WebMethods** können Sie Webdienste einfach erstellen, indem Sie eine **WebMethod**-Deklaration an eine öffentliche Webmethode anhängen
- Das Attribut **WebService** kann verwendet werden, um die Basisinformationen über Ihre Webdienste anzugeben
- Webdienste können auf zwei Arten getestet werden. Sie können auf Webmethoden zugreifen, indem Sie die Webdienstseite in einen Webbrowser laden und über die Hilfeseite zur Webmethode zu den einzelnen Webmethoden navigieren. Oder Sie erstellen ein Testprojekt, das auf die ASMX-Datei verweist. Über diesen Verweis können Sie dann die Webmethoden aufrufen und die vom Webdienst zurückgegebenen Ergebnisse bearbeiten.

Schlüsselbegriffe

Wissen Sie, was die folgenden Schlüsselbegriffe bedeuten? Sie können Ihre Antworten überprüfen, indem Sie die Begriffe im Glossar am Ende dieses Buchs nachschlagen.

- Attribut
- Simple Object Access Protocol (SOAP)
- Vorlage
- Web Services Description Language (WSDL)
- XML

Fallbeispiele

In den folgenden Fallbeispielen wenden Sie an, was Sie über die Eingabevalidierung mithilfe von regulären Ausdrücken und die Verarbeitung von Textdateien mit unterschiedlichen Codierungen gelernt haben. Die Lösungen zu den Fragen finden Sie im Abschnitt „Antworten" hinten in diesem Buch.

Fallbeispiel 1: Entscheidung für Webdienste

Ihr Unternehmen besitzt eine große Kundendatenbank. Die Kundenbetreuer verwenden eine komplexe ASP.NET-Anwendung, um die Daten in dieser Datenbank abzufragen und zu bearbeiten. Ihr Chef erklärt Ihnen, dass ein Partnerunternehmen auf einige dieser Kundendaten zugreifen muss. Er erläutert, dass nur ein Teil der Daten dem Partnerunternehmen offen gelegt werden darf. Das Partnerunternehmen verfügt über Programmierer und verlangt Zugriff auf die Datenbank über einen SQL Server-Port. Ihr Chef fragt Sie, was in dieser Situation zu tun ist. Was schlagen Sie vor?

Fallbeispiel 2: Testen eines Webdienstes

Im vorherigen Fallbeispiel wurde entschieden, dass ein Webdienst die richtige verteilte Technologie ist. Mittlerweile haben Sie den Webdienst entworfen und programmiert, und nun sind Sie bereit, dem Partnerunternehmen den Datenzugriff zu ermöglichen. Sie glauben, dass alle Abfragen, mit denen Daten für Ihre Webmethoden abgerufen werden, gültig, effizient und ausreichend getestet sind. Ihr Chef fragt, ob Sie den neuen Webdienst noch am selben Tag auf Ihren Webservern veröffentlichen können. Welche Antwort geben Sie?

Vorgeschlagene praktische Übungen

Um die in diesem Kapitel formulierten Lernziele erfolgreich zu erreichen, führen Sie die folgenden Aufgaben durch.

- Verwenden Sie immer Webdienste als verteilte Technologie, sofern Ihr Programm keine Funktionen erfordert, die nur über Remoting und .NET Enterprise Services zur Verfügung stehen
- Ändern Sie den Namespace Ihres Webdienstes vom Standardwert **http://tempuri.org** in einen anderen, bevor Sie die Anwendung in die Produktionsumgebung verlagern
- Sie sollten Ihre Webdienste immer testen, bevor Sie sie veröffentlichen. Es ist ratsam, in einer Testanwendung zu simulieren, wie die Clients die Rückgabedaten Ihrer Webmethoden verwenden. Stellen Sie sicher, dass die Daten vollständig und richtig formatiert sind, sodass der Client sie verwenden kann.

Machen Sie einen Übungstest

Die Übungstests auf der Begleit-CD zu diesem Buch (in englischer Sprache) bieten zahlreiche Möglichkeiten. Zum Beispiel können Sie einen Test machen, der ausschließlich die Themen eines bestimmten Lernziels behandelt, oder Sie können sich selbst mit dem gesamten Inhalt der Prüfung 70-529 testen. Sie können den Test so konfigurieren, dass er dem Ablauf einer echten Prüfung entspricht, oder Sie können einen Lernmodus verwenden, in dem Sie sich nach dem Beantworten einer Frage jeweils sofort die richtige Antwort und Erklärungen ansehen können.

WEITERFÜHRENDE INFORMATIONEN Übungstests

Einzelheiten zu allen Optionen, die bei den Übungstests zur Verfügung stehen, finden Sie im Abschnitt „So verwenden Sie die Übungstests“ in der Einführung am Anfang dieses Buchs.

K A P I T E L 2

Erweitern von XML-Webdiensten mit SOAP-Formatierung, benutzerdefinierten Headern und Erweiterungen

Das Kapitel beginnt mit einem Überblick über die Schritte, die notwendig sind, um XML-Webdienste zu formatieren und zu erweitern. Die Version 2.0 von .NET Framework bietet eine methodenbasierte Möglichkeit, das Format von SOAP-Nachrichten zu ändern, wodurch Sie eine bessere Kontrolle über die Formatierung von Anforderungs- und Antwortnachrichten erhalten. Diese Formatierung wird über Parametercodierung und -kapselung vorgenommen. Darüber hinaus können Sie angeben, welche Bindung SOAP verwendet, und Sie können die SOAP-Nachricht durch XML-Serialisierung anpassen.

In Lektion 2 lernen Sie, SOAP-Header zu implementieren. Ein benutzerdefinierter SOAP-Header wird verwendet, um zu steuern, wie eine Anforderung ausgeführt wird. Lektion 3 behandelt das Implementieren benutzerdefinierter SOAP-Erweiterungen. Dabei wird eine benutzerdefinierte SOAP-Erweiterung erstellt und dann mit einem benutzerdefinierten Attribut konfiguriert.

In diesem Kapitel abgedeckte Lernziele:

- Konfigurieren von SOAP-Nachrichten
  - Konfigurieren der Formatierung von SOAP-Nachrichten für eine Webdienstmethode
- Implementieren von SOAP-Headern
  - Hinzufügen einer benutzerdefinierten SOAP-Headerklasse
  - Erstellen einer öffentlichen Instanz der benutzerdefinierten SOAP-Headerklasse in einer Webdienstklasse
  - Anwenden eines **SoapHeader**-Attributs auf eine Webmethode
  - Zugreifen auf einen SOAP-Header und Verarbeiten in der Webmethode
  - Festlegen der Richtung eines SOAP-Headers
- Implementieren von SOAP-Erweiterungen
  - Erstellen einer benutzerdefinierten SOAP-Erweiterung
  - Konfigurieren der SOAP-Erweiterung

Lektionen in diesem Kapitel:

Bevor Sie beginnen

Um die Lektionen in diesem Kapitel bearbeiten zu können, benötigen Sie Folgendes:

- Einen Computer, der die in der Einführung am Anfang dieses Buchs aufgeführten Hardwaremindestvoraussetzungen erfüllt oder übertrifft
- Microsoft Visual Studio 2005 und .NET Framework 2.0
- Programmierkenntnisse in Microsoft Visual Basic .NET oder C# sowie Grundkenntnisse in XML
- Sie sollten Übung 1 in Kapitel 1, „Erstellen eines XML-Webdienstes“ abgeschlossen haben und wissen, wie ein Webdienstprojekt mit Visual Studio 2005 erstellt wird

Lektion 1: Konfigurieren von SOAP-Nachrichten

Am Anfang dieser Lektion wird untersucht, welche Möglichkeiten Sie zum Konfigurieren von SOAP-Nachrichten haben. Die SOAP-Spezifikation ermöglicht durch die Attribute **Style** und **Use** mehrere unterschiedliche Formatierungsstile. In .NET Framework 2.0 können Sie diese Stile mithilfe des Namespaces **System.Web.Services.Protocols** konfigurieren. Weitere Konfigurationen sind über das Angeben der Parametercodierung und -kapselung möglich.

Standardmäßig unterstützt .NET Framework 2.0 das WS-I Basic Profile (Web Services Interoperability, WS-I) über das Attribut **WebServicesBinding**. Mit diesem Attribut können Sie Ihrem Webdienst mehrere Bindungen und jeder Webmethode eine bestimmte Bindung zuweisen. Weitere Anpassungen Ihrer SOAP-Nachrichten sind über den Namespace **System.Xml.Serialization** und das Attribut **XmlElement** möglich.

Am Ende dieser Lektion werden Sie in der Lage sein, die folgenden Aufgaben auszuführen:

- Erklären, welche Informationen die Hilfeseite der Dienstmethode bietet
- Erklären, welche Grundelemente zu einer SOAP-Nachricht gehören
- Angeben der Parametercodierung und -kapselung
- Konfigurieren der SOAP-Bindungen mithilfe des Attributs **WebServiceBinding**
- Anpassen einer SOAP-Nachricht durch XML-Serialisierung

Veranschlagte Zeit für diese Lektion: 30 Minuten

Konfigurieren von SOAP-Nachrichten

Standardmäßig ist für jede Webdienstseite in Ihrem Projekt eine Hilfeseite vorhanden (siehe Abbildung 2.1). Diese Webseite enthält eine Liste aller öffentlichen Methoden, die Ihrem Webdienst zur Verfügung stehen. Zu jeder Methode gehören ein Link und eine Beschreibung. Die Beschreibung auf dieser Seite entstammt direkt der Eigenschaft **Description**, die mit dem Attribut **WebMethod** festgelegt wurde (siehe Lektion 1 von Kapitel 1). Über den Link gelangen Sie auf die Hilfeseite der Dienstmethode und über diese Hilfeseite können Sie eine bestimmte Webmethode aufrufen (siehe Abbildung 2.2).

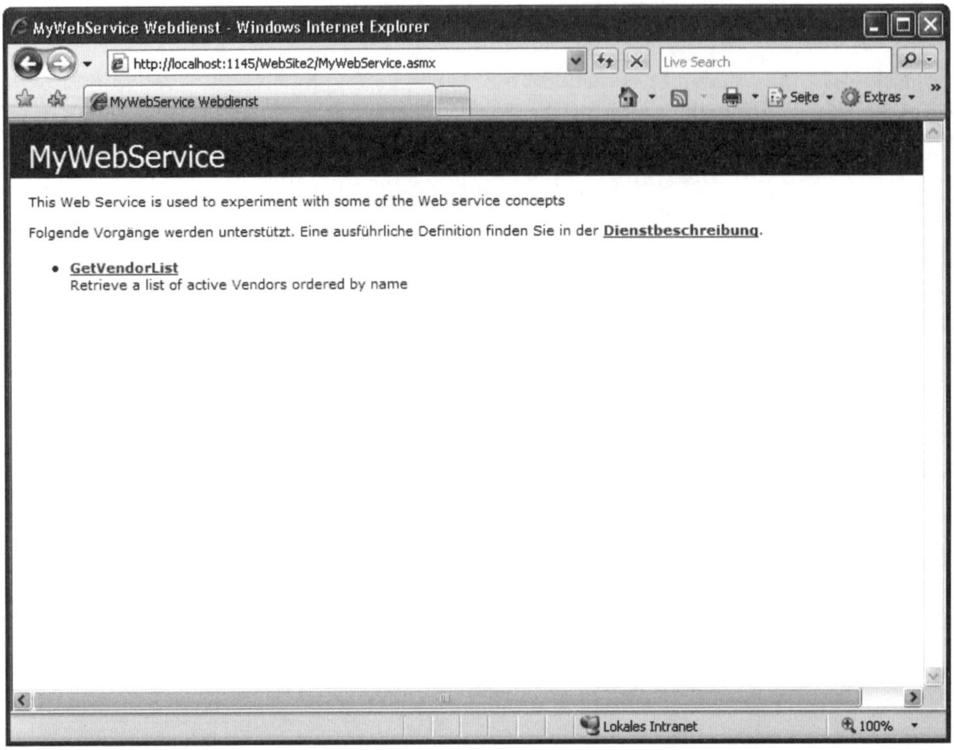

Abbildung 2.1 Wenn Sie das in Übung 1 von Kapitel 1 erstellte Projekt ausführen, wird diese oder eine ähnliche Diensthilfeseite angezeigt

Die Hilfeseite der Dienstmethode

Die Hilfeseite der Dienstmethode (siehe Abbildung 2.2) enthält nicht nur eine Schaltfläche zum Aufrufen Ihrer Webmethode, sondern liefert auch Beispiele für SOAP-Anforderungen und -Antworten. Da .NET Framework 2.0 beide Versionen von SOAP unterstützt (1.1 und 1.2), finden Sie auf dieser Seite Beispielnachrichten für beide Versionen.

Webseiten mit der Erweiterung ASMX werden standardmäßig von **aspnet_isapi.dll** verarbeitet, der standardmäßigen ISAPI-Erweiterung (Internet Server API, ISAPI) für .NET Framework. Dies können Sie erkennen, wenn Sie die Eigenschaften der Anwendungskonfiguration für Ihren Webdienst aufrufen (siehe Abbildung 2.3). Nachrichten, die an diesen Handler gesendet werden, werden an den ASMX-Handler weitergeleitet, der XML, SOAP und Web Services Description Language (WSDL) für Sie verarbeitet. Als Entwickler bleiben Ihnen so einige lästige Implementierungsdetails erspart.

Der ASMX-Handler sucht in der HTTP-Nachricht nach Informationen, die ihm sagen, wie er mit der SOAP-Anforderung umgehen soll. SOAP-Standardnachrichten verwenden ein branchendefiniertes Schema namens WSDL, um zu klären, was genau zu einer SOAP-Nachricht gehört. Die neueste Version der SOAP-Spezifikation ist Version 1.2, die auf dem XML-Infoset basiert. Dieses XML-Infoset soll gewährleisten, dass das Dokument wohlgeformt ist und bestimmte Namespace-Einschränkungen erfüllt. Die Vorgängerversion der SOAP-Spezifikation, Version 1.1, basierte auf XML 1.0. Diese Vorgängerversion hat SOAP-Nachrichten ausschließlich mit HTTP-POST-Headern übertragen. Die neue Version erlaubt dagegen auch HTTP-GET-Header. In .NET Framework 2.0 werden beide Versionen des SOAP-Protokolls unterstützt, da Version 1.1 in der Branche noch immer weit verbreitet ist.

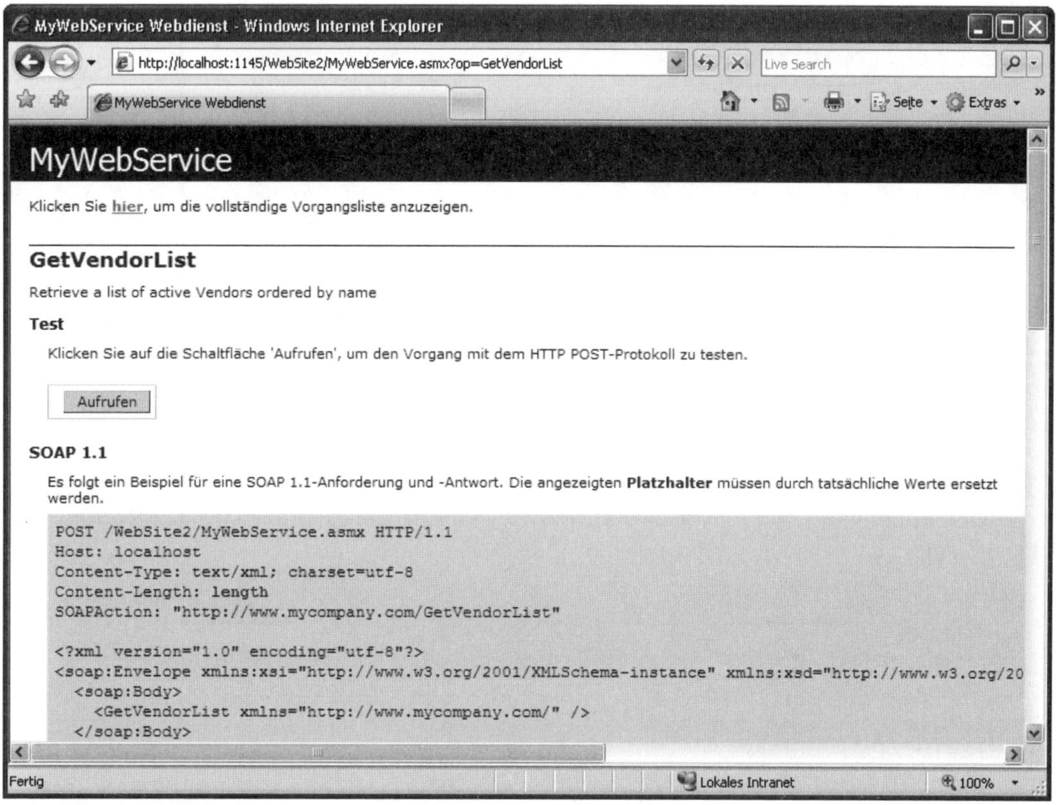

Abbildung 2.2 Die Hilfeseite der Dienstmethode, die beim Erstellen einer Webmethode standardmäßig angezeigt wird

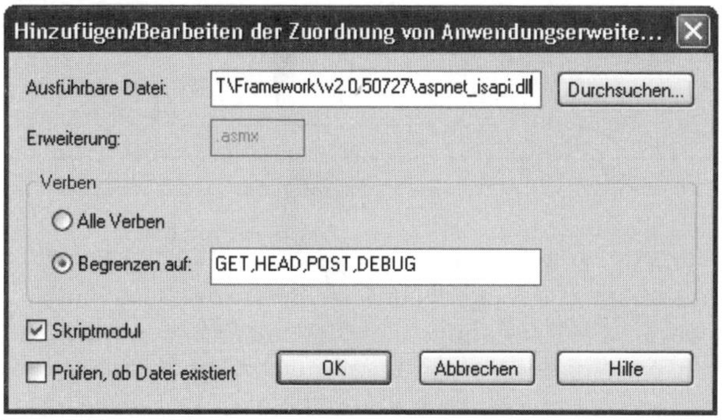

Abbildung 2.3 Die Anwendungszuordnungen der Internetinformationsdienste zeigen, dass die Erweiterung ASMX der Datei *aspnet_isapi.dll* zuzuordnen ist

SOAP-Nachrichtenformate

Wie eine für die SOAP 1.2-Spezifkation erstellte SOAP-Nachricht aussieht, können Sie aus der Musteranforderungsnachricht zur Webmethode **GetVendorList** ersehen, die in Übung 1 von Kapitel 1 erstellt wurde:

```
POST /mywebservice/service.asmx HTTP/1.1
Host: localhost
Content-Type: application/soap+xml; charset=utf-8
Content-Length: length

<?xml version="1.0" encoding="utf-8"?>
<soap12:Envelope xmlns:xsi=http://www.w3.org/2001/XMLSchema-instance
  xmlns:xsd=http://www.w3.org/2001/XMLSchema
  xmlns:soap12="http://www.w3.org/2003/05/soap-envelope">
  <soap12:Body>
    <GetVendorList xmlns="http://www.mycompany.com" />
  </soap12:Body>
</soap12:Envelope>
```

Da .NET Framework 2.0 die SOAP-Spezifikationen 1.1 und 1.2 unterstützt, können Sie auch auf der Diensthilfeseite nachschauen, wie eine nach der SOAP 1.1-Spezifikation formatierte Anforderungsnachricht aussieht:

```
POST /MyWebService/MyWebService.asmx HTTP/1.1
Host: localhost
Content-Type: text/xml; charset=utf-8
Content-Length: length
SOAPAction: http://www.mycompany/GetVendorList
<?xml version="1.0" encoding="utf-8"?>
<soap:Envelope xmlns:xsi=http://www.w3.org/2001/XMLSchema-instance"
  xmlns:xsd=http://www.w3.org/2001/XMLSchema"
  xmlns:soap="http://schemas.xmlsoap.org/soap/envelope/">
  <soap:Body>
    <GetVendorList xmlns="http://www.mycompany.com" />
  </soap:Body>
</soap:Envelope>
```

HINWEIS SOAP-Spezifikationsversionen

Nachrichten, die für SOAP 1.2 erstellt wurden, haben das Elementpräfix **soap12**. Das Präfix für Nachrichten, die für SOAP 1.1 erstellt wurden, lautet nur **soap**. Die Versionsunterschiede sind zwar nicht prüfungsrelevant, aber es ist nützlich, zu wissen, woran die Versionen zu erkennen sind.

SOAP-Nachrichten enthalten sowohl in Version 1.1 als auch in Version 1.2 folgende drei Elemente:

- **Envelope** Dieses Element liegt auf der höchsten Ebene und enthält die Elemente **Header** und **Body**
- **Header** Dieses Element enthält Metadaten, die den Inhalt des Elements **Body** beschreiben. Das Element ist optional, aber wenn es vorhanden ist, muss es vor dem Element **Body** stehen.
- **Body** Dieses Element bildet den Hauptteil der Nachricht, der alle Daten enthält. Es enthält außerdem den Großteil der Sonderformatierungen.

Die Elemente der SOAP-Nachricht werden vom ASMX-Handler verwendet, um die Nachricht zu senden. Der Handler liest die Werte dieser Elemente, um festzustellen, was er zu tun hat. Also können Sie durch Ändern dieser Elemente den Handler veranlassen, mit Ihrer SOAP-Anforderung anders zu verfahren.

WEITERFÜHRENDE INFORMATIONEN Die XML Protocol Working Group

Wenn Sie mehr über SOAP und die aktuell vom World Wide Web Consortium (W3C) empfohlenen und verabschiedeten Spezifikationen erfahren möchten, besuchen Sie die Webseite der XML Protocol Working Group unter *http://www.w3.org/2000/xp/Group/*.

Die SOAP-Spezifikation erlaubt zwei Formatierungsoptionen: **Style** und **Use**. Das Attribut **Style** wird zum Formatieren des Elements **Body** verwendet. **Style** kann auf einen von zwei Werten festgelegt werden:

- **RPC** Zu Beginn der SOAP-Spezifikation war eine Formatierung nur über den Remoteprozeduraufruf (Remote Procedure Call, RPC) möglich. Dabei muss das Element **Body** einem ganz bestimmten Schema entsprechen und bestimmte Parameter enthalten. Üblicherweise wurde der RPC-Stil nur dann verwendet, wenn eine Schnittstelle zu einem Client erforderlich war, der RPC verlangte.
- **Document** Dies ist der Standardstil zur Erstellung von Webdiensten mit Visual Studio. Er wurde zum Bearbeiten unstrukturierter Dokumente eingeführt und ist in Bezug auf die Parameter wesentlich flexibler.

.NET Framework 2.0 bietet einen Attributmechanismus, mit dem Sie die Formatierung Ihrer SOAP-Nachrichten ändern können. Mithilfe dieses Mechanismus können Sie genau steuern, wie die SOAP-Nachricht behandelt wird, ohne diese Nachricht selbst zu ändern. Der Namespace **System.Web.Services.Protocols** enthält die Klassen **SoapDocumentMethodAttribute** (siehe Tabelle 1.3) und **SoapRpcMethodAttribute** (siehe Tabelle 1.4) mit den Methoden **SoapDocumentMethod** und **SoapRpcMethod**. Diese Methoden werden zum Formatieren von SOAP-Nachrichten verwendet, **SoapDocumentMethod** zur Formatierung im **Document**-Stil, **SoapRpcMethod** zur Formatierung im **RPC**-Stil.

Praxistipp

Sara Morgan

Ich habe vor kurzem für eine Firma gearbeitet, die Webdienste zum Echtzeitzugriff auf Remotedaten einsetzt. Remotedaten, da die Daten in der Firmenzentrale in einem anderen Bundesstaat der USA gespeichert sind. Da es vor Ort keine eigentlichen Entwickler gab, mussten Änderungen an den intern entwickelten Anwendungen von externen Dienstleistern vorgenommen werden.

Die Firmenzentrale hatte sich dafür entschieden, die Webdienste im RPC-Stil zu implementieren. Dadurch wurden Webdienst und Client eng miteinander verknüpft. Jedes Mal, wenn ein Entwickler in der Zentrale etwas an einer Webmethodenschnittstelle geändert hat, ist die Anwendung in der Niederlassung abgestürzt, auch wenn es nur eine einfache Änderung wie das Umwandeln eines Parameters von einem Double in eine ganze Zahl war. Bei RPC-codierten Nachrichten ist der Typ in der Nachricht codiert, sodass jede Änderung eines Parametertyps den Vertrag zwischen Webdienst und Client verletzt.

Immer, wenn dieses Problem aufgetreten ist, was eine Zeit lang einmal pro Monat der Fall war, musste mich die Niederlassung zur Lösung des Problems ins Haus bestellen. Meist musste nur eine neue WSDL von der Zentrale angefordert werden, aber die Tatsache, dass die enge Verknüpfung bei jeder kleinen Änderung solche Probleme verursachte, zeigt, wie störanfällig eine solche Lösung sein kann und dass die RPC-Codierung keine Vorteile bringt, wenn Änderungen an der Schnittstelle möglich sind.

Angeben der Parametercodierung

Wie bereits gesagt, erlaubt die SOAP-Spezifikation zwei Formatierungsoptionen: **Style** und **Use**. Das Attribut **Use** bezieht sich auf Webmethodenparameter und -rückgabewerte. Indem Sie Codierungswerte angeben, veranlassen Sie SOAP, einem XML-Element bestimmte Attribute anzuhängen, damit es korrekt identifiziert werden kann. Im vorliegenden Fall kann es auf einen der beiden folgenden Codierungswerte festgelegt werden:

- **Literal** Dieser Standardcodierungswert zeigt an, dass die SOAP-Nachricht so formatiert ist, wie es das Schema vorgibt
- **Encoded** Diese Codierung bedeutet, dass die SOAP-Nachricht gemäß den in der WSDL vorgegebenen XML-Schemadefinitionen formatiert ist. SOAP-Nachrichten, die mit dem Attribut **SoapRpcMethod** formatiert sind, verwenden immer den Wert **Encoded**.

HINWEIS Die Enumeration der Parametercodierung

Zusätzlich zu den Werten **Literal** und **Encoded** kennt .NET Framework 2.0 noch einen dritten Wert in der Enumeration, nämlich **Default**. Der Wert **Default** zeigt an, dass das Attribut **Use** für die SOAP-Nachricht auf eine leere Zeichenfolge festgelegt wird.

Der Namespace **System.Web.Services.Description** enthält die Enumeration **SoapBindingUse**, die es Ihnen ermöglicht, anzugeben, welchen Codierungsstil Ihre Webmethode verwendet. Um diese Enumeration zu verwenden, müssen Sie ganz oben in die Klassendatei Ihres Webdienstes auf diesen Namespace verweisen. Um die Parameterformatierung mithilfe des Codierungsstils für die Webmethode **GetVendorList** vorzugeben, würden Sie Folgendes schreiben:

```
'VB
<SoapDocumentMethod(Use := SoapBindingUse.Encoded), _
    WebMethod(Description:="Retrieve a list of active vendors ordered by name", _
    EnableSession:=False)> _
Public Sub GetVendorList()
    Dim sqlConn As New SqlConnection
    Dim rdr As XmlReader
    Dim ret As String = ""
        '...
End Sub

//C#
[SoapDocumentMethod(Use=SoapBindingUse.Encoded)]
[WebMethod(Description="Retrieve a list of active vendors ordered by name")]
public string GetVendorList() {

    SqlConnection sqlConn;
    XmlReader rdr; 0
    string ret = "";
    //...
}
```

Angeben der Parameterkapselung

Der Namespace **System.Web.Services.Protocols** enthält die Enumeration **SoapParameterStyle**, mit deren Hilfe Sie angeben können, wie die Parameter in einer SOAP-Nachricht formatiert werden. Hierzu gehört ein Vorgang namens *Kapselung*, bei dem bestimmte Member des Objekts verborgen bleiben und nur das Nötigste dem Client zur Verfügung gestellt wird. Sie können einen der folgenden Werte angeben:

- **Bare** Alle Parameter werden in einzelnen XML-Elementen direkt unter dem Element **Body** der SOAP-Nachricht angegeben
- **Default** Zeigt an, dass diese Methode den **SoapParameterStyle** verwendet, der für den gesamten Webdienst gilt. Die Methode erbt also im Grunde den Wert vom Webdienst. Der Standardwert für einen Webdienst ist **Wrapped**.
- **Wrapped** Alle Parameter werden in ein einziges XML-Element gepackt und unter dem Element **Body** der SOAP-Nachricht angegeben

Um die Parameterkapselung mithilfe der Enumeration **SoapParameterStyle** angeben zu können, müssen Sie dafür sorgen, dass ganz oben in der Klassendatei Ihres Webdienstes ein Verweis auf den Namespace **System.Web.Services.Protocols** steht. Mithilfe des folgenden Codes können Sie dann unter Verwendung des Attributs **SoapDocumentMethod** den Parameter angeben:

```
'VB
<SoapDocumentMethod(ParameterStyle := SoapParameterStyle.Bare, _
    Use := SoapBindingUse.Literal), _
```

```
    WebMethod(Description:="Retrieve a list of active vendors ordered by name", _
    EnableSession:=False)> _
Public Sub GetVendorList()
    Dim sqlConn As New SqlConnection
    Dim rdr As XmlReader
    Dim ret As String = ""
    '...
End Sub

//C#
[SoapDocumentMethod(ParameterStyle=SoapParameterStyle.Bare,
    Use=SoapBindingUse.Literal)]
[WebMethod(Description="Retrieve a list of active vendors ordered by name")]
public string GetVendorList() {

    SqlConnection sqlConn;
    XmlReader rdr;
    string ret = "";
    //...
}
```

Konfigurieren von SOAP-Bindungen

In .NET Framework 2.0 wird das WS-I Basic Profile unterstützt. Es wurde von der Web Services Interoperability Organization entwickelt und soll gewährleisten, dass Webdienste für die „Praxis" erstellt werden.

HINWEIS Web Services Interoperability Organization

Weitere Informationen über WS-I erhalten Sie auf der Website *http://www.ws-i.org/deliverables/workinggroup.aspx?wg=basicprofile.*

Sie können einen Webdienst erstellen, der mit dem WS-I Basic Profile kompatibel ist, indem Sie das Attribut **WebServiceBinding** auf die Klassendatei Ihres Webdienstes anwenden. Die Klasse **WebServiceBindingAttribute** (siehe Tabelle 2.1) ermöglicht es Ihnen, eine oder mehrere Bindungen für Ihren Webdienst zu deklarieren. *Bindungen* stellen sicher, dass Ihr Webdienst gewisse Spezifikationen erfüllt.

Webdienste, die mithilfe der Webdienstvorlage erstellt wurden, sind standardmäßig WS-I-kompatibel, wie an dem Attribut **WebServiceBinding** erkennbar ist, das in Kapitel 1 der Datei *Service.asmx* hinzugefügt wurde. Der folgende Code kann verwendet werden, um den im vorigen Kapitel erstellten Webdienst WS-I-kompatibel zu machen und zu gewährleisten, dass diese Kompatibilitätsanforderung auch in die WSDL zu diesem Webdienst aufgenommen wird:

```
'VB
<WebServiceBinding(ConformsTo:=WsiProfiles.BasicProfile1_1, _
    EmitConformanceClaims:=True)> _
<WebService(Namespace:="http://tempuri.org/")>
```

```
//C#
[WebServiceBinding(ConformsTo=WsiProfiles.BasicProfile1_1,
    EmitConformanceClaims=true)]
[WebService(Namespace = "http://tempuri.org/")]
```

Tabelle 2.1 Öffentliche Eigenschaften der Klasse **WebServiceBindingAttribute**

Name	Beschreibung
ConformsTo	Ruft die WS-I-Spezifikation ab, der die Bindung entspricht, oder legt sie fest. Diese Eigenschaft ist bei .NET Framework 2.0 neu.
EmitConformanceClaims	Diese Eigenschaft, ebenfalls neu in .NET Framework 2.0, ruft einen booleschen Wert ab, der anzeigt, ob die Bindung Konformitätsanforderungen ausgibt, oder legt ihn fest
Locations	Ruft den Speicherort ab, an dem die Bindung definiert ist, oder legt ihn fest. Diese Eigenschaft wird standardmäßig auf den URL für den Webdienst festgelegt.
Name	Ruft den Namen der Bindung ab oder legt ihn fest. Standardmäßig ist diese Eigenschaft der Name des Webdienstes mit dem Anhang „Soap".
Namespace	Ruft den Namespace der Bindung ab oder legt ihn fest. Standardmäßig ist diese Eigenschaft auf **http://tempuri.org** festgelegt.
TypeID	Ruft eine eindeutige Kennung ab, die zur Ermittlung des Attributs verwendet wird, wenn es in einer abgeleiteten Klasse implementiert wird

Angeben einer Bindung für jede Webmethode

In manchen Fällen sollten mehrere Bindungen für einen Webdienst eingerichtet werden. Um festzustellen, welche Bindung zu welcher Webmethode gehört, verwenden Sie die Eigenschaft **Binding** des Attributs **SoapDocumentMethod**. Der folgende Code ist ein Beispiel eines Webdienstes, der zwei verschiedene Bindungen verwendet und jeder seiner beiden Webmethoden eine davon zuweist:

```
'VB
WebServiceBinding(Name := "BindingCompany1", _
    Namespace := "http://www.company1.com/MyBinding"), _
WebServiceBinding(Name := "BindingCompany2", _
    Namespace := "http://www.company2.com/MyBinding"> _
Public Class MultipleBindings

    <SoapDocumentMethod(Binding := "BindingCompany1"), _
    WebMethod(Description := "Binding used when calling the first Web method")> _
    Public Function BindingMethod1() As String
        Return "Calling Binding Method 1"
    End Function

    <SoapDocumentMethod(Binding := "BindingCompany2"), _
    WebMethod(Description := "Binding used when calling the second Web method")> _
    Public Function BindingMethod2() As String
        Return "Calling Binding Method 2"
```

```
    End Function

End Class
```

```
//C#
[WebServiceBinding(Name="BindingCompany1",
    Namespace="http://www.company1.com/MyBinding")]

[WebServiceBinding(Name="BindingCompany2",
    Namespace="http://www.company2.com/MyBinding")]
public class MultipleBindings {

    [SoapDocumentMethod(Binding="BindingCompany1")]
    [WebMethod(Description="Binding used when calling the first Web method")]
    public string BindingMethod1() {
        return "Calling Binding Method 1";
    }

    [SoapDocumentMethod(Binding="BindingCompany2")]
    [WebMethod(Description="Binding used when calling the second Web method") ]
    public string BindingMethod2() {
        return "Calling Binding Method 2";
    }
}
```

Anpassen von SOAP-Nachrichten durch XML-Serialisierung

Der Namespace **System.Xml.Serialization** enthält die Klasse **XmlSerializer**, den zugrunde liegenden Transportmechanismus für die mit .NET Framework 2.0 erstellten Webdienste. Mithilfe dieser Klasse ordnet der ASMX-Handler den XML-Code in einer SOAP-Nachricht einem tatsächlichen .NET-Objekt zu, und zwar über einen Prozess namens *Serialisierung*. *Deserialisierung* ist der Prozess, der aus XML ein .NET-Objekt generiert.

Die Klasse **XmlSerializer** kann verwendet werden, um SOAP-Nachrichten mithilfe des Attributs **XmlElement** anzupassen. Durch Steuern von XML können Sie auf Klassenmember und Methodenparameter spezielle Attribute anwenden. Tabelle 2.2 zeigt die öffentlichen Eigenschaften der Klasse **XmlSerializer**.

Tabelle 2.2 Öffentliche Methoden der Klasse **XmlSerializer**

Name	Beschreibung
CanDeserialize	Ruft einen booleschen Wert ab, der anzeigt, ob das XML-Dokument deserialisiert werden kann
Deserialize	Deserialisiert das Dokument für einen **Stream**, **TextReader**, **XmlReader**, **XmlSerializationReader** oder **String**
Equals	Ermittelt, ob zwei Objekte gleich sind
FromMappings	Ruft von den angegebenen Zuordnungen eine Instanz der Klasse **XmlSerializer** ab

Tabelle 2.2 Öffentliche Methoden der Klasse **XmlSerializer** *(Fortsetzung)*

Name	Beschreibung
FromTypes	Ruft ein Array von **XmlSerializer**-Objekttypen ab
GenerateSerializer	Gibt eine Assembly von Serialisierungsprogrammen zurück
GetHashCode	Wird in Hashalgorithmen verwendet und stellt eine Hashfunktion für einen bestimmten Typ dar
GetType	Ruft den Typ der aktuellen Instanz ab
GetXmlSerializerAssemblyName	Ruft den Namen der zum Serialisieren oder Deserialisieren der Typen verwendeten Assembly ab
Serialize	Serialisiert ein Objekt in ein XML-Dokument
ToString	Ruft das referenzierte Objekt als Zeichenfolge ab

Ändern eines Elementnamens durch Serialisierung

Mithilfe der Klasse **XmlElementAttribute** können Sie die Serialisierung Ihrer Objekte überschreiben und bestimmte Felder umbenennen. So können Sie den Namen eines Elements mithilfe einer Variablen nach Wunsch festlegen und erhalten eine bessere Steuerung des XML-Codes, den Ihre Webmethode generiert.

Angenommen, Sie haben eine Klasse namens **Vendor**, die XML für eine Ihrer Webmethoden generiert. Diese Klasse könnte folgendermaßen aussehen:

```
'VB
Public Class Vendor
    Public VendorID As Integer
    Public AccountNumber As String
    Public Name As String
End Class

//C#
public class Vendor
{
    public int VendorID;
    public string AccountNumber;
    public string Name;
}
```

Wenn Sie mit dieser Klasse XML für Ihre Webmethode generieren, sieht die Ausgabe etwa so aus:

```
<Vendor>
    <VendorID>9</VendorID>
    <AccountNumber>ADATUM0001</AccountNumber>
    <Name>A. Datum Corporation</Name>
</Vendor>
```

Wenn Sie den Elementnamen **AccountNumber** in **ReferenceNumber** umändern möchten, müssen Sie als Erstes den Klassen **System.Xml.Serialization** und **System.IO** Verweise hinzufügen:

```
'VB
Imports System.Xml.Serialization
Imports System.IO

//C#
using System.Xml.Serialization;
using System.IO;
```

Danach müssen Sie eine Instanz der Klasse **XmlElementAttribute** erstellen und Ihrem Element einen alternativen Namen zuweisen. Dann fügen Sie Ihr Element der Klasse **XmlAttributes** hinzu und erstellen eine Instanz der Klasse **XmlAttributesOverrides**, die verwendet werden kann, um das zu ändernde Element anzugeben. Nachdem den Feldern von **Vendor** Werte zugewiesen wurden, können Sie den XML-Stream mit einer neuen Instanz der Klasse **XmlSerializer** mithilfe des folgenden Codes in ein XML-Dokument serialisieren:

```
'VB
' Eine Instanz der Klasse XmlElementAttribute erstellen
Dim myElementAttribute As New XmlElementAttribute

' Den alternativen Elementnamen definieren
myElementAttribute.ElementName = "ReferenceNumber"

' Eine Instanz der Klasse XmlAttributes erstellen
Dim myAttributes As New XmlAttributes

' Das neue Elementattribut hinzufügen
myAttributes.XmlElements.Add(myElementAttribute)

' Eine Instanz der Klasse XmlAttributeOverrides erstellen
Dim myOverrides As New XmlAttributeOverrides

' Angeben, welches Objekt überschrieben werden soll
myOverrides.Add(GetType(Vendor), "AccountNumber", myAttributes)

' Eine Instanz der Klasse XmlSerializer erstellen
Dim mySerializer As New XmlSerializer(GetType(vendor), myOverrides)

' Eine neue Instanz der Klasse Vendor erstellen und die Werte festlegen
Dim Ven As New Vendor
Ven.VendorID = 9
Ven.AccountNumber = "ADATUM0001"
Ven.Name = "A. Datum Corporation"

' Einen StreamWriter erstellen, in den der XML-Stream geschrieben wird
Dim myWriter As New StreamWriter("Vendor.xml")

' Das Objekt in ein XML-Dokument serialisieren
mySerializer.Serialize(myWriter, Ven)
```

```
//C#
// Eine Instanz der Klasse XmlElementAttribute erstellen
XmlElementAttribute myElementAttribute = new XmlElementAttribute();

// Den alternativen Elementnamen definieren
myElementAttribute.ElementName = "ReferenceNumber";

// Eine Instanz der Klasse XmlAttributes erstellen
XmlAttributes myAttributes = new XmlAttributes();

// Das neue Elementattribut hinzufügen
myAttributes.XmlElements.Add(myElementAttribute);

// Eine Instanz der Klasse XMLAttributeOverrides erstellen
XmlAttributeOverrides myOverrides = new XmlAttributeOverrides();

// Angeben, welches Objekt überschrieben werden soll
myOverrides.Add(typeof(Vendor), "AccountNumber", myAttributes);

// Eine Instanz der Klasse XmlSerializer erstellen
XmlSerializer mySerializer = new XmlSerializer(typeof(Vendor), myOverrides);

// Eine neue Instanz der Klasse Vendor erstellen und die Werte festlegen

Vendor Ven = new Vendor();
Ven.VendorID = 9;
Ven.AccountNumber = "ADATUM0001";
Ven.Name = "A. Datum Corporation";

// Einen StreamWriter erstellen, in den der XML-Stream geschrieben wird
StreamWriter myWriter = new StreamWriter("Vendor.xml");

// Das Objekt in ein XML-Dokument serialisieren
mySerializer.Serialize(myWriter, Ven);
```

Übung 1: Konfigurieren von SOAP-Nachrichten

In dieser Übung lernen Sie Schritt für Schritt, wie Sie mit .NET Framework 2.0 SOAP-Nachrichten methodenbasiert konfigurieren können. Das in Übung 1 von Kapitel 1 erstellte Webdienstprojekt wird weitergeführt und es werden zwei Webmethoden erstellt, die die Ergebnisse der Codierung Ihrer SOAP-Nachrichten vergleichen. Welchen Code die Webmethode enthält ist nicht wichtig. Wichtig ist lediglich das Format der SOAP-Nachricht, das von der verwendeten Codierungsmethode abhängt. Wenn Sie diese Übung durchgearbeitet haben, werden Sie in der Lage sein, SOAP-Nachrichten für jede Webmethode miteinander zu vergleichen. Falls Sie bei einer Übung auf Probleme stoßen, können Sie sich das fertige Projekt auf der Begleit-CD im Ordner **Code** ansehen

1. Öffnen Sie Visual Studio 2005 und laden Sie das in Übung 1 von Kapitel 1 erstellte Projekt *MyWebService*.

2. Klicken Sie mit der rechten Maustaste auf die Datei *MyWebService.cs* (oder *MyWebService.vb*) und klicken Sie dann auf *Code anzeigen*. Löschen Sie folgende Codezeile am Anfang der Klassendatei *MyWebService.asmx*:

```
'VB
<WebServiceBinding(ConformsTo:=WsiProfiles.BasicProfile1_1)> _

//C#
[WebServiceBinding(ConformsTo = WsiProfiles.BasicProfile1_1)]
```

3. Fügen Sie folgenden Code unter der letzten Webmethode in der Klassendatei *MyWebService.asmx* hinzu:

```
'VB
<WebMethod(Description:="Get a Return Value, but use the default use of Literal")> _
Public Function GetReturnValue(ByVal parm1 As Integer, ByVal parm2 As String) As String
    Return Convert.ToString(parm1) + parm2
End Function

<SoapDocumentMethod(Use:=SoapBindingUse.Encoded)> _
<WebMethod(Description:="Get a Return Value, but set the use attribute to be encoded")> _
Public Function GetReturnValueEncoded(ByVal parm1 As Integer, _
    ByVal parm2 As String) As String

    Return Convert.ToString(parm1) + parm2
End Function

//C#
[WebMethod(Description = "Get a Return Value, but use the default use of Literal")]
public string GetReturnValue(int parm1, string parm2)
{
    return Convert.ToString(parm1) + parm2;
}

[SoapDocumentMethod(Use = SoapBindingUse.Encoded)]
[WebMethod(Description = "Get a Return Value, but set the use attribute to be encoded")]
public string GetReturnValueEncoded(int parm1, string parm2)
{
    return Convert.ToString(parm1) + parm2;
}
```

4. Erstellen Sie das Projekt und beseitigen Sie eventuelle Fehler.
5. Klicken Sie mit der rechten Maustaste im Projektmappen-Explorer auf das Projekt *MyWebService* und klicken Sie dann auf *Als Startprojekt festlegen*.
6. Klicken Sie mit der rechten Maustaste im Projektmappen-Explorer auf die Datei *MyWebService.asmx* und klicken Sie dann auf *Als Startseite festlegen*.
7. Drücken Sie STRG+F5, um ohne Debuggen zu starten. Nun öffnet sich Ihr Webbrowser und zeigt auf die Datei *MyWebService.asmx* in Ihrem lokalen Webdienstprojekt. Sie werden auf die Dienst-

hilfeseite zu Ihrem Webdienst geleitet. Diese müsste Links zu folgenden drei Methoden anzeigen: **GetReturnValue**, **GetReturnValueEncoded** und **GetVendorList**.

8. Wenn Sie auf die Links der ersten beiden Methoden klicken, gelangen Sie zu den zugehörigen Hilfeseiten der Dienstmethode. Hier können Sie die SOAP-Beispielnachrichten für die Webmethoden vergleichen. Beachten Sie, dass das Element **Body** der Webmethode **GetReturnValueEncoded** folgendermaßen erscheinen wird:

```
<types:GetReturnValueEncoded xsi:type="types:GetReturnValueEncoded">
    <parm1 xsi:type="xsd:int">int</parm1>
    <parm2 xsi:type="xsd:string">string</parm2>
</types:GetReturnValueEncoded>
```

9. Das Element **Body** der Webmethode **GetReturnValue** sieht folgendermaßen aus:

```
<GetReturnValue xmlns="http://www.mycompany.com/">
    <parm1>int</parm1>
    <parm2>string</parm2>
</GetReturnValue>
```

Zusammenfassung der Lektion

- Auf der Hilfeseite der Dienstmethode können Sie jede öffentliche Webmethode aufrufen. Diese Seite zeigt auch Beispiele für SOAP-Anforderungs- und Antwortnachrichten für die beiden SOAP-Spezifikationen 1.1 und 1.2. an.
- **Envelope** ist das höchste Element in einer SOAP-Nachricht. Es kann optional ein **Header**-Element und muss ein **Body**-Element enthalten.
- **Style** und **Use** sind die beiden Formatierungsattribute für SOAP-Nachrichten
- **RPC** und **Document** sind die beiden verfügbaren Werte für das Attribut **Style**. In .NET Framework 2.0 können diese Werte über einen Attributmechanismus geändert werden. Hierzu werden die Attribute **SoapRpcMethod** und **SoapDocument** verwendet.
- Für das Attribut **Use** stehen die beiden Werte **Literal** und **Encoded** zur Angabe der Parametercodierung zur Verfügung. Der Standardwert ist **Literal**.
- **Bare**, **Default** und **Wrapped** sind die Enumerationswerte, mit denen die Kapselung der Parameter angegeben werden kann
- Mit der Klasse **WebServiceBindingAttribute** können eine oder mehrere Bindungen angegeben werden. So können Sie Ihre Webdienstkomponenten an das WS-I Basic Profile anpassen.
- Webdienste verwenden einen zweistufigen Prozess, bestehend aus Serialisierung und Deserialisierung, um den von Webmethoden generierten XML-Code auf .NET-Objekte abzubilden. Die Klasse **XmlSerialization** aus dem Namespace **System.Xml.Serialization** kann zum Anpassen der von Ihren Webmethoden generierten SOAP-Nachrichten verwendet werden.

Lernzielkontrolle

Mit den folgenden Fragen können Sie Ihr Wissen zu den Informationen aus Lektion 1, „Konfigurieren von SOAP-Nachrichten“, überprüfen. Die Fragen finden Sie (in englischer Sprache) auch auf der Begleit-CD, Sie können sie also auch auf dem Computer im Rahmen eines Übungstests beantworten.

HINWEIS Die Antworten

Die Antworten auf diese Fragen mit Erklärungen, warum die jeweiligen Auswahlmöglichkeiten richtig oder falsch sind, finden Sie im Abschnitt „Antworten“ am Ende dieses Buchs.

1. Aus welchen drei Hauptteilen besteht eine SOAP-Nachricht?
   a. SOAP-Nachrichten, die nach der SOAP 1.1-Spezifikation formatiert sind, können die Elemente **Header**, **Action** und **Body** enthalten.
   b. SOAP-Nachrichten, die nach der SOAP-Spezifikation 1.1 oder 1.2 formatiert sind, können die Elemente **Header**, **Action** und **Body** enthalten.
   c. SOAP-Nachrichten, die nach der SOAP-Spezifikation 1.1 oder 1.2 formatiert sind, müssen die Elemente **Envelope**, **Header** und **Body** enthalten.
   d. SOAP-Nachrichten, die nach der SOAP-Spezifikation 1.1 oder 1.2 formatiert sind, können die Elemente **Envelope**, **Header** und **Body** enthalten.
2. Welchen Zweck hat der Wert **Encoded** in der Formatierung von SOAP-Nachrichten?
   a. Dieser Codierungswert bedeutet, dass die SOAP-Nachricht gemäß den in der WSDL vorgegebenen XML-Schemadefinitionen formatiert wird.
   b. Dieser Codierungswert zeigt an, dass die Webmethode durch eine Verschlüsselungsmethode gesichert wird.
   c. Dies ist der Standardwert für die Parametercodierung.
   d. Dies ist der Standardwert für die Parameterkapselung.
3. Bestimmen Sie den Visual Basic-Code, der angibt, dass ein Webdienst mit dem WS-I Basic Profile kompatibel ist.

   a.

```
<WebServiceBinding(Conformance:=WsiProfiles.BasicProfile1_1, _
EmitConformanceClaims:=True)>
```

   b.

```
<WebServiceBinding(ConformsTo:=WsiProfiles.BasicProfile1_1, _
EmitConformanceClaims:=True)>
```

   c.

```
<WebServiceBinding(Conformance:=WsiProfiles.BasicProfile1)>
```

d.

```
<WebServiceBinding(BindingName:=Binding1,ConformsTo:= _
WsiProfiles.BasicProfile1_1, EmitConformanceClaims:=True)>
```

4. Mit welcher öffentlichen Methode der Klasse **XmlSerializer** wird ein Objekt in ein XML-Dokument serialisiert?
   a. ToSerial
   b. Deserialize
   c. Serialize
   d. XmlSerialize

Lektion 2: Implementieren von SOAP-Headern

Diese Lektion behandelt die verschiedenen Möglichkeiten zur Implementierung eines benutzerdefinierten SOAP-Headers. Zuerst wird definiert, was ein SOAP-Header ist und welche Informationen er normalerweise enthält. Dann wird gezeigt, wie ein Headerblock mithilfe des Attributs **WebMethod** angegeben werden kann. Danach wird eine benutzerdefinierte Klassendatei erstellt, die vom Namespace **System.Web.Services.Protocols.SoapHeader** erbt. Die Webmethode, die den benutzerdefinierten SOAP-Header implementiert, verweist über das Attribut **SoapHeader** auf die benutzerdefinierte Klassendatei.

Am Ende dieser Lektion werden Sie in der Lage sein, die folgenden Aufgaben auszuführen:

- Erklären, welche Grundelemente zu einem SOAP-Header gehören
- Erklären, wie eine benutzerdefinierte SOAP-Headerklasse hinzugefügt wird
- Erstellen eines Clients, der den SOAP-Header verarbeitet
- Erklären, wie unbekannte SOAP-Header behandelt werden

Veranschlagte Zeit für diese Lektion: 30 Minuten

Was ist ein SOAP-Header?

Ein Header ist eines der drei Elemente, die eine SOAP-Nachricht enthalten kann. Nach den SOAP-Spezifikationen 1.1 und 1.2 ist das Element **Header** optional. Aus Lektion 1 wissen Sie vielleicht noch, dass eine SOAP-Nachricht bis zu drei Elemente enthalten kann: **Envelope** (das Stammelement), **Header** (das einzige optionale Element) und **Body** (der den Hauptteil der Nachricht enthält).

Wenn ein **Header** verwendet wird, sollte er direkt unter dem Element **Envelope** stehen. In der Regel sollte der **Header** *Metadaten* enthalten, die beschreiben, was im **Body** der Nachricht enthalten ist. Das Element kann auch angeben, wie eine SOAP-Anforderung verarbeitet werden soll. In vielen Fällen enthält das Element Informationen über Authentifizierung und Transaktionen. Laut SOAP-Spezifikation können in einem **Header**-Element drei Attribute verwendet werden:

- **encodingStyle** Gibt an, wie die Daten codiert sein sollten. Dieses Attribut wird angewendet, wenn der Header Authentifizierungsanforderungen behandelt.
- **actor/role** Gibt an, welcher Knoten den Headerblock verarbeitet. In der SOAP-Spezifikation 1.2 wurde dieses Attribut in **role** umbenannt.
- **mustUnderstand** Binärwert, der angibt, ob der Block bestimmten Spezifikationen entspricht

Das Element **Header** kann mehrere Headerblöcke enthalten, die jeweils einen eigenen, eindeutigen Namespace haben müssen. Das folgende Beispiel zeigt, wie ein einzelner SOAP-Headerblock für eine Webmethode namens **GetPurchaseTotal** aussehen könnte.

```
<?xml version="1.0" encoding="utf-8"?>
<soap12:Envelope xmlns:xsi=http://www.w3.org/2001/XMLSchema-instance"
  xmlns:xsd=http://www.w3.org/2001/XMLSchema
```

```
  xmlns:soap12="http://www.w3.org/2003/05/soap-envelope">
  <soap12:Header>
    <ShipMethod>5</ShipMethod>
  <soap12:Body>
    <GetPurchaseTotal xmlns="http://www.mycompany.com/" />
  </soap12:Body>
</soap12:Envelope>
```

Hinzufügen einer benutzerdefinierten SOAP-Headerklasse

Um einer öffentlichen Webmethode einen SOAP-Header hinzuzufügen, müssen Sie eine Klasse erstellen, die von der Klasse **System.Web.Services.Protocols.SoapHeader** erbt. Wenn Sie beispielsweise der obigen Methode **GetPurchaseTotal** einen Header hinzufügen möchten, müssen Sie zuerst eine Klasse wie diese erstellen:

```
'VB
Public Class VendorHeader
    Inherits System.Web.Services.Protocols.SoapHeader
    Public ShipMethod As ShipMethods
    Public Enum ShipMethods
        TruckGround = 1
        Express = 2
        OverseasDeluxe = 3
        OvernightFast = 4
        CargoTransport = 5
    End Enum
End Class

//C#
public class VendorHeader : System.Web.Services.Protocols.SoapHeader
{
    public ShipMethods ShipMethod;
    public enum ShipMethods {
        TruckGround=1,
        Express=2,
        OverseasDeluxe=3,
        OvernightFast=4,
        CargoTransport=5
    }
}
```

Die erste Codezeile dieser Klasse erbt von der Klasse **SoapHeader**. Außerdem enthält die Klasse eine Enumerationsvariable namens **ShipMethods**. Diese Variable enthält die möglichen Werte, auf die die SOAP-Headervariable festgelegt werden könnte. Im nächsten Schritt wird auf die Klasse **VendorHeader** als öffentliche Membervariable in der Klassendatei des Webdienstes verwiesen:

```
'VB
Public ShipMethod As VendorHeader
```

```
//C#
public VendorHeader ShipMethod;
```

Die **WebMethod**-Deklaration der neu erstellten Webmethode **GetPurchaseTotal** enthält das Attribut **SoapHeader**. Hier wird die neue Webmethode der weiter oben erstellten, benutzerdefinierten SOAP-Headerklasse zugeordnet. Diese Deklaration wird durch folgenden Code dargestellt:

```
'VB
<WebMethod(Description:="Retrieve Summed Purchase information for " + _
    "a specific vendor within a certain time range. Also the Shipment Method " + _
    "will be considered as an optional parameter passed through the SOAP header"), _
    SoapHeader("ShipMethod", Direction:=SoapHeaderDirection.InOut)>
Public Function GetPurchasingTotal(ByVal VendorID As Integer, ByVal StartDate As DateTime, _
    ByVal EndDate As DateTime) As String

//C#
[WebMethod(Description = "Retrieve Summed Purchase information for " +
    "a specific vendor within a certain time range. Also the Shipment Method " +
    "will be considered as an optional parameter passed through the SOAP header"),
    SoapHeader("ShipMethod", Direction=SoapHeaderDirection.InOut)]
public string GetPurchaseTotal(int vendorID, DateTime startDate,
        DateTime endDate)
```

Das Attribut **SoapHeader** gibt den Inhalt des optionalen **Header**-Elements an. Sein erster Parameter, **ShipMethod**, ist der Membername für den Header. Dieser Parameter sollte auf denselben Namen festgelegt werden, wie die Variable, die in der Klasse definiert wurde.

Als Zweites wird der Parameter **Direction** im **SoapHeader** angegeben. Die Eigenschaft **Direction** gibt an, ob der SOAP-Header für den Webdienst, für den Webclient oder für beide gedacht ist. Diese Eigenschaft kann einen der folgenden vier Werte akzeptieren:

- **In** Gibt an, dass der Header nur für den Webdienst gilt. Dies ist der Standardwert der Eigenschaft.
- **Out** Gibt an, dass der Header nur für den Webdienstclient gilt
- **InOut** Gibt an, dass der Header für den Webdienst und den Webdienstclient gilt
- **Fault** Gibt an, dass der SOAP-Header an den Client gesendet wird, wenn der Webdienst eine Ausnahme auslöst

Der Code der Webmethode **GetPurchasingTotal** kann über die Variable **ShipMethod**, die in der Klassendatei definiert wurde, auf die Liefermethode zugreifen. Folgender Code verweist auf diese öffentliche Variable und legt eine Standardliefermethode fest, wenn der Client keine übergibt:

```
'VB
If ShipMethod Is Nothing Then
    ShipMethod = New VendorHeader()
    ShipMethod.ShipMethod = VendorHeader.ShipMethods.CargoTransport
End If

//C#
if (ShipMethod == null)
```

```
{
    ShipMethod = new VendorHeader();
    ShipMethod.ShipMethod = VendorHeader.ShipMethods.CargoTransport;
}
```

Der restliche Code in der Webmethode **GetPurchasingTotal** führt eine SQL Server-Abfrage aus, die die Gesamtbeträge des Einkaufs anhand der Eingabekriterien zurückgibt. Das Ergebnis der Webmethode wäre eine XML-Zeichenfolge wie diese:

```
<Purchasing.PurchaseOrderHeader SumSubTotal="572.1660" SumTaxAmt="45.7732"
    SumFreight="14.3040" SumTotalDue="632.2432" />
```

Wenn Sie Ihren Webdienst mit der neuen Webmethode kompilieren, zeigt die Hilfeseite zum Webdienst einen Link zur Webmethode **GetPurchaseTotal** an. Ein Klick auf diesen Link bringt Sie dann zur Hilfeseite der Dienstmethode, wo Sie die Methode aufrufen und außerdem einige SOAP-Beispielnachrichten anschauen können. Die resultierende SOAP-Nachricht für beide Versionen von SOAP würde dann folgendermaßen aussehen:

SOAP-Version 1.1

```
POST /MyWebService/Service.asmx HTTP/1.1
Host: localhost
Content-Type: text/xml; charset=utf-8
Content-Length: length
SOAPAction: http://tempuri.org/GetPurchaseTotal"

<?xml version="1.0" encoding="utf-8"?>
<soap:Envelope xmlns:xsi=http://www.w3.org/2001/XMLSchema-instance"
  xmlns:xsd=http://www.w3.org/2001/XMLSchema"
   mlns:soap="http://schemas.xmlsoap.org/soap/envelope/">
  <soap:Header>
    <VendorHeader xmlns="http://tempuri.org/">
      <ShipMethod>TruckGround or Express or OverseasDeluxe or OvernightFast
        or CargoTransport</ShipMethod>
    </VendorHeader>
  </soap:Header>
  <soap:Body>
    <GetPurchaseTotal xmlns="http://tempuri.org/">
      <vendorID>int</vendorID>
      <startDate>dateTime</startDate>
      <endDate>dateTime</endDate>
      <ShipMethodID>int</ShipMethodID>
    </GetPurchaseTotal>
  </soap:Body>
</soap:Envelope>
```

SOAP-Version 1.2

```
POST /MyWebService/Service.asmx HTTP/1.1
Host: localhost
Content-Type: application/soap+xml; charset=utf-8
Content-Length: length

<?xml version="1.0" encoding="utf-8"?>
<soap12:Envelope xmlns:xsi=http://www.w3.org/2001/XMLSchema-instance"
  xmlns:xsd=http://www.w3.org/2001/XMLSchema"
    xmlns:soap12="http://www.w3.org/2003/05/soap-envelope">
  <soap12:Header>
    <VendorHeader xmlns="http://tempuri.org/">
      <ShipMethod>TruckGround or Express or OverseasDeluxe or OvernightFast
        or CargoTransport</ShipMethod>
    </VendorHeader>
  </soap12:Header>
  <soap12:Body>
    <GetPurchaseTotal xmlns="http://tempuri.org/">
      <vendorID>int</vendorID>
      <startDate>dateTime</startDate>
      <endDate>dateTime</endDate>
      <ShipMethodID>int</ShipMethodID>
    </GetPurchaseTotal>
  </soap12:Body>
</soap12:Envelope>
```

Erstellen eines Clients, der den SOAP-Header verarbeitet

Damit der neu erstellte SOAP-Header einen Nutzen hat, muss er vom Client Ihres Webdienstes verarbeitet werden. Um sich diese Verarbeitung anzuschauen, können Sie Ihrer Webdienst-Projektmappe ein ASP.NET-Projekt hinzufügen, das den benutzerdefinierten SOAP-Header testet.

In Lektion 3 von Kapitel 1 wurden Möglichkeiten zum Testen und Verwenden von Webdiensten vorgestellt. Eine Möglichkeit besteht darin, eine Clientanwendung zu erstellen, die Webmethoden Ihres Webdienstes verwendet. Hierzu müssen Sie ein neues ASP.NET-Projekt hinzufügen und einen Webverweis auf den Webdienst in Ihrer Projektmappe erstellen. Dann können Sie die Code-Behind-Datei *Default.aspx* für die Webseite hinzufügen.

Nachdem Visual Studio den Webverweis in Ihrem Clientprojekt erstellt hat, können Sie Code hinzufügen, der ein neues Objekt der Klasse **VendorHeader** instanziert und die Eigenschaft **ShipMethod** festlegt:

```
'VB
Dim wsHeader As New MyWebService.VendorHeader
wsHeader.ShipMethod = MyWebService.ShipMethods.TruckGround

//C#
MyWebService wsHeader = new MyWebService.VendorHeader();
wsHeader.ShipMethod = MyWebService.ShipMethods.TruckGround;
```

Da Sie nun den Verweis auf die benutzerdefinierte SOAP-Headerklasse eingefügt und die Eigenschaft festgelegt haben, können Sie ein Objekt erstellen, das auf den Webdienst zeigt. Im nun folgenden Code ordnen Sie das neue Headerobjekt dem Header für den Webdienst zu:

```
'VB
Dim ws As New MyWebService.MyWebService
ws.VendorHeaderValue = wsHeader

//C#
MyWebService ws = new MyWebService.MyWebService();
ws.VendorHeaderValue = wsHeader();
```

Der letzte Schritt bei der Übergabe eines benutzerdefinierten SOAP-Headers ist der Aufruf der Webmethode für den Webdienst. Die Webmethode **GetPurchasingTotal** akzeptiert Werte, die als Parameter übergeben werden, sowie die mit dem optionalen SOAP-Header übergebene Liefermethode. Zuletzt wird folgender Code benötigt, um Ihre Webmethode aufzurufen und die Ergebnisse auf einem Formular auf der Webseite *Default.aspx* anzuzeigen:

```
'VB
Dim ret As String
ret = ws.GetPurchasingTotal(1, "01.09.03", "30.09.03")
lblDisplay.Text = ret

//C#
string ret;
ret = ws.GetPurchasingTotal(1, "01.09.03", "30.09.03");
lblDisplay.Text = ret;
```

Behandeln unbekannter SOAP-Header

Im obigen Beispiel war bekannt, dass der SOAP-Header eine Eigenschaft enthielt, mit der wir die optionale Liefermethode übergeben konnten. Doch es sind auch Fälle vorstellbar, in denen der Webdienstclient nicht weiß, was er dem SOAP-Header übergeben muss. Zum Glück kann ein SOAP-Header auch als **unknown** deklariert werden.

Die SOAP-Spezifikation ermöglicht es, ein Attribut namens **mustUnderstand** festzulegen, wenn eine Anforderung vom Client an den Webserver übergeben wird. Indem Sie diese Eigenschaft wie im folgenden Code auf **true** festlegen (ihr Standardwert ist **false**), zeigen Sie an, dass ein Webdienst eine Ausnahme auslösen soll, wenn er einen SOAP-Header empfängt, den er nicht versteht:

```
'VB
wsHeader.MustUnderstand = True

//C#
wsHeader.MustUnderstand = true;
```

Wenn der Webdienst den SOAP-Header versteht, sollte er die Eigenschaft **DidUnderstand** auf **true** festlegen. Ist die Eigenschaft **DidUnderstand** auf **false** festgelegt, löst ASP.NET eine Ausnahme vom

Typ **SoapHeaderException** aus. Da ASP.NET standardmäßig annimmt, dass der SOAP-Header erfolgreich verarbeitet wurde, wird die Ausnahme nur dann ausgelöst, wenn diese Eigenschaft **false** ist.

Um die Eigenschaft **DidUnderstand** auf **true** festzulegen, müssen Sie zuerst Ihrem Webdienst eine **SoapUnknownHeader**-Variable hinzufügen. Die Klasse **SoapUnknownHeader** kann alle Daten darstellen, die vom Client empfangen wurden, aber nicht verstanden werden. Um diese Klasse zu verwenden, müssen Sie zuerst wie im folgenden Code eine neue Variable erstellen und ganz oben in der Klassendatei angeben:

```
'VB
Public unknownHeader() As SoapUnknownHeader

//C#
public SoapUnknownHeader unknownHeader;
```

Als Nächstes fügen Sie Ihrer Webmethode Code für den Empfang unbekannter Header hinzu. Wenn Sie **unknownHeader** auf die oben erstellte Webmethode **GetPurchasingTotal** anwenden, sieht die neue Webmethodendeklaration folgendermaßen aus:

```
'VB
<WebMethod(Description:="Retrieve Summed Purchase information for " + _
    "a specific vendor within a certain time range. Also the Shipment Method " + _
    "will be considered an optional parameter passed through the SOAP header"), _
    SoapHeader("ShipMethod", Direction:=SoapHeaderDirection.InOut), _
    SoapHeader("unknownHeader")> _
Public Function GetPurchasingTotal(ByVal VendorID As Integer, ByVal StartDate As DateTime, _
    ByVal EndDate As DateTime) As String

//C#
[WebMethod(Description = "Retrieve Summed Purchase information for " +
    "a specific vendor within a certain time range. Also the Shipment Method " +
    "will be considered an optional parameter passed through the SOAP header"),
    SoapHeader("ShipMethod", Direction = SoapHeaderDirection.InOut),
    SoapHeader("unknownHeader")]
public string GetPurchaseTotal(int vendorID, DateTime startDate,
    DateTime endDate)
```

Der letzte Schritt zur Verarbeitung eines unbekannten SOAP-Headers besteht darin, der Webmethode Code hinzuzufügen, der die Eigenschaft **DidUnderstand** auf **false** festlegt, wenn ein unbekannter Header auftritt. Folgender Code ist dazu nötig:

```
'VB
Dim header As SoapUnknownHeader
For Each header In unknownHeader
    header.DidUnderstand = False
Next header

//C#
SoapUnknownHeader header;
foreach (header in unknownHeader)
```

```
{
    header.DidUnderstand = false;
}
```

Übung 2: Implementieren eines benutzerdefinierten SOAP-Headers

In dieser Übung lernen Sie, wie eine benutzerdefinierte SOAP-Headerklasse implementiert wird. Dazu müssen Sie eine benutzerdefinierte Klasse erstellen, die von der Klasse **System.Web.Services.Protocols.SoapHeader** erbt. Danach definieren Sie in der Webdienstklasse eine öffentliche Membervariable, die auf die SOAP-Headerklasse verweist. Das Attribut **SoapHeader** kann jeder öffentlichen Webmethode hinzugefügt werden. Dieses Attribut wird verwendet, um auf die SOAP-Headerklasse zu verweisen und die Richtung des SOAP-Headers festzulegen. Dann können Sie über den optionalen SOAP-Header einen Wert an die Webmethode übergeben. Falls Sie bei einer Übung auf Probleme stoßen, können Sie sich das fertige Projekt auf der Begleit-CD im Ordner **Code** ansehen.

In dieser Übung wird das in Übung 1 von Kapitel 1 erstellte Webdienstprojekt verwendet. Sie werden Ihrem Webdienst nun eine öffentliche Webmethode namens **GetPurchaseTotal** hinzufügen. Diese Webmethode verwendet eine Klasse zum Implementieren eines benutzerdefinierten SOAP-Headers, der an die Webmethode eine optionale **Shipment**-Variable übergibt. Ohne diese Variable kann die Webmethode nur Gesamtbeträge für den Einkauf für bestimmte Liefermethoden zurückgeben.

1. Öffnen Sie Visual Studio 2005 und laden Sie das in Übung 1 von Kapitel 1 erstellte Projekt **MyWebService**.
2. Klicken Sie mit der rechten Maustaste im Projektmappen-Explorer auf den Ordner *App_Code* und klicken Sie dann auf *Neues Element hinzufügen*. Im Dialogfeld *Von Visual Studio installierte Vorlagen* wählen Sie *Klasse*. Geben Sie als Klassennamen **VendorHeader.cs** oder **VendorHeader.vb** ein und klicken Sie auf *Hinzufügen*.
3. Ersetzen Sie im Codefenster den Code für diese neue Klasse durch folgenden:

```
'VB
Public Class VendorHeader
    Inherits System.Web.Services.Protocols.SoapHeader
    Public ShipMethod As ShipMethods
    Public Enum ShipMethods
        TruckGround = 1
        Express = 2
        OverseasDeluxe = 3
        OvernightFast = 4
        CargoTransport = 5
    End Enum

End Class

//C#
public class VendorHeader : System.Web.Services.Protocols.SoapHeader
{
    public ShipMethods ShipMethod;
    public enum ShipMethods {
```

```
        TruckGround=1,
        Express=2,
        OverseasDeluxe=3,
        OvernightFast=4,
        CargoTransport=5
    }
}
```

4. Fügen Sie in Ihre Klassendatei *MyWebService.asmx* direkt über dem Klassenkonstruktor folgenden Code ein:

```
'VB
Public ShipMethod As VendorHeader

//C#
public VendorHeader ShipMethod;
```

5. Fügen Sie folgenden Code am Ende der Klassendatei *MyWebService.asmx* ein:

```
'VB
<WebMethod(Description:="Retrieve Summed Purchase information for " + _
    "a specific vendor within a certain time range. Also the Shipment Method " + _
    "will be considered an optional parameter passed through the SOAP header"), _
    SoapHeader("ShipMethod", Direction:=SoapHeaderDirection.InOut)> _
Public Function GetPurchaseTotal(ByVal VendorID As Integer, _
    ByVal StartDate As DateTime, _
    ByVal EndDate As DateTime) As String

    Dim sqlConn As SqlConnection
    Dim rdr As XmlReader
    Dim ret As String = ""

    Try

        'Verbindung zu SQL Server Express öffnen
        Dim connString As String = _
            "server=.\sqlexpress;Integrated Security=SSPI;initial catalog=AdventureWorks"
        sqlConn = New SqlConnection(connString)
        sqlConn.Open()

        'XML-Daten mithilfe der FOR XML AUTO- Klausel zurückliefern
        Dim sqlString As String = "select sum(SubTotal) as SumSubTotal, " + _
            "sum(TaxAmt) as SumTaxAmt, " + _
            "sum(Freight) as SumFreight, " + _
            "sum(TotalDue) as SumTotalDue " + _
            "FROM Purchasing.PurchaseOrderHeader " + _
            "WHERE VendorID = @VendorID " + _
            "AND OrderDate > @StartDate AND OrderDate < @EndDate "

        'Wurde der optionale SOAP-Headerparameter ShipMethod festgelegt?
```

```
        'Wenn nicht, wird dieser Parameter in unsere
        'SQL-Abfrage nicht aufgenommen
        If Not ShipMethod Is Nothing Then
            sqlString += "AND ShipMethodID = @ShipMethodID "
        End If

        sqlString += "FOR XML AUTO "

        'SQLCommand-Objekt definieren und Verbindungszeichenfolge festlegen
        Dim command As SqlCommand = New SqlCommand(sqlString, sqlConn)

        'Parameter für diese Abfrage definieren
        Dim param1 As SqlParameter = New SqlParameter("@VendorID", VendorID)
        command.Parameters.Add(param1)
        Dim param2 As New SqlParameter("@StartDate", StartDate)
        command.Parameters.Add(param2)
        Dim param3 As New SqlParameter("@EndDate", EndDate)
        command.Parameters.Add(param3)

        If Not ShipMethod Is Nothing Then
            Dim param4 = New SqlParameter("@ShipMethodID", ShipMethod.ShipMethod)
            command.Parameters.Add(param4)
        End If

        'SQL-Abfrage ausführen und XML an XMLReader zurückgeben
        rdr = command.ExecuteXmlReader()


        'Den Reader durchlaufen und XML abrufen
        rdr.Read()

        Do While rdr.ReadState <> System.Xml.ReadState.EndOfFile
            ret += rdr.ReadOuterXml
        Loop

        sqlConn.Close()
        rdr.Close()

    Catch ex As Exception
        'Code für Ausnahmebehandlung hinzufügen
    End Try

    Return ret

End Function

//C#
[WebMethod(Description = "Retrieve Summed Purchase information for " +
    "a specific vendor within a certain time range. Also the Shipment Method " +
    "will be considered an optional parameter passed through the SOAP header"),
```

```
    SoapHeader("ShipMethod", Direction=SoapHeaderDirection.InOut)]
public string GetPurchaseTotal(int vendorID, DateTime startDate,
    DateTime endDate)
{
    SqlConnection sqlConn;
    XmlReader rdr;
    string ret = "";
    try
    {
        //Verbindung zu SQL Server Express öffnen
        string connString =
            @"server=.\sqlexpress;Integrated Security=SSPI;initial catalog=AdventureWorks";
        sqlConn = new SqlConnection(connString);
        sqlConn.Open();

        // XML-Daten mithilfe der FOR XML AUTO- Klausel zurückliefern
        string sqlString = "select sum(SubTotal) as SumSubTotal, " +
          "sum(TaxAmt) as SumTaxAmt, " +
          "sum(Freight) as SumFreight, " +
          "sum(TotalDue) as SumTotalDue " +
          "FROM Purchasing.PurchaseOrderHeader " +
          "WHERE VendorID = @VendorID " +
          "AND OrderDate > @StartDate AND OrderDate < @EndDate ";

        //Wurde der optionale SOAP-Headerparameter ShipMethod festgelegt?
        //Wenn nicht, dann wird dieser Parameter in unsere
        //SQL-Abfrage nicht aufgenommen
        if (ShipMethod != null)
        {
            sqlString += "AND ShipMethodID = @ShipMethodID ";

        }

        sqlString += "FOR XML AUTO ";

        //SQLCommand-Objekt definieren und Verbindungszeichenfolge festlegen
        SqlCommand command = new SqlCommand(sqlString, sqlConn);

        //Parameter für diese Abfrage definieren
        SqlParameter param1 = new SqlParameter("@VendorID", vendorID);
        command.Parameters.Add(param1);
        SqlParameter param2 = new SqlParameter("@StartDate", startDate);
        command.Parameters.Add(param2);
        SqlParameter param3 = new SqlParameter("@EndDate", endDate);
        command.Parameters.Add(param3);

        if (ShipMethod != null)
        {
            SqlParameter param4 = new SqlParameter("@ShipMethodID", ShipMethod.ShipMethod);
            command.Parameters.Add(param4);
        }
```

```
            // SQL-Abfrage ausführen und XML an XMLReader zurückgeben
            rdr = command.ExecuteXmlReader();

            //Den Reader durchlaufen und XML abrufen
            rdr.Read();
            while (rdr.ReadState != System.Xml.ReadState.EndOfFile)
            {
                ret += rdr.ReadOuterXml();
            }

            sqlConn.Close();
            rdr.Close();
        }
        catch (Exception ex)
        {
            //Code für Ausnahmebehandlung hinzufügen
        }

        return ret;
    }
```

6. Erstellen Sie das Projekt und beseitigen Sie eventuelle Fehler.

7. Drücken Sie STRG+F5, um ohne Debuggen zu starten. Ihr Webbrowser öffnet sich und zeigt auf die Datei *MyWebService.asmx* in Ihrem lokalen Webdienstprojekt. Sie werden auf die Diensthilfeseite zu Ihrem Webdienst geleitet. Diese enthält einen Link zur Webmethode **GetPurchaseTotal**.

8. Klicken Sie auf den Link zu **GetPurchaseTotal**, um auf die Hilfeseite der Dienstmethode zu gelangen. Geben Sie hier folgende Parameterwerte ein:
   - VendorID: **1**
   - **startDate: 09/01/2003**
   - **endDate: 09/01/2003**

9. Erstellen Sie eine Clientanwendung, die Ihren Webdienst verwendet. Wenn Sie Übung 3 in Kapitel 1 bereits abgeschlossen haben, können Sie gleich zu Schritt 12 gehen. Andernfalls klicken Sie auf *Hinzufügen*, *Neue Website*. Geben Sie als Projektnamen **MyWebServiceClient** ein und klicken Sie auf *OK*.

10. Klicken Sie mit der rechten Maustaste auf die neue Projektdatei und klicken Sie dann auf *Webverweis hinzufügen*. Im Dialogfeld *Webverweis hinzufügen* wählen Sie *Webdienste in dieser Projektmappe* aus.

11. Klicken Sie auf den Link *MyWebService*, geben Sie in das Textfeld *Webverweisname* den Namen *WebService* ein, und klicken Sie dann auf *Verweis hinzufügen*.

12. Klicken Sie mit der rechten Maustaste im Projektmappen-Explorer auf die Datei *Default.aspx* und klicken Sie dann auf *Ansicht-Designer*.

13. Klicken Sie auf die Toolbox und ziehen Sie eine *DropDownList* auf die Entwurfsoberfläche.

14. Doppelklicken Sie auf die Entwurfsoberfläche, um im Codefenster die Methode **Page_load** zu öffnen. Ersetzen Sie den Code dieser Methode durch Folgendes:

```
'VB
' Eine Instanz der SOAP-Headerklasse erstellen
Dim wsHeader As New WebService.VendorHeader

' Den Wert für die im SOAP-Header übergebene Liefermethode festlegen
wsHeader.ShipMethod = WebService.ShipMethods.CargoTransport

' Das Attribut MustUnderstand auf true festlegen
wsHeader.MustUnderstand = True

' Eine neue Instanz der Webdienstklasse erstellen
Dim ws As New WebService.MyWebService

' Den SOAP-Header der im Webdienst erstellten Membervariablen
' zuordnen, die die Headerklasse darstellt
ws.VendorHeaderValue = wsHeader

' Die Methode in dem Webdienst aufrufen, der den Wert
' im SOAP-Header als Liefermethode verwendet
Dim ret As String
ret = ws.GetPurchaseTotal(1, "09/01/03", "09/30/03")

' XML-Code in ein Dokument laden, um die Beträge herausziehen zu können
Dim doc As New System.Xml.XmlDocument
doc.LoadXml(ret)

' Den vom Webdienst zurückgelieferten Wert als
' Literal auf dem Webclient anzeigen
Dim node As System.Xml.XmlNode
node = doc.SelectSingleNode("Purchasing.PurchaseOrderHeader")
Literal1.Text = "<p>Sub Total: " + _
    node.Attributes.GetNamedItem("SumSubTotal").InnerXml.ToString() + _
    "<br>Tax Amount: " + _
    node.Attributes.GetNamedItem("SumTaxAmt").InnerXml.ToString() + _
    "<br>Freight: " + node.Attributes.GetNamedItem("SumFreight").InnerXml.ToString() + _
    "<br>Total Due: " + node.Attributes.GetNamedItem("SumTotalDue").InnerXml.ToString()

//C#
// Eine Instanz der SOAP-Headerklasse erstellen
WebService.VendorHeader wsHeader = new WebService.VendorHeader();

// Den Wert für die im SOAP-Header übergebene Liefermethode festlegen
wsHeader.ShipMethod = WebService.ShipMethods.CargoTransport;

// Das Attribut MustUnderstand auf true setzen
wsHeader.MustUnderstand = true;

// Eine neue Instanz der Webdienstklasse erstellen
WebService.MyWebService ws2 = new WebService.MyWebService();
```

```
// Den SOAP-Header der im Webdienst erstellten Membervariablen
// zuordnen, die die Headerklasse darstellt
ws2.VendorHeaderValue = wsHeader;

// Die Methode in dem Webdienst aufrufen, der den Wert
// im SOAP-Header als Liefermethode verwendet
string ret;
ret = ws2.GetPurchaseTotal(1, DateTime.Parse("01.09.03"), DateTime.Parse("30.09.03"));


// XML-Code in ein Dokument laden, um die Beträge herausziehen zu können
System.Xml.XmlDocument doc = new System.Xml.XmlDocument();
doc.LoadXml(ret);

// Den vom Webdienst zurückgelieferten Wert als
// Literal auf dem Webclient anzeigen
System.Xml.XmlNode node;
node = doc.SelectSingleNode("Purchasing.PurchaseOrderHeader");
Literal1.Text = "<p>Sub Total: " +
    node.Attributes.GetNamedItem("SumSubTotal").InnerXml.ToString() +
    "<br>Tax Amount: " + node.Attributes.GetNamedItem("SumTaxAmt").InnerXml.ToString() +
    "<br>Freight: " + node.Attributes.GetNamedItem("SumFreight").InnerXml.ToString() +
    "<br>Total Due: " + node.Attributes.GetNamedItem("SumTotalDue").InnerXml.ToString();
```

15. Erstellen Sie das Projekt und beseitigen Sie eventuelle Fehler.

16. Klicken Sie mit der rechten Maustaste auf das Projekt *MyWebServiceClient* im Projektmappen-Explorer und wählen Sie *Als Startprojekt festlegen* aus. Klicken Sie dann mit der rechten Maustaste auf die Seite *Default.aspx* und klicken Sie danach auf *Als Startseite festlegen*.

17. Drücken Sie STRG+F5, um ohne Debuggen zu starten. Nun öffnet sich Ihr Webbrowser und zeigt auf die Datei *Default.aspx* des Projekts *MyWebServiceClient*.

18. Die nun angezeigte Webseite sollte Beträge wie die folgenden anzeigen:

```
Sub Total: 572.1660
Tax Amount: 45.7732
Freight: 14.3040
Total Due: 632.2432
```

Zusammenfassung der Lektion

- Das Element **Header** ist optional, kann aber mehrere Headerblöcke enthalten
- SOAP-Header enthalten Metadaten, die beschreiben, wie der Client die Webmethode verarbeiten kann
- Um einer öffentlichen Webmethode einen SOAP-Header zuzuweisen, erstellen Sie als Erstes eine benutzerdefinierte Klasse, die vom Namespace **System.Web.Services.Protocols.SoapHeader** erbt

- Das Attribut **SoapHeader** kann einer öffentlichen Webmethode hinzugefügt werden, und der Membername für dieses Attribut verweist auf die neu erstellte, benutzerdefinierte Klasse
- Das Attribut **SoapHeader** enthält eine Eigenschaft namens **Direction**, die auf einen der folgenden vier Werte festgelegt werden kann: **In**, **Out**, **InOut** oder **Fault**.
- Clientanwendungen, die Webmethoden mit benutzerdefinierten SOAP-Headern verwenden, müssen in ihrem Code eine Instanz des Headers erstellen und den Wert der durch ihn übergebenen Eigenschaften festlegen
- Der Webdienst sollte auch unbekannte Header verarbeiten können, falls er einmal einen Header empfängt, den er nicht erwartet. Diese Situation bereiten Sie vor, indem Sie einen zusätzlichen, unbekannten Header erstellen und die Eigenschaft **DidUnderstand** für unbekannte Header auf **false** festlegen.

Lernzielkontrolle

Mit den folgenden Fragen können Sie Ihr Wissen zu den Informationen aus Lektion 2, „Implementieren von SOAP-Headern“, überprüfen. Die Fragen finden Sie (in englischer Sprache) auch auf der Begleit-CD, Sie können sie also auch auf dem Computer im Rahmen eines Übungstests beantworten.

HINWEIS Die Antworten

Die Antworten auf diese Fragen mit Erklärungen, warum die jeweiligen Auswahlmöglichkeiten richtig oder falsch sind, finden Sie im Abschnitt „Antworten“ am Ende dieses Buchs.

---

1. Welche Informationen gehören typischerweise zu einem SOAP-Header? (Wählen Sie alle zutreffenden Antworten aus.)
   a. Informationen über Authentifizierung und Transaktionen.
   b. Die Version der SOAP-Spezifikation, die für die SOAP-Anforderung verwendet wird.
   c. Metadaten, die beschreiben, wie die Anforderung verarbeitet werden soll.
   d. Der Codierungsstil, den die Webmethode verwendet.
2. Welcher Schritt ist beim Hinzufügen einer benutzerdefinierten SOAP-Headerklasse nicht erforderlich?
   a. Erstellen einer Klasse, die von dem Namespace **System.Web.Services.Protocols.SoapHeader** erbt.
   b. Erstellen einer privaten Variablen in der Webdienstklasse, die auf die neue Headerklasse verweist.
   c. Hinzufügen eines **SoapHeader**-Attributs zu der öffentlichen Webmethode und Sicherstellen, dass der Membername auf den Variablennamen in der Headerklasse verweist.
   d. Hinzufügen von Code zu der Webmethode, der auf die Variable verweist, die Sie in Ihrer Webdienstklasse erstellt haben. Diese Variable wird verwendet, um auf den Wert zu verweisen, der über den Header in der SOAP-Anforderung übergeben wurde.

3. Auf welche Werte kann die Richtung eines SOAP-Headers festgelegt werden?
   a. In, Out
   b. In, Out, InOut
   c. In, Out, InOut, Fault
   d. In, Out, InOut, NoFault

Lektion 3: Implementieren von SOAP-Erweiterungen

Diese Lektion behandelt die verschiedenen Möglichkeiten zur Implementierung benutzerdefinierter SOAP-Erweiterungen. Als Erstes erfahren Sie, was SOAP-Erweiterungen sind und warum sie implementiert werden. Danach wird gezeigt, wie Sie über Vererbung von der Klasse **System.Web.Services.Protocols.SoapExtension** eine SOAP-Erweiterungsklasse erstellen können und ein Klassenbibliothekprojekt erstellen. Mithilfe dieses Klassenbibliothekprojekts werden die ein- und ausgehenden XML-Streams gelesen, während sie serialisiert und deserialisiert werden.

Am Ende dieser Lektion werden Sie in der Lage sein, die folgenden Aufgaben auszuführen:

- Erklären, was eine SOAP-Erweiterung ist
- Identifizieren der vier Bearbeitungsstufen einer SOAP-Nachricht
- Erklären, wie eine benutzerdefinierte SOAP-Erweiterungsklasse erstellt wird
- Erklären, wie eine SOAP-Erweiterung konfiguriert wird

Veranschlagte Zeit für diese Lektion: 20 Minuten

Was ist eine SOAP-Erweiterung?

SOAP-Erweiterungen sind ein nützliches Mittel, um die Daten von einem XML-Webdienst zu ändern, bevor sie einem .NET-Objekt zugeordnet werden. Mit SOAP-Erweiterungen können Sie den Webdienst erweitern und Funktionen außerhalb der eigentlichen Webmethode anbieten.

> **Praxistipp**
>
> *Sara Morgan*
>
> Vor kurzem habe ich für ein Unternehmen gearbeitet, das eine ASP.NET 2.0-Anwendung implementierte, die ihre Daten von Webdiensten bezog. Für die Ausnahmebehandlung verwendete die Firma den Microsoft Exception Handling Block, doch für unbehandelte Ausnahmen sollte eine Möglichkeit gefunden werden, die Ausnahmeprotokollierung bereits im Webdienst selbst auszulösen. Bei gewöhnlichen ASP.NET-Anwendungen können unbehandelte Ausnahmen vom Code in der Datei *global.asax* verarbeitet werden. Aber für Webdienste funktioniert das nicht. Die Lösung war also eine benutzerdefinierte SOAP-Erweiterung.
>
> Hierzu haben wir in der Stufe **AfterSerialize** Code hinzugefügt, der auf unbehandelte SOAP-Ausnahmen überprüft. Wenn Ausnahmen auftreten, wird Code aufgerufen, der Informationen über die Ausnahme der SOAP-Nachricht hinzufügt und die Ausnahme behandelt. Diese Lösung funktioniert nur, wenn die unbehandelten Ausnahmen mit SOAP zusammenhängen, doch das war der einzige Fall, der den Kunden betraf. Die Lösung war erfolgreich, und in meinen Augen war sie eine gelungene Anwendung von SOAP-Erweiterungen.

SOAP-Erweiterungen werden typischerweise verwendet, um Daten zu verschlüsseln oder zugunsten einer besseren Leistung zu komprimieren. Oft werden SOAP-Erweiterungen mit einem benutzerdefinierten SOAP-Header zur Benutzerauthentifizierung kombiniert. In diesem Fall werden die Anmelde-Informationen des Benutzers dem SOAP-Header übergeben. Weitere Informationen über SOAP-Header erhalten Sie in Lektion 2, „Implementieren von SOAP-Headern“.

Der Hauptaspekt einer SOAP-Erweiterung ist die Fähigkeit, die Verarbeitung der SOAP-Nachricht auf dem Webserver außer Kraft zu setzen. Aus Lektion 1 erinnern Sie sich, dass XML-Code für eine Webmethode in zwei Stufen verarbeitet wird: Serialisierung und Deserialisierung. Auf dem Webserver werden diese Schritte in vier Stufen vollzogen. Jede Stufe wird zweimal ausgeführt: Einmal für die eingehende und einmal für die ausgehende SOAP-Nachricht. Die vier Stufen der Behandlung einer vom Client empfangenen SOAP-Nachricht sind folgende:

- **BeforeSerialize** Tritt unmittelbar nach dem Aufruf der Webmethode auf, aber bevor die Anforderung in XML serialisiert wird
- **AfterSerialize** Tritt nach dem Serialisieren der Daten in XML auf, aber bevor XML-Code durch das Netzwerk gesendet wird
- **BeforeDeserialize** Tritt auf, bevor die Antwort in ein Objekt deserialisiert wird
- **AfterDeserialize** Tritt direkt nach dem Deserialisierungsprozess auf, aber bevor der Client die Ergebnisse empfängt

Die vier Stufen der Verarbeitung von SOAP-Nachrichten auf dem Webserver sind folgende:

- **BeforeDeserialize** Tritt auf, nachdem die Anforderung empfangen wurde, aber bevor die Nachricht in ein Objekt deserialisiert wurde
- **AfterDeserialize** Tritt auf, nachdem die Nachricht in ein Objekt deserialisiert wurde, aber bevor die eigentlichen Webmethoden aufgerufen werden
- **BeforeSerialize** Tritt auf, nachdem die Webmethode aufgerufen wurde, aber bevor die Rückgabewerte serialisiert und an den Client zurückgesendet werden
- **AfterSerialize** Tritt auf, nachdem die Rückgabewerte in XML serialisiert wurden, aber bevor sie über das Netzwerk zum Client gesendet werden

Die Methode **ProcessMessage** wird während der Behandlung einer Webdienstmethode mehrmals aufgerufen. Bei jedem Aufruf von **ProcessMessage** kann in der Enumeration **SoapMessageState** nachgeschaut werden, welche Verarbeitungsstufe gerade stattfindet.

Erstellen einer benutzerdefinierten SOAP-Erweiterungsklasse

Um eine SOAP-Erweiterung zu implementieren, erstellen Sie ein Klassenbibliothekprojekt, indem Sie in Visual Studio 2005 auf *Datei*, *Neu*, *Projekt* klicken. Wählen Sie dann als Projekttyp *Klassenbibliothek* und geben Sie den Namen des Projekts ein (siehe Abbildung 2.4).

SOAP-Erweiterungsprojekte enthalten einen Verweis auf den Namespace **System.Web.Services** und erben von der Klasse **SoapExtension** (siehe Tabelle 2.3). Um den Verweis hinzuzufügen, klicken Sie mit der rechten Maustaste auf das Projekt und wählen *Verweis hinzufügen* aus. Wählen Sie im Dialogfeld *Verweis hinzufügen* (siehe Abbildung 2.5) auf der Registerkarte *.NET* den Namespace **System.Web.Services** aus und klicken auf *OK*.

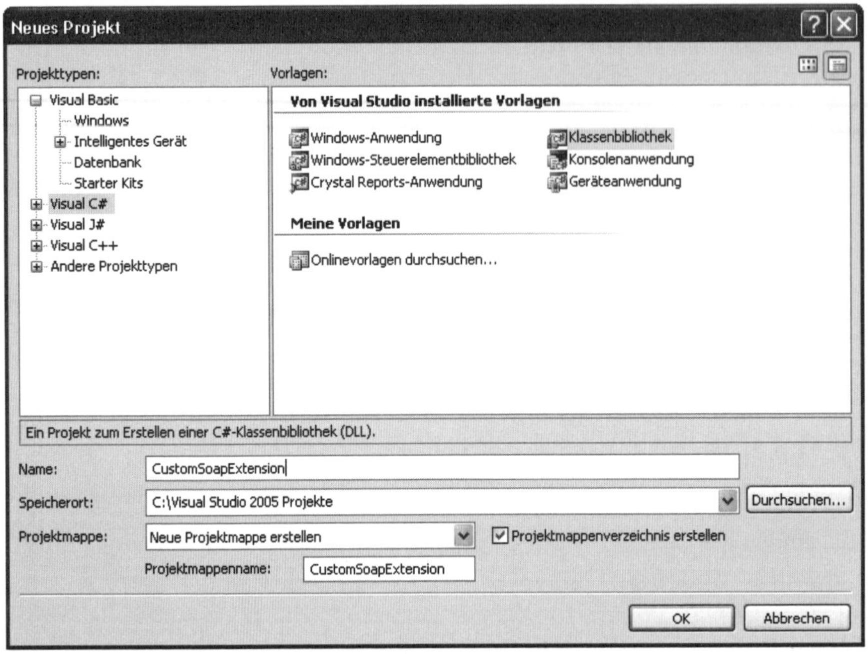

Abbildung 2.4 Erstellen eines Klassenbibliothekprojekts mit den in Visual Studio installierten Vorlagen

Tabelle 2.3 Öffentliche Methoden der Klasse **SoapExtension**

Name	Beschreibung
ChainStream	Ermöglicht den Zugriff auf den Speicherpuffer, in dem sich die SOAP-Nachricht befindet
Equals	Ermittelt, ob zwei Objekte gleich sind
GetHashCode	Wird in Hashalgorithmen verwendet und stellt eine Hashfunktion für einen bestimmten Typ dar
GetInitializer	Ermöglicht es, die Daten für den Webdienst mit einem einzigen Aufruf zu initialisieren
GetType	Ruft den Typ der aktuellen Instanz ab
Initialize	Ermöglicht es, die SOAP-Erweiterung mit den Daten aus dem Aufruf von **GetInitializer** zu initialisieren
ProcessMessage	Ermöglicht die Verarbeitung einer SOAP-Nachricht in jeder beliebigen Stufe
ReferenceEquals	Ermittelt, ob zwei Verweise gleich sind
ToString	Ruft das referenzierte Objekt als Zeichenfolge ab

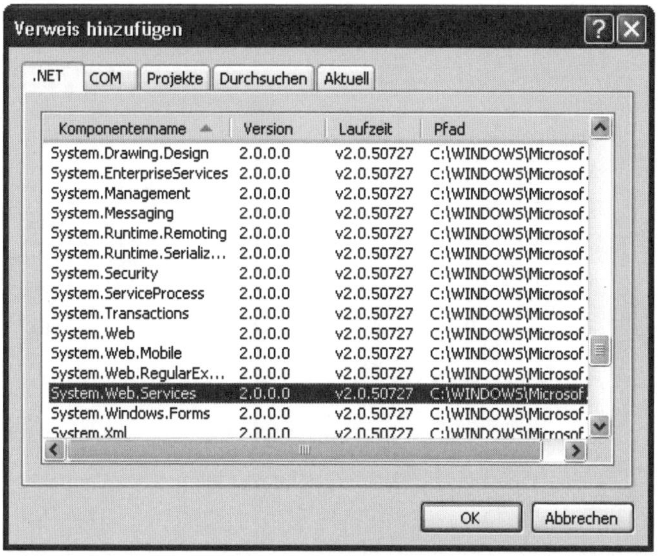

Abbildung 2.5 Wählen Sie **System.Web.Services** als Verweis für Ihr Klassenbibliothekprojekt aus

Ersetzen Sie dann den Code der Klasse **Class1** z.B. durch folgenden:

```
'VB
Imports System.Web.Services
Imports System.Web.Services.Protocols
Imports System.Text
Imports System.IO
Imports System.Xml
Namespace CustomSoapExtension
    Public MustInherit Class Class1

        Inherits System.Web.Services.Protocols.SoapExtension

        Public Overloads Overrides Function GetInitializer(ByVal serviceType _
            As System.Type) As Object

            Return Nothing
        End Function

        Public Overloads Overrides Function GetInitializer(ByVal methodInfo _
            As System.Web.Services.Protocols.LogicalMethodInfo, ByVal attribute _
            As System.Web.Services.Protocols.SoapExtensionAttribute) As Object

            Return Nothing
        End Function

        Public Overrides Sub Initialize(ByVal initializer As Object)

        End Sub
```

```
    End Class
End Namespace

//C#
using System;
using System.Collections.Generic;
using System.Text;
using System.Web.Services;
using System.Web.Services.Protocols;

namespace CustomSoapExtension
{
    public class Class1 : SoapExtension
    {
        public override object GetInitializer(System.Type serviceType)
        {
            return null;
        }

        public override object GetInitializer(LogicalMethodInfo methodInfo,
            SoapExtensionAttribute attribute)
        {
            return null;

        }

        public override void Initialize(object initializer)
        {
        }
    }
}
```

Die Funktion **GetInitializer** und die Subroutine **Initialize** sind überschriebene Methoden der Klasse **SoapExtension**. Sie initialisieren Daten, die Ihre **SoapExtension** verwendet, beispielsweise zum Öffnen einer neuen Protokolldatei oder zum Initialisieren einer neuen Datenvariablen. Eine weitere überschriebene Methode, die Sie Ihrer SOAP-Erweiterungsklasse hinzufügen müssen, ist **ChainStream**. Sie wird für den Zugriff auf den eingehenden Stream einer SOAP-Nachricht verwendet. Im Folgenden sehen Sie ein Beispiel für diese Funktion:

```
'VB
Public Overrides Function ChainStream(ByVal stream As Stream) As Stream
    newStream = stream
    oldStream = New MemoryStream()
    Return oldStream
   End Function

//C#
public override Stream ChainStream(Stream stream)
{
    newStream = stream;
```

```
    oldStream = new MemoryStream();
    return oldStream;
}
```

Nachdem eine SOAP-Nachricht vom Webserver empfangen wurde, tritt sie als Erstes in die Stufe **BeforeDeserialize** ein. Sie müssen Code erstellen, der in dieser Stufe ausgeführt wird, um den eintreffenden Stream abzufangen und die Daten dann in irgendeiner Weise zu verarbeiten. Hierzu müssen Sie eine überschriebene **ProcessMessage**-Methode hinzufügen. Zwar muss nicht in jeder Stufe Code ausgeführt werden, aber für jedes Serialisierungsereignis muss ein Handler vorhanden sein. Im folgenden Beispiel wird nur für die Ereignisse **BeforeSerialize** und **BeforeDeserialize** Code ausgeführt:

```
'VB
Select Case message.Stage
    Case SoapMessageStage.BeforeSerialize
        HandleIncomingStream(message)
        Return
    Case SoapMessageStage.AfterSerialize
            Return
    Case SoapMessageStage.BeforeDeserialize
        DoSomething(message)
        Return
    Case SoapMessageStage.AfterDeserialize
        Return
End Select

//C#
switch (message.Stage)
{
    case SoapMessageStage.BeforeSerialize:
        HandleIncomingStream(message);
        break;

    case SoapMessageStage.AfterSerialize:
        break;

    case SoapMessageStage.BeforeDeserialize:
        DoSomething(message);
        break;

    case SoapMessageStage.AfterDeserialize:
        break;
}
```

In diesem Beispiel müssen oben im Klassencode auch zwei Variablen hinzugefügt werden, die die alten und neuen Streams behandeln. Diese Variablen werden mit den Methoden **HandleIncomingStream** und **DoSomething** geändert. Die beiden Variablen, die in Ihrer Klassendatei stehen müssen, sehen folgendermaßen aus:

```
'VB
Private oldStream As Stream
```

```
Private newStream As Stream

//C#
Stream oldStream;
Stream newStream;
```

Nun können Sie in Ihren benutzerdefinierten Methoden zur Streamverarbeitung auf die Variablen **oldStream** und **newStream** verweisen. Diese Methoden können mit den Daten fast alles tun, beispielsweise die Informationen in einer Datenquelle protokollieren, den Anforderer authentifizieren oder die Daten komprimieren.

Konfigurieren der SOAP-Erweiterung

Sie können Ihre SOAP-Erweiterung so konfigurieren, dass sie nur bestimmten Webmethoden in Ihrem Webdienst zugeordnet wird. Erstellen Sie hierzu mithilfe der Klasse **SoapExtensionAttribute** (siehe Tabelle 2.4) ein benutzerdefiniertes Attribut zu Ihrer SOAP-Erweiterung.

Tabelle 2.4 Öffentliche Eigenschaften der Klasse **SoapExtensionAttribute**

Name	Beschreibung
ExtensionType	Ruft den Typ der verwendeten SOAP-Erweiterung ab
priority	Ruft den ganzzahligen Prioritätswert ab oder legt ihn fest
TypeID	Ruft eine eindeutige Kennung für das Attribut ab

Die Klasse, die von der Klasse **SoapExtensionAttribute** erbt, können Sie in derselben Klassendatei wie **CustomSoapExtension** angeben. Folgender Code wird der Klasse also hinzugefügt:

```
'VB
<AttributeUsage(AttributeTargets.Method)> _
Public MustInherit Class TestSoapExtensionAttribute
    Inherits System.Web.Services.Protocols.SoapExtensionAttribute

    Public Overrides ReadOnly Property ExtensionType() As System.Type
        Get
            Return GetType(CustomSoapExtension)
        End Get
    End Property

    Public Overrides Property Priority() As Integer
        Get
            Return 1
        End Get
        Set(ByVal value As Integer)

        End Set
    End Property
```

```
    End Class

//C#
[AttributeUsage(AttributeTargets.Method)]
public class TestSoapExtensionAttribute : SoapExtensionAttribute
{
    public override int Priority
    {
        get { return 1; }
        set { }
    }

    public override Type ExtensionType
    {
        get { return typeof(CustomSoapExtension); }
    }

}
```

Sie können das neu erstellte **SoapExtensionAttribute** an eine bestimmte Webmethode anhängen, um zu zeigen, dass die Methode die SOAP-Erweiterung verwendet. Der folgende Code zeigt, wie das bei der Webmethode **HelloWorld** funktioniert:

```
'VB
<WebMethod> _
<CustomSoapExtensionAttribute()>
Public Function HelloWorld() As String
    Return "Hello World"
End Function

//C#
[WebMethod]
[CustomSoapExtensionAttribute()]
public string HelloWorld()
{
    return "Hello World";
}
```

Übung 3: Implementieren einer benutzerdefinierten SOAP-Erweiterung

In dieser Übung implementieren Sie eine benutzerdefinierte SOAP-Erweiterung mithilfe eines Klassenbibliothekprojekts, das von den Klassen **SoapExtension** und **SoapExtensionAttribute** erbt. Um die Übung zu absolvieren, müssen Sie mit der in Visual Studio installierten Klassenbibliothekvorlage ein neues Projekt erstellen. Falls Sie bei einer Übung auf Probleme stoßen, können Sie sich das fertige Projekt auf der Begleit-CD im Ordner **Code** ansehen.

Diese SOAP-Erweiterung kann auf bestimmte Webmethoden begrenzt werden, da sie von der Klasse **SoapExtensionAttribute** erbt. Um die Erweiterung zu verwenden, fügen Sie einer Webmethode ein Attribut hinzu, das auf die neue Klasse **SoapExtensionAttribute** verweist.

Diese benutzerdefinierte SOAP-Erweiterungsklasse wird verwendet, um die SOAP-Nachricht zu verarbeiten und die Ergebnisse in eine Protokolldatei auf dem lokalen Laufwerk des Webservers zu schreiben. An die Nachricht in der Protokolldatei wird eine Zeichenfolge angehängt, die angibt, ob diese Nachricht vom Server oder vom Client verarbeitet wird. Außerdem enthält die Protokollnachricht den zu verarbeitenden Stream. Nur in den Stufen **BeforeSerialize** und **BeforeDeserialize** wird ein Eintrag in die Protokolldatei geschrieben.

1. Öffnen Sie Visual Studio 2005 und erstellen Sie ein neues Projekt, indem Sie auf *Datei*, *Neu*, *Projekt* und die vorinstallierte Klassenbibliothekvorlage klicken. Geben Sie als Name des Klassenbibliothekprojekts *CustomSoapExtension* ein und klicken Sie auf *OK*, um die neue Projektmappe zu erstellen.
2. Die Vorlage fügt Ihrem Projekt eine neue Klassendatei namens *Class1* hinzu. Klicken Sie im Projektmappen-Explorer mit der rechten Maustaste auf die Datei *Class1* und klicken Sie dann auf *Umbenennen*. Ändern Sie den Namen von *Class1* in *CustomSoapExtension* und klicken Sie auf *OK*.
3. Klicken Sie mit der rechten Maustaste auf den Ordner *Verweise* und klicken Sie dann auf *Verweis hinzufügen*. Wählen Sie im Dialogfeld *Verweis hinzufügen* auf der Registerkarte *.NET* den Namespace **System.Web.Services** aus und klicken Sie auf *OK*.
4. Kopieren Sie folgenden Code in das Codefenster für den Namespace **CustomSoapExtension**. Er sollte den gesamten in diesem Fenster vorhandenen Code ersetzen.

```
'VB
Imports System.Web.Services
Imports System.Web.Services.Protocols
Imports System.Text
Imports System.IO
Imports System.Xml
Imports Microsoft.VisualBasic
Namespace CustomSoapExtension
    Public MustInherit Class CustomSoapExtension

        Inherits System.Web.Services.Protocols.SoapExtension
        Private oldStream As Stream
        Private newStream As Stream

        Public Overloads Overrides Function GetInitializer(ByVal serviceType _
            As System.Type) As Object
            Return Nothing
        End Function

        Public Overloads Overrides Function GetInitializer(ByVal methodInfo _
            As System.Web.Services.Protocols.LogicalMethodInfo, ByVal attribute _
            As System.Web.Services.Protocols.SoapExtensionAttribute) As Object
            Return Nothing
        End Function

        Public Overrides Sub Initialize(ByVal initializer As Object)

        End Sub
```

```
Public Overrides Function ChainStream(ByVal stream As Stream) As Stream
    newStream = stream
    oldStream = New MemoryStream()
    Return oldStream
End Function

Public Overrides Sub ProcessMessage(ByVal message As _
    System.Web.Services.Protocols.SoapMessage)

    'Feststellen, ob eine Server- oder eine Clientnachricht vorliegt,
    'damit diese Beschreibung in das Protokoll geschrieben werden kann
    Dim messageType As String
    If message.GetType.Equals(GetType(SoapServerMessage)) Then
        messageType = "Server Message"
    Else
        messageType = "Client Message"
    End If


    'Die Nachricht entsprechend ihrer aktuellen Stufe verarbeiten

    Select Case message.Stage
        Case SoapMessageStage.BeforeSerialize
            message.Stream.Seek(0, SeekOrigin.Begin)
            WriteToLog("Before Serialize: (" + messageType + ")", message.Stream)
            message.Stream.Seek(0, SeekOrigin.Begin)
            Return
        Case SoapMessageStage.AfterSerialize
            Return
        Case SoapMessageStage.BeforeDeserialize
            message.Stream.Seek(0, SeekOrigin.Begin)
            WriteToLog("Before Deserialize: (" + messageType + ")", message.Stream)
            message.Stream.Seek(0, SeekOrigin.Begin)
            Return
        Case SoapMessageStage.AfterDeserialize

            Return

    End Select

End Sub

Public Sub WriteToLog(ByVal strTitle As String, ByVal stream As Stream)
    'Einen StreamReader zum Speichern des eingehenden Streams initialisieren
    Dim sr As New StreamReader(stream)

    'Einen StreamWriter zum Schreiben der Protokolldatei initialisieren
    Dim sw As New StreamWriter("c:\CustomSoapExtensionLog.txt", True)
    sw.Write("**** " + strTitle + ControlChars.NewLine + sr.ReadToEnd() + _
        ControlChars.NewLine + ControlChars.NewLine
```

```
            sw.Close()
            sw = Nothing

        End Sub

    End Class

    <AttributeUsage(AttributeTargets.Method)> _
    Public MustInherit Class TestSoapExtensionAttribute
        Inherits System.Web.Services.Protocols.SoapExtensionAttribute


        Public Overrides ReadOnly Property ExtensionType() As System.Type
            Get
                Return GetType(CustomSoapExtension)
            End Get
        End Property

        Public Overrides Property Priority() As Integer
            Get
                Return 1
            End Get
            Set(ByVal value As Integer)

            End Set
        End Property

    End Class
End Namespace

//C#
using System;
using System.Collections.Generic;
using System.Text;
using System.Web.Services;
using System.Web.Services.Protocols;
using System.IO;

namespace CustomSoapExtension
{
    public class CustomSoapExtension : SoapExtension
    {

        private Stream oldStream;
        private Stream newStream;

        public override object GetInitializer(System.Type serviceType)
        {
            return null;
        }
```

```
public override object GetInitializer(LogicalMethodInfo methodInfo,
    SoapExtensionAttribute attribute)
{
    return null;
}

public override void Initialize(object initializer)
{
}

public override Stream ChainStream(Stream stream)
{
    newStream = stream;
    oldStream = new MemoryStream();
    return oldStream;
}

public override void ProcessMessage(SoapMessage message)
{
    Stream stream = message.Stream;


    //Feststellen, ob eine Server- oder eine Clientnachricht vorliegt,
    //damit diese Beschreibung in das Protokoll geschrieben werden kann
    string messageType;
    if (message.GetType() == typeof(SoapServerMessage))
    {
        messageType = "Server Message";
    }
    else
    {
        messageType = "Client Message";
    }


    //Die Nachricht entsprechend ihrer aktuellen Stufe verarbeiten
    switch (message.Stage)
    {

        case SoapMessageStage.BeforeSerialize:
            stream.Seek(0, SeekOrigin.Begin);
            WriteToLog("Before Serialize: (" + messageType + ")",stream);
            stream.Seek(0, SeekOrigin.Begin);
            break;

        case SoapMessageStage.AfterSerialize:

            break;

        case SoapMessageStage.BeforeDeserialize:
            stream.Seek(0, SeekOrigin.Begin);
```

```
                    WriteToLog("Before Deserialize: (" + messageType + ")", stream);
                    stream.Seek(0, SeekOrigin.Begin);
                    break;

                case SoapMessageStage.AfterDeserialize:
                    break;
            }
        }

        private void WriteToLog(string strTitle, Stream stream)
        {
            //Einen StreamReader zum Speichern des eingehenden Streams initialisieren
            StreamReader sr = new StreamReader(stream);

            //Einen StreamWriter zum Schreiben der Protokolldatei initialisieren
            StreamWriter sw = new StreamWriter("c:\\CustomSoapExtensionLog.txt", true);
            sw.Write("**** " + strTitle + "\r\n" + sr.ReadToEnd() + "\r\n\r\n");
            sw.Close();
            sw = null;
        }
    }

    [AttributeUsage(AttributeTargets.Method)]
    public class TestSoapExtensionAttribute : SoapExtensionAttribute
    {

        public override int Priority
        {
            get { return 1; }
            set { }
        }

        public override Type ExtensionType
        {
            get { return typeof(CustomSoapExtension); }
        }
    }
}
```

- Erstellen Sie das Projekt und beseitigen Sie eventuelle Fehler.

Zusammenfassung der Lektion

- Mit SOAP-Erweiterungen können Sie Ihren Webdienstmethoden zusätzliche Funktionalität verleihen. Um eine SOAP-Erweiterung zu erstellen, verwenden Sie eine benutzerdefinierte Bibliothekklasse, die von der Klasse **System.Web.Services.Protocols.SoapExtension** erbt.
- Die Serialisierung und Deserialisierung einer SOAP-Nachricht läuft in vier Stufen ab: **BeforeSerialize**, **AfterSerialize**, **BeforeDeserialize** und **AfterDeserialize**.

- Anhand der Enumeration **SoapMessageState** wird ermittelt, welche Verarbeitungsstufe gerade läuft. Diese Stufe kann in einer überschriebenen **ProcessMessage**-Methode untersucht werden.
- Sie können die SOAP-Erweiterung für eine bestimmte Webmethode konfigurieren, indem Sie der Erweiterung eine Klasse hinzufügen, die von der Klasse **System.Web.Services.Protocols.SoapExtensionAttribute** erbt.

Lernzielkontrolle

Mit den folgenden Fragen können Sie Ihr Wissen zu den Informationen aus Lektion 3, „Implementieren von SOAP-Erweiterungen", überprüfen. Die Fragen finden Sie (in englischer Sprache) auch auf der Begleit-CD, Sie können sie also auch auf dem Computer im Rahmen eines Übungstests beantworten.

HINWEIS Die Antworten

Die Antworten auf diese Fragen mit Erklärungen, warum die jeweiligen Auswahlmöglichkeiten richtig oder falsch sind, finden Sie im Abschnitt „Antworten" am Ende dieses Buchs.

---

1. Welche Aussage beschreibt am besten, wann eine eingehende Anforderung die Stufe **BeforeSerialize** erreicht?
   a. Tritt unmittelbar nach dem Aufruf der Webmethode auf, aber bevor die Anforderung in XML serialisiert wird.
   b. Tritt auf, bevor die Antwort in ein Objekt deserialisiert wird.
   c. Tritt auf, nachdem die Daten in XML serialisiert wurden, aber bevor der XML-Code durch das Netzwerk gesendet wird.
   d. Tritt direkt nach dem Deserialisierungsprozess auf, aber bevor der Client die Ergebnisse empfängt.
2. Welche überschriebene Methode der Klasse **SoapExtension** wird verwendet, um den eingehenden Stream abzufangen und zu ermitteln, welche Stufe gerade läuft?
   a. ChainStream
   b. GetInitializer
   c. ProcessStage
   d. ProcessMessage
3. Wie konfigurieren Sie die SOAP-Erweiterung, sodass sie einer bestimmten Webmethode zugeordnet wird?
   a. Hinzufügen eines **SoapExtension**-Elements zu der Datei *web.config* und Festlegen des Methodenattributs auf den Namen der Webmethode.
   b. Hinzufügen eines **SoapExtensionMethod**-Elements zu der Datei *web.config*, das auf den Namen der Webmethode festgelegt ist.
   c. Hinzufügen einer Klasse zu der Erweiterung, die von der Klasse **System.Web.Services.Protocols.SoapExtensionAttribute** erbt.
   d. Hinzufügen einer Klasse zu der Erweiterung, die von der Klasse **System.Web.Services.Protocols** erbt.

Rückblick auf dieses Kapitel

Sie können die in diesem Kapitel vermittelten Fähigkeiten folgendermaßen einüben und vertiefen:

- Lesen Sie die Zusammenfassung des Kapitels sorgfältig durch
- Lesen Sie die Liste der Schlüsselbegriffe durch, die in diesem Kapitel eingeführt wurden
- Arbeiten Sie die Übungen mit Fallbeispielen durch. Diese Szenarios beschreiben Fälle aus der Praxis, in denen die Themen dieses Kapitels zur Anwendung kommen. Sie werden aufgefordert, eine Lösung zu entwickeln.
- Führen Sie die vorgeschlagenen praktischen Übungen durch
- Machen Sie einen Übungstest

Zusammenfassung des Kapitels

- Die Hilfeseite zur Dienstmethode kann verwendet werden, um Webmethoden aufzurufen oder um SOAP-Beispielnachrichten für SOAP-Versionen 1.1 und 1.2 anzuzeigen
- .NET Framework 2.0 bietet einen Attributmechanismus, mit dem Sie die Formatierung Ihrer SOAP-Nachrichten ändern können. Der Namespace **System.Web.Services.Protocols** enthält die Klassen **SoapDocumentMethodAttribute** und **SoapRpcMethodAttribute** mit den Methoden **SoapDocumentMethod** und **SoapRpcMethod**.
- Sie können einen Webdienst erstellen, der dem WS-I Basic Profile entspricht, indem Sie das Attribut **WebServiceBinding** auf die Klassendatei Ihres Webdienstes anwenden
- Der Namespace **System.Xml.Serialization** enthält die Klasse **XmlSerializer**, die den zugrunde liegenden Transportmechanismus für die mit .NET Framework 2.0 erstellten Webdienste darstellt. Die Klasse **XmlSerializer** kann verwendet werden, um SOAP-Nachrichten mithilfe des Attributs **XmlElement** anzupassen.
- SOAP-Header sind nach beiden SOAP-Spezifikationen 1.1 und 1.2 optional, aber wenn Sie sie verwenden möchten, können Sie eine benutzerdefinierte Klassendatei implementieren, die vom Namespace **System.Web.Services.Protocols.SoapHeader** erbt. Die Webmethode, die den benutzerdefinierten SOAP-Header implementiert, verweist über das Attribut **SoapHeader** auf die benutzerdefinierte Klassendatei.
- Darüber hinaus können Sie Ihre Webdienste anpassen, indem Sie eine benutzerdefinierte SOAP-Erweiterungsklasse erstellen, die von der Klasse **System.Web.Services.Protocols.SoapExtension** erbt. Diese Klasse wird in einem Klassenbibliothekprojekt implementiert, das die SOAP-Erweiterung darstellt.

Schlüsselbegriffe

Wissen Sie, was die folgenden Schlüsselbegriffe bedeuten? Sie können Ihre Antworten überprüfen, indem Sie die Begriffe im Glossar am Ende dieses Buchs nachschlagen.

- Bindung
- Deserialisierung
- Kapselung
- Codierung
- Enumeration (auch als *enum* bezeichnet)
- Metadaten
- Serialisierung
- XML-Infoset

Fallbeispiele

In den folgenden Fallbeispielen wenden Sie an, was Sie über die Erstellung benutzerdefinierter SOAP-Header und SOAP-Erweiterungen gelernt haben. Die Lösungen zu den Fragen finden Sie im Abschnitt „Antworten" hinten in diesem Buch.

Fallbeispiel 1: Erstellen eines benutzerdefinierten SOAP-Headers

Mehrere Partnerunternehmen Ihres Unternehmens greifen auf Webdienste zu, die Ihre Zentrale zur Verfügung stellt. Es werden zwar für alle Partner dieselben Daten zurückgegeben, aber die notwendigen Eingabeparameter hängen davon ab, welcher Partner die Daten anfragt. Ein anderer Entwickler hat vorgeschlagen, für jeden Partner eine eigene Webmethode zu erstellen. Dies würde jedoch redundanten Code mit sich bringen, da ein Großteil des Codes zur Verarbeitung der Webmethoden für alle Partner gleich ist. Als Sie dies zu bedenken geben, bittet der Abteilungsleiter Sie, einen eigenen Vorschlag zu machen. Was schlagen Sie vor?

Fallbeispiel 2: Erstellen einer SOAP-Erweiterung

Sie arbeiten für das in Fallbeispiel 1 erwähnte Unternehmen, das mehrere Partnerunternehmen durch Webdienste unterstützt, die von der Zentrale zur Verfügung gestellt werden. In Fallbeispiel 1 wurde eine Lösung vorgeschlagen, um mit den für jeden Partner unterschiedlichen Eingabeparametern umzugehen. Doch nicht nur die Anforderungen der einzelnen Partner müssen berücksichtigt werden, sondern auch die Sicherheit der Daten. Da Sie angeregt hatten, die jeweils anfordernden Partner über einen SOAP-Header zu identifizieren, bittet Sie der Abteilungsleiter, eine Methode vorzuschlagen, mit der sich diese Anforderer authentifizieren ließen. Was schlagen Sie vor?

Vorgeschlagene praktische Übungen

- Versuchen Sie, beim Entwerfen Ihrer Webdienste mehrere Funktionen in einem einzigen Aufruf einer Webmethode zu kombinieren. Das Ziel ist es, die Anzahl Aufrufe an den Webserver und damit überflüssigen Netzwerkverkehr zu verringern.
- Begrenzen Sie die über Ihre Webdienste übertragenen Datenmengen. Wenn Sie eine Webmethode haben, die Lieferanteninformationen zurückgibt, lassen Sie sie nur die wichtigsten Felder zurückgeben und nicht alle verfügbaren. Je umfangreicher die Rückgabedaten, desto größer die Belastung Ihrer Netzwerkressourcen.
- Verwenden Sie SOAP-Codierung nur, wenn es absolut erforderlich ist, da sie gegenüber der literalen Standardcodierung zusätzlichen Overhead bedeutet
- Achten Sie darauf, dass Ihr Webdienst das Attribut **WebServiceBinding** zur Anpassung an das WS-I Basic Profile enthält. Dieses Attribut hilft, zu gewährleisten, dass der Webdienst in der Praxis optimale Leistung bringt.
- Mit der Eigenschaft **XmlIgnore** können Sie die Serialisierung bestimmter Felder vermeiden. Das hilft, die Datenmenge zu verringern, die serialisiert und durch das Netzwerk übertragen werden muss. Die Klasse **XmlSerializer**, die zur Serialisierung und Deserialisierung von Webdiensten verwendet wird, ignoriert alle Felder, die mit dem Attribut **XmlIgnoreAttribute** gekennzeichnet sind.

Machen Sie einen Übungstest

Die Übungstests auf der Begleit-CD zu diesem Buch (in englischer Sprache) bieten zahlreiche Möglichkeiten. Zum Beispiel können Sie einen Test machen, der ausschließlich die Themen eines bestimmten Lernziels behandelt, oder Sie können sich selbst mit dem gesamten Inhalt der Prüfung 70-529 testen. Sie können den Test so konfigurieren, dass er dem Ablauf einer echten Prüfung entspricht, oder Sie können einen Lernmodus verwenden, in dem Sie sich nach dem Beantworten einer Frage jeweils sofort die richtige Antwort und Erklärungen ansehen können.

WEITERFÜHRENDE INFORMATIONEN Übungstests

Einzelheiten zu allen Optionen, die bei den Übungstests zur Verfügung stehen, finden Sie im Abschnitt „So verwenden Sie die Übungstests" in der Einführung am Anfang dieses Buchs.

KAPITEL 3

Konfigurieren und Veröffentlichen von XML-Webdiensten

Im Mittelpunkt dieses Kapitels stehen die verschiedenen Möglichkeiten, XML-Webdienste zu formatieren und zu veröffentlichen. Zuerst werden unterschiedliche Wege beschrieben, den *Status* in Ihrem Webdienst zu verwalten. Für diese Statusverwaltung gibt es drei Verfahren: **Application**-Objekte, **Session**-Objekte oder clientseitige Cookies. Lektion 2 beschreibt Möglichkeiten, einen Webdienst mit XML-basierten Konfigurationsdateien zu konfigurieren. Konfigurationsoptionen können auf einen einzelnen Webdienst oder auf alle Webdienste auf einem bestimmten Computer angewendet werden. Am Schluss von Lektion 3 wird erläutert, wie Sie einen Webdienst auf einem Remotewebserver bereitstellen und dann mithilfe von statischen (.DISCO) oder dynamischen Discovery-Dateien Informationen über Ihre Webdienste veröffentlichen können.

In diesem Kapitel abgedeckte Lernziele:

- Verwalten des Sitzungsstatus in Webdiensten
  - Implementieren des Sitzungsstatus mit dem **Session**-Objekt
  - Implementieren des Sitzungsstatus mit dem **Application**-Objekt
  - Implementieren des Sitzungsstatus mit Cookies
- Konfigurieren von SOAP-Nachrichten
  - Konfigurieren einer Webdienstanwendung mithilfe einer Web.config-Datei
  - Konfigurieren einer Webdienstanwendung mithilfe einer Machine.config-Datei
- Erstellen und Bereitstellen einer Webdienstanwendung
- Veröffentlichen einer Liste der auf einem Webserver installierten Webdienste mithilfe von Discovery-Dateien

Lektionen in diesem Kapitel:

Bevor Sie beginnen

Um die Lektionen in diesem Kapitel bearbeiten zu können, benötigen Sie Folgendes:

- Einen Computer, der die in der Einführung dieses Buchs aufgeführten Hardwaremindestvoraussetzungen erfüllt oder übertrifft
- Microsoft Visual Studio 2005 und .NET Framework 2.0
- Programmierkenntnisse in Microsoft Visual Basic oder C# und Grundkenntnisse in XML
- Sie sollten die Übung 1 von Kapitel 1, „Erstellen eines XML-Webdienstes", abgeschlossen haben und wissen, wie ein Webdienstprojekt mit Visual Studio 2005 erstellt wird

Lektion 1: Verwalten des Status in einem Webdienst

In dieser Lektion beschreiben wir verschiedene Wege, den Status in Webdiensten zu verwalten. Der Serverstatus kann mit den Objekten **Application** oder **Session** verwaltet werden. Wie die regulären ASP.NET-Anwendungen können auch Webdienste die Objekte **Session** und **Application** verwenden, um die Werte zwischen Methodenaufrufen beizubehalten. Diese Fähigkeit ist nützlich, wenn mehrere Webdienstmethoden dieselbe Information verwenden müssen. Allerdings kann jede Methode Auswirkungen auf die Leistung des Webdienstes haben. Eine andere Möglichkeit, den Status zu bewahren, bieten clientseitige Cookies. Doch auch diese Methode hat Folgen, die im Vorfeld bedacht werden müssen.

HINWEIS Soll der Status implementiert werden?

Da die skalierbarsten Webdienste keinen Status beibehalten, müssen Sie sorgfältig abwägen, ob Sie in Ihren Webdienstanwendungen den Status überhaupt implementieren möchten.

Am Ende dieser Lektion werden Sie in der Lage sein, die folgenden Aufgaben auszuführen:

- Verwalten des Status in einem Webdienst mithilfe eines **Application**-Objekts
- Verwalten des Status in einem Webdienst mithilfe eines **Session**-Objekts
- Verwalten des Status in einem Webdienst mithilfe clientseitiger Cookies

Veranschlagte Zeit für diese Lektion: 30 Minuten

Verwenden des *Application*-Objekts

Die Klasse **WebService** ermöglicht Zugriff auf ASP.NET-Objekte wie beispielsweise **Session** und **Application**. Genau wie bei ASP.NET-Anwendungen kann das **Application**-Objekt über alle Sitzungen hinweg, die auf Ihren Webdienst zugreifen, einen Wert speichern. Diese Statusverwaltung ist selbst dann noch möglich, wenn der Sitzungsstatus für eine bestimmte Webmethode deaktiviert ist.

Ein Wert, den Sie in einem **Application**-Objekt speichern könnten, ist ein Zugriffszähler. Sie könnten beispielsweise jedesmal, wenn ein Benutzer auf eine Methode Ihres Webdienstes zugreift, eine **Application**-Objektvariable um Eins erhöhen. Der Wert dieser Variablen würde so lange hochgezählt, bis der IIS-Server oder die virtuelle Anwendung für Ihren Webdienst zurückgesetzt wird. Dieser Wert kann dann für alle Ihre Webmethoden zugänglich sein.

Das folgende Codebeispiel zeigt, wie ein **Application**-Objekt als Zugriffszähler hochgezählt wird. In diesem Fall ist der Code in einer privaten Methode enthalten, die für alle Webmethoden in Ihrem Webdienst über den Klassenkonstruktor zugänglich ist. So wird die Anwendungsvariable **MyHitCounter** bei jedem Aufruf einer Webmethode um Eins erhöht.

```
'VB
Public Sub New()
    MyBase.New()
    IncrementHitCounter()
End Sub

Private Sub IncrementHitCounter()
    If Application("MyHitCounter") = Nothing Then
        Application.Add("MyHitCounter", 1)
    Else
        Application("MyHitCounter") = Convert.ToInt32(Application("MyHitCounter")) + 1
    End If
End Sub

//C#
public Service () {
    IncrementHitCounter();

}
private void IncrementHitCounter()
{
    if (Application["MyHitCounter"] == null)
    {
        Application.Add("MyHitCounter", 1);
    }
    else
    {
        Application["MyHitCounter"] = ((int)Application["MyHitCounter"]) + 1;
    }
}
```

Nun können Sie mit einer Ihrer Webmethoden auf den Wert der Anwendungsvariablen **MyHitCounter** zugreifen. Der folgende Code zeigt, wie Sie auf die Anwendungsvariable zugreifen und sie verwenden können, um eine private ganzzahlige Variable in einer Ihrer Webmethoden festzulegen.

```
'VB
Dim intHitCounter As Integer
If Application("MyHitCounter") <> Nothing Then
    intHitCounter = Convert.ToInt32(Application("MyHitCounter"))
End If

//C#
int intHitCounter;
if (Application["MyHitCounter"] != null)
{
    intHitCounter = ((int)Application["MyHitCounter"]);
}
```

Verwenden des *Session*-Objekts

Wie bei regulären ASP.NET-Anwendungen ist das **Session**-Objekt für jede Benutzersitzung spezifisch. So können Sie Werte speichern, die für eine ganz bestimmte Benutzersitzung gelten. Vielleicht möchten Sie einen bestimmten benutzerspezifischen Wert wie etwa eine Benutzerkennung speichern. Wenn Sie diesen Wert in einer **Session**-Variablen speichern, steht er allen Webmethoden für die gesamte Dauer der Benutzersitzung zur Verfügung.

Folgender Beispielcode zeigt, wie Sie eine Benutzerkennung in einer Sitzungsvariablen speichern können:

```
'VB
Dim intUserID As Integer

'Die Sitzungsvariable auf den Wert der Benutzerkennung festlegen
If Session("UserID") = Nothing Then
    'Eine Funktion zum Abruf der Benutzerkennung aufrufen
    intUserID = GetUserID()
    Session.Add("UserID", intUserID)
End If

//C#
int userID;

//Die Sitzungsvariable auf den Wert der Benutzerkennung festlegen
if (Session["UserID"] == null)
{
    //Eine Funktion zum Abruf der Benutzerkennung aufrufen
    userID = getUserID;
    //Die Sitzungsvariable UserID hinzufügen
    Session.Add("UserID", userID);
}
```

Die Sitzungsvariable **UserID** könnte dann auch von jeder anderen Webmethode dieses Webdienstes abgefragt werden. Sie müssen jedoch den Sitzungsstatus für jede Webmethode aktivieren, die auf die Sitzungsvariable zugreifen muss. Folgender Code zeigt den Zugriff auf eine **UserID**- Sitzungsvariable:

```
'VB
<WebMethod(Description:="Function used to process a user", _
    EnableSession:=True)> _
Public Sub ProcessUser()
    Dim intUserID As Integer

    'Benutzerkennung aus der Sitzungsvariablen abfragen
    If Session("UserID") <> Nothing Then
        intUserID = Convert.ToInt32(Session("UserID"))
    End If

    'Weitere Verarbeitungsschritte
    '...

End Sub
```

```
//C#
[WebMethod(Description="Function used to process a user",
     EnableSession=true)]
public string ProcessUser() {


    int userID;

    //Benutzerkennung aus der Sitzungsvariablen abfragen
    if (Session["UserID"] != null)
    {
        userID = ((int)Session["UserID"]);
    }

    //Weitere Verarbeitungsschritte
    //...
}
```

Behandeln des Sitzungsstatus auf dem Client mithilfe von Cookies

ASP.NET verwendet *Cookies*, um festzustellen, welche Sitzungen mit einem Sitzungsstatus verbunden sind. Wenn ein Webdienst einen Sitzungsstatus verwendet, wird ein Cookie, das die Sitzung identifiziert, im Antwortheader zurückgesendet. Dieses System bedeutet, dass die Clients das Cookie auf ihrer Seite speichern müssen. Sie können die Sammlung der Cookies über die Eigenschaft **CookieContainer** festlegen oder abfragen, die Teil der Klasse **HttpWebClientProtocol** ist (siehe Tabelle 3.1). Die Klasse **HttpWebClientProtocol** ist die Basisklasse für alle Clientproxys von Webdiensten, die über HTTP kommunizieren.

Tabelle 3.1 Öffentliche Eigenschaften der Klasse **HttpWebClientProtocol**

Name	Beschreibung
AllowAutoRedirect	Kann einen booleschen Wert abrufen oder festlegen, der ermittelt, ob der Client Umleitungen folgt
ClientCertificates	Ruft die Sammlung der Clientzertifikate ab
ConnectionGroupName	Ruft den Namen der Verbindungsgruppe für die Anforderung ab oder legt ihn fest
Container	Ruft ab oder legt fest, welcher **IContainer** die Komponente enthält
CookieContainer	Ruft ab oder legt fest, welche Cookiesammlung im Antwortheader zurückgegeben wird
Credentials	Ruft die Sicherheitseinstellungen für den Webdienstclient ab oder legt sie fest
EnableDecompression	Ruft einen booleschen Wert ab oder legt ihn fest, der ermittelt, ob Dekomprimierung aktiviert ist
PreAuthenticate	Ruft einen booleschen Wert ab oder legt ihn fest, der ermittelt, ob die Vorauthentifizierung aktiviert ist

Tabelle 3.1 Öffentliche Eigenschaften der Klasse **HttpWebClientProtocol** *(Fortsetzung)*

Name	Beschreibung
Proxy	Ruft ab oder legt fest, welche **Proxy**-Daten für die Kommunikation durch eine Firewall verwendet werden
RequestEncoding	Ruft ab oder legt fest, welche Zeichencodierung in der Clientanforderung verwendet wird
Site	Ruft ab oder legt fest, an welchem Standort (**ISite**) sich die Komponente befindet
Timeout	Ruft ab oder legt fest, wie viele Millisekunden der Webdienstclient auf eine synchrone Antwort wartet
UnsafeAuthenticated-ConnectionSharing	Ruft einen booleschen Wert ab oder legt ihn fest, der ermittelt, ob die gemeinsame Nutzung der Verbindung aktiviert wird, wenn der Client NTLM-Authentifizierung zur Verbindung mit dem Webserver verwendet, der Host des XML-Webdienstes ist
Url	Ruft ab oder legt fest, welchen Basis-URL des XML-Webdienstes der Client anfordert
UseDefaultCredentials	Ruft einen booleschen Wert ab oder legt ihn fest, der ermittelt, ob die Eigenschaft **Credentials** auf den Wert der Eigenschaft **CredentialCache.Default-Credentials** festgelegt werden soll
UseAgent	Ruft den Wert für den Benutzeragentenheader ab, der mit jeder Anforderung gesendet wird, oder legt ihn fest

Damit der Webdienst den Sitzungsstatus beibehalten kann, muss die Clientanwendung, die auf den Webdienst zugreift, Code zur Erstellung eines **CookieContainer**-Objekts hinzufügen. Ein **CookieContainer**-Objekt erstellen Sie, indem Sie eine neue Instanz der Eigenschaft **CookieContainer** erstellen und diese der Eigenschaft **CookieContainer** der Proxyklasse zuweisen. Dies muss geschehen, bevor die Webdienstmethode aufgerufen wird. Der folgende Code zeigt, wie dies aussehen könnte.

```
'VB
Dim ws As MyWebService = New MyWebService()
Dim cookie As CookieContainer

' Eine neue CookieContainer-Instanz erstellen,
' falls noch keine erstellt und im
' Sitzungsstatus für die Clientanwendung
' gespeichert worden ist
If (Session("CookieJar") Is Nothing) Then
    cookie = New CookieContainer()
Else
    cookie = Session("CookieJar")
End If

' Den CookieContainer der Proxyklasse zuweisen
ws.CookieContainer = cookie
```

```
//C#
MyWebService ws = new MyWebService();
System.Net.CookieContainer cookie;

// Eine neue CookieContainer-Instanz erstellen,
// falls noch keine erstellt und im
// Sitzungsstatus für die Clientanwendung
// gespeichert worden ist
if (Session["CookieJar"] == null)
{
    cookie = new System.Net.CookieContainer;
}
else
{
    cookie = Session["CookieJar"];
}

// Den CookieContainer der Proxyklasse zuweisen
ws.CookieContainer = cookie;
```

HINWEIS Überlegungen zum Sitzungsstatus

Dieser Code zwingt die Benutzer Ihres Webdienstes, den Status beizubehalten und ihren Clientanwendungen weiteren Code hinzuzufügen. Diesen Nachteil müssen Sie bedenken, wenn Sie überlegen, ob Sie in Ihren Webdiensten den Sitzungsstatus implementieren möchten.

Auswirkungen auf die Leistung

Bevor Sie Ihrem Webdienst Sitzungs- oder Anwendungsvariablen hinzufügen, müssen Sie überlegen, ob Sie das, was Sie bezwecken, nicht auch auf andere Weise erreichen könnten. Diese Art von Status auf Ihrem Webserver beizubehalten, bedeutet einiges an Overhead und kann die Leistung Ihres Webdienstes stark beeinträchtigen.

Sie sollten auch keine größeren Datenmengen in Sitzungs- oder Anwendungsvariablen speichern. Die Ergebnisse eines DataSets oder Arrays sollten zum Beispiel nicht auf diese Weise gespeichert werden. Es wäre besser, zur Datenbank zurückzukehren und diese Daten für jeden Methodenaufruf einzeln abzurufen, als die Daten aufwendig im Serverstatus zu speichern. Daher ist der Sitzungsstatus für alle Webmethoden standardmäßig deaktiviert. Um den Sitzungsstatus zu verwenden, müssen Sie die Eigenschaft **EnableSession** für jede Webmethode, die ihn verwendet, auf **true** festlegen.

Praxistipp

Sara Morgan

Einer der häufigsten Fehler ungeübter Entwickler besteht darin, zu viele Daten im Sitzungs- oder Anwendungsstatus zu speichern. Die meisten Menschen glauben, zu viele Abfragen beim Datenbankserver stören die Leistung der Webanwendungen. Da die Sitzungs- und Anwendungsvariablen Datenbankabfragen überflüssig machen können, ist die Versuchung groß, häufig genutzte statische Daten in ihnen zu speichern. Aber wenn Sie nicht aufpassen, kann die Leistung Ihrer Webdienste und Webanwendungen auch darunter leiden, dass zu viele Daten im Serverstatus gespeichert werden.

Seien Sie daher vorsichtig, wenn Sie den Sitzungs- oder Anwendungsstatus in Ihren Webdiensten verwenden. Speichern Sie nur begrenzte Datenmengen im Serverstatus und geben Sie die Daten wieder frei, sobald sie nicht mehr benötigt werden. Wenn möglich, sollten Sie den Serverstatus ganz vermeiden. Wenn Sie jedoch keinesfalls auf den Serverstatus verzichten können, sollten Sie ein Programm für Belastungstests wie beispielsweise den Application Center Test (ACT) von Microsoft verwenden, um die Auswirkungen unter verschiedenen Belastungen zu messen.

Übung 1: Pflegen des Status in einem Webdienst mit einem *Session*-Objekt

n dieser Übung wird das **Session**-Objekt verwendet, um eine Variable zu erstellen, die eine Lieferantenkennung speichert. Die Übung baut auf den Webdienstanwendungen der Übungen 1 und 2 von Kapitel 1 auf. Wenn Sie diese Übungen noch nicht vollständig bearbeitet haben, müssen Sie dies nachholen, ehe Sie fortfahren. Falls Sie bei einer Übung auf Probleme stoßen, können Sie sich das fertige Projekt auf der Begleit-CD im Ordner **Code** ansehen.

In dieser Übung erstellen Sie eine Webmethode namens **SetVendor**. Diese speichert die Lieferantenkennung in einer Sitzungsvariablen, damit sie von anderen Webmethoden abgerufen werden kann.

1. Öffnen Sie Visual Studio 2005.
2. Klicken Sie auf **Datei**, **Öffnen**, **Website**.
3. Gehen Sie im Dialogfeld **Website öffnen** zu dem Verzeichnis, in dem in Kapitel 1 die Datei **MyWebService.asmx** erstellt wurde. Fügen Sie direkt unter der Webmethode **GetVendorList** folgenden Code hinzu:

```
'VB
<WebMethod(Description:="Used to store the selected vendor ID in a session variable", _
    EnableSession:=True)> _
Public Sub SetVendor(ByVal VendorID As Integer)

    'Lieferantenkennung in einer Sitzungsvariablen speichern
    If VendorID <> 0 Then
        Session.Add("VendorID", VendorID)
    End If

End Sub
```

```
<WebMethod(Description:="Used to determine whether the Vendor ID has been stored in session state", _
        EnableSession:=True)> _
    Public Function IsVendorInSessionState() As Boolean

        ' Prüfen, ob Lieferantenkennung im Sitzungsstatus gespeichert ist
        If Session("VendorID") <> Nothing Then
            Return True
        Else
            Return False
        End If

    End Function

//C#
[WebMethod(Description = "Used to store the selected vendor ID in a session variable",
    EnableSession = true)]
public void SetVendor(int vendorID)
{

    //Lieferantenkennung in einer Sitzungsvariablen speichern
    if (vendorID != 0)
    {
        Session.Add("VendorID", vendorID);
    }
}
     [WebMethod(Description = "Used to determine whether the Vendor ID has been stored in
          session state", EnableSession = true)]
    public Boolean IsVendorInSessionState()
    {
        // Prüfen, ob Lieferantenkennung im Sitzungsstatus gespeichert ist
        if (Session["VendorID"] != null)
        {
            return true;
        }
        else
        {
            return false;
        }
    }
```

4. Erstellen Sie das Projekt und beseitigen Sie eventuelle Fehler.

5. Klicken Sie mit der rechten Maustaste auf die Datei **MyWebService.asmx** und klicken Sie dann auf **Als Startseite festlegen**. Drücken Sie STRG+F5, um ohne Debuggen zu starten.

6. Wenn die Diensthilfeseite geladen wurde, klicken Sie auf den Link **IsVendorInSessionState**, der zur Hilfeseite dieser Webmethode führt. Dort klicken Sie auf **Aufrufen**. Es müsste **false** zurückgegeben werden, da der Code, der den Sitzungsstatus speichert, noch nicht ausgeführt worden ist. Schließen Sie diese Webseite und klicken Sie auf die Schaltfläche **Zurück** auf der Hilfeseite der Webmethode.

7. Klicken Sie auf den Link **SetVendor**, geben Sie im Textfeld **Vendor** einen beliebigen numerischen Wert ein (zum Beispiel **1**) und klicken Sie auf der Hilfeseite der Webmethode auf **Aufrufen**. Schließen Sie diese Webseite und klicken Sie auf die Schaltfläche **Zurück** auf der Hilfeseite der Webmethode.
8. Klicken Sie nun erneut auf den Link **IsVendorInSessionState**. Nachdem Sie **Aufrufen** angeklickt haben, müsste nun der Wert **true** zurückgegeben werden.

Zusammenfassung der Lektion

- Das **Session**- und das **Application**-Objekt stehen Webdiensten über den Namespace **System.Web. Services** zur Verfügung. So können Sie Werte in Sitzungs- oder Anwendungsvariablen speichern und ihren Status zwischen den Methodenaufrufen beibehalten.
- Das **Application**-Objekt kann Daten über Sitzungsaufrufe hinweg speichern. So können Sie den Wert einer Variablen beibehalten, solange die Anwendung auf dem Webserver nicht zurückgesetzt wird.
- Das **Session**-Objekt kann Daten speichern, die mit Benutzersitzungen zusammenhängen. Diese Funktion ist nützlich, wenn Daten einer bestimmten Sitzung von mehreren Webmethoden verwendet werden müssen.
- Bevor Sie jedoch Sitzungs- oder Anwendungsvariablen verwenden, sollten Sie überlegen, ob Ihre Anwendung tatsächlich den Status über die Methodenaufrufe hinweg speichern muss. Den Status auf dem Server zu pflegen, ist so aufwendig, dass der Webdienst unter Umständen nicht mehr gut skalierbar ist.

Lernzielkontrolle

Mit den folgenden Fragen können Sie Ihr Wissen zu den Informationen aus Lektion 1, „Verwalten des Status in einem Webdienst“, überprüfen. Die Fragen finden Sie (in englischer Sprache) auch auf der Begleit-CD, Sie können sie also auch auf dem Computer im Rahmen eines Übungstests beantworten.

HINWEIS Die Antworten

Die Antworten auf diese Fragen mit Erklärungen, warum die jeweiligen Auswahlmöglichkeiten richtig oder falsch sind, finden Sie im Abschnitt „Antworten“ am Ende dieses Buchs.

---

1. Welche Schritte sind erforderlich, um den Status mit dem **Session**-Objekt zu speichern? (Wählen Sie alle zutreffenden Antworten aus.)
   a. Deaktivieren des Anwendungsstatus, indem die Eigenschaft **EnableApplication** auf **false** festgelegt wird.
   b. Erstellen eines **SessionState**-Abschnitts in der Web.config-Datei und Festlegen der Eigenschaft **Enabled** auf **true**.
   c. Aktivieren des Anwendungsstatus, indem die Eigenschaft **EnableSession** auf **true** festgelegt wird.
   d. Hinzufügen der Methode **Add** zum **Session**-Objekt als neue Sitzungsvariable.

2. Wählen Sie den geeigneten Datentyp zur Speicherung von Daten in einer Sitzungs- oder Anwendungsvariablen aus.
   a. Mitarbeiter-ID.
   b. Text eines Dokuments, das oft von allen Benutzersitzungen aufgerufen wird.
   c. Array, das den gesamten Einkauf eines Kunden speichert.
   d. DataSet, das eine Liste aller Mitarbeiternamen enthält.
3. Was muss auf der Clientseite im Vorfeld geschehen, damit ein Webdienst den Sitzungsstatus verwenden kann?
   a. Es muss ein Verweis auf die Eigenschaft **SessionCookie** für die Proxyklasse eingerichtet werden.
   b. Es muss eine neue Instanz der Eigenschaft **CookieContainer** erstellt und dann auf den Wert der **CookieContainer**-Eigenschaft der Proxyklasse festgelegt werden.
   c. Ein **Session**-Objekt muss den Wert der Eigenschaft **CookieContainer** speichern.
   d. Ein clientseitiges Cookie muss den Wert der Eigenschaft **CookieContainer** speichern.

Lektion 2: Konfigurieren einer Webdienstanwendung

In dieser Lektion werden verschiedene Möglichkeiten beschrieben, eine Webdienstanwendung zu konfigurieren. Es werden die verschiedenen Konfigurationsoptionen vorgestellt, die über das Konfigurationselement **webServices** zur Verfügung stehen. Dieses Element kann entweder in der Datei **Web.config** oder in der Datei **Machine.config** festgelegt werden. Außerdem wird der Modus des Sitzungsstatus erörtert, einer Konfigurationsoption für Webdienste und ASP.NET-Anwendungen allgemein, die im Zusammenhang mit dem Sitzungsstatus verwendet wird.

Am Ende dieser Lektion werden Sie in der Lage sein, die folgenden Aufgaben auszuführen:

- Konfigurieren einer Webdienstanwendung mithilfe einer Konfigurationsdatei
- Konfigurieren einer Webdienstanwendung mithilfe einer Machine.config-Datei

Veranschlagte Zeit für diese Lektion: 30 Minuten

Verwenden einer Konfigurationsdatei

Wie reguläre ASP.NET-Anwendungen haben auch Webdienste Zugriff auf eine Konfigurationsdatei wie **Web.config**. Über diese XML-Datei können Sie die Konfiguration Ihres Webdienstes mit dem Element **webServices** steuern.

Das Element *webServices*

Das Element **webServices** steuert beispielsweise, welche Nachrichtenprotokolle verwendet werden, und wie die Diensthilfeseite aussieht. In Tabelle 3.2 werden die untergeordneten Elemente von **webServices** aufgelistet, mit denen Sie weitere Aspekte Ihres Webdienstes konfigurieren können.

Tabelle 3.2 Die untergeordneten Elemente des Elements **webServices**

Name	Beschreibung
protocols	Fügt ein oder mehr Protokolle hinzu, die der Webdienst verwenden kann, wie beispielsweise **Http Soap**, **Http Post**, **Http Get** und **Documentation**
serviceDescriptionFormat-ExtensionTypes	Steuert, welche Dienstbeschreibung zum Generieren des WSDL-Dokuments verwendet wird
soapExtensionImporterTypes	Fügt eine bestimmte Importiererklasse für SOAP-Erweiterungen hinzu, die verwendet wird, wenn die Erweiterung für das Dienstbeschreibungsformat angegeben werden muss
soapExtensionReflectorTppes	Gibt Reflektorklassen für SOAP-Erweiterungen an, die zum Generieren des WSDL-Dokuments verwendet werden
soapExtensionTypes	Ermöglicht erweiterte Verarbeitung von SOAP-Nachrichten durch Hinzufügen einer bestimmten SOAP-Erweiterungsklasse
wsdlHelpGenerator	Wird verwendet, um eine benutzerdefinierte Diensthilfeseite für einen Webdienst anzugeben

Das Stammelement ist das **webServices**, unter dem sich ein **protocols**-Element befindet. Dieses **protocols**-Element gibt die verschiedenen Nachrichtenprotokolle an, die Ihr Webdienst verwenden kann. Es kann auf einen der folgenden Werte festgelegt werden:

- **HttpSoap** Unterstützung für dieses Protokoll wird standardmäßig geboten. Es steuert die Fähigkeit, SOAP zu unterstützen.
- **HttpGet** Bietet Unterstützung für das HTTP GET-Protokoll
- **HttpPost** Bietet Unterstützung für das HTTP POST-Protokoll
- **HttpPostLocalhost** Bietet Unterstützung für das HTTP POST-Protokoll, wenn nur der lokale Computer darauf zugreift
- **Documentation** Gibt an, ob eine Diensthilfeseite angezeigt wird, wenn der Benutzer zu der ASMX-Datei Ihres Webdienstes navigiert. Dieses Protokoll wird standardmäßig unterstützt.

Der folgende Beispielcode zeigt, wie ein **webServices**-Element in Ihrer Web.config-Datei aussehen kann. In diesem Fall werden die Protokolle HTTP GET und HTTP POST unterstützt. Das HTTP SOAP-Protokoll wird in diesem Beispiel nicht eingebunden, weil es standardmäßig unterstützt wird.

```
<webServices>
    <protocols>
        <add name="HttpGet" />
        <add name="HttpPost" />
    </protocols>
</webServices>
```

HINWEIS Neustart der Anwendung nach einer Änderung der Datei Web.config

Wenn die Datei Web.config geändert wurde, startet IIS automatisch die Anwendung neu und erkennt die Änderungen.

Standardmäßig wird die Diensthilfeseite (siehe Abbildung 3.1) angezeigt, wenn Sie zur ASMX-Seite Ihres Webdienstes navigieren. Um die Hilfeseite für den in Übung 1 erstellten Webdienst anzuzeigen, navigieren Sie zum URL **http://localhost:portnumber/mywebservice/mywebservice.asmx** oder wählen die ASMX-Seite als Startseite aus und drücken STRG+F5, um Ihr Projekt ohne Debuggen zu starten.

HINWEIS Verwenden einer Portnummer mit Visual Studio 2005

Visual Studio 2005 verwendet beim Debuggen von Websites Portnummern. Die genaue Nummer des zugewiesenen Ports sehen Sie in einer Sprechblase, die zu Beginn des Debuggens oberhalb Ihrer Taskleiste erscheint. Wenn Sie sich diese Portnummer notieren, können Sie Ihren Webdienst anhand der Portnummer Ihres Computers in einem Webbrowser aufrufen.

Standardmäßig zeigt diese Seite eine Liste der öffentlichen Methoden an, die das Attribut **WebMethod** zur Verfügung stellt. In vielen Fällen reicht diese Standardseite aus. Sie können sie jedoch auch anpassen, indem Sie beispielsweise Ihr Firmenlogo oder eine Dokumentation für potenzielle Benutzer hinzufügen.

Abbildung 3.1 Die Diensthilfeseite wird angezeigt, wenn Sie zur ASMX-Seite Ihres Webdienstes navigieren

Der Speicherort der Datei mit der Diensthilfeseite wird im **wsdlHelpGenerator**-Element angegeben. Standardmäßig ist es auf eine Datei namens **DefaultwsdlHelpGenerator.aspx** festgelegt, die in der Datei **Machine.config** vorgegeben ist. Sie können das Element **wsdlHelpGenerator** Ihrer Web.config-Datei hinzufügen und eine andere Datei Ihrer Wahl angeben. Das folgende Beispiel zeigt, wie ein solcher Konfigurationsabschnitt aussehen könnte:

```
<webServices>
    <wsdlHelpGenerator href="MyServiceHelpPage.aspx"/>
</webServices>
```

Wenn Sie nicht möchten, dass Benutzern, die zum Speicherort Ihres Webdienstes navigieren, eine Diensthilfeseite angezeigt wird, können Sie die Dokumentation auch ganz deaktivieren, indem Sie Ihrer Web.config-Datei folgenden Abschnitt hinzufügen:

```
<webServices>
    <protocols>
        <remove name="Documentation"/>
    </protocols>
</webServices>
```

Anstatt die Dokumentation ganz zu entfernen, können Sie auch das Element **wsdlHelpGenerator** verwenden und das Attribut **href** so festlegen, dass es auf eine leere HTML-Seite zeigt. Wenn Sie die Dokumentation für einen Webdienst entfernen, deaktivieren Sie damit auch die automatische WSDL-Dateigenerierung. Wenn Sie kein benutzerdefiniertes WSDL-Dokument haben, ist es besser, auf eine leere HTML-Seite zu zeigen, als die Dokumentation ganz zu entfernen.

Verwenden der Datei Machine.config

In der Datei **Web.config** gelten die Einstellungen des Elements **webServices** nur für diesen bestimmten Webdienst und für keine anderen Webdienste außerhalb des virtuellen Verzeichnisses. Wenn Sie Webdiensteinstellungen für alle Webdienste auf Ihrem Computer angeben möchten, müssen Sie die Datei **Machine.config** verwenden.

Die Datei **Machine.config** befindet sich standardmäßig im Verzeichnis **\%Windows%\Microsoft.NET\Framework\v2.0.50727\CONFIG**. Diese Datei enthält alle Standardkonfigurationsdateien der Installation von .NET Framework 2.0. Wenn alle Ihre Webdienste auf der Diensthilfeseite konsistent aussehen sollen, können Sie dieser Datei das Element **wsdlHelpGenerator** hinzufügen.

Konfigurieren des Sitzungsstatusmodus

In Lektion 1 haben Sie gesehen, wie Sie den Status in Ihren Webdiensten mithilfe der Sitzungs- und Anwendungsvariablen speichern können. Standardmäßig speichern Webdienste und ASP.NET-Anwendungen den Sitzungsstatus im Speicher auf dem Webserver. Es gibt jedoch noch andere Möglichkeiten, den Status zu speichern. Das Element **sessionState** kann verwendet werden, um diesen Wert in der Konfigurationsdatei oder in der Datei **Machine.config** festzulegen. Das Attribut **mode** ist eines von mehreren untergeordneten Elementen dieses Elements (siehe Tabelle 3.3). Hier können Sie einen von fünf verschiedenen Werten festlegen, die darüber entscheiden, wie mit dem Sitzungsstatus umgegangen wird. Die fünf Werte sind die folgenden:

- **Custom** Die Objekte werden in einem benutzerdefinierten Datenspeicher gespeichert. Diese Option sollten Sie generell nicht verwenden.
- **InProc** Die Objekte werden im Speicher des Webservers gespeichert. Dies ist der Standardwert, der zwar den schnellsten Datenabruf erlaubt, aber auch am meisten Ressourcen belegt und die Leistung beeinträchtigen kann.
- **Off** Der Sitzungsstatus ist deaktiviert. Wenn Sie den Sitzungsstatus nicht verwenden, legen Sie diesen Wert fest.
- **StateServer** Die Objekte werden in einem separaten Prozess gespeichert, der auch auf einem anderen Computer ausgeführt werden kann. Dieses Szenario ist zwar langsamer in Bezug auf den Datenabruf, kann aber besser mit großen Datenmengen umgehen. Im Übrigen kann diese Option für eine Webfarm verwendet werden.
- **SQLServer** Die Objekte werden serialisiert und in SQL Server gespeichert. Diese Option bietet den langsamsten Datenabruf, aber die größte Stabilität, und die Daten bleiben selbst dann erhalten, wenn SQL Server neu gestartet wird.

Tabelle 3.3 Die untergeordneten Elemente des Elements **sessionState**

Name	Beschreibung
allowCustomSqlDatabase	Zeigt an, ob für den Sitzungsstatus auch eine benutzerdefinierte SQL-Datenbank infrage kommt, und nicht nur die von ASP.NET verwendete Standarddatenbank
cookieName	Gibt den Namen des Cookies an, das die Sitzungskennung speichert
customProvide	Gibt den Namen eines benutzerdefinierten Sitzungsstatusproviders an, wenn der **custom**-Modus ausgewählt wurde
mode	Gibt an, welcher Typ von Sitzungsstatus verwendet wird. Dieses Attribut kann auf **InProc**, **StateServer**, **SQLServer**, **Custom** oder **Off** festgelegt werden
partitionResolverType	Gibt an, wo der Sitzungsstatus gespeichert wird, und überschreibt die Werte in **sqlConnectionString** und**stateConnectionString**
regenerateExpiredSessionID	Boolescher Wert, der angibt, ob die Sitzungskennung nach ihrem Ablauf wieder erneut ausgestellt wird
serviceDescriptionFormat-ExtensionTypes	Gibt an, wie Cookies verwendet werden. Kann auf **AutoDetect**, **UseCookies**, **UseDeviceProfile** oder **UseUri** festgelegt werden.
sqlCommandTimeout	Gibt die Lebensdauer in Sekunden an
sqlConnectionString	Gibt die SQL-Verbindungszeichenfolge an, wenn der Modus **SQLServer** ist
stateConnectionString	Gibt an, wo der Status gespeichert wird, wenn der Modus **StateServer** ist
stateNetworkTimeout	Gibt an, wie viele Sekunden eine Verbindung zwischen dem Webserver und dem Statusserver im Leerlauf sein kann
Timeout	Gibt an, wie viele Minuten eine Sitzung im Leerlauf sein kann, ehe sie abgebrochen wird
useHostingIdentity	Gibt an, ob die Hostidentität oder der Clientidentitätswechsel verwendet wird

Übung 2: Konfigurieren einer Webdienstanwendung

Diese Übung verwendet das Element **protocols**, um anzugeben, dass der Webdienst die Protokolle HTTP POST und HTTP GET verwenden kann. Das Element **protocols** ist ein untergeordnetes Element von **webServices** und wird in der Datei **Web.config** für die in Kapitel 1 erstellte MyWebService-Anwendung festgelegt. Falls Sie bei einer Übung auf Probleme stoßen, können Sie sich das fertige Projekt auf der Begleit-CD im Ordner **Code** ansehen.

1. Öffnen Sie Visual Studio 2005.
2. Klicken Sie auf **Datei**, **Öffnen**, **Website**.
3. Wenn das Dialogfeld **Website öffnen** angezeigt wird, navigieren Sie zum Verzeichnis, in dem Sie in Übung 1 das Projekt **MyWebService** erstellt haben und klicken auf **Öffnen**.

4. Klicken Sie mit der rechten Maustaste im Projektmappen-Explorer auf die Projektdatei **MyWebService** und klicken Sie dann auf **Neues Element hinzufügen**. Im Dialogfeld **Installierte Vorlagen** von Visual Studio wählen Sie **Webkonfigurationsdatei** und klicken auf **Hinzufügen**.

5. Fügen Sie unter dem Tag **system.web** folgenden Code ein, damit Ihr Webdienst die Protokolle HTTP POST und HTTP GET verwenden kann:

```
<webServices>
    <protocols>
        <add name="HttpGet"/>
        <add name="HttpPost"/>
    </protocols>
</webServices>
```

6. Erstellen Sie das Projekt und beseitigen Sie eventuelle Fehler.

Zusammenfassung der Lektion

- Mit dem Element **webServices** können Sie eine von mehreren Konfigurationsoptionen für Ihren Webdienst angeben. Die diversen untergeordneten Elemente können vieles steuern, von den verwendeten Webprotokollen bis hin zum Speicherort einer benutzerdefinierten Diensthilfeseite. Diese Elemente werden in der Regel in der Datei **Web.config** Ihres Webdienstes festgelegt.
- In der Datei **Machine.config** können Sie Einstellungen vornehmen, die für alle Ihre webbasierten Anwendungen gelten sollen und nicht nur für einen bestimmten Webdienst. In .NET Framework 2.0 befindet sich diese Datei im Verzeichnis **C:\Windows\Microsoft.NET\Framework\v2.0.50727\CONFIG**.
- Mit dem Element **SessionState** können Sie eine von mehreren Konfigurationsoptionen für die Statusbehandlung Ihres Webdienstes angeben. Das Element **mode** ermöglicht es, anzugeben, wo der Sitzungsstatus gespeichert wird, im Speicher des Webservers, in einem separaten Prozess, in SQL Server oder in einem benutzerdefinierten Datenspeicher. Sie können auch angeben, dass der Sitzungsstatus deaktiviert ist.

Lernzielkontrolle

Mit den folgenden Fragen können Sie Ihr Wissen zu den Informationen aus Lektion 2, „Konfigurieren einer Webdienstanwendung", überprüfen. Die Fragen finden Sie (in englischer Sprache) auch auf der Begleit-CD, Sie können sie also auch auf dem Computer im Rahmen eines Übungstests beantworten.

HINWEIS Die Antworten

Die Antworten auf diese Fragen mit Erklärungen, warum die jeweiligen Auswahlmöglichkeiten richtig oder falsch sind, finden Sie im Abschnitt „Antworten" am Ende dieses Buchs.

---

1. Welche Nachrichtenprotokolle stehen für Ihren Webdienst zur Verfügung? (Wählen Sie alle zutreffenden Antworten aus.)
   a. HTTP POST
   b. HTTPS
   c. HTTP GET
   d. HTTP SOAP
2. Mit welcher Konfiguration können Sie verhindern, dass die Diensthilfeseite erscheint, wenn der Benutzer zu der ASMX-Datei Ihres Webdienstes navigiert?
   a. Festlegen des Attributs **disableDocument** für das Elements **protocols** im Abschnitt **webServices** der Datei **Web.config** auf **true**.
   b. Festlegen des Attributs **name** für das Element **remove** im Abschnitt **webServices** der Datei **Web.config** auf **Documentation**.
   c. Festlegen des Attributs **href** für das Element **wsdlHelpGenerator** im Abschnitt **webServices** der Datei **Web.config** auf eine leere HTML-Seite.
   d. B und C sind richtig.
3. Welcher Sitzungsstatusmodus bietet den schnellsten Datenabruf, kann jedoch die Leistung des Webdienstes beeinträchtigen?
   a. Off
   b. SQLServer
   c. InProc
   d. StateServer

Lektion 3: Bereitstellen und Veröffentlichen eines Webdienstes

In dieser Lektion wird die Bereitstellung und Veröffentlichung von Webdiensten beschrieben. Nachdem Sie Ihren Webdienst erfolgreich getestet und konfiguriert haben, können Sie potenzielle Benutzer in einer Discovery-Datei darüber informieren. Außerdem können Sie die Dateien, die zum Aufrufen Ihres Webdienstes benötigt werden, vom Entwicklungscomputer auf den Zielwebserver übertragen, wo der Webdienst von öffentlich verwendet werden kann.

Am Ende dieser Lektion werden Sie in der Lage sein, die folgenden Aufgaben auszuführen:

- Veröffentlichen einer Liste der auf einem Webserver installierten Webdienste mithilfe von Discovery-Dateien
- Erstellen und Bereitstellen einer Webdienstanwendung

Veranschlagte Zeit für diese Lektion: 20 Minuten

Veröffentlichen eines Webdienstes

Um auf Ihren Webdienst zugreifen zu können, benötigen die potenziellen Benutzer bestimmte Informationen. Diese Information können Sie in Form einer Discovery-Datei bereitstellen. Eine Discovery-Datei ist eine XML-Datei mit bestimmten Informationen über den Standort, an dem die wichtigen Ressourcen des Webdienstes zu finden sind. So kann der Benutzer Ihren Webdienst finden.

Sie können automatisch ein Discovery-Dokument für jeden mit ASP.NET erstellten Webdienst generieren, indem Sie auf den Webdienst mit einem URL zugreifen, der auf "?DISCO" endet. In diesem Fall gilt die Discovery-Datei nur für diesen einen Webdienst. Eine Discovery-Datei für den in Übung 1 von Kapitel 1 erstellten Webdienst können Sie durch Zugriff auf folgenden URL generieren: **http://localhost:portnumber/MyWebService/MyWebService.asmx**.

Daraufhin wird die folgende XML-Datei generiert und in Ihrem Webbrowser angezeigt:

```
<?xml version="1.0" encoding="utf-8" ?> - <discovery xmlns:xsi="http://www.w3.org/2001/XMLSchema-instance"
  xmlns:xsd="http://www.w3.org/2001/XMLSchema" xmlns="http://schemas.xmlsoap.org/disco/">
  <contractRef ref="http://localhost/MyWebService/MyWebService.asmx?wsdl"
    docRef="http://localhost/MyWebService/MyWebService.asmx"
    xmlns="http://schemas.xmlsoap.org/disco/scl/" />
  <soap address="http://localhost/MyWebService/MyWebService.asmx"
    xmlns:q1="http://www.mycompany.com/" binding="q1:MyWebServiceSoap"
    xmlns="http://schemas.xmlsoap.org/disco/soap/" />
  <soap address="http://localhost/MyWebService/MyWebService.asmx"
    xmlns:q2="http://www.mycompany.com/" binding="q2:MyWebServiceSoap12"
    xmlns="http://schemas.xmlsoap.org/disco/soap/" />
  </discovery>
```

Eine Discovery-Datei wird auch automatisch generiert, wenn Sie in einer ASP.NET-Clientanwendung einen Webverweis auf Ihren Webdienst erstellen. In diesem Fall wird die Discovery-Datei im Unterverzeichnis **App_WebReferences** des Stammordners Ihres Webdienstes gespeichert.

Verwenden einer statischen Discovery-Datei

Eine andere Möglichkeit für die Webdienstsuche besteht darin, eine eigene XML-Discovery-Datei zu erstellen, die auch auf mehr als einen Webdienst verweisen kann. Hierzu erstellen Sie als Erstes das XML-Dokument mit dem Discovery-Stammelement, wie im folgenden Beispiel:

```
<?xml version="1.0" encoding="utf-8" ?>
<discovery xmlns="http://schemas.xmlsoap.org/disco/">

</discovery>
```

Das Discovery-Dokument sollte Verweise auf Dienstbeschreibungen, XSD-Schemas (XML Schema Definition, XSD) und andere Discovery-Dokumente enthalten, die Ihr Webdienst verwendet. Sie können beliebig viele Verweise hinzufügen und auch auf mehr als einen Webdienst verweisen. Die folgenden Elemente werden verwendet, um einem Discovery-Dokument Verweise hinzuzufügen:

- **contractRef** Verweist auf eine oder mehrere Dienstbeschreibungen mit dem Attribut **ref**. Das Element **contractRef** sollte ein **xmlns**-Attribut enthalten, das auf den folgenden XML-Namespace verweist: **http://schemas.xmlsoap.org/disco/scl/**.
- **discoveryRef** Verweist auf ein oder mehrere Discovery-Dokumente mit dem Attribut **ref**
- **schemaRef** Verweist auf ein oder mehrere XML-Schemadateien mit dem Attribut **ref**. Dieses Element sollte ein **xmlns**-Attribut enthalten, das auf den folgenden XML-Namespace verweist: **http://schemas.xmlsoap.org/disco/schema/**.

Im Folgenden sehen Sie ein Beispiel für ein **contractRef**-Element, das auf das WSDL-Dokument eines Webdienstes verweist. Das Beispiel enthält auch ein **docRef**-Attribut, das auf ein HTML-Dokument namens **MyWebServiceDoc.html** mit Informationen über den Webdienst verweist:

```
<contractRef xmlns="http://schemas.xmlsoap.org/disco/scl/"
    ref="http://www.MyCompany.com/MyWebService/MyWebService.wsdl"
    docRef="http://www.MyCompany.com/MyWebService/MyWebServiceDoc.html"/>
```

Verwenden einer dynamischen Discovery-Datei

Eine Alternative zu statischen Discovery-Dateien ist die Aktivierung einer dynamischen Discovery für einen Webdienst. Diese Option können Sie verwenden, wenn Sie möchten, dass alle Webdienste auf einem Webserver über die Discovery auffindbar sein sollen. Da die dynamische Discovery alle Webdienste auffindbar macht, sollten Sie mit dieser Option vorsichtig umgehen: Sie kann zum Sicherheitsrisiko werden.

Um die dynamische Discovery zu aktivieren, können Sie ein **add**-Element dem Abschnitt **httpHandlers** Ihrer Machine.config-Datei auf dem Webserver hinzufügen. Der folgende Code zeigt, wie dieses **add**-Element aussehen könnte:

```
<add verb="*" path=".vsdicso"
    type="System.Web.Services.Discovery.DiscoveryRequestHandler,System.Web.Services,
    Version=1.0.3300.0, Culture=neutral, PublicKeyToken=b03f5f7f11d50a3a"
    validate="false"/>
```

Das Attribut **type** enthält einen Verweis auf die Klasse **DiscoveryRequestHandler**, den Handler für alle Webdienste, die ein Discovery-Dokument verwenden. Diese Klasse behandelt alle eingehenden Anforderungen und leitet sie an das passende Discovery-Dokument mit der Dateierweiterung DISCO weiter.

Praxistipp

Sara Morgan

Frühere Versionen von Visual Studio gingen mit dynamischen Discovery-Dateien etwas anders um. In der Vergangenheit erstellte Visual Studio automatisch für jedes Projekt eine dynamische Discovery-Datei und legte sie in den Stammordner des Projekts. Die Datei bekam denselben Namen wie das Projekt, nur mit der Erweiterung VSDISCO. Sie enthielt Verweise auf Ordner, die von einer dynamischen Discovery ausgeschlossen blieben. Dieses Verfahren der dynamischen Discovery wird nicht mehr verwendet.

Die dynamische Discovery legt alle Webdienste unter einem angefragten URL offen. Je nachdem, wie Ihr Netzwerk konfiguriert ist, kann das ein Sicherheitsrisiko für Ihr Unternehmen darstellen. Also sollten Sie mit dieser Form der Discovery vorsichtig umgehen. Ich persönlich würde Ihnen davon abraten.

Bereitstellen einer Webdienstanwendung

Der letzte Schritt, einen Webdienst der Außenwelt zugänglich zu machen, besteht darin, ihn auf einem Webserver zu veröffentlichen. Da Webdienste im Grunde nichts anderes als ASP.NET-Anwendungen sind, können sie genau wie herkömmliche Webanwendungen bereitgestellt werden. Um den Webdienst zu veröffentlichen, können Sie entweder die notwendigen Dateien in ein virtuelles Verzeichnis auf dem Zielwebserver kopieren oder ein *Setup-Projekt* verwenden.

Kopieren des Projekts

Um ein Projekt auf einen Webserver mit Visual Studio zu kopieren, wählen Sie es zuerst im Projektmappen-Explorer aus. Klicken Sie dann auf das Menü **Website** und auf **Website kopieren**. Ein geteilter Bildschirm müsste nun die Quellwebsite im linken und die Remotewebsite im rechten Bereich anzeigen. Anfangs müsste der Bildschirmbereich **Remotewebsite** leer sein. Klicken Sie auf **Verbinden**, um den Kopiervorgang zu starten.

Navigieren Sie im Dialogfeld **Website öffnen** zum Verzeichnis, in das Sie die Projektdateien kopieren möchten. Sie können das Projekt in einem Ordner im Dateisystem, auf dem lokalen IIS-Webserver, auf einer FTP-Site oder auf einer Remotesite bereitstellen. Geben Sie die Verbindungseigenschaften für die Bereitstellung ein und klicken Sie auf **Öffnen**.

Wenn die Verbindung hergestellt wurde, müssten im rechten Fensterbereich die Dateien und Ordner vom Zielwebserver angezeigt werden (siehe Abbildung 3.2). Jetzt können Sie die zu kopierenden Dateien markieren und auf den Pfeil klicken, um sie von der Quelle auf die Remotesite zu kopieren.

Kopieren Sie nur die Dateien, die auf der Remotesite ausgeführt werden. Dazu gehören alle Webdienstdateien mit der Erweiterung ASMX und die Konfigurationsdateien wie beispielsweise **Web.config**. Außerdem können Sie die Discovery-Dokumente kopieren, die Sie vielleicht bereits erstellt haben. Codedateien, z. B. gekennzeichnet durch die Erweiterungen VB oder CS, brauchen Sie nicht zu kopieren, da diese in die DLL-Datei kompiliert werden, die beim Erstellen Ihres Webdienstes erstellt wird. Die DLL-Datei müssen Sie allerdings in das Verzeichnis **\bin** des virtuellen Verzeichnisses auf dem Zielwebserver kopieren.

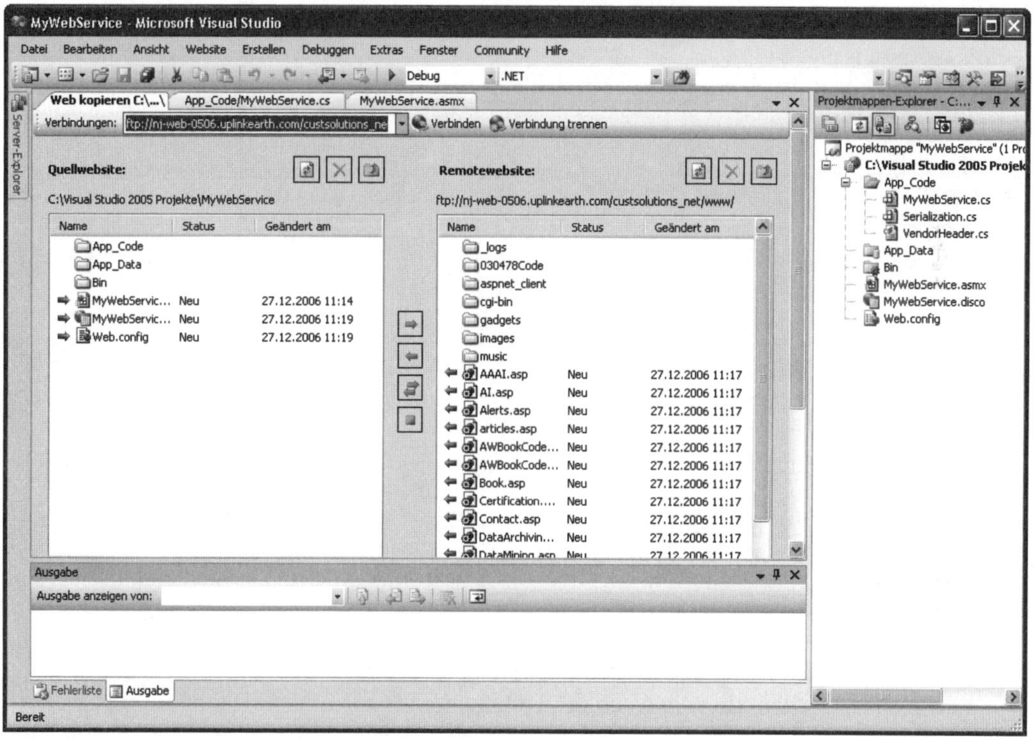

Abbildung 3.2 Das Dialogfeld **Dateien kopieren** zum Kopieren der Dateien vom Quellprojekt auf einen Remoteserver

Erstellen eines Setup-Projekts

Webdienstanwendungen können auch mithilfe eines Websetup-Projekts, das in Visual Studio erstellt wird, auf einen Remoteserver kopiert werden. Die Erstellung eines Websetup-Projekts starten Sie, indem Sie auf **Datei**, **Hinzufügen**, **Neues Projekt** klicken. Erweitern Sie im Dialogfeld **Neues Projekt hinzufügen** (siehe Abbildung 3.3) den Knoten **Andere Projekttypen** und klicken Sie auf **Setup und Bereitstellung**. Wählen Sie den Projekttyp **Websetup-Projekt** aus und geben Sie einen Namen und einen Speicherort für Ihr Projekt an.

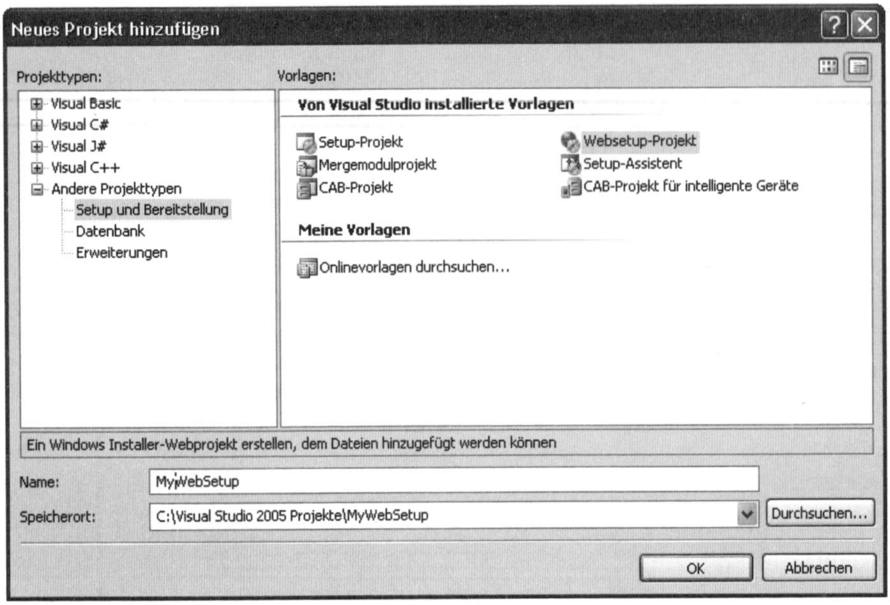

Abbildung 3.3 Im Dialogfeld **Neues Projekt hinzufügen** können Sie Ihrer Projektmappe ein Websetup-Projekt als Bereitstellungsprojekt für Ihren Webdienst hinzufügen

Wenn das Setup-Projekt erstellt wurde, können Sie bestimmte Projekteigenschaften ändern, wie beispielsweise den Titel, der während der Installation angezeigt wird. Darüber hinaus können Sie andere Eigenschaften festlegen, etwa zum Löschen von Vorläuferversionen. Diese Eigenschaft ist standardmäßig **false**, kann aber auf **true** festgelegt werden, wenn die Vorläuferversionen vor der Installation automatisch gelöscht werden sollen.

Wenn Sie alle notwendigen Anpassungen am Setup-Projekt vorgenommen haben, können Sie es in eine ausführbare Datei kompilieren, indem Sie es im Projektmappen-Explorer mit der rechten Maustaste anklicken und dann auf **Erstellen** klicken. Nach der Erstellung müssten in dem Debugordner, in dem Sie Ihr Websetup-Projekt erstellt haben, eine Datei namens **Setup.exe** und eine MSI-Datei liegen. Die MSI-Datei, die standardmäßig denselben Namen wie Ihr Websetup-Projekt hat, kann verwendet werden, um die Dateien Ihres Webdienstes auf den Zielwebserver zu kopieren.

Übung 3: Bereitstellen eines Webdienstes mithilfe eines Websetup-Projekts

In dieser Übung werden Sie Schritt für Schritt ein Websetup-Projekt erstellen, das Ihren Webdienst auf einem Remotewebserver installiert. Das Websetup-Projekt stellt das Webdienstprojekt bereit, das Sie in den Übungen von Kapitel 1 und 2 erstellt und geändert haben. Wenn Sie die Übungen 1 und 2 von Kapitel 1 noch nicht vollständig bearbeitet haben, müssen Sie dies nachholen, ehe Sie mit dieser Übung fortfahren. Falls Sie bei einer Übung auf Probleme stoßen, können Sie sich das fertige Projekt auf der Begleit-CD im Ordner **Code** ansehen.

1. Öffnen Sie Visual Studio 2005.
2. Klicken Sie auf **Datei**, **Öffnen**, **Website**.
3. Wenn das Dialogfeld **Website öffnen** angezeigt wird, navigieren Sie zum Verzeichnis, in dem sich das Projekt **MyWebService** befindet.
4. Wählen Sie nun im Menü **Datei** den Eintrag **Hinzufügen**, **Neues Projekt**.
5. Erweitern Sie den Knoten **Andere Projekttypen**, klicken Sie auf **Setup und Bereitstellung** und wählen Sie im Fenster **Von Visual Studio installierte Vorlagen** den Eintrag **Websetup-Projekt** aus. Geben Sie als Projektnamen **MyWebServiceDeployment** ein und gehen Sie zum Unterordner namens **WebSetup** im virtuellen Verzeichnis Ihres Webdienstes. Auf Ihrem lokalen Entwicklungscomputer heißt dieser Speicherort in der Regel **\Eigene Dateien\Visual Studio 2005\Projekte\MyWebService**. Klicken Sie auf **OK**.
6. Klicken Sie mit der rechten Maustaste auf den Webanwendungsordner im linken Fensterbereich und wählen Sie dann **Hinzufügen**, **Projektausgabe**. Klicken Sie im Dialogfeld **Projektausgabe hinzufügen** auf **Inhaltsdateien**, **OK**.
7. Klicken Sie im Projektmappen-Explorer auf das Symbol **Editor für Startbedingungen**.
8. Klicken Sie mit der rechten Maustaste auf den Knoten **Zielcomputer durchsuchen** und klicken Sie auf **Registrierungssuche hinzufügen**. Geben Sie als Namen **CLR Search** ein.
9. Wählen Sie im Eigenschaftenfenster die Eigenschaft **RegKey** aus und geben Sie **HKEY_LOCAL_MACHINE\SOFTWARE\Microsoft\.NETFramework\policy\v2.0.** ein.
10. Wählen Sie die Eigenschaft **Value** aus und tragen Sie den Wert **50727** ein.
11. Klicken Sie mit der rechten Maustaste auf den Knoten **Startbedingungen** im linken Fensterbereich und wählen Sie **Startbedingung hinzufügen**. Geben Sie der neuen Bedingung den Namen **CLR Condition**.
12. Markieren Sie die neue Bedingung und legen Sie die Eigenschaft **Condition** auf den Wert **RegistryValue „50727-50727“** fest.
13. Wählen Sie die Eigenschaft **Message** aus und geben Sie **The .NET Framework 2.0 must be installed** ein.
14. Klicken Sie mit der rechten Maustaste im Projektmappen-Explorer auf das neue Websetup-Projekt und klicken Sie auf **Erstellen**. Beseitigen Sie eventuelle Fehler.
15. Kopieren Sie die neu erstellten Dateien **Setup.exe** und **MyWebServiceDeployment.msi**, die sich im Debugunterordner Ihres Websetup-Projekts befinden müssten, in ein Verzeichnis auf dem Zielwebserver.
16. Führen Sie die Setupdatei aus und klicken Sie auf der Willkommenseite auf **Weiter**.
17. Wählen Sie im Dialogfeld **Installationsadresse auswählen** eine Website aus, unter der Sie Ihren Webdienst bereitstellen möchten. Außerdem müssen Sie einen Namen für das virtuelle Verzeichnis eingeben, das auf dem Webserver erstellt wird.

18. Klicken Sie im Dialogfeld **Installation bestätigen** auf **Weiter** und warten Sie, bis alle erforderlichen Dateien auf Ihre Zielwebsite kopiert wurden.

19. Bestätigen Sie die Installation des Webdienstes, indem Sie den Webserver mit dem installierten Webdienst in einem Webbrowser aufrufen und den URL wie folgt eingeben: **Sitename\Name des virtuellen Verzeichnisses\MyWebService.asmx**.

Zusammenfassung der Lektion

- Discovery-Dateien sind XML-Dokumente, die potenzielle Benutzer über ihren Webdienst informieren
- Ein Webdienst-Discovery-Dokument wird automatisch generiert, wenn ein Webbrowser mit der Endung ?DISCO auf diesen Webdienst zugreift
- Statische Discovery-Dateien können auf mehr als nur einen Webdienst zeigen und auch auf andere Dokumente verweisen, die Ihre Website unterstützen
- Wenn Sie dynamische Discovery-Dateien auf einem Webserver aktivieren, machen Sie damit alle Webdienste unter dem angefragten URL für öffentlich zugänglich. Diese Methode bewirkt zwar, dass Ihre Webdienste schnell und einfach zugänglich sind, kann jedoch für Ihr Unternehmen ein Sicherheitsrisiko bedeuten und sollte daher vor der Implementierung gründlich durchdacht werden.
- Wenn Sie die notwendigen Discovery-Dateien erstellt und Ihren Webdienst vollständig getestet haben, können Sie ihn auf einem Produktionsserver bereitstellen, indem Sie die Dateien mit Visual Studio auf die Zielwebsite kopieren. Alternativ können Sie der Projektmappe mit Ihrem Webdienst ein Websetup-Projekt hinzufügen und eine MSI-Datei erstellen, die verwendet werden kann, um den Webdienst auf einem Remoteserver bereitzustellen.

Lernzielkontrolle

Mit den folgenden Fragen können Sie Ihr Wissen zu den Informationen aus Lektion 3, „Bereitstellen und Veröffentlichen eines Webdienstes", überprüfen. Die Fragen finden Sie (in englischer Sprache) auch auf der Begleit-CD, Sie können sie also auch auf dem Computer im Rahmen eines Übungstests beantworten.

HINWEIS Die Antworten

Die Antworten auf diese Fragen mit Erklärungen, warum die jeweiligen Auswahlmöglichkeiten richtig oder falsch sind, finden Sie im Abschnitt „Antworten" am Ende dieses Buchs.

---

1. Mit welchen Verfahren können Sie Ihren Webdienst für potenzielle Benutzer veröffentlichen? (Wählen Sie alle zutreffenden Antworten aus.)
   a. Generieren eines Discovery-Dokuments, indem in einer ASP.NET-Anwendung ein Webverweis auf den Webdienst hinzugefügt wird.
   b. Generieren eines Discovery-Dokuments, indem der Webdienst in einem Webbrowser aufgerufen und das Suffix ?DISCO an den angefragten URL angehängt wird.
   c. Aktivieren der dynamischen Discovery durch Ändern der Datei **Machine.config** auf dem Webserver und damit Offenlegen aller Webdienste unter dem angefragten URL.
   d. Generieren einer statischen Discovery-Datei, die auf alle Dokumente verweist, die den Webdienst unterstützen.
2. Mit welchem Element verweisen Sie auf die zu Ihrem Webdienst gehörige WSDL-Datei, wenn Sie eine statische Discovery-Datei erstellen?
   a. wsdlRef
   b. discoveryRef
   c. schemaPRef
   d. contractRef
3. Wählen Sie alle Dateitypen aus, die in das virtuelle Verzeichnis auf dem Zielwebserver kopiert werden müssen.
   a. DISCO
   b. ASMX
   c. DLL
   d. CS oder VB

Rückblick auf dieses Kapitel

Sie können die in diesem Kapitel vermittelten Fähigkeiten folgendermaßen einüben und vertiefen:

- Lesen Sie die Zusammenfassung des Kapitels sorgfältig durch
- Lesen Sie die Liste der Schlüsselbegriffe durch, die in diesem Kapitel eingeführt wurden
- Arbeiten Sie die Übungen mit Fallbeispielen durch. Diese Szenarios beschreiben Fälle aus der Praxis, in denen die Themen dieses Kapitels zur Anwendung kommen. Sie werden aufgefordert, eine Lösung zu entwickeln.
- Führen Sie die vorgeschlagenen praktischen Übungen durch
- Machen Sie einen Übungstest

Zusammenfassung des Kapitels

- Wie reguläre ASP.NET-Anwendungen sind auch Webdienste statusfrei. Mit **Session**- und **Application**-Objekten können Sie jedoch den Status zwischen den Webmethodenaufrufen beibehalten. **Application**-Objekte speichern Werte über alle Sitzungen hinweg, **Session**-Objekte sind für jede Benutzersitzung spezifisch.
- Webdienste verwenden Cookies, um den Sitzungsstatus auf dem Client zu speichern. Diese Aufgabe übernimmt die Eigenschaft **CookiesContainer** für die Klasse **HttpWebClientProtocol**.
- Webdienste können mithilfe des Elements **webServices** in der Datei **Web.config** oder **Machine.config** konfiguriert werden. Mit dieser Methode können Sie ein oder mehr Kommunikationsprotokolle für Ihren Webdienst hinzufügen.
- In der Konfigurationsdatei können Sie auch den Sitzungsstatusmodus Ihres Webdienstes festlegen, falls Sie sich dazu entscheiden, den Sitzungsstatus zu verwenden. Es stehen hierzu **InProc**, **StateServer**, **SQLServer**, **Custom** und **Off** zur Verfügung.
- Webdienste werden durch Discovery-Dateien veröffentlicht. Diese XML-Dateien enthalten die Speicherorte der mit Ihrem Webdienst verbundenen Dokumente. Sie können eine statische Discovery-Datei erstellen oder die dynamische Discovery in der Datei **Machine.config** auf Ihrem Webserver aktivieren.
- Um Webdienste auf Remoteservern bereitzustellen, können Sie entweder die notwendigen Dateien in ein virtuelles Verzeichnis auf dem Zielwebserver kopieren oder ein mit Visual Studio erstelltes Websetup-Projekt verwenden.

Schlüsselbegriffe

Wissen Sie, was die folgenden Schlüsselbegriffe bedeuten? Sie können Ihre Antworten überprüfen, indem Sie die Begriffe im Glossar am Ende dieses Buchs nachschlagen.

- Benutzer
- Cookies
- Nachrichtenprotokolle
- Proxy
- Setup-Projekte
- Status
- Belastungstest

Fallbeispiele

In den folgenden Fallbeispielen wenden Sie an, was Sie über die Konfiguration, Veröffentlichung und Bereitstellung von Webdiensten gelernt haben. Die Lösungen zu den Fragen finden Sie im Abschnitt „Antworten" hinten in diesem Buch.

Fallbeispiel 1: Erstellen einer Sitzungsvariablen zum Speichern der ausgewählten Lieferantenkennung

Sie sind Entwickler bei einem Einzelhandelsunternehmen, das externen Lieferanten Daten über einen Webdienst zur Verfügung stellt. Die Lieferanten verwenden diesen Webdienst, um ihre jeweils spezifischen Daten aus einer Datenbank abzufragen. Mehrere Lieferanten haben Ihnen gesagt, dass sie nicht bei jedem Methodenaufruf ihre Lieferantenkennung eingeben möchten. Die Lieferanten verlangen, dass Sie ihre Kennungen nach dem ersten Methodenaufruf speichern und dann bei allen nachfolgenden Aufrufen weiterverwenden. Wie erfüllen Sie den Wunsch der Lieferanten?

Fallbeispiel 2: Erstellen einer benutzerdefinierten Hilfeseite für alle Ihre Webdienste

Ihr Unternehmen hat mehrere Webdienste erstellt, auf die verschiedene externe Kundengruppen zugreifen. Einige Webdienste werden von Niederlassungen Ihres Unternehmens verwendet, um Daten von den Datenservern des Unternehmens abzurufen. Andere Webdienste werden von externen Lieferanten benötigt, denen sie jeweils eine ganz bestimmte Funktionen bieten. Die meisten Benutzer Ihrer Webdienste greifen nur über Clientanwendungen auf die Webmethoden zu, aber einige können auch die Diensthilfeseite verwenden, um direkt zu den Webdiensten zu navigieren.

Die Geschäftsleitung möchte sicherstellen, dass Benutzer, die Webdienste über einen Webbrowser abrufen, genau verstehen, dass die Daten und Funktionen von der Muttergesellschaft zur Verfügung gestellt werden. Die Geschäftsleitung möchte daher, dass alle Webdienste das Firmenlogo und Corporate Design aufweisen. Wie erreichen Sie dies?

Fallbeispiel 3: Erstellen von Setup-Projekten zur Bereitstellung von Webdiensten

Mit Ihrem Unternehmen ist auch die Anzahl Webanwendungen gewachsen, die verwaltet werden müssen. Dazu gehören auch mehrere Webdienste, und es wird immer schwieriger, all die unterschiedlichen Projekte zu verwalten. Sie sind Entwickler in einem Team, das die Software für eine bestimmte Abteilung des Unternehmens entwickelt. Zwar verwalten alle Teams mit Visual SourceSafe von Microsoft die Quelltextentwicklung, aber die Bereitstellungen wurden bisher von jedem Team individuell gehandhabt, wobei normalerweise der Teamleiter eine manuelle Installation vornahm.

In letzter Zeit gab es immer mehr Probleme bei der Bereitstellung von Webanwendungen in der Produktionsumgebung. Der Leiter der Entwicklungsabteilung möchte, dass alle Softwareteams ab jetzt ihre Projekte mit demselben Verfahren bereitstellen. Was schlagen Sie vor?

Vorgeschlagene praktische Übungen

Um die in diesem Kapitel formulierten Lernziele erfolgreich zu erreichen, führen Sie die folgenden Aufgaben durch:

- **Praktische Übung 1** Verwenden Sie, wann immer es möglich ist, statusfreie Webdienste, und vermeiden Sie es, den Status zwischen Webmethodenaufrufen in Anwendungs- oder Sitzungsvariablen zu speichern.
- **Praktische Übung 2** Verwenden Sie zur Bereitstellung Ihrer Webdienste Websetup-Projekte, da diese helfen zu gewährleisten, dass alle erforderlichen Dateien und Abhängigkeiten auf dem Remoteserver installiert werden.

Machen Sie einen Übungstest

Die Übungstests auf der Begleit-CD zu diesem Buch (in englischer Sprache) bieten zahlreiche Möglichkeiten. Zum Beispiel können Sie einen Test machen, der ausschließlich die Themen eines bestimmten Lernziels behandelt, oder Sie können sich selbst mit dem gesamten Inhalt der Prüfung 70-529 testen. Sie können den Test so konfigurieren, dass er dem Ablauf einer echten Prüfung entspricht, oder Sie können einen Lernmodus verwenden, in dem Sie sich nach dem Beantworten einer Frage jeweils sofort die richtige Antwort und Erklärungen ansehen können.

WEITERFÜHRENDE INFORMATIONEN Übungstests

Einzelheiten zu allen Optionen, die bei den Übungstests zur Verfügung stehen, finden Sie im Abschnitt „So verwenden Sie die Übungstests“ in der Einführung am Anfang dieses Buchs.

KAPITEL 4

Erstellen einer Remoteserveranwendung

Im Mittelpunkt dieses Kapitels stehen die Schritte, die notwendig sind, um eine Remoteserveranwendung zu erstellen. Hierzu müssen Sie die Remoteserveranwendung erstellen und einen von vier möglichen Anwendungstypen als Host wählen. Außerdem lernen Sie, Ihre Serveranwendung programmgesteuert oder über eine Konfigurationsdatei zu konfigurieren. Dabei müssen bestimmte Eigenschaften festgelegt werden, die die Anwendung beim Remoteframework registrieren und den Clients ermöglichen, die Serveranwendung zu finden. Zum Schluss erfahren Sie, wie die Remoteserveranwendung kompiliert und erstellt wird.

In diesem Kapitel abgedeckte Lernziele:

- Erstellen und Konfigurieren einer Serveranwendung
  - Erstellen einer Serveranwendungsdomäne
  - Programmgesteuertes Konfigurieren einer Serveranwendung
  - Konfigurieren einer Serveranwendung mithilfe einer Konfigurationsdatei
  - Kompilieren und Erstellen einer Serveranwendung
- Erstellen und Serialisieren von Remotetypen
  - Erstellen von Remotetypen
  - Erstellen von generischen Typen
  - Programmgesteuertes Konfigurieren einer Serialisierungsformatierung
  - Programmgesteuertes Konfigurieren einer binären Formatierung
  - Konfigurieren einer SOAP-Formatierung
  - Implementieren der versionstoleranten Serialisierung (Version Tolerant Serialization, VTS)

Lektionen in diesem Kapitel:

Bevor Sie beginnen

Um die Lektionen in diesem Kapitel bearbeiten zu können, benötigen Sie Folgendes:

- Einen Computer, der die in der Einführung am Anfang dieses Buchs aufgeführten Hardwaremindestvoraussetzungen erfüllt oder übertrifft
- Microsoft Visual Studio 2005 und .NET Framework 2.0
- Programmierkenntnisse in Microsoft Visual Basic oder C# und Grundkenntnisse in objektorientierter Programmierung

Lektion 1: Grundlagen des Remotings

Diese Lektion vermittelt Grundkenntnisse in Remoting und beschreibt, was zur Erstellung einer Remoteserveranwendung gehört. Zunächst wird ein Überblick über Remoting gegeben und es werden einige Grundtypen von Remoteobjekten vorgestellt. Sie erfahren, welche vier Hostmöglichkeiten für eine Remoteanwendung bestehen. Außerdem lernen Sie, welche drei Channels Ihrer Remoteanwendung zur Verfügung stehen und wie ein Client- oder Serverobjekt aktiviert wird. Zum Schluss werden die Grundvoraussetzungen für eine Remoteserveranwendung erläutert. In der Übung am Ende der Lektion erstellen Sie Ihre erste Remoteanwendung.

Am Ende dieser Lektion werden Sie in der Lage sein, die folgenden Aufgaben auszuführen:

- Erklären, was Remoting ist, und unter welchen Bedingungen Remoteanwendungen sinnvoll sind
- Identifizieren der verschiedenen Typen von Remoteobjekten
- Bestimmen, welche Hostmöglichkeiten einer Remoteserveranwendung zur Verfügung stehen
- Angeben, welche verschiedenen Arten von Kommunikationschannels für Remoteobjekte bereitstehen
- Erklären, wie ein Client- oder Serverobjekt aktiviert wird
- Erstellen einer ersten, einfachen Remoteserveranwendung

Veranschlagte Zeit für diese Lektion: 30 Minuten

Was ist Remoting?

Beim Remoting können Sie Objekte in verschiedenen Prozessen auf verschiedenen Computern aufrufen, als gehörten sie zu derselben Anwendung. Remoting verbirgt die Komplexität dieser Aufrufe und ermöglicht es Ihnen, umfangreiche .NET-Datentypen (wie etwa Geschäftsobjekte) von einer Anwendungsdomäne in eine andere zu übertragen. Jede *Anwendungsdomäne* stellt eine Gruppe von Objekten dar, die zu derselben Anwendung gehören. Das heißt aber nicht, dass Remoting eine einfache Sache ist. Remoting ist Teil von *Common Language Runtime (CLR)* und wird verwendet, um anspruchsvolle und effizient verteilte Anwendungen zu erstellen. Allerdings sollte Remoting nur dann als verteilte Technologie in Erwägung gezogen werden, wenn Client und Server auf .NET Framework basieren. Am sinnvollsten ist Remoting, wenn Objekte miteinander kommunizieren müssen, die zwar im selben Prozess, aber in unterschiedlichen Anwendungsdomänen ausgeführt werden.

Wenn Sie z. B. Code in einer Klassendatei anderen .NET-Anwendungen zur Verfügung stellen möchten, könnten Sie sich dazu entschließen, Remoting einzusetzen. Dann müssen Sie zuerst aus Ihrer Klasse einen Remotetyp erstellen, indem Sie sie von der Klasse **MarshalByRefObject** ableiten. Dann bestimmen Sie eine andere Anwendung als Host für Ihren Remotetyp. Das kann eine Konsolenanwendung, eine Windows-Anwendung, eine ASP.NET-Webanwendung oder ein Windows-Dienst sein. Ihre Hostanwendung registriert einen Channel, damit andere Anwendungen Ihr Remoteobjekt erreichen können. Die Konfiguration können Sie programmgesteuert oder in einer Konfigurationsdatei vornehmen. Das Remotesystem hört dann die eingehenden Anforderungen für Ihr Remoteobjekt ab und leitet diese entsprechend dem von Ihnen verwendeten Aktivierungsmodus weiter.

Dies ist zwar nur eine stark vereinfachte Beschreibung, aber sie vermittelt eine Vorstellung davon, welche Schritte beim Remoting notwendig sind. Die größte Herausforderung beim Remoting besteht normalerweise in der Konfiguration. Wenn Client und Server nicht korrekt konfiguriert sind, kann das Remotingsystem die Anforderungen nicht richtig aufnehmen und weiterleiten. Daher sollten Sie, wenn Ihr Remotingsystem nicht richtig funktioniert, zuerst die Konfiguration überprüfen - wahrscheinlich wurde hier etwas verkehrt oder gar nicht festgelegt. Im Rest dieses Kapitels werden die beiden Möglichkeiten der Konfiguration von Remotetypen untersucht: programmgesteuert oder in einer Konfigurationsdatei.

HINWEIS Wann ist Remoting nicht empfehlenswert?

Remoting ist nicht zu empfehlen, wenn die Kommunikation über das Internet stattfindet. In diesem Fall sollten Sie stattdessen XML-Webdienste verwenden. Außerdem sollten Sie von Remoting absehen, wenn eine Kommunikation zwischen verschiedenen Betriebssystemen oder mit anderen Plattformen als .NET erforderlich ist.

Praxistipp

Sara Morgan

Wenn Sie überlegen, welche Arten von Anwendungen sich gut für Remoting eignen, sollten Sie besonders die mit hohem Verarbeitungsaufwand im Blick haben. Denken Sie zum Beispiel an eine Fabrik mit Hunderten von komplizierten Maschinen, die eine Vielzahl Arbeiten ausführen. Stellen Sie sich vor, dass diese Maschinen Messdaten sammeln und kontinuierlich an einen zentralen Datenbankserver weiterleiten. Hier ist eine Anwendung erforderlich, die alle diese Maschinen in Echtzeit überwacht und eventuelle Probleme meldet. Damit eine Anwendung überhaupt mit vielen gleichzeitig laufenden Prozessen und Datenübermittlungen von mehreren Maschinen umgehen kann, ist eine Form von Parallelverarbeitung notwendig. Mit Remoteobjekten kann die Verarbeitung auf mehrere Computer verteilt und *asynchron* behandelt werden, damit die riesigen Datenmengen fast unmittelbar verarbeitet werden können. Auf diese Weise ist es heute tatsächlich möglich, dass eine verteilte Anwendung Daten in einer Weise verarbeitet, die früher einem Supercomputer vorbehalten blieb.

Dies ist nur eine Art Anwendung, die von einer verteilten Technologie wie Remoting profitieren könnte. Natürlich ist Remoting nicht für alle Anwendungen geeignet, aber in Fällen, in denen eine sehr effiziente verteilte Verarbeitung notwendig ist und alle beteiligten Computer .NET Framework ausführen, ist Remoting oft die beste Lösung. Als Faustregel gilt: Wenn Sie nicht wissen, ob Remoting für Ihre Anwendung das Richtige ist, sind Sie mit Webdiensten wahrscheinlich auf der sicheren Seite.

Typen von Remoteobjekten

Es gibt drei Typen von Remoteobjekten. Welche Sie wählen, hängt von den Anwendungsanforderungen ab, insbesondere von der Frage, wo die Aktivierungskontrolle liegen soll. Zwei Objekte sind serveraktiviert: **SingleCall**-Objekte und **Singleton**-Objekte. Serveraktivierte Objekte verwalten die Lebensdauer des Remoteobjekts auf dem Server, während clientaktivierte Objekte die Objektlebensdauer auf dem Client verwalten. Drei Objekttypen stehen zur Verfügung:

- **SingleCall-*Objekte*** Diese Objekte beinhalten einen einzigen Aufruf, wobei der Status zwischen den Methodenaufrufen nicht beibehalten wird. Das ist nützlich, wenn Lastausgleich zwischen den Objekten erforderlich ist. Im Grunde wird immer nur eine einzige Anforderung bearbeitet, und wenn das Objekt nicht mehr benötigt wird, wird es augenblicklich verworfen.
- **Singleton-*Objekte*** Diese Objekte dienen mehreren Clients und behalten ihren Status über Methodenaufrufe hinweg bei. Dieser Typ von Remoteobjekt kann einen Leistungsvorteil bringen, wenn es aufwendiger ist, ständig neue Objekte zu erstellen als den Status beizubehalten.
- **Clientaktivierte Objekte** Diese Objekte können nur auf Anforderung eines Clients aktiviert werden. Der Client empfängt ein dediziertes Objekt, obwohl sich das Zielobjekt auf dem Server befindet. Die Objekte werden dann über einen leasebasierten Lebensdauer-Manager verwaltet, der gewährleistet, dass die Objekte tatsächlich ablaufen und nicht unnötig Ressourcen blockieren.

Hosting einer Remoteserveranwendung

Die Hostanwendung ist dafür verantwortlich, das Remoteobjekt beim Remotingframework zu registrieren, das dann Remoteclientanforderungen abhört. Darüber hinaus registriert sie einen Channel für die Kommunikation mit dem Remoteobjekt. Es stehen vier Hostmöglichkeiten für das Remoteobjekt zur Verfügung, jede hat ihre Vor- und Nachteile. Diese vier Methoden sind die folgenden:

- **Konsolenanwendungen** Bei diesen einfachen Anwendungen erfolgt die Datenein- und -ausgabe über die Befehlszeile. Konsolenanwendungen sind sehr nützlich, wenn keine komplexe Benutzeroberfläche benötigt wird und Sie beispielsweise den Umgang mit einer neuen Sprache oder Technologie üben. Daher ist eine Konsolenanwendung auch beim Erlernen von Remoting nützlich und wird als Host für die Serveranwendung dienen, die als Beispiel in Übung 1 dieses Kapitels erstellt wird. Ein Nachteil von Konsolenanwendungen besteht darin, dass sie manuell gestartet werden müssen. Da Remoting nur funktioniert, wenn die Hostanwendung ausgeführt wird, kann diese Beschränkung die Verwendung Ihrer Remoteobjekte beeinträchtigen.
- **Ausführbare Windows-Dateien** Eine traditionelle Windows-Anwendung bietet den Vorteil einer komfortablen Benutzeroberfläche und kann daher nützlich sein, wenn viel Interaktion zwischen Endbenutzern und Hostanwendung erforderlich ist. Wie Konsolenanwendungen haben auch Windows-Anwendungen den Nachteil, dass sie manuell gestartet werden müssen. Sie können die Anwendung zwar im Startordner des Benutzers ablegen, um sie automatisch auszuführen, aber dazu ist es immer noch erforderlich, dass sich der Benutzer anmeldet. Auch dies kann für Ihre Anwendung eine Beschränkung bedeuten.
- **ASP.NET-Anwendungen** Eine ASP.NET-Anwendung verwendet die Internetinformationsdienste und kann vorteilhaft sein, da IIS Funktionen wie Sitzungsstatus, Caching und einige integrierte Sicherheitsfunktionen (etwa Secure Sockets Layers) bieten. Wenn IIS als Host für Ihre Anwendung dient, haben Sie auch die Möglichkeit, Ihr Remoteobjekt als Webdienst zu veröffentlichen. Darüber hinaus entfällt das manuelle Starten. Der Hauptnachteil von ASP.NET-Anwendungen besteht darin, dass sie Nachrichten über einen HTTP-Channel mithilfe einer SOAP-Formatierung empfangen und die Verwendung von TCP nicht zulassen, was generell als schnellste Lösung gilt.
- **Windows-Dienste** Windows-Dienste (früher bekannt als Windows NT-Dienste) haben den Vorteil, dass sie automatisch starten und eine einfache Überwachung des Aktivierungsstatus Ihrer Hostanwendung ermöglichen. Allerdings kann ein Windows-Dienst als Host das Debuggen erschweren.

Aktivieren eines Remoteobjekts

Das Proxyobjekt steht für Ihren Code und ist ein wichtiger Teil des Remotings. Es repräsentiert das erstellte Objekt, sodass für den Client ein Aufruf des Remoteobjekts nichts anderes ist als der Aufruf einer beliebigen Methode in Ihrem Projekt. Im Grunde ist das Proxyobjekt nur ein Verweis auf das Remoteobjekt. Es enthält Informationen über den Standort des Servers und die registrierten Channels. Immer wenn ein Client ein Remoteobjekt aktiviert, wird ein Proxyobjekt erstellt.

Wann das Remoteobjekt aktiviert wird, hängt davon ab, ob Sie ein server- oder ein clientaktiviertes Objekt verwenden. Ein serveraktiviertes Objekt (**SingleCall** oder **Singleton**) instanziert erst dann ein neues Objekt, wenn es auch tatsächlich eine der Remotemethoden aufruft. Das clientaktivierte Objekt instanziert ein Remoteobjekt, wenn das Schlüsselwort **new** verwendet wird. Ein Vorteil von .NET Framework ist, dass Sie keine besonderen Schlüsselwörter benötigen, um ein Remoteobjekt zu erstellen. Sie müssen nur das Schlüsselwort **new** verwenden, und .NET Framework erkennt, dass Sie ein Remoteobjekt erstellen möchten.

Der Code zur Aktivierung Ihres Remoteobjekts wird wir erst in Kapitel 5, „Erstellen einer Remoteclientanwendung", behandelt. In Kapitel 5 werden Sie eine Clientaktivierung für den Zugriff auf eine Remoteserveranwendung programmieren. Hier geht es lediglich um die Erstellung und korrekte Konfiguration der Serveranwendung.

Auswählen eines Kommunikationschannels

Die Channels werden verwendet, um Remoteobjekte zu verbinden und Nachrichten zwischen ihnen zu übertragen. Alle Details eines Remoteaufrufs sowie die Daten selbst werden durch den Channel gesendet. In .NET Framework 2.0 haben Sie drei Möglichkeiten, die Art des Channels festzulegen. Da ein Client jeden für ein Remoteobjekt registrierten Channel verwenden kann, können Sie auch mehrere Channels zur Verfügung stellen, aus denen sich der Client den besten heraussucht.

Die Verwendung von Channels für das Remoting richtet sich nach mehreren Regeln. So muss beispielsweise mindestens ein Channel registriert worden sein, ehe das Objekt selbst registriert und eine seiner Methoden aufgerufen werden kann. Außerdem können Sie denselben Channel nicht mehrmals auf demselben Anschluss registrieren. Wenn Sie dies versuchen, löst .NET Framework eine Ausnahme aus. Channels werden zwar pro Anwendungsdomäne registriert, Sie können aber den Channel nicht mehrmals auf demselben Anschluss einrichten, auch wenn sich die Anwendungsdomänen auf demselben Computer befinden.

Die folgenden drei Channels stellt .NET Framework 2.0 zur Verfügung:

- **TCP** Der TCP-Channel verwendet standardmäßig die Binärformatierung, um Nachrichten von Remoteobjekten zu verarbeiten. In diesem Fall werden die Nachrichten in einen binären Stream serialisiert, und Raw-Sockets übertragen die Daten im Netzwerk. Wenn Ihre Anwendung in einem geschlossenen Netzwerk ausgeführt wird, ist ein TCP-Channel mit Binärformatierung der schnellste Transportmechanismus.

- **HTTP** Der HTTP-Channel verwendet das SOAP-Protokoll (siehe Kapitel 1, „Erstellen eines XML-Webdienstes“, unter der Beschreibung der Webdienste) für die Übertragung von Nachrichten. Die SOAP-Formatierung verwendet XML-Serialisierung, um Nachrichten zu verarbeiten, die zwischen Remoteobjekten hin- und hergesendet werden. Der HTTP-Channel kann auch mit Binärformatierung konfiguriert werden, aber standardmäßig verwendet er SOAP.
- **IPC** Der Channel der Interprozesskommunikation (Interprocess Communication, IPC) ist bei .NET Framework 2.0 neu. Er wurde als zusätzliche Möglichkeit für Fälle geschaffen, in denen die Verarbeitung auf demselben Computer stattfindet. Die Sicherheit wird mit einer *Zugriffssteuerungsliste (Access Control List, ACL)* gesteuert, die es ermöglicht, bei einer Kommunikation zwischen Remoteobjekten den Netzwerkstapel zu verwenden.

Marshal-by-value

Da Remoteobjekte von **MarshalByRefObject** abgeleitet sind, werden sie als Verweis von einer Anwendungsdomäne an eine andere übergeben. Es gibt jedoch noch eine andere Möglichkeit, das Objekt zu übergeben. Wenn es als serialisierbar gekennzeichnet ist, wird stattdessen eine exakte Kopie des Objekts übergeben. In diesem Fall wird der Prozess *Marshal-by-value* genannt.

Erstellen eines Remoteserverobjekts

Um aus einem Objekt ein Remoteobjekt zu machen, muss es von der Klasse **MarshalByRefObject** abgeleitet sein (siehe Tabelle 4.1). Auf diese Weise ist jede Klasse für Remoting geeignet und Sie können jede Ihrer Klassen durch diese Ableitung in einen Remotetyp umwandeln. Das folgende Codebeispiel zeigt dies:

```
'VB
Public Class MyRemoteClass
    Inherits MarshalByRefObject

End Class

//C#
public class MyRemoteClass : MarshalByRefObject
{
}
```

Tabelle 4.1 Öffentliche Eigenschaften der Klasse **MarshalByRefObject**

Name	Beschreibung
CreateObjectRef	Erstellt ein Proxyobjekt, das zur Kommunikation mit dem Remoteobjekt verwendet wird
Equals	Ermittelt, ob zwei Objekte gleich sind
GetHashCode	Dient als Hashfunktion für einen bestimmten Typ
GetLifetimeService	Ruft das aktuelle Lebensdauerobjekt ab, das die Lebensdauer des Remoteobjekts steuert

Tabelle 4.1 Öffentliche Eigenschaften der Klasse **MarshalByRefObject** *(Fortsetzung)*

Name	Beschreibung
GetType	Ruft den Typ der aktuellen Instanz ab
InitializeLifetimeService	Ruft ein Lebensdauerobjekt ab, das die Lebensdauer dieser Instanz steuert
ReferenceEquals	Ermittelt, ob zwei Objektverweise gleich sind
ToString	Gibt eine Zeichenfolge zurück, die das aktuelle Objekt darstellt

Das ist alles. Mit diesem kleinen Stück Code haben Sie die Klasse für Remoting vorbereitet. Soweit eine einfache Aufgabe. Nun müssen Sie allerdings noch eine Hostanwendung erstellen. Denken Sie daran, dass die Hostanwendung eine Konsolenanwendung, eine Windows-Anwendung, eine ASP.NET-Webanwendung oder ein Windows-Dienst sein kann.

Wenn die Hostanwendung erstellt ist, müssen Sie noch Verweise auf die Anwendung, die Ihr Remoteobjekt enthält, und auf den Namespace **System.Runtime.Remoting** erstellen. Der Namespace **System.Runtime.Remoting** (siehe Tabelle 4.2) enthält die Klassen **RemotingConfiguration** und **RemotingServices**, die zur Konfiguration und Ausführung der Remoteserveranwendung benötigt werden. Dann müssen Sie in der Hostanwendung noch folgendermaßen auf einige wichtige Namespaces verweisen:

```
'VB
Imports System.Runtime.Remoting
Imports System.Runtime.Remoting.Channels

//C#
using System.Runtime.Remoting;
using System.Runtime.Remoting.Channels;
```

Tabelle 4.2 Klassen aus dem Namespace **System.Runtime.Remoting**

Name	Beschreibung
ActivatedClientTypeEntry	Für clientaktivierte Objekte wird diese Klasse verwendet, um den Wert des auf der Clientseite registrierten Typobjekts zu speichern, damit dieses auf dem Server aktiviert werden kann
ActivatedServiceTypeEntry	Für clientaktivierte Objekte wird diese Klasse verwendet, um den Wert des auf der Serverseite registrierten Typobjekts zu speichern, damit dieses auf dem Server aktiviert werden kann
InternalRemotingServices	Definiert Hilfsmethoden für die Remotinginfrastruktur von .NET Framework
GetLifetimeService	Ruft das aktuelle Lebensdauerobjekt ab, das die Lebensdauer des Remoteobjekts steuert
GetType	Ruft den Typ der aktuellen Instanz ab
InitializeLifetimeService	Ruft ein Lebensdauerobjekt ab, das die Lebensdauer dieser Instanz steuert
ReferenceEquals	Ermittelt, ob zwei Objektinstanzen gleich sind

Tabelle 4.2 Klassen aus dem Namespace **System.Runtime.Remoting** *(Fortsetzung)*

Name	Beschreibung
ToString	Gibt eine Zeichenfolge zurück, die das aktuelle Objekt darstellt
ObjectHandle	Bindet Marshal-by-value-Objektverweise ein, damit diese über eine Dereferenzierung zurückgegeben werden können
ObjRef	Speichert alle Informationen, die notwendig sind, um einen Proxy für die Kommunikation mit einem Remoteobjekt zu generieren
RemotingConfiguration	Stellt verschiedene statische Methoden zum Konfigurieren der Remotinginfrastruktur zur Verfügung
RemotingException	Diese Ausnahme wird ausgelöst, wenn beim Remoting Probleme auftreten
RemotingServices	Stellt verschiedene Methoden für die Verwendung und Veröffentlichung von Remoteobjekten und Proxys zur Verfügung. Diese Klasse kann nicht geerbt werden.
RemotingTimeoutException	Diese Ausnahme wird ausgelöst, wenn der Server oder der Client für die Dauer eines zuvor angegebenen Zeitraums unerreichbar ist
ServerException	Diese Ausnahme wird ausgelöst, um dem Client Fehler zu melden, wenn dieser mit anderen als .NET Framework-Anwendungen verbunden ist, die keine Ausnahmen auslösen können
SoapServices	Stellt verschiedene Methoden für die Verwendung und Veröffentlichung von Remoteobjekten im SOAP-Format zur Verfügung
TypeEntry	Implementiert eine Basisklasse mit den Konfigurationsinformationen, die benötigt werden, um eine Instanz eines Remotetyps zu aktivieren
WellKnownClientTypeEntry	Speichert Werte für einen Objekttyp, der auf dem Client als serveraktivierter Typ (**SingleCall** oder **Singleton**) registriert ist
WellKnownServiceTypeEntry	Speichert Werte für einen Objekttyp, der auf dem Server als serveraktivierter Typ (**SingleCall** oder **Singleton**) registriert ist

Nun können Sie ein Channelobjekt erstellen und mit der Methode **RegisterChannel** einen Channel für Ihr Remoteobjekt registrieren. Daraufhin wird die Klasse mithilfe der Methode **RegisterWellKnownServiceType** beim Remotingframework registriert. Das folgende Codebeispiel zeigt, wie ein **Singleton**-Objekt namens **MyRemotingObject** registriert wird:

```
'VB
RemotingConfiguration.RegisterWellKnownServiceType( _
    (typeof(Server.MyRemoteClass), "MyRemotingObject", _
    WellKnownObjectMode.Singleton)

//C#
RemotingConfiguration.RegisterWellKnownServiceType
    (typeof(Server.MyRemoteClass), "MyRemotingObject",
    WellKnownObjectMode.Singleton);
```

Nun muss die Serveranwendung nur noch konfiguriert werden, entweder programmgesteuert oder mithilfe einer Konfigurationsdatei. In den nächsten beiden Lektionen wird beides erläutert. Hierbei bauen Sie auf der in Übung 1 erstellten Serveranwendung auf.

Übung 1: Erstellen einer Remoteserveranwendung

In dieser Übung wird eine Remoteserveranwendung aus einer Projektmappe erstellt, die zwei Projektdateien enthält. Das erste Projekt ist eine Klassenbibliothek mit dem Code für das Remoteobjekt. In diesem Beispiel hat das Remoteobjekt nur eine einzige Methode namens **getRemoteString** und gibt als Zeichenfolge **MyRemotingString** zurück. Diese Klassenbibliothek enthält Code, der anderen Anwendungen zur Verfügung gestellt werden soll. Das zweite Projekt ist eine Konsolenanwendung, die als Host für das Remoteobjekt dienen soll.

Im ersten Teil dieser Übung registrieren Sie einen Channel und das Remoteobjekt beim Remotingframework, konfigurieren das Remoteobjekt jedoch noch nicht. Über die Remotingkonfiguration werden Sie weiter unten in diesem Kapitel in den Lektionen 2 und 3 mehr erfahren. Das folgende Kapitel 5 beschreibt, wie Sie eine Clientanwendung erstellen und Ihr Remoteobjekt damit verwenden können.

1. Öffnen Sie Microsoft Visual Studio 2005.
2. Klicken Sie auf **Datei**, **Neu**, **Projekt**.
3. Wählen Sie **Klassenbibliothek** aus der Liste der in Visual Studio installierten Vorlagen (siehe Abbildung 4.1) aus und geben Sie als Projektnamen **MyRemotingObject** ein. Geben Sie nun auf Ihrem lokalen Entwicklungscomputer ein Verzeichnis an, in dem die Projektdateien gespeichert werden sollen, und klicken Sie auf **OK**, um das neue Projekt zu erstellen.

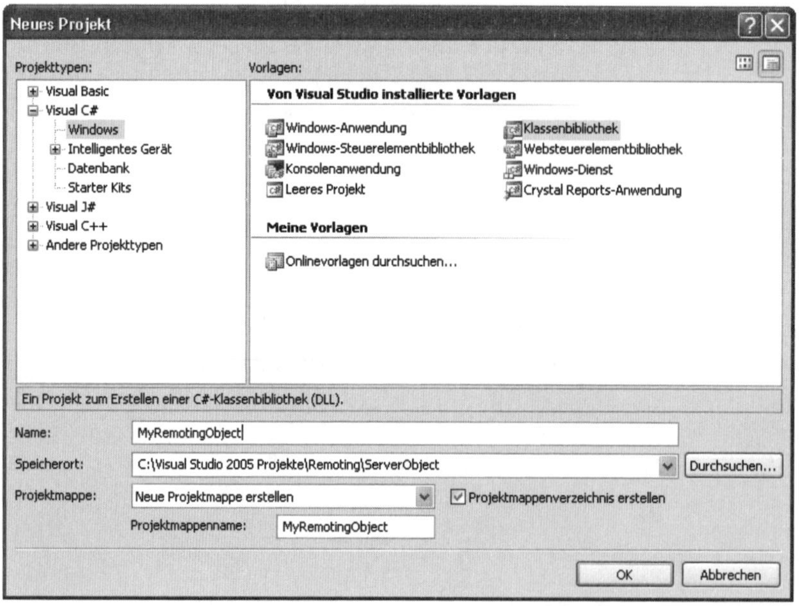

Abbildung 4.1 Im Dialogfeld **Neues Projekt** können Sie mithilfe einer der in Visual Studio installierten Vorlagen ein neues Klassenbibliothekprojekt erstellen

4. Klicken Sie mit der rechten Maustaste im Projektmappen-Explorer auf **Class1.vb** oder **Class1.cs**. Klicken Sie dann auf **Umbenennen** und nennen Sie die Datei **MyRemoteClass.vb** oder **MyRemote-Class.cs**.

5. Klicken Sie mit der rechten Maustaste im Projektmappen-Explorer auf die Datei **MyRemoteClass** und klicken Sie dann auf **Code anzeigen**. Ersetzen Sie den Code im Codefenster durch Folgendes:

```
'VB
Namespace MSPress.Chapter4.Remoting.Server

    Public Class MyRemoteClass
        Inherits MarshalByRefObject

        Private Function getRemoteString() As String
            Return "My Remote String"
        End Function
    End Class

End Namespace

//C#
using System;
using System.Collections.Generic;
using System.Text;

namespace MSPress.Chapter4.Remoting.Server
{
    public class MyRemoteClass : MarshalByRefObject
    {
     private string getRemoteString()
        {
            return "My Remote String";
        }
    }
}
```

6. Erstellen Sie das Projekt und beseitigen Sie eventuelle Fehler.

7. Klicken Sie auf **Datei**, **Hinzufügen**, **Neues Projekt**, um die Hostanwendung zu erstellen.

8. Wählen Sie **Konsolenanwendung** aus und geben Sie den Projektnamen **MyServerApplication** ein. Geben Sie nun auf Ihrem lokalen Entwicklungscomputer ein Verzeichnis an, in dem die Projektdateien gespeichert werden sollen, und klicken Sie auf **OK**, um das neue Projekt zu erstellen.

9. Klicken Sie mit der rechten Maustaste im Projektmappen-Explorer auf das Projekt **MyServerApplication** und klicken Sie auf **Verweis hinzufügen**. Klicken Sie im Dialogfeld **Verweis hinzufügen** auf die Registerkarte **Durchsuchen**, gehen Sie zum Verzeichnis **bin\debug**, in dem Sie die Projektdateien von **MyRemotingObject** gespeichert haben, und wählen Sie die Datei **MyRemotingObject.dll** aus. Klicken Sie auf **OK**, um den Verweis hinzuzufügen.

10. Klicken Sie mit der rechten Maustaste im Projektmappen-Explorer auf das Projekt **MyServer-Application** und klicken Sie auf **Verweis hinzufügen**. Wählen Sie im Dialogfeld **Verweis hinzufügen** auf der Registerkarte **.NET** den Namespace **System.Runtime.Remoting** aus und klicken Sie auf **OK**, um den Verweis zu erstellen.

11. Doppelklicken Sie im Projektmappen-Explorer auf die Datei **Module1.vb** oder **Program.cs** und ersetzen Sie den Code im Codefenster durch Folgendes:

```
'VB
Imports System.Runtime.Remoting
Imports System.Runtime.Remoting.Channels
Imports System.Runtime.Remoting.Channels.Tcp
Imports Server = MyRemotingObject.MSPress.Chapter4.Remoting.Server

Namespace MSPress.Chapter4.Remoting.MyServerHost
    Module Module1

        Sub Main()
            'TCP-Channel registrieren
            Dim tcpChannel As New TcpChannel(8005)
            ChannelServices.RegisterChannel(tcpChannel, False)

            'Remoteobjekt registrieren
            RemotingConfiguration.RegisterWellKnownServiceType( _
                (GetType(Server.MyRemoteClass), "MyRemotingObject", _
                WellKnownObjectMode.Singleton)
        End Sub

    End Module

End Namespace

//C#
using System;
using System.Collections.Generic;
using System.Text;
using System.Runtime.Remoting;
using System.Runtime.Remoting.Channels;
using System.Runtime.Remoting.Channels.Tcp;

namespace MSPress.Chapter4.Remoting.MyServerHost
{
    class Program
    {
        static void Main(string[] args)
        {
            //TCP-Channel registrieren
            IChannel tcpChannel = new TcpChannel(8005);
            ChannelServices.RegisterChannel(tcpChannel, false);

            //Remoteobjekt registrieren
```

```
            RemotingConfiguration.RegisterWellKnownServiceType
                (typeof(Server.MyRemoteClass), "MyRemotingObject",
                WellKnownObjectMode.Singleton);

        }
    }
}
```

12. Wenn Sie Visual Basic verwenden, klicken Sie mit der rechten Maustaste im Projektmappen-Explorer auf das Projekt **MyServerApplication** und klicken Sie dann auf **Eigenschaften**. Klicken Sie auf die Liste **Startobjekt** und dann auf **Sub Main**.

13. Erstellen Sie das Projekt und beseitigen Sie eventuelle Fehler.

Zusammenfassung der Lektion

- Remoting ist eine verteilte Technologie, die es ermöglicht, umfangreiche Datentypen von einer Anwendungsdomäne in eine andere zu übertragen. Am wirkungsvollsten ist Remoting, wenn Client und Server .NET Framework ausführen.
- .NET Framework 2.0 kennt drei Typen von Remoteobjekten. Die beiden serveraktivierten sind das **SingleCall**-Objekt und das **Singleton**-Objekt. Welches Sie verwenden, hängt davon ab, ob Sie den Status zwischen Methodenaufrufen beibehalten müssen oder nicht. Sie können auch clientaktivierte Objekte erstellen, deren Lebensdauer vollständig auf dem Client verwaltet wird.
- Es gibt vier Hostmöglichkeiten für das Remoteobjekt: Eine Konsolenanwendung, eine Windows-Anwendung, eine ASP.NET-Anwendung oder ein Windows-Dienst. Die Hostanwendung ist dafür zuständig, den Kommunikationschannel und das Remoteobjekt zu registrieren.
- Beim Aktivieren eines Remoteobjekts wird ein Proxyobjekt generiert. Wann und wie das Remoteobjekt aktiviert wird, hängt davon ab, ob es ein server- oder ein clientaktiviertes Objekt ist.
- In .NET Framework 2.0 steht IPC als neuer Kommunikationschannel zur Verfügung, der verwendet werden kann, wenn sich die Objekte auf demselben Computer befinden. Sie können aber auch einen TCP-Channel mit einer Binärformatierung oder einen HTTP-Channel mit einer SOAP-Formatierung verwenden.
- Die einzige Voraussetzung für remotingfähige Klassen ist, dass sie von der Klasse **MarshalByRefObject** abgeleitet sein müssen
- Eine Hostanwendung wird benötigt, um den Kommunikationschannel und das Remoteobjekt beim Remotingframework zu registrieren

Lernzielkontrolle

Mit den folgenden Fragen können Sie Ihr Wissen zu den Informationen aus Lektion 1, „Grundlagen des Remotings“, überprüfen. Die Fragen finden Sie (in englischer Sprache) auch auf der Begleit-CD, Sie können sie also auch auf dem Computer im Rahmen eines Übungstests beantworten.

HINWEIS Die Antworten

Die Antworten auf diese Fragen mit Erklärungen, warum die jeweiligen Auswahlmöglichkeiten richtig oder falsch sind, finden Sie im Abschnitt „Antworten“ am Ende dieses Buchs.

---

1. Welche Art von Remoteobjekt eignet sich am besten, wenn der Status zwischen Methodenaufrufen beibehalten werden muss? (Wählen Sie die beste Antwort aus.)
   a. **Singleton**
   b. **SingleCall**-Objekt
   c. Clientaktiviertes Objekt
   d. Serveraktiviertes Objekt
2. Welche Hauptvorteile hat es, IIS als Host für ein Remoteobjekt zu verwenden? (Wählen Sie alle zutreffenden Antworten aus.)
   a. Die integrierten Funktionen, wie beispielsweise Sitzungsstatus und Caching.
   b. Die Möglichkeit, Objekte durch einen sicheren Channel in IIS abzusichern.
   c. Die Tatsache, dass ein manuelles Starten der Anwendung nicht notwendig ist.
   d. Die besonders schnelle Ausführung des Objekts durch die SOAP-Formatierung.
3. Welche(n) Verweis(e) müssen Sie Ihrer Hostanwendung hinzufügen? (Wählen Sie alle zutreffenden Antworten aus.)
   a. .NET-Komponente für Remoteobjekte
   b. DLL für Ihr Remoteobjekt
   c. **System.Remoting**-Namespace
   d. **System.Runtime.Remoting**-Namespace

Lektion 2: Programmgesteuertes Konfigurieren einer Serveranwendung

Am Ende dieser Lektion werden Sie in der Lage sein, die folgenden Aufgaben auszuführen:

- Programmgesteuertes Festlegen der Basiseigenschaften für Ihr Remoteobjekt
- Programmgesteuertes Registrieren eines server- oder clientaktivierten Objekts
- Festlegen der Registrierung eines Objekts auf Verwendung einer bestimmten Version
- Programmgesteuertes Registrieren eines Kommunikationschannels für Ihr Remoteobjekt

Veranschlagte Zeit für diese Lektion: 30 Minuten

In Lektion 1 haben Sie erfahren, wie eine Konsolenanwendung als Hostanwendung eines Remoteobjekts verwendet werden kann. Übung 1 beschrieb alle Schritte, um eine einfache Hostanwendung zu erstellen, die einen TCP-Channel und ein **Singleton**-Objekt registriert. Sie haben sich also bereits mit der programmgesteuerten Konfiguration von Remoteobjekten beschäftigt. Auf diesem einfachen Beispiel bauen wir nun auf und zeigen, welche anderen Aspekte des Remotings programmgesteuert konfiguriert werden können.

Durch einen Verweis auf den Namespace **System.Runtime.Remoting** geben Sie der Hostanwendung Zugriff auf die Klasse **RemotingConfiguration** (siehe Tabelle 4.3). Mit den Eigenschaften und Methoden dieser Klasse können Sie Ihr Remoteobjekt programmgesteuert konfigurieren.

Tabelle 4.3 Öffentliche Eigenschaften der Klasse **RemotingConfiguration**

Name	Beschreibung
ApplicationID	Ruft die Kennung der ausgeführten Anwendung ab
ApplicationName	Ruft den Namen der Anwendung ab oder legt ihn fest
CustomErrorModes	Ruft einen Wert ab oder legt ihn fest, der anzeigt, wie benutzerdefinierte Fehler behandelt werden. Mögliche Einstellungen sind **Off**, **On** oder **Remote Only**.
ProcessID	Ruft die Kennung des ausgeführten Prozesses ab

Angeben des Namens der Serveranwendung

Wenn eine ASP.NET-Anwendung als Host für Ihr Remoteobjekt dient, entspricht der Name der Anwendung dem Namen des virtuellen Verzeichnisses. Andernfalls gibt die Eigenschaft **ApplicationName** einen Nullverweis zurück. Die Eigenschaft **ApplicationName** können Sie z. B. auf Folgendes festlegen:

```
'VB
RemotingConfiguration.ApplicationName = "MyRemotingObject"

//C#
RemotingConfiguration.ApplicationName = "MyRemotingObject";
```

Registrieren des Remoteobjekts

Die Klasse **RemotingConfiguration** enthält ebenfalls mehrere öffentliche Methoden (siehe Tabelle 4.4), die zum Konfigurieren eines Remoteobjekts verwendet werden können. Die Methode **RegisterWellKnownServiceType** registriert serveraktivierte Objekte, wie beispielsweise **SingleCall**- und **Singleton**-Objekte, auf Serverseite. Diese Funktion akzeptiert drei Attribute: den Typ des Remoteobjekts, den URI und den Aktivierungsmodus. Das folgende Codebeispiel zeigt, was notwendig ist, um ein **SingleCall**-Remoteobjekt zu registrieren:

```
'VB
RemotingConfiguration.RegisterWellKnownServiceType _
    (GetType(Server.MyRemoteClass), "MyRemotingObject", _
    WellKnownObjectMode.SingleCall)

//C#
RemotingConfiguration.RegisterWellKnownServiceType
    (typeof(Server.MyRemoteClass), "MyRemotingObject",
    WellKnownObjectMode.SingleCall);
```

Für clientaktivierte Objekte wird stattdessen die Methode **RegisterActivatedServiceType** verwendet. Das folgende Codebeispiel zeigt, wie dies aussehen könnte:

```
'VB
RemotingConfiguration.RegisterActivatedServiceType _
    (GetType(Server.MyRemoteClass))

//C#
RemotingConfiguration.RegisterActivatedServiceType
    (typeof(Server.MyRemoteClass));
```

Tabelle 4.4 Öffentliche Methoden der Klasse **RemotingConfiguration**

Name	Beschreibung
Configure	Liest die Konfigurationsdatei und konfiguriert die Remoting-infrastruktur
CustomErrorsEnabled	Boolescher Wert, der angibt, ob lokalen oder Remoteaufrufern alle Ausnahmedaten zurückgegeben werden oder nur ein Teil davon
Equals	Ermittelt, ob zwei Objektinstanzen gleich sind
GetHashCode	Dient als Hashfunktion für einen bestimmten Typ
GetRegisteredActivatedClientTypes	Ruft ein Array der registrierten Remoteobjekte auf dem Client ab, die aktiviert werden können
GetRegisteredActivatedServiceTypes	Ruft ein Array der registrierten Remoteobjekte auf dem Server ab, die aktiviert werden können
GetRegisteredWellKnownClientTypes	Ruft ein Array der Objekttypen auf dem Client ab, die als bekannt registriert sind

Tabelle 4.4 Öffentliche Methoden der Klasse **RemotingConfiguration** *(Fortsetzung)*

Name	Beschreibung
GetRegisteredWellKnownServiceTypes	Ruft ein Array der Objekttypen auf dem Server ab, die als bekannt registriert sind
GetType	Ruft den Typ der aktuellen Instanz ab
IsActivationAllowed	Boolescher Wert, der anzeigt, ob der angegebene Typ aktiviert werden kann
IsRemotelyActivatedClientType	Ermittelt, ob das Objekt als ein Clienttyp registriert ist, der über Remoteaufruf aktiviert wird
IsWellKnownClientType	Ermittelt, ob das Objekt als bekannter Clienttyp registriert ist
ReferenceEquals	Ermittelt, ob die angegebenen Objektinstanzen gleich sind
RegisterActivatedClientType	Registriert den Objekttyp auf dem Client als clientaktivierten Typ
RegisterActivatedServiceType	Registriert den Objekttyp auf Serverseite als clientaktivierten Typ
RegisterWellKnownClientType	Registriert ein **SingleCall**- oder **Singleton**-Objekt auf dem Client als bekannten Typ
RegisterWellKnownServiceType	Registriert ein **SingleCall**- oder **Singleton**-Objekt auf dem Dienst als bekannten Typ
ToString	Gibt eine Zeichenfolge zurück, die das aktuelle Objekt darstellt

Konfigurieren der Versionsverwaltung

Remoting verwendet Assemblys mit starken Namen, um Remoteobjekte zu identifizieren, es kann aber mehrere Versionen derselben Assembly geben. Um diese Situation zu bewältigen, verwendet Remoting die Eigenschaft **TypeName**. Bei serveraktivierten Objekten steuert der Server, welche Version des Remoteobjekts aktiviert wird, wenn sich ein Client mit dem Objekt verbindet. Wenn keine Versionsinformationen zur Verfügung stehen, wird die neueste Version verwendet. Soll eine andere als die neueste Version angegeben werden, so legen Sie diese im Versionsattribut fest, wenn Sie den bekannten Typ registrieren. Das folgende Codebeispiel zeigt, wie dies aussehen könnte:

```
'VB
RemotingConfiguration.RegisterWellKnownServiceType _
    (GetType(Server.MyRemoteClass,Version=1.0.0.0), "MyRemotingObject", _
    WellKnownObjectMode.Singleton)

//C#
RemotingConfiguration.RegisterWellKnownServiceType
    (typeof(Server.MyRemoteClass,Version=1.0.0.0), "MyRemotingObject",
    WellKnownObjectMode.Singleton);
```

Registrieren eines Kommunikationschannels

Kommunikationschannels dienen der Übermittlung von Nachrichten zwischen Remoteobjekten. Die Channels können konfiguriert werden, um eingehende Nachrichten zu erkennen, ausgehende zu senden oder beides. Die Klasse **ChannelServices** (siehe Tabelle 4.5) wird für den Zugriff auf die Methode **RegisterChannel** verwendet, die einen Channel bei den Channeldiensten registriert. Für diese Registrierung gibt es einige Grundregeln:

- Eine Hostanwendung kann mehr als einen Channel registrieren, aber ein Channel darf nur ein einziges Mal mit derselben Anschlussnummer registriert werden.
- In ein- und derselben Anwendungsdomäne können nicht zwei Channels mit demselben Namen registriert werden.
- Standardmäßig heißt der HTTP-Channel **http** und der TCP-Channel **tcp**. Wenn Sie also zwei Channels desselben Typs registrieren möchten, müssen Sie den Namen der zweiten Instanz mithilfe der Eigenschaft **ChannelName** angeben.

Das folgende Codebeispiel zeigt, wie Sie einen HTTP-Channel auf Anschluss 8085 mit einer Binär-Formatierung anstelle der festgelegten SOAP-Formatierung registrieren können. Hier wird der Typ **IDictionary** verwendet, um die Anschlussnummer anzugeben.

HINWEIS HTTP-Verweis

Um den Code zur Registrierung eines HTTP-Serverchannels ausführen zu können, müssen Sie zuerst einen Verweis auf die Klasse **System.Runtime.Remoting.Channels.Http** erstellen.

```
'VB
Dim props As IDictionary
props = New Hashtable()
props("port") = 8085
Dim httpChannel As New HttpServerChannel(props, New BinaryServerFormatterSinkProvider())
ChannelServices.RegisterChannel(httpChannel, True)

//C#
IDictionary props = new Hashtable();
props["port"] = 8085;
HttpServerChannel httpChannel = new HttpServerChannel(props, _
    new BinaryServerFormatterSinkProvider());
ChannelServices.RegisterChannel(httpChannel, true);
```

HINWEIS Registrieren von IPC-Channels

Zur Registrierung eines IPC-Channels müssen Sie keine Anschlussnummer angeben, da die Kommunikation auf demselben Computer stattfindet.

Tabelle 4.5 Öffentliche Methoden der Klasse **ChannelServices**

Name	Beschreibung
AsyncDispatchMessage	Sendet eine Nachricht asynchron an den Server
CreateServerChannelSinkChain	Erstellt eine Channelempfängerkette für den angegebenen Channel
DispatchMessage	Verteilt eingehende Remoteaufrufe
Equals	Ermittelt, ob zwei Objekte gleich sind
GetChannel	Ruft einen Channel mit dem angegebenen Namen ab
GetChannelSinkProperties	Ruft eine Sammlung von Eigenschaften für ein Proxyobjekt ab
GetHashCode	Dient als Hashfunktion für einen bestimmten Typ
GetType	Ruft den Typ der aktuellen Instanz ab
GetUrlsForObject	Ruft ein Array von URLs ab, die für den Zugriff auf das angegebene Objekt verwendet werden
ReferenceEquals	Ermittelt, ob zwei Instanzen gleich sind
RegisterChannel	Registriert einen Channel bei den Channeldiensten
SyncDispatchMessage	Sendet die Nachricht synchron anhand des URIs an die serverseitige Kette
ToString	Gibt eine Zeichenfolge zurück, die das aktuelle Objekt darstellt
UnregisterChannel	Hebt die Registrierung eines Channels bei den Channeldiensten auf

Um die Registrierung eines Channels aufzuheben, rufen Sie die Methode **UnregisterChannel** auf. Das folgende Codebeispiel zeigt, wie dies aussehen könnte:

```
'VB
ChannelServices.UnregisterChannel(httpChannel)

//C#
ChannelServices.UnregisterChannel(httpChannel);
```

Übung 2: Programmgesteuertes Konfigurieren einer Remoteserveranwendung

Diese Übung baut auf dem Beispielcode aus Übung 1 dieses Kapitels auf. Der Code dieser Anwendung wird so geändert, dass er drei Channels für das Remoteobjekt registriert. Außerdem wird es ermöglicht, ein Zeichenfolgenargument zu übergeben, das angibt, welcher Objekttyp registriert werden soll. Wird **S1** übergeben, wird ein serveraktiviertes **SingleCall**-Objekt registriert. Wird **S2** übergeben, wird ein serveraktiviertes **Singleton**-Objekt registriert. Wird **C** übergeben, wird ein clientaktiviertes Objekt erstellt. Wenn ein anderer oder gar kein Wert übergeben wird, wird standardmäßig ein **Singleton**-Objekt erstellt.

1. Öffnen Sie Visual Studio 2005.
2. Klicken Sie auf **Datei**, **Öffnen**, **Projekt**.

3. Wenn das Dialogfeld **Projekt öffnen** angezeigt wird, navigieren Sie zum Verzeichnis, in dem Sie in Übung 1 die Datei **MyRemoteObject.sln** erstellt haben, und laden die Projektmappe. Klicken Sie im Projektmappen-Explorer im Projekt **MyServerApplication** mit rechts auf die Datei **Program.cs** oder **Module1.vb** und klicken Sie dann auf **Code anzeigen**. Ersetzen Sie im Codefenster den gesamten Code durch den folgenden:

```
'VB
Imports System.Runtime.Remoting
Imports System.Runtime.Remoting.Channels
Imports System.Runtime.Remoting.Channels.Tcp
Imports System.Runtime.Remoting.Channels.Http
Imports System.Runtime.Remoting.Channels.Ipc
Imports Server = MyRemotingObject.MSPress.Chapter4.Remoting.Server

Namespace MSPress.Chapter4.Remoting.MyServerHost
    Module Module1

        Sub Main(ByVal args As String())

            'TCP-Channel registrieren
            Dim TcpChannel As IChannel
            TcpChannel = New TcpServerChannel(8005)
            ChannelServices.RegisterChannel(TcpChannel, False)

            'HTTP-Channel registrieren
            Dim HttpChannel As IChannel
            HttpChannel = New HttpServerChannel(8006)
            ChannelServices.RegisterChannel(HttpChannel, False)

            'IPC-Channel registrieren
            Dim IpcChannel As IChannel
            IpcChannel = New IpcServerChannel("Server")
            ChannelServices.RegisterChannel(IpcChannel, False)

            'Welche Argumente wurden übergeben, um anzugeben,
            'welches Objekt registriert werden soll?
            'Das Argument gibt den zu registrierenden Objekttyp an:
            ' S1 = SingleCall; S2 = Singleton; C = Clientaktiviert
            If args.GetLength(0) = 0 Then
                'Objekt als serveraktiviertes Singleton-Objekt registrieren
                RemotingConfiguration.RegisterWellKnownServiceType _
                    (GetType(Server.MyRemoteClass), "MyRemotingObject", _
                    WellKnownObjectMode.Singleton)
            ElseIf args(0) = "S1" Then
                'Objekt als serveraktiviertes SingleCall-Objekt registrieren
                RemotingConfiguration.RegisterWellKnownServiceType _
                    (GetType(Server.MyRemoteClass), "MyRemotingObject", _
                    WellKnownObjectMode.SingleCall)
            ElseIf args(0) = "S2" Then
                'Objekt als serveraktiviertes Singleton-Objekt registrieren
                RemotingConfiguration.RegisterWellKnownServiceType _
                    (GetType(Server.MyRemoteClass),
```

```
MyRemotingObject", _
                WellKnownObjectMode.Singleton)
        ElseIf args(0) = "C" Then
            'Objekt als clientaktiviertes Objekt registrieren
            RemotingConfiguration.RegisterActivatedServiceType _
                (GetType(Server.MyRemoteClass))
        Else
            'Objekt als serveraktiviertes Singleton-Objekt registrieren
            RemotingConfiguration.RegisterWellKnownServiceType _
                (GetType(Server.MyRemoteClass), "MyRemotingObject", _
                WellKnownObjectMode.Singleton)
        End If

        'Zum Cleanup Registrierung aller Channels aufheben
        ChannelServices.UnregisterChannel(TcpChannel)
        ChannelServices.UnregisterChannel(HttpChannel)
        ChannelServices.UnregisterChannel(IpcChannel)

    End Sub

  End Module

End Namespace


//C#
using System;
using System.Collections.Generic;
using System.Text;
using System.Runtime.Remoting;
using System.Runtime.Remoting.Channels;
using System.Runtime.Remoting.Channels.Tcp;
using System.Runtime.Remoting.Channels.Http;

using System.Runtime.Remoting.Channels.Ipc;

namespace MSPress.Chapter4.Remoting.MyServerHost
{
    class Program
    {
        static void Main(string[] args)
        {
            //TCP-Channel registrieren
            IChannel tcpChannel = new TcpServerChannel(8005);
            ChannelServices.RegisterChannel(tcpChannel, false);

            //HTTP-Channel registrieren
            IChannel httpChannel = new HttpServerChannel(8006);
            ChannelServices.RegisterChannel(httpChannel, false);

            //IPC-Channel registrieren
            IChannel ipcChannel = new IpcServerChannel("Server");
            ChannelServices.RegisterChannel(ipcChannel, false);
```

```
            //Welche Argumente wurden übergeben, um anzugeben,
            //welches Objekt registriert werden soll?
            //Das Argument gibt den zu registrierenden Objekttyp an:
            // S1 = SingleCall; S2 = Singleton; C = Clientaktiviert
            if (args.GetLength(0) == 0)
            {
                //Objekt als serveraktiviertes Singleton-Objekt registrieren
                RemotingConfiguration.RegisterWellKnownServiceType
                    (typeof(Server.MyRemoteClass), "MyRemotingObject",
                    WellKnownObjectMode.Singleton);
            }
            else if (args[0] == "S1")
            {
                //Objekt als serveraktiviertes SingleCall-Objekt registrieren
                RemotingConfiguration.RegisterWellKnownServiceType
                    (typeof(Server.MyRemoteClass), "MyRemotingObject",
                    WellKnownObjectMode.SingleCall);
            }
            else if (args[0] == "S2")
            {
                //Objekt als serveraktiviertes Singleton-Objekt registrieren
                RemotingConfiguration.RegisterWellKnownServiceType
                    (typeof(Server.MyRemoteClass), "MyRemotingObject",
                    WellKnownObjectMode.Singleton);
            }
            else if (args[0] == "C")
            {
                //Objekt als clientaktiviertes Objekt registrieren
                RemotingConfiguration.RegisterActivatedServiceType
                    (typeof(Server.MyRemoteClass));
            }
            else

            {
                //Objekt als serveraktiviertes Singleton-Objekt registrieren
                RemotingConfiguration.RegisterWellKnownServiceType
                    (typeof(Server.MyRemoteClass), "MyRemotingObject",
                    WellKnownObjectMode.Singleton);
            }


            //Zum Cleanup Registrierung aller Channels aufheben
            ChannelServices.UnregisterChannel(tcpChannel);
            ChannelServices.UnregisterChannel(httpChannel);
            ChannelServices.UnregisterChannel(ipcChannel);

        }
    }
}
```

4. Erstellen Sie das Projekt und beseitigen Sie eventuelle Fehler.

Zusammenfassung der Lektion

- Die Klasse **RemoteConfiguration** kann verwendet werden, um eine Remoteserveranwendung programmgesteuert zu konfigurieren. Diese Klasse ermöglicht es, Basiseigenschaften wie etwa den Anwendungsnamen für ein Remoteobjekt festzulegen.
- Serveraktivierte Objekte werden mit der Methode **RegisterWellKnownServiceType** registriert. Clientaktivierte Objekte werden auf Serverseite mit der Methode **RegisterActivatedServiceType** registriert.
- Wenn mehrere Versionen eines Remoteobjekts zur Verfügung stehen und Sie eine andere als die neueste verwenden möchten, müssen Sie beim Registrieren des Objekts das Versionsattribut angeben
- Kommunikationschannels können mit der Methode **RegisterChannel** und einem Verweis auf die betreffende Channelklasse registriert werden. So können Sie Eigenschaften wie die Anschlussnummer und den Formatierungstyp festlegen.

Lernzielkontrolle

Mit den folgenden Fragen können Sie Ihr Wissen zu den Informationen aus Lektion 2, „Programmgesteuertes Konfigurieren einer Serveranwendung", überprüfen. Die Fragen finden Sie (in englischer Sprache) auch auf der Begleit-CD, Sie können sie also auch auf dem Computer im Rahmen eines Übungstests beantworten.

HINWEIS Die Antworten

Die Antworten auf diese Fragen mit Erklärungen, warum die jeweiligen Auswahlmöglichkeiten richtig oder falsch sind, finden Sie im Abschnitt „Antworten" am Ende dieses Buchs.

---

1. Mit welchem Visual Basic-Code wird ein **Singleton**-Objekt registriert? (Wählen Sie die beste Antwort aus.)

   a.

```
RemotingConfiguration.RegisterWellKnownServiceType _
       (GetType(Server.MyRemoteClass),"MyRemotingObject", _
       WellKnownObjectMode.SingleCall)
```

   b.

```
RemotingConfiguration.RegisterWellKnownServiceType _
       (GetType(Server.MyRemoteClass),"MyRemotingObject", _
       WellKnownObjectMode.Singleton)
```

c.

```
RemotingConfiguration.RegisterActivatedServiceType _
        (GetType(Server.MyRemoteClass), _
        ActivatedObjectMode.Singleton)
```

d.

```
RemotingConfiguration.RegisterActivatedServiceType _
        (GetType(Server.MyRemoteClass))
```

2. Wie behandelt der Remotingmechanismus die Versionsverwaltung von Remoteobjekten? (Wählen Sie die beste Antwort aus.)
   a. Wenn keine Version angegeben ist, wird die neueste verwendet.
   b. Die Versionsnummer muss immer angegeben werden, damit das richtige Remoteobjekt gefunden wird.
   c. Es können sich nie zwei Assemblys mit starkem Namen auf demselben Computer befinden.
   d. Wenn sich zwei Versionen auf demselben Computer befinden, wird die Methode **RegisterVersion** verwendet, um die richtige Version zu registrieren.
3. Welche Aussage über Remotingchannels ist falsch? (Wählen Sie die beste Antwort aus.)
   a. Ein Channel kann nur ein einziges Mal mit derselben Anschlussnummer registriert werden.
   b. Die Methode **RegisterChannel** wird verwendet, um einen Channel bei den Channeldiensten zu registrieren.
   c. Die Methode **UnregisterChannel** wird verwendet, um die Registrierung eines Channels bei den Channeldiensten aufzuheben.
   d. Beim Registrieren eines Channels muss immer eine Anschlussnummer angegeben werden.

Lektion 3: Konfigurieren einer Serveranwendung mithilfe einer Konfigurationsdatei

Am Ende dieser Lektion werden Sie in der Lage sein, die folgenden Aufgaben auszuführen:

- Erstellen einer Konfigurationsdatei, in der Basiseigenschaften wie der Name und der Assemblytyp festgelegt werden
- Konfigurieren der Versionsverwaltung mithilfe einer Konfigurationsdatei
- Konfigurieren der Kommunikationschannels mithilfe einer Konfigurationsdatei
- Konfigurieren der Aktivierungsmodi mithilfe einer Konfigurationsdatei

Veranschlagte Zeit für diese Lektion: 60 Minuten

In Lektion 2 haben Sie gelernt, wie Sie ein Remoteobjekt in Ihrer Hostanwendung programmgesteuert konfigurieren können. Als Alternative stellt diese Lektion die Konfiguration eines Remoteobjekts mithilfe einer Konfigurationsdatei vor. Dabei handelt es sich um eine XML-Datei, in der Sie die Konfigurationsoptionen angeben können, ohne Code neu kompilieren zu müssen. Ihre Hostanwendung kann mehrere Konfigurationsdateien verwenden. Und da diese Dateien auch nebenher geändert werden können, werden sie normalerweise als Mittel für die Remotekonfiguration bevorzugt.

Erstellen einer Konfigurationsdatei

Konfigurationsdateien sind XML-Dokumente, die es ermöglichen, die von Ihrer Anwendung benötigten Daten dynamisch anzugeben. Sie können einen Abschnitt einfügen, der speziell vom Remotingframework verwendet wird, um Remoteobjekte zu aktivieren und ihre Lebensdauer zu verwalten. Konfigurationsdateien gibt es sowohl für Client- als auch für Serveranwendungen, doch in dieser Lektion geht es nur um die Konfigurationseinstellungen der Serveranwendung.

Die Klasse **RemotingConfiguration** enthält die Methode **Configure**, mit der Sie eine Konfigurationsdatei laden können. Es reicht nicht, lediglich einen Remotingabschnitt in die Anwendungskonfiguration oder die Datei **Machine.config** aufzunehmen. Auch Ihre Hostanwendung benötigt einen Codeabschnitt, der ihr sagt, wo sie die Daten der Remotingkonfiguration finden kann.

HINWEIS Konfigurationsdatei bei den IIS

Remoteobjekte, die in einer ASP.NET-Anwendung registriert sind, müssen keine Konfigurationsdatei mit der Methode **Configure** laden. In diesem Fall werden die Konfigurationseinstellungen automatisch der Datei Web.config für diese Anwendung entnommen.

Die Methode **Configure** akzeptiert zwei Parameter: **Filename** und einen booleschen Schalter, der angibt, ob Sicherheitseinstellungen angewendet werden. Das Attribut **Filename** sollte auf den Namen der Hostanwendung mit der Erweiterung **EXE** und **CONFIG** festgelegt werden. Das folgende Beispiel zeigt, wie die Methode **Configure** zur Registrierung einer Konfigurationsdatei für eine Konsolenanwendung namens **MyServerApplication** aussehen würde:

```
'VB
RemotingConfiguration.Configure("MyServerApplication.exe.config", False)

//C#
RemotingConfiguration.Configure("MyServerApplication.exe.config", false);
```

Die Konfigurationsdatei für das Hosting von Anwendungen muss einen Abschnitt für die Remotingkonfiguration enthalten. Dieser wiederum enthält Elemente (siehe Tabelle 4.6), die dem Remotingframework wichtige Informationen über das Remoteobjekt mitteilen. Der Abschnitt mit der Remotingkonfiguration ist an dem Element **<system.runtime.remoting>** zu erkennen. Dieses Stammelement aller Elemente der Remotingkonfiguration muss im **<configuration>**-Element der App.config-Datei Ihrer Anwendung angegeben sein.

Tabelle 4.6 Einstellungselemente der Remotingkonfiguration

Name	Beschreibung
<System.Runtime.Remoting>	Stammelement aller Elemente der Remotingkonfiguration. Nur eines dieser Elemente ist erforderlich.
<application>	Alle Anwendungsinformationen werden in diesem einen Element angegeben
<lifetime>	Befindet sich innerhalb des **<application>**-Tags und liefert Informationen über die Lebensdauer aller als Dienst verfügbaren clientaktivierten und **Singleton**-Objekte
<channels>	Nur eines dieser Elemente ist erforderlich und wird als Container für Channelvorlagen benötigt. Gilt das Element für eine Channelvorlage, so muss es direkt unter dem Element **<system.runtime.remoting>** stehen. Vorlagen sind Kurzformen, da die Channeleinstellungen aus der Datei **Machine.config** nicht in den CONFIG-Dateien der einzelnen Anwendungen wiederholt werden müssen. Gilt das Element für einen bestimmten neu einzurichtenden Channel, so muss es direkt unter dem Element **<application>** stehen.
<channel>	Das Element **<channel>** kann auf eine Channelvorlage verweisen oder Konfigurationsinformationen für einen neuen Channel enthalten
<channelSinkProviders>	Liefert Informationen zu Channelempfängeranbietern von Client und Server. Anbieter, die hier angegeben werden, stehen überall zur Verfügung, wo ein Channelempfängeranbieter registriert werden kann.
<serverProvider>	Wird in einem **<channel>**-Element verwendet, um Channelempfängeranbieter für eine bestimmte Instanz anzugeben. Diese Channelempfängeranbieter werden auf dem Server benötigt, um den Channel zu verarbeiten. Wenn Sie hier Anbieter angeben, setzen Sie damit die standardmäßigen Channelempfänger für diesen Channel außer Kraft. Kann in einem **<channelSinkProviders>**-Element angeben, welche Channelempfängervorlage in die Channelkette des Servers eingefügt werden soll.

Tabelle 4.6 Einstellungselemente der Remotingkonfiguration *(Fortsetzung)*

Name	Beschreibung
<clientProvider>	Wird in einem **<channel>**-Element verwendet, um Channelempfängeranbieter für eine bestimmte Instanz anzugeben. Diese Channelempfängeranbieter werden auf der Clientseite verwendet. Wenn Sie hier Anbieter angeben, setzen Sie damit die standardmäßigen Channelempfänger für diesen Channel außer Kraft. Kann in einem **<channelSinkProviders>**-Element angeben, welche Channelempfängervorlage in die Channelkette des Clients eingefügt werden soll.
<formatter>	Gibt den Channelempfängeranbieter für einen Formatierungsempfänger an und kann unter die Elemente **<serverProvider>** oder **<clientProvider>** gesetzt werden
<provider>	Gibt den Channelempfängeranbieter für einen Channelempfänger an und kann unter den Elementen **<serverProvider>** oder **<clientProvider>** angegeben werden
<service>	Gibt an, welche Objekte einen Host haben und anderen Anwendungen zur Verfügung gestellt werden. Dieses Element wird unter dem Element **<application>** angegeben.
<wellknown>	Liefert Informationen über serveraktivierte Objekte, die die Anwendung veröffentlichen möchte. Dieses Element kann unter den Elementen **<service>** oder **<client>** angegeben werden.
<activated>	Liefert Informationen über clientaktivierte Objekte, die die Anwendung veröffentlichen möchte. Dieses Element kann unter den Elementen **<service>** oder **<client>** angegeben werden.
<soapInterop>	Gibt an, welche Typzuordnungen mit SOAP verwendet werden. Wenn es verwendet wird, muss es in das **<application>**-Element eingebunden sein.
<interopXmlType>	Erstellt eine bidirektionale Zuordnung zwischen einem CLR-Typ und einem XML-Typ und -Namespace. Dieses Element wird verwendet, wenn der Elementname nicht geändert werden darf und nur einer davon zulässig ist.
<interopXmlElement>	Ähnelt **<interopXmlType>**, das eine bidirektionale Zuordnung zwischen einem CLR-Typ und einem XML-Typ und -Namespace erstellt. Allerdings kann dieses Element auch mehrmals verwendet werden.
<preLoad>	Lädt Zuordnungen für alle Klassen, die das **SoapAttribute** erweitern. Wenn es benötigt wird, steht dieses Element innerhalb des **<soapInterop>**-Elements.
<debug>	Gibt an, ob Typen in die Konfigurationsdatei geladen werden können, wenn die Anwendung startet. Dieses Element enthält einen booleschen Wert.

Das Element *<application>*

Sie müssen dem Remotingframework Informationen über Ihre Hostanwendung zur Verfügung stellen. Dies tun Sie mit dem Element **<application>**. Der Name der Anwendung kann in einem optionalen Namensattribut angegeben werden. So würde beispielsweise das Element zur Angabe einer Anwendung namens **ServerApp** folgendermaßen aussehen:

```
<application name="ServerApp">
```

HINWEIS Anwendungsname bei den IIS

Wenn Sie eine ASP.NET-Anwendung als Host verwenden, legen Sie den Namen der Anwendung nicht fest, da IIS den Namen Ihres virtuellen Stammelements zugrunde legt.

Unter dem **<application>**-Element geben Sie die spezifischen untergeordneten Elemente für Ihre Hostanwendung an. Die folgenden untergeordneten Elemente können unter dem **<application>**-Element angegeben werden:

<lifetime> Dieses Element wird nur für clientaktivierte Objekte verwendet, da es Lease-Informationen angibt. Die folgenden optionalen Attribute können mit diesem Element festgelegt werden:

- **leaseTime** Gibt die Leasedauer an; Standardwert ist 5 Minuten
- **sponsorshipTimeout** Gibt an, wie lange der Lease-Manager auf Antwort wartet, nachdem die Lease abgelaufen ist. Der Standardwert beträgt 2 Minuten.
- **renewOnCallTime** Gibt an, um welchen Zeitraum die Leasedauer ausgedehnt wird. Tritt jedes Mal ein, wenn eine Methode auf dem Remoteobjekt aufgerufen wird. Der Standardwert beträgt 2 Minuten.
- **leaseManagerPollTime** Gibt an, wie lange der Lease-Manager auf Antwort wartet, nachdem er nach abgelaufenen Leases gesucht hat. Der Standardwert beträgt 10 Minuten.

<channels> Enthält alle **<channel>**-Elemente, die verwendet wurden, um einen oder mehrere Kommunikationschannels für das Remoteobjekt zu konfigurieren

- **<channel>** Jedes **<channel>**-Element stellt einen anderen Kommunikationschannel dar. Das **<channel>**-Element enthält die folgenden optionalen Attribute:
- **ref** Gibt die Kennung des Channels an und wird anstelle des Attributs **type** verwendet
- **displayName**Wird nur vom Konfigurationstool von .NET Framework zur Identifikation der registrierten Channels verwendet
- **type**Gibt den vollständigen Typnamen des Channels an und wird anstelle des Attributs **ref** verwendet
- **port**Gibt die Anschlussnummer an
- **portName**Dieses Attribut ist zur Konfiguration eines IPC-Channels erforderlich
- **useIPAddress**Boolescher Wert, der angibt, ob die IP-Adresse im URL anstelle eines Computernamens verwendet werden soll
- **machineName** Gibt den Namen des Computers an, auf dem sich der Channel befindet ist

<**service**> Wird zum Registrieren von Remoteobjekten verwendet. Dies ist der Dienst, den Sie anderen Anwendungen zur Verfügung stellen. Er kann ein oder mehrere untergeordnete Elemente enthalten, wobei **<wellKnown>** die serveraktivierten und **<activated>** die clientaktivierten Objekte angibt.

- **<wellknown>** Dieses untergeordnete Element enthält folgende Attribute:
- **mode** Erforderliches Attribut, das angibt, ob es sich um ein **Singleton**- oder **SingleCall**-Objekt handelt
- **Type** Erforderliches Attribut, das den vollständigen Namen des Objekts angibt. Dazu können Typ, Assembly und Versionsinformationen gehören.
- **objectUri** Erforderliches Attribut, das den URI des Remoteobjekts angibt. Unterscheidet sich vom URL, der zum Konfigurieren der Clientversion der Konfigurationsdatei verwendet wird.
- **displayName** Optionales Attribut, das nur vom .NET Framework-Konfigurationstool verwendet wird
- **<activated>** Dieses untergeordnete Element enthält folgendes Attribut:
- **type** Gibt den vollständigen Objektnamen zusammen mit Assemblynamen und Version an

<**soapInterop**> Wird nur bei SOAP-Formatierung verwendet. Kann die folgenden untergeordneten Elemente enthalten:

- **<interopXMLElement>** Erstellt eine bidirektionale Zuordnung zwischen einem CLR-Typ und einem XML-Element und -Namespace. Muss die folgenden erforderlichen Attribute enthalten:
- **clr** Gibt den vollständigen Typnamen des Typs an, den Sie zuordnen möchten
- **xml** Gibt das zuzuordnende XML-Element und den Namespace an
- **<interopXMLType>** Erstellt eine bidirektionale Zuordnung zwischen einem CLR-Typ und einem XML-Element und -Namespace, wenn der Elementname nicht geändert werden kann. Enthält dieselben Attribute wie **<interopXMLElement>**.
- **<preload>** Lädt Zuordnungen für alle Klassen, die das **SoapAttribute** erweitern. Kann die folgenden optionalen Attribute enthalten:
- **type** Gibt den vollständigen Namen des vorab zu ladenden Typs an
- **assembly** Lädt vorab alle Typen in der angegebenen Assembly

Konfigurieren der Versionsverwaltung

Die Versionsverwaltung ist ein wichtiger Punkt, denn wenn sich ein Client mit der falschen Version eines Remoteobjekts verbindet, können schwere Fehler auftreten. Wurde beispielsweise ein Parameter für eines der Remoteobjekte auf einen anderen Typ geändert, kann eine Clientanwendung, die sich mit der falschen Version verbindet, dem Remoteobjekt einen falschen Wert übergeben.

Um die Versionsverwaltung mit einer Konfigurationsdatei zu konfigurieren, geben Sie zusammen mit dem Typ Ihres Remoteobjekts einfach auch ein Versionsattribut an. Im folgenden Beispiel wird die Version für ein serveraktiviertes Objekt angegeben, das mit dem Element **<wellKnown>** registriert ist:

```
<wellKnown mode="Singleton"
    type="MyApp.MyRemotingApp,MyAssembly,Version=2.0.0.0"
    objecturi="MyRemotingApp.rem">
</wellKnown>
```

HINWEIS Versionsverwaltung für Marshal-by-value-Objekte

Wenn ein Marshal-by-value-Objekt und eine Binärformatierung verwendet werden, muss die Version angegeben werden. Sie kann auch bei einer SOAP-Formatierung mit angegeben werden, aber es ist nicht nötig.

Konfigurieren der Formatierung

Kommunikationschannels können entweder die Binär- oder die SOAP-Formatierung verwenden. Um zu verstehen, wie das Remotingframework Nachrichten formatiert, müssen Sie zuerst wissen, was ein Empfängerobjekt ist. Empfängerobjekte werden bei der Übertragung einer Remotenachricht verwendet, und die Sammlung der Objekte bildet die so genannte Empfängerkette. Jedes Objekt enthält Basisinformationen über die Weise, wie der Channel verarbeitet wird. Zu diesen Informationen gehört auch das zum Lesen und Schreiben einer Remotenachricht zu verwendende Format.

Die Formatierung enthält den Channelempfängeranbieter für ein Empfängerformatierungsobjekt, das in die Empfängerkette eingefügt wird. Jeder Channel verwendet eine Standardformatierung. So verwendet standardmäßig ein TCP-Channel Binärformatierung und ein HTTP-Channel SOAP-Formatierung. Um eine andere Formatierung für den Channel anzugeben, verwenden Sie das Element **<formatter>**. Dieses Element ist in den Elementen **<serverProvider>** oder **<clientProvider>** enthalten, die untergeordnete Elemente von **<channel>** sind. Das Element **<formatter>** verwendet folgende Attribute:

- **ref** Gibt die Kennung der Vorlage der Channelempfängeranbieter an, die die Formatierung verwenden soll
- **type** Gibt den vollständigen Typnamen des Channelempfängeranbieters und den Namen der Assembly an, die die Anbieterimplementierung enthält
- **customFormatterProperty** Wird für benutzerdefinierte Formatierungseigenschaften verwendet
- **includeVersions** Gibt an, ob die Formatierung Versionsinformationen enthält
- **strictBinding** Gibt an, ob die empfangende Formatierung Versionsinformationen für den angegebenen Typ verlangt, ehe die Verarbeitung beginnen kann
- **typeFilterLevel** Gibt an, welche Stufe der automatischen Deserialisierung eine Formatierung unternehmen wird

In den meisten Fällen gilt: Wenn Sie das Element **<formatter>** verwenden, dient das Attribut **ref** lediglich dazu, ein anderes als das vom Channel verwendete Standardformat anzugeben. Mit dem folgenden XML-Code können Sie beispielsweise die Standardformatierung des HTTP-Channels von SOAP- auf Binärformatierung ändern:

```
<channels>
    <channel ref="http" port="8005">
        <serverProviders>
            <formatter ref="binary" />
        </serverProviders>
    </channel>
</channels>
```

HINWEIS Versionstolerante Serialisierung

Die Klassen **BinaryFormatter** und **SoapFormatter** unterstützen standardmäßig VTS. VTS ermöglicht es Ihnen, einer Klasse neue Felder hinzuzufügen, ohne die Kompatibilität mit anderen Versionen des betreffenden Typs zu gefährden.

Konfigurationsbeispiele

Die folgenden Beispiele stellen häufige Konfigurationsszenarios dar, die bei der Erstellung einer Konfigurationsdatei für eine Serveranwendung auftreten können:

Konfigurieren eines serveraktivierten Objekts (*SingleCall*-Objekt)

```
<configuration>
  <system.runtime.remoting>
    <application>
      <service>
        <wellKnown mode="SingleCall"
            type="MyApp.MyRemotingApp,MyAssembly"
            objecturi="MyRemotingApp.soap">
        </wellKnown>
      </service>
    </application>
  </system.runtime.remoting>
</configuration>
```

Konfigurieren eines clientaktivierten Objekts

```
<configuration>
  <system.runtime.remoting>
    <application>
      <service>
        <activated type="MyApp.MyRemotingApp,MyAssembly" />
      </service>
    </application>
  </system.runtime.remoting>
</configuration>
```

Konfigurieren eines HTTP- und TCP-Channels (für ein *Singleton*-Objekt)

```
<configuration>
  <system.runtime.remoting>
    <application>
      <service>
        <wellKnown mode="Singleton"
            type="MyApp.MyRemotingApp,MyAssembly"
            objecturi="MyRemotingApp.rem">
        </wellKnown>
      </service>
      <channels>
        <channel ref="tcp" port="9000" />
        <channel ref="http" port="8005" />
      </channels>
    </application>
  </system.runtime.remoting>
</configuration>
```

Konfigurieren eines IPC-Channels (für ein *Singleton*-Objekt)

```
<configuration>
  <system.runtime.remoting>
    <application>
      <service>
        <wellKnown mode="Singleton"
            type="MyApp.MyRemotingApp,MyAssembly"
            objecturi="MyRemotingApp.rem">
        </wellKnown>
      </service>
      <channels>
        <channel ref="ipc" portName="remote" />
      </channels>
    </application>
  </system.runtime.remoting>
</configuration>
```

Übung 3: Konfigurieren einer Serveranwendung mithilfe einer Konfigurationsdatei

In dieser Übung wird die Konfiguration einer Serveranwendung mithilfe einer Konfigurationsdatei beschrieben. Diese Übung baut auf der Serveranwendung aus Übung 1 dieses Kapitels auf. Die Anwendung wird um eine Konfigurationsdatei erweitert, die im Code geladen wird. Die Konfigurationsdatei wird verwendet, um ein **Singleton**-Remoteobjekt und einen TCP-Channel für dieses Objekt zu registrieren.

1. Öffnen Sie Visual Studio 2005.
2. Klicken Sie auf **Datei**, **Öffnen**, **Projekt**.

3. Wenn das Dialogfeld **Projekt öffnen** angezeigt wird, navigieren Sie zum Verzeichnis, in dem Sie in Übung 1 die Datei **MyRemoteObject.sln** erstellt haben, und laden die Projektmappe. Klicken Sie mit der rechten Maustaste im Projektmappen-Explorer auf das Projekt **MyServerApplication** und klicken Sie anschließend auf **Hinzufügen**, **Neues Element**. Wählen Sie im Dialogfeld **Neues Element hinzufügen** die Vorlage **Anwendungskonfigurationsdatei** aus und laden Sie sie in Ihr Projekt, indem Sie auf **Hinzufügen** klicken.
4. Klicken Sie mit der rechten Maustaste auf die neue Datei **App.config** und anschließend auf **Code anzeigen**. Ersetzen Sie im Codefenster den gesamten Code durch den folgenden:

```
<?xml version="1.0" encoding="utf-8" ?>
<configuration>
  <system.runtime.remoting>
    <application>
      <service>
        <wellknown mode="Singleton"
           type="MSPress.Chapter4.Remoting.Server, MyServerApplication"
           objectUri="Server.rem" />
      </service>
      <channels>
        <channel ref="tcp" port="9000" />
      </channels>
    </application>
  </system.runtime.remoting>
</configuration>
```

5. Klicken Sie im Projektmappen-Explorer im Projekt **MyServerApplication** mit der rechten Maustaste auf die Datei **Program.cs** oder **Module1.vb** und klicken Sie dann auf **Code anzeigen**. Ersetzen Sie im Codefenster den Code der Methode **Main** durch folgenden:

```
'VB
RemotingConfiguration.Configure("MyServerApplication.exe.config", False)

//C#
RemotingConfiguration.Configure("MyServerApplication.exe.config", false);
```

6. Erstellen Sie das Projekt und beseitigen Sie eventuelle Fehler.

Zusammenfassung der Lektion

- Sie können in die Konfigurationsdatei Ihrer Anwendung oder Ihres Computers einen Remoting-Abschnitt einfügen, in dem die Einstellungen für das Remotingframework angegeben sind. Das Remotingframework erhält Kenntnis von der CONFIG-Datei, wenn Sie sie mit der Methode **Configure** laden.
- Das Element **<application>** ist ein übergeordnetes Element der Remotingkonfiguration. Es enthält die untergeordneten Elemente **<lifetime>**, **<channels>**, **<service>**, **<client>** und **<soapInterop>**, um die Leasedauer für das Objekt festzulegen, Objekte auf dem Client oder Server zu registrieren und SOAP zu konfigurieren.
- Die Versionsverwaltung ist erforderlich, um Fehler zu verhindern, die durch das Laden einer falschen Version des Remoteobjekts entstehen könnten. Um die Version anzugeben, fügen Sie sie einfach dem Assemblynamen im Attribut **type** hinzu.

- Das Element **<formatter>** gibt an, welche Formatierung für den Dienst- oder Clientanbieter verwendet wird. Diese Information wird innerhalb des Channeltags für einen bestimmten Channel angegeben.
- Sie können ein serveraktiviertes Objekt mit dem untergeordneten Element **<wellKnown>** des Elements **<service>** angeben. Clientaktivierte Objekte werden mit dem untergeordneten Element **<activated>** gekennzeichnet.
- Um mehrere Channels zu registrieren, binden Sie mehrere **<channel>**-Elemente in das **<channels>**-Element ein.

Lernzielkontrolle

Mit den folgenden Fragen können Sie Ihr Wissen zu den Informationen aus Lektion 3, „Konfigurieren einer Serveranwendung mithilfe einer Konfigurationsdatei“, überprüfen. Die Fragen finden Sie (in englischer Sprache) auch auf der Begleit-CD, Sie können sie also auch auf dem Computer im Rahmen eines Übungstests beantworten.

HINWEIS Die Antworten

Die Antworten auf diese Fragen mit Erklärungen, warum die jeweiligen Auswahlmöglichkeiten richtig oder falsch sind, finden Sie im Abschnitt „Antworten“ am Ende dieses Buchs.

---

1. Bestimmen Sie den gültigen XML-Code zum Registrieren eines clientaktivierten Objekts. (Wählen Sie die beste Antwort aus.)

   a.

```
<configuration>
  <system.runtime.remoting>
    <application>
      <service>
        <activated type="MyApp.MyRemotingApp,MyAssembly" version="2.0.0.0"/>
      </service>
    </application>
  </system.runtime.remoting>
</configuration>
```

   b.

```
<configuration>
  <system.runtime.remoting>
    <application>
      <service>
        <activated type="MyApp.MyRemotingApp,Version=2.0.0.0" />
      </service>
    </application>
  </system.runtime.remoting>
</configuration>
```

c.

```
<configuration>
  <system.runtime.remoting>
    <application>
      <service>
        <activated type="MyApp.MyRemotingApp,MyAssembly,Version="2.0.0.0"/>
      </service>
    </application>
  </system.runtime.remoting>
</configuration>
```

d.

```
<configuration>
  <system.runtime.remoting>
    <application>
      <service>
        <activated type="MyApp.MyRemotingApp" />
      </service>
    </application>
  </system.runtime.remoting>
</configuration>
```

2. Welches Attribut muss zur Konfiguration eines IPC-Channels verwendet werden? (Wählen Sie die beste Antwort aus.)
   a. portName
   b. port
   c. portNumber
   d. useIPAddress

Rückblick auf dieses Kapitel

Sie können die in diesem Kapitel vermittelten Fähigkeiten folgendermaßen einüben und vertiefen:

- Lesen Sie die Zusammenfassung des Kapitels sorgfältig durch
- Lesen Sie die Liste der Schlüsselbegriffe durch, die in diesem Kapitel eingeführt wurden
- Arbeiten Sie die Übungen mit Fallbeispielen durch. Diese Szenarios beschreiben Fälle aus der Praxis, in denen die Themen dieses Kapitels zur Anwendung kommen. Sie werden aufgefordert, eine Lösung zu entwickeln.
- Führen Sie die vorgeschlagenen praktischen Übungen durch
- Machen Sie einen Übungstest

Zusammenfassung des Kapitels

- Remoting ist eine verteilte Technologie, die es Ihnen ermöglicht, Objekte auf verschiedenen Computern so effizient aufzurufen, als würden sie sich auf demselben Computer befinden
- Sie können serveraktivierte **SingleCall**- oder **Singleton**-Objekte oder ein clientaktiviertes Objekt erstellen
- Remoteobjekte können eine Konsolenanwendung, eine ausführbare Windows-Datei, eine ASP.NET-Anwendung oder einen Windows-Dienst als Host haben
- Remoteanwendungen können programmgesteuert mithilfe der Klasse **RemotingConfiguration** konfiguriert werden
- Remoteanwendungen können aber auch mithilfe einer Konfigurationsdatei konfiguriert werden. Dies ist die flexibelste Möglichkeit, da Sie Änderungen vornehmen können, ohne neu kompilieren zu müssen.

Schlüsselbegriffe

Wissen Sie, was die folgenden Schlüsselbegriffe bedeuten? Sie können Ihre Antworten überprüfen, indem Sie die Begriffe im Glossar am Ende dieses Buchs nachschlagen.

- Zugriffssteuerungsliste (Access Control List, ACL)
- Anwendungsdomäne
- asynchron
- Common Language Runtime (CLR)
- Supercomputer
- URI

Fallbeispiele

In den folgenden Fallbeispielen wenden Sie an, was Sie über die Erstellung von Remotetypen und die Konfiguration von Remoteanwendungen gelernt haben. Die Lösungen zu den Fragen finden Sie im Abschnitt „Antworten" hinten in diesem Buch.

Fallbeispiel 1: Vorschlagen einer verteilten Technologie

Sie sind Chefentwickler für ein wissenschaftliches Forschungsinstitut. Einer der Wissenschaftler hat Sie gebeten, eine Anwendung zur Verarbeitung großer Datenmengen zu erstellen, die mit mehreren Apparaten des Labors gesammelt werden. Die gesammelten Daten müssen sofort analysiert und Ausreißer unverzüglich dem zuständigen Wissenschaftler gemeldet werden. Welche Art von verteilter Technologie wäre für dieses Szenario geeignet?

Fallbeispiel 2: Konfigurieren einer Remoteanwendung mithilfe einer Konfigurationsdatei

Um Fallbeispiel 1 fortzuführen, stellen Sie sich vor, dass Sie immer noch Chefentwickler des wissenschaftlichen Forschungsinstituts sind und nun die Remoteanwendung erstellen, die im obigen Szenario vorgeschlagen wurde. Da die Daten von mehreren Apparaten gesammelt werden, die auch sehr oft ausgetauscht werden müssen, stellen Sie fest, dass häufig die Anschlusszuweisungen für die Clientanwendungen geändert werden müssen. Welche Methode schlagen Sie in dieser Situation vor, um die Remoteanwendung zu konfigurieren?

Vorgeschlagene praktische Übungen

- Wählen Sie bei den IIS eine ASP.NET-Anwendung als Host für Ihre Remoteobjekte, um alle integrierten Funktionen nutzen zu können. Diese Funktionen sind besonders für die Sicherheit relevant, da sie Ihnen sichere SSL-Verbindungen bieten.
- Verwenden Sie überall, wo es möglich ist, die Binärformatierung, da sie schneller als die SOAP-Formatierung ist
- Führen Sie eventuell ein Ereignisprotokoll oder eine Protokolldatei, wenn Ihr Objekt hochfährt oder ein Fehler auftritt. Zeichnen Sie darin einen Zeitstempel, den Namen des Remoteobjekts und eine Anschlussnummer auf. Diese Informationen können sehr nützlich sein, wenn Sie Remotingprobleme suchen und beheben müssen.

Machen Sie einen Übungstest

Die Übungstests auf der Begleit-CD zu diesem Buch (in englischer Sprache) bieten zahlreiche Möglichkeiten. Zum Beispiel können Sie einen Test machen, der ausschließlich die Themen eines bestimmten Lernziels behandelt, oder Sie können sich selbst mit dem gesamten Inhalt der Prüfung 70-529 testen. Sie können den Test so konfigurieren, dass er dem Ablauf einer echten Prüfung entspricht, oder Sie können einen Lernmodus verwenden, in dem Sie sich nach dem Beantworten einer Frage jeweils sofort die richtige Antwort und Erklärungen ansehen können.

WEITERFÜHRENDE INFORMATIONEN Übungstests

Einzelheiten zu allen Optionen, die bei den Übungstests zur Verfügung stehen, finden Sie im Abschnitt „So verwenden Sie die Übungstests“ in der Einführung am Anfang dieses Buchs

---

KAPITEL 5

Erstellen einer Remoteclientanwendung

Dieses Kapitel erläutert, wie Sie in Microsoft Visual Studio 2005 eine Clientanwendung erstellen können, die in der Lage ist, Dienste eines Remoteobjekts zu verwenden. Sie werden erfahren, was Proxys sind, wie Remoteobjekte aktiviert werden und wie der Zugriff auf Remotemethoden funktioniert. Daraufhin werden Channels erklärt und zum Schluss erfahren Sie, wie Sie den Remoteprozess durch eine Konfigurationsdatei steuern können.

In diesem Kapitel abgedeckte Lernziele:

- Erstellen einer Clientanwendung, die auf das Remoteobjekt zugreift
  - Erstellen eines Remoteobjekts
  - Programmgesteuertes Konfigurieren einer Clientanwendung
  - Konfigurieren einer Clientanwendung mithilfe einer Konfigurationsdatei
  - Zugreifen auf den Remotedienst mithilfe einer Remotemethode
  - Synchrones Aufrufen einer Remotemethode in einer Clientanwendung

Lektionen in diesem Kapitel:

Bevor Sie beginnen

Um die Lektionen in diesem Kapitel bearbeiten zu können, benötigen Sie Folgendes:

- Einen Computer, der die in der Einführung am Anfang dieses Buchs aufgeführten Hardwaremindestvoraussetzungen erfüllt oder übertrifft
- Visual Studio 2005 und .NET Framework 2.0
- Erfahrung im Erstellen einer Konsolenanwendung in Visual Studio mithilfe von Visual Basic oder Microsoft Visual C#
- Erfahrung im Hinzufügen von Verweisen zu Projekten

Praxistipp

Shannon Horn

Vergangenes Jahr habe ich an einem Projekt für einen Kunden in Phoenix, Arizona gearbeitet. Dieser Kunde erstellt verteilte Anwendungen für medizinische Einrichtungen. Diese Anwendungen werden benötigt, um die Patientendaten der Einrichtung zu verwalten. Es gibt für jede Abteilung der Einrichtung eine andere Benutzeroberfläche, und für jede dieser Oberflächen ein oder mehrere Vorlagen, um Aussehen und Verhalten anzupassen. Diese Vorlagen funktionieren fast genauso wie die Cascading Stylesheets von Webanwendungen. Außerdem wird jede Benutzeroberfläche als separate .NET-Anwendung erstellt und verwendet .NET Remoting, um sich mit der zentralen Geschäfts- und der Datenebene zu verbinden, die in anderen Anwendungsdomänen liegt.

Darüber hinaus bietet die Anwendung Datensynchronisierung für Ärzte, die bei der Patientenvisite Daten mit mobilen Microsoft Windows-Geräten sammeln. Allerdings ist die Integration dieser mobilen Geräte etwas kompliziert, da .NET Compact Framework in der Version 2.0 kein .NET Remoting unterstützt.

Es stellte sich als kluge Entscheidung heraus, für die Verbindung mit den verteilten Komponenten der Kundenanwendung .NET Remoting zu verwenden. Mit .NET Remoting lassen sich flexibel neue Benutzeroberflächen hinzufügen, wenn neue Abteilungen oder Benutzertypen hinzukommen. Außerdem lassen sich mit .NET Remoting die Komponenten der verteilten Anwendung einfach verschieben und Berechtigungen und Sicherheitsfunktionen sehr präzise steuern. Die Lösung passt perfekt auf diesen Kunden, da jede Komponente der Anwendung von einem anderen Entwicklungsteam betreut wird.

Lektion 1: Erstellen einer Clientanwendung für den Zugriff auf ein Remoteobjekt

Diese Lektion beschreibt und zeigt, wie Sie mit Visual Studio 2005 eine Clientanwendung erstellen können, die Dienste eines Remoteobjekts verwendet. Um eine funktionierende Remoteclientanwendung zu erstellen, müssen Sie auch den Aktivierungsmodus für das Objekt und den Kommunikationschannel konfigurieren.

Am Ende dieser Lektion werden Sie in der Lage sein, die folgenden Aufgaben auszuführen:

- Programmgesteuertes Erstellen und Konfigurieren einer Anwendung, die als Client zur Verwendung von Diensten eines Remoteobjekts dient
- Bestimmen, wie Proxys verwendet werden, um Daten zwischen Remotingendpunkten weiterzuleiten
- Bestimmen und Konfigurieren der verschiedenen Kommunikationschannels und ihrer jeweiligen Vorteile
- Beschreiben, wie Formatierungen verwendet werden, um Daten bei der Übertragung zwischen Remotingendpunkten zu serialisieren und zu deserialisieren

Veranschlagte Zeit für diese Lektion: 60 Minuten

Erstellen einer Clientinstanz eines Remoteobjekts

Bevor wir mit dem eigentlichen Erstellen einer Instanz eines Remoteobjekts in einer Clientanwendung beginnen, benötigen Sie einige Hintergrundinformationen. Die Terminologie der folgenden Abschnitte müssen Sie unbedingt verstehen, um die Clientseite von .NET Remoting meistern zu können.

Was ist ein Proxyobjekt?

Ein Proxy ist ein Stellvertreter für einen echten Gegenstand und wird oft als Sicherheitsbarriere zwischen diesem und anderen Gegenständen eingesetzt. So wird beispielsweise oft ein Proxyserver als Gateway zwischen einem Unternehmensnetzwerk und dem Internet verwendet, um die Sicherheit zu erhöhen, wenn dieses Netzwerk mit dem Web verbunden wird.

Für .NET Remoting gilt im Allgemeinen: Wenn eine Clientanwendung auf ein Remoteobjekt zugreift, wird auf der Clientseite ein *Proxyobjekt* erstellt, das sich wie das echte Remoteobjekt verhält und dieses repräsentiert. Es gibt zwei Arten von Remoteobjekten, *Marshal-by-value* (MBV) und *Marshal-by-reference* (MBR).

Wenn eine Clientanwendung auf ein MBV-Remoteobjekt zugreift, wird eine Kopie des Remoteobjekts auf dem Server serialisiert, an die Clientanwendung übergeben und auf dem Client wieder deserialisiert, wo sie dann zur lokalen Kopie des Remoteobjekts für die Clientanwendung wird. Da das MBV-Objekt lokal in die Clientanwendung kopiert wird, ist für den Zugriff auf ein MBV-Objekt kein Proxy erforderlich. MBV-Remoteobjekte bieten in der Regel eine bessere Leistung als MBR-Remoteobjekte. Allerdings kann es sein, dass ein MBV-Remoteobjekt, nachdem es auf den Client kopiert wurde, nicht mehr auf die Ressourcen des Servers zugreifen kann.

Umgekehrt gilt: Wenn eine Clientanwendung auf ein MBR-Remoteobjekt zugreift, wird es auf dem Server instanziert und eine Referenz auf dieses Objekt an die Clientanwendung übergeben. Auf dem Client wird ein Proxyobjekt erstellt, das sich wie das MBR-Remoteobjekt auf dem Server verhält und dieses repräsentiert. Immer wenn die Clientanwendung das Remoteobjekt aufruft, spricht sie in Wirklichkeit das Proxyobjekt an, das lokal in der Clientanwendung vorliegt. Dieses Proxyobjekt wiederum serialisiert den Remoteobjektaufruf und übergibt ihn an das Remoteobjekt. Der Server empfängt den Aufruf vom Clientproxy, deserialisiert ihn und leitet ihn an das Remoteobjekt auf dem Server weiter. Die Antwort von dem Remoteobjekt des Servers wird vom Server serialisiert, wieder an den Clientproxy übergeben und dann an die Clientanwendung weitergeleitet. So vermittelt das Proxyobjekt der Clientanwendung den Eindruck, dass das Remoteobjekt lokal in der Clientanwendung vorliegt. MBR-Remoteobjekte sind normalerweise langsamer als MBV-Remoteobjekte, geben aber Zugriff auf Serverressourcen.

In Bezug auf das zuvor beschriebene .NET Framework nennt man ein Proxyobjekt, das erstellt wurde, um ein Remoteobjekt zu repräsentieren, einen transparenten Proxy. Ein transparenter Proxy wird von der Klasse **System.Runtime.Remoting.Proxies.RealProxy** abgeleitet. Da die Klasse **RealProxy** eine verwaltete Klasse ist, werden auch transparente Proxys von CLR verwaltet. Darüber hinaus kann die Klasse **RealProxy** erweitert werden, um benutzerdefinierte Proxyklassen zu erstellen.

Discovery von Anwendungs-URLs

Um die Dienste eines Remoteobjekts verwenden zu können, muss eine Anwendung zuerst dieses Remoteobjekt finden und Informationen dazu sammeln. Dieser Vorgang, Informationen über ein Remoteobjekt oder einen Remotedienst zu sammeln, wird als Discovery bezeichnet. Wegen der sehr offenen Umgebung des Internets kann es schwierig sein, Informationen über einen Webdienst zu erhalten, der von einem Drittanbieter erstellt wurde. Da jedoch .NET-Remoteobjekte am häufigsten in Intranets verwendet werden, sind Informationen über Remoteobjekte den Entwicklern eines Intranets, die Host dieser Objekte sind, in aller Regel gut zugänglich. Neben dem Namen eines Remoteobjekts ist sein *Anwendungs-URL* die wichtigste Information, die über dieses Objekt in Erfahrung gebracht werden muss.

URLs sind eine Art URI und die Standardmethode, um eine Quelle mithilfe von Internetprotokollen eindeutig zu identifizieren. Den URL-Standard schuf Timothy Berners-Lee, der Gründer von W3C (**http://www.w3.org/**). Heute wird der Standard von W3C und der Internet Engineering Task Force (**http://www.ietf.org**) verwaltet. Im Folgenden sehen Sie, welche URLs in den Codebeispielen verwendet werden.

Anwendungs-URLs

```
http://localhost:9000/Person.rem
tcp://localhost:9000/Person.rem
```

Die Syntax eines URLs besteht aus vier Segmenten. Das erste bezeichnet das zu verwendende Protokoll. In den obigen Beispielen wurden die Protokolle HTTP und TCP verwendet. Das zweite Segment gibt den Server an, auf dem der URL liegt. In den obigen Beispielen ist dieser Server **localhost**. Das dritte Segment bezeichnet den zu verwendenden Port. Der Standardport für Webserver, die das HTTP verwenden, ist 80. In den obigen Beispielen wird der Port Nummer 9000 verwendet. Das vierte Segment gibt die eindeutige Ressourcenkennung an, den so genannten URI. In den obigen Beispielen ist das URI **Person.rem**.

WEITERFÜHRENDE INFORMATIONEN URIs, URNs und URLs

Weitere Informationen über URIs, URNs und URLs erhalten Sie auf der Übersichtsseite von W3C unter **http://www.w3.org/Addressing/**.

Programmgesteuertes Konfigurieren einer Clientanwendung

.NET Framework bietet Klassen und Methoden, die Ihnen helfen, eine Clientanwendung für den Zugriff auf ein Remoteobjekt programmgesteuert zu konfigurieren. Diese Klassen befinden sich im Namespace **System.Runtime.Remoting** und dessen abgeleiteten Namespaces. Im Folgenden wird beschrieben, wie Sie eine .NET-Remoteclientanwendung programmgesteuert konfigurieren können.

Konfigurieren des Kommunikationschannels

Der nächste Schritt beim Erstellen einer Clientinstanz eines Remoteobjekts besteht darin, den Kommunikationschannel festzulegen. Ein Kommunikationschannel stellt über ein bestimmtes Protokoll eine Leitung oder Verbindung zwischen zwei Endpunkten her. Bei .NET Remoting wird ein Channel verwendet, um über Remotinggrenzen wie Anwendungsdomänen oder Computer hinweg kommunizieren zu können.

Channels können verwendet werden, um Nachrichten zu senden, wie es meist auf einem Client der Fall ist. Sie hören eingehende Nachrichten ab und empfangen sie, wie es meist auf einem Server der Fall ist. Außerdem kann ein einziger Channel Nachrichten sowohl senden als auch empfangen.

Ein Kommunikationschannel ähnelt einem Fernseh- oder Radiokanal. Über diesen Kanal wird ein Signal gesendet, und wenn Sie eine bestimmte Sendung im Fernsehen oder Radio empfangen möchten, müssen Sie den Sender suchen, über den das Signal übertragen wird. Bei .NET Framework gibt es drei voreingestellte Kommunikationschannels: den HTTP-Channel, den TCP-Channel und den IPC-Channel. Zusätzlich können Sie eigene Kommunikationschannels erstellen, indem Sie die entsprechenden Channelschnittstellen implementieren.

Eine Clientanwendung ruft Methoden auf einem Remoteobjekt auf und empfängt die Ergebnisse, indem Nachrichten durch einen Kommunikationschannel übertragen werden. Nachrichten können auch fortgeschrittene Parameter und Typen enthalten, die sich nicht in ihrer ursprünglichen Form durch den Channel übertragen lassen. Um dem abzuhelfen, werden alle Nachrichten vor der Übertragung durch einen Kommunikationschannel serialisiert und bei Eingang und Verarbeitung wieder deserialisiert.

An verschiedenen Punkten eines Kommunikationschannels werden Nachrichten bei der Übertragung auf die Serialisierung und Deserialisierung vorbereitet. Diese Punkte heißen Empfänger. Jeder Channel kennt mehrere Arten von Empfängern. Die Empfänger serialisieren und deserialisieren Nachrichten mithilfe von Serialisierungsformatierungen. Welche Art von Serialisierung implementiert ist, wird an der Art des verwendeten Channels erkannt. Ein Remoteobjekt kann die Kommunikation über mehrere Arten von Channels gleichzeitig ermöglichen, aber die Clientanwendung muss einen der Kommunikationschannels verwenden, den das Remoteobjekt implementiert, um mit diesem in Kontakt zu treten. Denken Sie an Fernseher und Radio, bei denen Sie den richtigen Sender einstellen müssen, um ein gewünschtes Signal zu empfangen.

Die gebräuchlichsten Formate zum Serialisieren von Nachrichten, die durch Channels übertragen werden, sind das Binärformat und das SOAP-Format. Das Binärformat ist kompakter als das SOAP-Format, aber nur eingeschränkt übertragbar. Wenn Ihnen Übertragbarkeit wichtig ist, z. B. bei der Übertragung von Nachrichten über das Web, sollten Sie das SOAP-Format verwenden. Da SOAP eine XML-Grammatik hat, ist es hervorragend übertragbar. Allerdings ist SOAP im Vergleich zum Binärformat „aufgebläht".

In .NET Framework stehen Klassen in Namespaces unter dem Namespace **System.Runtime.Remoting. Channels** zur Verfügung, die die verschiedenen Channels repräsentieren. Um einen Kommunikationschannel zu verwenden, müssen Sie eine Instanz der entsprechenden Channelklasse erstellen. Nachdem Sie bestimmt haben, welche Art von Channel benötigt wird und eine Instanz dieses Channels erstellt haben, müssen Sie diese Instanz beim Remotingsystem von .NET Framework auf dem Clientcomputer registrieren. Wenn Sie einen Channel beim .NET Framework-Remotingsystem registrieren, wird dieser für die Kommunikation aktiviert. Die Klasse **System.Runtime.Remoting.Channels.ChannelServices** hat statische (freigegebene) Member, die für die Channelregistrierung verantwortlich sind.
HTTP Der HTTP-Channel sendet Nachrichten mithilfe von HTTP über Remotinggrenzen hinweg. Er wird auf dem Client aus der Klasse **System.Runtime .Remoting.Channels.Http.HttpClientChannel** instanziert. Die Klasse **HttpClientChannel** kann für die Nachrichtenübertragung im Binär- oder im SOAP-Format konfiguriert werden. Doch am häufigsten wird der HTTP-Channel mit einer SOAP-Formatierung verwendet.

Der Hauptgrund, Nachrichten über den HTTP-Channel zu übertragen, ist die breite Unterstützung, die das HTTP-Protokoll genießt. Die meisten Webserver öffnen standardmäßig ihren Port Nummer 80 zum Senden und Empfangen von HTTP-Nachrichten, um die Kommunikation über das Internet zu ermöglichen. So ermöglicht der HTTP-Channel .NET Remoting ohne Firewallblockaden. Der HTTP-Channel wird typischerweise verwendet, wenn die Internetinformationsdienste als Host für die Remoteobjekte dienen.

Instanzieren der Klasse *HttpClientChannel*

```
'VB
Imports System
Imports System.Runtime
Imports System.Runtime.Remoting
Imports System.Runtime.Remoting.Channels
Imports System.Runtime.Remoting.Channels.Http

Namespace MSLearning.Chapter5.Standard.ClientHttp

    Module HttpModule

        Sub Main()

            ' Eine Instanz des HTTP-Clientchannels erstellen.
            Dim channel As HttpClientChannel = New HttpClientChannel()

            ' Den Channel beim Remotingsystem registrieren.
            ChannelServices.RegisterChannel(channel, False)
```

```
            ' weiterer Code folgt...
        End Sub
    End Module
End Namespace

//C#
using System;
using System.Runtime;
using System.Runtime.Remoting;
using System.Runtime.Remoting.Channels;
using System.Runtime.Remoting.Channels.Http;

namespace MSLearning.Chapter5.Standard.ClientHttp
{
    class Program
    {
        static void Main(string[] args)
        {

            // Eine Instanz des HTTP-Clientchannels erstellen.
            HttpClientChannel channel = new HttpClientChannel();

            // Den Channel beim Remotingsystem registrieren.
            ChannelServices.RegisterChannel(channel,false);

            // weiterer Code folgt...
        }
    }
}
```

TCP Der TCP-Channel sendet Nachrichten mit TCP über Remotinggrenzen hinweg. Er wird aus der Klasse **System.Runtime.Remoting.Channels.Tcp.TcpServerChannel** instanziert. Die Klasse **TcpServerChannel** kann für die Nachrichtenübertragung im Binär- oder im SOAP-Format konfiguriert werden. Doch am häufigsten wird der TCP-Channel mit Binärformatierung verwendet. Anders als der HTTP-Channel kann der TCP-Channel leicht von Firewalls blockiert werden und benötigt einen offenen und gültigen Port, der für die Kommunikation mit dem Remoteobjekt ausgewählt wird.

Instanzieren der Klasse *TcpClientChannel*

```
'VB
Imports System
Imports System.Runtime
Imports System.Runtime.Remoting
Imports System.Runtime.Remoting.Channels
Imports System.Runtime.Remoting.Channels.Tcp

Namespace MSLearning.Chapter5.Standard.ClientTcp

    Module TcpModule
```

```
        Sub Main()

            ' Eine Instanz des TCP-Clientchannels erstellen.
            Dim channel As TcpClientChannel = New TcpClientChannel()

            ' Den Channel beim Remotingsystem registrieren.
            ChannelServices.RegisterChannel(channel, False)

            ' weiterer Code folgt...
        End Sub
    End Module
End Namespace

//C#
using System;
using System.Runtime;
using System.Runtime.Remoting;
using System.Runtime.Remoting.Channels;
using System.Runtime.Remoting.Channels.Tcp;

namespace MSLearning.Chapter5.Standard.ClientTcp
{
    class Program
    {
        static void Main(string[] args)
        {

            // Eine Instanz des TCP-Clientchannels erstellen.
            TcpClientChannel channel = new TcpClientChannel();

            // Den Channel beim Remotingsystem registrieren.
            ChannelServices.RegisterChannel(channel, false);

            // weiterer Code folgt...
        }
    }
}
```

IPC Der IPC-Channel überträgt Nachrichten mit Windows-IPC. IPC wird verwendet, um Nachrichten auf ein und demselben Computer über Remotinggrenzen wie Anwendungsdomänen hinweg zu übertragen. Der IPC-Channel bietet eine bessere Leistung als HTTP- und TCP-Channel, wenn beim Remoting nur Grenzen überwunden werden müssen, die auf demselben Computer liegen.

Der IPC-Channel wird aus der Klasse **System.Runtime.Remoting.Channels.Ipc.IpcServerChannel** instanziert. Die Klasse **IpcServerChannel** kann für die Nachrichtenübertragung im Binär- oder im SOAP-Format konfiguriert werden. Am häufigsten wird der IPC-Channel mit Binärformatierung verwendet.

Instanzieren der Klasse *IpcClientChannel*

```
'VB
Imports System
Imports System.Runtime
Imports System.Runtime.Remoting
Imports System.Runtime.Remoting.Channels
Imports System.Runtime.Remoting.Channels.Ipc

Namespace MSLearning.Chapter5.Standard.ClientIpc

    Module IpcModule

        Sub Main()

            ' Eine Instanz des IPC-Clientchannels erstellen.
            Dim channel As IpcClientChannel = New IpcClientChannel()

            ' Den Channel beim Remotingsystem registrieren.
            ChannelServices.RegisterChannel(channel, False)

            ' weiterer Code folgt...
        End Sub
    End Module
End Namespace

//C#
using System;
using System.Runtime;
using System.Runtime.Remoting;
using System.Runtime.Remoting.Channels;
using System.Runtime.Remoting.Channels.Ipc;

namespace MSLearning.Chapter5.Standard.ClientIpc
{
    class Program
    {
        static void Main(string[] args)
        {

            // Eine Instanz des IPC-Clientchannels erstellen.
            IpcClientChannel channel = new IpcClientChannel();

             // Den Channel beim Remotingsystem registrieren.
            ChannelServices.RegisterChannel(channel, false);

            // weiterer Code folgt...
        }
    }
}
```

Aktivieren von Remoteobjekten

Wie bereits gesagt, müssen Sie zuerst Informationen über ein Objekt einholen, darunter seinen Namen, seinen URL und seinen Host, bevor Sie eine Instanz eines Remoteobjekts auf einem Client erstellen. Die Discovery der Remoteobjekte ist in der Regel nicht schwierig, besonders wenn diese Objekte das lokale Intranet als Host haben. Außerdem wissen Sie bereits, dass Sie einen Channel für die Kommunikation mit dem Remoteobjekt konfigurieren müssen.

Der Code, der die Instanz des Remoteobjekts auf dem Client erstellt, kompiliert nur dann, wenn er während des Kompilierens Zugriff auf das Remoteobjekt hat. Mit Visual Studio machen Sie das Remoteobjekt für den Code zugänglich, indem Sie dem Projekt, das kompiliert werden soll, einen Verweis auf das Remoteobjekt hinzufügen. Hierdurch wird eine Kopie des Remoteobjekts im lokalen \bin-Verzeichnis des Projekts erstellt. Um in Visual Studio 2005 einem Projekt einen Verweis hinzuzufügen, klicken Sie mit der rechten Maustaste im Projektmappen-Explorer auf das Projekt und klicken dann auf **Verweis hinzufügen**. Nun wird das Dialogfeld **Verweis hinzufügen** angezeigt (Abbildung 5.1). In .NET Remoting fügen Sie einer .NET-Assembly einen Verweis hinzu. Um zu einer benutzerdefinierten Assembly zu navigieren, klicken Sie auf die Registerkarte **Durchsuchen**, gehen zu der Assembly und klicken auf **OK**.

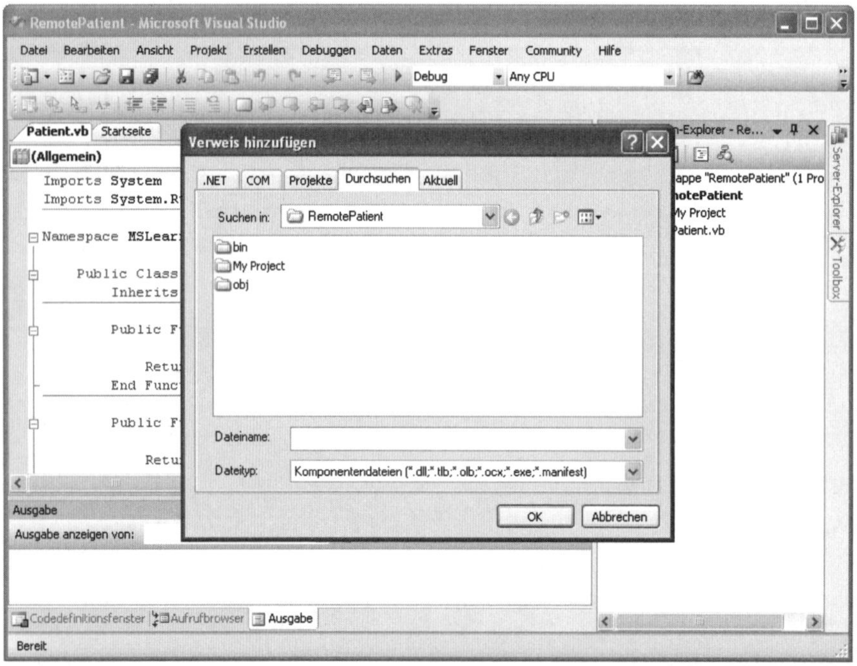

Abbildung 5.1 Das Dialogfeld **Verweis hinzufügen** von Visual Studio 2005

Nachdem Sie einem Projekt einen Verweis auf das Remoteobjekt hinzugefügt haben, müssen andere Programme den Namespace und Namen dieses Objekts vollständig nennen oder den Namespace mit einer **using**- oder **Imports**-Anweisung angeben, um eine Instanz des Objekts erstellen zu können. Der Clientcode müsste nach dem Hinzufügen des Verweises kompilieren, doch zur Laufzeit sollte der Aufrufcode des Clients an das echte Remoteobjekt und nicht an die lokale Kopie übergeben werden.

Der nächste Schritt zur Discovery eines Remoteobjekts besteht darin, seinen *Aktivierungsmodus* zu bestimmen.

Serveraktivierte Objekte Ein Remoteobjekt muss wie jedes andere Objekt aktiviert (bzw. erstellt und initialisiert) werden, bevor ein Client Methoden von ihm aufrufen kann. Da MBV-Remoteobjekte serialisiert, kopiert und auf dem Clientcomputer deserialisiert werden, werden sie wie ein lokales Clientobjekt behandelt und beim Deserialisieren aktiviert. Das Remotingsystem von .NET Framework kennt zwei Methoden, ein MBR-Remoteobjekt zu aktivieren: Serveraktivierung und Clientaktivierung.

Es gibt zwei Arten von serveraktivierten Objekten: **Singleton**-Objekte und **SingleCall**-Objekte. Die serveraktivierten **Singleton**-Objekte implementieren das Entwurfsmuster *Singleton*. Es wird nur eine einzige Instanz des **Singleton**-Objekts erstellt und jedes Mal verwendet, wenn Clients Methoden auf diesem Objekt aufrufen. Eine **Singleton**-Instanz kann über mehrere Clientaufrufe hinweg gültig bleiben und ihren Status zwischen diesen Aufrufen beibehalten.

Im Gegensatz zu **Singleton**-Objekten wird von den serveraktivierten **SingleCall**-Objekten für jeden Methodenaufruf eines Clients eine neue Instanz erstellt. Daher speichern **SingleCall**-Objekte zwischen den Clientaufrufen auch ihren Status nicht.

Eine Clientanwendung muss serveraktivierte Objekte auf dem Client registrieren, um sie instanzieren zu können. Serveraktivierte Objekte werden im Allgemeinen auf einem Client mithilfe der Klasse **WellKnownClientTypeEntry** programmgesteuert registriert. Diese Klasse wird für den HTTP- und den TCP-Channel gleich verwendet. Da der IPC-Channel nur für den Zugriff auf Objekte auf demselben Computer gedacht ist, müssen Sie, wenn Sie diesen Channel verwenden, kein serveraktiviertes Objekt mithilfe der Klasse **WellKnownClientTypeEntry** registrieren. Das folgende Codebeispiel zeigt, wie ein Remoteobjekt namens **IPerson** unter Verwendung des TCP-Channels registriert wird. Das Remoteobjekt **IPerson** liegt unter dem URL **tcp://localhost:9000/Person.rem** und im Namespace **MSLearning.Chapter8.Standard.Server**.

Nachdem Sie das Remoteobjekt mithilfe der Klasse **WellKnownClientTypeEntry** beim Remotingsystem des Clients registriert haben, verwenden Sie die Klasse **RemotingConfiguration**, um die Objektregistrierung abzuschließen. Die Klasse **RemotingConfiguration** hat mehrere statische Methoden, darunter **RegisterWellKnownClientType** und **Configure**. Die gebräuchlichere der beiden ist **RegisterWellKnownClientType**, wie im folgenden Codebeispiel gezeigt wird.

Registrieren serveraktivierter Objekte auf dem Client

```
'VB
Imports System
Imports System.Runtime
Imports System.Runtime.Remoting
Imports System.Runtime.Remoting.Channels
Imports System.Runtime.Remoting.Channels.Tcp
Imports MSLearning.Chapter5.Standard.Interfaces

Namespace MSLearning.Chapter5.Standard.ClientTcp

    Module TcpModule
```

```
        Sub Main()

            ' Eine Instanz des TCP-Clientchannels erstellen.
            Dim channel As TcpClientChannel = New TcpClientChannel()

            ' Den Channel beim Remotingsystem registrieren.
            ChannelServices.RegisterChannel(channel, False)

            ' Remoteobjekt registrieren.
            Dim remoteObject As WellKnownClientTypeEntry = _
                New WellKnownClientTypeEntry(GetType(IPerson), _
               "tcp://localhost:9000/Person.rem")
            RemotingConfiguration.RegisterWellKnownClientType(remoteObject)

            ' weiterer Code folgt...
        End Sub
    End Module
End Namespace

//C#
using System;
using System.Runtime;
using System.Runtime.Remoting;
using System.Runtime.Remoting.Channels;
using System.Runtime.Remoting.Channels.Tcp;
using MSLearning.Chapter5.Standard.Interfaces;

namespace MSLearning.Chapter5.Standard.ClientTcp
{
    class Program
    {
        static void Main(string[] args)
        {

            // Eine Instanz des TCP-Clientchannels erstellen.
            TcpClientChannel channel = new TcpClientChannel();

            // Den Channel beim Remotingsystem registrieren.
            ChannelServices.RegisterChannel(channel, false);

            // Remoteobjekt registrieren
            WellKnownClientTypeEntry remoteObject =
                new WellKnownClientTypeEntry(typeof(IPerson),
                "tcp://localhost:9000/Person.rem");
            RemotingConfiguration.RegisterWellKnownClientType(
                remoteObject);

            // weiterer Code folgt...
        }
    }
}
```

Wie viele Methoden in .NET Framework ist auch **RegisterWellKnownClientType** überladen, um eine Abkürzung zu ermöglichen. Das obige Codebeispiel mit den Methoden **WellKnownClientType-Entry** und **RegisterWellKnownClientType** kann zu einem einzigen Aufruf von **RegisterWellKnown-ClientType** zusammengefasst werden, wie das folgende Beispiel zeigt.

Registrieren serveraktivierter Objekte auf dem Client

```
'VB
Imports System
Imports System.Runtime
Imports System.Runtime.Remoting
Imports System.Runtime.Remoting.Channels
Imports System.Runtime.Remoting.Channels.Tcp
Imports MSLearning.Chapter5.Standard.Interfaces

Namespace MSLearning.Chapter5.Standard.ClientTcp

    Module TcpModule

        Sub Main()

            ' Eine Instanz des TCP-Clientchannels erstellen.
            Dim channel As TcpClientChannel = New TcpClientChannel()

            ' Den Channel beim Remotingsystem registrieren.
            ChannelServices.RegisterChannel(channel, False)

            ' Remoteobjekt registrieren.
             RemotingConfiguration.RegisterWellKnownClientType( _
                GetType(IPerson), "tcp://localhost:9000/Person.rem")
            ' weiterer Code folgt...
        End Sub
    End Module
End Namespace

//C#
using System;
using System.Runtime;
using System.Runtime.Remoting;
using System.Runtime.Remoting.Channels;
using System.Runtime.Remoting.Channels.Tcp;
using MSLearning.Chapter5.Standard.Interfaces;

namespace MSLearning.Chapter5.Standard.ClientTcp
{
    class Program
    {
        static void Main(string[] args)
        {

            // Eine Instanz des TCP-Clientchannels erstellen.
```

```
            TcpClientChannel channel = new TcpClientChannel();

            // Den Channel beim Remotingsystem registrieren.
            ChannelServices.RegisterChannel(channel, false);

            // Remoteobjekt registrieren
            RemotingConfiguration.RegisterWellKnownClientType(
                typeof(IPerson), "tcp://localhost:9000/Person.rem");
            // weiterer Code folgt...
        }
    }
}
```

Wenn der Aufrufcode in Visual Studio also auf ein Remoteobjekt verweist, wird im \bin-Verzeichnis des Projekts eine Kopie dieses Objekts erstellt. Wie geht die Clientanwendung damit um, wenn das Remoteobjekt auf dem Server geändert wird? Eine Möglichkeit wäre, den Verweis auf das Remoteobjekt im Clientprojekt zu löschen und einen neuen Verweis auf die neue Version des Objekts zu erstellen. Das wäre jedoch nicht praktikabel, da der Entwickler alle Aktualisierungen des Remoteobjekts verfolgen und das Clientobjekt jedes Mal neu kompilieren müsste.

Anstatt im Clientprojekt auf das Remoteobjekt selbst zu verweisen, können Sie auch auf eine Schnittstelle verweisen, die von diesem Remoteobjekt implementiert wird. Um das Clientprojekt zu kompilieren, ist keine vollständige Implementierung des Remoteobjekts erforderlich; eine Schnittstelle genügt. Am besten wird dieser Ansatz schon gleich zu Beginn der Entwicklung des Remoteobjekts umgesetzt. Das vorige Codebeispiel implementierte bereits diesen schnittstellenbasierten Entwurf. Das wird deutlich, wenn das Remoteobjekt aus der Schnittstelle **IPerson** instanziert wird.

Der Hauptvorteil eines schnittstellenbasierten Entwurfs von Remoteobjekten besteht darin, dass nun nicht mehr das vollständige Remoteobjekt an den Client gesendet werden muss. Das erhöht die Stabilität von Anwendungen mit .NET Remoting, da Funktionsänderungen an Methoden im Remoteobjekt ganz leicht zu bewerkstelligen sind - schließlich wird nur die Schnittstelle und nicht die Implementierung der Methoden verteilt. Außerdem erhöht dieser Entwurf die Sicherheit des Servers, der als Host des Remoteobjekts dient, da keine Infrastrukturinformationen dieses Servers offen gelegt werden, wenn Code des Remoteobjekts auf ihn zugreift.

Clientaktivierte Objekte Das Remotingsystem von .NET Framework unterstützt auch clientaktivierte Objekte. Diese werden nicht auf dem Server, sondern auf dem Client instanziert. Jede Instanz eines clientaktivierten Objekts ist eindeutig, und der Client verwaltet ihre Lebensdauer. Da der Client volle Kontrolle über die gesamte Lebensdauer hat, können clientaktivierte Objekte ihren Status zwischen Clientaufrufen beibehalten.

Clientaktivierte Objekte werden üblicherweise programmgesteuert mithilfe der Methode **RemotingConfiguration.RegisterActivatedClientType** registriert. Um ein Remoteobjekt auf dem Client als ein Objekt zu registrieren, auf das auf dem Server zugegriffen werden kann, wird die Methode **RegisterActivatedClientType** verwendet.

Das folgende Codebeispiel zeigt, wie mit der Methode **RegisterActivatedClientType** und dem TCP-Channel eine Instanz eines Remoteobjekts erstellt wird, die die Schnittstelle **IPerson** implementiert, unter dem URL **tcp://localhost:9000/Person.rem** zu finden ist und sich im Namespace **MSLearning.Chapter5.Standard.Server** befindet.

Registrieren clientaktivierter Objekte auf dem Client

```
'VB
Imports System
Imports System.Runtime
Imports System.Runtime.Remoting
Imports System.Runtime.Remoting.Channels
Imports System.Runtime.Remoting.Channels.Tcp
Imports MSLearning.Chapter5.Standard.Interfaces

Namespace MSLearning.Chapter5.Standard.ClientTcp

    Module TcpModule

        Sub Main()

            ' Eine Instanz des TCP-Clientchannels erstellen.
            Dim channel As TcpClientChannel = New TcpClientChannel()

            ' Den Channel beim Remotingsystem registrieren.
            ChannelServices.RegisterChannel(channel, False)

            ' Remoteobjekt registrieren.
            RemotingConfiguration.RegisterActivatedClientType( _
                GetType(IPerson), "tcp://localhost:9000/Person.rem")

            ' weiterer Code folgt...
        End Sub
    End Module
End Namespace

//C#
using System;
using System.Runtime;
using System.Runtime.Remoting;
using System.Runtime.Remoting.Channels;
using System.Runtime.Remoting.Channels.Tcp;
using MSLearning.Chapter5.Standard.Interfaces;

namespace MSLearning.Chapter5.Standard.ClientTcp
{
    class Program
    {
        static void Main(string[] args)
        {
```

```
            // Eine Instanz des TCP-Clientchannels erstellen.
            TcpClientChannel channel = new TcpClientChannel();

            // // Den Channel beim Remotingsystem registrieren.
            ChannelServices.RegisterChannel(channel, false);

            // Remoteobjekt registrieren
            RemotingConfiguration.RegisterActivatedClientType(
                typeof(IPerson), "tcp://localhost:9000/Person.rem");

            // weiterer Code folgt...
        }
    }
}
```

Wie die Methode **RegisterWellKnownClientType** ist auch die Methode **RegisterActivatedClientType** zweifach überladen. Die erste Überladung ermöglicht es, zuerst den Remotetyp zu registrieren und dann dieses Objekt an die Methode **RegisterActivatedClientType** zu übergeben. Die zweite Überladung ermöglicht es, die Registrierungsinformationen direkt an die Methode **RegisterActivatedClientType** zu übergeben, und ist für die Objektregistrierung verantwortlich. In den obigen Codebeispielen wurde die zweite Überladung verwendet.

Aufrufen einer Methode eines Remoteobjekts

Da nun die Grundlagen gelegt wurden, um einen Client für .NET Remoting programmgesteuert zu konfigurieren, müssen wir als Nächstes eine Instanz des Remoteobjekts erstellen und Methoden darauf aufrufen. Es gibt mehrere Möglichkeiten, eine Methode auf einem Remoteobjekt aufzurufen. Jede dieser Möglichkeiten wird in Lektion 3 noch genauer erklärt. Im folgenden Codebeispiel zeigen wir, wie eine Instanz eines Remoteobjekts, das einen Patienten repräsentiert, wie jede andere Objektinstanz erstellt wird.

Instanzieren eines Remoteobjekts

```
'VB
Imports System
Imports System.Runtime
Imports System.Runtime.Remoting
Imports System.Runtime.Remoting.Channels
Imports System.Runtime.Remoting.Channels.Tcp
Imports MSLearning.Chapter5.PatientClasses

Namespace MSLearning.Chapter5.Standard.ClientTcp

    Module TcpModule

        Sub Main()

            ' Eine Instanz des TCP-Clientchannels erstellen.
            Dim channel As TcpClientChannel = New TcpClientChannel()
```

```
            ' Den Channel beim Remotingsystem registrieren.
            ChannelServices.RegisterChannel(channel, False)

            ' Remoteobjekt registrieren.
            RemotingConfiguration.RegisterActivatedClientType( _
                GetType(Patient), "tcp://localhost:9000/Patient.rem")

            ' Eine Instanz der Remoteklasse Patient erstellen.
            Dim newPatient As Patient = New Patient()

            ' Die Methode PersonalInformation auf dem Remoteobjekt aufrufen.
            Console.WriteLine(newPatient.PersonalInformation())
        End Sub
    End Module
End Namespace

//C#
using System;
using System.Runtime;
using System.Runtime.Remoting;
using System.Runtime.Remoting.Channels;
using System.Runtime.Remoting.Channels.Tcp;
using MSLearning.Chapter5.PatientClasses;

namespace MSLearning.Chapter5.ClientTcp
{
    class Program
    {
        static void Main(string[] args)
        {

            // Eine Instanz des TCP-Clientchannels erstellen.
            TcpClientChannel channel = new TcpClientChannel();

            // Den Channel beim Remotingsystem registrieren.
            ChannelServices.RegisterChannel(channel, false);

            // Remoteobjekt registrieren
           RemotingConfiguration.RegisterWellKnownClientType(
              typeof(Patient), "tcp://localhost:9000/Patient.rem");

            // Eine Instanz der Remoteklasse Patient erstellen.
           Patient newPatient = new Patient();

           // Die Methode PersonalInformation auf dem Remoteobjekt aufrufen.
            Console.WriteLine(newPatient.PersonalInformation());
        }
    }
}
```

Übung 1: Erstellen einer Clientanwendung

Diese Übung ist eine vereinfachte, simulierte Version einer Anwendung zur Verwaltung von Patientendaten. Schritt für Schritt wird gezeigt, wie Sie einen Server, ein Remoteobjekt und einen Client für .NET Remoting erstellen und programmgesteuert konfigurieren können. Das Remoteobjekt enthält Methoden, um Daten eines Musterpatienten abzurufen. Falls Sie bei einer Übung auf Probleme stoßen, können Sie sich das fertige Projekt auf der Begleit-CD im Ordner **Code** ansehen.

▶ Übung 1: Erstellen eines Remoteobjekts

1. Starten Sie Visual Studio 2005 und klicken Sie auf **Datei**, **Neu**, **Projekt**, um ein neues Remoteobjektprojekt zu erstellen. Das Remoteobjekt simuliert ein Objekt, das Patienteninformationen liefert.
   a. Wählen Sie im Fenster **Projekttypen** eine Programmiersprache (Visual Basic oder Visual C#) aus.
   b. Klicken Sie im Fenster **Vorlagen** auf **Klassenbibliothek**.
   c. Geben Sie in das Textfeld **Name** den Namen **RemotePatient** ein.
   d. Navigieren Sie im Dropdown-Listenfeld **Speicherort** zum Verzeichnis, in dem Sie das neue Projekt erstellen möchten, oder geben Sie den Verzeichnisnamen ein.
   e. Klicken Sie auf **OK**.
2. Fügen Sie in der Datei **Class1.cs** (Visual C#) oder **Class1.vb** (Visual Basic) folgende Namespaceverweise hinzu:

```
'VB
Imports System
Imports System.Runtime.Remoting

//C#
using System;
using System.Runtime.Remoting;
```

3. Benennen Sie Class1 in **Patient** um und ändern Sie die Klasse **Patient** wie nachfolgend gezeigt, damit sie die Klasse **MarshalByRefObject** erweitert. Binden Sie die Klasse **Patient** in einen Namespace namens **MSLearning.Chapter5.PatientClasses** ein.

```
'VB
Namespace MSLearning.Chapter5.PatientClasses
    Public Class Patient
        Inherits MarshalByRefObject
    End Class
End Namespace

//C#
namespace MSLearning.Chapter5.PatientClasses
{
    public class Patient : MarshalByRefObject
    {
    }
}
```

4. Erstellen Sie in der Klasse **Patient** zwei Funktionen, die eine Zeichenfolge zurückgeben. Die erste Funktion soll **PersonalInformation** und die zweite **History** heißen. Die Funktionen sehen folgendermaßen aus:

```
'VB
Public Function PersonalInformation() As String

    Return "Patient ID: 001 :: Demo Patient"
End Function

Public Function History() As String

    Return "01/12/2001; Diagnosis: cold | Treatment: take 2 and call " & _
        "me in the morning." + Chr(13) + Chr(10) + _
        "03/04/2005; Diagnosis: broken toe | Treatment: nothing."
End Function

//C#
public string PersonalInformation()
{

    return "Patient ID: 001 :: Demo Patient";
}

public string History()
{

    return "01/12/2001; Diagnosis: cold | Treatment: take 2 and call " +
        "me in the morning.\n\r03/04/2005; Diagnosis: broken toe | " +
        "Treatment: nothing.";
}
```

5. Klicken Sie im Menü **Erstellen** auf **RemotePatient erstellen**, um das Projekt zu kompilieren.

▶ Übung 2: Erstellen eines Servers

1. Klicken Sie im Menü **Datei** auf **Neu**, **Projekt**, um ein neues Projekt zu erstellen, das als Serveranwendung als Host des Remoteobjekts **Patient** dient.
   a. Wählen Sie im Fenster **Projekttypen** eine Programmiersprache (Visual Basic oder Visual C#) aus.
   b. Klicken Sie im Fenster **Vorlagen** auf **Konsolenanwendung**.
   c. Geben Sie in das Textfeld **Name** den Namen **LabServer** ein.
   d. Geben Sie im Dropdown-Listenfeld den Speicherort ein bzw. navigieren Sie zum Speicherort, an dem Sie das neue Projekt erstellen möchten.
   e. Klicken Sie auf **OK**.

2. Klicken Sie mit der rechten Maustaste im Projektmappen-Explorer auf das Projekt **LabServer** und klicken Sie auf **Verweis hinzufügen**, um Verweise auf den Namespace **Remoting** und das Remoteobjekt **Patient** hinzuzufügen.
   a. Führen Sie auf der Registerkarte **.NET** einen Bildlauf bis zum Namespace **System.Runtime.Remoting** durch und doppelklicken Sie darauf.
   b. Klicken Sie mit der rechten Maustaste in den Projektmappen-Explorer und klicken Sie erneut auf **Verweis hinzufügen**.
   c. Navigieren Sie auf der Registerkarte **Durchsuchen** zum Verzeichnis **RemotePatient\Bin\Debug** und doppelklicken Sie auf die Datei **RemotePatient.dll**.
3. Fügen Sie in der Datei **Program.cs** (Visual C#) oder **Module1.vb** (Visual Basic) folgende Namespaceverweise hinzu:

```
'VB
Imports System.Runtime
Imports System.Runtime.Remoting
Imports System.Runtime.Remoting.Channels
Imports System.Runtime.Remoting.Channels.Tcp

//C#
using System.Runtime;
using System.Runtime.Remoting;
using System.Runtime.Remoting.Channels;
using System.Runtime.Remoting.Channels.Tcp;
```

4. Binden Sie die Klasse **Program** (C#) oder **Module1** (Visual Basic) in einen Namespace namens **MSLearning.Chapter5.Server** ein.

```
'VB
Namespace MSLearning.Chapter5.Server

    Module Module1

        Sub Main()

        End Sub
    End Module
End Namespace

//C#
namespace MSLearning.Chapter5.Server
{
    class Program
    {
        static void Main(string[] args)
        {

        }
    }
}
```

5. Klicken Sie mit der rechten Maustaste im Projektmappen-Explorer auf das Projekt und klicken Sie dann auf **Hinzufügen**, **Neues Element**. Wählen Sie im Dialogfeld **Neues Element hinzufügen** die Vorlage **Anwendungskonfigurationsdatei** aus und klicken Sie auf **Hinzufügen**. Ändern Sie die Anwendungskonfigurationsdatei wie nachfolgend beschrieben:

```
<?xml version="1.0" encoding="utf-8" ?>
<configuration>
  <system.runtime.remoting>
    <application>
      <service>
        <wellknown mode="Singleton"
          type="MSLearning.Chapter5.PatientClasses.Patient, RemotePatient"
          objectUri="Patient.rem" />
      </service>
      <channels>
        <channel ref="tcp" port="9000" />
      </channels>
    </application>
  </system.runtime.remoting>
</configuration>
```

6. Geben Sie in der Methode **Main** (Visual C#) oder **Sub Main** (Visual Basic) folgenden Code ein. Dieser Code lädt die Anwendungskonfigurationsdatei und das Remoteobjekt.

```
'VB
RemotingConfiguration.Configure("LabServer.exe.config", False)
Console.WriteLine("Press return to exit..." + Chr(10))
Console.ReadLine()

//C#
RemotingConfiguration.Configure("LabServer.exe.config", false);
Console.WriteLine("Press return to exit...\n");
Console.ReadLine();
```

7. Klicken Sie im Menü **Erstellen** auf **LabServer erstellen**, um das Projekt zu kompilieren. Nachdem der Server erfolgreich erstellt wurde, drücken Sie STRG+F5, um den Server ohne Debuggen zu starten. Für den Server sollte nun ein Konsolenfenster angezeigt werden. Minimieren Sie dieses Fenster.

▶ Übung 3: Erstellen eines Remoteclients

1. Klicken Sie im Menü **Datei** auf **Neu**, **Projekt**, um ein neues Projekt zu erstellen, das als Clientanwendung auf das Remoteobjekt **Patient** vom LabServer zugreifen wird.
   a. Wählen Sie im Fenster **Projekttypen** eine Programmiersprache (Visual Basic oder Visual C#) aus.
   b. Klicken Sie im Fenster **Vorlagen** auf **Konsolenanwendung**.
   c. Geben Sie im Textfeld **Name** den Namen **LabConsumer** ein.
   d. Geben Sie im Dropdown-Listenfeld den Speicherort ein bzw. navigieren Sie zum Speicherort, an dem Sie das neue Projekt erstellen möchten.
   e. Klicken Sie auf **OK**.

2. Klicken Sie mit der rechten Maustaste im Projektmappen-Explorer auf das Projekt **LabConsumer** und klicken Sie auf **Verweis hinzufügen**, um Verweise auf den Namespace **Remoting** und das Remoteobjekt **Patient** hinzuzufügen.
   a. Führen Sie auf der Registerkarte **.NET** einen Bildlauf bis zum Namespace **System.Runtime.Remoting** durch und doppelklicken Sie darauf.
   b. Klicken Sie mit der rechten Maustaste im Projektmappen-Explorer auf das Projekt und klicken Sie auf **Verweis hinzufügen**.
   c. Navigieren Sie auf der Registerkarte **Durchsuchen** zum Verzeichnis **RemotePatient\Bin\Debug** und doppelklicken Sie auf die Datei **RemotePatient.dll**.
3. Fügen Sie in der Datei **Program.cs** (Visual C#) oder **Module1.vb** (Visual Basic) folgende Namespaceverweise hinzu:

```
'VB
Imports System.Runtime
Imports System.Runtime.Remoting
Imports System.Runtime.Remoting.Channels
Imports System.Runtime.Remoting.Channels.Tcp
Imports MSLearning.Chapter5.PatientClasses

//C#
using System.Runtime;
using System.Runtime.Remoting;
using System.Runtime.Remoting.Channels;
using System.Runtime.Remoting.Channels.Tcp;
using MSLearning.Chapter5.PatientClasses;
```

4. Geben Sie in der Methode **Main** (Visual C#) oder **Sub Main** (Visual Basic) folgenden Code ein. Dieser Code erstellt eine Instanz des TCP-Channels.

```
'VB
Dim channel As TcpClientChannel = New TcpClientChannel()

//C#
TcpClientChannel channel = new TcpClientChannel();
```

5. Geben Sie unter der Instanz **TCPClientChannel** den folgenden Code ein, um den Channel zu registrieren:

```
'VB
ChannelServices.RegisterChannel(channel, False)

//C#
ChannelServices.RegisterChannel(channel, false);
```

6. Geben Sie unter der Channelregistrierung den folgenden Code ein, um das Remoteobjekt **Patient** zu registrieren:

```
'VB
RemotingConfiguration.RegisterWellKnownClientType( _
    GetType(Patient), "tcp://localhost:9000/Patient.rem")

//C#
RemotingConfiguration.RegisterWellKnownClientType(
    typeof(Patient), "tcp://localhost:9000/Patient.rem");
```

7. Geben Sie unter der Channelregistrierung den folgenden Code ein, um eine Instanz des Remotetyps **Patient** zu erstellen:

```
'VB
Dim newPatient As Patient = New Patient()

//C#
Patient newPatient = new Patient();
```

8. Geben Sie unter dem Code, der die Instanz **Patient** erstellt, sinngemäß folgenden Code ein, um die Methoden **PersonalInformation** und **History** auf dem Remoteobjekt aufzurufen und zu testen:

```
'VB
Console.WriteLine(newPatient.PersonalInformation())
Console.WriteLine(newPatient.History())

//C#
Console.WriteLine(newPatient.PersonalInformation());
Console.WriteLine(newPatient.History());
```

9. Klicken Sie im Menü **Erstellen** auf **LabConsumer erstellen**, um das Projekt zu kompilieren. Nachdem das Projekt erfolgreich erstellt wurde, drücken Sie STRG+F5, um das Programm ohne Debuggen zu starten. Auf der Konsole sollte nun in etwa folgende Ausgabe angezeigt werden:

```
Patient ID: 001 :: John Doe :: 123 Main Street :: Someplace, AZ  85000
01/12/2001; Diagnosis: cold | Treatment: take 2 and call me in the morning.
03/04/2005; Diagnosis: broken toe | Treatment: nothing.
```

10. Schließen Sie das Konsolenfenster für das Projekt **LabConsumer** und das Projekt **LabServer**.

Zusammenfassung der Lektion

- Es gibt zwei Typen von Remoteobjekten. Marshal-by-value und Marshal-by-reference
- Marshal-by-value-Objekte werden auf dem Hostserver serialisiert, an den Clientcomputer übertragen und deserialisiert. Sie verhalten sich wie ein lokal definiertes Objekt.
- Marshal-by-reference-Objekte befinden sich auf dem Hostserver und Aufrufe des Clients werden an das Objekt übertragen
- Ein Proxyobjekt wird als lokale Clientversion eines Marshal-by-reference-Objekts verwendet, damit das Objekt, das eigentlich auf dem Server liegt, wie ein lokales Objekt erscheint
- Es gibt zwei Typen von Proxyobjekten: Transparente und reale Proxys. **RealProxy** ist die Basisklasse für den transparenten Proxy. Darüber hinaus kann die Klasse **RealProxy** erweitert werden, um benutzerdefinierte Proxyklassen zu erstellen.
- Bei Verbindungen über HTTP oder TCP muss der URL eines Remoteobjekts angegeben werden, um eine erfolgreiche Verbindung zu diesem herzustellen
- Ein Kommunikationschannel wird verwendet, um eine Verbindung zwischen dem Aufrufcode des Clients und dem Objekt auf dem Server herzustellen. Bei .NET Framework gibt es drei Arten von Kommunikationschannels: HTTP, TCP und IPC.
- Um den Zugriff auf ein Remoteobjekt zu ermöglichen, muss dieses zuerst aktiviert werden. Bei .NET Framework sind zwei Arten der Aktivierung möglich: Serveraktivierung und Clientaktivierung. Serveraktivierte Objekte können als **Singleton**- oder **SingleCall**-Objekt konfiguriert sein.

Lernzielkontrolle

Mit den folgenden Fragen können Sie Ihr Wissen zu den Informationen aus Lektion 1, „Erstellen einer Clientanwendung für den Zugriff auf ein Remoteobjekt", überprüfen. Die Fragen finden Sie (in englischer Sprache) auch auf der Begleit-CD, Sie können sie also auch auf dem Computer im Rahmen eines Übungstests beantworten.

HINWEIS Die Antworten

Die Antworten auf diese Fragen mit Erklärungen, warum die jeweiligen Auswahlmöglichkeiten richtig oder falsch sind, finden Sie im Abschnitt „Antworten" am Ende dieses Buchs.

---

1. Welcher Channel bietet die beste Leistung, wenn sich Remoteobjekt und Client auf demselben Computer befinden? (Wählen Sie die beste Antwort aus.)
   a. Der IPC-Channel
   b. Der HTTP-Channel
   c. Der TCP-Channel
   d. Der FTP-Channel

2. Welche Methoden stellt .NET Framework zum Aktivieren von Remoteobjekten zur Verfügung? (Wählen Sie alle zutreffenden Antworten aus.)
   a. Serveraktiviertes **Singleton**-Objekt
   b. Clientaktiviertes Objekt
   c. Server-on-demand-Aktivierung
   d. Serveraktiviertes **SingleCall**-Objekt
3. Wodurch unterscheiden sich Marshal-by-value-Objekte von Marshal-by-reference-Objekten? (Wählen Sie alle zutreffenden Antworten aus.)
   a. Marshal-by-value-Objekte behalten ihren Status zwischen den Clientaufrufen bei.
   b. Für Marshal-by-value-Objekte wird ein Proxyobjekt erstellt.
   c. Marshal-by-reference-Objekte können direkt auf Ressourcen auf dem Server zugreifen.
   d. Für Marshal-by-reference-Objekte wird ein Proxyobjekt erstellt.
   e. Marshal-by-value-Objekte können direkt auf Ressourcen auf dem Server zugreifen.

Lektion 2: Konfigurieren einer Clientanwendung mithilfe einer Konfigurationsdatei

In Lektion 1 wurde erklärt, wie eine Clientanwendung für den Zugriff auf ein Remoteobjekt programmgesteuert konfiguriert wird. Neben dieser programmgesteuerten Konfiguration einer Clientanwendung besteht in .NET Framework auch die Möglichkeit, Clientanwendungen über Konfigurationsdateien zu konfigurieren. Um in Visual Studio 2005 einem Projekt eine Konfigurationsdatei hinzuzufügen, klicken Sie mit der rechten Maustaste im Projektmappen-Explorer auf das Projekt und klicken dann auf **Hinzufügen**, **Neues Element**, **Anwendungskonfigurationsdatei**. Wenn Ihre Anwendung eine ASP.NET-Anwendung ist, erhält die Konfigurationsdatei standardmäßig den Namen **Web.config**, bei allen anderen Anwendungstypen heißt sie **App.config**.

Am Ende dieser Lektion werden Sie in der Lage sein, die folgenden Aufgaben auszuführen:

- Erstellen und Konfigurieren einer Anwendung mithilfe einer Anwendungskonfigurationsdatei, die als Client die Dienste eines Remoteobjekts verwendet
- Bestimmen und Konfigurieren der verschiedenen Kommunikationschannels und ihrer jeweiligen Vorteile

Veranschlagte Zeit für diese Lektion: 60 Minuten

In .NET Framework gibt es Klassen, die eine vollständige Infrastruktur für die Arbeit mit Konfigurationsdateien zur Verfügung stellen. Konfigurationsdateien von .NET Framework verwenden eine eigene XML-Grammatik, die in der MSDN Library vollständig dokumentiert ist. Der Hauptvorteil der Verwendung von Konfigurationsdateien für .NET Remoting-Anwendungen besteht darin, dass viele der Optionen geändert werden können, ohne dass die Anwendung erneut kompiliert werden muss. Außerdem kann eine einzige Konfigurationsdatei für alle Sprachen verwendet werden, falls Ihre .NET Remoting-Clients in unterschiedlichen Programmiersprachen erstellt wurden.

WEITERFÜHRENDE INFORMATIONEN .NET-Konfigurationsdatei

Weitere Informationen über .NET-Konfigurationsdateien finden Sie unter dem Link: http://msdn2.microsoft.com/de-de/library/aa719743(VS.71).aspx.

In der XML-Grammatik (oder dem XML-Schema) der Standardkonfigurationsdateien von .NET Framework steht an oberster Stelle das Element **configuration**. Unter diesem **<configuration>**-Element können viele untergeordnete Elemente angegeben werden, darunter auch benutzerdefinierte. Tabelle 5.1 führt die für .NET Remoting häufig verwendeten untergeordneten Elemente auf.

Tabelle 5.1 .NET Remoting: Häufig verwendete Elemente in Konfigurationsdateien

Element	Beschreibung
<system.runtime. remoting>	Dies ist das Stammelement für Konfigurationseinstellungen in .NET Remoting. Es kann in einer Konfigurationsdatei nur einmal vorkommen. Das Attribut des Elements **<system.runtime.remoting>** wird unten gezeigt. ■ **version** Gibt an, für welche Version von .NET Remoting die Einstellungen gelten
<APPLICATION>	Dieses Element enthält anwendungsspezifische Informationen. Es ist ein untergeordnetes Element von **<system.runtime.remoting>** und kann in einer Konfigurationsdatei nur einmal vorkommen. Das Attribut des Elements **<APPLICATION>** wird unten gezeigt. ■ **name** Gibt den Namen der Anwendung an, für die die Einstellungen gelten
<lifetime>	Definiert die Lebensdauer aller clientaktivierten Objekte. Dieses Element ist ein untergeordnetes Element von **<APPLICATION>**. Es kann in einer Konfigurationsdatei nur einmal vorkommen. Die Attribute des Elements **lifetime** werden im Folgenden aufgelistet. ■ **leaseTime** Zeigt die Leasedauer oder Lebensdauer eines clientaktivierten Objekts an. Die Standardleasedauer beträgt 5 Minuten. ■ **sponsorshipTimeout** Gibt an, wie lange der Lease-Manager darauf wartet, dass eine abgelaufene Lease erneuert wird. Der Standardtimeoutwert beträgt 2 Minuten. ■ **renewOnCallTime** Zeigt die Leasedauer für ein clientaktiviertes Objekt an, wobei die Lease bei jedem Methodenaufruf auf dem Objekt um diesen Zeitraum verlängert wird. Der Standardtimeoutwert beträgt 2 Minuten. ■ **leaseManagerPollTime** Zeigt an, wie oft der Lease-Manager nach abgelaufenen Leases clientaktivierter Objekte sucht. Der Standardwert beträgt 10 Minuten.
<service>	Dieses Element identifiziert alle Dienste, deren Host diese Anwendung ist. Es ist ein untergeordnetes Element von **<APPLICATION>**. Das Element kann kein Mal oder auch mehrere Male in einer Konfigurationsdatei vorkommen.
<client>	Dieses Element identifiziert die von dieser Anwendung verwendeten Objekte. Es ist ein untergeordnetes Element von **<APPLICATION>**. Das Element kann kein Mal oder auch mehrere Male in einer Konfigurationsdatei vorkommen. Die Attribute des Elements **<client>** werden im Folgenden aufgelistet. ■ **url** Dieses erforderliche Attribut gibt den URL für ein clientaktiviertes Objekt an ■ **displayName** Unterscheidet ein Clientobjekt vom anderen
<wellknown>	Dieses Element kennzeichnet die vom Dienst bereitgestellten, bekannten Objekte. Es ist ein untergeordnetes Element von **<service>** oder**<client>**. Das Element kann kein Mal oder auch mehrere Male in einer Konfigurationsdatei vorkommen. Die Attribute des Elements **<wellknown>** werden im Folgenden aufgelistet. ■ **mode** Gibt den Typ der Serveraktivierung an: **SingleCall** oder **Singleton**. Dieses Attribut ist erforderlich. ■ **type** Gibt den Typnamen und die Assembly an, die den Typ enthält. Dieses Attribut ist erforderlich.

Tabelle 5.1 .NET Remoting: Häufig verwendete Elemente in Konfigurationsdateien *(Fortsetzung)*

Element	Beschreibung
	■ **objectUri**Gibt an, welcher URI zur Verbindung mit einem Objekt verwendet wird. Dieses erforderliche Attribut ist nur in **<wellknown>**-Elementen unter **<service>**-Elementen erlaubt. ■ **Url**Gibt an, welcher URL zur Verbindung mit einem Dienst verwendet wird. Dieses erforderliche Attribut ist nur in **<wellknown>**-Elementen unter **<client>**-Elementen erlaubt. ■ **displayName**Unterscheidet ein Clientobjekt vom anderen
<activated>	Dieses Element kennzeichnet die vom Dienst bereitgestellten, clientaktivierten Objekte. Es ist ein untergeordnetes Element von **<service>** oder **<client>**. Das Element kann kein Mal oder auch mehrere Male in einer Konfigurationsdatei vorkommen. Das Attribut des Elements **<activated>** wird unten gezeigt. ■ **type** Gibt den Typnamen und die Assembly an, die den Typ enthält. Dieses Attribut ist erforderlich.
<channels>	Dieses Element wird verwendet, um vorhandene Channels zu konfigurieren oder neue zu definieren. Es ist ein untergeordnetes Element von **<system.runtime.remoting>** oder **<APPLICATION>.**
<channel>	Dieses Element kennzeichnet einen Channel, der erstellt oder konfiguriert werden muss. Es ist ein untergeordnetes Element von **<channels>**. Das Element kann kein Mal oder auch mehrere Male in einer Konfigurationsdatei vorkommen. Die Attribute des Elements **<channel>** werden im Folgenden aufgelistet. ■ **id** Gibt die Kennung der Channeldefinition an. Dieses Attribut ist erforderlich. ■ **type** Gibt den vollständigen Typnamen des Channels an. Dieses Attribut ist erforderlich. ■ **ref** Gibt den zu konfigurierenden Channel an, falls dieser bereits vorhanden ist ■ **name** Gibt den Namen des Channels an ■ **priority** Gibt eine Prioritätenfolge der Channels an. Für die Kommunikation wird dann nach Möglichkeit der Channel mit der höchsten Priorität verwendet. ■ **displayName** Unterscheidet einen Channel vom anderen

Der .NET Remoting-Abschnitt der Konfigurationsdatei kann auch noch mehr Elemente und Attribute enthalten, als hier aufgeführt sind. Eine vollständige Liste der möglichen Elemente und Attribute finden Sie im MSDN-Artikel „Remoting Settings Schema" unter **http://msdn2.microsoft.com/en-us/library/z415cf9a.aspx**.

Wenn eine Anwendung mithilfe einer Konfigurationsdatei konfiguriert wird, muss Ihr Code die Konfigurationsinformationen aus dieser Datei abrufen können. Die Klasse **RemotingConfiguration** wird verwendet, um die Konfiguration des .NET Remoting-Systems zu verwalten. Die Methode **Configure** der Klasse **RemotingConfiguration** lädt eine Konfigurationsdatei in den Code. Die häufigste Überladung dieser Methode akzeptiert zwei Parameter: Den Namen der zu ladenden Konfigurationsdatei und einen booleschen Wert, der anzeigt, ob Sicherheitseinstellungen aktiviert werden.

Konfigurieren des Kommunikationschannels

In Lektion 1 haben Sie erfahren, wie Channels definiert sind und als Kommunikationsleitung zwischen einem aufrufenden Client und einem Hostserver in einer .NET Remoting-Umgebung verwendet werden. In .NET Framework gibt es drei voreingestellte Kommunikationschannels, die die Schnittstelle **IChannel** implementieren. Die Schnittstelle **IChannel** kann auch für benutzerdefinierte Channels implementiert werden.

Alle Channeltypen, also HTTP, TCP und IPC, können entweder wie in Lektion 1 gezeigt programmgesteuert konfiguriert werden oder aber mithilfe einer Konfigurationsdatei von .NET.

HTTP-Channel

Der HTTP-Channel serialisiert, deserialisiert und überträgt Daten mit HTTP. HTTP wird vor allem für die Kommunikation über das Internet verwendet. Das nächste Codebeispiel ist identisch mit dem Beispiel zum HTTP-Channel in Lektion 1, nur einfacher, da es die nachfolgende Konfigurationsdatei verwendet.

Instanzieren der Klasse *HttpClientChannel* mithilfe einer Konfigurationsdatei

```
CONFIGURATION FILE
<?xml version="1.0" encoding="utf-8" ?>
<configuration>
  <system.runtime.remoting>
    <application>
      <channels>
        <channel ref="http" />
      </channels>
    </application>
    <debug loadTypes="true"/>
  </system.runtime.remoting>
</configuration>

'VB
Imports System
Imports System.Runtime
Imports System.Runtime.Remoting
Imports System.Runtime.Remoting.Channels
Imports System.Runtime.Remoting.Channels.Http

Namespace MSLearning.Chapter5.Standard.ClientHttp

    Module HttpModule

        Sub Main()

            ' Konfigurationsdatei laden.
            RemotingConfiguration.Configure( _
                "RemoteClientHttpVB.exe.config", False)

            ' weiterer Code folgt...
```

```
        End Sub
    End Module
End Namespace

//C#
using System;
using System.Runtime;
using System.Runtime.Remoting;
using System.Runtime.Remoting.Channels;
using System.Runtime.Remoting.Channels.Http;

namespace MSLearning.Chapter5.Standard.ClientHttp
{
    class Program
    {
        static void Main(string[] args)
        {

            // Konfigurationsdatei laden.
            RemotingConfiguration.Configure(
                "RemoteClientHttpCS.exe.config", false);

            // weiterer Code folgt...
        }
    }
}
```

TCP-Channel

Der TCP-Channel serialisiert, deserialisiert und überträgt Daten mit TCP. TCP wird vor allem für die Kommunikation über das Internet und in Netzwerken verwendet. Das nächste Codebeispiel ist identisch mit dem Beispiel zum TCP-Channel in Lektion 1, nur einfacher, da es die nachfolgende Konfigurationsdatei verwendet.

Instanzieren der Klasse *TcpClientChannel* mithilfe einer Konfigurationsdatei

```
CONFIGURATION FILE
<?xml version="1.0" encoding="utf-8" ?>
<configuration>
  <system.runtime.remoting>
    <application>
      <channels>
        <channel ref="tcp" />
      </channels>
    </application>
    <debug loadTypes="true"/>
  </system.runtime.remoting>
</configuration>
```

```
'VB
Imports System
Imports System.Runtime
Imports System.Runtime.Remoting
Imports System.Runtime.Remoting.Channels
Imports System.Runtime.Remoting.Channels.Tcp
Imports MSLearning.Chapter5.PatientClasses

Namespace MSLearning.Chapter5.Standard.ClientTcp

    Module TcpModule

        Sub Main()

            ' Konfigurationsdatei laden.
            RemotingConfiguration.Configure( _
                "RemoteClientTcpVB.exe.config", False)

            ' weiterer Code folgt...
        End Sub
    End Module
End Namespace

//C#
using System;
using System.Runtime;
using System.Runtime.Remoting;
using System.Runtime.Remoting.Channels;
using System.Runtime.Remoting.Channels.Tcp;
using MSLearning.Chapter5.PatientClasses;

namespace MSLearning.Chapter5.ClientTcp
{
    class Program
    {
        static void Main(string[] args)
        {

            // Konfigurationsdatei laden.
            RemotingConfiguration.Configure(
                "RemoteClientTcpCS.exe.config", false);

            // weiterer Code folgt...
        }

    }
}
```

IPC-Channel

Der IPC-Channel serialisiert, deserialisiert und überträgt Daten mit Windows-IPC. IPC wird verwendet, um Remoteobjekte zu verwenden, die sich auf demselben Computer befinden. In diesem Fall bietet der IPC-Channel eine schnellere Leistung als HTTP oder TCP. Das nächste Codebeispiel ist identisch mit dem Beispiel zum IPC-Channel in Lektion 1, nur einfacher, da es die nachfolgende Konfigurationsdatei verwendet.

Instanzieren der Klasse *IpcClientChannel* mithilfe einer Konfigurationsdatei

```
CONFIGURATION FILE
<?xml version="1.0" encoding="utf-8" ?>
<configuration>
  <system.runtime.remoting>
    <application>
      <channels>
        <channel ref="ipc" portName="PersonPort" />
      </channels>
    </application>
    <debug loadTypes="true"/>
  </system.runtime.remoting>
</configuration>

'VB
Imports System
Imports System.Runtime
Imports System.Runtime.Remoting
Imports System.Runtime.Remoting.Channels
Imports System.Runtime.Remoting.Channels.Ipc

Namespace MSLearning.Chapter5.Standard.ClientIpc

    Module IpcModule

        Sub Main()

            ' Konfigurationsdatei laden.
            RemotingConfiguration.Configure( _
                "RemoteClientIpcVB.exe.config", False)

            ' weiterer Code folgt...
        End Sub
    End Module
End Namespace

//C#
using System;
using System.Runtime;
using System.Runtime.Remoting;
using System.Runtime.Remoting.Channels;
using System.Runtime.Remoting.Channels.Ipc;
```

```
namespace MSLearning.Chapter5.Standard.ClientIpc
{
    class Program
    {
        static void Main(string[] args)
        {

            // Konfigurationsdatei laden.
            RemotingConfiguration.Configure(
                "RemoteClientIpcCS.exe.config", false);

            // weiterer Code folgt...
        }
    }
}
```

Konfigurieren des Aktivierungsmodus

Wie der Kommunikationschannel kann auch der Aktivierungsmodus eines Remoteobjekts mithilfe einer Konfigurationsdatei konfiguriert werden. In .NET Framework stehen zwei Methoden bereit, um ein Objekt zu aktivieren: Serveraktivierung und Clientaktivierung. Beide Modi können in einer .NET-Konfigurationsdatei konfiguriert werden.

Serveraktivierte Objekte

Serveraktivierte Objekte können **Singleton**- oder **SingleCall**-Objekte sein. Von einem **Singleton**-Objekt wird nur eine einzige Instanz erstellt, die alle Clientaufrufe bedient. Da ein **Singleton**-Objekt über mehrere Clientaufrufe hinweg gültig bleiben kann, kann es seinen Status zwischen diesen Aufrufen beibehalten. Von einem **SingleCall**-Objekt wird für jeden Clientaufruf eine neue Instanz erstellt. Nachdem diese den Clientaufruf bedient hat, wird sie gelöscht und ihr Speicherplatz freigegeben. **SingleCall**-Objekte behalten ihren Status zwischen den Clientaufrufen nicht bei. Der aufrufende Client muss lediglich wissen, dass er es mit einem serveraktivierten Objekt zu tun hat, aber nicht, wie dieses auf dem Server behandelt wird.

Das folgende Codebeispiel ist identisch mit dem Beispiel zur Registrierung eines serveraktivierten Objekts aus Lektion 1, zeigt jedoch, wie der Aktivierungsmodus des Objekts in einer .NET-Konfigurationsdatei konfiguriert wird. Wie Sie sehen, wird der Aufrufcode des Clients bei Verwendung einer Konfigurationsdatei viel einfacher

Registrieren serveraktivierter Objekte auf dem Client mithilfe einer Konfigurationsdatei

```
CONFIGURATION FILE
<?xml version="1.0" encoding="utf-8" ?>
<configuration>
  <system.runtime.remoting>
    <application>
      <client>
        <wellknown type=
```

```
          "MSLearning.Chapter5.Server.Patient, StandardServer"
          url="tcp://localhost:9000/Patient.rem" />
      </client>
      <channels>
        <channel ref="tcp" />
      </channels>
    </application>
    <debug loadTypes="true"/>
  </system.runtime.remoting>
</configuration>

'VB
Imports System
Imports System.Runtime
Imports System.Runtime.Remoting
Imports System.Runtime.Remoting.Channels
Imports System.Runtime.Remoting.Channels.Tcp
Imports MSLearning.Chapter5.PatientClasses

Namespace MSLearning.Chapter5.Standard.ClientTcp

    Module TcpModule

        Sub Main()

            ' Konfigurationsdatei laden.
            RemotingConfiguration.Configure( _
                "RemoteClientTcpVB.exe.config", False)

            ' Eine Instanz der Remoteklasse Patient erstellen.
            Dim newPatient As Patient = New Patient()

            ' Die Methode PersonalInformation auf dem Remoteobjekt aufrufen.
            Console.WriteLine(newPatient.PersonalInformation())
        End Sub
    End Module
End Namespace

//C#
using System;
using System.Runtime;
using System.Runtime.Remoting;
using System.Runtime.Remoting.Channels;
using System.Runtime.Remoting.Channels.Tcp;
using MSLearning.Chapter5.PatientClasses;


namespace MSLearning.Chapter5.ClientTcp
{
    class Program
    {
```

```
        static void Main(string[] args)
        {

            // Konfigurationsdatei laden.
            RemotingConfiguration.Configure(
                "RemoteClientTcpCS.exe.config", false);

            // Eine Instanz der Remoteklasse Patient erstellen.
            Patient newPatient = new Patient();

           // Die Methode PersonalInformation auf dem Remoteobjekt aufrufen.
            Console.WriteLine(newPatient.PersonalInformation());
        }
    }
}
```

Clientaktivierte Objekte

Clientaktivierte Objekte sind Remoteobjekte, die lokal auf dem Client erstellt werden. So behandelt der Client das Remoteobjekt wie jedes andere lokal definierte Objekt und steuert auch seine Lebensdauer. Aufrufe an das Objekt werden serialisiert, an den Server übertragen und zur Verarbeitung wieder deserialisiert. Da ein clientaktiviertes Objekt über mehrere Clientaufrufe hinweg gültig bleiben kann, kann es seinen Status zwischen diesen Aufrufen beibehalten.

Das folgende Codebeispiel ist identisch mit dem Beispiel zur Registrierung eines clientaktivierten Objekts aus Lektion 1, zeigt jedoch, wie der Aktivierungsmodus des Objekts in einer .NET-Konfigurationsdatei konfiguriert wird. Das Element **<wellknown>**, das für Serveraktivierungen verwendet wird, wurde hier durch das Element **<activated>** für Clientaktivierungen ersetzt. Wie Sie sehen, wird der Aufrufcode des Clients bei Verwendung einer Konfigurationsdatei viel einfacher

Registrieren eines clientaktivierten Objekts auf dem Client mithilfe einer Konfigurationsdatei

```
CONFIGURATION FILE
<?xml version="1.0" encoding="utf-8" ?>
<configuration>
  <system.runtime.remoting>
    <application>
      <client>
        <activated type=
          "MSLearning.Chapter5.Server.Person, StandardServer" />
      </client>
      <channels>
        <channel ref="tcp" />
      </channels>
    </application>
    <debug loadTypes="true"/>
  </system.runtime.remoting>
</configuration>

'VB
Imports System
```

```
Imports System.Runtime
Imports System.Runtime.Remoting
Imports System.Runtime.Remoting.Channels
Imports System.Runtime.Remoting.Channels.Tcp
Imports MSLearning.Chapter5.PatientClasses

Namespace MSLearning.Chapter5.Standard.ClientTcp

    Module TcpModule

        Sub Main()

            ' Konfigurationsdatei laden.
            RemotingConfiguration.Configure( _
                "RemoteClientTcpVB.exe.config", False)

            ' Eine Instanz der Remoteklasse Patient erstellen.
            Dim newPatient As Patient = New Patient()

            ' Die Methode PersonalInformation auf dem Remoteobjekt aufrufen.
            Console.WriteLine(newPatient.PersonalInformation())
        End Sub
    End Module
End Namespace

//C#
using System;
using System.Runtime;
using System.Runtime.Remoting;
using System.Runtime.Remoting.Channels;
using System.Runtime.Remoting.Channels.Tcp;
using MSLearning.Chapter5.PatientClasses;

namespace MSLearning.Chapter5.ClientTcp
{
    class Program
    {
        static void Main(string[] args)
        {

            // Konfigurationsdatei laden.
            RemotingConfiguration.Configure(
              "RemoteClientTcpCS.exe.config", false);

            // Eine Instanz der Remoteklasse Patient erstellen.

            Patient newPatient = new Patient();

           // Die Methode PersonalInformation auf dem Remoteobjekt aufrufen.
            Console.WriteLine(newPatient.PersonalInformation());
        }
    }
}
```

Übung 2: Erstellen einer Clientanwendung

Diese Übung ist eine vereinfachte, simulierte Version einer Anwendung zur Verwaltung von Patientendaten. Schritt für Schritt wird gezeigt, wie Sie einen Client für .NET Remoting erstellen und mithilfe einer Konfigurationsdatei konfigurieren können. Der Client kann auf den Hostserver eines Remoteobjekts zugreifen. Das Remoteobjekt enthält Methoden, um Daten eines Musterpatienten abzurufen. Falls Sie bei einer Übung auf Probleme stoßen, können Sie sich das fertige Projekt auf der Begleit-CD im Ordner **Code** ansehen.

1. Öffnen Sie in Visual Studio 2005 die Projektmappe **LabServer**. Klicken Sie im Menü **Erstellen** auf **LabServer erstellen**, um den LabServer erneut zu kompilieren. Nachdem der Server erfolgreich erstellt wurde, drücken Sie STRG+F5, um den Server ohne Debuggen zu starten. Für den Server sollte nun ein Konsolenfenster angezeigt werden. Minimieren Sie dieses Fenster.
2. Klicken Sie im Menü **Datei** auf **Neu**, **Projekt**, um ein neues Projekt zu erstellen, das als Clientanwendung auf das Remoteobjekt **Patient** vom LabServer zugreifen wird.
   a. Wählen Sie im Fenster **Projekttypen** eine Programmiersprache (Visual Basic oder Visual C#) aus.
   b. Klicken Sie im Fenster **Vorlagen** auf **Konsolenanwendung**.
   c. Geben Sie im Textfeld **Name** den Namen **LabConsumer** ein.
   d. Geben Sie im Dropdown-Listenfeld den Speicherort ein bzw. navigieren Sie zum Speicherort, in dem Sie das neue Projekt erstellen möchten.
   e. Klicken Sie auf **OK**.
3. Klicken Sie mit der rechten Maustaste im Projektmappen-Explorer auf das Projekt **LabConsumer** und klicken Sie auf **Verweis hinzufügen**, um Verweise auf den Namespace **Remoting** und das Remoteobjekt **Patient** hinzuzufügen.
   a. Führen Sie auf der Registerkarte **.NET** einen Bildlauf bis zum Namespace **System.Runtime.Remoting** durch und doppelklicken Sie darauf.
   b. Klicken Sie mit der rechten Maustaste im Projektmappen-Explorer auf das Projekt und klicken Sie auf **Verweis hinzufügen**.
   c. Navigieren Sie auf der Registerkarte **Durchsuchen** zum Verzeichnis **RemotePatient\Bin\Debug** und doppelklicken Sie auf die Datei **RemotePatient.dll**.
4. Klicken Sie mit der rechten Maustaste im Projektmappen-Explorer auf das Projekt **LabConsumer** und klicken Sie dann auf **Hinzufügen**, **Neues Element**, **Anwendungskonfigurationsdatei**, um dem Projekt eine neue Konfigurationsdatei hinzuzufügen. Ändern Sie die Konfigurationsdatei wie folgt:

```
<?xml version="1.0" encoding="utf-8" ?>
<configuration>
  <system.runtime.remoting>
    <application>
      <client>
        <wellknown type=
          "MSLearning.Chapter5.PatientClasses.Patient,
          RemotePatient" url="tcp://localhost:9000/Patient.rem" />
      </client>
```

```
      <channels>
        <channel ref="tcp" />
      </channels>
    </application>
    <debug loadTypes="true"/>
  </system.runtime.remoting>
</configuration>
```

5. Fügen Sie in der Datei **Program.cs** (Visual C#) oder **Module1.vb** (Visual Basic) folgende Namespaceverweise hinzu:

```
'VB
Imports System.Runtime
Imports System.Runtime.Remoting
Imports System.Runtime.Remoting.Channels
Imports System.Runtime.Remoting.Channels.Tcp
Imports MSLearning.Chapter5.PatientClasses

//C#
using System.Runtime;
using System.Runtime.Remoting;
using System.Runtime.Remoting.Channels;
using System.Runtime.Remoting.Channels.Tcp;
using MSLearning.Chapter5.PatientClasses;
```

6. Geben Sie in der Methode **Main** (Visual C#) oder **Sub Main** (Visual Basic) folgenden Code ein. Dieser Code lädt die Konfigurationsdatei.

```
'VB
RemotingConfiguration.Configure("LabConsumer.exe.config", False)

//C#
RemotingConfiguration.Configure("LabConsumer.exe.config", false);
```

7. Geben Sie unter der Channelregistrierung folgenden Code ein, um eine Instanz des Remotetyps **Patient** zu erstellen:

```
'VB
Dim newPatient As Patient = New Patient()

//C#
Patient newPatient = new Patient();
```

8. Unter dem Code, der eine Instanz des Objekts **Patient** erstellt, geben Sie sinngemäß folgenden Code ein, um die Methode **PersonalInformation** auf dem Remoteobjekt aufzurufen und zu testen:

```
'VB
Console.WriteLine(newPatient.PersonalInformation())
Console.WriteLine(newPatient.History())

//C#
Console.WriteLine(newPatient.PersonalInformation());
Console.WriteLine(newPatient.History());
```

9. Klicken Sie im Menü **Erstellen** auf **LabConsumer erstellen**, um das Projekt zu kompilieren. Nachdem das Projekt erfolgreich erstellt wurde, drücken Sie STRG+F5, um das Programm ohne Debuggen zu starten. Auf der Konsole sollte nun in etwa folgende Ausgabe angezeigt werden:

```
Patient ID: 001 :: John Doe :: 123 Main Street :: Someplace, AZ  85000
01/12/2001: Diagnosis: cold | Treatment: take 2 and call me in the morning.
03/04/2005: Diagnosis: broken toe | Treatment: nothing.
```

10. Schließen Sie das Konsolenfenster für das Projekt **LabConsumer** und das Projekt **LabServer**.

Zusammenfassung der Lektion

- Die meisten Aspekte einer Clientanwendung für .NET Remoting können sowohl programmgesteuert als auch mithilfe von Konfigurationsdateien konfiguriert werden
- .NET Framework-Konfigurationsdateien implementieren eine eigene XML-Grammatik, auch Schema genannt
- Serveraktivierte Objekte werden durch das Element **<wellknown>** in der Konfigurationsdatei konfiguriert
- Clientaktivierte Objekte werden durch das Element **<activated>** in der Konfigurationsdatei konfiguriert
- Mit der Methode **RemotingConfiguration.Configure** wird eine Konfigurationsdatei für eine Anwendung in .NET Remoting geladen

Lernzielkontrolle

Mit den folgenden Fragen können Sie Ihr Wissen zu den Informationen aus Lektion 2, „Konfigurieren einer Clientanwendung mithilfe einer Konfigurationsdatei“, überprüfen. Die Fragen finden Sie (in englischer Sprache) auch auf der Begleit-CD, Sie können sie also auch auf dem Computer im Rahmen eines Übungstests beantworten.

HINWEIS Die Antworten

Die Antworten auf diese Fragen mit Erklärungen, warum die jeweiligen Auswahlmöglichkeiten richtig oder falsch sind, finden Sie im Abschnitt „Antworten“ am Ende dieses Buchs.

---

1. Welche Klasse wird verwendet, um eine Konfigurationsdatei für .NET Remoting zu laden? (Wählen Sie die beste Antwort aus.)
   a. WellKnownClientTypeEntry
   b. ChannelServices
   c. RemotingConfiguration
   d. RemotingServices
2. Wie heißt das Stammelement für Konfigurationseinstellungen in .NET Remoting. (Wählen Sie die beste Antwort aus.)
   a. <remoting>
   b. <configuration>
   c. <system.runtime.remoting>
   d. <service>

Lektion 3: Zugreifen auf Remotemethoden

In den Lektionen 1 und 2 haben Sie gesehen, wie eine Instanz eines Remoteobjekts mit dem Operator **new** (**New**) erstellt wird. Es ist dieselbe Methode, mit der auch lokale Objekte instanziert werden, und eine einfache Lösung, wenn die Clientanwendung bereits für die Verbindung mit einem Remoteobjekt konfiguriert ist.

Doch .NET Framework stellt auch das Objekt **Activator** zum Aktivieren diverser Typen zur Verfügung. Dieses Objekt hat eine Methode namens **GetObject**, die verwendet werden kann, um eine Instanz eines Remoteobjekts zu erstellen. Wenn Sie mit **GetObject** arbeiten, muss der Remoteclient nicht zuerst konfiguriert sein, da Sie selbst die Konfigurationsinformationen an **GetObject** übergeben.

Am Ende dieser Lektion werden Sie in der Lage sein, die folgenden Aufgaben auszuführen:

- Erstellen einer Clientinstanz eines Remoteobjekts
- Synchrones Aufrufen von Methoden auf einer Instanz eines Remoteobjekts

Veranschlagte Zeit für diese Lektion: 30 Minuten

Nach dem erfolgreichen Instanzieren eines Remoteobjekts können Sie auf ihm Methoden aufrufen wie auf einem lokalen Objekt. In .NET Framework können Remotemethoden sowohl synchron als auch asynchron aufgerufen werden. Asynchrone Remotemethodenaufrufe sind etwas komplizierter und werden in Kapitel 8, „Methodenaufrufe und Ereignisverwaltung mit .NET Remoting“, erläutert.

Da Sie bereits wissen, wie Sie mit dem Operator **new** eine Instanz eines Remoteobjekts erstellen und synchron Methoden aufrufen können, werden wir uns hier auf die Verwendung der Methode **Activator.GetObject** konzentrieren. Der folgende Code zeigt, wie mit der Methode **Activator.GetObject** eine Instanz des Remoteobjekts **Patient** erstellt wird, das Sie bereits aus den Lektionen 1 und 2 kennen, und dann die Methode **PersonalInformation** aufgerufen wird. Wie das Beispiel zeigt, ist die Methode **Activator.GetObject** ein guter Weg, den Programmieraufwand zu reduzieren.

Erstellen einer Remoteobjektinstanz mit *Activator.GetObject*

```
'VB
Imports System.Runtime
Imports System.Runtime.Remoting
Imports System.Runtime.Remoting.Channels
Imports System.Runtime.Remoting.Channels.Tcp
Imports MSLearning.Chapter5.PatientClasses

Namespace MSLearning.Chapter5.ActivatorGetObject

    Module GetObjectModule

        Sub Main()

            ' Eine Instanz der Klasse Patient erstellen.
            Dim newPatient As Patient = _
```

```
                CType(Activator.GetObject(GetType(Patient), _
                "tcp://localhost:9000/Patient.rem"), Patient)

            ' Eine Remotemethode aufrufen.
            Console.WriteLine(newPatient.PersonalInformation())
        End Sub
    End Module
End Namespace

//C#
using System;
using System.Runtime;
using System.Runtime.Remoting;
using System.Runtime.Remoting.Channels;
using System.Runtime.Remoting.Channels.Tcp;
using MSLearning.Chapter5.PatientClasses;

namespace MSLearning.Chapter5.ActivatorGetObject
{
    class Program
    {
        static void Main(string[] args)
        {

            // Eine Instanz der Klasse Patient erstellen.
            Patient newPatient =
                (Patient)Activator.GetObject(typeof(Patient),
                "tcp://localhost:9000/Patient.rem");

            // Eine Remotemethode aufrufen.
            Console.WriteLine(newPatient.PersonalInformation());
        }
    }
}
```

Übung 3: Zugreifen auf Remotemethoden

In den Übungen der Lektionen 1 und 2 haben Sie gesehen, wie eine Instanz eines Remoteobjekts mit dem Operator **new** (**New**) erstellt wird. In dieser Übung werden Sie nun ein Remoteobjekt mit der Methode **Activator.GetObject** erstellen. Falls Sie bei einer Übung auf Probleme stoßen, können Sie sich das fertige Projekt auf der Beglcit-CD im Ordner **Code** ansehen.

1. Öffnen Sie in Visual Studio 2005 die Projektmappe **LabServer**. Klicken Sie im Menü **Erstellen** auf **LabServer erstellen**, um den LabServer erneut zu kompilieren. Nachdem der Server erfolgreich erstellt wurde, drücken Sie STRG+F5, um den Server ohne Debuggen zu starten. Für den Server sollte nun ein Konsolenfenster angezeigt werden. Minimieren Sie dieses Fenster.

2. Klicken Sie im Menü **Datei** auf **Neu**, **Projekt**, um ein neues Projekt zu erstellen, das als Clientanwendung auf das Remoteobjekt **Patient** vom LabServer zugreifen wird.
   a. Wählen Sie im Fenster **Projekttypen** eine Programmiersprache (Visual Basic oder Visual C#) aus.
   b. Klicken Sie im Fenster **Vorlagen** auf **Konsolenanwendung**.
   c. Geben Sie in das Textfeld **Name** den Namen **Activator.GetObject** ein.
   d. Geben Sie im Dropdown-Listenfeld den Speicherort ein bzw. navigieren Sie zum Speicherort, an dem Sie das neue Projekt erstellen möchten.
   e. Klicken Sie auf **OK**.
3. Klicken Sie mit der rechten Maustaste im Projektmappen-Explorer auf das Projekt **Activator.GetObject** und klicken Sie auf **Verweis hinzufügen**, um Verweise auf den Namespace **Remoting** und das Remoteobjekt **Patient** hinzuzufügen.
   a. Führen Sie auf der Registerkarte **.NET** einen Bildlauf bis zum Namespace **System.Runtime.Remoting** durch und doppelklicken Sie darauf.
   b. Klicken Sie mit der rechten Maustaste im Projektmappen-Explorer auf das Projekt und klicken Sie auf **Verweis hinzufügen**.
   c. Navigieren Sie auf der Registerkarte **Durchsuchen** zum Verzeichnis **RemotePatient\Bin\Debug** und doppelklicken Sie auf die Datei **RemotePatient.dll**.
4. Fügen Sie in der Datei **Program.cs** (Visual C#) oder **Module1.vb** (Visual Basic) folgende Namespaceverweise hinzu:

```
'VB
Imports System.Runtime
Imports System.Runtime.Remoting
Imports System.Runtime.Remoting.Channels
Imports System.Runtime.Remoting.Channels.Tcp
Imports MSLearning.Chapter5.PatientClasses

//C#
using System.Runtime;
using System.Runtime.Remoting;
using System.Runtime.Remoting.Channels;
using System.Runtime.Remoting.Channels.Tcp;
using MSLearning.Chapter5.PatientClasses;
```

5. Geben Sie in der Methode **Main** (Visual C#) oder **Sub Main** (Visual Basic) folgenden Code ein. Dieser Code erstellt eine Instanz des Remoteobjekts **Patient**.

```
'VB
Dim newPatient As Patient = _
    CType(Activator.GetObject(GetType(Patient), _
    "tcp://localhost:9000/Patient.rem"), Patient)

//C#
Patient newPatient =
    (Patient)Activator.GetObject(typeof(Patient),
    "tcp://localhost:9000/Patient.rem");
```

6. Unter dem Code, der eine Instanz des Objekts **Patient** erstellt, geben Sie sinngemäß folgenden Code ein, um die Methode **PersonalInformation** auf dem Remoteobjekt aufzurufen und zu testen:

```
'VB
Console.WriteLine(newPatient.PersonalInformation())
Console.WriteLine(newPatient.History())

//C#
Console.WriteLine(newPatient.PersonalInformation());
Console.WriteLine(newPatient.History());
```

7. Klicken Sie im Menü **Erstellen** auf **Activator.GetObject erstellen**, um das Projekt zu kompilieren. Nachdem das Projekt erfolgreich erstellt wurde, drücken Sie STRG+F5, um das Programm ohne Debuggen zu starten. Auf der Konsole sollte nun in etwa folgende Ausgabe angezeigt werden:

```
Patient ID: 001 :: John Doe :: 123 Main Street :: Someplace, AZ  85000
01/12/2001; Diagnosis: cold | Treatment: take 2 and call me in the morning.
03/04/2005; Diagnosis: broken toe | Treatment: nothing.
```

8. Schließen Sie das Konsolenfenster für das Projekt **Activator.GetObject** und das Projekt **LabServer**.

Zusammenfassung der Lektion

- Bevor Sie auf einem Remoteobjekt Methoden aufrufen können, müssen Sie zuerst eine Instanz des Objekts erstellen
- Hierzu bietet .NET Framework den Operator **new** (**New**) und die Methode **Activator.GetObject**
- Da mit **Activator.GetObject** die Konfigurationsinformationen direkt übergeben werden, erfordert diese Methode weniger Programmierarbeit

Lernzielkontrolle

Mit den folgenden Fragen können Sie Ihr Wissen zu den Informationen aus Lektion 3, „Zugreifen auf Remotemethoden“, überprüfen. Die Fragen finden Sie (in englischer Sprache) auch auf der Begleit-CD, Sie können sie also auch auf dem Computer im Rahmen eines Übungstests beantworten.

HINWEIS Die Antworten

Die Antworten auf diese Fragen mit Erklärungen, warum die jeweiligen Auswahlmöglichkeiten richtig oder falsch sind, finden Sie im Abschnitt „Antworten“ am Ende dieses Buchs.

1. Welches Verfahren zur Erstellung eines Remoteobjekts erfordert am wenigsten Programmierarbeit? (Wählen Sie die beste Antwort aus.)
   a. Der Operator **new** in C#
   b. Die Methode **Activator.GetObject**
   c. Der Operator **New** in Visual Basic
   d. Die Methode **Activator.Create**
2. Welches Verfahren zur Erstellung eines Remoteobjekts macht eine programmgesteuerte Konfiguration oder eine Konfiguration mithilfe einer Konfigurationsdatei erforderlich? (Wählen Sie alle zutreffenden Antworten aus.)
   a. Der Operator **new** in C#
   b. Die Methode **Activator.GetObject**
   c. Der Operator **New** in Visual Basic
   d. Die Methode **Activator.Create**

Rückblick auf dieses Kapitel

Sie können die in diesem Kapitel vermittelten Fähigkeiten folgendermaßen einüben und vertiefen:

- Lesen Sie die Zusammenfassung des Kapitels sorgfältig durch
- Lesen Sie die Liste der Schlüsselbegriffe durch, die in diesem Kapitel eingeführt wurden
- Arbeiten Sie die Übungen mit Fallbeispielen durch. Diese Szenarios beschreiben Fälle aus der Praxis, in denen die Themen dieses Kapitels zur Anwendung kommen. Sie werden aufgefordert, eine Lösung zu entwickeln.
- Führen Sie die vorgeschlagenen praktischen Übungen durch
- Machen Sie einen Übungstest

Zusammenfassung des Kapitels

- Ein Server kann als Host für die Dienste eines Remoteobjekts dienen und sie zur Verfügung stellen. Clientanwendungen jeder Art können die Dienste von Remoteobjekten verwenden
- Wenn alle nötigen Informationen über das Remoteobjekt verfügbar sind, kann das Erstellen einer Clientanwendung, die die Dienste des Objekts verwendet, sehr einfach sein
- Zu diesen Informationen zählt: Der Host-URL des Remoteobjekts, dessen Kommunikationschannel und die Aktivierungsmethode, die es implementiert.

- Es gibt Marshal-by-value und Marshal-by-reference-Remoteobjekte. Sie können auf dem Server oder auf dem Client aktiviert werden. Serveraktivierte Remoteobjekte können **Singleton**- oder **SingleCall**-Objekte sein.
- Clientanwendungen, die auf Remoteobjekte zugreifen, können entweder programmgesteuert oder mithilfe der Konfigurationsdateien von .NET Framework konfiguriert werden
- Die Methoden, die ein Remoteobjekt zur Verfügung stellt, können von den Clientanwendungen synchron oder asynchron aufgerufen werden
- Es gibt zwei Verfahren, um eine Instanz eines Remoteobjekts zu erstellen: den Operator **new** (**New**) oder die Methode **Activator.GetObject**.

Schlüsselbegriffe

Wissen Sie, was die folgenden Schlüsselbegriffe bedeuten? Sie können Ihre Antworten überprüfen, indem Sie die Begriffe im Glossar am Ende dieses Buchs nachschlagen.

- Anwendungs-URL
- Channel
- Marshal-by-reference (MBR)
- Marshal-by-value (MBV)
- Proxyobjekt
- Remoteobjektaktivierung

Fallbeispiele

In den folgenden Fallbeispielen wenden Sie an, was Sie über die Erstellung von Clientanwendungen gelernt haben, die Remoteobjekte verwenden. Die Lösungen zu den Fragen finden Sie im Abschnitt „Antworten" hinten in diesem Buch.

Fallbeispiel 1: Erstellen einer sicheren, global verteilten Anwendung

Sie sind Chefentwickler des Unternehmens AdventureWorks. AdventureWorks ist ein weltweiter Vertrieb für Trekkingausrüstung und Sportartikel. Das Unternehmen möchte eine zentrale Anwendung zur Datenerfassung und -archivierung in seiner New Yorker Zentrale implementieren. Um die Sicherheit zu erhöhen, soll das Datenerfassungsprogramm nicht über eine Webschnittstelle zugänglich sein, sondern das Web lediglich zur Datenübertragung nutzen. Die Daten werden über eine eigens mit .NET Framework erstellte Windows-Anwendung erfasst. Diese Datenerfassungssoftware soll auf etwa 40 Workstations in Niederlassungen auf der ganzen Welt eingesetzt werden. Da die Anwendung nicht öffentlich zugänglich sein soll, beschließen Sie, .NET Remoting zu verwenden und IIS als Host für ein Remoteobjekt einzusetzen. Das Remoteobjekt soll Remoteclientanwendungen Dienste zur Verfügung stellen.

Fragen

Bevor Sie mit der Anwendungsentwicklung beginnen, müssen Sie dem Projektmanager folgende Fragen beantworten:

1. Welchen Kommunikationschannel soll das Remoteobjekt verwenden?
2. Welchen Aktivierungsmodus soll das Remoteobjekt verwenden?

Fallbeispiel 2: Verbessern des Remoteclients durch Schnittstellen

Sie sind Entwickler bei einem Dienstanbieter, der sichere Software im Bereich der Gesundheitsversorgung für Krankenhäuser und Versicherungen erstellt. Diese Dienste müssen den amerikanischen HIPAA-Vorgaben entsprechen. Dazu muss die Umgebung so sicher sein wie möglich. Um maximale Sicherheit zu gewährleisten, möchten Sie die Dienste mit .NET Remoting mit serveraktivierten Marshal-by-reference-Objekten implementieren. Sie haben bereits erfolgreich Dienste auf Clients bereitgestellt, die eine Kopie des Remoteobjekts enthalten, damit sich die Clientanwendung kompilieren lässt. Doch nun stellen Sie fest, dass jede Clientanwendung den vollständigen Quellcode für das Remoteobjekt enthält.

Fragen

Sie haben beschlossen, Ihr Anwendungsmodell zu überarbeiten, um die Sicherheit zu verbessern.

- Wie können Sie das Modell ändern, um den Quellcode Ihres Remoteobjekts so gut wie möglich abzusichern?

Vorgeschlagene praktische Übungen

- Verwenden Sie den HTTP-Channel, wenn Sie ein Objekt über das Internet aufrufen
- Verwenden Sie den TCP-Channel, wenn Sie ein Objekt über ein Intranet oder internes Netzwerk aufrufen
- Verwenden Sie den IPC-Channel, wenn sich ein Objekt auf demselben Computer wie der Client befindet
- Verwenden Sie **SingleCall**-Objekte, wenn die Objekte viele Anforderungen verarbeiten und ihren Status nicht beibehalten müssen
- Verwenden Sie **Singleton**-Objekte, wenn die Objekte direkt auf Serverressourcen zugreifen sollen und ihren Status speichern müssen
- Verwenden Sie clientaktivierte Objekte, wenn Statusspeicherung wichtig ist und die Anwendung die Lebensdauer jedes unabhängigen Objekts steuern muss
- Verwenden Sie die Methode **Activator.GetObject**, um die Clientprogrammierung zu vereinfachen

Machen Sie einen Übungstest

Die Übungstests auf der Begleit-CD zu diesem Buch (in englischer Sprache) bieten zahlreiche Möglichkeiten. Zum Beispiel können Sie einen Test machen, der ausschließlich die Themen eines bestimmten Lernziels behandelt, oder Sie können sich selbst mit dem gesamten Inhalt der Prüfung 70-529 testen. Sie können den Test so konfigurieren, dass er dem Ablauf einer echten Prüfung entspricht, oder Sie können einen Lernmodus verwenden, in dem Sie sich nach dem Beantworten einer Frage jeweils sofort die richtige Antwort und Erklärungen ansehen können.

WEITERFÜHRENDE INFORMATIONEN Übungstests

Einzelheiten zu allen Optionen, die bei den Übungstests zur Verfügung stehen, finden Sie im Abschnitt „So verwenden Sie die Übungstests“ in der Einführung am Anfang dieses Buchs.

KAPITEL 6

Debuggen und Bereitstellen von Remoteanwendungen

Dieses Kapitel zeigt, wie Sie mit Microsoft Visual Studio 2005 eine .NET Remoting-Anwendung debuggen und bereitstellen können. Sie erfahren, wie .NET Remoting-Anwendungen in unterschiedlichen Hostumgebungen eingesetzt werden. Außerdem lernen Sie, Remoteanwendungen zu debuggen und mit Leistungsindikatoren nachzuverfolgen. Zum Schluss wird die Lebensdauer von Remoteobjekten behandelt.

In diesem Kapitel abgedeckte Lernziele:

- Debuggen und Bereitstellen einer Remoteanwendung
  - Nachverfolgen einer Remoteanwendung mit Leistungsindikatoren
  - Debuggen einer Remoteanwendung
  - Hosting und Bereitstellen einer Remoteanwendung
- Verwalten der Lebensdauer von Remoteobjekten
  - Initialisieren der Lebensdauer von Remoteobjekten
  - Erneuern der Lebensdauer von Remoteobjekten

Lektionen in diesem Kapitel:

Bevor Sie beginnen

Um die Lektionen in diesem Kapitel bearbeiten zu können, benötigen Sie Folgendes:

- Einen Computer, der die in der Einführung am Anfang dieses Buchs aufgeführten Hardwaremindestvoraussetzungen erfüllt oder übertrifft
- Visual Studio 2005 und .NET Framework 2.0
- Erfahrung in der Verwendung des Debuggers von Visual Studio 2005
- Erfahrung in der Verwendung der Leistungsindikatoren in .NET Framework 2.0
- Erfahrung in der Erstellung von Konsolenanwendungen mit Visual Studio 2005

Praxistipp

Shannon Horn

Einer meiner Kunden entwickelt und vertreibt Software, die von weiterführenden Schulen verwendet wird, um die Lernziele auf die Lehrpläne abzustimmen. In den meisten Staaten der USA müssen Schüler mittlerweile vor dem Schulabschluss eine Prüfung der Mindestbildungsstandards des betreffenden Staates bestehen. Mit der Software meines Kunden können Schulämter die Standards, die es zu erfüllen gilt, leichter festlegen. Die Lehrer können dann mit derselben Software ihre Unterrichtsinhalte auf diese Standards abstimmen.

Die Software muss vor allem Daten freigeben und personenbezogene Daten der Schüler mit dem vorhandenen Schülerinformationssystem der betreffenden Schule abgleichen können. Zuerst dachte mein Kunde daran, eine Anwendung zu entwickeln, die sich vollständig in die Schülerinformationssysteme der Schulen integrieren ließe. Angesichts der Fülle konkurrierender Schülerinformationssysteme auf dem Markt war es jedoch nicht möglich, eine Software zur Integration in alle diese Systeme zu entwickeln. Mein Kunde musste sich eine andere Lösung einfallen lassen, um seine Software auf die vorhandenen Schülerinformationssysteme abzustimmen.

Der Bildungssektor ist die viertgrößte Branche in den USA und die geschilderte Situation betrifft fast alle weiterführenden Schulen des Landes. Microsoft erkannte dies und beteiligte sich an einer Initiative der Softwarebranche, die dieses Problem zu lösen versuchte. Diese Initiative heißt Schools Interoperability Framework (SIF). Microsoft stellt die Grundlagen zur Verfügung, auf denen das Framework beruht. Das Framework baut auf Microsoft Windows 2003 Server, Microsoft SQL Server, Microsoft BizTalk Server und .NET Framework auf. Die spezielle Zusammenstellung von Elementen für diesen Zweck wird als Zone Integration Server (ZIS) bezeichnet.

Das SIF ermöglicht es, dass mehrere Schülerinformationssysteme untereinander Daten übermitteln können. Dieses Arrangement ist offenbar die perfekte Lösung, um die Software meines Kunden in die anderen Systeme zu integrieren. Um das Framework zu verwenden, müssen die Clients einen SIF-Softwareagenten erstellen, der für die Datensynchronisierung zuständig ist. Diese Arbeit entpuppte sich als Herausforderung, als mein Kunde vor einigen Jahren (über mich) den ersten SIF-Agenten auf dem Markt entwickelte. Aus mehreren Gründen, unter anderem Sicherheitserwägungen und Leistung, beschlossen wir, den SIF-Agenten mit .NET Remoting zu erstellen und eine Windows-Dienstanwendung als Host zu verwenden. Als Hostobjekt eines Windows-Dienstes war unser SIF-Agent für die gesamte Schule leicht zugänglich, bot aber gleichzeitig hohe Leistung und große Sicherheit.

Den SIF-Agenten korrekt bereitzustellen, war anfangs etwas knifflig, da in Visual Studio kein Mittel zur Verfügung steht, eine Windows-Dienstanwendung unmittelbar für die Bereitstellung einzubinden. Wir wählten für die Bereitstellung die Methode, die inzwischen branchenweit zum Standard für den Einsatz von Windows-Dienstanwendungen mit .NET Framework geworden ist: ein Setup-Projekt von Visual Studio mit benutzerdefinierten Aktionen. Die Remoteobjekte selbst, die unser Windows-Dienst als Host zur Verfügung stellt, waren recht einfach bereitzustellen, da sie einfach Objekte sind, die dieser Dienst verwendet.

WEITERFÜHRENDE INFORMATIONEN Schools Interoperability Framework

Weitere Informationen über das SIF erhalten Sie unter http://www.sifinfo.org/index.asp.

Lektion 1: Bereitstellen einer Remoteanwendung

Dieses Kapitel zeigt, wie Sie mit Visual Studio 2005 eine .NET Remoting-Anwendung bereitstellen können. Je nachdem, wie sicher der im Remoteobjekt enthaltene Quellcode sein muss und wie oft das Remoteobjekt geändert wird, gibt es für die Bereitstellung mehrere Möglichkeiten. Außerdem hängt die Bereitstellungsmethode auch von der Hostumgebung ab.

Am Ende dieser Lektion werden Sie in der Lage sein, die folgenden Aufgaben auszuführen:

- Bewerten und Bestimmen der geeigneten Hostumgebung
- Bestimmen der richtigen Bereitstellungsmethode
- Beschreiben, wie Websetup-Projekte in Visual Studio 2005 erstellt und konfiguriert werden

Veranschlagte Zeit für diese Lektion: 60 Minuten

.NET Remoting-Bereitstellung

Im Zusammenhang mit .NET Remoting bezieht sich Bereitstellung in der Regel auf die Bereitstellung einer Serveranwendung, die als Host eines Remoteobjekts dient, oder die Bereitstellung eines Remoteobjekts für einen Client oder Server. Eine Serveranwendung, die als Host eines Remoteobjekts dient, kann von einer Entwicklungs- oder Testumgebung für eine Produktionsumgebung bereitgestellt werden. Ebenso lässt sich auch ein Remoteobjekt von einer Entwicklungs- oder Testumgebung für eine Produktionsumgebung bereitstellen. Ein Remoteobjekt kann auch von einem Server für einen Client bereitgestellt werden.

Hosting von Remoteobjekten

Sie sollten zu Beginn der Entwicklung die Umgebung gut kennen, die als Host eines Remoteobjekts dienen soll. Ein Remoteobjekt sollte vor der Bereitstellung in seiner Hostumgebung gründlich getestet werden. Dieser Test sollte nicht in der Produktionsumgebung, sondern in einer Entwicklungsversion der Hostumgebung stattfinden, die der Produktionsversion so weit wie möglich gleicht. Die Tests sollten Sicherheits- und Leistungstests unter der voraussichtlichen tatsächlichen Last umfassen.

Eine Hostumgebung besteht aus Betriebssystem, Speicher, Festplatte, Verbindungen, Software und Anwendungen, z. B. SQL Server, Microsoft Active Directory, Microsoft Internetinformationsdienste (IIS) und Microsoft Message Queuing (MSMQ) sowie dem Anwendungstyp, in dem der Remoteserver erstellt wird. Es gibt vier gängige Anwendungstypen zur Erstellung von Remoteservern.

Konsolenanwendung

Konsolenanwendungen sind der einfachste Anwendungstyp, der sich mit Visual Studio 2005 erstellen lässt, und können auf der Befehlszeile ausgeführt werden. So stellen sie die einfachste Möglichkeit dar, einen Client oder Server für .NET Remoting zu erstellen. Auch der Server für .NET Remoting lässt sich mit Konsolenanwendungen am leichtesten bereitstellen. Wie in Kapitel 4, „Erstellen einer Remoteserveranwendung“, bereits beschrieben, muss jedoch der Benutzer eine Konsolenanwendung selbst starten, wenn sie nicht bereits ausgeführt wird. Außerdem werden Konsolenanwendungen standardmäßig im Sicherheitskontext des Benutzers ausgeführt, der sie startet. Wenn das manuelle Starten der Anwendung zumutbar ist, sind Konsolenanwendungen ein guter Weg, einen .NET Remoting-Server zu erstellen.

Wenn eine Konsolenanwendung nicht gerade ausgeführt wird, kann sie einfach in ein anderes Verzeichnis kopiert werden. Die einfachste Bereitstellungsmethode in .NET Framework besteht darin, an der Eingabeaufforderung den Befehl **xcopy** einzugeben. Wenn Sie eine Konsolenanwendung mit **xcopy** bereitstellen, sollten Sie nicht nur den Ordner mit der Anwendung, sondern auch den \bin-Unterordner und alle anderen Unterordner mit abhängigen Dateien kopieren.

Wenn eine Konsolenanwendung mit Visual Studio 2005 erstellt und ein Verweis auf ein Remoteobjekt hinzugefügt wird, wird eine Kopie dieses Objekts im \bin-Unterordner der Konsolenanwendung erstellt. Wenn bei der Bereitstellung der Anwendung dieser \bin-Unterordner kopiert wird, wird folglich das Remoteobjekt zusammen mit der Anwendung bereitgestellt. Eine Bereitstellung über **xcopy**, wie oben beschrieben, ist eher nicht geeignet, wenn die Konsolenanwendung Abhängigkeiten von Elementen außerhalb des Anwendungsordners enthält, wie beispielsweise Verweise auf benutzerdefinierte Assemblys, die sich im globalen Assemblycache (GAC) befinden. In solchen Fällen ist eine erweiterte Bereitstellungsmethode besser geeignet als **xcopy**.

Ausführbare Windows-Anwendung

Ausführbare Windows-Anwendungen bestehen aus Windows-Formularen und lassen sich durch ihre Windows-Benutzeroberfläche besser bedienen als Konsolenanwendungen. Doch in den meisten Fällen sind nicht mehr viele Benutzereingriffe erforderlich, sobald der Hostserver eines Remoteobjekts ausgeführt wird. Wie in Kapitel 4 bereits beschrieben, muss der Benutzer jedoch eine ausführbare Windows-Anwendung selbst starten, wenn sie nicht schon ausgeführt wird. Außerdem werden solche Anwendungen standardmäßig in dem Sicherheitskontext des Benutzers ausgeführt, der sie startet. Ausführbare Windows-Anwendungen sind zur Erstellung eines .NET Remoting-Servers weniger gebräuchlich als Konsolenanwendungen.

Die wichtigste Methode zur Bereitstellung einer ausführbaren Windows-Anwendung ist ein Windows-Setup-Projekt. Windows-Setup-Projekte bieten fast dieselben Konfigurationsoptionen wie Websetup-Projekte (auf die wir weiter unten noch zu sprechen kommen), wobei jedoch einige Konfigurationsoptionen spezifisch für Windows- und nicht für Webanwendungen sind.

Windows-Dienstanwendung

Eine Windows-Dienstanwendung kann automatisch gestartet werden, wenn Windows hochfährt, und sie kann in ihrem eigenen Sicherheitskontext ausgeführt werden. Beispiele solcher Anwendungen sind SQL Server und IIS. Obwohl Windows-Dienstanwendungen nicht manuell gestartet werden müssen und einen anderen Sicherheitskontext zur Verfügung stellen, sind sie weniger gebräuchlich als Konsolenanwendungen, um .NET Remoting-Server zu erstellen.

Die wichtigste Methode zur Bereitstellung einer Windows-Dienstanwendung ist ein Windows-Setup-Projekt. Windows-Setup-Projekte bieten fast dieselben Konfigurationsoptionen wie Websetup-Projekte (auf die wir weiter unten noch zu sprechen kommen), wobei jedoch einige Konfigurationsoptionen spezifisch für Windows- und nicht für Webanwendungen sind. Wenn Sie eine Windows-Dienstanwendung mit einem Windows-Setup-Projekt bereitstellen, müssen Sie dieses Projekt so konfigurieren, dass es bei der Installation der Anwendung einige benutzerdefinierte Aktionen vornimmt. Benutzerdefinierte Installationsprogramme, die mit .NET Framework erstellt werden können, sind in manchen Fällen besser geeignet, um einen Windows-Dienst zu installieren.

ASP.NET-Webanwendung

Am häufigsten werden .NET Remoting-Server als ASP.NET-Anwendungen erstellt. Für ASP.NET-Anwendungen dient IIS als Host. Die in .NET Framework integrierte .NET Remoting-Infrastruktur ist zwar umfangreich, bietet aber keine Sicherheitsfunktionen. Wenn Sie eine .NET Remoting-Anwendung entwerfen, müssen sie darauf achten, alle Sicherheitsfunktionen von .NET Framework zu verwenden. Da das Internet heute eine der meistbenutzten Kommunikationsplattformen ist, stehen auch für Webanwendungen viele Sicherheitsfunktionen zur Verfügung. Wenn Sie IIS als Host für ein Remoteobjekt einsetzen, können Sie Sicherheitsfunktionen für Webanwendungen auch in Ihren .NET Remoting-Anwendungen implementieren. Eine Anwendung, die mit ASP.NET als .NET Remoting-Server erstellt wurde, kann automatisch gestartet werden, wenn IIS hochfährt, und sie kann in ihrem eigenen Sicherheitskontext ausgeführt werden.

Im Allgemeinen werden .NET Remoting-Anwendungen für Intranets und nicht für das Web entwickelt. Das Hosting eines Remoteobjekts mit IIS hat den weiteren Vorteil, dass Sie Ihre Remoteobjekte auch im Web zur Verfügung stellen können. Eine ASP.NET-Anwendung, die als .NET Remoting-Server dient, verwendet HTTP als Kommunikationschannel, kann aber auch eine SOAP-Formatierung, Binärformatierung oder benutzerdefinierte Formatierung verwenden. Standardmäßig wird jedoch die SOAP-Formatierung eingesetzt.

Die einfachste Methode zur Bereitstellung eines als ASP.NET-Anwendung erstellten .NET Remoting-Servers ist ein Websetup-Projekt (das weiter unten noch beschrieben wird).

Bereitstellen von Remoteobjekten

Remoteobjekte werden in Form von Klassen erstellt. In objektorientierten Programmiersprachen ist es üblich, jede Klasse in einer separaten physikalischen Datei zu speichern, die denselben Namen wie die in ihr enthaltene Klassendefinition trägt. Ein Remoteobjekt kann eine oder mehrere Klassen enthalten, und jedes Remoteobjekt wird in einem separaten Visual Studio 2005-Projekt gespeichert. Jedes Visual Studio 2005-Projekt wird zu einer einzelnen DLL-Datei kompiliert, die sich im \bin-Unterordner des Projekts befindet. Der .NET Remoting-Server und die Clients, die das Objekt verwenden, müssen einen Verweis auf das Objekt im Projektmappen-Explorer von Visual Studio 2005 erstellen. Wenn in Visual Studio 2005 ein Verweis erstellt wird, wird eine Kopie des Remoteobjekts in den \bin-Unterordner des Projekts kopiert, dem der Verweis hinzugefügt wurde.

Bereitstellen eines Remoteobjekts für den Server

Remoteobjekte müssen sowohl für den Server bereitgestellt werden, der als Host dient, als auch für jeden Client, der auf sie verweist. Server müssen auf eine Kopie eines Remoteobjekts verweisen, um dessen Methoden aufrufen zu können, wenn Anforderungen von Clientanwendungen eingehen. Clientanwendungen müssen auf eine Kopie eines Remoteobjekts verweisen, damit der Clientcode kompilieren kann. Eine Kopie eines Remoteobjekts mit dessen Hostserver bereitzustellen, ist ein einfacher Vorgang. Wie bereits gesagt: Wenn dem Server ein Verweis auf das Remoteobjekt hinzugefügt wird, wird eine Kopie dieses Objekts im \bin-Unterordner des Servers erstellt. Wird der Server bereitgestellt, so wird mit ihm auch die Kopie des Remoteobjekts bereitgestellt. Doch um ein Remoteobjekt jedem Client bereitzustellen, ist etwas mehr Aufwand erforderlich.

Bereitstellen eines Remoteobjekts für den Client

Drei Methoden sind geläufig, um ein Remoteobjekt einem Client bereitzustellen: Sie können die gesamte Assembly des Remoteobjekts bereitstellen, eine Schnittstelle zum Remoteobjekt implementieren oder das SoapSuds-Dienstprogramm von .NET Framework verwenden, um das Remoteobjekt für die Bereitstellung zu konfigurieren.

Am einfachsten lässt sich ein Remoteobjekt mit seiner vollständigen Assembly einem Client bereitstellen. Mit derselben Methode wird ein Remoteobjekt für eine .NET Remoting-Serveranwendung bereitgestellt. Der Nachteil dabei ist, dass der gesamte Code aus der Assembly auf den Clientcomputer kopiert wird. Diesen Code allen Clients offen zu legen, für die ein Remoteobjekt bereitgestellt wird, ist ein großes Sicherheitsrisiko und könnte wichtige Informationen über den Server verraten, wie beispielsweise seine Datenbankverbindungsinformationen. Wie in den Kapiteln 4 und 5 beschrieben, gibt es zwei Arten von Remoteobjekten, nämlich *Marshal-by-value* (MBV) und *Marshal-by-reference* (MBR). Wenn Sie ein MBV-Remoteobjekt erstellen, wird die gesamte Assembly des Objekts serialisiert und auf den Clientcomputer kopiert, wenn der Client eine Anforderung sendet. Also gibt es keinen echten Schutz für den Code in der Remoteobjektassembly, und aus Leistungserwägungen sollten Sie die gesamte Assembly kopieren.

Eine andere Möglichkeit der Bereitstellung eines Remoteobjekts besteht darin, nur eine Schnittstelle bereitzustellen, die das Remoteobjekt implementiert. Für MBR-Remoteobjekte ist das die perfekte Lösung. Wenn eine Klasse eine Schnittstelle implementiert, muss sie die darin deklarierten Funktionsmember überschreiben. Folglich beschreibt die Schnittstelle die Funktionsmember der Klassen, die sie implementieren. Eine Klasse kann auch mehr Funktionsmember deklarieren als eine Schnittstelle. Wenn Sie jedoch eine Schnittstelle als Bereitstellungsmethode einsetzen, müssen Sie darauf achten, dass die Schnittstelle genau dieselben Funktionsmember deklariert, wie die Klassen, die diese Schnittstelle implementieren.

Um eine Schnittstelle bereitzustellen, deklarieren Sie sie in Visual Studio 2005 in einem eigenen Projekt. So wird sie von den implementierenden Klassen isoliert. Wenn Sie mit Visual Studio 2005 Klassen erstellen, die die Schnittstelle implementieren, müssen Sie der Schnittstellenassembly einen entsprechenden Verweis hinzufügen. Clientanwendungen müssen ebenfalls mit Visual Studio 2005 einen Verweis auf die Schnittstellenassembly erstellen. Dann können Clientanwendungen aus dem Clientcode heraus Funktionsmember aufrufen, die in der Schnittstelle deklariert sind, und erfolgreich kompilieren. Wenn Sie nur eine Schnittstelle bereitstellen, haben Sie den Vorteil, dass diese nur Funktionsmembersignaturen und keinen Code enthält. Also wird der Code des Remoteobjekts nicht offen gelegt.

Als dritte Möglichkeit können Sie auch das Dienstprogramm **SoapSuds.exe** (oder **SoapSuds**) von .NET Framework verwenden, um Metadaten aus einem Remoteobjekt zu extrahieren. Bei den anderen beiden Verfahren, bei denen entweder das Remoteobjekt mit seiner gesamten Assembly oder eine von der Remoteobjektassembly implementierte Schnittstelle bereitgestellt wird, veranlasst der Server die Bereitstellung für den Client. Mit **SoapSuds.exe** können Sie Metadaten über ein Remoteobjekt vom Server abrufen und die Bereitstellung vom Client aus initiieren. Das Dienstprogramm **SoapSuds.exe** kann die gesamte Remoteobjektassembly oder eine nur aus Metadaten bestehende Remoteobjektassembly extrahieren und auf dem Client rekonstruieren, eine WSDL-Datei mit einer Beschreibung der Remoteobjektassembly extrahieren und eine WSDL-Datei auf dem Client in Quellcode oder in eine Assembly auf dem Client konvertieren. Das Extrahieren einer WSDL-Datei und anschließende Konvertieren in eine Codedatei oder Assembly wird häufiger für Webdienste als für Remoteobjekte verwendet.

Das Dienstprogramm **SoapSuds.exe** ist im .NET Framework Software Development Kit enthalten. Wenn Sie eine Eingabeaufforderung öffnen und auf den Ordner mit der Remoteobjektassembly **RemotePatient.dll** navigieren, können Sie das Dienstprogramm wie folgt ausführen:

SoapSuds-Dienstprogramm

```
soapsuds
-types:MSLearning.Chapter5.PatientClasses.Patient,RemotePatient
-oa:Sample.dll
```

In diesem Beispiel wird der Befehlszeilenparameter **–types** verwendet, um die Klasse und die zu analysierende Remoteobjektassembly anzugeben. Der Befehlszeilenparameter **–oa** gibt die Ausgabeassembly an, die generiert werden soll. Die am häufigsten verwendeten Parameter von **SoapSuds.exe** werden in Tabelle 6.1 beschrieben.

Tabelle 6.1 Häufig verwendete Parameter des Dienstprogramms **SoapSuds.exe** von .NET Framework

Schalter	Beschreibung
–inputassembly:*Assembly* (**–ia**:*Assembly*)	Diese Option gibt die Assembly an, die das Dienstprogramm analysieren und aus der es Metadaten extrahieren soll
(**–inputdirectory:***Verzeichnis* (**–id:***Verzeichnis*)	Diese Option gibt an, welches Verzeichnis die Eingabeassembly enthält
–outputdirectory:*Assembly* (**–oa:***Assembly*)	Diese Option gibt an, welches Verzeichnis die Ausgabeassembly enthält
–outputdirectory: Ausgabe-verzeichnis (**–od:***Ausgabeverzeichnis*)	Diese Option gibt an, in welchem Verzeichnis die Ausgabeassembly gespeichert wird
–types:*Typ1,Assembly*	Diese Option gibt den Typ und die Assembly an, aus denen das Dienstprogramm Metadaten extrahieren soll
–domain:*Domäne* (**–d:***Domäne*)	Dieses Element gibt an, welche Domäne für die Authentifizierung verwendet werden soll
–username:*Benutzername* (**–u:***Benutzername*)	Diese Option gibt an, welcher Benutzername authentifiziert werden soll
–password:*Kennwort* (**–p:***Kennwort*)	Diese Option gibt an, welches Kennwort authentifiziert werden soll

Erstellen eines Websetup-Projekts

Wie bereits erwähnt, werden .NET Remoting-Server meist über eine Konsolenanwendung oder über eine ASP.NET-Hostwebanwendung bereitgestellt. Die Bereitstellung für eine Konsolenanwendung ist sehr einfach, aber die Bereitstellung für eine Webanwendung mit IIS kann etwas schwieriger sein. Eine Webanwendung kann zwar manuell bereitgestellt und konfiguriert werden, aber dieser Vorgang lässt sich mit einem Websetup-Projekt von Visual Studio 2005 auch automatisieren.

Ein *Websetup-Projekt* wird verwendet, um ein Webprojekt für die Bereitstellung zu verpacken. Wenn Sie mit Visual Studio 2005 ein Websetup-Projekt erstellen, werden sechs Editoren angezeigt. In jedem wird ein Aspekt des Setup-Projekts konfiguriert. Wenn das Setup-Projekt konfiguriert ist, wird es mit Visual Studio 2005 erstellt. Das Ergebnis ist entweder eine ausführbare Datei oder ein *Microsoft-Installer*, mit dem das Webprojekt bei der Bereitstellung installiert und konfiguriert wird.

Websetup-Projekte werden der Projektmappe des bereitzustellenden Webprojekts in der Regel als zusätzliches Projekt hinzugefügt. Mit Visual Studio 2005 wird ein Websetup-Projekt wie folgt erstellt:

1. Öffnen Sie die Projektmappe Ihres Webprojekts und klicken Sie auf **Datei**, **Hinzufügen**, **Neues Projekt**.
2. Klicken Sie im Dialogfeld **Neues Projekt hinzufügen** auf **Andere Projekttypen**, **Setup und Bereitstellung**, **Websetup-Projekt**.
3. Weisen Sie dem Projekt einen Namen und ein Verzeichnis zu und klicken Sie auf **OK**.

Visual Studio fügt der offenen Projektmappe das Websetup-Projekt hinzu und zeigt Ihnen nun den Dateisystem-Editor an. Auf die anderen Editoren können Sie zugreifen, indem Sie im Projektmappen-Explorer das Websetup-Projekt auswählen und im Menü **Ansicht** den Befehl **Editor** anklicken, oder indem Sie mit der rechten Maustaste im Projektmappen-Explorer auf das Websetup-Projekt klicken und dann im Kontextmenü auf **Ansicht** klicken, oder indem Sie im Projektmappen-Explorer das Websetup-Projekt auswählen und dann oben auf der Symbolleiste auf das Symbol für den entsprechenden Editor klicken.

Dateisystem-Editor

Im Dateisystem-Editor können Sie festlegen, wie sich die Installation der Webanwendung auf das Dateisystem des Zielcomputers auswirken soll. Webordner, Projektausgabe, Dateien und Assemblys fügen Sie dem Websetup-Projekt hinzu, indem Sie mit der rechten Maustaste auf das Symbol des Webanwendungsordners im Dateisystem-Editor und dann mit der linken Maustaste auf **Hinzufügen** klicken, oder indem Sie im Menü **Projekt**, wenn der Dateisystem-Editor angezeigt wird, auf **Hinzufügen** klicken. Zur Projektausgabe gehören die Primärassembly, die bei der Erstellung des Webprojekts erstellt wurde, die Satellitenassemblys für die Lokalisierung, die Debugsymboldateien, die erstellt werden, wenn das Projekt im Debugmodus erstellt wird, sowie die Inhaltsdateien des Projekts, die Bilder, Quellcode, XML-Dokumentation und Serialisierungsdateien enthalten. Bei der Installation können auch Abkürzungen zum Starten der Webanwendung, wie beispielsweise eine Windows-Desktopverknüpfung, an diversen Orten erstellt werden. Wenn der Dateisystem-Editor angezeigt wird, können Sie außerdem im Dialogfeld **Eigenschaften** die Einstellungen für das virtuelle Zielverzeichnis konfigurieren, das beim Installieren der Webanwendung erstellt wird. Der Dateisystem-Editor für Websetup-Projekte in Visual Studio 2005 ist in Abbildung 6.1 zu sehen.

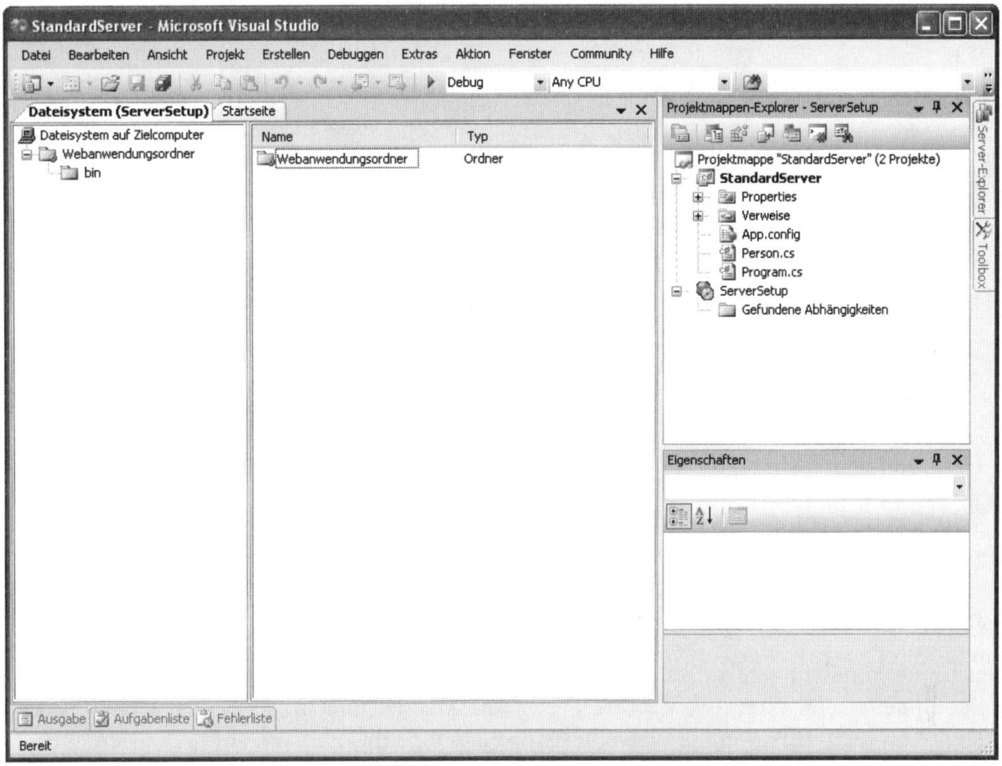

Abbildung 6.1 Der Dateisystem-Editor für Websetup-Projekte in Visual Studio 2005

Registrierungs-Editor

Im Registrierungs-Editor können Sie festlegen, wie sich die Installation der Webanwendung auf die Registrierung des Zielcomputers auswirken soll. Sie können dem Websetup-Projekt neue Schlüssel und Werte hinzufügen, indem Sie mit der rechten Maustaste auf einen der Registrierungsknoten im Registrierungs-Editor klicken. Der Registrierungs-Editor für Websetup-Projekte in Visual Studio 2005 ist in Abbildung 6.2 zu sehen.

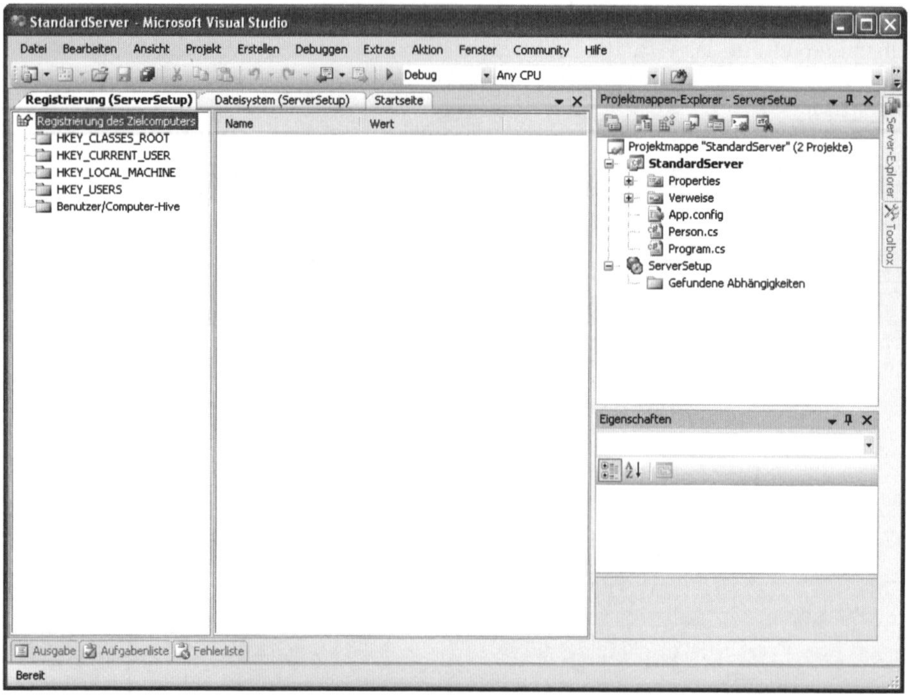

Abbildung 6.2 Der Registrierungs-Editor für Websetup-Projekte in Visual Studio 2005

Dateitypen-Editor

Im Dateitypen-Editor können Sie festlegen, wie sich die Installation der Webanwendung auf die Dateitypen des Zielcomputers auswirken soll. Windows verknüpft Dateien anhand der Dateierweiterungen mit den richtigen Anwendungen. Wenn Sie beispielsweise auf einem Computer, auf dem Microsoft Office installiert ist, einen Doppelklick auf eine Datei mit der Erweiterung DOC setzen, wird Windows diese Datei mit Microsoft Word zu öffnen versuchen. Wenn Sie eine Anwendung installieren, können Sie die Dateierweiterungen im Dateitypen-Editor mit den Aktionen verknüpfen, die Windows auf den Dateien ausführen soll. Sie können dem Websetup-Projekt Dateierweiterungen und zugehörige Aktionen hinzufügen, indem Sie mit der rechten Maustaste im Dateitypen-Editor auf das Symbol **Dateitypen auf Zielcomputer** und dann mit der linken Maustaste auf **Dateityp hinzufügen** klicken. Der Dateitypen-Editor für Websetup-Projekte in Visual Studio 2005 ist in Abbildung 6.3 zu sehen.

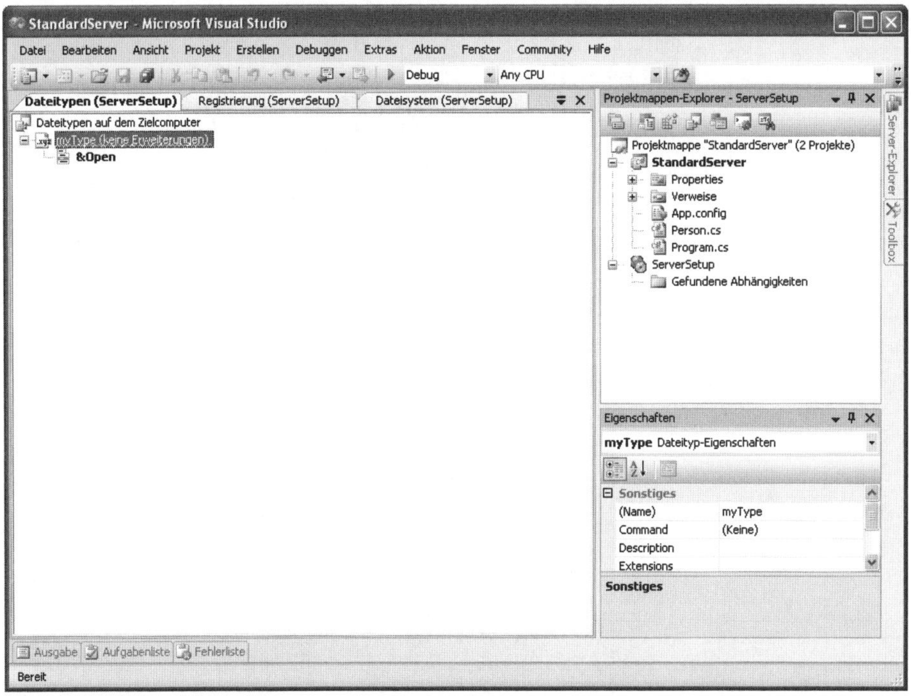

Abbildung 6.3 Der Dateitypen-Editor für Websetup-Projekte in Visual Studio 2005

Benutzeroberflächen-Editor

Im Benutzeroberflächen-Editor wird die Benutzeroberfläche des Installationsprogramms konfiguriert. Er ermöglicht es, eine Standardinstallationsoberfläche und eine separate Installationsoberfläche für die Administration zu erstellen, die Administratoren detailliertere Optionen und Informationen zur Verfügung stellt. Sie können die Dialogfelder, die dem Benutzer bei der Installation angezeigt werden, hinzufügen, entfernen oder anpassen, indem Sie mit der rechten Maustaste im Benutzeroberflächen-Editor auf einen Prozessschritt oder ein Dialogfeld klicken. Der Benutzeroberflächen-Editor für Websetup-Projekte in Visual Studio 2005 ist in Abbildung 6.4 zu sehen.

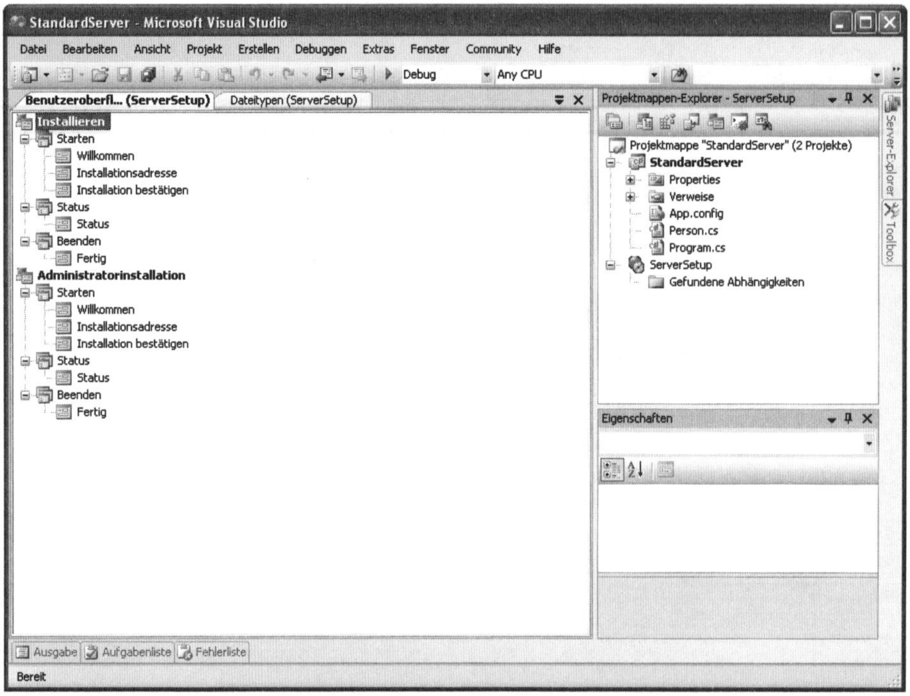

Abbildung 6.4 Der Benutzeroberflächen-Editor für Websetup-Projekte in Visual Studio 2005

Editor für benutzerdefinierte Aktionen

Im Editor für benutzerdefinierte Aktionen können Sie selbst Aktionen definieren, die bei der Installation der Webanwendung ausgeführt werden sollen. Setupanwendungen zeigen beispielsweise häufig nach dem Setup eine Textdatei an, die den Benutzer über Programmaktualisierungen oder die ersten Schritte mit dem neuen Programm informiert. Um eine eigene Aktion zu definieren, klicken Sie mit der rechten Maustaste im Editor für benutzerdefinierte Aktionen auf ein Symbol und dann mit der linken Maustaste auf **Benutzerdefinierte Aktion hinzufügen**. Dann können Sie im Dialogfeld **Element im Projekt auswählen** eine Datei, Ausgabe oder Assembly als selbstdefinierte Aktion hinzufügen. Diese Aktion können Sie vor der Installation, nach einer erfolgreichen Installation, bei fehlgeschlagener Installation oder beim Deinstallieren ausführen lassen. Der Editor für benutzerdefinierte Aktionen für Websetup-Projekte in Visual Studio 2005 ist in Abbildung 6.5 zu sehen.

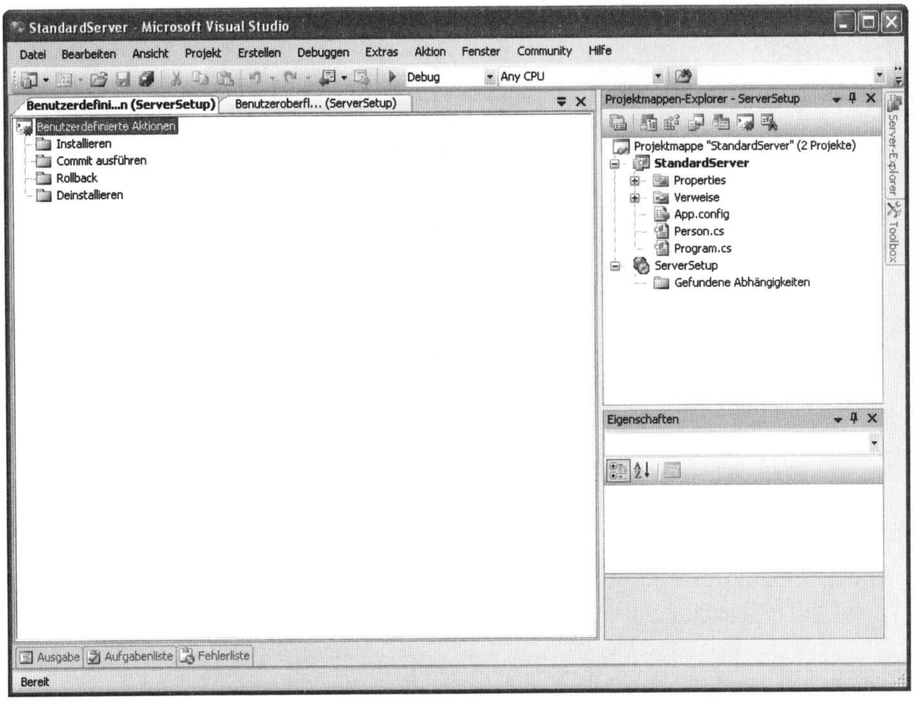

Abbildung 6.5 Der Editor für benutzerdefinierte Aktionen für Websetup-Projekte in Visual Studio 2005

Editor für Startbedingungen

Im Editor für Startbedingungen können Sie festlegen, welche Bedingungen erfüllt sein müssen, damit die Webanwendung installiert werden kann. Vielleicht erfordern die Funktionen Ihrer Webanwendung eine bestimmte Version von IIS oder .NET Framework 2.0. Um vor der Installation eine neue Startbedingung hinzuzufügen, klicken Sie mit der rechten Maustaste im Editor für Startbedingungen auf das Symbol des Ordners für Startbedingungen und dann mit der linken Maustaste auf **Startbedingung hinzufügen**. Gewöhnlich werden Startbedingungen verwendet, um eine Konfigurationseinstellung oder Version zu überprüfen. Um zu überprüfen, ob auf dem Zielcomputer eine Datei, ein Registrierungseintrag oder eine andere Anwendung vorhanden ist, klicken Sie im Editor für Startbedingungen mit der rechten Maustaste auf das Ordnersymbol **Zielcomputer durchsuchen** und wählen die Art der Suche aus. Der Editor für Startbedingungen für Websetup-Projekte in Visual Studio 2005 ist in Abbildung 6.6 zu sehen.

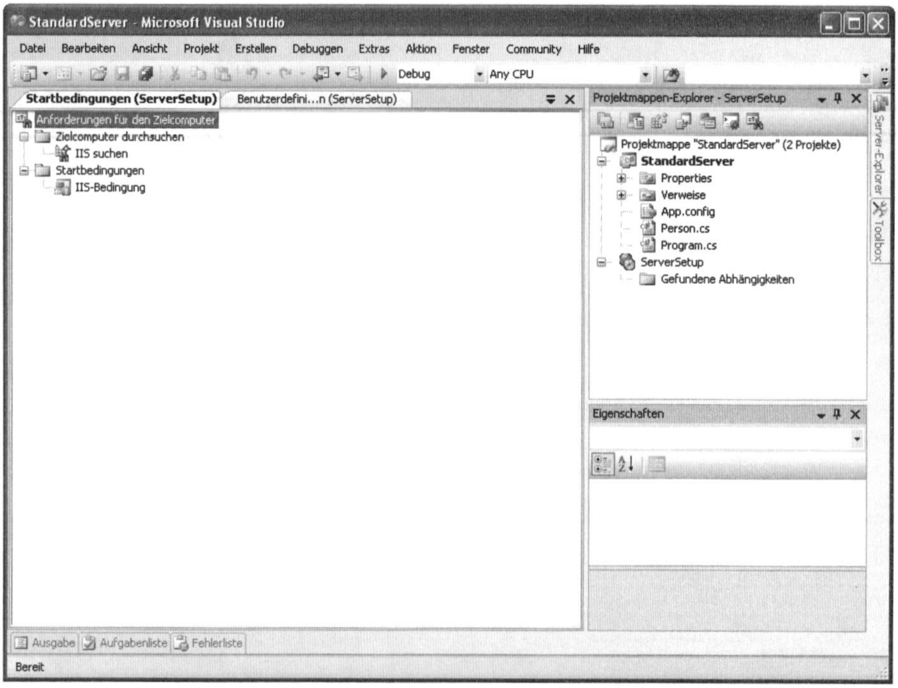

Abbildung 6.6 Der Editor für Startbedingungen für Websetup-Projekte in Visual Studio 2005

Erstellen, Installieren und Deinstallieren

Wenn Sie das Websetup-Projekt konfiguriert haben, müssen Sie als Nächstes das Projekt erstellen, um die ausführbare Setupdatei und den Microsoft Installer-Datei (MSI) zu generieren. Um das Websetup-Projekt zu erstellen, wählen Sie entweder aus dem Menü **Erstellen** diese Option oder klicken mit der rechten Maustaste im Projektmappen-Explorer auf das Projekt und dann mit der linken Maustaste auf **Erstellen**. Wie bei jedem anderen Projekttyp von Visual Studio 2005 müssen auch hier eventuelle Fehler beseitigt werden.

Wenn die Erstellung erfolgreich war, können Sie zum Ordner mit dem Websetup-Projekt navigieren, in dem sich die Setup-Datei und die MSI-Datei befinden. Wenn Sie das Projekt im Debugmodus erstellt haben, finden Sie diese Dateien im Unterordner **Debug**, ansonsten im Unterordner **Release**. Um die Webanwendung zu installieren und zu testen, können Sie auf die Datei **Setup.exe** oder die MSI-Datei doppelklicken. Oder Sie installieren die Webanwendung, indem Sie das Websetup-Projekt im Projektmappen-Explorer mit der rechten Maustaste anklicken und dann auf **Installieren** klicken. Anwendungen, die mit einem Websetup-Projekt installiert wurden, und davon abhängige Aktionen, die während der Installation ausgeführt werden müssen, werden in der Systemsteuerung unter **Software** registriert, damit sie sich später wieder leicht deinstallieren lassen.

Die ausführbare Setupdatei und die MSI-Dateien lassen sich einfach bereitstellen, um die Webanwendung auf einem Clientcomputer installieren zu können. Wenn der Zielcomputer die neuesten Aktualisierungen des Microsoft-Installers anwendet, kann die MSI-Datei bereitgestellt werden; andernfalls sollten Sie die Setupdatei bereitstellen. Zur Bereitstellung der Setupdateien gehört oft auch eine Möglichkeit, die Dateien von einem Ort an einen anderen zu kopieren, sei es durch Herunterladen, per E-Mail, als direkte Dateikopie oder durch Wechselmedien.

Übung 1: Erstellen und Installieren eines Websetup-Projekts

In dieser Übung werden Sie Schritt für Schritt ein Websetup-Projekt erstellen und installieren, um ein Remoteobjekt bereitzustellen, das IIS als Host hat. Dabei wird das in Kapitel 5 erstellte Remoteobjekt **RemotePatient** verwendet. Falls Sie bei einer Übung auf Probleme stoßen, können Sie sich das fertige Projekt auf der Begleit-CD im Ordner **Code** ansehen.

▶ Übung 1: Erstellen eines Websetup-Projekts

1. Hinzufügen eines Websetup-Projekts zur Projektmappe **RemotePatient**.
   a. Starten Sie Visual Studio 2005 und öffnen Sie das Projekt **RemotePatient** aus Lektion 1 von Kapitel 5.
   b. Wählen Sie nun im Menü **Datei** den Eintrag **Hinzufügen**, **Neues Projekt**.
   c. Klicken Sie im Dialogfeld **Neues Projekt hinzufügen** auf **Andere Projekttypen**, **Setup und Bereitstellung**, **Websetup-Projekt**. Weisen Sie dem Projekt einen Namen wie **RemotePatientSetup** zu und klicken Sie auf **OK**.
2. Fügen Sie dem Setup-Projekt das Remoteobjekt hinzu.
   a. Klicken Sie im Dateisystem-Editor im Symbol **Webanwendungsordner** mit der rechten Maustaste auf den Unterordner \bin. Klicken Sie nun auf **Hinzufügen**, **Projektausgabe**.
   b. Klicken Sie im Dialogfeld **Projektausgabegruppe hinzufügen** auf **Primäre Ausgabe** und dann auf **OK**.

▶ Übung 2: Erstellen und Installieren eines Websetup-Projekts

1. Erstellen des Websetup-Projekts
   a. Klicken Sie im Projektmappen-Explorer von Visual Studio 2005 mit der rechten Maustaste auf den Unterordner \bin und dann mit der linken Maustaste auf **Erstellen**.
   b. Stellen Sie sicher, dass das Projekt erfolgreich erstellt wurde. Wenn Fehler auftreten, müssen Sie sie beseitigen und das Projekt erneut erstellen, bis Sie Erfolg haben.
2. Erstellen des Websetup-Projekts
   a. Sie installieren das Websetup-Projekt im Projektmappen-Explorer, indem Sie es mit der rechten Maustaste anklicken und dann auf **Installieren** klicken. Um eine reale Bereitstellung zu simulieren, sollten Sie jedoch zuerst zum Ordner navigieren, in dem das Websetup-Projekt erstellt wurde. Doppelklicken Sie im Unterordner **Debug** (oder **Release**, wenn Sie das Projekt nicht im Debugmodus erstellt haben) auf die MSI-Datei, um das Projekt zu installieren.
   b. Arbeiten Sie sich durch die Dialogfelder des Installationsprogramms, um die Installation abzuschließen.
3. Überprüfen, ob das Projekt erfolgreich installiert wurde.
   a. Öffnen Sie IIS, indem Sie auf **Start**, **Systemsteuerung**, **Verwaltung**, **Internetinformationsdienste (IIS)-Manager** klicken. Navigieren Sie mithilfe des IIS-Managers zur Standardwebsite und dort zum virtuellen Ordner, der durch die Websetup-Projektinstallation erstellt wurde, wie in Abbildung 6.7 gezeigt.

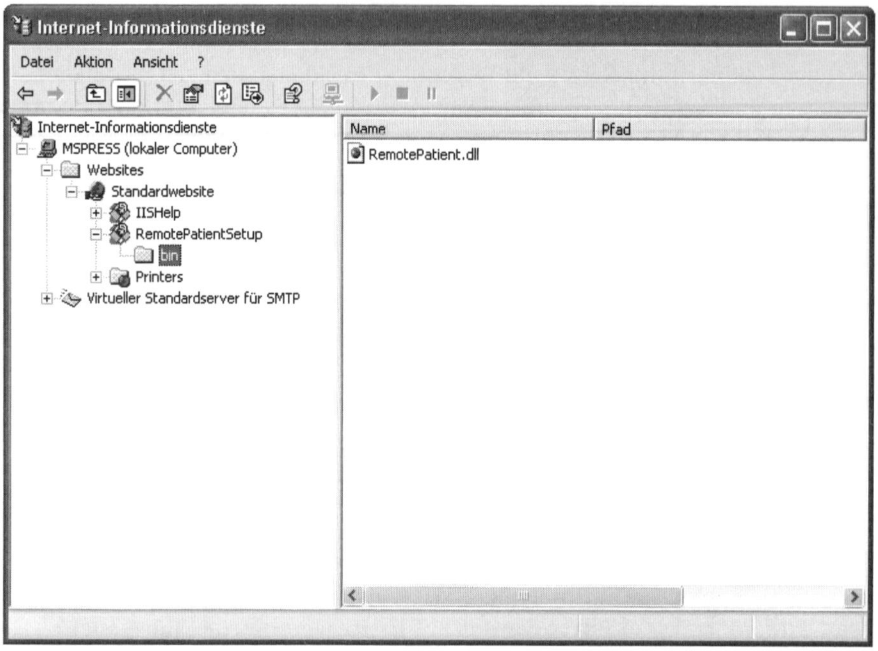

Abbildung 6.7 Der virtuelle Ordner **RemotePatientSetup**, der IIS als Host hat

Wenn Sie das Websetup-Projekt deinstallieren möchten, tun Sie dies entweder über die Option **Software** in der Systemsteuerung, oder indem Sie das Websetup-Projekt im Projektmappen-Explorer von Visual Studio 2005 mit der rechten Maustaste anklicken und **Deinstallieren** wählen.

Zusammenfassung der Lektion

- Die Bereitstellung von Remoteserveranwendungen in .NET verläuft in der Regel zuerst von der Entwicklungs- in die Testumgebung und dann von der Test- in die Produktionsumgebung
- Die Bereitstellung von Remoteobjekten in .NET verläuft von der Entwicklungs- in die Test- und dann in die Produktionsumgebung und zwar je nach Typ des Remoteobjekts sowohl auf dem Client als auch auf dem Server
- .NET Remoting-Objekte können eine Konsolenanwendung, eine ausführbare Windows-Datei, eine ASP.NET-Anwendung oder eine Windows-Dienstanwendung als Host haben. Am häufigsten sind Konsolenanwendungen oder ASP.NET-Webanwendungen.
- Wenn Sie ein Remoteobjekt bereitstellen, können Sie entweder seine vollständige Assembly oder eine von der Remoteobjektassembly implementierte Schnittstelle bereitstellen. Sie können auch das Dienstprogramm **SoapSuds.exe** von .NET Framework verwenden, um die Metadaten des Remoteobjekts zu extrahieren und die Assembly auf dem Client zu generieren.
- Wenn Sie ein Remoteobjekt als ASP.NET-Webanwendung bereitstellen, verwenden Sie hierzu am besten ein Websetup-Projekt

Lernzielkontrolle

Mit den folgenden Fragen können Sie Ihr Wissen zu den Informationen aus Lektion 1, „Bereitstellen einer Remoteanwendung“, überprüfen. Die Fragen finden Sie (in englischer Sprache) auch auf der Begleit-CD, Sie können sie also auch auf dem Computer im Rahmen eines Übungstests beantworten.

HINWEIS Die Antworten

Die Antworten auf diese Fragen mit Erklärungen, warum die jeweiligen Auswahlmöglichkeiten richtig oder falsch sind, finden Sie im Abschnitt „Antworten“ am Ende dieses Buchs.

---

1. Welche Anwendungstypen können als Host für .NET Remoting-Objekte dienen? (Wählen Sie alle zutreffenden Antworten aus.)
   a. Windows-Dienstanwendung
   b. Klassenbibliothekanwendung
   c. ASP.NET-Webanwendung
   d. Anwendung für intelligente Geräte
2. Mit welcher Methode sollten Sie ein Remoteobjekt für einen Client bereitstellen, wenn die Sicherheit des Quellcodes dieses Remoteobjekts unbedingt gewährleistet sein muss und das Objekt eine Konsolenanwendung auf dem Server als Host hat? (Wählen Sie die beste Antwort aus.)
   a. Bereitstellen der gesamten Remoteobjektassembly.
   b. Bereitstellen einer Schnittstelle, die von der Remoteobjektassembly implementiert wird.
   c. Extrahieren der gesamten Remoteobjektassembly mithilfe von **SoapSuds.exe** und erneutes Erstellen auf dem Client.
   d. Extrahieren der Metadaten der Remoteobjektassembly mithilfe von **SoapSuds.exe** und erneutes Erstellen auf dem Client.
3. Welcher Dateityp wird beim Erstellen eines Websetup-Projekts erstellt? (Wählen Sie die beste Antwort aus.)
   a. Ein Microsoft-Installer (MSI)
   b. Eine verwaltete .NET-Assembly (DLL)
   c. Eine verwaltete .NET-Assembly (EXE)
   d. Eine .NET-Konfigurationsdatei (CONFIG)

Lektion 2: Debuggen einer Remoteanwendung

Es ist fast unmöglich, mehr als ein paar Zeilen Code zu schreiben, ohne dass irgendeine Art von Fehler bei der Ausführung auftritt. Es gibt drei Typen von Fehlern in Software: Syntax- bzw. Kompilierungsfehler, Laufzeitfehler und logische Fehler. Syntax- bzw. Kompilierungsfehler entstehen durch falsche Programmiersprachensyntax und Befehle und führen normalerweise dazu, dass das Programm nicht kompiliert. Laufzeitfehler verhindern nicht die Kompilierung und entstehen durch ein Element, das erst zur Laufzeit erkannt wird, wie es beispielsweise der Fall ist bei ungültigen Benutzereingaben, die nicht überprüft werden und daher zu einem Fehler führen. Ein anderer Laufzeitfehler kann auftreten, wenn eine benötigte Ressource zur Laufzeit nicht zur Verfügung steht. Logische Fehler werden manchmal ebenfalls als Laufzeitfehler betrachtet und verhindern nicht die Kompilierung. Sie hängen oft mit **if**-Anweisungen oder Schleifen zusammen, deren Logik nicht richtig ist.

Am Ende dieser Lektion werden Sie in der Lage sein, die folgenden Aufgaben auszuführen:

- Debuggen von .NET Remoting-Anwendungen mithilfe des Visual Studio 2005-Debuggers
- Behandeln von .NET Remoting-Ausnahmen mithilfe der Klasse **RemotingException**
- Nachverfolgen der Leistung von .NET Remoting-Anwendungen mit Leistungsindikatoren
- Nachverfolgen der Methodenaufrufe auf einem Remoteobjekt mithilfe der Nachverfolgungsdienste von .NET Remoting

Veranschlagte Zeit für diese Lektion: 60 Minuten

Beim Debuggen werden die Ursachen von Softwarefehlern ausfindig gemacht, um sie korrigieren zu können. Je nach Anwendungstyp kann das Debuggen der Anwendung einfach oder komplex sein. Das Debuggen von .NET Remoting-Anwendungen gilt als komplex, da es sich um verteilte Anwendungen handelt. Es gibt mehrere Möglichkeiten zum Debuggen und Nachverfolgen von .NET Remoting-Komponenten.

Visual Studio 2005-Debugger

Visual Studio 2005 ist eine umfassende Entwicklungsumgebung, vor allem in seiner vollständigen Umsetzung als Visual Studio Team System. Doch alle Versionen von Visual Studio 2005 enthalten den stabilsten Debugger, den es auf dem Markt gibt. Der Debugger von Visual Studio 2005 kann laufenden Code vollständig analysieren, Quellcode zeilenweise durchgehen, verwendete Speicherregister überprüfen und beliebig viele Haltepunkte verwalten. Er kann auch Code analysieren, der außerhalb von Visual Studio 2005 ausgeführt wird, wenn er an den Ausführungsprozess angehängt wird. Wenn Sie den Debugger an einen Prozess hängen und Zugriff auf den Quellcode haben, den dieser Prozess ausführt, können Sie ihn mit dem Debugger steuern. Manche Anwendungstypen eignen sich nicht direkt für das Debuggen mithilfe des Visual Studio 2005-Debuggers. In diesem Fall müssen Sie den Debugger an den Ausführungsprozess anhängen, nachdem die betreffende Anwendung bereits ausgeführt wird. Zu diesen Anwendungen zählen auch Windows-Dienste und .NET Remoting-Anwendungen.

Vergessen Sie nicht, dass .NET Remoting-Anwendungen aus mehreren Komponenten bestehen, darunter ein oder mehrere Remoteobjekte, ein Server und ein oder mehrere Clients. Ein Remoteobjekt wird typischerweise mithilfe einer Klassenbibliothek erstellt. Klassenbibliotheken können nicht direkt ausgeführt werden, sondern müssen durch einen anderen Prozess ausgeführt werden. Folglich gibt es keine Möglichkeit, ein Remoteobjekt direkt über einen anderen Prozess zu debuggen. In .NET Remoting führt der Prozess, der als Server dient, das Remoteobjekt aus. Clientanwendungen rufen dann den Server auf, um auf das Remoteobjekt zuzugreifen.

Um eine .NET Remoting-Anwendung zu debuggen, müssen Sie zuerst die Serveranwendung starten. Durch das Starten des Hostservers wird das Debuggen der entsprechenden Remoteobjekte erst möglich. Doch normalerweise ruft der Server nicht aus eigenem Antrieb Remoteobjektmethoden auf, sondern um Clientanforderungen zu erfüllen. Um eine .NET Remoting-Anwendung zu testen und zu debuggen, müssen Sie daher Clientanwendungen simulieren, indem Sie Skripts oder einfache Programme wie Konsolenanwendungen erstellen, die die Remoteobjektmethoden aufrufen.

Im Grunde kann das Debuggen in einer .NET Remoting-Anwendung nur an einem einzigen Punkt beginnen: beim Client. Eine Clientanwendung erfordert vielleicht gar kein besonderes Debuggen, solange das Remoteobjekt nicht aufgerufen wird. Doch in dem Moment, in dem ein Remoteobjekt aufgerufen wird, geht die Ausführung in einen anderen Prozess über: den Serverprozess. Das Debuggen von .NET Remoting-Anwendungen mit dem Visual Studio 2005-Debugger geht fast immer vom Client aus. Der Visual Studio 2005-Debugger kann mehrere Prozesse debuggen, aber immer nur einen davon anzeigen.

Um einen .NET Remoting-Server von einem Client aus zu debuggen, müssen Sie, bevor Sie den Client ausführen, den Debugger an den Server anhängen. Der Server muss bereits ausgeführt werden und Clientanforderungen abhören. Wenn Sie den Debugger an den Serverprozess anhängen, während dieser nur Anforderungen abhört, aber keine erfüllt, kann Ihnen der Debugger auch keine Aktivitäten anzeigen. Doch sobald ein Client eine Anforderung gesendet hat, können Sie die Ausführung der Anwendung auf dem Server mithilfe des Debuggers nachvollziehen. Um den Debugger an den Serverprozess anzuhängen, öffnen Sie in Visual Studio 2005 das Projekt mit der Clientanwendung und klicken im Menü **Debuggen** auf **An den Prozess anhängen**. Das Dialogfeld **An den Prozess anhängen** sehen Sie in Abbildung 6.8.

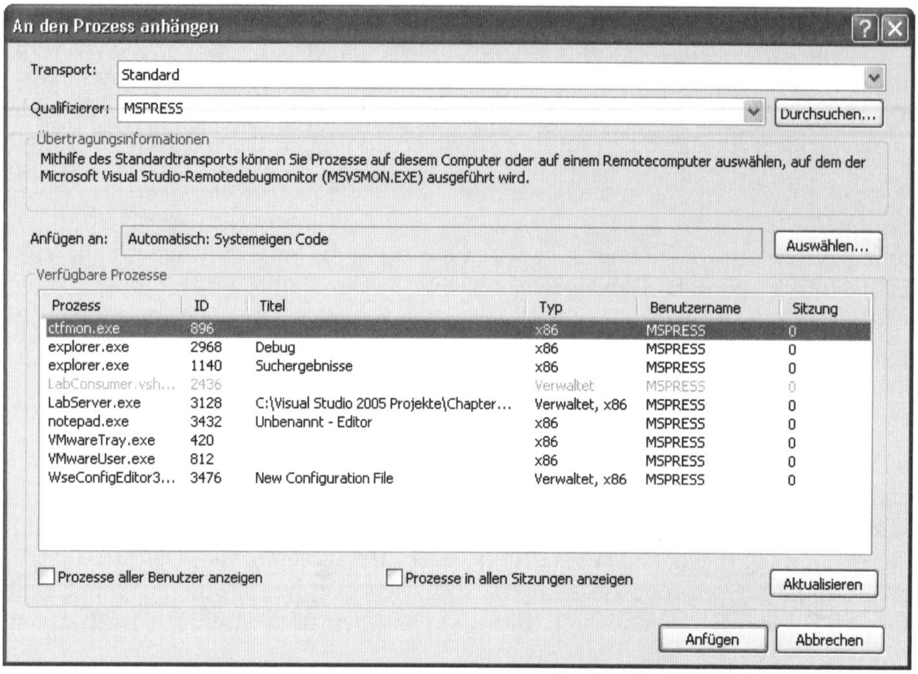

Abbildung 6.8 Das Dialogfeld **An den Prozess anhängen** in Visual Studio 2005

Anfangs zeigt das Dialogfeld **An den Prozess anhängen** die Prozesse, die auf dem lokalen Computer ausgeführt werden. Wenn der .NET Remoting-Server auf einem anderen Computer ausgeführt wird, müssen Sie diesen Prozess auswählen, indem Sie sich mit dem anderen Computer verbinden. Navigieren Sie zu dem laufenden Prozess im Listenfeld **Verfügbare Prozesse** und klicken Sie auf **Anfügen**. Danach führen Sie die Clientanwendung aus. Legen Sie im Debugger Haltepunkte an allen Stellen fest, an denen Sie die Ausführung anhalten möchten, erstellen Sie alle Komponenten im Debugmodus und konfigurieren Sie alle Computer, soweit erforderlich, für Remotedebuggen. Außerdem müssen Sie dafür sorgen, dass der Serverprozess im Debugger angezeigt wird, sobald er die Ausführung übernimmt. Hierzu doppelklicken Sie im Fenster **Prozesse** auf den Prozess.

WEITERFÜHRENDE INFORMATIONEN Debuggen mehrerer Prozesse

Informationen über das Debuggen mehrerer Prozesse mit Visual Studio 2005 erhalten Sie im Artikel „Attaching to Running Processes“ unter http://msdn2.microsoft.com/en-us/library/3s68z0b3.ASPX.

Die Klasse *RemotingException*

Sie sollten immer auch auf Überraschungen gefasst sein. Wenn Sie Code schreiben, können Sie nie davon ausgehen, dass alles reibungslos funktioniert und alle Ressourcen zur Verfügung stehen. Der gesamte Code in allen Programmiersprachen muss so geschrieben sein, dass er auch mit Fehlern angemessen umgehen kann. Objektorientierte Programmiersprachen, insbesondere auch die von .NET, verfügen hierzu über eine strukturierte Ausnahmebehandlung. Wenn ein Fehler auftritt, wird ein entsprechendes Fehlerobjekt instanziert, die Ausführung hält an und die CLR sucht nach einer **catch**-Anweisung, die die Ausnahme behandeln kann.

Wenn in einer .NET Remoting-Anwendung ein Fehler auftritt, wird ein Objekt der Klasse **RemotingException** instanziert, das den Fehler repräsentiert. Die einzigen Codeabschnitte, die in einer .NET Remoting-Clientanwendung überhaupt Fehler auslösen können, sind solche, die die Serververbindung initiieren, und solche, die die Remoteobjektmethoden aufrufen. Die **catch**-Anweisung im folgenden Beispiel behandelt alle auftretenden Remoteausnahmen.

Behandeln von Remoteausnahmen

```
'VB
Imports System.Runtime
Imports System.Runtime.Remoting
Imports System.Runtime.Remoting.Channels
Imports System.Runtime.Remoting.Channels.Tcp
Imports MSLearning.Chapter6.PatientClasses

Namespace MSLearning.Chapter6.ActivatorGetObject

    Module GetObjectModule

        Sub Main()

            Try

                ' Eine Instanz der Klasse Patient erstellen.
                Dim newPatient As Patient = _
                    CType(Activator.GetObject(GetType(Patient), _
                    "tcp://localhost:9000/Patient.rem"), Patient)

                ' Eine Remotemethode aufrufen.
                Console.WriteLine(newPatient.PersonalInformation())

            Catch ex As RemotingException

                Console.WriteLine(ex.Message)
            End Try
        End Sub
    End Module
End Namespace

//C#
using System;
using System.Runtime;
using System.Runtime.Remoting;
using System.Runtime.Remoting.Channels;
using System.Runtime.Remoting.Channels.Tcp;
using MSLearning.Chapter6.PatientClasses;

namespace MSLearning.Chapter6.ActivatorGetObject
```

```
{
    class Program
    {
        static void Main(string[] args)
        {

            try
            {

                // Eine Instanz der Klasse Patient erstellen.
                Patient newPatient =
                    (Patient)Activator.GetObject(typeof(Patient),
                    "tcp://localhost:9000/Patient.rem");

                // Eine Remotemethode aufrufen.
                Console.WriteLine(newPatient.PersonalInformation());
            }

            catch (RemotingException ex)
            {

                Console.WriteLine(ex.Message);
            }
        }
    }
}
```

Verwenden von Leistungsindikatoren

Windows stellt ein Dienstprogramm bereit, mit dem sich die Leistung einer Anwendung nachverfolgen lässt: den so genannten Leistungsmonitor. Der Leistungsmonitor kann entweder in der Systemsteuerung unter **Verwaltung** oder als Konsolenprogramm **Perfmon.exe** gestartet werden. Er verfolgt die Leistung der Anwendungen mit so genannten *Leistungsindikatoren* nach. Die Indikatoren werden in regelmäßigen Abständen aktualisiert, um den aktuellen Status wiederzugeben. Eine Anwendung kann viele Indikatoren für unterschiedliche Leistungsaspekte verwenden. Wenn viele Indikatoren verwendet werden, können Sie sie in Kategorien zusammenfassen, um sie leichter zu finden.

Viele Anwendungen installieren bei der Installation auch Indikatoren des Leistungsmonitors. So installiert zum Beispiel SQL Server 2005 unter anderm Indikatoren für die Anzahl bestätigter Transaktionen pro Sekunde und die Anzahl gefundener Deadlocks, um die Leistung der Datenbank nachzuverfolgen. .NET Framework ist ein anderes Beispiel einer Anwendung, die mehrere Arten von Leistungsindikatoren installiert. Mit Klassen aus dem Namespace **System.Diagnostics** können Sie dem Leistungsmonitor auch eigene Indikatoren hinzufügen. Abbildung 6.9 zeigt den Leistungsmonitor.

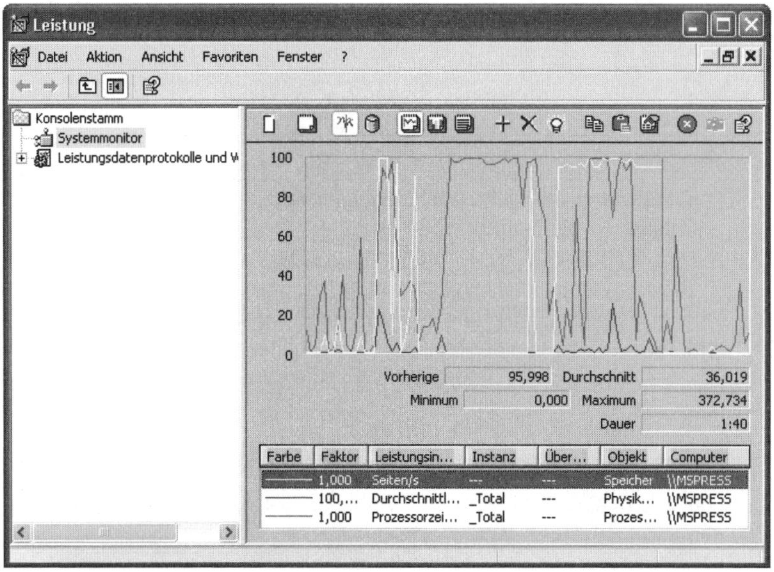

Abbildung 6.9 Das Windows-Dienstprogramm Leistungsmonitor

.NET Framework stellt eine Gruppe von Indikatoren zur Verfügung, die speziell für die Nachverfolgung von .NET Remoting-Operationen entwickelt wurden. Diese können dem Leistungsmonitor wie alle anderen Indikatoren hinzugefügt und manuell oder programmgesteuert nachverfolgt werden. Um manuell einen Indikator für die Nachverfolgung hinzuzufügen, klicken Sie auf der Symbolleiste des Leistungsmonitors auf die Schaltfläche **Hinzufügen**. Wählen Sie im Dialogfeld **Leistungsindikatoren hinzufügen** im Dropdown-Listenfeld aus, welche Kategorie von Indikatoren Sie hinzufügen möchten, wählen Sie den Typ aus dem linken und die Instanz aus dem rechten Listenfeld, und klicken Sie dann wieder auf **Hinzufügen**. Das Dialogfeld **Leistungsindikatoren hinzufügen** sehen Sie in Abbildung 6.10.

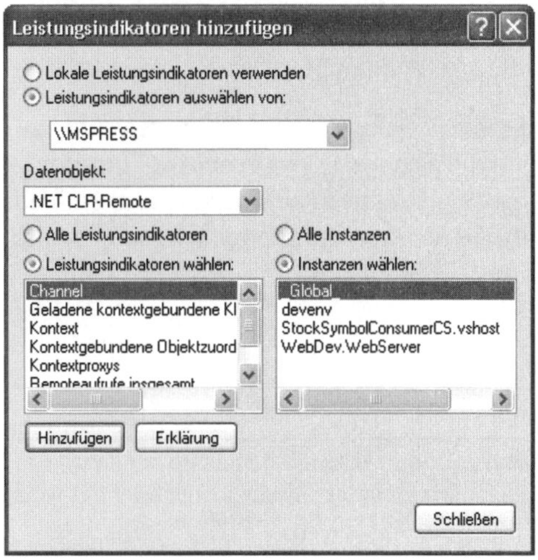

Abbildung 6.10 Das Dialogfeld **Leistungsindikatoren hinzufügen** des Windows-Leistungsmonitors

Die Indikatoren, die .NET Framework zur Beobachtung von .NET Remoting-Operationen zur Verfügung stellt, werden in Tabelle 6.2 beschrieben.

Tabelle 6.2 .NET Remoting-Leistungsindikatoren

Indikator	**Beschreibung**
Channel	Gibt an, wie viele Channels in allen Anwendungsdomänen für eine bestimmte Anwendung registriert sind
Kontextproxys	Gibt an, wie viele Proxys in einem bestimmten Prozess erstellt wurden
Geladene kontextgebundene Klassen	Gibt an, wie viele kontextgebundene Klassen im Moment geladen sind
Kontextgebundene Objektzuordnung/Sek.	Gibt an, wie viele kontextgebundene Objekte pro Sekunde geladen werden
Kontext	Gibt an, wie viele Kontexte in einer bestimmten Anwendung erstellt sind
Remoteaufrufe/Sek.	Gibt an, wie viele Remoteprozeduraufrufe pro Sekunde aufgerufen werden
Remoteaufrufe insgesamt	Gibt an, wie viele Remoteprozeduraufrufe für eine bestimmte Anwendung insgesamt aufgerufen werden

WEITERFÜHRENDE INFORMATIONEN Leistungsindikatoren in .NET Framework

Weitere Informationen über Leistungsindikatoren finden Sie im Artikel „Performance Counters in the .NET Framework“ unter http://msdn2.microsoft.com/en-us/library/w8f5kw2e.ASPX.

.NET Remoting-Nachverfolgungsdienste

Neben den sehr nützlichen Leistungsindikatoren bietet .NET Framework die .NET Remoting-Nachverfolgungsdienste, um für jede .NET Remoting-Operation das benutzerdefinierte Verhalten noch präziser definieren zu können. Diese Nachverfolgungsdienste befinden sich im Namespace **System.Runtime.Remoting.Services**. Um sie zu verwenden, benötigen Sie im Grunde nur zwei Dinge: die Klasse **TrackingServices** und die Schnittstelle **ITrackingHandler**.

Die Klasse **TrackingServices** wird verwendet, um benutzerdefinierte Klassen beim Remotesystem zu registrieren. Diese benutzerdefinierten Klassen implementieren die Schnittstelle **ITrackingHandler** und werden bei bestimmten Remoteoperationen benachrichtigt. Die Klasse **TrackingServices** enthält die beiden in Tabelle 6.3 beschriebenen Methoden zur Verwaltung benutzerdefinierter Klassen, die die Schnittstelle **ITrackingHandler** implementieren.

Tabelle 6.3 Methoden von **TrackingServices**

Methode	**Beschreibung**
RegisterTrackingHandler	Diese Methode registriert eine benutzerdefinierte Klasse bei den Remotediensten, damit sie bei Remoteoperationen benachrichtigt wird
UnregisterTrackingHandler	Diese Methode wird verwendet, um die Registrierung einer benutzerdefinierten Klasse aufzuheben, die bei den Remotediensten registriert ist

Um die Nachverfolgungsdienste zu nutzen, erstellen Sie eine oder mehrere benutzerdefinierte Klassen, die die Schnittstelle **ITrackingHandler** implementieren. Die Schnittstelle **ITrackingHandler** hat die drei in Tabelle 6.4 beschriebenen Methoden. Diese werden auf allen registrierten Klassen aufgerufen, wenn die zugehörige Operation auftritt.

Tabelle 6.4 Methoden von **ITrackingHandler**

Methode	Beschreibung
DisconnectedObject	Wird aufgerufen, wenn ein Objekt von seinem Proxy getrennt wird
MarshaledObject	Wird beim Marshalling eines Objekts aufgerufen
UnmarshaledObject	Wird beim Unmarshalling eines Objekts aufgerufen

Das folgende Codebeispiel zeigt eine benutzerdefinierte Klasse, die **ITrackingHandler** implementiert und auf der Konsole nur eine Nachricht ausgibt, wenn Remoteoperationen ausgeführt werden.

Implementieren der Schnittstelle *ITrackingHandler*

```
'VB
Imports System
Imports System.Runtime
Imports System.Runtime.Remoting
Imports System.Runtime.Remoting.Services

Namespace MSLearning.Chapter6.Server

    Class Tracker
        Implements ITrackingHandler

        Public Sub DisconnectedObject(ByVal obj As Object) Implements _
   System.Runtime.Remoting.Services.ITrackingHandler.DisconnectedObject

            Console.WriteLine("Object disconnected...")
        End Sub

        Public Sub MarshaledObject(ByVal obj As Object, _
            ByVal [or] As System.Runtime.Remoting.ObjRef) Implements _
System.Runtime.Remoting.Services.ITrackingHandler.MarshaledObject

            Console.WriteLine("Object marshaled...")
        End Sub

        Public Sub UnmarshaledObject(ByVal obj As Object, _
            ByVal [or] As System.Runtime.Remoting.ObjRef) Implements _
System.Runtime.Remoting.Services.ITrackingHandler.UnmarshaledObject

            Console.WriteLine("Object unmarshaled...")
        End Sub
    End Class
```

```
End Namespace

//C#
using System;
using System.Runtime;
using System.Runtime.Remoting;
using System.Runtime.Remoting.Services;

namespace MSLearning.Chapter6.Server
{
    class Tracker : ITrackingHandler
    {
        #region ITrackingHandler Members

        public void DisconnectedObject(object obj)
        {

            Console.WriteLine("Object disconnected...");
        }

        public void MarshaledObject(object obj, ObjRef or)
        {

            Console.WriteLine("Object marshaled...");
        }

        public void UnmarshaledObject(object obj, ObjRef or)
        {


            Console.WriteLine("Object unmarshaled...");
        }

        #endregion
    }
}
```

Nachdem Sie eine Klasse erstellt haben, die die Schnittstelle **ITrackingHandler** implementiert, können Sie diese Klasse mithilfe der Klasse **TrackingServices** wie nachfolgend gezeigt zur Benachrichtigung über Remoteoperationen registrieren lassen.

Die Klasse *TrackingServices*

```
'VB
Imports System
Imports System.Runtime.Remoting
Imports System.Runtime.Remoting.Channels
Imports System.Runtime.Remoting.Channels.Tcp
Imports System.Runtime.Remoting.Services

Namespace MSLearning.Chapter6.Server
```

```
    Class Program

        Shared Sub Main()

            RemotingConfiguration.Configure( _
                "StandardServer.exe.config", False)

            TrackingServices.RegisterTrackingHandler(New Tracker())

            Console.WriteLine("Press return to exit...\n")
            Console.ReadLine()
        End Sub
    End Class
End Namespace

//C#
using System;
using System.Runtime.Remoting;
using System.Runtime.Remoting.Channels;
using System.Runtime.Remoting.Channels.Tcp;
using System.Runtime.Remoting.Services;

namespace MSLearning.Chapter6.Server
{
    class Program
    {
        static void Main(string[] args)
        {

            RemotingConfiguration.Configure(
            "StandardServer.exe.config", false);

            TrackingServices.RegisterTrackingHandler(new Tracker());

            Console.WriteLine("Press return to exit...\n");
            Console.ReadLine();
        }
    }
}
```

Da nun ein Handler registriert wurde, wird die Handlerklasse jedes Mal benachrichtigt, wenn ein Client eine Methode der im obigen Code verwendeten Klasse aufruft. In dem obigen Codebeispiel gibt die Handlerklasse reine Statusmeldungen auf der Konsole aus.

Übung 2: Debuggen einer Remoteanwendung

Diese Übung zeigt, wie Sie mit .NET Remoting-Ausnahmen umgehen und den Visual Studio 2005-Debugger an eine Remoteanwendung anhängen, um sie zu debuggen. Jede Anwendung sollte Ausnahmen behandeln können, und der Umgang mit dem Debugger gehört zum Grundwissen aller .NET-Entwickler. Falls Sie bei einer Übung auf Probleme stoßen, können Sie sich das fertige Projekt auf der Begleit-CD im Ordner **Code** ansehen.

▶ Übung 1: Behandeln von Remoteausnahmen

1. Öffnen des Projekts **LabConsumer**.
   a. Starten Sie Visual Studio 2005 und öffnen Sie das Projekt **LabConsumer** aus Lektion 2 von Kapitel 5.
   b. Öffnen Sie die Methode **Main**. Sie finden diese Methode in der Visual Basic-Version in der Datei **Module1.vb** und in der C#-Version in der Datei **Programs.cs**.
2. Hinzufügen einer Ausnahmebehandlung zum Benutzer.
   a. Binden Sie den Code, der die Klasse **Patient** instanziert, und den Code, der Methoden der Klasse **Patient** aufruft, in eine **try**-Anweisung ein.
   b. Erstellen Sie mindestens eine **catch**-Anweisung, um eventuell auftretende **RemotingException**-Instanzen zu behandeln. Sie können auch einen generischen **catch** für alle auftretenden Ausnahmen erstellen. Der folgende Code veranschaulicht die Ausnahmebehandlung:

Beispiel einer Ausnahmebehandlung

```
'VB
Imports System
Imports System.Runtime
Imports System.Runtime.Remoting
Imports System.Runtime.Remoting.Channels
Imports System.Runtime.Remoting.Channels.Tcp
Imports MSLearning.Chapter6.PatientClasses

Namespace LabConsumer

    Class Program

        Shared Sub Main()

            RemotingConfiguration.Configure( _
                "LabConsumer.exe.config", False)

            Try

                Dim newPatient As Patient = New Patient()
                Console.WriteLine(newPatient.PersonalInformation())
                Console.WriteLine(newPatient.History())

            Catch ex As RemotingException
```

```
                Console.WriteLine(ex.Message)

            Catch ex As Exception

                Console.WriteLine(ex.Message)

            End Try
        End Sub
    End Class
End Namespace

//C#
using System;
using System.Runtime;
using System.Runtime.Remoting;
using System.Runtime.Remoting.Channels;
using System.Runtime.Remoting.Channels.Tcp;
using MSLearning.Chapter6.PatientClasses;

namespace LabConsumer
{
    class Program
    {
        static void Main(string[] args)
        {

            RemotingConfiguration.Configure(
                "LabConsumer.exe.config", false);

            try
            {

                Patient newPatient = new Patient();
                Console.WriteLine(newPatient.PersonalInformation());
                Console.WriteLine(newPatient.History());

            }
            catch (RemotingException ex)
            {

                Console.WriteLine(ex.Message);
            }
            catch (Exception ex)
            {

                Console.WriteLine(ex.Message);
            }
        }
    }
}
```

▶ Übung 2: Debuggen einer Remoteanwendung.

1. Legen Sie in der Projektmappe **RemotePatient** Haltepunkte fest.
   a. Öffnen Sie in Visual Studio 2005 die Projektmappe **RemotePatient**.
   b. Navigieren Sie zu der Stelle im Code, an der Sie die Programmausführung unterbrechen möchten. Das Beispielobjekt **RemotePatient** in der Projektmappe hat die beiden Methoden **PersonalInformation** und **History**. Legen Sie im Code des Remoteobjekts Ihre Haltepunkte fest.
   c. Erstellen Sie das Objekt im Debugmodus.
2. Starten des Servers.
   a. Öffnen Sie die Projektmappe **LabServer**.
   b. Starten Sie den Server ohne Debuggen, indem Sie STRG+F5 drücken. Wenn Sie den Server im Debugmodus starten, wird die Instanz des Debuggers, die gerade verwendet wird, an den Server angehängt. Es kann zu jedem Zeitpunkt immer nur eine einzige Debuggerinstanz an einen Prozess angehängt werden.
3. Starten Sie den Remotebenutzer.
   a. Öffnen Sie die Projektmappe **LabConsumer**.
   b. Legen Sie im Benutzercode einen Haltepunkt fest, bevor eine Instanz des Remoteobjekts erstellt wird.
   c. Starten Sie das Debuggen des Benutzers, indem Sie auf F5 drücken. Der Benutzer sollte am Haltepunkt anhalten.
   d. Hängen Sie den Debugger im Menü **Debuggen** an den Serverprozess an, bevor Sie den Benutzercode durchgehen, indem Sie auf **An den Prozess anhängen** klicken und dann den Serverprozess auswählen.
4. Durchgehen des Remoteobjektcodes in Einzelschritten.
   a. Gehen Sie den Code auf dem Benutzer in Einzelschritten durch, der eine Instanz des Remoteobjekts erstellt und Methoden auf diesem aufruft.
   b. Wenn eine Methode auf dem Remoteobjekt aufgerufen wird, zeigen Sie den Remoteobjektcode an, indem Sie den Prozess im Fenster **Prozesse** auswählen. Wenn das Fenster **Prozesse** im Debugger nicht angezeigt wird, klicken Sie im Untermenü **Windows** des Menüs **Debuggen** auf **Prozesse**, um es auf diese Weise aufzurufen.
   c. Gehen Sie den restlichen Code in Einzelschritten durch, um den Benutzercode fertig zu stellen, und drücken Sie im Serverfenster zweimal die EINGABETASTE, um das Fenster zu schließen.

Zusammenfassung der Lektion

- Das Debuggen von .NET Remoting-Anwendungen ist gelegentlich eine Herausforderung. Ein Remoteobjekt kann nicht selbst ausgeführt werden, sondern nur über eine Serveranwendung. Allerdings ruft ein Server keine Methoden auf einem Remoteobjekt auf, dessen Host er ist. Die Methoden werden von Benutzern aufgerufen und daher muss auch das Debuggen beim Benutzer ansetzen.
- Ein Serverprozess wird räumlich entfernt vom Clientprozess ausgeführt. Der Visual Studio 2005-Debugger muss an den Remoteprozess angehängt werden, um diesen debuggen zu können.

- Der Visual Studio 2005-Debugger kann mehrere Prozesse parallel debuggen, aber immer nur einen davon anzeigen. Im Fenster **Prozesse** können Sie zwischen den Prozessen, die gerade vom Visual Studio 2005-Debugger bearbeitet werden, hin- und herschalten.
- Die Klasse **RemotingException** repräsentiert die von .NET Remoting-Anwendungen ausgelösten Ausnahmen.
- .NET Framework enthält und installiert mehrere Leistungsindikatoren, die speziell für die Nachverfolgung von .NET Remoting-Operationen entwickelt wurden.
- Außerdem enthält .NET Framework eine Klasse von Nachverfolgungsdiensten. Benutzerdefinierte Klassen, die diese Schnittstelle implementieren und entsprechend registriert sind, werden über .NET Remoting-Operationen benachrichtigt.

Lernzielkontrolle

Mit den folgenden Fragen können Sie Ihr Wissen zu den Informationen aus Lektion 2, „Debuggen einer Remoteanwendung“, überprüfen. Die Fragen finden Sie (in englischer Sprache) auch auf der Begleit-CD, Sie können sie also auch auf dem Computer im Rahmen eines Übungstests beantworten.

HINWEIS Die Antworten

Die Antworten auf diese Fragen mit Erklärungen, warum die jeweiligen Auswahlmöglichkeiten richtig oder falsch sind, finden Sie im Abschnitt „Antworten“ am Ende dieses Buchs.

---

1. An welchem Punkt bzw. welchen Punkten in einer .NET Remoting-Anwendung wird das Debuggen initiiert? (Wählen Sie die beste Antwort aus.)
   a. Serveranwendung
   b. Remoteobjekt
   c. Proxyobjekt
   d. Clientanwendung
2. Welche der folgenden Leistungsindikatoren werden zur Nachverfolgung von .NET Remoting-Anwendungen verwendet? (Wählen Sie alle zutreffenden Antworten aus.)
   a. Remoteaufrufe insgesamt
   b. Instanzierte Proxys
   c. Kontextproxys
   d. Channel
3. Über welche .NET Remoting-Operationen wird ein bei den Nachverfolgungsdiensten registriertes Objekt benachrichtigt? (Wählen Sie alle zutreffenden Antworten aus.)
   a. Marshaled
   b. Disconnected
   c. Connected
   d. Unmarshaled

Lektion 3: Verwalten der Lebensdauer von Remoteobjekten

Ein grundlegendes Verhaltensprinzip der CLR in .NET Framework ist die Verwendung des Garbage Collectors (GC) zur Speicherverwaltung. Zur Funktionsweise des GCs gehört es, automatisch und nicht deterministisch Speicher freizugeben und zu komprimieren, der den von der CLR verwalteten Anwendungen zugewiesen wurde. Der GC verhindert Speicherlecks, die in vielen Laufzeitumgebungen ohne CLR auftreten. In objektorientierten Programmiersprachen wird die Zeit, die eine Objektinstanz im Arbeitsspeicher verbleibt, als Lebensdauer bezeichnet.

Am Ende dieser Lektion werden Sie in der Lage sein, die folgenden Aufgaben auszuführen:

- Erklären, wie die Lebensdauer von Remoteobjekten verwaltet wird
- Programmgesteuertes Initialisieren der Lebensdauer von Remoteobjekten oder mithilfe einer Konfigurationsdatei
- Erneuern der Lebensdauer von Remoteobjekten

Veranschlagte Zeit für diese Lektion. 60 Minuten

Die CLR verwaltet Wert- und Referenztypen. Der GC verwaltet die Lebensdauer von Referenztypen, indem er alle Verweise auf ein Objekt überwacht. Wenn alle diese Verweise ein Objekt freigegeben haben, markiert der GC es zur Abholung und löscht schließlich die Objektinstanz. Dieses Verhalten des GCs ist für die meisten mit .NET Framework entwickelten Anwendungen die perfekte Lösung. Allerdings kann der GC Verweise auf ein Remoteobjekt nur überwachen, wenn sie sich in derselben Anwendungsdomäne und demselben Prozess wie dieses Remoteobjekt befinden. Wie wirkt sich dieses Verhalten nun auf .NET Remoting-Anwendungen aus?

Clientanwendungen, die Remoteobjekte verwenden, werden in anderen Prozessen und Anwendungsdomänen als diese Remoteobjekte ausgeführt. Wenn viele Clientanwendungen Methoden eines Remoteobjekts aufrufen, kann der GC nicht erkennen, dass diese Clients auf das Remoteobjekt verweisen, und markiert es daher zur Abholung vor. Am Ende würde der GC das Remoteobjekt womöglich gerade in dem Moment löschen, in dem es Clientanforderungen erfüllt.

.NET Remoting-Anwendungen sind verteilte Anwendungen, deren einzelne Komponenten an entgegengesetzten Orten der Welt liegen können. .NET Framework wurde entwickelt, um die Erstellung verteilter Umgebungen zu vereinfachen. Hierfür stellt es Komponenten zur Verfügung, die die Einzelteile des verteilten Systems wie Klebstoff zusammenhalten. Je nach Aktivierungsmodus des Remoteobjekts kann es zum Beispiel erforderlich sein, dass eine Clientanwendung ein Proxyobjekt erstellt, das das Remoteobjekt repräsentiert. Ebenso kann es sein, dass auf Serverseite mindestens ein Verweis auf ein Remoteobjekt bestehen bleiben muss, damit der GC es nicht abholt. In der Regel liegt jedoch keines der Objekte, die auf das Remoteobjekt verweisen, auf dem Server.

Um dieses Problem zu lösen, wird auf dem Server eine Art Proxyobjekt erstellt, das eine Clientanwendung repräsentiert und für diese auf dem Server einen Verweis auf das Remoteobjekt hält. So kann der GC einen Verweis auf eine Remoteobjektinstanz entdecken und holt es daher nicht ab. Dieses proxyähnliche Objekt, das auf dem Server eine Clientanwendung simuliert und einen Verweis auf das Remoteobjekt bewahrt, nennt man ein *Leaseobjekt*.

Ein Server kann Host für viele Remoteobjekte sein und von einem Remoteobjekt können im Speicher mehrere Instanzen bestehen. Jeder Instanz eines Remoteobjekts wird ein eigenes Leaseobjekt zugewiesen. Alle Leaseobjekte auf einem Server werden von einem anderen Objekt, dem so genannten Lease-Manager, verwaltet. Jedem Leaseobjekt wird auch eine Dauer zugewiesen, um festzulegen, wie lange der Verweis auf die Remoteobjektinstanz bewahrt bleibt. Wenn eine Lease abläuft, wird die Remoteobjektinstanz vom GC abgeholt. Allerdings kann jede Clientanwendung auch ein *Sponsorobjekt* registrieren, das die Dauer einer Lease verlängern kann. Wenn eine Lease abläuft, ermittelt der Lease-Manager, ob Sponsoren ihre Lebensdauer verlängern möchten, ehe er das betreffende Remoteobjekt für den GC freigibt.

Initialisieren der Lebensdauer eines Remoteobjekts

Leaseobjekten werden Standardwerte zugewiesen, die ihr Verhalten bestimmen. Diese Standardwerte können jedoch programmgesteuert oder mithilfe einer Anwendungskonfigurationsdatei überschrieben werden. Wenn Sie Konfigurationswerte eines Leaseobjekts ändern, muss dies bei seiner Initialisierung geschehen, sonst bleiben die Änderungen wirkungslos.

Mehrere Eigenschaften werden verwendet, um die Konfiguration eines Leaseobjekts zu ändern. In Tabelle 6.5 werden die am häufigsten verwendeten Eigenschaften aufgeführt.

Tabelle 6.5 Eigenschaften zur Konfiguration der Leasedauer

Eigenschaft	Beschreibung
CurrentLeaseTime	Gibt an, nach welcher Zeit ein Leaseobjekt abläuft
InitialLeaseTime	Gibt die ursprüngliche Leasedauer zurück und wird verwendet, um die Lebensdauer eines Leaseobjekts anzugeben. Der Standardwert beträgt 5 Minuten. Um festzulegen, dass die Lease nicht ablaufen soll, legen Sie diese Eigenschaft auf 0 fest.
LeaseManagerPollTime	Gibt an, wie oft der Lease-Manager nach abgelaufenen Leases schauen soll. Der Standardwert beträgt 10 Sekunden.
eoc	Gibt an, wie viel Zeit von der Leasedauer noch übrig ist, und wird verwendet, um bei jedem Aufruf einer Methode des geleasten Remoteobjekts dessen Lebensdauer zu verlängern. Der Standardwert beträgt 2 Minuten. Die Lebensdauer der Lease wird allerdings nur dann verlängert, wenn weniger Zeit als **RenewOnCallTime** von der Laufzeit des Leaseobjekts übrig ist. Wenn eine Lease zum Beispiel erst in drei Minuten abläuft, würde **RenewOnCallTime** ihre Dauer nicht verlängern. Ist von der Laufzeit der Lease aber nur noch eine Minute übrig, so würde sie von **RenewOnCallTime** verlängert.
SponsorshipTimeout	Gibt an, wie lange der Lease-Manager auf die Antwort eines Sponsors wartet, wenn er herauszufinden versucht, ob dieser Sponsor eine Lease verlängern möchte. Der Standardwert beträgt 2 Minuten.

Um die Konfiguration eines Leaseobjekts programmgesteuert zu ändern, müssen Sie die Methode **InitializeLifetimeService** wie nachfolgend gezeigt überschreiben.

Programmgesteuertes Initialisieren einer Lease

```
'VB
Imports System
Imports System.Runtime.Remoting
Imports System.Runtime.Remoting.Lifetime
Imports ControlChars = Microsoft.VisualBasic.ControlChars

Namespace MSLearning.Chapter6.PatientClasses

    Public Class Patient
        Inherits MarshalByRefObject

        Public Overrides Function InitializeLifetimeService() As Object

            Dim lease As ILease = CType( _
                MyBase.InitializeLifetimeService(), ILease)

            If lease.CurrentState = LeaseState.Initial Then

                lease.InitialLeaseTime = TimeSpan.FromMinutes(15)
                lease.RenewOnCallTime = TimeSpan.FromMinutes(5)
            End If

            Return lease
        End Function

        Public Function PersonalInformation() As String

            Return "Patient ID: 001 :: Demo Patient"
        End Function

        Public Function History() As String

            Return "01/12/2001; Diagnosis: cold | Treatment: take " & _
                "2 and call me in the morning. " & ControlChars.CrLf & _
                "03/04/2005; Diagnosis: broken toe | Treatment: nothing."
        End Function
    End Class
End Namespace

//C#
using System;
using System.Runtime.Remoting;
using System.Runtime.Remoting.Lifetime;

namespace MSLearning.Chapter6.PatientClasses
{
    public class Patient : MarshalByRefObject
    {

        public override object InitializeLifetimeService()
```

```
        {
            ILease lease = (ILease) base.InitializeLifetimeService();

            if (lease.CurrentState == LeaseState.Initial)
            {
                lease.InitialLeaseTime = TimeSpan.FromMinutes(15);
                lease.RenewOnCallTime = TimeSpan.FromMinutes(5);
            }

            return lease;
        }

        public string PersonalInformation()
        {
            return "Patient ID: 001 :: Demo Patient";
        }

        public string History()
        {
            return "01/12/2001; Diagnosis: cold | Treatment: take " +
                "2 and call me in the morning.\n\r03/04/2005; " +
                "Diagnosis: broken toe | Treatment: nothing.";
        }
    }
}
```

Um die Konfiguration eines Leaseobjekts mit einer Anwendungskonfigurationsdatei zu ändern, ändern Sie das Element **<lifetime>** der Konfigurationsdatei. Wie das folgende Codebeispiel zeigt, enthält dieses Element Attribute mit denselben Namen und Funktionen wie ihre Gegenstücke in der programmgesteuerten Konfiguration.

Initialisieren einer Lease mithilfe einer Konfigurationsdatei

```
<lifetime
    leaseTime="15M"
    renewOnCallTime="5M"
/>
```

Erneuern der Lebensdauer eines Remoteobjekts

Nachdem eine Lease erstellt wurde, hat eine Änderung ihrer Eigenschaften keine Wirkung mehr. Sie können die Leasedauer mit einem Sponsorobjekt erneuern oder manuell, indem Sie die Methode **Renew** der Schnittstelle **ILease** aus einer Clientanwendung heraus aufrufen, wie nachfolgend gezeigt.

Erneuern einer Lease

```
'VB
Imports System
Imports System.Runtime
Imports System.Runtime.Remoting
Imports System.Runtime.Remoting.Lifetime
Imports System.Runtime.Remoting.Channels
Imports System.Runtime.Remoting.Channels.Tcp
Imports MSLearning.Chapter6.PatientClasses

Namespace LabConsumer

    Class Program

        Shared Sub Main()

            RemotingConfiguration.Configure( _
                "LabConsumer.exe.config", False)
            Dim newPatient As Patient = New Patient()
            Console.WriteLine(newPatient.PersonalInformation())
            Console.WriteLine(newPatient.History())

            ' Lease erneuern.
            Dim lease As ILease = CType( _
                RemotingServices.GetLifetimeService(newPatient), ILease)
            Dim expireTime As TimeSpan = _
                lease.Renew(TimeSpan.FromMinutes(5))

            Console.WriteLine(expireTime.ToString())
        End Sub
    End Class
End Namespace

//C#
using System;
using System.Runtime;
using System.Runtime.Remoting;
using System.Runtime.Remoting.Lifetime;
using System.Runtime.Remoting.Channels;
using System.Runtime.Remoting.Channels.Tcp;
using MSLearning.Chapter6.PatientClasses;

namespace LabConsumer
{
    class Program
    {
        static void Main(string[] args)
        {

            RemotingConfiguration.Configure( _
                "LabConsumer.exe.config", false);
```

```
            Patient newPatient = new Patient();
            Console.WriteLine(newPatient.PersonalInformation());
            Console.WriteLine(newPatient.History());

            // Lease erneuern.
            ILease lease =
                (ILease)RemotingServices.GetLifetimeService(newPatient);
            TimeSpan expireTime = lease.Renew(TimeSpan.FromMinutes(5));

            Console.WriteLine(expireTime.ToString());
        }

    }
}
```

Übung 3: Verwalten der Lebensdauer von Remoteobjekten.

Diese Übung zeigt, wie ein Leaseobjekt für ein Remoteobjekt konfiguriert wird. Falls Sie bei einer Übung auf Probleme stoßen, können Sie sich das fertige Projekt auf der Begleit-CD im Ordner **Code** ansehen.

▶ Übung 1: Initialisieren einer Lease

1. Öffnen des Projekts **RemotePatient**.
   a. Starten Sie Visual Studio 2005 und öffnen Sie das Projekt **RemotePatient** aus Lektion 3 von Kapitel 5.
   b. Da die Klasse **Patient** schon von der Klasse **MarshalByRefObject** abgeleitet ist, müssen Sie nur die entsprechende Methode überschreiben.
2. Überschreiben der Funktion **InitializeLifetimeService**.
   a. Deklarieren Sie eine neue Instanz der Schnittstelle **ILease**, die die Lease für das Objekt **RemotePatient** repräsentieren soll.
   b. Ändern Sie die Konfigurationseigenschaften auf Werte, die die Leasedauer im Ursprungsstadium der Lease verlängern.

Zusammenfassung der Lektion

- Leaseobjekte werden verwendet, um stellvertretend für eine Clientanwendung einen Verweis auf ein Remoteobjekt zu halten
- Ein Leaseobjekt wird durch Überschreiben der Funktion **InitializeLifetimeService** im Remoteobjekt initialisiert
- Leaseobjekteigenschaften müssen vor der Initialisierung der Lease konfiguriert werden
- Sie können die Dauer eines Leaseobjekts verlängern, indem Sie von einer Clientanwendung aus die Methode **ILease.Renew** aufrufen

Lernzielkontrolle

Mit den folgenden Fragen können Sie Ihr Wissen zu den Informationen aus Lektion 3, „Verwalten der Lebensdauer von Remoteobjekten“, überprüfen. Die Fragen finden Sie (in englischer Sprache) auch auf der Begleit-CD, Sie können sie also auch auf dem Computer im Rahmen eines Übungstests beantworten.

HINWEIS Die Antworten

Die Antworten auf diese Fragen mit Erklärungen, warum die jeweiligen Auswahlmöglichkeiten richtig oder falsch sind, finden Sie im Abschnitt „Antworten“ am Ende dieses Buchs.

1. Welche Funktion müssen Sie überschreiben, um eine Lease zu initialisieren? (Wählen Sie die beste Antwort aus.)
   a. InitializeLease
   b. InitializeLifetimeService
   c. InitializeLeaseService
   d. InitializeLifetimeL
2. Welchen Standardwert hat die Eigenschaft **InitialLeaseTime**. (Wählen Sie die beste Antwort aus.)
   a. 5 Minuten
   b. 0 Minuten
   c. 15 Minuten
   d. 2 Minuten
3. Wie kann eine Clientanwendung die Dauer einer Lease verlängern? (Wählen Sie die beste Antwort aus.)
   a. Erstellen eines neuen Leaseobjekts auf dem Server.
   b. Registrieren eines Sponsors für das Objekt auf dem Server.
   c. Programmgesteuertes Registrieren eines neuen Leaseobjekts im Lease-Manager.
   d. Registrieren eines neuen Leaseobjekts im Lease-Manager mithilfe einer Konfigurationsdatei.

Rückblick auf dieses Kapitel

Sie können die in diesem Kapitel vermittelten Fähigkeiten folgendermaßen einüben und vertiefen:

- Lesen Sie die Zusammenfassung des Kapitels sorgfältig durch
- Lesen Sie die Liste der Schlüsselbegriffe durch, die in diesem Kapitel eingeführt wurden
- Arbeiten Sie die Übungen mit Fallbeispielen durch. Diese Szenarios beschreiben Fälle aus der Praxis, in denen die Themen dieses Kapitels zur Anwendung kommen. Sie werden aufgefordert, eine Lösung zu entwickeln.
- Führen Sie die vorgeschlagenen praktischen Übungen durch
- Machen Sie einen Übungstest

Zusammenfassung des Kapitels

- Vier .NET-Anwendungstypen sind für das Hosting von .NET Remoting-Anwendungen üblich: ASP.NET-Anwendungen, Konsolenanwendungen, ausführbare Windows-Dateien und Windows-Dienstanwendungen.
- Am häufigsten werden ASP.NET-Webanwendungen verwendet. Ein Websetup-Projekt ist die einfachste Bereitstellungsmethode für ASP.NET-Webanwendungen.
- Der Visual Studio 2005-Debugger muss an den Remoteprozess angehängt werden, um diesen debuggen zu können. Der Visual Studio 2005-Debugger kann an mehrere Prozesse gleichzeitig angehängt werden und diese parallel debuggen, aber immer nur einen davon anzeigen.
- Das Debuggen von .NET Remoting-Anwendungen ist gelegentlich eine Herausforderung. Es wird von einer aufrufenden Clientanwendung initiiert.
- Die Klasse **RemotingException** beschreibt die .NET Remoting-Ausnahmen
- .NET Framework installiert mehrere Leistungsindikatoren zur Nachverfolgung der Leistung von .NET Remoting-Anwendungen
- Außerdem enthält .NET Framework Nachverfolgungsdienste für .NET Remoting-Operationen
- Ein Lease wird verwendet, um stellvertretend für eine Clientanwendung einen Verweis auf ein Remoteobjekt zu halten
- Ein Lease wird durch Überschreiben der Funktion **InitializeLifetimeService** im Remoteobjekt initialisiert
- Manuell lässt sich ein Lease durch Aufruf der Methode **ILease.Renew** erneuern

Schlüsselbegriffe

Wissen Sie, was die folgenden Schlüsselbegriffe bedeuten? Sie können Ihre Antworten überprüfen, indem Sie die Begriffe im Glossar am Ende dieses Buchs nachschlagen.

- Lease
- Microsoft-Installer
- Leistungsindikator
- SoapSuds.exe
- Sponsor
- Websetup-Projekte

Fallbeispiele

In den folgenden Fallbeispielen wenden Sie an, was Sie über die Erstellung von Clientanwendungen gelernt haben, die Remoteobjekte verwenden. Die Lösungen zu den Fragen finden Sie im Abschnitt „Antworten“ hinten in diesem Buch.

Fallbeispiel 1: Nachverfolgen und Verbessern der Leistung einer verteilten Anwendung

Sie sind der Chefentwickler des Unternehmens AdventureWorks. AdventureWorks ist ein weltweiter Vertrieb für Trekkingausrüstung und Sportartikel. Sie haben ein verteiltes System zur Auftragsverfolgung erstellt, das im gesamten Unternehmen eingesetzt wird, sodass alle Bestellungen direkt in eine zentrale Datenbank eingegeben werden. In diesem System dienen Remoteobjekte als Geschäfts- und Datenkomponenten. Da der Kundenstamm und Auftragseingang bei AdventureWorks exponentiell gewachsen sind, müssen Sie gewährleisten, dass Ihren Remoteobjekten genügend Hosts zur Verfügung stehen, um die Last der Neubestellungen auffangen zu können.

Fragen

Um die notwendigen Ressourcen für den großen Auftragseingang präzise planen zu können, müssen Sie folgende Fragen beantworten:

1. Wie können Sie nachverfolgen, wie viele Instanzen Ihrer Remoteobjekte erstellt werden und welche Methoden am häufigsten aufgerufen werden?
2. Wie können Sie die Last des Auftragseingangs unter Ihren Remoteobjekten am besten verteilen?

Fallbeispiel 2: Vereinfachen der Bereitstellung von Remoteobjekten

Sie sind der leitende Softwarearchitekt für das Baldwin Museum of Science. Sie erstellen ein Remoteobjekt, das anderen Partnermuseen die Recherche in Ihrem Bestand an Ausstellungsstücken ermöglichen soll. Andauernd kommen neue Partnerschaften mit anderen Museen hinzu. Auch diese neuen Partner müssen in die Lage versetzt werden, Ihren Bestand zu durchsuchen. Der Host für die Remoteobjekte ist IIS und Sie haben für jeden Partner eine Authentifizierung implementiert.

Fragen

Wenn Sie die Unternehmensarchitektur für das Museum entwerfen, müssen Sie folgende Frage beantworten können, damit Ihre Anwendung in Zukunft auch von anderen Personen gewartet werden kann.

- Wie können Sie die zukünftige Bereitstellung der Remoteobjekte für vertrauenswürdige Partnermuseen vereinfachen?

Vorgeschlagene praktische Übungen

- Wählen Sie als Host für Ihre Remoteobjekte IIS oder eine Windows-Dienstanwendung. .NET Remoting-Anwendungen haben in Schulungs- und Testumgebungen der Einfachheit halber normalerweise nur Konsolenanwendungen als Host.
- Stellen Sie .NET Remoting-Anwendungen mit einem Visual Studio 2005-Websetup-Projekt für einen IIS-Host bereit
- Stellen Sie Remoteobjekte Clientanwendungen über eine Schnittstelle bereit, die von der Remoteobjektassembly implementiert wird
- Achten Sie darauf, dass die Remoteobjekte vor der Bereitstellung ausreichend getestet und von Fehlern befreit worden sind
- Sorgen Sie dafür, dass der Code der Remoteobjekte eine Ausnahmebehandlung umfasst, die im Allgemeinen mit der Klasse **RemotingException** implementiert wird
- Testen Sie die Remoteobjekte, um die im Normalbetrieb erforderliche Lebens- und Leasedauer herauszufinden. Remoteobjekte sollten im Speicher verbleiben, so lange sie verwendet werden, aber nicht länger als nötig.
- Wenn Sie Lease-Eigenschaften mithilfe einer Konfigurationsdatei konfigurieren, sind sie in Zukunft viel einfacher zu warten, falls Änderungen erforderlich werden

Machen Sie einen Übungstest

Die Übungstests auf der Begleit-CD zu diesem Buch (in englischer Sprache) bieten zahlreiche Möglichkeiten. Zum Beispiel können Sie einen Test machen, der ausschließlich die Themen eines bestimmten Lernziels behandelt, oder Sie können sich selbst mit dem gesamten Inhalt der Prüfung 70-529 testen. Sie können den Test so konfigurieren, dass er dem Ablauf einer echten Prüfung entspricht, oder Sie können einen Lernmodus verwenden, in dem Sie sich nach dem Beantworten einer Frage jeweils sofort die richtige Antwort und Erklärungen ansehen können.

WEITERFÜHRENDE INFORMATIONEN Übungstests

Einzelheiten zu allen Optionen, die bei den Übungstests zur Verfügung stehen, finden Sie im Abschnitt „So verwenden Sie die Übungstests“ in der Einführung am Anfang dieses Buchs.

KAPITEL 7

Methodenaufrufe und Ereignisverwaltung mit .NET-Webdiensten

Microsoft .NET Framework bietet zwei Hauptmechanismen für erstellte verteilte Anwendungen, .NET-Webdienste und .NET Remoting. Beide Technologien werden in naher Zukunft in der Windows Communication Foundation (WCF) zusammengefasst, aber die Notwendigkeit, .NET-Webdienste (und Remotekomponenten) zu erstellen und zu verwalten, wird eher zunehmen, wenn immer mehr verteilte Anwendungsarchitekturen zum Einsatz kommen. Dieses Kapitel behandelt die Erstellung und Verwendung von .NET-Webdiensten.

WEITERFÜHRENDE INFORMATIONEN Windows Communication Foundation (WCF)

Weitere Informationen über die WCF entnehmen Sie bitte dem entsprechenden Abschnitt von MSDN Online unter *http://msdn2.microsoft.com/en-us/netframework/aa663324.aspx.*

In diesem Kapitel abgedeckte Lernziele:

- Asynchrones Aufrufen von Webmethoden
  - Aufrufen einer Webmethode
  - Abfragen einer Webmethode auf Abschluss
  - Abrufen der Ergebnisse einer Webmethode
  - Implementieren eines Rückrufs
  - Aufrufen einer **OneWay**-Webmethode

Lektionen in diesem Kapitel:

Bevor Sie beginnen

Um die Lektionen in diesem Kapitel bearbeiten zu können, benötigen Sie Folgendes:

- Einen Computer, der die in der Einführung dieses Buchs aufgeführten Hardwaremindestvoraussetzungen erfüllt oder übertrifft
- Microsoft Visual Studio 2005 und .NET Framework 2.0
- Zudem müssen Sie alle Lektionen in den Kapiteln 1 bis 6 erfolgreich abgeschlossen haben

Sie sollten mit Microsoft Visual Basic oder C# vertraut sein und sich die Bearbeitung der folgenden Aufgaben zutrauen:

- Erstellen einer Konsolenanwendung in Visual Studio mithilfe von Visual Basic oder C#
- Hinzufügen von Verweisen zu den Systemklassenbibliotheken eines Projekts
- Hinzufügen eines einfachen Webverweises auf ein Projekt
- Grundkenntnisse in Remoting (XML-Webdienste, DCOM, .NET Remoting, CORBA usw.)

HINWEIS Das Projekt StockLookupService

Wir werden für alle Übungen das Projekt StockLookupService verwenden, das Sie auf der Begleit-CD im Ordner Web Service zu Kapitel 7 finden.

Praxistipp

William Ryan

Das Unternehmen, für das ich 2002 gearbeitet habe, war so rasant gewachsen, dass seine technische Infrastruktur mit dem Geschäftsvolumen nicht mehr Schritt halten konnte. Also wurde beschlossen, ein völlig neues Verwaltungssystem mit .NET Framework 1.0 zu erstellen. Da es sich um eine recht einfache interne Anwendung handelte, plante man das System als normale Client/Server-Anwendung. Diese Struktur funktionierte für einige Zeit sehr gut, doch mit dem Geschäftsvolumen wuchsen auch die Ansprüche der Kundschaft. Nach und nach musste das Unternehmen immer mehr Funktionen öffentlich zugänglich machen. Da als Plattform .NET Framework verwendet wurde, war es ein Leichtes, mit .NET-Webdiensten Komponenten zu entwickeln, die für externe Kunden zugänglich waren. Vier Jahre später haben wir nun eine Menge Kunden, die über Webdienste auf unsere Produkte zugreifen, und die Anwendung hat sich zu einem unserer wichtigsten Vertriebswege entwickelt.

Lektion 1: Aufrufen von Webmethoden

In vielerlei Hinsicht lässt sich eine Webmethode genau wie jede andere Methode aufrufen. So sind beispielsweise die folgenden Schritte beiden Verfahren gemeinsam:

- Hinzufügen eines Verweises auf die Bibliothek, die die aufzurufende Anwendungslogik enthält
- Deklarieren einer neuen Instanz des Objekts
- Aufrufen der Methode dieses Objekts

Die einzigen Unterschiede zwischen einem Aufruf einer traditionellen Methode und einem Webmethodenaufruf liegen in der Art, wie auf die Bibliothek verwiesen wird, und in dem Umstand, dass Webmethoden ihre Daten in Form von XML an den Client übertragen. Hierbei übernimmt allerdings Visual Studio 2005 die aufwendige Routinearbeit beim Hinzufügen von Webverweisen für Sie. Wenn Sie also in der Lage sind, einen Projektverweis auf eine normale DLL zu erstellen, werden Sie auch bei einer Webbibliothek keine Schwierigkeiten haben. Im Hintergrund muss zwar eine Menge ablaufen, ehe Sie eine Webmethode aufrufen können, doch von diesem Prozess bekommt der Entwickler fast nichts mit. Wenn Sie mit Visual Studio 2005 arbeiten und nur auf die Objekterstellung und den dazu notwendigen Methodenaufruf schauen, merken Sie gar nicht, ob Sie eine Webmethode oder eine traditionelle Methode aufrufen.

Am Ende dieser Lektion werden Sie in der Lage sein, die folgenden Aufgaben auszuführen:

- Synchrones Aufrufen einer Webmethode
- Asynchrones Aufrufen einer Webmethode
- Verwenden des vordefinierten Delegaten **CancelAsync**

Veranschlagte Zeit für diese Lektion:20 Minuten

Synchrones Aufrufen einer Webmethode

Der *synchrone* Aufruf einer Webmethode lässt sich am besten auf der Grundlage eines einfachen Webmethodenaufrufs erläutern.

```
'VB
Public Sub GetTickerSymbol()
    Dim Lookup As New StockLookupService()
    Console.WriteLine(Lookup.GetCompanyName("MSFT"))
End Sub

//C#
public static void GetTickerSymbol()
{
    StockLookupService Lookup = new StockLookupService();
    Console.WriteLine(Lookup.GetCompanyName("MSFT"));
}
```

Um diese Methoden aufzurufen, müssten Sie Folgendes tun:

```
'VB
Sub Main()
    GetTickerSymbol()
    Console.ReadLine()
End Sub

//C#
static void Main(string[] args)
{
    GetTickerSymbol();
    Console.ReadLine();
}
```

Wenn Sie nicht über hellseherische Fähigkeiten verfügen, können Sie nicht erkennen, ob hier ein Webobjekt instanziert oder eine Webmethode aufgerufen wird. Diese Abstraktion ist entwurfsbedingt.

Daher ist eine kurze Erklärung notwendig, was im Hintergrund abläuft. Wenn Sie im Dialog **Webverweis hinzufügen** einen Verweis auf Ihr Projekt erstellen, sieht das im Code fast genauso aus, wie ein normaler Bibliothekverweis. Doch dieser Eindruck täuscht.

HINWEIS Analysieren eines Webverweises

Wenn Sie im Projektmappen-Explorer den Knoten Webverweise öffnen und auf Alle Dateien anzeigen klicken, werden Sie die Elemente unterhalb dieses Knotens sehen. Eines davon heißt Reference.map. Wenn Sie diesen Knoten erweitern, sehen Sie eine Datei namens Reference.vb (Visual Basic .NET) oder Reference.cs (C#). Diese Klasse enthält eine Kopie jeder Eigenschaft und jeder Methode des Webdienstes, auf den Sie verwiesen haben. Wenn Sie es nicht bereits getan haben, sollten Sie sich diese Klasse einmal genau ansehen, um zu sehen, was im Hintergrund abläuft.

Wenn Sie einen Webverweis hinzufügen, erstellt Visual Studio 2005 eine so genannte Proxyklasse, die dafür sorgt, dass sich das Objekt nach außen hin wie jedes andere Objekt verhält. Diese Klasse wird in der Sprache generiert, in der der Webdienst auch verwendet wird. Also können Sie Webdienste in jeder Sprache erstellen und verwenden, in der Sie auch mit Visual Studio .NET 2005 Projekte erstellen können. Wenn Sie sich den Proxy genauer anschauen, erkennen Sie rasch, wozu das gut ist.

HINWEIS Halten Sie Ihre Webverweise auf dem neuesten Stand

In den meisten Anwendungen sind Änderungen unumgänglich. Da ein Webverweis auf einer Momentaufnahme des Webdienstes beruht, die nur für den Erstellungszeitpunkt des Verweises gilt, kann er nachträgliche Änderungen nicht nachvollziehen. Bevor Sie Ihr Programm für die Produktion erstellen, sollten Sie mit der rechten Maustaste den Webverweis und mit der linken Webverweis aktualisieren anklicken. Dieser Befehl startet den Discoveryprozess, der die Proxyklasse auf den neuesten Stand bringt. Wenn zum Beispiel Ihre Methode einen Zeichenfolgenparameter entgegennimmt und auch eine Zeichenfolge zurückgibt, können Sie nicht davon ausgehen, dass das immer so bleibt. Änderungen können bei einem Webdienst wie überall sonst eine Menge Probleme aufwerfen, aber sie kommen vor, und darauf müssen Sie vorbereitet sein.

Wenn Sie möchten, können Sie sich die gesamte Proxyklasse ansehen, die Visual Studio 2005 für das Projekt **StockSymbolConsumer** erstellt hat. Die Methode, die im obigen Beispiel aufgerufen wurde, wird hier gezeigt. (Visual Studio generiert für Visual Basic .NET und C# etwas unterschiedlichen Code. Wie Sie gleich sehen werden, wurde für die Methode **GetCompanyName** noch viel mehr als der unten stehende Code erstellt, doch der hier gezeigte Ausschnitt ist alles, was für diesen konkreten Webmethodenaufruf benötigt wird.)

```
'VB
<System.Web.Services.Protocols.SoapDocumentMethodAttribute( _
    "http://tempuri.org/GetCompanyName", _
    RequestNamespace:="http://tempuri.org/", _
    ResponseNamespace:="http://tempuri.org/", _
    Use:=System.Web.Services.Description.SoapBindingUse.Literal, _
    ParameterStyle:= _
        System.Web.Services.Protocols.SoapParameterStyle.Wrapped)> _
Public Function GetCompanyName(ByVal tickerSymbol As String) As String
    Dim results() As Object = Me.Invoke("GetCompanyName", _
        New Object() {tickerSymbol})
    Return CType(results(0),String)
End Function

//C#
[System.Web.Services.Protocols.SoapDocumentMethodAttribute(
    "http://tempuri.org/GetCompanyName",
    RequestNamespace="http://tempuri.org/",
    ResponseNamespace="http://tempuri.org/",
    Use=System.Web.Services.Description.SoapBindingUse.Literal,
    ParameterStyle=
        System.Web.Services.Protocols.SoapParameterStyle.Wrapped)]
public string GetCompanyName(string tickerSymbol) {
    object[] results = this.Invoke("GetCompanyName", new object[] {
        tickerSymbol});
    return ((string)(results[0]));
}
```

Wenn das einfach erscheint, so liegt das daran, dass es in seiner schlichtesten Form tatsächlich einfach ist. Doch ist dies noch längst keine erschöpfende Zusammenfassung all dessen, was Sie mit Webmethoden tun können. Zu synchronen Aufrufen ist jedoch kaum mehr als dies nötig.

Asynchrones Aufrufen einer Webmethode

Mit synchronen Methodenaufrufen sind eine Menge potenzieller Probleme verbunden, die sich beträchtlich auf die Benutzerfreundlichkeit auswirken können. Einige der häufigsten sind die folgenden:

- Die Webmethode wird unter Umständen mit einem Fehler beendet. In diesem Fall werden Sie den Fehler erst erkennen, nachdem die *Timeoutdauer* verstrichen ist, was recht lange dauern kann. (Die meisten Menschen betrachten ein Einfrieren einer Anwendung von fünf Sekunden bereits als relativ lange Unterbrechung.)
- Die Webmethode kann erfolgreich beendet werden, aber es kann recht lange dauern. Auch in diesem Fall wird bei synchronen Aufrufen die Anwendung zum Missfallen der Endbenutzer eingefroren.

- In den meisten Fällen werden Sie mehr als eine Webmethode aufrufen. Darauf zu warten, dass jeder einzelne Aufruf abgeschlossen wird, kann sehr lange dauern. (Stellen Sie sich einen Fall vor, in dem die erste Methode nicht erfolgreich zurückgegeben wird. Der Benutzer wartet dann vielleicht 30 Sekunden darauf, dass die erste Methode zurückgegeben wird und die nächste aufgerufen werden kann. Wenn diese Methoden *asynchron* aufgerufen werden, werden beide Anforderungen annähernd gleichzeitig ausgelöst, was die Wartezeit drastisch reduziert.)

Eine langsame Benutzeroberfläche war vielleicht vor 20 Jahren akzeptabel, als es noch kaum Konkurrenzprodukte gab, aber heute erwarten Benutzer mehr von ihrer Software. Kaum etwas kann einen Benutzer so ärgern, wie eine eingefrorene Benutzeroberfläche. Oft brechen Benutzer in einer solchen Situation den Anwendungsprozess einfach ab, was zusätzlich dazu führen kann, dass die Anwendung in einem unbekannten Status zurückbleibt. Eine solche Situation lässt sich leicht vermeiden, daher ist es inakzeptabel, gegen solche möglichen Probleme nichts zu unternehmen.

Wie bereits gesagt, können Sie Webmethodenaufrufe noch für vieles mehr einsetzen, wobei sich der Aufruf einer Webmethode nicht sonderlich von dem Aufruf einer anderen Methode unterscheidet, auch wenn im Hintergrund etwas mehr abläuft. Um eine Webmethode asynchron aufzurufen, haben Sie folgende Möglichkeiten:

- Erstellen eines neuen Threads zum Aufrufen der Methode. (Threading ist ein kompliziertes Thema und kann in diesem Zusammenhang nicht ausführlich behandelt werden.) Aus einem neuen Thread lässt sich eine Webmethode genau wie jede andere Methode aufrufen.
- Erstellen eines Delegatobjekts, das die Webmethodensignatur kennt, und Aufrufen der Methode von dort.
- Verwenden eines der drei Delegate, die die Proxyklasse zur Verfügung stellt.

Auch diese Mechanismen lassen sich am einfachsten an einem Codebeispiel veranschaulichen. Im Folgenden sehen Sie den gesamten Code, den Visual Studio für die Methode **GetTickerSymbol** generiert hat:

```
'VB
Public Event GetCompanyNameCompleted As GetCompanyNameCompletedEventHandler
<System.Web.Services.Protocols.SoapDocumentMethodAttribute( _
    "http://tempuri.org/GetCompanyName", _
    RequestNamespace:="http://tempuri.org/", _
    ResponseNamespace:="http://tempuri.org/", _
    Use:=System.Web.Services.Description.SoapBindingUse.Literal, _
    ParameterStyle:= _
    System.Web.Services.Protocols.SoapParameterStyle.Wrapped)> _
Public Function GetCompanyName(ByVal tickerSymbol As String) As String
    Dim results() As Object = Me.Invoke("GetCompanyName", _
        New Object() {tickerSymbol})
    Return CType(results(0), String)
End Function

'''<remarks/>
Public Overloads Sub GetCompanyNameAsync(ByVal tickerSymbol As String)
    Me.GetCompanyNameAsync(tickerSymbol, Nothing)
End Sub
```

```
'''<remarks/>
Public Overloads Sub GetCompanyNameAsync(ByVal tickerSymbol As String, _
    ByVal userState As Object)
    If (Me.GetCompanyNameOperationCompleted Is Nothing) Then
        Me.GetCompanyNameOperationCompleted = _
            AddressOf Me.OnGetCompanyNameOperationCompleted
    End If
    Me.InvokeAsync("GetCompanyName", New Object() {tickerSymbol}, _
        Me.GetCompanyNameOperationCompleted, userState)
End Sub

Private Sub OnGetCompanyNameOperationCompleted(ByVal arg As Object)
    If (Not (Me.GetCompanyNameCompletedEvent) Is Nothing) Then
        Dim invokeArgs As _
            System.Web.Services.Protocols.InvokeCompletedEventArgs = _
                CType(arg, _
                System.Web.Services.Protocols.InvokeCompletedEventArgs)
        RaiseEvent GetCompanyNameCompleted(Me, _
           New GetCompanyNameCompletedEventArgs(invokeArgs.Results, _
           invokeArgs.Error, invokeArgs.Cancelled, invokeArgs.UserState))
    End If
End Sub

Public Shadows Sub CancelAsync(ByVal userState As Object)
    MyBase.CancelAsync(userState)
End Sub

//C#
public event GetCompanyNameCompletedEventHandler GetCompanyNameCompleted;
[System.Web.Services.Protocols.SoapDocumentMethodAttribute(
    "http://tempuri.org/GetCompanyName",
    RequestNamespace="http://tempuri.org/",
    ResponseNamespace="http://tempuri.org/",
    Use=System.Web.Services.Description.SoapBindingUse.Literal,
    ParameterStyle=
        System.Web.Services.Protocols.SoapParameterStyle.Wrapped)]
public string GetCompanyName(string tickerSymbol) {
    object[] results = this.Invoke("GetCompanyName", new object[] {
        tickerSymbol});
    return ((string)(results[0]));
}

/// <remarks/>
public void GetCompanyNameAsync(string tickerSymbol) {
    this.GetCompanyNameAsync(tickerSymbol, null);
}

/// <remarks/>
public void GetCompanyNameAsync(string tickerSymbol, object userState) {
    if ((this.GetCompanyNameOperationCompleted == null)) {
```

```
        this.GetCompanyNameOperationCompleted =
            new System.Threading.SendOrPostCallback(
                this.OnGetCompanyNameOperationCompleted);
    }
    this.InvokeAsync("GetCompanyName", new object[] {
        tickerSymbol}, this.GetCompanyNameOperationCompleted,
        userState);
}

private void OnGetCompanyNameOperationCompleted(object arg) {
    if ((this.GetCompanyNameCompleted != null)) {
        System.Web.Services.Protocols.InvokeCompletedEventArgs
            invokeArgs =
                ((System.Web.Services.Protocols.InvokeCompletedEventArgs)
                (arg));
        this.GetCompanyNameCompleted(this,
            new GetCompanyNameCompletedEventArgs(invokeArgs.Results,
                invokeArgs.Error, invokeArgs.Cancelled,
                invokeArgs.UserState));
    }

}
[System.CodeDom.Compiler.GeneratedCodeAttribute("System.Web.Services",
    "2.0.50727.42")]
public delegate void GetCompanyNameCompletedEventHandler(
    object sender, GetCompanyNameCompletedEventArgs e);

[System.CodeDom.Compiler.GeneratedCodeAttribute("System.Web.Services",
    "2.0.50727.42")]
[System.Diagnostics.DebuggerStepThroughAttribute()]
[System.ComponentModel.DesignerCategoryAttribute("code")]
public partial class GetCompanyNameCompletedEventArgs :

    System.ComponentModel.AsyncCompletedEventArgs {

    private object[] results;

    internal GetCompanyNameCompletedEventArgs(object[] results,
        Exception exception, bool cancelled, object userState) :
            base(exception, cancelled, userState) {
            this.results = results;
        }

    /// <remarks/>
    public string Result {
        get {
            this.RaiseExceptionIfNecessary();
            return ((string)(this.results[0]));
        }
    }
}
```

Wenn Sie genau hinschauen, werden Sie vermutlich herausfinden, wo der asynchrone Aufruf programmiert ist. (Hinweis: suchen Sie nach **async**.) Ändern Sie nun die ursprüngliche Codedefinition ein wenig, sodass die Methode **GetCompanyNameAsync** aufgerufen wird:

```
'VB
Public Sub GetTickerSymbol()
    Dim Lookup As New StockLookupService()
    Console.WriteLine(Lookup.GetCompanyNameAsync("MSFT"))
End Sub

//C#
public static void GetTickerSymbol()
{
    StockLookupService Lookup = new StockLookupService();
    Console.WriteLine(Lookup.GetCompanyNameAsync("MSFT"));
}
```

Wenn Sie versuchen, diesen Code zu kompilieren und auszuführen, erhalten Sie die Fehlermeldung, dass der Rückgabetyp der Methode ungültig ist. Der geänderte Code funktioniert also nicht. Das liegt daran, dass es etwas verzwickt ist, eine asynchrone Methode aufzurufen. Der Grund, weshalb der Rückgabetyp des Methodenaufrufs nicht mehr gültig ist, liegt in der Proxyklasse, deren relevante Abschnitte Sie hier sehen:

```
'VB
Public Overloads Sub GetCompanyNameAsync(ByVal tickerSymbol As String)
    Me.GetCompanyNameAsync(tickerSymbol, Nothing)
End Sub

Public Overloads Sub GetCompanyNameAsync(ByVal tickerSymbol As String, _
    ByVal userState As Object)
    If (Me.GetCompanyNameOperationCompleted Is Nothing) Then
        Me.GetCompanyNameOperationCompleted = _
            AddressOf Me.OnGetCompanyNameOperationCompleted
    End If
    Me.InvokeAsync("GetCompanyName", New Object() {tickerSymbol}, _
        Me.GetCompanyNameOperationCompleted, userState)
End Sub

//C#
public void GetCompanyNameAsync(string tickerSymbol) {
    this.GetCompanyNameAsync(tickerSymbol, null);
}

public void GetCompanyNameAsync(string tickerSymbol, object userState) {
    if ((this.GetCompanyNameOperationCompleted == null)) {
        this.GetCompanyNameOperationCompleted =
            new System.Threading.SendOrPostCallback(
                this.OnGetCompanyNameOperationCompleted);
    }
    this.InvokeAsync("GetCompanyName", new object[] {
        tickerSymbol}, this.GetCompanyNameOperationCompleted,
        userState);
}
```

Der augenfälligste Unterschied ist der Rückgabetyp. Er ist keine Zeichenfolge mehr. Die Methodensignatur von Visual Basic .NET gibt nun **Sub** an, die von C# **void** (beides bedeutet, dass kein Rückgabetyp vorhanden ist). Wie gehen Sie damit um und veranlassen einen asynchronen Aufruf?

ACHTUNG Seien Sie vorsichtig mit Änderungen, die einen Bruch im vorhandenen Code bewirken

Ein Grundprinzip der objektorientierten Entwicklung lautet: Klassen sollten für Änderungen gesperrt, aber für Erweiterungen offen sein. Allein über dieses Prinzip könnten mehrere Kapitel verfasst werden, aber im Grunde bedeutet es nur: Wenn Sie eine Klasse erstellen, sollte sich die Schnittstelle zu dieser Klasse nicht mehr ändern. Wenn Sie eine Methode namens **GetStockSymbol** verwenden, die ein einziges Zeichenfolgenargument entgegennimmt und ebenso eine einzige Zeichenfolge zurückgibt, sollten Sie weder den Rückgabetyp noch den Parametertyp ändern, noch Parameter hinzufügen oder entfernen. Oft wird dieses Prinzip dahingehend missdeutet, dass sich die tatsächliche Implementierung der Methode nicht mehr ändern darf. Wenn das so wäre, würden Sie mit jeder Fehlerbehebung gegen die Prinzipien der objektorientierten Programmierung verstoßen. Das ist natürlich nicht der Fall.

Viele Entwickler, die die Schnittstelle einer traditionellen Klasse nur im Notfall ändern würden, gehen bei Webdiensten weniger umsichtig vor. Vergessen Sie nicht, dass es aus der Clientperspektive keinerlei Unterschied macht, ob Sie eine Webdienstmethode oder eine andere Methode aufrufen. Bedenken Sie, dass eine Proxyklasse für den Webdienst erstellt wird, und dass die aufgerufenen Methoden zu den Objekten gehören, die aus dieser Proxyklasse instanziert worden sind. Alle Änderungen, die einen Bruch im vorhandenen Code verursachen, sollten nur mit größter Vorsicht unternommen werden. Wenn solche Änderungen unumgänglich sind (wegen neuer Anforderungen oder Entwurfsmängeln), müssen Sie allen Benutzern des Dienstes genügend Vorwarnzeit geben, um reagieren zu können. Achten Sie auch darauf, keine vertraglichen Verpflichtungen zu verletzen, sonst können sich juristische Komplikationen ergeben.

Wenn Visual Studio den Proxy erstellt, wird automatisch für die **Completed**-Ereignisse aller Ihrer Methoden ein Ereignis erstellt. Der Proxy wird standardmäßig erstellt und erfordert kein Eingreifen des Entwicklers. Im Grunde müssen Sie lediglich einen Ereignishandler erstellen, der auf das Ereignis reagiert, und diesen dann wie hier gezeigt integrieren. (Auch hier weichen wieder Visual Basic .NET und C# deutlich voneinander ab. Diese Unterschiede sind sprachbedingt. Semantisch sind die beiden Codeabschnitte gleich und auch ihre Ausgabe ist identisch.)

```
'VB
Private WithEvents AsyncLookup As StockLookupService

Sub Main()
    AsyncLookup = New StockLookupService()
    AsyncLookup.GetCompanyNameAsync("MSFT")
    Console.ReadLine()
End Sub

Public Sub GetTickerSymbolCompletedHandler(ByVal sender As Object, _
    ByVal args As GetCompanyNameCompletedEventArgs) _
        Handles AsyncLookup.GetCompanyNameCompleted

    If Not args.Error Is Nothing Then
```

```
        Console.WriteLine("Error: {0} Message: {1}", args.UserState, _
            args.Error.Message)
    End If
    If args.Cancelled Then
        Console.WriteLine("Method invocation was cancelled")
    Else
        Console.WriteLine("Method completed: {0}", args.UserState)
    End If
End Sub

//C#
static void Main(string[] args)
{
    GetTickerServiceAsyncGood();
    Console.ReadLine();
}

static void GetTickerServiceAsyncGood()
{
    StockLookupService Lookup = new StockLookupService();
    Lookup.GetCompanyNameCompleted +=
        new GetCompanyNameCompletedEventHandler(
            GetTickerSymbolCompletedHandler);
    Lookup.GetCompanyNameAsync("MSFT");
}

private static void GetTickerSymbolCompletedHandler(object sender,
    GetCompanyNameCompletedEventArgs args)
{
    if (args.Error != null)
    {
        Console.WriteLine("Error: {0} Message: {1}", args.UserState,
            args.Error.Message);
    }
    if (args.Cancelled)
    {
        Console.WriteLine("Method invocation was cancelled");
    }
    else {
        Console.WriteLine("Method completed: {0}", args.UserState);
    }
}
```

Was ist das Wichtige an diesem Code?

- Die Methode **GetTickerSymbolCompletedHandler** behandelt das **Completed**-Ereignis des asynchronen Aufrufs
- **GetTickerSymbolCompletedHandler** ist an das **Completed**-Ereignis von **GetTickerSymbol-Completed** angebunden
- Die Methode **GetTickerSymbolAsync** ruft die Methode asynchron auf

Wie Sie Daten aus asynchronen Aufrufen zurückerhalten und auf die verschiedenen Ereignisse reagieren können, die mit solchen Aufrufen verknüpft sind, wird in der folgenden Lektion beschrieben.

Nur eines bleibt zu erörtern: wie ein Aufruf abgebrochen werden kann. Nachdem Sie eine Methode asynchron aufgerufen haben, genügt ein einfacher Aufruf ihrer **Cancel**-Methode, um den Aufruf wieder abzubrechen. Betrachten wir noch einmal das obige Codebeispiel, wobei die relevanten Abschnitte hervorgehoben wurden:

```
'VB
Private WithEvents AsyncLookup As StockLookupService

Sub Main()
    AsyncLookup = New StockLookupService()
    AsyncLookup.CancelAsync()
    Console.ReadLine()
End Sub

Public Sub GetTickerSymbolCompletedHandler(ByVal sender As Object, _
    ByVal args As GetCompanyNameCompletedEventArgs) _
    Handles AsyncLookup.GetCompanyNameCompleted

    If Not args.Error Is Nothing Then
        Console.WriteLine("Error: {0} Message: {1}", args.UserState, _
            args.Error.Message)
    End If
    If args.Cancelled Then
        Console.WriteLine("Method invocation was cancelled")
    Else
        Console.WriteLine("Method completed: {0}", args.UserState)
    End If
End Sub

//C#
static void GetTickerServiceAsyncGood()
{
    StockLookupService Lookup = new StockLookupService();
    Lookup.GetCompanyNameCompleted +=
        new GetCompanyNameCompletedEventHandler(
            GetTickerSymbolCompletedHandler);
     Lookup.CancelAsync();
Console.ReadLine();
}

private static void GetTickerSymbolCompletedHandler(object sender,
    GetCompanyNameCompletedEventArgs args)
{
    if (args.Error != null)
    {
        Console.WriteLine("Error: {0} Message: {1}", args.UserState,
             args.Error.Message);
    }
    if (args.Cancelled)
```

```
        {
            Console.WriteLine("Method invocation was cancelled");
        }
        else {
            Console.WriteLine("Method completed: {0}", args.UserState);
        }
}
```

Es ist wichtig, einen Aufruf abbrechen zu können, um einem Benutzer die Möglichkeit einzuräumen, bei zu langem Warten auf den Abschluss einer Methode die Ausführung abzubrechen. Das so genannte *Abfragesystem*, das den Ausführungsstatus einer asynchronen Methode überprüft und entsprechend reagiert, wird in der nächsten Lektion behandelt. Wenn Sie beschlossen haben, die Ausführung abzubrechen, ist nur ein Aufruf der vordefinierten Methode **CancelAsync** erforderlich. Wenn der Ereignishandler richtig installiert wurde (ein automatischer Prozess) und Sie wie im obigen Beispiel gezeigt Code erstellt haben, der einen Abbruch feststellen kann, sind alle notwendigen Schritte unternommen.

Übung 1: Aufrufen einer Webmethode

In dieser Übung erstellen Sie einen Webverweis auf Ihr Projekt und rufen dann eine seiner Webmethoden aus einer Clientanwendung heraus auf. Falls Sie bei einer Übung auf Probleme stoßen, können Sie sich das fertige Projekt auf der Begleit-CD im Ordner **Code** ansehen.

▶ Übung: Aufrufen einer Webmethode

In dieser Übung erstellen Sie eine Konsolenanwendung, die die Methode **GetCompanyName** des Projekts **StockLookupService** aufruft.

1. Öffnen Sie Visual Studio 2005 und erstellen Sie ein leeres Projekt.
2. Fügen Sie eine neue C#- oder Visual Basic .NET-Konsolenanwendung hinzu, der Sie je nach verwendeter Programmiersprache den Namen **StockSymbolConsumerCS** oder **StockSymbolConsumerVB** geben.
3. Wählen Sie **Datei**, **Hinzufügen**, **Vorhandenes Projekt** aus und fügen Sie der Projektmappe das Projekt **StockSymbolService** hinzu.
4. Erstellen Sie das Projekt **StockSymbolService**.
5. Klicken Sie mit der rechten Maustaste auf das Projekt **StockSymbolConsumer** und klicken Sie auf **Webverweis hinzufügen**. Nun sollte ein Dialogfeld ähnlich dem in Abbildung 7.1 erscheinen.

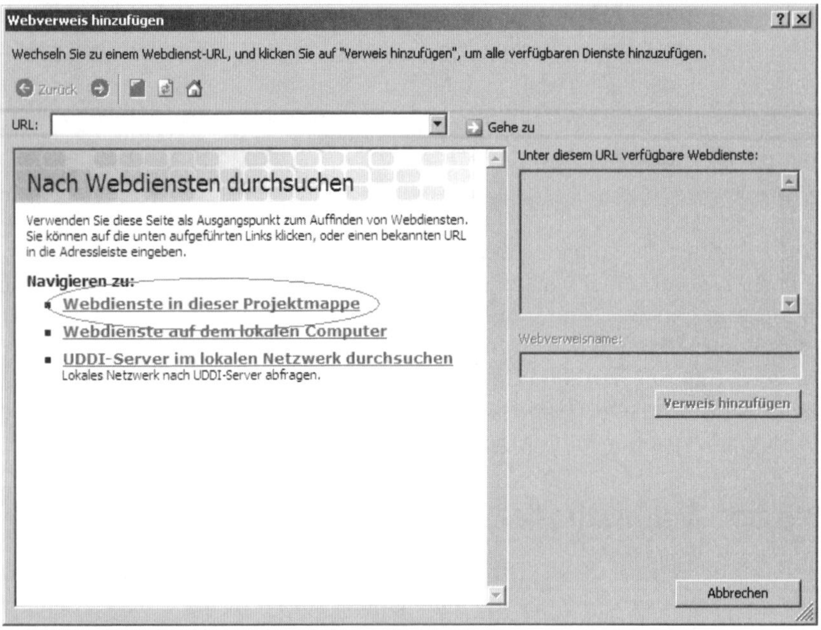

Abbildung 7.1 Verwenden Sie das Dialogfeld **Webverweis hinzufügen**, um einen Webdienst zu suchen

6. Klicken Sie auf **Webdienste in dieser Projektmappe** und dann auf **Service für das StockLookupService-Projekt**.
7. Lassen Sie den Standardwert **localhost** im Textfeld **Webverweisname** stehen.
8. Klicken Sie auf **Verweis hinzufügen**.
9. Öffnen Sie die Datei **Program.cs** (für C#) oder die Datei **Module1.vb** (für Visual Basic .NET) des Projekts **StockSymbolConsumer**.
10. Fügen Sie Folgendes oben in der Modul- oder Klassenhierarchie hinzu:

```
'VB
Imports StockSymbolConsumerVB.localhost

//C#
using StockSymbolConsumerCS.localhost;
```

11. Fügen Sie der Methode **Main** des betreffenden Projekts folgenden Code hinzu:

```
'VB
GetTickerSymbol()
Console.ReadLine()

//C#
GetTickerSymbol();
Console.ReadLine();
```

12. Fügen Sie der Klasse folgende Methoden hinzu:

```
'VB
Public Sub GetTickerSymbol()
    Dim Lookup As New StockLookupService
    Console.WriteLine(Lookup.GetCompanyName("MSFT"))
End Sub

//C#
static void GetTickerSymbol()
    {
      StockLookupService Lookup = new StockLookupService();
      Console.WriteLine(Lookup.GetCompanyName("MSFT"));
    }
```

13. Erstellen Sie das Projekt und beseitigen Sie eventuelle Fehler. Wenn Sie die Anwendung ausführen, müsste das Wort „*Microsoft*“ im Konsolenfenster angezeigt werden.

Zusammenfassung der Lektion

- Mithilfe der Visual Studio-Funktion **Webverweis hinzufügen** können Sie Ihrem Projekt einen Verweis auf einen Webdienst hinzufügen
- Wenn sich der Webdienst in derselben Projektmappe befindet, können Sie ihn dem Projekt mit dem Befehl **Webdienste in dieser Projektmappe** hinzufügen
- Wenn sich der Webdienst nicht in derselben Projektmappe befindet, aber auf demselben Computer, können Sie den Webverweis mit dem Befehl **Webdienste auf dem lokalen Computer** hinzufügen
- Wenn sich der Webdienst auf einem Remoteserver befindet, können Sie seine Adresse im URL-Adressfeld des Dialogfelds **Webverweis hinzufügen** angeben
- Visual Studio 2005 erzeugt eine Proxyklasse, wenn Sie einen Webverweis hinzufügen.
- Der Clientcode erstellt eine Instanz der Proxyklasse und ruft sie auf, und diese Instanz wiederum behandelt die Webdienstaufrufe. Der Webdienst selbst wird vom Clientcode nicht direkt aufgerufen.
- Ein Webdienst, auf den Sie verweisen, kann sich später noch ändern. Klicken Sie den Webverweis mit der rechten Maustaste an und klicken Sie dann auf **Webverweis aktualisieren**, um einen Proxy für den Webdienst zu generieren.
- Achten Sie darauf, vorhandene Webdienste nicht tief greifend zu ändern (ändern Sie also keine Methodensignaturen). Wenn Sie solche tief greifenden Änderungen vornehmen müssen, achten Sie darauf, den Benutzer rechtzeitig über die Änderung zu benachrichtigen.
- Asynchrone Methoden werden standardmäßig bereitgestellt. Ihre Syntax lautet: <*Methodenname*>**asnyc**.

Lernzielkontrolle

Mit den folgenden Fragen können Sie Ihr Wissen zu den Informationen aus Lektion 1, „Aufrufen von Webmethoden“, überprüfen. Die Fragen finden Sie (in englischer Sprache) auch auf der Begleit-CD, Sie können sie also auch auf dem Computer im Rahmen eines Übungstests beantworten.

HINWEIS Die Antworten

Die Antworten auf diese Fragen mit Erklärungen, warum die jeweiligen Auswahlmöglichkeiten richtig oder falsch sind, finden Sie im Abschnitt „Antworten“ am Ende dieses Buchs.

1. Was müssen Sie tun, um eine Webmethode asynchron aufzurufen? (Wählen Sie alle zutreffenden Antworten aus.)
   a. Hinzufügen eines Webverweises auf den Dienst, der die aufzurufende Methode enthält.
   b. Deklarieren und Erstellen einer Instanz des Dienstobjekts.
   c. Aufrufen der Methode mit ihrem Namen.
   d. Aufrufen der Methode mit ihrem Namen und dem Postfix **async**.
2. Wie unterscheiden sich asynchrone Methoden von traditionellen? (Wählen Sie alle zutreffenden Antworten aus.)
   a. Sie weisen in den meisten Fällen eine andere Signatur und einen anderen Rückgabetyp auf.
   b. Andere Methoden können verarbeitet werden, während der Aufruf der Webmethode verarbeitet wird.
   c. Das Ereignis **Completed** muss verarbeitet werden, um Ergebnisse zurückzuerhalten.
   d. Der Methodenaufruf ist in jedem Fall identisch mit dem entsprechenden synchronen Aufruf.

Lektion 2: Abfragen einer Webmethode auf Abschluss

In der vorherigen Lektion wurden synchrone und asynchrone Webdienstaufrufe besprochen. In dieser Lektion wird der Prozess der asynchronen Aufrufe eingehender behandelt.

Am Ende dieser Lektion werden Sie in der Lage sein, die folgenden Aufgaben auszuführen:

- Aufrufen eines Webdienstes mithilfe eines Delegaten
- Abfragen der Methode auf Abschluss und Ergreifen der entsprechenden Maßnahmen
- Verwenden vordefinierter Delegaten

Veranschlagte Zeit für diese Lektion: 20 Minuten

Abfragen

Wenn eine Methode asynchron aufgerufen wird, wissen Sie nicht genau, wann sie abgeschlossen ist. Normalerweise werden Programme zwar linear ausgeführt, aber dies ist bei asynchronen Aufrufen nicht der Fall. Betrachten Sie einmal folgende Situation:

- Ein Programm ruft die Methode **GetTickerSymbol** eines Webdienstes auf, um das Börsensymbol eines Unternehmens abzufragen.
- Danach ruft das Programm eine andere Methode des Webdienstes auf und übergibt das Börsensymbol einem anderen Unternehmen, um den Schlusskurs abzufragen.
- Wenn die erste Methode zurückkehrt, verwendet das Programm ihre Ergebnisse für einen Aufruf, der den Schlusskurs des ersten Unternehmens zurückgeben soll.

In einem synchronen Szenario können Sie sicher sein, dass der zweite und dritte Aufruf erst nach Abschluss des ersten ausgeführt werden. Außerdem wird der dritte Aufruf nicht vor dem zweiten abgeschlossen. In einem asynchronen Szenario hingegen wissen Sie nicht, wann ein Aufruf zurückkehrt; Sie können nicht einmal sicher sagen, dass sie in der Reihenfolge abgeschlossen werden, in der sie aufgerufen wurden. (Wenn sie tatsächlich in der Aufrufreihenfolge abgeschlossen werden, ist das reiner Zufall.)

Praxistipp

William Ryan

Viele Kollegen schrecken vor Threading und asynchronen Aufrufen zurück. Doch der Einsatz asynchroner Aufrufe bewirkt oft den Unterschied zwischen einer zufrieden stellenden und einer unerfreulichen Anwendung. Im vorigen Praxistipp berichtete ich von unserer Umstellung auf Webdienste. Anfangs hatten wir einige Probleme. Wir erstellten in der Regel kundenspezifische Clientanwendungen und Standardaufrufe. Da aber das Web nicht immer stabil und verfügbar ist, sind unsere Anwendungen oft eingefroren, weil sie darauf warteten, dass Methoden zurückkehrten. Zum Glück war die Umstellung von einem synchronen auf ein asynchrones Anwendungsmodell sehr einfach. Die asynchronen Delegate haben vieles erleichtert und zum Glück war die Umstellung meistens problemlos.

Begin<Methodenname> und *IAsyncResult*

Es gibt zwei Funktionen, die ohne zusätzlichen Aufwand für asynchrone Aufrufe sehr nützlich sind. In der ersten Lektion haben Sie bereits eine Möglichkeit kennen gelernt festzustellen, wann eine Methode abgeschlossen ist. Dieses Beispiel war jedoch etwas vereinfachend.

Zu jeder asynchronen Webmethode gehört auch eine **Begin**<*Methodenname*>-Methode. Diese **Begin** <*Methodenname*>-Methoden haben den Rückgabetyp **IAsyncResult**. Mit folgendem Verfahren können Sie eine **Begin**<*Methodenname*>-Methode aufrufen, ihren Ausführungsstatus prüfen und entsprechend reagieren.

1. Deklarieren Sie eine **IAsyncResult**-Variable und legen Sie sie auf den Rückgabewert der **Begin**<*Methodenname*>-Methode des Webdienstes fest.
2. Fragen Sie die Eigenschaft **IsCompleted** der Variablen **IAsyncResult** so lange ab, bis sie **true** zurückgibt.
3. Rufen Sie die **End**<*Methodenname*>-Methode auf.

Das mag kompliziert klingen, ist aber, wie das folgende Beispiel zeigt, sehr einfach:

```
'VB
Public Sub BeginGetTickerSymbol()
    Dim Lookup As New StockLookupService()
    Dim CompanyName As IAsyncResult = _
        Lookup.BeginGetCompanyName("MSFT", Nothing, Nothing)
    While Not CompanyName.IsCompleted
        'Hier alles Nötige tun
    End While
    Console.WriteLine(Lookup.EndGetCompanyName(CompanyName))
End Sub

//C#
static void BeginGetTickerSymbol()
{
    StockLookupService Lookup = new StockLookupService();
    IAsyncResult CompanyName =
        Lookup.BeginGetCompanyName("MSFT", null, null);
    while (!CompanyName.IsCompleted)
    {
        //Hier alles Nötige tun
    }
    Console.WriteLine(Lookup.EndGetCompanyName(CompanyName));
}
```

ACHTUNG Übergeben Sie möglichst nicht nur Null-Parameter an Delegate

In der Praxis sollten Sie möglichst nicht in beiden Parametern **Null** oder **Nothing** übergeben. Wir tun dies hier nur, weil wir an dieser Stelle den Umgang mit **Null**-Werten nicht behandeln möchten.

Diese Methode ist meist nicht so elegant wie das Einbinden von Ereignishandlern in der vorigen Lektion, da wir hier Ergebnisse abfragen müssen. Da diese Abfrage in demselben Thread ausgeführt wird, blockiert sie die Ausführung in diesem Thread. (*Blockieren* ist das Unterbrechen eines Threads bis dieser einen Wert zurückgibt.)

Eine elegantere Lösung, die der ersten beschriebenen Methode ähnelt, ist die Verwendung einer Rückrufmethode. *Rückrufmethoden* sind genau das, was ihr Name sagt: Sie rufen die Anwendung zurück und teilen ihr bildlich gesagt mit, dass sie „fertig" sind.

Ihre Verwendung ist ebenso einfach. In diesem Fall müssen Sie lediglich ein **AsyncCallback**-Objekt angeben und für dieses ein Ziel bestimmen. Die Verarbeitung erfolgt asynchron; wenn sie abgeschlossen ist, informiert der Rückruf die Anwendung darüber. An dieser Stelle können dann eventuell vorhandene Rückgabewerte abgerufen werden.

```
'VB
Public Sub GetTickerSymbolCallBack()
    Dim Lookup As New StockLookupService()
    Dim Callback As New AsyncCallback(AddressOf CompanyReturned)
    Dim Result As IAsyncResult = _
        Lookup.BeginGetCompanyName("MSFT", Callback, Nothing)
End Sub

Public Sub CompanyReturned(ByVal result As IAsyncResult)
    Dim Lookup As New StockLookupService()
    Console.WriteLine(Lookup.EndGetCompanyName(result))
End Sub

//C#
static void GetTickerSymbolCallBack()
{
    StockLookupService Lookup = new StockLookupService();
    AsyncCallback Callback = new AsyncCallback(CompanyReturned);
    IAsyncResult Result =
        Lookup.BeginGetCompanyName("MSFT", Callback, null);
}

static void CompanyReturned(IAsyncResult result)
{
    StockLookupService Lookup = new StockLookupService();
    Console.WriteLine(Lookup.EndGetCompanyName(result));
}
```

Wenn Sie die Methode **GetTickerSymbolCallBack** mit dem folgenden Code aufrufen, zeigt er die Worte **I'm running asynchronously** an, ehe der Rückgabewert im Konsolenfenster erscheint.

```
'VB
GetTickerSymbolCallBack()
Console.WriteLine("I'm running asynchronously")
Console.ReadLine()
```

```
//C#
GetTickerSymbolCallBack();
Console.WriteLine("I'm running asynchronously");
Console.ReadLine();
```

In der Methode **CompanyReturned** verwenden wir die Methode **End<*Methodenname*>**, um die Ergebnisse des Aufrufs abzurufen. Zwar hat **Begin<*Methodenname*>** eine völlig andere Signatur als die zugehörige Methode, aber **End<*Methodenname*>** hat nicht nur denselben Rückgabetyp, sondern auch denselben Rückgabewert wie die Methode.

In der ersten Lektion haben wir jedoch noch nicht gesehen, wie die Werte einer Webmethode abgerufen werden. Wir haben einen Ereignishandler eingebunden, der Meldung erstatten soll, wenn die Methode ihre Ausführung beendet hat, aber wir haben noch nichts mit dem Rückgabewert der Methode unternommen. Mithilfe des Ereignishandlers ist es ein Leichtes, den Rückgabewert einer Methode abzufragen. Mit demselben Code wie im Beispiel zum Ereignishandler aus Lektion 1 wird hier gezeigt (hervorgehoben), wie der Rückgabewert der Methode abgerufen wird:

```
'VB
Private WithEvents AsyncLookup As StockLookupService

Sub Main()
    AsyncLookup = New StockLookupService()
    AsyncLookup.GetCompanyNameAsync("MSFT")
    Console.ReadLine()
End Sub

Public Sub GetTickerSymbolCompletedHandler(ByVal sender As Object, _
    ByVal args As GetCompanyNameCompletedEventArgs) _
    Handles AsyncLookup.GetCompanyNameCompleted

    If Not args.Error Is Nothing Then
        Console.WriteLine("Error: {0} Message: {1}", args.UserState, _
            args.Error.Message)
    End If
    If args.Cancelled Then
      Console.WriteLine("Method invocation was cancelled")
    Else
        Console.WriteLine("Method completed: {0} Value: {1}", _
            args.UserState, args.Result)
    End If
End Sub

//C#
static void Main(string[] args)
{
    GetTickerServiceAsnycGood();
    Console.ReadLine();
}

static void GetTickerServiceAsnycGood()
{
```

```
    StockLookupService Lookup = new StockLookupService();
    Lookup.GetCompanyNameCompleted +=
        new GetCompanyNameCompletedEventHandler(
            GetTickerSymbolCompletedHandler);
    Lookup.GetCompanyNameAsync("MSFT");
}

private static void GetTickerSymbolCompletedHandler(object sender,
    GetCompanyNameCompletedEventArgs args)
{
    if (args.Error != null)
    {
        Console.WriteLine("Error: {0} Message: {1}", args.UserState,
            args.Error.Message);
    }
    if (args.Cancelled)
    {
        Console.WriteLine("Method invocation was cancelled");

    }
    else {
        Console.WriteLine("Method completed: {0} Value: {1}",
            args.UserState, args.Result);
    }
}
```

Sie müssen sich im Grunde nur vergewissern, dass der Wert nicht **Null** ist und dass die Ausführung nicht abgebrochen wurde (sonst würde eine Abfrage der Eigenschaft **Result** womöglich eine Ausnahme auslösen oder zu unerwartetem Verhalten führen). Verwenden Sie die Eigenschaft **Result** des **EventArgs**-Objekts.

Zusammenfassend kann gesagt werden, dass es drei Verfahren gibt, um mithilfe von Delegaten eine Webmethode asynchron aufzurufen:

- Verwenden von <*Methodenname*>**CompletedHandler**. Vergewissern Sie sich, dass der Rückgabewert nicht **Null** ist und die Methode nicht abgebrochen wurde. Fragen Sie dann die Eigenschaft **Result** des Arguments **EventArgs** ab.
- Verwenden einer **Begin**<*Methodenname*>-Delagatmethode und Abfragen auf Abschluss der Methode
- Verwenden einer **Callback**-Methode, die meldet, wenn die Ausführung abgeschlossen ist

Allerdings gibt es noch einen anderen Fall, auf den die bisherigen Ausführungen nicht so recht zutreffen. Stellen Sie sich ein Fire-and-Forget-Szenario vor, indem Sie eine Methode aufrufen und dann die Verarbeitung unabhängig vom Ergebnis fortsetzen möchten. Dies kommt bei Webdiensten häufig vor, da manche Methoden gar keine Rückgabewerte haben, sodass es nicht von Interesse ist, wann der Dienst die Ausführung abgeschlossen hat. Da ein Proxy generiert wurde, ist auch dieser Fall einfach zu behandeln.

Webdienste (und Remotemethoden, wie Sie im nächsten Kapitel erfahren werden) können unidirektional aufgerufen werden. Um dies zu tun, muss eine Methode nur das Attribut **OneWay** erhalten. Angenommen, Sie haben folgende Definition einer Webmethode:

```
[WebMethod]
[SoapDocumentMethod(OneWay = true)]
public void ThrowException() {
    throw new ApplicationException("You'll never know I was thrown");
}
```

Wenn Sie diese Methode ohne das Attribut **OneWay** aufrufen, übergibt .NET Framework eine **SoapException** an den aufrufenden Client. Rufen Sie die Methode hingegen auf, wie es hier gezeigt wird, wird die Verarbeitung in Ihrem Programm ohne Unterbrechung fortgesetzt. Es wird also alles in der Webmethode ignoriert. Der folgende Code zeigt an einem hypothetischen Dienst, dass eine **OneWay**-Methode tatsächlich nach dem Prinzip Fire-and-Forget funktioniert:

```
'VB
Dim DemoService As New Service()
DemoService.ThrowException()
Console.WriteLine("I worked as expected")
Console.ReadLine()

//C#
Service DemoService = new Service();
DemoService.ThrowException();
Console.WriteLine("I worked as expected");
Console.ReadLine();
```

Wenn Sie diesen Code kompilieren und ausführen, zeigt er **I worked as expected** im Konsolenfenster an, um zu zeigen, dass alles erwartungsgemäß verläuft. Wenn Sie mit diesem Beweis nicht zufrieden sind, entfernen Sie das Attribut **OneWay** (oder setzen Sie es auf **false**) und führen Sie die Anwendung erneut aus.

Übung 2: Asynchrones Aufrufen einer Webmethode

In dieser Übung legen Sie einen Webverweis auf Ihr Projekt an und rufen dann asynchron eine seiner Webmethoden aus einer Clientanwendung heraus auf. In der nächsten Übung prüfen Sie mit dem Attribut **OneWay**, ob ein Aufruf korrekt funktioniert. Falls Sie bei einer Übung auf Probleme stoßen, können Sie sich das fertige Projekt auf der Begleit-CD im Ordner **Code** ansehen.

▶ Übung 1: Asynchrones Aufrufen einer Webmethode

In dieser Übung erstellen Sie eine Konsolenanwendung, die asynchron die Methode **GetCompanyName** des Projekts **StockLookupService** aufruft.

1. Führen Sie die Schritte 1 bis 10 der Übung von Lektion 1 durch.
2. Fügen Sie folgenden Code zur Klasse **Programs.CS** (C#) oder **Module1.VB** (Visual Basic .NET) hinzu:

```
'VB
Private WithEvents AsyncLookup As StockLookupService

Sub Main()
    AsyncLookup = New StockLookupService()
    AsyncLookup.GetCompanyNameAsync("MSFT")
    Console.WriteLine("I'm running async.")
    Console.ReadLine()
End Sub

Public Sub GetTickerSymbolCompletedHandler(ByVal sender As Object, _
    ByVal args As GetCompanyNameCompletedEventArgs) _
    Handles AsyncLookup.GetCompanyNameCompleted

    If Not args.Error Is Nothing Then
        Console.WriteLine("Error: {0} Message: {1}", args.UserState, _
            args.Error.Message)
    End If
    If args.Cancelled Then
        Console.WriteLine("Method invocation was cancelled")
    Else
        Console.WriteLine("Method completed: {0} Value: {1}", _
            args.UserState, args.Result)
    End If
End Sub

//C#
static void Main(string[] args)
{
    GetTickerServiceAsyncGood();
    Console.WriteLine("I'm running async");
    Console.ReadLine();
}
static void GetTickerServiceAsyncGood()
{
    StockLookupService Lookup = new StockLookupService();
    Lookup.GetCompanyNameCompleted +=
        new GetCompanyNameCompletedEventHandler(
            GetTickerSymbolCompletedHandler);
    Lookup.GetCompanyNameAsync("MSFT");
}

private static void GetTickerSymbolCompletedHandler(object sender,
    GetCompanyNameCompletedEventArgs args)
{
    if (args.Error != null)
    {
```

```
            Console.WriteLine("Error: {0} Message: {1}", args.UserState,
                args.Error.Message);
        }
        if (args.Cancelled)
        {
            Console.WriteLine("Method invocation was cancelled");
        }
        else {
            Console.WriteLine("Method completed: {0} Value: {1}",
                args.UserState, args.Result);
        }
    }
```

3. Erstellen Sie das Projekt und beseitigen Sie eventuelle Fehler. Wenn Sie die Anwendung ausführen, müsste Folgendes im Konsolenfenster angezeigt werden: **i'm running async. Method completed: System.Object Value: Microsoft**

▶ Übung 2: Aufrufen einer Webmethode mit dem Attribut OneWay

In dieser Übung erstellen Sie eine Konsolenanwendung, die die Methode **GetCompanyName** des Projekts **StockLookupService** aufruft, allerdings mit dem Attribut **OneWay**.

1. Öffnen Sie Visual Studio 2005 und erstellen Sie ein leeres Projekt.
2. Fügen Sie eine neue C#- oder Visual Basic .NET-Konsolenanwendung hinzu, der Sie je nach verwendeter Programmiersprache den Namen **StockSymbolConsumerCS** oder **StockSymbolConsumerVB** geben.
3. Wählen Sie **Datei**, **Hinzufügen**, **Vorhandenes Projekt** und fügen Sie der Projektmappe das Projekt **StockLookupService** hinzu.
4. Erstellen Sie das Projekt **StockLookupService**.
5. Klicken Sie mit der rechten Maustaste auf das Projekt und klicken Sie auf **Webverweis hinzufügen**. Nun sollte ein Dialogfeld ähnlich dem in Abbildung 7.1 erscheinen.
6. Klicken Sie auf **Webdienste in dieser Projektmappe** und dann auf **Service für das StockLookup-Service-Projekt**. Lassen Sie den Standardwert **localhost** im Textfeld **Webverweisname** stehen.
7. Klicken Sie auf **Verweis hinzufügen**.
8. Öffnen Sie die Datei **Program.cs** (für C#) oder die Datei **Module1.vb** (für Visual Basic .NET) des Projekts **StockSymbolConsumer**.
9. Fügen Sie Folgendes oben in der Modul- oder Klassenhierarchie hinzu:

```
'VB
Imports StockSymbolConsumerVB.localhost

//C#
using StockSymbolConsumerCS.localhost;
```

10. Fügen Sie der Methode **Main** des betreffenden Projekts folgenden Code hinzu:

```
'VB
Dim DemoService As New Service()
DemoService.ThrowException()
Console.WriteLine("I made it so the OneWay attribute worked!")

//C#
Service DemoService = new Service();
DemoService.ThrowException();
Console.WriteLine("I made it so the OneWay attribute worked!");
```

11. Erstellen Sie das Projekt und beseitigen Sie eventuelle Fehler. Wenn Sie die Anwendung ausführen, müsste Folgendes im Konsolenfenster angezeigt werden: **i made it so the OneWay attribute worked!**

Zusammenfassung der Lektion

- Immer wenn eine Anwendung nicht auf den Abschluss einer Methode warten kann, sollten asynchrone Aufrufe verwendet werden
- Um Methoden asynchron aufzurufen, verwenden Sie entweder einen Delegaten oder einen eigenen Thread
- Die Methoden **Begin<***Methodenname***>** und **End<***Methodenname***>** starten und beenden einen asynchronen Aufruf
- Standardmäßig können Webmethoden mit **CompletedEventHandler** asynchron aufgerufen werden
- Die Methode **CancelAsync** eines Webdienstes kann einen asynchronen Aufruf abbrechen
- Um den Abschluss einer Methode abzufragen, verwenden Sie entweder ein **IAsyncResult**-Objekt und warten, bis dessen **IsCompleted**-Eigenschaft **true** zurückgibt, oder eine Rückrufmethode, die den Client bei Abschluss benachrichtigt
- Das Attribut **OneWay** kann Fire-and-Forget-Funktionen zur Verfügung stellen
- Mit diesem **OneWay**-Attribut müssen Sie jedoch vorsichtig umgehen, da eine **OneWay**-Methode keine Rückgabewerte abfragen kann. Daher kann dieses Attribut dazu führen, dass ernsthafte Probleme unerkannt bleiben.

Lernzielkontrolle

Mit den folgenden Fragen können Sie Ihr Wissen zu den Informationen aus Lektion 2, „Abfragen einer Webmethode auf Abschluss", überprüfen. Die Fragen finden Sie (in englischer Sprache) auch auf der Begleit-CD, Sie können sie also auch auf dem Computer im Rahmen eines Übungstests beantworten.

HINWEIS Die Antworten

Die Antworten auf diese Fragen mit Erklärungen, warum die jeweiligen Auswahlmöglichkeiten richtig oder falsch sind, finden Sie im Abschnitt „Antworten" am Ende dieses Buchs.

---

1. Welche Methode ist geeignet, um festzustellen, ob eine Webmethode abgeschlossen wurde? (Wählen Sie die beste Antwort aus.)
   a. Verwenden eines **IAsyncResult**-Objekts in Verbindung mit einem Standardaufruf und Testen, ob die Eigenschaft **IsCompleted** den Wert **true** hat.
   b. Verwenden eines **IAsyncResult**-Objekts in Verbindung mit einem asynchronen Aufruf und Testen, ob die Eigenschaft **IsCompleted** den Wert **true** hat.
   c. Verwenden einer Rückrufmethode und Warten, dass die Eigenschaft **IsCompleted** den Wert **true** annimmt.
   d. Kennzeichnen der Methode mit einem **OneWay**-Attribut.
2. Wie unterscheiden sich Delegataufrufe von traditionellen? (Wählen Sie alle zutreffenden Antworten aus.)
   a. Sie weisen in den meisten Fällen eine andere Signatur und einen anderen Rückgabetyp auf.
   b. Andere Methoden können verarbeitet werden, während der Aufruf der Webmethode verarbeitet wird.
   c. Das Ereignis **Completed** muss verarbeitet werden, um Ergebnisse zurückzuerhalten.
   d. Der Methodenaufruf ist in jedem Fall identisch mit dem entsprechenden synchronen Aufruf.
3. Welche der folgenden Aussagen beschreiben Webmethodenaufrufe? (Wählen Sie alle zutreffenden Antworten aus.)
   a. Der Clientcode ruft den Webdienst direkt auf.
   b. Der Clientcode ruft die Proxyklasse des Webdienstes auf.
   c. Webdienste können nur asynchron in separaten Threads aufgerufen werden.
   d. Asynchrone Aufrufe können mit Delegaten oder separaten Threads implementiert werden.

Rückblick auf dieses Kapitel

Sie können die in diesem Kapitel vermittelten Fähigkeiten folgendermaßen einüben und vertiefen:

- Lesen Sie die Zusammenfassung des Kapitels sorgfältig durch
- Lesen Sie die Liste der Schlüsselbegriffe durch, die in diesem Kapitel eingeführt wurden
- Arbeiten Sie die Übungen mit Fallbeispielen durch. Diese Szenarios beschreiben Fälle aus der Praxis, in denen die Themen dieses Kapitels zur Anwendung kommen. Sie werden aufgefordert, eine Lösung zu entwickeln.
- Führen Sie die vorgeschlagenen praktischen Übungen durch
- Machen Sie einen Übungstest

Zusammenfassung des Kapitels

- Mit .NET-Webdiensten können Sie den externen Benutzern Daten in Form von XML zur Verfügung stellen
- Die Webmethoden dieser Webdienste verhalten sich genauso wie normale Methoden
- .NET-Webdienste können in jeder .NET-Sprache erstellt und verwendet werden
- .NET-Webdienste können von jedem Benutzer verwendet werden, der in der Lage ist, XML zu verarbeiten, da die Daten in diesem Format zurückgegeben werden
- Ein Webverweis wird benötigt, um einen Webdienst zu verwenden
- Wenn Sie einem Projekt einen Webverweis hinzugefügt haben, erstellt Visual Studio 2005 eine Klasse mit den Methoden und Eigenschaften dieses Webdienstes. So können Sie mit dem Webdienst wie mit einer lokalen Anwendung umgehen.
- Webmethoden lassen sich genau wie traditionelle Methoden aufrufen. Diese Aufrufe können asynchron oder synchron sein.
- Um Fire-and-Forget-Funktionen zu implementieren, können Sie **OneWay**-Attribute für Webmethoden verwenden
- Wann die Verarbeitung einer Webmethode abgeschlossen ist, lässt sich mit zwei Methoden feststellen: Abfrage und Rückruf.
- Semantisch sind Rückrufe eleganter als Abfragen

Schlüsselbegriffe

Wissen Sie, was die folgenden Schlüsselbegriffe bedeuten? Sie können Ihre Antworten überprüfen, indem Sie die Begriffe im Glossar am Ende dieses Buchs nachschlagen.

- asynchron
- Blockieren

- Rückruf
- Fire-and-Forget
- synchron
- Webmethoden
- Webdienst

Fallbeispiele

In den folgenden Fallbeispielen wenden Sie an, was Sie über die Erstellung von Clientanwendungen gelernt haben, die Remoteobjekte verwenden. Die Lösungen zu den Fragen finden Sie im Abschnitt „Antworten“ hinten in diesem Buch.

Fallbeispiel 1: Bereitstellen von Funktionen mit .NET-Webdiensten

Viele Unternehmen wachsen mit der Zeit und müssen ihre Funktionen externen Kunden zur Verfügung stellen. Zwei der am besten geeigneten Verfahren dazu sind .NET-Webdienste und .NET Remoting. Die folgende Fallstudie beschäftigt sich mit der Entwicklung einer Strategie für Webdienste.

Interviews

Es folgt eine Auflistung der befragten Unternehmensmitarbeiter und ihrer Aussagen:

- **Leiter der IT-Abteilung** „Dieses Unternehmen besteht schon lange und seine IT-Infrastruktur bestand ursprünglich aus vielen proprietären Produkten unterschiedlicher Hersteller. Dieses Erbe war eines der größten Hindernisse auf dem Weg zur Modernisierung unseres Betriebs. Da alle diese Systeme nicht miteinander kommunizieren konnten, mussten viele Daten manuell eingegeben werden, was auch zu Eingabefehlern führte. Wir haben viele dieser Daten in einer SQL Server-Datenbank zusammengefasst, aber einige unserer Produkte verwenden immer noch OLEDB-Datenbanken. Wir müssen unseren Handelspartnern und Kunden diese Funktionen zur Verfügung stellen, damit sie die Daten in Echtzeit bekommen und ihrerseits ebenfalls Daten eingeben können. Wir versuchten, diese Probleme mit Java in den Griff zu bekommen, aber diese Lösung war ebenfalls problematisch. Wir würden das Problem am liebsten gestern lösen, gerne auch mit .NET Framework, aber nur, wenn es uns auch wirklich weiterhilft.“
- **Unternehmensplaner** „Da wir bei Echtzeitsystemen nicht auf dem neuesten Stand sind, fallen viele zusätzliche Arbeiten an; unter anderem müssen wir Produkte verschenken oder unter Preis verkaufen und benötigen zusätzliches Personal für die Datenerfassung. Das ist zwar ein Problem, aber wir können damit leben. Aber wir können nicht damit leben, dass wir Kunden verlieren, weil andere Firmen ihnen Echtzeitsysteme zur Auftragsverfolgung und Datenübermittlung zur Verfügung stellen. Ein Grund dafür ist, dass die anderen Unternehmen ihre Einkaufs- und Liefersysteme mit ihren Handelspartnern aktualisiert haben, sodass vieles ohne manuelles Eingreifen erledigt werden kann. Das ist zweifellos unser dringlichstes Problem, und wir müssen es so bald wie möglich in Angriff nehmen.“
- **CIO** „Was die IT betrifft, befinden wir uns immer noch in den Neunzigerjahren, in mancher Hinsicht sogar noch in den Achtzigern. Das muss unbedingt anders werden. Vor einiger Zeit haben wir eine große Java-Initiative gestartet, aber die brachte uns nichts als Ärger ein. Da die meisten unserer Programmierer

sich nicht damit auskannten, mussten wir viele sehr teuere Consultants beauftragen. Ein paar Probleme konnten die zwar lösen, aber das System lief langsam und war von außen trotzdem nicht besser zugänglich. Ehrlich gesagt: Diese externe Zugänglichkeit war der einzige Grund, weshalb ich überhaupt bereit war, Geld in die Sache zu investieren, und es hat mich fast Kopf und Kragen gekostet. Ich bekam noch eine letzte Chance, das in Ordnung zu bringen; für mich geht es um alles oder nichts. Ja, ich bin skeptisch, in mancher Hinsicht sogar äußerst skeptisch, dass es überhaupt eine Lösung gibt. Es mag wohl möglich sein, aber es wird sicher Ausfallzeiten und so viele Probleme geben, dass es nicht realistisch ist."

Fragen

Beantworten Sie die folgenden Fragen für Ihren Abteilungsleiter:

1. CORBA konnte viele Probleme des Unternehmens lösen, aber das Hauptproblem ist die Frage, wie die Daten extern zugänglich gemacht werden können. Welche Technologie ist am besten geeignet, um dies zu ermöglichen?
2. Das Unternehmen hat seinen Sitz in einer abgeschiedenen Kleinstadt, in deren Umfeld es nicht viele Entwickler gibt, die sich mit modernsten Technologien auskennen. Egal wie unsere Lösung aussieht, sie muss so einfach sein, dass auch Otto Normalverbraucher sie lernen kann. Entscheiden wir uns für .NET Remoting oder für Webdienste?
3. Wie können wir alle Daten des Unternehmens an einem Ort so zusammenfassen, dass ein externer Zugriff auf sie möglich ist?

Fallbeispiel 2: Verfeinern der Verwendung von Webdiensten

Nachdem Sie die Webdienste erfolgreich installiert haben, müssen Sie sie verfeinern. Viele Probleme, insbesondere in Hinblick auf die Leistung, zeigen sich erst nach der Bereitstellung. Nun geht es hauptsächlich darum, einen reaktionsschnellen Client mit konsistentem, vorhersagbarem Verhalten zu erstellen. Dies ist der Schwerpunkt dieser Fallstudie.

Interviews

Die befragen Mitarbeiter und ihre Äußerungen werden nun aufgeführt:

- **Leiter der IT-Abteilung** „Nun, da wir unsere Funktionen auf Webdienste übertragen haben, hat sich die Situation erheblich verbessert. Aber – und das ist ein großes Aber: Unsere Probleme mit der Bandbreite sind immer noch ungelöst und die Clientanwendungen, die wir verteilt haben, hängen sich oft auf. Unser Support bekommt so viele Anrufe, dass es allmählich ein genauso großes Problem ist, als hätten wir gar keine Funktionen zur Verfügung gestellt."
- **Unternehmensplaner** „Es ist kaum zu glauben, dass noch vor einem halben Jahr unser größtes Problem darin bestand, dass die Daten unseren Kunden nicht zur Verfügung standen. Jetzt spricht keiner mehr darüber, aber wir bekommen dauernd Beschwerden wegen mangelhafter Leistung. Wir haben sehr viele unbehandelte Ausnahmen und die Anwendung hängt sich dauernd auf. Das ist das größte Problem, das mir berichtet wird, und das erste, das behoben werden muss."
- **CIO** „Die Supportanforderungen explodieren und kosten uns ein Vermögen. Hinzu kommt, dass wir so viele Supportanrufe bekommen, dass die Mitarbeiter kaum noch Zeit für anderes haben. Das muss aufhören, und zwar sofort."

Fragen

Beantworten Sie die folgenden Fragen für Ihren Abteilungsleiter:

1. Wie können wir verhindern, dass sich die Anwendung aufhängt?
2. Wie kann man die Anwendung so entwickeln, dass unwichtige Methoden niemals Ausnahmen auslösen?

Vorgeschlagene praktische Übungen

Um die in diesem Kapitel formulierten Lernziele erfolgreich zu erreichen, führen Sie die folgenden Aufgaben durch.

Sie sollten mindestens die Übungen 1 und 2 bearbeiten. Wenn Sie mehr über Interoperation wissen möchten, sollten Sie auch Übung 3 absolvieren.

- **Praktische Übung 1** Erstellen Sie ein Webdienstprojekt und fügen Sie ein Konsolenanwendungsprojekt hinzu. Fügen Sie in die Konsolenanwendung einen Webverweis auf den Webdienst hinzu und untersuchen Sie den Inhalt der Proxyklasse.
- **Praktische Übung 2** Rufen Sie in der in Übung 1 erstellten Konsolenanwendung eine Webmethode auf normale Weise auf. Dann rufen Sie dieselbe Methode asynchron auf.
- **Praktische Übung 3** Fügen Sie das Attribut **OneWay** einer der Webmethoden des Webdienstes hinzu, den Sie in der praktischen Übung 1 erstellt haben. Ändern Sie die Methode so, dass gezielt eine Ausnahme ausgelöst wird. Rufen Sie die Webmethode aus der Konsolenanwendung heraus auf und vergewissern Sie sich, dass keine Ausnahme an den Client zurückgegeben wird.

Machen Sie einen Übungstest

Die Übungstests auf der Begleit-CD zu diesem Buch (in englischer Sprache) bieten zahlreiche Möglichkeiten. Zum Beispiel können Sie einen Test machen, der ausschließlich die Themen eines bestimmten Lernziels behandelt, oder Sie können sich selbst mit dem gesamten Inhalt der Prüfung 70-529 testen. Sie können den Test so konfigurieren, dass er dem Ablauf einer echten Prüfung entspricht, oder Sie können einen Lernmodus verwenden, in dem Sie sich nach dem Beantworten einer Frage jeweils sofort die richtige Antwort und Erklärungen ansehen können.

WEITERFÜHRENDE INFORMATIONEN Übungstests

Einzelheiten zu allen Optionen, die bei den Übungstests zur Verfügung stehen, finden Sie im Abschnitt „So verwenden Sie die Übungstests“ in der Einführung am Anfang dieses Buchs.

KAPITEL 8

Methodenaufrufe und Ereignisverwaltung mit .NET Remoting

Es wurde bereits gesagt, dass .NET Framework zwei grundlegende Technologien zur Implementierung einer Kommunikationsschicht in verteilten Anwendungen zur Verfügung stellt: .NET-XML-Webdienste und .NET Remoting. Hinsichtlich des Clientcodes ist die Verwendung dieser beiden Technologien aufgrund des Wesens der verteilten Kommunikation recht ähnlich. So erfordern beispielsweise beide einen zusätzlichen Computer, der als Host für eine separate Anwendung dient. Aufgrund der für die Netzwerkkommunikation typischen Latenz müssen Aspekte der interaktiven Benutzeroberflächen behandelt werden. Ferner sind – wie bei allen Anwendungen – unter Umständen asynchrone Aufrufe erforderlich, um die Verwendbarkeit zu optimieren. In diesem Kapitel werden Remotemethodenaufrufe und Ereignisverwaltung in .NET Remoting behandelt.

In diesem Kapitel abgedeckte Lernziele:

- Asynchrones Aufrufen von Remotemethoden
  - Implementieren unidirektionaler Methoden mithilfe des **OneWay**-Attributs
  - Asynchrones Aufrufen einer Remotemethode
  - Implementieren eines Rückrufs
- Implementieren von Ereignissen in Remoting
  - Erstellen und Auslösen von Ereignissen
  - Implementieren eines Ereignishandlers für Ereignisse des Remoteobjekts

Lektionen in diesem Kapitel:

Bevor Sie beginnen

Um die Lektionen in diesem Kapitel bearbeiten zu können, benötigen Sie Folgendes:

- Einen Computer, der die in der Einführung am Anfang dieses Buchs aufgeführten Hardwaremindestvoraussetzungen erfüllt oder übertrifft
- Microsoft Visual Studio 2005 und .NET Framework 2.0
- Zudem müssen Sie alle Lektionen in den Kapiteln 1 bis 6 erfolgreich abgeschlossen haben

Sie sollten mit Microsoft Visual Basic oder C# vertraut sein und sich die Bearbeitung der folgenden Aufgaben zutrauen:

- Erstellen einer Konsolenanwendung in Visual Studio mithilfe von Visual Basic oder C#
- Hinzufügen von Verweisen zu den Systemklassenbibliotheken eines Projekts
- Hinzufügen eines einfachen Webverweises auf ein Projekt
- Ein grundlegendes Verständnis von Remotemethodiken (XML-Webdienste, DCOM, .NET Remoting, CORBA usw.)
- Erfahrung mit Formatierungsprogrammen und der Serialisierung in .NET Framework

---

HINWEIS Vergewissern Sie sich, dass eine Serveranwendung ausgeführt wird, bevor Sie versuchen, die Clientcodebeispiele zu verwenden

Das Serverprojekt der jeweiligen Übung, das Sie auf der Begleit-CD finden, muss ausgeführt werden, damit die Prozesse korrekt funktionieren.

Praxistipp

William Ryan

Vor ein paar Jahren hat mein Unternehmen eine relativ einfache Client/Server-Anwendung in ASP.NET implementiert. Die Anwendung wurde implementiert und die Kunden waren zufrieden. Dann aber erhielten wir vom Gesetzgeber neue Vorgaben, die auch die Implementierung einer neuen Firewall mit sich brachten. Die Anwendung stellte vom Webserver aus eine direkte Verbindung zur Datenbank her, weswegen wir die Firewall zu einem Teil geöffnet lassen mussten, was natürlich ein Sicherheitsrisiko darstellte. Wir beschlossen, zur Implementierung eines Anwendungsservers .NET Remoting zu verwenden. Der Webserver würde dann nur mit dem Anwendungsserver kommunizieren, und der Anwendungsserver würde mit der Datenbank kommunizieren. Auf diese Weise könnte der Webserver keinesfalls direkt auf die Datenbank zugreifen, d. h. selbst wenn der Webserver jemals erfolgreich attackiert würde, wäre die Angriffsfläche erheblich verringert. Diese Lösung war die einzige erforderliche Verbesserung, die an der Anwendung vorgenommen wurde, und seitdem setzen wir .NET Remoting umfassend ein.

Lektion 1: Aufrufen von Remotemethoden

Oberflächlich betrachtet unterscheidet sich der Aufruf einer Methode mithilfe von .NET Remoting nicht vom Aufrufen traditioneller Methoden. Allerdings täuscht der erste Blick in diesem Fall, denn die Mechanismen beim Aufrufen einer Remotemethode unterscheiden sich erheblich vom traditionellen Methodenaufruf und sogar vom Webmethodenaufruf (und bleiben größtenteils auch dem Auge des Entwicklers verborgen). Zu den wesentlichen Unterschieden gehören die folgenden:

- Jedes Mal, wenn Sie eine Remotemethode aufrufen, muss der Server kontaktiert werden, damit er die Anforderung verarbeiten kann
- Mit Ausnahme der mit dem (weiter unten beschriebenen) Attribut **OneWay** ergänzten Methoden kann der Entwickler zum Zeitpunkt des Aufrufs nicht wissen, ob die Methode erfolgreich abgeschlossen wird oder nicht
- Es ist hinsichtlich der Übergabe von Parametern und der Größe des Rückgabewerts wesentlich mehr Sorgfalt notwendig, weil Remotemethoden Datenverkehr mit sich bringen und Operationen, die normalerweise trivial wären, je nach verfügbarer Bandbreite Leistungseinbußen bedingen können

Diese Aspekte sind sehr wichtig und müssen vor Verwendung von .NET Remoting unbedingt berücksichtigt werden. Nehmen wir beispielsweise an, dass Ihre Anwendung ein Objekt **Person** mit den Eigenschaften **FirstName** und **LastName** enthält, die beide vom Typ **String** sind. Wenn vorausgesetzt wird, dass die Eigenschaften korrekt festgelegt sind, könnte auf jede von ihnen aus dem aufrufenden Code heraus verwiesen werden, ohne dass die Möglichkeit einer Ausnahme bestünde. Handelt es sich jedoch um ein Remoteobjekt, dann könnten verschiedene Faktoren wie etwa ein Serverausfall dazu führen, dass die Methode fehlschlägt. In ähnlicher Weise setzten Entwickler häufig eine große Menge Arbeitsspeicher (RAM) auf einem Clientcomputer voraus. Das Übergeben großer Objekte ist häufig durchaus sinnvoll, und dass dies möglich ist, wird auch erwartet. Bei Remoteszenarios hingegen verbraucht jeder übergebene Parameter ebenso wie jeder Rückgabewert Bandbreite. Diese Bandbreite steht unter Umständen nicht sofort zur Verfügung, und Abläufe, die zuvor einwandfrei funktioniert haben, laufen jetzt langsam ab (oder – schlimmer noch – schlagen fehl).

Am Ende dieser Lektion werden Sie in der Lage sein, die folgenden Aufgaben auszuführen:

- Aufrufen einer Remotemethode
- Asynchrones Aufrufen einer Remotemethode
- Verwenden von Ereignissen mit Remoteobjekten

Veranschlagte Zeit für diese Lektion: 20 Minuten

Synchrones Aufrufen einer Remotemethode

In den meisten Fällen erstellen Entwickler Klassen und verwenden diese dann zur Erstellung von Objekten. Eine einfache Klasse **Person** mit einer Methode **FirstName** und einer Methode **LastName** könnte etwa wie folgt aussehen:

```
'VB
Sub ShowNormalInstantiation()
    Dim SomePerson As New Person()
    Console.WriteLine(SomePerson.LastName() + ", " + _
        SomePerson.FirstName())
End Sub

//C#
static void ShowNormalInstantiation()
{
    Person SomePerson = new Person();
    Console.WriteLine(SomePerson.LastName() + ", " +
        SomePerson.FirstName());
}
```

Je nachdem, welche Vorgehensweise Sie zur Erstellung eines Remoteobjekts genau verwenden, könnte der Aufruf etwa wie folgt aussehen:

```
'VB
Sub Main()
    RemotingConfiguration.Configure("StandardClient.exe.config", False)
    demo_person = _
        CType(Activator.GetObject(GetType(IPerson), _
        "tcp://localhost:9000/Person.rem"), IPerson)
    Console.WriteLine(person.LastName() & ", " & person.FirstName())
End Sub

//C#
static void Main(string[] args)
{
    RemotingConfiguration.Configure("StandardClient.exe.config", false);
    IPerson person =  (IPerson)Activator.GetObject(typeof(IPerson),
        @"tcp://localhost:9000/Person.rem");
    Console.WriteLine(person.LastName() + ", " + person.FirstName());
}
```

Die Ausgabe des obigen Codes sollte in etwa der in Abbildung 8.1 gezeigten entsprechen.

Abbildung 8.1 Konsolenausgabe des Aufrufs von **LastName** und **FirstName**

Dieses Beispiel stellt nur eine Möglichkeit dar, ein Remoteobjekt zu erstellen; wie ein Objekt genau erstellt wurde, ist nicht wichtig, um zu wissen, wie die Methoden aufgerufen werden. Nachdem das Remoteobjekt erstellt wurde, sind Aufrufe seiner Methoden ungeachtet der Frage identisch, wie das Objekt instanziert wird (clientaktivierte oder serveraktivierte Instanzierung). Aufgrund dessen gibt es, was den eigentlichen Methodenaufruf angeht, keinen syntaktischen Unterschied zwischen lokalen und Remoteaufrufen.

Zwar mögen sich Remotemethoden auf den ersten Blick syntaktisch nicht von lokalen Methoden unterscheiden, aber sie sind von ihren Funktionen und der Architektur her doch ganz anders. Daraus ergibt sich für den obigen Code ein Aspekt, den der Entwickler nicht außer Acht lassen darf. Es werden die Methode **FirstName** und die Methode **LastName** aufgerufen. Wie Sie nun feststellen werden, erfordern diese Aufrufe zwei separate Serverkommunikationsvorgänge – und zwar auch dann, wenn sie wie im Beispiel in einer Zeile zusammengefasst sind. Diese Tatsache macht die traditionelle objektorientierte Verwendung erheblich komplizierter, denn die Erstellung von Verweisen auf diese beiden Methoden ist nun nicht mehr so einfach. Folgende Probleme ergeben sich:

- Wenn Sie die gesamte Zeile in einen **try/catch**-Block einbinden, kann der erste Aufruf erfolgreich sein, der zweite aber fehlschlagen. Diese Situation erfordert eine komplexere Ausnahmeverwaltung und -protokollierung auf dem Client, damit die Ursache eines Problems genau erkannt werden kann.
- Statt die beiden Methoden aufzurufen, könnte es sich eher anbieten, eine weitere Methode zur Klasse hinzuzufügen, die die Verkettung auf dem Server statt auf dem Client durchführt. Allerdings ist dieser Ansatz nicht immer der richtige. Denn wenn Sie die Methoden nur selten in einem kombinierten Format verwenden, würden Sie unnötigen oder verwirrenden Code zu Ihrem Entwurf hinzufügen.
- Ein Entwurf, der sich in einer Umgebung bewährt hat, die nicht für Remoting vorgesehen ist, kann in einer Remoteumgebung völlig ungeeignet sein – und umgekehrt. (Dieser Fall tritt in Verbindung mit Ereignissen, die im weiteren Verlauf noch beschrieben werden, sehr häufig auf.)

Statusfreies Aufrufen mithilfe unidirektionaler Aufrufe

Gerade weil beim Aufrufen von Remotemethoden so viele verschiedene Aspekte fehlschlagen können, müssen Sie bei der Behandlung von Ausnahmen und der Reaktion darauf mit sehr viel Sorgfalt vorgehen. Häufig wird jedoch auch entschieden, einen Aufruf mithilfe einer so genannten *Fire-and-Forget-Methode* vorzunehmen. Das bedeutet im Endeffekt, dass die Verarbeitung weder verzögert noch aufgrund einer Ausnahme fehlschlagen soll – ungeachtet dessen, was serverseitig geschieht. Um ein solches Verhalten zu ermöglichen, bietet der Namespace **System.Runtime.Remoting.Messaging** das **OneWay**-Attribut. Das von diesem Attribut bewirkte Verhalten ist funktional identisch mit dem Verhalten, das zu beobachten ist, wenn das **OneWay**-Attribut in einer Webmethode verwendet wird.

Unten sind die Änderungen an der Schnittstelle **IPerson** und der Klasse **Person** aufgeführt, die erforderlich sind, um das **OneWay**-Attribut verwenden zu können:

```
'VB
Public Interface IPerson
    <OneWay()> _
    Function FirstName() As String
    <OneWay()> _
    Function LastName() As String
End Interface

Public Class Person
    Inherits MarshalByRefObject
    Implements IPerson
    <OneWay()> _
    Public Function FirstName() As String _
        Implements Interfaces.IPerson.FirstName

        Throw New ArgumentException("Intentionally thrown exception")
    End Function

    <OneWay()> _
    Public Function LastName() As String Implements _
        Interfaces.IPerson.LastName

        Throw New ArgumentException("Intentionally thrown exception")
    End Function
End Class

//C#
public interface IPerson
{
    [OneWay()]
     String FirstName();
    [OneWay()]
     String LastName();
}

public class Person : MarshalByRefObject, IPerson
{
```

```
    #region IPerson Members
    [OneWay()]
    public string FirstName()
    {
        throw new ArgumentException("Intentionally thrown exception");
    }

    [OneWay()]
    public string LastName()
    {
        throw new ArgumentException("Intentionally thrown exception");
    }

    #endregion
}
```

Bevor der aufrufende Code behandelt wird, sollten Sie beachten, welche Änderungen hier vorgenommen wurden.

- Ein Verweis zum Importieren des Namespaces **System.Runtime.Remoting.Messaging** wurde sowohl in der Schnittstelle **IPerson** als auch in der Klasse **Person** ergänzt.
- Das Attribut **OneWay** wurde in den Methoden **FirstName** und **LastName** der Schnittstelle **IPerson** hinzugefügt.
- Das Attribut **OneWay** wurde in den Methoden **FirstName** und **LastName** der Klasse **Person** hinzugefügt.
- Statt Werte in die Methoden **FirstName** und **LastName** zurückzugeben, wird die Ausnahme **ArgumentException** gezielt ausgelöst.

Um sicherzugehen, dass Sie das hier vorliegende Verhalten verstehen, beachten Sie die folgenden (fett gedruckten) Änderungen im Vergleich zum obigen Code **Main**:

```
'VB
Sub Main()
    RemotingConfiguration.Configure("StandardClient.exe.config", False)
    demo_person = _
        CType(Activator.GetObject(GetType(IPerson), _
        "tcp://localhost:9000/Person.rem"), IPerson)
    Dim FirstName As String = person.FirstName
    Dim LastName As String = person.LastName

    'Würden diese Aufrufe nicht mit OneWay ergänzt, dann würde diese Zeile
    'nicht erreicht werden, da eine unbehandelte Ausnahme die Verarbeitung unterbrechen würde.
     Console.ReadLine()
End Sub

//C#
static void Main(string[] args)
{
```

```
    RemotingConfiguration.Configure("StandardClient.exe.config", false);
    IPerson person =  (IPerson)Activator.GetObject(typeof(IPerson),
        @"tcp://localhost:9000/Person.rem");
    String FirstName = person.FirstName();
    String LastName = person.LastName();

    //Würden diese Aufrufe nicht mit OneWay ergänzt, dann würde diese Zeile
    //nicht erreicht werden, da eine unbehandelte Ausnahme die Verarbeitung unterbrechen würden
     Console.ReadLine();
}
```

Beachten Sie, dass die Anwendung die Methoden **FirstName** und **LastName** nun einzeln aufruft. Hiermit soll lediglich erzwungen werden, dass die Ausführung unabhängig davon fortgesetzt wird, ob etwas auf dem Server fehlschlägt. Um diesen Punkt zu überprüfen, führen Sie die Clientanwendung aus (z. B. die Anwendung **StandardClient** zu Lektion 1 auf der Begleit-CD), ohne jedoch die Serveranwendung zu starten. Wenn Sie die Anwendung ausführen, sollten Sie feststellen, dass die Verarbeitung für beide Methoden unterbrechungsfrei erfolgt, obwohl überhaupt kein Server vorhanden ist, der etwas zurückgeben könnte. Würde das Attribut **OneWay** fehlen, dann würde sofort eine Ausnahme ausgelöst werden; Sie können dies überprüfen, indem Sie das Attribut **OneWay** entfernen und die Anwendung erneut ausführen.

Nachdem Sie sich vergewissert haben, dass die Serveranwendung gestartet wurde, führen Sie das Clientprogramm aus. Nach einem Aufruf der Methode **FirstName** stürzt die Serveranwendung entweder ab (wenn sie im *Releasemodus* ausgeführt wird) oder springt in den Debugger (wenn sie sich im *Debugmodus* befindet). Wie kann dies sein, wenn doch das Attribut **OneWay** verwendet wurde, um Abstürze zu verhindern? Die Antwort lautet: Das Attribut **OneWay** schützt den Client tatsächlich vor Ausnahmen, die auf dem Server auftreten können (und auch vor allen anderen möglichen Ereignissen auf dem Server); es kann den Server jedoch nicht vor unbehandelten Ausnahmen oder Fehlern schützen. Dieses Verhalten ist gewünscht. Warum? Nehmen wir an, Ihr Client führt alle 15 Minuten eine Fire-and-Forget-Prozedur aus. Stellen Sie sich nun vor, dass die Clientcomputer vom Netzwerk getrennt werden, oder dass der Servercode auf ein Laufwerk verweist, das nicht vorhanden ist, oder eine andere Operation durchzuführen versucht, die fehlschlägt. Wie könnten Sie das Problem erkennen, wenn das Attribut **OneWay** im Servercode die Serveranwendung vor allen Fehlern schützt? Nach einer Weile würden Sie es wahrscheinlich auch so feststellen, aber wenn das Attribut **OneWay** Ausnahmen auf dem Server unterdrücken würde, würde dies zweifelsohne mehr Probleme verursachen, als sich damit lösen ließen. Insofern stünde der Preis einer Fire-and-Forget-Methode in keinem Verhältnis zu den Vorteilen, die sie mit sich bringt.

Asynchrones Aufrufen einer Remotemethode

Mit *synchronen* Methodenaufrufen sind eine Menge potenzieller Probleme verbunden, die sich beträchtlich auf die Benutzerfreundlichkeit auswirken können, darunter häufig folgende:

- Die Remotemethode wird unter Umständen mit einem Fehler beendet. In diesem Fall werden Sie den Fehler erst erkennen, nachdem die *Timeoutdauer* verstrichen ist, was recht lange dauern kann. (Die meisten Menschen betrachten ein Einfrieren einer Anwendung von fünf Sekunden bereits als relativ lange Unterbrechung.)

- Die Remotemethode kann erfolgreich beendet werden, aber dies kann recht lange dauern. Wenn die Anwendung auf den Abschluss der Methode wartet, kann dies die Benutzerfreundlichkeit ebenfalls beeinträchtigen.
- In den meisten Fällen werden Sie mehr als eine Remotemethode aufrufen. Darauf zu warten, dass jeder einzelne Aufruf abgeschlossen wird, kann ziemlich zeitaufwendig sein. (Stellen Sie sich einen Fall vor, in dem die erste Methode nicht erfolgreich zurückgegeben wird. Der Benutzer wartet dann vielleicht 30 Sekunden auf das Zurückgeben der ersten Methode und den Aufruf der nächsten. Wenn diese Methoden *asynchron* aufgerufen werden, werden beide Anforderungen annähernd gleichzeitig ausgelöst, was die Wartezeit drastisch reduziert.)

Diese Lektion ist nicht als Werbung für die asynchrone Verarbeitung gedacht, aber asynchrone Verarbeitung wird in den meisten professionellen Anwendungen zumindest in gewissem Maße verlangt.

Die Optionen, die für asynchrone Remoteaufrufe zur Verfügung stehen, sind im Grunde dieselben wie für jede andere Methode (die Unterschiede sind für den Entwickler transparent):

- Erstellen eines neuen Threads und Aufrufen der Methode.
- Erstellen eines Delegatobjekts, das der Signatur der Remotemethode entspricht, und Verwenden des Delegaten anstelle eines normalen Aufrufs.

Bevor wir fortfahren, soll an dieser Stelle eine Warnung ausgesprochen werden: Zwar ist ein asynchroner Aufruf unter Verwendung eines Delegaten in seiner einfachsten Form eine recht simple Angelegenheit, aber er kann auch recht komplex werden. Zur Veranschaulichung werden wir zunächst ein relativ einfaches Beispiel verwenden. Nuancen werden dann in den nachfolgenden Lektionen behandelt. Wenn wir dieselben Methoden einsetzen, die auch im vorigen Beispiel verwendet wurden, fügt der folgende Code asynchrone Unterstützung hinzu:

```
'VB
Module Module1
    Public Delegate Function FirstNameDelegate() As String
    Public Delegate Function LastNameDelegate() As String

    Sub Main()
        RemotingConfiguration.Configure("StandardClient.exe.config", False)
        demo_person = _
            CType(Activator.GetObject(GetType(IPerson), _
            "tcp://localhost:9000/Person.rem"), IPerson)

        Dim first_name As New FirstNameDelegate(AddressOf person.FirstName)
        Dim last_name As New LastNameDelegate(AddressOf person.LastName)

        Dim FirstNameResult As IAsyncResult = _
            first_name.BeginInvoke(Nothing, Nothing)
        Console.WriteLine("I will probably process before " & _
            "[firstNameResult] does")
        Dim LastNameResult As IAsyncResult = _
            last_name.BeginInvoke(Nothing, Nothing)
        Console.WriteLine("I will probably process before "
            "[lastNameResult] does")
        Console.ReadLine()
```

```
    End Sub
End Module

//C#
class Program
{
    delegate String GetFirstNameDelegate();
    delegate String GetLastNameDelegate();

    static void Main(string[] args)
    {
        RemotingConfiguration.Configure("StandardClient.exe.config",
            false);
        IPerson person =  (IPerson)Activator.GetObject(typeof(IPerson),
            @"tcp://localhost:9000/Person.rem");

        GetFirstNameDelegate first_Name =
            new GetFirstNameDelegate(person.FirstName);
      GetLastNameDelegate last_Name =
          new GetLastNameDelegate(person.LastName);

        IAsyncResult firstNameResult = first_Name.BeginInvoke(null, null);
        Console.WriteLine("I will probably process before " +
            "[firstNameResult] does");
        IAsyncResult lastNameResult = last_Name.BeginInvoke(null, null);
        Console.WriteLine("I will probably process before " +
            "[lastNameResult] does");
        Console.ReadLine();
    }
}
```

Die Ausgabe des obigen Codes sollte so aussehen wie in Abbildung 8.2 gezeigt.

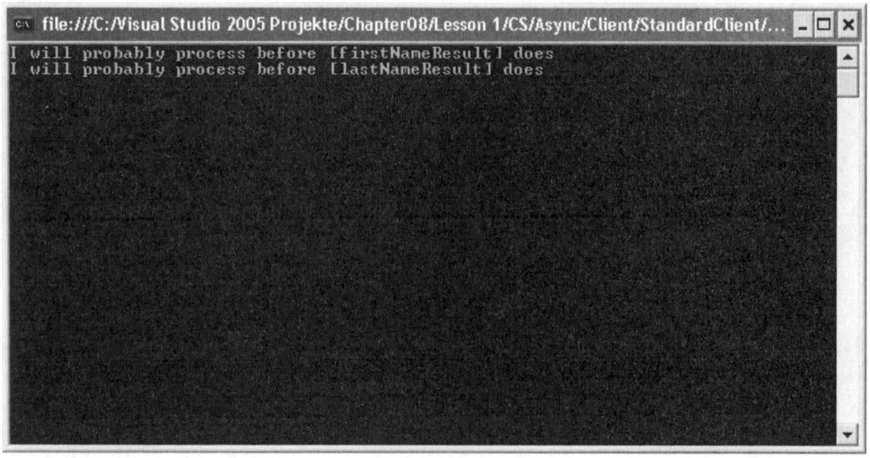

Abbildung 8.2 Konsolenausgabe des asynchronen Aufrufs von **LastName** und **FirstName**

Was also ist gerade geschehen? Hier die wichtigsten Punkte:

- Es wurde ein Delegatobjekt erstellt, das der Signatur der Methode **FirstName** der Klasse **Person** entspricht
- Es wurde ein Delegatobjekt erstellt, das der Signatur der Methode **LastName** der Klasse **Person** entspricht
- Es wurde eine neue Instanz jedes Delegaten erstellt
- Für jeden Delegaten wurde ein neues **IAsyncResult**-Objekt erstellt
- Die Methode **BeginInvoke** der jeweiligen **IAsyncResult**-Objekte wurde aufgerufen. Übergeben wurde **null** (in C#) bzw. **Nothing** (in Visual Basic .NET).

Wie Sie Daten aus asynchronen Aufrufen zurückerhalten und auf die verschiedenen Ereignisse reagieren, die mit solchen Aufrufen verknüpft sind, werden wir in den folgenden Lektionen im Einzelnen beschreiben.

Übung 1: Aufrufen einer Remotemethode

In dieser Übung erstellen Sie eine Konsolenanwendung, die die Methoden **FirstName** und **LastName** der oben gezeigten Klasse **Person** aufruft. Falls Sie bei einer Übung auf Probleme stoßen, können Sie sich das fertige Projekt auf der Begleit-CD im Ordner **Code** ansehen.

1. Öffnen Sie Visual Studio 2005 und erstellen Sie ein neues leeres Projekt und nennen Sie es **StandardCallDemo**.
2. Fügen Sie mit C# oder Visual Basic .NET eine neue Konsolenanwendung namens **StandardClient** hinzu.
3. Klicken Sie im Projektmappen-Explorer mit der rechten Maustaste auf den Ordner **Properties** und wählen Sie **Öffnen** aus. Geben Sie **MSLearning.Chapter8.Standard.Client** in das Textfeld **Standardnamespace** ein.
4. Wählen Sie nun im Menü **Datei** den Eintrag **Hinzufügen**, **Neues Projekt**. Klicken Sie auf die Vorlage **Klassenbibliothek**, geben Sie den Namen **StandardInterfaces** ein und klicken Sie auf **OK**.
5. Klicken Sie im Projektmappen-Explorer mit der rechten Maustaste auf den Ordner **Eigenschaften** des Projekts **StandardInterfaces** und wählen Sie **Öffnen** aus. Geben Sie **MSLearning.Chapter8.Standard.Interfaces** in das Textfeld **Standardnamespace** ein.
6. Wählen Sie im Projektmappen-Explorer das Projekt **StandardInterfaces**. Wählen Sie im Menü **Projekt** den Eintrag **Neues Element hinzufügen** aus. Klicken Sie auf die Vorlage **Schnittstelle**, nennen Sie die Schnittstelle **IPerson** und klicken Sie auf **Hinzufügen**.
7. Fügen Sie den nachfolgend fett gedruckten Code der Schnittstelle **IPerson** hinzu:

```
'VB
Public Interface IPerson
   Function FirstName() As String
   Function LastName() As String
End Interface
```

```
//C#
namespace MSLearning.Chapter8.Standard.Interfaces
{
    public interface IPerson
    {
     String FirstName();
        String LastName();    }
}
```

8. Fügen Sie eine weitere Konsolenanwendung in C# oder Visual Basic .NET zur Projektmappe hinzu und nennen Sie sie **StandardServer**.
9. Klicken Sie mit der rechten Maustaste auf den Ordner **Properties** des Projekts **StandardServer** und wählen Sie **Öffnen** aus. Geben Sie **MSLearning.Chapter8.Standard.Server** in das Textfeld **Standardnamespace** ein.
10. Klicken Sie mit der rechten Maustaste auf den Ordner **Verweise** des Projekts **StandardClient** und wählen Sie **Verweis hinzufügen** aus. Klicken Sie im Dialogfeld **Verweis hinzufügen** auf die Registerkarte **Projekte**, dann auf das Projekt **StandardInterfaces** und schließlich auf **OK**. Wiederholen Sie den Vorgang, um im Projekt **StandardInterfaces** einen Verweis auf das Projekt **StandardServer** hinzuzufügen.
11. Klicken Sie mit der rechten Maustaste auf die einzelnen Projekte, wählen Sie **Verweis hinzufügen** aus und fügen Sie dann einen Verweis auf **System.Runtime.Remoting** hinzu.
12. Klicken Sie mit der rechten Maustaste auf das Projekt **StandardClient** und wählen Sie **Hinzufügen**, **Neues Element** aus. Klicken Sie auf **Anwendungskonfigurationsdatei** und dann auf **Hinzufügen**.
13. Bearbeiten Sie die Konfigurationsdatei **App.config**, sodass sie wie folgt aussieht:

```
<?xml version="1.0" encoding="utf-8" ?>
<configuration>
  <system.runtime.remoting>
    <application>
      <client>
        <wellknown type=
          "MSLearning.Chapter8.Standard.Server.Person, StandardServer"
          url="tcp://localhost:9000/Person.rem" />
      </client>
      <channels>
        <channel ref="tcp" />
      </channels>
    </application>
    <debug loadTypes="true"/>
  </system.runtime.remoting>
</configuration>
```

14. Klicken Sie mit der rechten Maustaste auf das Projekt **StandardServer** und wählen Sie **Hinzufügen**, **Neues Element** aus. Klicken Sie auf **Anwendungskonfigurationsdatei** und dann auf **Hinzufügen**.
15. Bearbeiten Sie die Konfigurationsdatei **App.config**, sodass sie wie folgt aussieht:

```
<?xml version="1.0" encoding="utf-8" ?>
<configuration>
  <system.runtime.remoting>
    <application>
      <service>
        <wellknown mode="Singleton"
           type=
             "MSLearning.Chapter8.Standard.Server.Person, StandardServer"
             objectUri="Person.rem" />
      </service>
      <channels>
        <channel ref="tcp" port="9000" />
      </channels>
    </application>
  </system.runtime.remoting>
</configuration>
```

16. Öffnen Sie die Datei **Program.cs** (für C#) oder die Datei **Module1.vb** (für Visual Basic .NET) des Projekts **StandardServer**. Ändern Sie die Datei, sodass sie wie folgt aussieht:

```
'VB
Imports System
Imports System.Collections.Generic
Imports System.Text
Imports System.Runtime.Remoting
Imports System.Runtime.Remoting.Channels
Imports System.Runtime.Remoting.Channels.Tcp

Module Module1

    Sub Main()
        RemotingConfiguration.Configure("StandardServer.exe.config", _
            False)
        Console.WriteLine("Press return to exit...\n")
        Console.ReadLine()
    End Sub
End Module

//C#
using System;
using System.Collections.Generic;
using System.Text;
using System.Runtime.Remoting;
using System.Runtime.Remoting.Channels;
using System.Runtime.Remoting.Channels.Tcp;
```

```
namespace MSLearning.Chapter8.Standard.Server
{
    class Program
    {
        static void Main(string[] args)
        {
            RemotingConfiguration.Configure("StandardServer.exe.config",
                false);
            Console.WriteLine("Press return to exit...\n");
            Console.ReadLine();
        }
    }
}
```

17. Klicken Sie mit der rechten Maustaste auf das Projekt **StandardServer** und wählen Sie **Hinzufügen**, **Klasse** aus. Nennen Sie die Klasse **IPerson** und klicken Sie auf **Hinzufügen**. Die Klasse muss die Schnittstelle **IPerson** implementieren. (Dieses Projekt sollte bereits einen Verweis auf das Projekt **StandardInterfaces** enthalten, das Sie in Schritt 9 hinzufügt haben.) Bearbeiten Sie die Klasse **Person**, sodass sie wie folgt aussieht:

```
'VB
Imports System
Imports System.Collections.Generic
Imports System.Text
Imports System.Runtime.Remoting
Imports System.Runtime.Remoting.Channels
Imports System.Runtime.Remoting.Channels.Tcp
Imports MSLearning.Chapter8.Standard.Interfaces

Public Class Person
    Inherits MarshalByRefObject
    Implements IPerson

    Public Function FirstName() As String _
        Implements Interfaces.IPerson.FirstName

        Return "Demo"
    End Function

    Public Function LastName() As String _
        Implements Interfaces.IPerson.LastName

        Return "Person"
    End Function
End Class

//C#
using System;
using System.Collections.Generic;
using System.Text;
using System.Runtime.Remoting;
```

```
using System.Runtime.Remoting.Channels;
using System.Runtime.Remoting.Channels.Tcp;
using MSLearning.Chapter8.Standard.Interfaces;
using System.Runtime.Remoting.Messaging;
namespace MSLearning.Chapter8.Standard.Server
{
    public class Person : MarshalByRefObject, IPerson
    {

        #region IPerson Members

        public string FirstName()
        {
            return "Demo";
        }

        public string LastName()
        {
            return "Person";
        }

        #endregion
    }
}
```

18. Öffnen Sie die Datei **Program.cs** (für C#) oder die Datei **Module1.vb** (für Visual Basic .NET) des Projekts **StandardClient**. Ändern Sie die Datei, sodass sie wie folgt aussieht:

```
'VB
Imports System.Runtime.Remoting
Imports System.Runtime.Remoting.Channels
Imports System.Runtime.Remoting.Channels.Tcp
Imports MSLearning.Chapter8.Standard.Interfaces

Module Module1

    Sub Main()
        RemotingConfiguration.Configure("StandardClient.exe.config", False)
        demo_person = _
            CType(Activator.GetObject(GetType(IPerson), _
            "tcp://localhost:9000/Person.rem"), IPerson)
        Console.WriteLine(person.LastName() & ", " & person.FirstName())
    End Sub

End Module

//C#
using System.Runtime.Remoting;
using System.Runtime.Remoting.Channels;
using System.Runtime.Remoting.Channels.Tcp;
using MSLearning.Chapter8.Standard.Interfaces;
```

```
namespace MSLearning.Chapter8.Standard.Client
{
    class Program
    {
        static void Main(string[] args)
        {
            RemotingConfiguration.Configure("StandardClient.exe.config",
                false);
            IPerson person = (IPerson)Activator.GetObject(typeof(IPerson),
                @"tcp://localhost:9000/Person.rem");
            Console.WriteLine(person.LastName() + ", " +
                person.FirstName());
            Console.ReadLine();
        }
    }
}
```

An dieser Stelle sollte der Projektmappen-Explorer etwa so aussehen wie in Abbildung 8.3 gezeigt. (Die Abbildung zeigt alle drei Projekte bei der Erstellung in C#. Bei Visual Basic .NET sollte es ähnlich aussehen; es werden lediglich zusätzlich das Visual Basic .NET-Projekt und die Quelldateien angezeigt.)

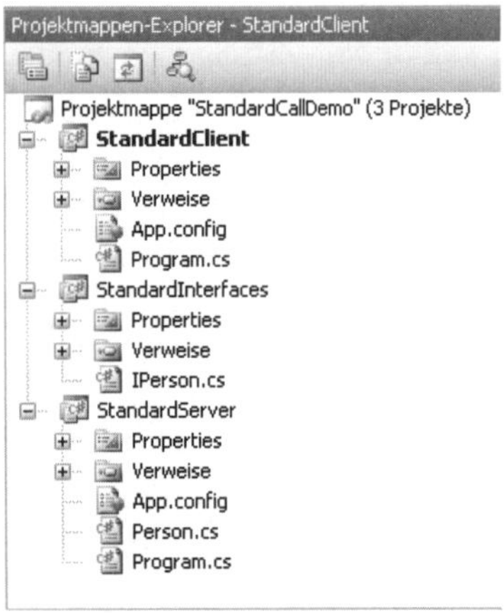

Abbildung 8.3 Projektmappen-Explorer mit den drei erforderlichen Projekten

19. Klicken Sie im Menü **Projekt** von Visual Studio 2005 auf **Build**, **Projektmappe neu erstellen**. Beseitigen Sie eventuelle Fehler.
20. Klicken Sie mit der rechten Maustaste auf das Projekt **StandardServer** und wählen Sie **Debuggen**, **Neue Instanz starten** aus, um eine Instanz des Programms **StandardServer** zu starten.
21. Klicken Sie mit der rechten Maustaste auf das Projekt **StandardClient** und wählen Sie **Debuggen**, **Neue Instanz starten** aus, um eine neue Instanz des Programms **StandardClient** zu starten. Führen Sie dann einen synchronen Aufruf der Methoden **FirstName** und **LastName** der Klasse **Person** durch.
22. Drücken Sie die EINGABETASTE in beiden Konsolenfenstern, um die Anwendungen **Standard-Client** und **StandardServer** zu beenden.

Zusammenfassung der Lektion

- Methoden von Remoteobjekten können entweder über Webdienste oder über .NET Remoting aufgerufen werden
- Obwohl die clientseitige Verwendung auf den ersten Blick identisch zu sein scheint, können Methoden, die für Remoteobjekte aufgerufen werden, auf dem Server statt auf dem Client ausgeführt werden
- Durch Erstellen eines Delegaten mit passender Signatur kann jede Methode durch Aufruf der Methode **BeginInvoke** des Delegaten aufgerufen werden
- Um ein Delegatobjekt für einen Methodenaufruf zu verwenden, muss die Signatur des Delegaten mit der der Methode übereinstimmen, die für seinen Aufruf verwendet wird
- Ein Delegat kann zwar für den Aufruf verschiedener Methoden verwendet werden, aber jede Methode muss über einen passenden Rückgabetyp und eine passende Parameterliste verfügen
- Das Attribut **OneWay** kann zur Bereitstellung von Fire-and-Forget-Funktionen verwendet werden
- Zwar gestattet das Attribut **OneWay** einer Clientmethode die unterbrechungsfreie Verarbeitung ungeachtet dessen, was auf dem Server geschieht, aber es schützt nicht vor einem Fehlschlagen der serverseitigen Methode
- Wenn Schnittstellen für Remoteobjekte verwendet werden, muss das Attribut **OneWay** sowohl auf Schnittstellen- als auch auf Klassenebene angewendet werden

Lernzielkontrolle

Mit den folgenden Fragen können Sie Ihr Wissen zu den Informationen aus Lektion 1, „Aufrufen von Remotemethoden", überprüfen. Die Fragen finden Sie (in englischer Sprache) auch auf der Begleit-CD, Sie können sie also auch auf dem Computer im Rahmen eines Übungstests beantworten.

HINWEIS Die Antworten

Die Antworten auf diese Fragen mit Erklärungen, warum die jeweiligen Auswahlmöglichkeiten richtig oder falsch sind, finden Sie im Abschnitt „Antworten" am Ende dieses Buchs.

---

1. Was trifft auf Objekte zu, die das Attribut **OneWay** verwenden? (Wählen Sie alle zutreffenden Antworten aus.)
   a. Jede Methode, die Fire-and-Forget-Funktionen erfordert, sollte mit dem Attribut **OneWay** ergänzt werden.
   b. Wenn eine Schnittstelle verwendet wird, sollte jede Methode, die nach dem Fire-and-Forget-Prinzip implementiert wird, mit dem Attribut **OneWay** ergänzt werden.
   c. Der Codeblock, der den Aufruf einer Fire-and-Forget-Methode enthält, muss mit dem Attribut **OneWay** ergänzt werden.
   d. Das Attribut **OneWay** ist nicht erforderlich, solange die Methode über einen Delegaten aufgerufen wird.

2. Wie unterscheiden sich asynchrone Methoden von traditionellen? (Wählen Sie alle zutreffenden Antworten aus.)

   a. Sie weisen in den meisten Fällen eine andere Signatur und einen anderen Rückgabetyp auf.

   b. Andere Methoden können verarbeitet werden, während der Aufruf der Remotemethode verarbeitet wird.

   c. Das Ereignis **Completed** muss verarbeitet werden, um Ergebnisse zurückzuerhalten.

   d. Der Methodenaufruf ist für alle Zwecke und Zielrichtungen identisch mit dem jeweiligen synchronen Gegenstück. Dies gilt nur nicht für die Art und Weise, wie der Aufruf erfolgt.

Lektion 2: Rückrufe und Remoting

In der vorherigen Lektion wurden synchrone und asynchrone Remoteaufrufe vorgestellt. In dieser Lektion nun wird der Prozess asynchroner Aufrufe eingehender behandelt, insbesondere Folgendes:

- Prüfen auf Abschluss mithilfe der Methode **IsCompleted**
- Verwenden eines **AsyncCallback**-Objekts

Am Ende dieser Lektion werden Sie in der Lage sein, die folgenden Aufgaben auszuführen:

- Aufrufen einer Remotemethode mithilfe eines Delegaten
- Überprüfen des Abschlussstatus und Ergreifen erforderlicher Maßnahmen

Veranschlagte Zeit für diese Lektion: 45 Minuten

Praxistipp

William Ryan

Die im oben stehenden Praxistipp beschriebene vollständige Änderung der Anwendungsarchitektur stellte einen großen Schritt dar, erfolgte aber nicht ganz ohne Probleme. Ein Problem war die Reaktionszeit der Benutzeroberfläche. Derselbe Anwendungsserver, der Daten für die ASP.NET-Anwendung bereitstellte, wurde auch zur Bereitstellung von Daten für unsere internen Anwendungen verwendet. Da alles synchronisiert erledigt wurde, fror die Benutzeroberfläche regelmäßig ein. Nach der Implementierung von asynchronen Techniken und Rückrufen zeigte unsere Anwendung eine wesentlich bessere Reaktion, was von den Benutzern begrüßt wurde.

Abfragen

Wenn eine Methode asynchron aufgerufen wird, wissen Sie nicht genau, wann sie abgeschlossen ist. Normalerweise werden Programme zwar linear ausgeführt, aber dies ist bei asynchronen Aufrufen nicht der Fall. Betrachten Sie einmal folgende Situation: Eine Methode eines Remoteobjekts wird aufgerufen. Als Nächstes erfolgt ein weiterer Aufruf einer anderen Methode, die den Rückgabewert des ersten Aufrufs als Parameter für den zweiten verwendet.

In einem synchronen Szenario können Sie sicher sein, dass der zweite Aufruf erst nach Abschluss des ersten ausgeführt wird. In einem asynchronen Szenario hingegen wissen Sie nicht, wann eine der Methoden zurückgegeben wird; Sie können nicht einmal sicher sagen, dass sie in der Reihenfolge abgeschlossen werden, in der sie aufgerufen wurden. (Wenn sie tatsächlich in der Aufrufreihenfolge abgeschlossen werden, ist das reiner Zufall.)

Bestimmen, ob ein asynchroner Aufruf abgeschlossen ist

Im letzten Teil von Lektion 1 wurden in einem einfachen Beispiel die Methoden **FirstName** und **LastName** der Klasse **Person** aufgerufen. Allerdings spielten in jenem Beispiel die Rückgabewerte der beiden Methoden keine Rolle. Im Gegenteil: In dem Beispiel wurden die Rückgabewerte gerade deswegen ignoriert, weil gezeigt werden sollte, dass die Verarbeitung tatsächlich asynchron erfolgt. Könnte allerdings Code, der eine Methode asynchron aufruft, die Rückgabewerte in keinem Fall verwenden, dann wäre der Nutzen asynchroner Aufrufe erheblich eingeschränkt. Schließlich sind Methoden, die Werte zurückgeben, die dann vom Client verwendet werden, genauso häufig wie solche, deren Abschluss relativ zügig erfolgt. Müssten Sie die Verarbeitung jedes Mal anhalten, wenn Sie einen Wert von einer Remotemethode benötigen, dann würde bereits die Entscheidung, wann eine Methode verwendet werden soll und wann nicht, äußerst schwer fallen. Sie können einen Wert von einem asynchronen Aufruf nicht nur abrufen, wenn Sie ihn brauchen, sondern es gibt sogar mehrere Wege, diesen Abruf durchzuführen.

In Kapitel 7 haben wir gesehen, dass ein Delegatobjekt benötigt wird, um mithilfe eines **IAsyncResult**-Objekts einen asynchronen Aufruf durchzuführen, das der Signatur der Methode entspricht. Ist ein passender Delegat vorhanden, dann ist es zur Durchführung des asynchronen Aufrufs lediglich erforderlich, die Methode **BeginInvoke** des Delegaten aufzurufen und dabei den Namen der Funktion und (in unserem Beispiel) zwei **Null**-Parameter zu übergeben. Im einfachsten vorstellbaren Szenario zum asynchronen Abrufen von Rückgabewerten ist es nur erforderlich, die Methode **EndInvoke** des Delegaten aufzurufen und dabei das **IAsyncResult**-Objekt als Parameter zu übergeben. Wenn dieselbe Implementierung von **IPerson** und **Person** wie im ersten Beispiel von Lektion 1 verwendet wird, wird lediglich die folgende Änderung (neuer Code ist in Fettdruck hervorgehoben) benötigt, um die Rückgabewerte von **FirstName** und **LastName** zu erhalten:

```
'VB
Imports System.Runtime.Remoting
Imports System.Runtime.Remoting.Channels
Imports System.Runtime.Remoting.Channels.Tcp
Imports MSLearning.Chapter8.Standard.Interfaces

Module Module1
    Public Delegate Function FirstNameDelegate() As String
    Public Delegate Function LastNameDelegate() As String

    Sub Main()
        RemotingConfiguration.Configure("StandardClient.exe.config", False)
        Dim person As IPerson = _
            CType(Activator.GetObject(GetType(IPerson), _
            "tcp://localhost:9000/Person.rem"), IPerson)

        Dim first_name As New FirstNameDelegate(AddressOf person.FirstName)
        Dim last_name As New LastNameDelegate(AddressOf person.LastName)

        Dim FirstNameResult As IAsyncResult = _
            first_name.BeginInvoke(Nothing, Nothing)
        Console.WriteLine("Calling first_Name didn't block me...")
        Dim LastNameResult As IAsyncResult = _
            last_name.BeginInvoke(Nothing, Nothing)
        Console.WriteLine("Calling last_Name didn't block me. either...")
        Dim FirstNameValue As String = _
            first_name.EndInvoke(FirstNameResult)
        Dim LastNameValue As String = last_name.EndInvoke(LastNameResult)
```

```
        Dim Output As String = String.Format("FirstName: {0} " & _
            "LastName: {1}", FirstNameValue, LastNameValue)
        Console.WriteLine(Output)
        Console.ReadLine()
    End Sub
End Module

//C#
using System.Runtime.Remoting;
using System.Runtime.Remoting.Channels;
using System.Runtime.Remoting.Channels.Tcp;
using MSLearning.Chapter8.Standard.Interfaces;

namespace MSLearning.Chapter8.Standard.Client
{
    class Program
    {
        delegate String GetFirstNameDelegate();
        delegate String GetLastNameDelegate();

        static void Main(string[] args)
        {
            RemotingConfiguration.Configure("StandardClient.exe.config",
                false);
            IPerson person = (IPerson)Activator.GetObject(typeof(IPerson),
                @"tcp://localhost:9000/Person.rem");

            GetFirstNameDelegate first_Name =

                new GetFirstNameDelegate(person.FirstName);
            GetLastNameDelegate last_Name =
                new GetLastNameDelegate(person.LastName);

            IAsyncResult firstNameResult =
                first_Name.BeginInvoke(null, null);
            Console.WriteLine("Calling first_Name didn't block me...");
            IAsyncResult lastNameResult =
                last_Name.BeginInvoke(null, null);
            Console.WriteLine(
                  "Calling last_Name didn't block me. either...");
             String FirstNameValue = first_Name.EndInvoke(
                firstNameResult);

             String LastNameValue = last_Name.EndInvoke(lastNameResult);
             String Output = String.Format("FirstName: {0} LastName: {1}",
                     FirstNameValue, LastNameValue);
             Console.WriteLine(Output);
            Console.ReadLine();
        }
    }
}
```

Wird der Code wie in den obigen Beispielen kompiliert und ausgeführt, dann sollte die Ausgabe etwa so aussehen wie in Abbildung 8.4 gezeigt.

Abbildung 8.4 Ausgabe der Aufrufe von **FirstName** und **LastName**, nachdem **EndInvoke** aufgerufen wurde

---

ACHTUNG Übergeben Sie möglichst nicht nur NULL-Parameter an Delegate

In den meisten Praxisszenarios sollten Sie möglichst nicht **NULL** oder **Nothing** für beide Parameterwerte übergeben. Wir tun dies hier, weil wir an dieser Stelle einige Konzepte, die den Umgang mit NULL-Werten behandeln, noch nicht vorgestellt haben.

Abfragen auf Abschluss

Jedes Objekt, das wir vom Typ Delegat erstellen, hat die Eigenschaften der Basisklasse. Die hier wichtige Methode ist **IsCompleted**. (Wie Sie aufgrund des Namens vielleicht schon geahnt haben, ist der Rückgabetyp boolesch.) Diese Methode ist sehr einfach zu verwenden. Nachdem Sie sie mit **BeginInvoke** aufgerufen haben, können Sie abfragen, ob **IsCompleted true** ist; dieser Status signalisiert, dass die Verarbeitung abgeschlossen wurde. Das folgende Beispiel veranschaulicht, wie der Abschluss abgefragt werden kann (neuer Code ist in Fettdruck hervorgehoben):

```
'VB
Imports System.Runtime.Remoting
Imports System.Runtime.Remoting.Channels
Imports System.Runtime.Remoting.Channels.Tcp
Imports MSLearning.Chapter8.Standard.Interfaces

Module Module1
    Public Delegate Function FirstNameDelegate() As String
    Public Delegate Function LastNameDelegate() As String

    Sub Main()
```

```
        RemotingConfiguration.Configure("StandardClient.exe.config", False)
        Dim person As IPerson = _
            CType(Activator.GetObject(GetType(IPerson), _
            "tcp://localhost:9000/Person.rem"), IPerson)

        Dim first_name As New FirstNameDelegate(AddressOf person.FirstName)
        Dim last_name As New LastNameDelegate(AddressOf person.LastName)

        Dim FirstNameResult As IAsyncResult = _
            first_name.BeginInvoke(Nothing, Nothing)
        Console.WriteLine("Calling first_Name didn't block me...")
        Dim LastNameResult As IAsyncResult = _
            last_name.BeginInvoke(Nothing, Nothing)
        Console.WriteLine("Calling last_Name didn't block me. either...")
        While (Not FirstNameResult.IsCompleted OrElse _
            Not LastNameResult.IsCompleted)

            If FirstNameResult.IsCompleted Then
                Console.WriteLine("The call to FirstName has finished...")
            End If
            If LastNameResult.IsCompleted Then
                Console.WriteLine("The call to LastName has finished..")
            End If
        End While
        Dim FirstNameValue As String = _
            first_name.EndInvoke(FirstNameResult)
        Dim LastNameValue As String = last_name.EndInvoke(LastNameResult)
        Dim Output As String = String.Format( _
            "FirstName: {0} LastName: {1}", FirstNameValue, LastNameValue)
        Console.WriteLine(Output)
        Console.ReadLine()
    End Sub

End Module

//C#
using System.Runtime.Remoting;
using System.Runtime.Remoting.Channels;
using System.Runtime.Remoting.Channels.Tcp;
using MSLearning.Chapter8.Standard.Interfaces;

namespace MSLearning.Chapter8.Standard.Client
{
    class Program
    {
        delegate String GetFirstNameDelegate();
        delegate String GetLastNameDelegate();

        static void Main(string[] args)
        {
            RemotingConfiguration.Configure("StandardClient.exe.config",
```

```
                false);
            IPerson person = (IPerson)Activator.GetObject(typeof(IPerson),
                @"tcp://localhost:9000/Person.rem");

            GetFirstNameDelegate first_Name =
                new GetFirstNameDelegate(person.FirstName);
            GetLastNameDelegate last_Name =
                new GetLastNameDelegate(person.LastName);

            IAsyncResult firstNameResult =
                first_Name.BeginInvoke(null, null);
            Console.WriteLine("Calling first_Name didn't block me...");
            IAsyncResult lastNameResult =
                last_Name.BeginInvoke(null, null);
            Console.WriteLine(
                "Calling last_Name didn't block me. either...");
            while (!firstNameResult.IsCompleted ||
                    !lastNameResult.IsCompleted)
            {
                if (firstNameResult.IsCompleted)
                {
                    Console.WriteLine(
                        "The call to FirstName has finished...");
                }
                if (lastNameResult.IsCompleted)
                {
                    Console.WriteLine(
                        "The call to LastName has finished..");
                }
            }
            String FirstNameValue = first_Name.EndInvoke(firstNameResult);
            String LastNameValue = last_Name.EndInvoke(lastNameResult);
            String Output = String.Format("FirstName: {0} LastName: {1}",
                FirstNameValue, LastNameValue);
            Console.WriteLine(Output);
            Console.ReadLine();
        }
    }
}
```

Abfragen mithilfe einer Rückrufmethode

Eine elegantere Lösung, die der ersten beschriebenen Methode ähnelt, ist die Verwendung einer Rückrufmethode. *Rückrufmethoden* sind genau das, was ihr Name impliziert: Sie rufen die Anwendung zurück und teilen ihr metaphorisch gesprochen mit, dass sie „fertig" sind.

Ihre Verwendung ist ebenso einfach. In diesem Fall müssen Sie lediglich ein **AsyncCallback**-Objekt angeben und für dieses ein Ziel bestimmen. Die Verarbeitung erfolgt asynchron; wenn sie abgeschlossen ist, informiert der Rückruf die Anwendung darüber, dass die Methode abgeschlossen ist. An dieser Stelle können dann ggf. vorhandene Rückgabewerte abgerufen werden. Zum Zweck der Verständlichkeit stuft das folgende Beispiel einige der lokalen Variablen auf die Modul-/Klassenebene hoch. Dies erfolgt lediglich aus Gründen der Bereichsangabe. Dank dieser Änderung müssen Sie zur Verwendung eines **AsyncCallback**-Objekts lediglich Folgendes tun:

- Erstellen einer Methode zur Behandlung des Rückrufobjekts. Diese Methode nimmt genau ein **AsyncCallback**-Objekt als Parameter entgegen.
- Erstellen eines **AsyncCallback**-Objekts unter Angabe der von Ihnen erstellten Methode für jede **BeginInvoke**-Methode, die Sie zu verwenden beabsichtigen
- Angeben dieses Rückrufobjekts als ersten Parameter jeder **BeginInvoke**-Instanz

Der folgende Code veranschaulicht diesen Vorgang:

```
'VB
Imports System.Runtime.Remoting
Imports System.Runtime.Remoting.Channels
Imports System.Runtime.Remoting.Channels.Tcp
Imports MSLearning.Chapter8.Standard.Interfaces

Module Module1
    Public Delegate Function GetFirstNameDelegate() As String
    Public Delegate Function GetLastNameDelegate() As String
    Private demo_person As IPerson
    Private firstNameResult As IAsyncResult
    Private lastNameResult As IAsyncResult
    Private first_Name As GetFirstNameDelegate
    Private last_Name As GetLastNameDelegate

    Function DemoPerson() As IPerson
        If demo_person Is Nothing Then
            RemotingConfiguration.Configure("StandardClient.exe.config", _
                False)
            Dim person As IPerson = _
                CType(Activator.GetObject(GetType(IPerson), _
                "tcp://localhost:9000/Person.rem"), IPerson)
        End If
        Return demo_person
    End Function

    Sub Main()

        first_Name = _
            New GetFirstNameDelegate(AddressOf DemoPerson.FirstName)
        last_Name = New GetLastNameDelegate(AddressOf DemoPerson.LastName)
        Dim FirstNameCallback = _
            New AsyncCallback(AddressOf FirstNameReturned)
        Dim LastNameCallback = _
            New AsyncCallback(AddressOf LastNameReturned)
        firstNameResult = first_Name.BeginInvoke( _
            FirstNameCallback, first_Name)
        lastNameResult = last_Name.BeginInvoke(LastNameCallback, last_Name)
```

```
        Console.ReadLine()
    End Sub

    Sub FirstNameReturned(ByVal result As IAsyncResult)
        Console.WriteLine("FirstNameCallback value: " & _
            first_Name.EndInvoke(result))
    End Sub

    Sub LastNameReturned(ByVal result As IAsyncResult)
        Console.WriteLine("LastNameCallback value: " & _
            last_Name.EndInvoke(result))
    End Sub

End Module

//C#
using System.Runtime.Remoting;
using System.Runtime.Remoting.Channels;
using System.Runtime.Remoting.Channels.Tcp;
using MSLearning.Chapter8.Standard.Interfaces;

namespace MSLearning.Chapter8.Standard.Client
{
    class Program

    {
        delegate String GetFirstNameDelegate();
        delegate String GetLastNameDelegate();
        private static IPerson demo_person;
        static IAsyncResult firstNameResult;
        static IAsyncResult lastNameResult;
        static GetFirstNameDelegate first_Name;
        static GetLastNameDelegate last_Name;

        static IPerson DemoPerson()
        {
            if (demo_person == null)
            {
                RemotingConfiguration.Configure( _
                    "StandardClient.exe.config", false);
                demo_person = (IPerson)Activator.GetObject( _
                    typeof(IPerson), @"tcp://localhost:9000/Person.rem");

            }
            return demo_person;
        }

        static void Main(string[] args)

        {
            first_Name = new GetFirstNameDelegate(DemoPerson().FirstName);
            last_Name = new GetLastNameDelegate(DemoPerson().LastName);
```

```
            AsyncCallback FirstNameCallback = _
                new AsyncCallback(FirstNameReturned);
            AsyncCallback LastNameCallback = _
                new AsyncCallback(LastNameReturned);
            firstNameResult = first_Name.BeginInvoke( _
                FirstNameCallback, first_Name);
            lastNameResult = last_Name.BeginInvoke( _
                LastNameCallback, last_Name)

            Console.ReadLine();
        }

        static void FirstNameReturned(IAsyncResult result)
        {
            Console.WriteLine("FirstNameCallback Value: " +
                first_Name.EndInvoke(result));
        }

        static void LastNameReturned(IAsyncResult result)
        {
            Console.WriteLine("LastNameCallback Value: " +
                last_Name.EndInvoke(result));
        }
    }
}
```

Obiger Code sollte die in Abbildung 8.5 gezeigte Ausgabe als Ergebnis haben.

Abbildung 8.5 Ausgabe der **AsyncCallback**-Methode

Übung 2: Asynchrones Aufrufen einer Remotemethode

In dieser Übung werden Sie ein Remoteobjekt erstellen und es asynchron aufrufen. Falls Sie bei einer Übung auf Probleme stoßen, können Sie sich das fertige Projekt auf der Begleit-CD im Ordner **Code** ansehen.

1. Öffnen Sie Visual Studio 2005 und erstellen Sie eine leere Projektmappe.
2. Fügen Sie mit C# oder Visual Basic .NET eine neue Konsolenanwendung namens **StandardClient** hinzu.
3. Klicken Sie im Projektmappen-Explorer mit der rechten Maustaste auf den Ordner **Properties** des Projekts und wählen Sie **Öffnen** aus. Geben Sie **MSLearning.Chapter8.Standard.Client** in das Textfeld **Standardnamespace** ein.
4. Wählen Sie nun im Menü **Datei** den Eintrag **Hinzufügen**, **Neues Projekt** aus. Klicken Sie auf die Vorlage **Klassenbibliothek**, geben Sie den Namen **StandardInterfaces** ein und klicken Sie auf **OK**.
5. Klicken Sie im Projektmappen-Explorer mit der rechten Maustaste auf den Ordner **Properties** des Projekts **StandardInterfaces** und wählen Sie **Öffnen** aus. Geben Sie **MSLearning.Chapter8.Standard.Interfaces** in das Textfeld **Standardnamespace** ein.
6. Wählen Sie im Projektmappen-Explorer das Projekt **StandardInterfaces**. Wählen Sie im Menü **Projekt** den Eintrag **Neues Element hinzufügen**. Klicken Sie auf die Vorlage **Schnittstelle**, nennen Sie die Schnittstelle **IPerson** und klicken Sie auf **Hinzufügen**.
7. Fügen Sie den fett gedruckten Code der Schnittstelle **IPerson** hinzu:

```
'VB
Public Interface IPerson
    Function FirstName() As String
  Function LastName() As String End Interface

//C#
namespace MSLearning.Chapter8.Standard.Interfaces
{
    public interface IPerson
    {
        String FirstName();
        String LastName();
    }
}
```

8. Fügen Sie eine weitere Konsolenanwendung in C# oder Visual Basic .NET zur Projektmappe hinzu und nennen Sie sie **StandardServer**.
9. Klicken Sie im Projektmappen-Explorer mit der rechten Maustaste auf den Ordner **Properties** des Projekts **StandardServer** und wählen Sie **Öffnen** aus. Geben Sie **MSLearning.Chapter8.Standard.Server** in das Textfeld **Standardnamespace** ein.
10. Klicken Sie mit der rechten Maustaste auf den Ordner **Verweise** des Projekts **StandardClient** und wählen Sie **Verweis hinzufügen** aus. Klicken Sie im Dialogfeld **Verweis hinzufügen** auf die Registerkarte **Projekte**, dann auf das Projekt **StandardInterfaces** und schließlich auf **OK**. Wiederholen

Sie den Vorgang, um einen Verweis auf das Projekt **StandardInterfaces** und auf das Projekt **StandardServer** hinzuzufügen.

11. Klicken Sie mit der rechten Maustaste auf die einzelnen Projekte, wählen Sie **Verweis hinzufügen** aus und fügen Sie dann einen Verweis auf **System.Runtime.Remoting** hinzu.
12. Klicken Sie mit der rechten Maustaste auf das Projekt **StandardClient** und wählen Sie **Hinzufügen**, **Neues Element** aus. Klicken Sie auf **Anwendungskonfigurationsdatei** und dann auf **Hinzufügen**.
13. Bearbeiten Sie die Konfigurationsdatei **App.config**, sodass sie wie folgt aussieht:

```
<?xml version="1.0" encoding="utf-8" ?>
<configuration>
  <system.runtime.remoting>
    <application>
      <client>
        <wellknown type=
          "MSLearning.Chapter8.Standard.Server.Person, StandardServer"
          url="tcp://localhost:9000/Person.rem" />
      </client>
      <channels>
        <channel ref="tcp" />
      </channels>
    </application>
    <debug loadTypes="true"/>
  </system.runtime.remoting>
</configuration>
```

14. Klicken Sie mit der rechten Maustaste auf das Projekt **StandardServer** und wählen Sie **Hinzufügen**, **Neues Element** aus. Klicken Sie auf **Anwendungskonfigurationsdatei** und dann auf **Hinzufügen**.
15. Bearbeiten Sie die Konfigurationsdatei **App.config**, sodass sie wie folgt aussieht:

```
<?xml version="1.0" encoding="utf-8" ?>
<configuration>
  <system.runtime.remoting>
    <application>
      <service>
        <wellknown mode="Singleton"
           type="MSLearning.Chapter8.Standard.Server.Person,
             StandardServer"
           objectUri="Person.rem" />
      </service>
      <channels>
        <channel ref="tcp" port="9000" />
      </channels>
    </application>
  </system.runtime.remoting>
</configuration>
```

16. Öffnen Sie die Datei **Program.cs** (für C#) oder die Datei **Module1.vb** (für Visual Basic .NET) des Projekts **StandardServer**. Ändern Sie die Datei, sodass sie wie folgt aussieht:

```
'VB
Imports System
Imports System.Collections.Generic
Imports System.Text
Imports System.Runtime.Remoting
Imports System.Runtime.Remoting.Channels
Imports System.Runtime.Remoting.Channels.Tcp

Module Module1

    Sub Main()
        RemotingConfiguration.Configure("StandardServer.exe.config", False)
        Console.WriteLine("Press return to exit...\n")
        Console.ReadLine()
    End Sub
End Module

//C#
using System;
using System.Collections.Generic;
using System.Text;
using System.Runtime.Remoting;
using System.Runtime.Remoting.Channels;
using System.Runtime.Remoting.Channels.Tcp;

namespace MSLearning.Chapter8.Standard.Server
{
    class Program
    {
        static void Main(string[] args)
        {
            RemotingConfiguration.Configure("StandardServer.exe.config",
                false);
            Console.WriteLine("Press return to exit...\n");
            Console.ReadLine();
        }
    }
}
```

17. Klicken Sie mit der rechten Maustaste auf das Projekt **StandardServer** und wählen Sie **Hinzufügen**, **Klasse** aus. Nennen Sie die Klasse **Person** und klicken Sie auf **Hinzufügen**. Die Klasse muss die Schnittstelle **IPerson** implementieren. (Dieses Projekt sollte bereits einen Verweis auf das Projekt **Standard.Interfaces** enthalten, das Sie in Schritt 9 hinzugefügt haben.) Bearbeiten Sie die Klasse **Person**, sodass sie wie folgt aussieht:

```
'VB
Imports System
Imports System.Collections.Generic
Imports System.Text
Imports System.Runtime.Remoting
Imports System.Runtime.Remoting.Channels
```

```
Imports System.Runtime.Remoting.Channels.Tcp
Imports MSLearning.Chapter8.Standard.Interfaces

Public Class Person
    Inherits MarshalByRefObject
    Implements IPerson

    Public Function FirstName() As String _
        Implements Interfaces.IPerson.FirstName

        Return "Demo"
    End Function

    Public Function LastName() As String _
        Implements Interfaces.IPerson.LastName

        Return "Person"
    End Function
End Class

//C#
using System;
using System.Collections.Generic;
using System.Text;
using System.Runtime.Remoting;
using System.Runtime.Remoting.Channels;
using System.Runtime.Remoting.Channels.Tcp;
using MSLearning.Chapter8.Standard.Interfaces;
using System.Runtime.Remoting.Messaging;

namespace MSLearning.Chapter8.Standard.Server
{
    public class Person : MarshalByRefObject, IPerson
    {

        #region IPerson Members

        public string FirstName()
        {
            return "Demo";
        }

        public string LastName()
        {
            return "Person";
        }

        #endregion
    }
}
```

18. Öffnen Sie die Datei **Program.cs** (für C#) oder die Datei **Module1.vb** (für Visual Basic .NET) des Projekts **StandardClient**. Ändern Sie die Datei, sodass sie wie folgt aussieht:

```
'VB
Imports System
Imports System.Collections.Generic
Imports System.Text
Imports System.Runtime.Remoting
Imports System.Runtime.Remoting.Channels
Imports System.Runtime.Remoting.Channels.Tcp
Imports MSLearning.Chapter8.Standard.Interfaces

Module Module1
    Public Delegate Function GetFirstNameDelegate() As String
    Public Delegate Function GetLastNameDelegate() As String
    Private demo_person As IPerson
    Private firstNameResult As IAsyncResult
    Private lastNameResult As IAsyncResult
    Private first_Name As GetFirstNameDelegate
    Private last_Name As GetLastNameDelegate

    Function DemoPerson() As IPerson
        If demo_person Is Nothing Then
            RemotingConfiguration.Configure( _
                "StandardClient.exe.config", False)
            Dim person As IPerson = _
                CType(Activator.GetObject(GetType(IPerson), _
                "tcp://localhost:9000/Person.rem"), IPerson)
        End If
        Return demo_person
    End Function

    Sub Main()

        first_Name = New GetFirstNameDelegate( _
            AddressOf DemoPerson.FirstName)
        last_Name = New GetLastNameDelegate(AddressOf DemoPerson.LastName)
        Dim FirstNameCallback = _
            New AsyncCallback(AddressOf FirstNameReturned)
        Dim LastNameCallback = _
            New AsyncCallback(AddressOf LastNameReturned)
        firstNameResult = first_Name.BeginInvoke( _
            FirstNameCallback, first_Name)
        lastNameResult = last_Name.BeginInvoke(LastNameCallback, last_Name)

        Console.ReadLine()
    End Sub

    Sub FirstNameReturned(ByVal result As IAsyncResult)
        Console.WriteLine("FirstNameCallback value: " & _
            first_Name.EndInvoke(result))
    End Sub
```

```
    Sub LastNameReturned(ByVal result As IAsyncResult)
        Console.WriteLine("LastNameCallback value: " & _
            last_Name.EndInvoke(result))
    End Sub

End Module


//C#
using System;
using System.Collections.Generic;
using System.Text;
using System.Runtime.Remoting;
using System.Runtime.Remoting.Channels;
using System.Runtime.Remoting.Channels.Tcp;
using MSLearning.Chapter8.Standard.Interfaces;

namespace MSLearning.Chapter8.Standard.Client
{
    class Program
    {
        delegate String GetFirstNameDelegate();
        delegate String GetLastNameDelegate();
        private static IPerson demo_person;
        static IAsyncResult firstNameResult;
        static IAsyncResult lastNameResult;
        static GetFirstNameDelegate first_Name;
        static GetLastNameDelegate last_Name;

        static IPerson DemoPerson()
        {
            if (demo_person == null)
            {
                RemotingConfiguration.Configure(
                    "StandardClient.exe.config", false);
                demo_person = (IPerson)Activator.GetObject( _
                    typeof(IPerson), @"tcp://localhost:9000/Person.rem");

            }
            return demo_person;

        }

        static void Main(string[] args)
        {
            first_Name = new GetFirstNameDelegate(DemoPerson().FirstName);
            last_Name = new GetLastNameDelegate(DemoPerson().LastName);
            AsyncCallback FirstNameCallback =
                new AsyncCallback(FirstNameReturned);
            AsyncCallback LastNameCallback =
```

```
                new AsyncCallback(LastNameReturned);
            firstNameResult = first_Name.BeginInvoke(
                FirstNameCallback, first_Name);
            lastNameResult = last_Name.BeginInvoke(
                LastNameCallback, last_Name);

            Console.ReadLine();
        }

        static void FirstNameReturned(IAsyncResult result)
        {

            Console.WriteLine("FirstNameCallback Value: " +
            first_Name.EndInvoke(result));
        }

        static void LastNameReturned(IAsyncResult result)
        {
            Console.WriteLine("LastNameCallback Value: " +
                last_Name.EndInvoke(result));
        }
    }
}
```

An dieser Stelle sollte die Projektmappenstruktur etwa so aussehen wie in Abbildung 8.3 gezeigt. (Die Abbildung zeigt alle drei Projekte bei der Erstellung in C#. Bei Visual Basic .NET sollte es ähnlich aussehen; es werden lediglich zusätzlich das Visual Basic .NET-Projekt und die Quelldateien angezeigt.)

19. Klicken Sie im Menü **Erstellen** von Visual Studio auf **Projektmappe neu erstellen**.
20. Klicken Sie mit der rechten Maustaste auf das Projekt **StandardServer** und wählen Sie **Debuggen**, **Neue Instanz starten** aus, um eine Instanz des Programms **StandardServer** zu starten.
21. Klicken Sie mit der rechten Maustaste auf das Projekt **StandardClient** und wählen Sie **Debug**, **Neue Instanz starten** aus, um eine neue Instanz des Programms **StandardClient** zu starten. Führen Sie dann einen asynchronen Aufruf der Methoden **FirstName** und **LastName** der Klasse **Person** durch.
22. Drücken Sie die EINGABETASTE in beiden Konsolenfenstern, um die Anwendungen **StandardClient** und **StandardServer** zu beenden.

Zusammenfassung der Lektion

- **BeginInvoke** kann ohne Parameterwerte aufgerufen werden. Diese Methode ist allerdings nicht empfehlenswert.
- Das Abfragen kann entweder erfolgen, indem ein **IAsyncResult**-Objekt verwendet und dann gewartet wird, bis seine Eigenschaft **IsCompleted true** wird, oder über eine Rückrufmethode, die den Client über den Abschluss informiert
- **AsyncCallback**-Objekte können verwendet werden, um den aufrufenden Code zu benachrichtigen, dass die Verarbeitung abgeschlossen wurde. Dies macht eine Abfrage mithilfe von **IsCompleted** oder ähnlichen Methoden unnötig.

Lernzielkontrolle

Mit den folgenden Fragen können Sie Ihr Wissen zu den Informationen aus Lektion 2, „Rückrufe und Remoting“, überprüfen. Die Fragen finden Sie (in englischer Sprache) auch auf der Begleit-CD, Sie können sie also auch auf dem Computer im Rahmen eines Übungstests beantworten.

HINWEIS Die Antworten

Die Antworten auf diese Fragen mit Erklärungen, warum die jeweiligen Auswahlmöglichkeiten richtig oder falsch sind, finden Sie im Abschnitt „Antworten“ am Ende dieses Buchs.

---

1. Welche Methode stellt ein geeignetes Mittel dar, um den Abschluss einer Remotemethode abzufragen? (Wählen Sie die beste Antwort aus.)
   a. Verwenden eines **IAsyncResult**-Objekts in Verbindung mit einem Standardaufruf und Abfragen der Eigenschaft **IsCompleted** dahingehend, ob sie **true** ist.
   b. Verwenden eines **IAsyncResult**-Objekts in Verbindung mit einem asynchronen Aufruf und Abfragen der Eigenschaft **IsCompleted** dahingehend, ob sie **true** ist.
   c. Verwenden eines Rückrufs und Warten, dass dessen Eigenschaft **IsCompleted** den Wert **true** annimmt.
   d. Kennzeichnen der Methode mit einem **OneWay**-Attribut.
2. Welche der folgenden Punkte sind Vorteile der Verwendung des Attributs **OneWay**? (Wählen Sie alle zutreffenden Antworten aus.)
   a. Es bietet Fire-and-Forget-Funktionen.
   b. Die clientseitige Verarbeitung kann unabhängig von den Vorgängen auf dem Server fortgesetzt werden.
   c. Die clientseitige Verarbeitung kann ungeachtet eventuell auftretender clientseitiger Ausnahmen fortgesetzt werden.
   d. Die Servermethoden können mit diesem Attribut gekennzeichnet werden, ohne dass weitere Änderungen vorgenommen werden.

Lektion 3: Implementieren von Ereignissen und entsprechendes Reagieren

Bislang haben wir uns darauf konzentriert, wie Objekte und ihre jeweiligen Methoden grenzüberschreitend remotingfähig gemacht werden. Um unsere Beschreibung von Remoting zu vervollständigen, muss jedoch noch ein weiterer Bereich behandelt werden: Ereignisse. Jede gewissenhafte Behandlung der Themen Remoting und Ereignisse muss einige Warnungen enthalten. Oft enthalten die Erläuterungen wesentlich mehr Informationen zur Vermeidung von Ereignissen in Remoteszenarios als zu ihrer Verwendung. Wir müssen uns über eines im Klaren sein: Es gibt definitiv Umstände, in denen die Verwendung von Ereignissen beim Remoting durchaus hilfreich oder erforderlich ist, aber diese sind sehr speziell und ihre Zahl ist gering. Es ist möglich, dass ein Entwickler das Remoting umfassend nutzt und trotzdem nie die Notwendigkeit einer Behandlung serverseitiger Ereignisse entsteht. Die folgende Liste enthält ein paar Warnhinweise zu Remote-Ereignissen:

- Normalerweise werden Remote-Ereignisse in Szenarios verwendet, in denen verschiedene Anwendungen ausgeführt werden, die auf einander verweisen und auf demselben Computer ausgeführt werden.
- Da Ereignisse nur dann nützlich sind, wenn Listener eingebunden sind, die auch darauf reagieren können, wird die Skalierbarkeit bei steigender Anzahl Listener erheblich eingeschränkt. Diese Einschränkung bedeutet, dass eine Anwendung, die mit vielleicht zehn Clients problemlos funktioniert, abstürzen könnte, wenn 30 weitere Clients hinzugefügt werden. Aufgrund der Anzahl verschiedener Variablen, die sich darauf auswirken können, ist es praktisch unmöglich, den Grenzwert im Vorhinein zu bestimmen. Wenn Sie wissen, dass eine Anwendung an mehrere Clients verteilt werden wird, ist von der Verwendung von Ereignissen strikt abzuraten.
- Das Überwachen von Ereignissen bedingt, dass eine Serverkomponente mit einer Clientkomponente verbunden wird und umgekehrt. Diese Anordnung macht die Anwendung sehr anfällig für Fehler außerhalb der Anwendung. Die einzige verantwortliche Art und Weise, dieses Problem zu behandeln, besteht in einer komplexen und anspruchsvollen Ausnahmebehandlung. Diese Ausnahmebehandlung kompliziert den Code erheblich und erschwert seine Wartung.
- Ein Netzwerkausfall kann an allen möglichen Stellen auftreten, z. B. am Switch, am Server oder auf der Netzwerkkarte. Allerdings wird ein solcher Ausfall dem Client nicht unbedingt mitgeteilt. Wenn die Clientanwendung nur sporadisch Aufrufe an den Server sendet, kann ein solcher Ausfall besonders problematisch sein. Die Clientanwendung erwartet dann unter Umständen Benachrichtigungen zu Ereignissen, obwohl der Server nicht mehr reagiert. Die Latenz zwischen dem Serverausfall und der Benachrichtigung des Clients kann sehr problematisch sein. Es gibt zwar Lösungen wie z. B. das Abfragen, aber sie alle bringen eine zusätzliche Komplexitätsebene mit sich, die die Codelogik erheblich kompliziert und die Wartung erschwert.
- Wenn das Attribut **OneWay** verwendet wird, erhält der Client keinerlei Informationen zu Serverausfällen. Bei Ereignissen können diese Aufrufe häufig auftreten, und bei jedem Auslösen eines Ereignisses versucht der Server, alle überwachenden Computer zu kontaktieren. Diese Kontaktaufnahme durch den Server wird auch dann versucht, wenn die betreffenden Computer gar nicht mehr ausgeführt werden und können daher einen erheblichen Ressourcenverlust verursachen.
- Die Codezugriffssicherheit funktioniert nicht über Prozessgrenzen hinweg. Diese Einschränkung hat zahlreiche Sicherheitsrisiken zur Folge, deren Beseitigung sich oft als sehr schwierig erweist.

Am Ende dieser Lektion werden Sie in der Lage sein, die folgenden Aufgaben auszuführen:

- Einbinden eines Clients, um Remote-Ereignisse zu überwachen

Veranschlagte Zeit für diese Lektion: 45 Minuten

Behandelte Remote-Ereignisse

In der gesamten Beschreibung von .NET Remoting wurde immer wieder darauf verwiesen, dass der Umgang mit Remoteobjekten dem mit lokalen Objekten sehr stark ähnelt. Dabei wurden aber auch die jeweiligen Unterschiede hervorgehoben. Auch die Ereignisbehandlung in .NET Remoting fällt in diese Kategorie der Aspekte, die „gleich, aber anders" sind. Sie ist im semantischen Sinne mit der traditionellen Ereignisverwaltung identisch, was den Code angeht, und erfolgt scheinbar auf die gleiche Weise wie die Ereignisverwaltung sonst auch. Die zugrunde liegenden Mechanismen sind jedoch andere.

Intuitiv würden Sie wohl erwarten, etwas wie das Folgende tun zu können, wenn Sie einen Ereignishandler hinzufügen möchten:

```
'VB
Module Module1
    Public Delegate Function FirstNameDelegate() As String
    Public Delegate Function LastNameDelegate() As String

    Sub Main()
        RemotingConfiguration.Configure("StandardClient.exe.config", False)
        Dim person As IPerson = _
            CType(Activator.GetObject(GetType(IPerson), _
            "tcp://localhost:9000/Person.rem"), IPerson)
        AddHandler person.NameChange, AddressOf person_NameChange
        Console.ReadLine()
    End Sub

    Private Sub person_NameChange(ByVal sender As Object, _
        ByVal e As NameChangeEventArgs)

        Console.Write(e.ToString())
    End Sub
End Module

//C#
class Program
{
    delegate String GetFirstNameDelegate();
    delegate String GetLastNameDelegate();

        static void Main(string[] args)
    {
        RemotingConfiguration.Configure(
            "StandardClient.exe.config", false);
```

```
        IPerson person = (IPerson)Activator.GetObject(typeof(IPerson),
            @"tcp://localhost:9000/Person.rem");

        person.NameChange += new NameChangeEvent(person_NameChange);
        Console.ReadLine();
    }

    private static void person_NameChange(object sender,
        NameChangeEventArgs  e)
    {
        Console.WriteLine(e.ToString());
    }
}
```

Im Grunde genommen würden Sie also davon ausgehen, zunächst einmal einen Handler für das Remoteobjekt auf dem Client erstellen zu müssen und dann von diesem Punkt aus fortzufahren. Zwar erscheint dieser Ansatz korrekt (und wird auch ohne Probleme kompiliert), aber er wird in 2.0 Framework nicht so funktionieren, wie Sie es erwarten. Grund hierfür ist, dass eine bidirektionale Kommunikation erfolgen muss, damit Ereignisse auf dem Client behandelt werden können. Wenn Sie Remotemethoden lediglich aufrufen möchten, ist die unidirektionale Kommunikation (vom Server zum Client) ausreichend, aber für eine Remoteverarbeitung ist eine bidirektionale Kommunikation erforderlich. Aufgrund dessen muss ein **MarshalByRef**-Objekt zwischen Client und Server freigegeben werden. Danach jedoch wird die Ereignisverarbeitung so behandelt, wie es auch ansonsten der Fall ist. Mit anderen Worten müssen die folgenden Schritte durchgeführt werden, damit Ereignisse in einem Remoteszenario verwendet werden können:

1. Erstellen Sie ein Serverprojekt als Host für das Remoteobjekt.
2. Erstellen Sie ein Clientprojekt zur Verwendung des Objekts.
3. Erstellen Sie eine freigegebene Assembly, auf die vom Client und vom Server verwiesen wird.
4. Definieren Sie ein Ereignis in der Klasse, die in der freigegebenen Assembly erstellt wurde.
5. Binden Sie einen Handler auf dem Client ein, um das Ereignis zu behandeln.

Falls es nicht bereits am Anfang dieser Lektion deutlich geworden sein sollte, sei noch einmal betont, dass das Verwenden von Ereignissen in einem Remoteszenario viele potenzielle Komplikationen aufweist und nur mit angemessener Vorsicht in Angriff genommen werden sollte. Zwar muss ein solcher Ansatz keinesfalls falsch sein, und es gibt auch Gelegenheiten, wo er durchaus gerechtfertigt sein mag, aber nichtsdestoweniger sollte bei der Implementierung von Remote-Ereignissen stets mit Bedacht vorgegangen werden.

Übung 3: Behandeln von Ereignissen von einem Remoteobjekt

In dieser Übung erstellen Sie ein Remoteobjekt und reagieren auf von ihm ausgelöste Ereignisse. Falls Sie bei einer Übung auf Probleme stoßen, können Sie sich das fertige Projekt auf der Begleit-CD im Ordner **Code** ansehen.

1. Öffnen Sie Visual Studio 2005 und erstellen Sie eine leere Projektmappe.

2. Fügen Sie mit C# oder Visual Basic .NET eine neue Konsolenanwendung namens **StandardClient** hinzu.
3. Klicken Sie im Projektmappen-Explorer mit der rechten Maustaste auf den Ordner **Properties** des Projekts und wählen Sie **Öffnen** aus. Geben Sie **MSLearning.Chapter8.Standard.Client** in das Textfeld **Standardnamespace** ein.
4. Wählen Sie nun im Menü **Datei** den Eintrag **Hinzufügen**, **Neues Projekt** aus. Klicken Sie auf die Vorlage **Klassenbibliothek**, geben Sie den Namen **Shared** ein und klicken Sie auf **OK**.
5. Klicken Sie im Projektmappen-Explorer mit der rechten Maustaste auf den Ordner **Properties** des Projekts **Shared** und wählen Sie **Öffnen** aus. Geben Sie **MSLearning.Chapter8.Standard.Shared** in das Textfeld **Standardnamespace** ein.
6. Fügen Sie eine weitere Konsolenanwendung in C# oder Visual Basic .NET zur Projektmappe hinzu und nennen Sie sie **StandardServer**.
7. Klicken Sie im Projektmappen-Explorer mit der rechten Maustaste auf den Ordner **Properties** des Projekts **StandardServer** und wählen Sie **Öffnen** aus. Geben Sie **MSLearning.Chapter8.Standard.Server** in das Textfeld **Standardnamespace** ein.
8. Klicken Sie mit der rechten Maustaste auf den Ordner **Verweise** des Projekts **StandardClient** und wählen Sie **Verweis hinzufügen** aus. Klicken Sie im Dialogfeld **Verweis hinzufügen** auf die Registerkarte **Projekte**, dann auf das Projekt **Shared** und schließlich auf **OK**. Wiederholen Sie den Vorgang, um einen Verweis auf das Projekt **Shared** und das Projekt **StandardServer** hinzuzufügen.
9. Klicken Sie mit der rechten Maustaste auf die einzelnen Projekte, wählen Sie **Verweis hinzufügen** aus und fügen Sie dann einen Verweis auf **System.Runtime.Remoting** hinzu.
10. Klicken Sie mit der rechten Maustaste auf das Projekt **StandardClient** und wählen Sie **Hinzufügen**, **Neues Element** aus. Klicken Sie auf **Anwendungskonfigurationsdatei** und dann auf **Hinzufügen**.
11. Bearbeiten Sie die Konfigurationsdatei **App.config**, sodass sie wie folgt aussieht:

```
<?xml version="1.0" encoding="utf-8" ?>
<configuration>
  <system.runtime.remoting>
    <application>
      <client>
        <wellknown type="MSLearning.Chapter8.Standard.Shared.Person,
 Shared" url="http://localhost:9000/Person.soap" />
      </client>
      <channels>
        <channel ref="http" port="0">
          <!-- Allow remote callbacks on any available port -->
          <clientProviders>
            <formatter ref="binary" typeFilterLevel="Full"/>
            <formatter ref="soap" typeFilterLevel="Full"/>
          </clientProviders>
          <serverProviders>
            <formatter ref="binary" typeFilterLevel="Full"/>
```

```
          <formatter ref="soap" typeFilterLevel="Full"/>
        </serverProviders>
      </channel>
    </channels>

  </application>
  <debug loadTypes="true"/>
 </system.runtime.remoting>
</configuration>
```

12. Klicken Sie mit der rechten Maustaste auf das Projekt **StandardServer** und wählen Sie **Hinzufügen**, **Neues Element** aus. Klicken Sie auf **Anwendungskonfigurationsdatei** und dann auf **Hinzufügen**.

13. Bearbeiten Sie die Konfigurationsdatei **App.config**, sodass sie wie folgt aussieht:

```
<?xml version="1.0" encoding="utf-8" ?>
<configuration>
  <system.runtime.remoting>
    <application>
      <service>
        <wellknown mode="Singleton"
           type="MSLearning.Chapter8.Standard.Shared.Person, Shared"
           objectUri="Person.soap" />
      </service>
      <channels>
        <channel ref="http" port="9000" />
        <clientProviders>
          <formatter ref="binary" typeFilterLevel="Full"/>
          <formatter ref="soap" typeFilterLevel="Full"/>
        </clientProviders>
        <serverProviders>
          <provider ref="wsdl" />
          <formatter ref="binary" typeFilterLevel="Full"/>
          <formatter ref="soap" typeFilterLevel="Full"/>
        </serverProviders>

      </channels>
    </application>
  </system.runtime.remoting>
</configuration>
```

14. Öffnen Sie die Datei **Program.cs** (für C#) oder die Datei **Module1.vb** (für Visual Basic) des Projekts **StandardServer**. Ändern Sie die Datei, sodass sie wie folgt aussieht:

```
'VB
Imports System
Imports System.Collections.Generic
Imports System.Text
Imports System.Runtime.Remoting
Imports System.Runtime.Remoting.Channels
Imports System.Runtime.Remoting.Channels.Tcp
```

```
Module Module1

    Sub Main()
        RemotingConfiguration.Configure("StandardServer.exe.config", False)
        Console.WriteLine("Press return to exit...")
        Console.ReadLine()
    End Sub
End Module

//C#
using System;
using System.Collections.Generic;
using System.Text;
using System.Runtime.Remoting;
using System.Runtime.Remoting.Channels;
using System.Runtime.Remoting.Channels.Tcp;
using MSLearning.Chapter8.Standard.Shared;
namespace MSLearning.Chapter8.Standard.Server
{
  class Program
  {
    static void Main(string[] args)
    {
      RemotingConfiguration.Configure("StandardServer.exe.config", false);
      Console.WriteLine("Press return to exit...\n");
      Console.ReadLine();
    }
  }
}
```

15. Klicken Sie mit der rechten Maustaste auf das Projekt **StandardServer** und wählen Sie **Hinzufügen**, **Klasse** aus. Nennen Sie die Klasse **Person** und klicken Sie auf **Hinzufügen**. Bearbeiten Sie die Klasse **Person**, sodass sie wie folgt aussieht:

```
'VB
Imports MSLearning.Chapter8.Standard.Shared
Imports System.Runtime.Remoting
Imports System.Runtime.Remoting.Channels
Imports System.Runtime.Remoting.Channels.Tcp
Imports System.Runtime.Remoting.Messaging
Public Class Person
  Inherits MarshalByRefObject


  Public Function FirstName(ByVal first_Name) As String
    Return first_Name

  End Function

  Public Function LastName(ByVal last_Name) As String
```

```
    Return last_Name
  End Function

  Public Event NameChangeEvent As EventHandler

  Private _shared As SharedClass = Nothing
  Public Overrides Function InitializeLifetimeService() As Object
    Return Nothing
  End Function

  Public Sub New()
    RemotingConfiguration.Configure("StandardClient.exe.config", False)
    _shared = New SharedClass
    AddHandler _shared.NameChangeEvent, AddressOf HandlesMyEvent
  End Sub

  Public Sub HandlesMyEvent(ByVal sender As Object, ByVal e As EventArgs)
    Console.WriteLine(String.Format("Event raised by {0}", sender.ToString()))
  End Sub
End Class
<Serializable()> _
Public Delegate Sub NameChangeEvent(ByVal sender As Object, ByVal e As EventArgs)
Public Class SharedClass
  Inherits MarshalByRefObject

  Public Event NameChangeEvent As EventHandler
  Public Sub RaiseThisEvent()
    RaiseEvent NameChangeEvent(Me, EventArgs.Empty)
  End Sub

  Public Overrides Function InitializeLifetimeService() As Object
    Return Nothing
  End Function
End Class
```

```
//C#
using System;
using System.Collections.Generic;
using System.Text;
using System.Runtime.Remoting;
using System.Runtime.Remoting.Channels;
using System.Runtime.Remoting.Channels.Tcp;

using System.Runtime.Remoting.Messaging;
namespace MSLearning.Chapter8.Standard.Shared
{

  [Serializable]

  public delegate void NameChangeEvent(object sender, EventArgs e);
```

```
public class Shared : MarshalByRefObject
{
  public event EventHandler NameChangeEvent;

  public void RaiseEvent()
  {
    NameChangeEvent(this, EventArgs.Empty);
  }

  public override object InitializeLifetimeService()
  {
    return null;
  }
}

[Serializable]
public class Person : MarshalByRefObject
{

  private Shared shared = null;

  public override object InitializeLifetimeService()
  {
    return null;
  }

  public Person()
  {
    RemotingConfiguration.Configure("StandardClient.exe.config", false);
    shared = new Shared();
    shared.NameChangeEvent += new EventHandler(HandlesMyEvent);

  }

  public string FirstName(String firstName)
  {
    HandlesMyEvent(this, null);
    return firstName;
  }

  public string LastName(String lastName)
  {HandlesMyEvent(this, null);
    return lastName;
  }

  public void HandlesMyEvent(object sender, EventArgs e)
  {
    Console.WriteLine(string.Format("Event raised by {0}", sender.ToString()));
  }

  public event NameChangeEvent NameChange;
```

```
    }
}
```

16. Öffnen Sie die Datei **Program.cs** (für C#) oder die Datei **Module1.vb** (für Visual Basic .NET) des Projekts **StandardClient**. Ändern Sie die Datei, sodass sie wie folgt aussieht:

```
'VB
Imports System.Runtime.Remoting
Imports System.Runtime.Remoting.Channels
Imports System.Runtime.Remoting.Channels.Tcp
Imports MSLearning.Chapter8.Standard.Shared


Module Module1

  Sub Main()

    Dim Demoperson As New Person
    AddHandler Demoperson.NameChangeEvent, AddressOf person_NameChange
    'Bestätigen, dass das Ereignis erfolgreich registriert wurde
    Console.WriteLine("Successfully registered Name Change Event")
    Demoperson.LastName("Demo Person") 'Auslösen des Ereignisses erzwingen
    Console.ReadLine()
  End Sub

  Private Sub person_NameChange(ByVal sender As Object, ByVal e As EventArgs)
    Console.Write(e.ToString())
  End Sub
End Module

//C#
using System;
using System.Collections.Generic;
using System.Text;
using System.Runtime.Remoting;
using System.Runtime.Remoting.Channels;
using System.Runtime.Remoting.Channels.Tcp;
using MSLearning.Chapter8.Standard.Shared;

namespace MSLearning.Chapter8.Standard.Client
{
  class Program
  {

    static void Main(string[] args)
    {
      Person person = new Person();
      person.NameChange += new NameChangeEvent(person_NameChange);
      //Bestätigen, dass das Ereignis erfolgreich registriert wurde
```

```
            Console.WriteLine("Successfully registered Name Change Event");
            person.LastName("Demo Person"); //Auslösen des Ereignisses erzwingen
            Console.ReadLine();
        }

        private static void person_NameChange(object sender, EventArgs  e)
        {
            Console.WriteLine(e.ToString());
        }
    }
}
```

17. Klicken Sie im Menü **Erstellen** von Visual Studio auf **Projektmappe neu erstellen**.
18. Klicken Sie mit der rechten Maustaste auf das Projekt **StandardServer** und wählen Sie **Debuggen**, **Neue Instanz starten** aus, um eine Instanz des Programms **StandardServer** zu starten.
19. Klicken Sie mit der rechten Maustaste auf das Projekt **StandardClient** und wählen Sie **Debuggen**, **Neue Instanz starten** aus, um eine Instanz des Programms **StandardClient** zu starten, den Wert **LastName** des Objekts **Person** festzulegen und sich zu vergewissern, dass das Ereignis registriert wurde und behandelt wird.
20. Drücken Sie zweimal die EINGABETASTE in beiden Konsolenfenstern, um die Anwendungen **StandardClient** und **StandardServer** zu beenden.

Zusammenfassung der Lektion

- Wenn Ereignisse verwendet werden, fügt der Client einen Listener hinzu, der auf das Ereignis reagiert. In diesem Fall funktioniert der Client gleichermaßen als Server und Client, weil Meldungen an den Client und Bestätigungen zurückgesendet werden.
- Die Ereignisverwaltung in Remoteszenarios ist sehr komplex und sollte nur mit Bedacht in Angriff genommen werden
- Gegebenenfalls erstellte **EventArgs**-Objekte, die vom Client und vom Server verwendet werden, müssen mit dem Attribut **Serializable** gekennzeichnet werden

Lernzielkontrolle

Mit den folgenden Fragen können Sie Ihr Wissen zu den Informationen aus Lektion 3, „Implementieren von Ereignissen und entsprechendes Reagieren“, überprüfen. Die Fragen finden Sie (in englischer Sprache) auch auf der Begleit-CD, Sie können sie also auch auf dem Computer im Rahmen eines Übungstests beantworten.

HINWEIS Die Antworten

Die Antworten auf diese Fragen mit Erklärungen, warum die jeweiligen Auswahlmöglichkeiten richtig oder falsch sind, finden Sie im Abschnitt „Antworten“ am Ende dieses Buchs.

---

1. Was trifft auf das Verwenden von Ereignissen beim Remoting zu? (Wählen Sie alle zutreffenden Antworten aus.)
   a. Wenn das Attribut **OneWay** mit einem Ereignis verwendet wird, sendet der Server fortlaufend Benachrichtigungen an Clients, die nicht mehr vorhanden sind.
   b. Die Klasse **EventArgs** muss mit dem Attribut **Serializable** gekennzeichnet werden.
   c. Die Skalierbarkeit ist unter Umständen erheblich eingeschränkt.
   d. Ereignisse werden am besten in Fällen verwendet, in denen verschiedene Prozesse auf demselben Computer ausgeführt werden.

Rückblick auf dieses Kapitel

Sie können die in diesem Kapitel vermittelten Fähigkeiten folgendermaßen einüben und vertiefen:

- Lesen Sie die Zusammenfassung des Kapitels sorgfältig durch
- Lesen Sie die Liste der Schlüsselbegriffe durch, die in diesem Kapitel eingeführt wurden
- Arbeiten Sie die Übungen mit Fallbeispielen durch. Diese Szenarios beschreiben Fälle aus der Praxis, in denen die Themen dieses Kapitels zur Anwendung kommen. Sie werden aufgefordert, eine Lösung zu entwickeln.
- Führen Sie die vorgeschlagenen praktischen Übungen durch
- Machen Sie einen Übungstest

Zusammenfassung des Kapitels

- Remotemethoden können sowohl wie traditionelle Methoden synchron als auch asynchron aufgerufen werden
- Mit dem Attribut **OneWay** können Methoden ohne Berücksichtigung von Ausnahmen, die auf dem Server aufgetreten sein könnten, aufgerufen werden und mit der Verarbeitung fortfahren. Die Verarbeitung wird auch dann unterbrechungsfrei fortgeführt, wenn der Server nicht verfügbar ist.
- Bei der Verwendung des Attributs **OneWay** ist mit Bedacht vorzugehen, da es zu einem Ressourcenverlust führen kann
- Ein Delegat, der zur Signatur einer Methode passt, kann verwendet werden, um eine Methode asynchron aufzurufen
- Die Methode **IsCompleted** eines Delegaten kann verwendet werden, um zu bestimmen, wann die Verarbeitung abgeschlossen ist
- Die Methode **EndInvoke** eines Delegaten sollte immer dann verwendet werden, wenn ein Rückgabewert einer (asynchron aufgerufenen) Remotemethode benötigt wird
- **AsyncCallback**-Objekte können von einer aufgerufenen Methode verwendet werden, um den Aufrufer zu benachrichtigen, wenn die Verarbeitung abgeschlossen ist

Schlüsselbegriffe

Wissen Sie, was die folgenden Schlüsselbegriffe bedeuten? Sie können Ihre Antworten überprüfen, indem Sie die Begriffe im Glossar am Ende dieses Buchs nachschlagen.

- asynchron
- Rückruf
- Fire-and-Forget

- unidirektional
- Remotemethode
- synchron

Fallbeispiele

Im folgenden Fallbeispiel wenden Sie an, was Sie über die Erstellung von Clientanwendungen gelernt haben, die Remoteobjekte verwenden. Die Lösungen zu den Fragen finden Sie im Abschnitt „Antworten“ hinten in diesem Buch.

Fallbeispiel 1: Erstellen robuster, skalierbarer Organisationsanwendungen

Im folgenden Fallbeispiel sind Sie Leiter der Entwicklungsabteilung eines schnell wachsenden Unternehmens. Sie müssen das Erlernte hier anwenden, um aus Ihrer vorhandenen Client/Server-Anwendungsarchitektur eine robuste, skalierbare Organisationsanwendungsarchitektur zu machen.

Interviews

Es folgt eine Auflistung der befragten Unternehmensmitarbeiter und ihrer Aussagen:

- **Leiter der IT-Abteilung** „Unser Unternehmen ist innerhalb kurzer Zeit beträchtlich gewachsen. Wir können nicht länger ein einfaches Client/Server-Modell verwenden und beabsichtigen, unsere Optionen zu erweitern. Aber was wir auch implementieren: Ich wünsche mir in jedem Fall einen zentralen Anwendungsserver, über den unsere Anwendungen ausgeführt werden. Wir werden mindestens drei Ebenen benötigen: die Clientebene, die Anwendungslogikebene und die Datenebene. Und wir müssen auch das letzte Quäntchen Leistung herausholen.“
- **Unternehmensplaner** „Wir befinden uns in einer Situation, in der häufig Änderungen an Konfigurationen vorzunehmen sind. Wenn eine Datenbank ausfällt, müssen wir die Datenbank wechseln können. Wenn ein Anwendungsserver ausfällt, müssen wir in der Lage sein, den von den Clients verwendeten Anwendungsserver zu wechseln. Dieser Wechsel muss schnell erfolgen, ohne dass unsere Entwickler die Anwendung neu kompilieren und verteilen müssen. Dies ist eines der größten Probleme, die mir bekannt sind.“
- **CIO** „Jede Minute Ausfallzeit kostet uns ein Vermögen. Und derzeit kommt das einfach zu häufig vor. Wenn wir einen Anwendungsserver abschalten, dann sind unsere Clients für 30 Minuten außer Gefecht gesetzt. Wir erhalten massenhaft Supportanrufe. Wenn die Kollegen in die Pause gehen, wissen sie oft nicht, wann sie wiederkommen sollen, weil sie nicht wissen, wann wir das System wieder zum Laufen gebracht haben. Und wenn es mitten in der Nacht zu einem Ausfall kommt, dauert es Stunden, bis das System wieder läuft. Diese Situation muss möglichst schnell behoben werden.”

Fragen

Beantworten Sie die folgenden Fragen für Ihren Abteilungsleiter:

1. Wie lässt sich die Anwendungslogik zentralisieren?
2. Wie können ohne großen Aufwand Änderungen vorgenommen werden, um den Client anzuweisen, einen anderen Server zu verwenden?
3. Wie können diese Prozeduren bei gleichzeitiger Maximierung der Leistung implementiert werden, sodass die Ausfallzeit reduziert wird?

Vorgeschlagene praktische Übungen

Um die in diesem Kapitel formulierten Lernziele erfolgreich zu erreichen, führen Sie mindestens die praktischen Übungen 1 und 2 aus.

- **Praktische Übung 1** Erstellen Sie eine Klasse, die **MarshalByRefObject** implementiert. Fügen Sie Member hinzu, von denen Sie annehmen, dass sie die Klasse sinnvoll nutzbar machen, und führen Sie dann einen Remoteaufruf dieser Member durch.
- **Praktische Übung 2** Verwenden Sie die in der vorherigen praktischen Übung erstellte Anwendung und rufen Sie dieselben Methoden asynchron auf. Tun Sie dasselbe dann mit einem Rückrufobjekt.
- **Praktische Übung 3** Fügen Sie das Attribut **OneWay** einer der Methoden hinzu, die Sie in der praktischen Übung 1 erstellt haben. Ändern Sie die Methode, sodass gezielt eine Ausnahme ausgelöst wird. Rufen Sie die Remotemethode über die Konsolenanwendung auf und vergewissern Sie sich, dass keine Ausnahme an den Client zurückgegeben wird.

Machen Sie einen Übungstest

Die Übungstests auf der Begleit-CD zu diesem Buch (in englischer Sprache) bieten zahlreiche Möglichkeiten. Zum Beispiel können Sie einen Test machen, der ausschließlich die Themen eines bestimmten Lernziels behandelt, oder Sie können sich selbst mit dem gesamten Inhalt der Prüfung 70-529 testen. Sie können den Test so konfigurieren, dass er dem Ablauf einer echten Prüfung entspricht, oder Sie können einen Lernmodus verwenden, in dem Sie sich nach dem Beantworten einer Frage jeweils sofort die richtige Antwort und Erklärungen ansehen können.

WEITERFÜHRENDE INFORMATIONEN Übungstests

Einzelheiten zu allen Optionen, die bei den Übungstests zur Verfügung stehen, finden Sie im Abschnitt „So verwenden Sie die Übungstests“ in der Einführung am Anfang dieses Buchs.

KAPITEL 9

Web Services Enhancements 3.0 in Client- und Serveranwendungen

Obwohl XML-Webdienste bereits seit einigen Jahren verfügbar sind, sind sie im Vergleich mit anderen Mechanismen zur Implementierung verteilter Anwendungen noch relativ neu. Einer der Hauptgründe für die hohe Akzeptanz, die die XML-Webdienste erfahren haben, besteht in ihrer Verwendung von XML und SOAP. Wie bei jeder neuen Technologie hat die Branche sich sehr um eine Standardisierung bemüht. Aber obwohl in dieser Hinsicht bereits viele Fortschritte erzielt wurden, wurde bislang noch kein verbindlicher Standard eingeführt. Die bereits existierenden Standards befinden sich noch in der Entwicklung. In ihrer Summe werden sie als *WS-** bezeichnet. Microsoft hat eine Liste der implementierten Standards veröffentlicht, die unter **http://msdn.microsoft.com/webservices/webservices/understanding/specs/default.aspx** verfügbar ist. Eine allgemeine Übersicht zu diesen Spezifikationen finden Sie auf der englischsprachigen Wikipedia unter **http://en.wikipedia.org/wiki/List_of_Web_service_specifications**.

Web Services Enhancements 3.0 (WSE 3.0) ist eine Mischung vieler bereits vorhandener Standards und bietet – wie der Name bereits sagt – erweiterte Funktionen für XML-Webdienste. Die Vorteile von WSE 3.0 lauten:

- Vereinfachte Nachrichtensicherheit von Endpunkt zu Endpunkt
- Inhaltsbasiertes Routing
- Umfassend anpassbare und konfigurierbare Sicherheit
- Leistungsvorteile

In diesem Kapitel abgedeckte Lernziele:

- Aktivieren von WSE in Client- und Serveranwendungen
  - Hinzufügen von Verweisen auf WSE-Assemblys in Clientanwendungen
  - Hinzufügen eines **<soapExtensionTypes>**-Elements unter dem Element **<webServices>** in einer Konfigurationsdatei
  - Hinzufügen eines **<configSections>**-Elements und eines **<microsoft.web.services3>**-Bereichs zu einer Konfigurationsdatei

- Hinzufügen einer digitalen Signatur zu einer SOAP-Nachricht und Überprüfen einer vorhandenen SOAP-Nachrichtensignatur
  - Digitales Signieren einer SOAP-Nachricht
  - Überprüfen einer signierten SOAP-Nachricht

Lektionen in diesem Kapitel:

Bevor Sie beginnen

Um die Lektionen in diesem Kapitel durcharbeiten zu können, benötigen Sie Folgendes:

- Einen Computer, der die in der Einführung dieses Buchs aufgeführten Hardwaremindestvoraussetzungen erfüllt oder übertrifft
- Microsoft Visual Studio 2005 und .NET Framework 2.0
- Web Services Enhancements 3.0 (muss zur Bearbeitung der Beispiele in diesem Kapitel installiert werden)

HINWEIS Web Services Enhancements 3.0

Die aktuelle WSE-Version ist 3.0. Zum Zeitpunkt der Entstehung dieses Buchs kann WSE 3.0 unter folgender Adresse heruntergeladen werden:
http://www.microsoft.com/downloads/details.aspx?familyid=018a09fd-3a74-43c5-8ec1-8d789091255d&displaylang=en#Overview. Das WSE Developer's Center im MSDN ist unter http://msdn.microsoft.com/webservices/webservices/building/wse/default.aspx zu finden.

Um die Lektionen in diesem Kapitel bearbeiten zu können, sollten Sie mit Visual Basic .NET oder C# vertraut sein und sich die Bearbeitung der folgenden Aufgaben zutrauen:

- Erstellen einer Konsolenanwendung in Visual Studio 2005 mithilfe von Visual Basic .NET oder C#
- Erstellen und Verwenden eines Webdienstes mithilfe von Visual Basic .NET oder C#
- Hinzufügen von Bibliotheks- und Webverweisen zu einem Projekt
- Ändern von XML- und SOAP-Dokumenten

Praxistipp

William Ryan

Web Services Enhancements sind aus vielen Gründen als Technologie für Pilotanwender zu bezeichnen. Die Akzeptanz von Webdiensten steht – obwohl rasant zunehmend – immer noch am Anfang. Zwar waren Webdienste zur Überbrückung zahlreicher Probleme hilfreich, die in Zusammenhang mit der Kommunikation separater Systeme auftreten, aber Merkmale, die die Akzeptanz vereinfachen sollen, erlegen der Verwendung gleichzeitig auch Beschränkungen auf. Ich habe bei einem Unternehmen gearbeitet, das schon sehr früh auf den .NET-Zug aufgesprungen ist. Wir hatten dort viel zu tun, und der Abschlusstermin war denkbar knapp gewählt. Da wir, als wir mit der ersten Produktionsanwendung begannen, eigentlich noch damit beschäftigt waren, .NET Framework kennen zu lernen, waren wir es immer noch gewohnt, Aufgaben auf traditionelle (Nicht-.NET-)Weise zu erledigen.

Acht Monate und 120.000 Codezeilen später ließen wir unsere erste große Anwendung vom Stapel. Die Anwendung funktionierte gut, aber wir führten trotzdem eine Manöverkritik durch, um zu dokumentieren, was wir mit dem besseren Verständnis für .NET, das wir mittlerweile erlangt hatten, anders gemacht hätten. Über Details waren wir häufig uneins, aber in einem Punkt stimmten wir alle überein: Mit .NET hätten wir statt einer Client/Server-Anwendung mit zwei Ebenen eine Architektur auf der Basis verteilter Technologien verwendet. Nach und nach ersetzten wir unsere Komponenten mit dem Ziel eines stärker dienstorientierten Architekturansatzes und verwendeten Remote- und Webdienste umfassend. Es dauerte dann auch nicht allzu lange, bis wir an die Grenzen dessen stießen, was Webdienste von der Stange ermöglichen; zur Steigerung von Leistung und Sicherheit wendeten wir uns dann den Web Services Enhancements zu.

Ziemlich genau zu dem Zeitpunkt, an dem wir alles mit WSE 2.0 optimiert hatten, wurde WSE 3.0 veröffentlicht.

Viele der Funktionen, die wir in den vorherigen WSE-Versionen verwendet hatten – z. B. die DIME-Anhänge (Direct Internet Message Encapsulation-Anhänge) und die Sicherheitsrichtlinie – waren nun völlig anders oder aber umfassend erweitert. Fortwährend wurden die Lernerfolge größer, die Entwicklungszeiten immer kürzer und unsere Anwendung immer schneller und sicherer. In Sachen Sicherheit und Leistung sind die Steigerungsraten, die wir durch den Wechsel von WSE 2.0 auf WSE 3.0 erreichten, ebenso groß wie die durch die ursprüngliche Einführung von WSE erzielten. Mit dem Umstellen auf WSE 3.0 jedoch gaben wir unsere Anwendung erstmals frei, *bevor* eine Technologie auf den Markt kam, die es ersetzte! (In nicht allzu ferner Zukunft wird die Windows Communication Foundation veröffentlicht, die WSE dann endgültig ersetzen wird. Diesmal allerdings waren wir früher fertig.)

Lektion 1: Aktivieren von und Verweisen auf WSE 3.0

WSE 3.0 ist die aktuelle Version der von Microsoft freigegebenen Web Services Enhancements; die Prüfung enthält allerdings auch Lernziele, die sowohl WSE 2.0 als auch WSE 3.0 betreffen. Das Material behandelt allerdings überwiegend WSE 3.0. Zunächst einmal unterstützt WSE 3.0 die folgenden WS-*-Spezifikationen:

- XML, SOAP, WSDL
- WS-Security
- WS-Trust
- WS-SecureConversation
- WS-Addressing
- Message Transmission Optimization Mechanism (MTOM)

HINWEIS MTOM im Vergleich mit DIME

Zwar gibt es einige bemerkenswerte Funktionen in WSE 3.0, aber eine der grundlegendsten Änderungen war die Ersetzung von DIME durch MTOM. Der wesentliche Zweck dieser beiden Technologien besteht darin, einen sicheren und wirkungsvollen Mechanismus zum Senden von Anhängen (wie Excel-Dateien oder Word-Dokumenten) mit der ursprünglichen Nachricht bereitzustellen.

WSE 3.0 konzentriert sich sehr stark auf Sicherheitsaspekte, und wie Sie in Kürze sehen werden, sind nun viele leistungsfähige Funktionen vorhanden. Außerdem geht das Gerücht, Webdienste, Web Services Enhancements und Remoting würden in der Windows Communication Foundation (WCF) konsolidiert.

WEITERFÜHRENDE INFORMATIONEN WCF in .NET Framework

Zum Zeitpunkt der Abfassung dieses Dokuments befindet sich die WCF noch im Betastadium, d. h. bis zur Freigabe können noch Änderungen vorgenommen werden. Aus diesem Grund wird sie in diesem Buch auch nicht grundlegend behandelt. Andererseits wird die WCF ein integraler Bestandteil von .NET Framework werden, weswegen es nur von Vorteil sein kann, damit vertraut zu sein. Weitere Informationen finden Sie auf der Windows Communication Foundation-Site im MSDN unter http://msdn.microsoft.com/winfx/technologies/communication/default.aspx.

Zum Glück war eines der wichtigsten strukturellen Ziele von WSE 3.0 der einfache Übergang von WSE 3.0 zur WCF.

HINWEIS Warum Standards nötig sind

Anfangs wird häufig gefragt, warum die Branche von Standards geradezu besessen zu sein scheint. WSE 3.0 ist eine Implementierung verschiedener Standards. Darum ist es auch wichtig zu wissen, welche Bedeutung diese Standards haben. Würden Sie gefragt, wie ein XML-Dokument implementiert wird, das einen Kundennamen enthält, dann ist zu bezweifeln, dass Sie viel darüber nachdenken würden. Vielleicht würden Sie ein Element für **FirstName**, ein weiteres für **LastName** und ein drittes für **MiddleName** erstellen. Aber würde diese Strategie in allen denkbaren Szenarios funktionieren? Sicherlich nicht. Häufig sind Präfixe wie „Dr.", „Herr" oder „Frau" und auch Suffixe („MA", „PhD" usw.) in Namensangaben erforderlich. Aber auch dann, wenn Sie alle Felder kennen würden, die erfasst werden müssen, wäre es doch wohl kaum ein einfacher Vorgang, sie alle korrekt auszufüllen, oder? Sie könnten ein Element **Person** erstellen und jedes Feld in ein Attribut einschließen. Sie könnten auch für jedes Feld ein eigenes Element erstellen. Sie könnten **Prefix** zu einem Attribut von **FirstName** und **Suffix** zu einem Attribut von **LastName** machen. Und mit jedem Feld erhöht sich die Anzahl Verwicklungen. Letztendlich wird, wenn keine Standards vorhanden sind, etwas so Einfaches wie das Aufzeichnen des Namens einer Person extrem kompliziert. In diesem Kapitel werden wir viele dieser Standards beschreiben.

Zwar sind Web Services Enhancements extrem leistungsfähig und flexibel, aber ihre Einrichtung und die Verwendung der Grundfunktionen ist trotzdem recht einfach. Wie bei jeder Technologie ist das Erwerben von Fachwissen zur Funktionsweise dieser Erweiterungen und zu ihrer Verwendung keine einfache Angelegenheit, aber ein durchschnittlicher Entwickler kann sie bereits nach einigen Stunden Dokumentationsstudium in Betrieb nehmen. Der Grund hierfür ist die Tatsache, dass ungeachtet der Leistungsfähigkeit ein sehr umfassender Wrapper für die Anwendungsprogrammierschnittstelle (API) vorhanden ist. Die Interaktion mit Visual Studio 2005 stimmt ebenfalls vollständig mit anderen Programmieraufgaben überein, mit denen Sie wahrscheinlich bereits vertraut sind; Sie können Ihr vorhandenes Wissen also auch als Grundlage zum Erlernen von WSE verwenden.

Sie erinnern sich vielleicht, dass in Kapitel 7, „Methodenaufrufe und Ereignisverwaltung mit .NET-Webdiensten", und Kapitel 8, „Methodenaufrufe und Ereignisverwaltung mit .NET Remoting", angemerkt wurde, dass die Programmierschnittstelle zur Verwendung von Webdiensten und Remoting aus Sicht des Entwicklers sehr unkompliziert ist, obwohl das, was hinter den Kulissen geschieht, alles andere als trivial ist. Dies gilt auch für WSE. Zwar ist die API, mit der der Entwickler arbeitet, recht einfach, aber um auch nur die einfachsten Aufgaben mit WSE zu erledigen, muss intern eine gewaltige Menge Arbeit erledigt werden.

Am Ende dieser Lektion werden Sie in der Lage sein, die folgenden Aufgaben auszuführen:

- Hinzufügen eines Projektverweises zur WSE-Bibliothek
- Erben von **WebServicesClientProtocol**
- Bearbeiten der Proxyklasse

Veranschlagte Zeit für diese Lektion: 20 Minuten

Hinzufügen von Verweisen auf WSE-Assemblys in Clientanwendungen

Bevor überhaupt irgendetwas gemacht werden kann, bei dem WSE 3.0 eingesetzt wird, muss zunächst einmal die korrekte Version installiert werden. Nach der Installation der korrekten Version sind lediglich noch die folgenden Schritte durchzuführen, bevor WSE 3.0 verwendet werden kann:

ACHTUNG Installieren und verweisen Sie auf die korrekte WSE-Version

Die aktuelle WSE-Version ist gegenwärtig 3.0. Es gibt folglich zwei Vorgängerversionen, die beträchtliche Unterschiede zu Version 3.0 aufweisen. Da die Bibliotheksnamen sehr ähnlich sind, kann es schnell passieren, dass sie durcheinander gebracht werden und auf die falsche Version in einem Projekt verwiesen wird. Vergewissern Sie sich also, dass Sie die korrekte Version heruntergeladen haben, bevor Sie fortfahren. Ferner müssen Sie sicherstellen, dass Sie auf die korrekte Bibliothek verweisen. Sofern Sie Bibliotheksaliase zu verwenden beabsichtigen, müssen Sie überdies darauf achten, dass diese ebenfalls auf WSE 3.0 (**Microsoft.Web.Services3**) verweisen.

---

1. Fügen Sie einen Verweis auf die Web Services Enhancements 3.0-Bibliothek hinzu. Wenn WSE korrekt installiert wurde, steht es im globalen Assemblycache (GAC) zur Verfügung. Ein direktes Verweisen auf WSE ist ebenfalls möglich, und bei einer Standardinstallation und -konfiguration sollte die Bibliothek als **[Laufwerkbuchstabe]:\Programme\Microsoft WSE\v3.0\Microsoft.Web.Services3.dll** verfügbar sein.
2. Erstellen Sie einen Alias für den passenden Namespace.
   - In Visual Basic .NET kann dies durch folgende Eingabe ganz oben in einer Klasse oder einem Modul erfolgen:

     ```
     Imports Microsoft.Web.Services3
     ```

   - In C# erfolgt es durch folgende Eingabe ganz oben in einer Klasse:

     ```
     using Microsoft.Web.Services3;
     ```

Zwar sind Aliase zur Verwendung von Objekten im Namespace **Services3** technisch nicht erforderlich, aber wenn ein Alias nicht enthalten ist, dann muss jede Objektdeklaration und jeder Verweis den vollqualifizierten Objektnamen angeben, was die Codedeklarationen erheblich umfangreicher macht.

Gehen Sie wie folgt vor, um einen Verweis auf die WSE 3.0-Bibliothek hinzuzufügen:

1. Erstellen Sie ein neues Projekt in Visual Basic .NET oder C#. (Je nach zu erstellendem Projekt müssen Sie unter Umständen zunächst eine Projektmappe anlegen. Wenn Sie eine Windows Forms- oder eine Konsolenanwendung erstellen, müssen Sie eine Projektmappe anlegen und Ihr(e) Projekt(e) dann zu dieser Projektmappe hinzufügen. Erstellen Sie hingegen eine ASP.NET-Website oder einen Webdienst, dann ist keine Projektmappe erforderlich.)

2. Sie sollten einen Verweis auf die WSE 3.0-Bibliothek hinzufügen. (Beachten Sie, dass die Vorgehensweise beim Hinzufügen des WSE 3.0-Verweises auf einen ASP.NET-Webdienst oder eine ASP.NET-Website sich leicht von der beim Hinzufügen eines Verweises auf andere Projekttypen verwendeten unterscheidet.)
   a. Klicken Sie im Projektmappen-Explorer mit der rechten Maustaste auf den Projektordner und klicken Sie dann auf **WSE Settings 3.0** (siehe Abbildung 9.1).

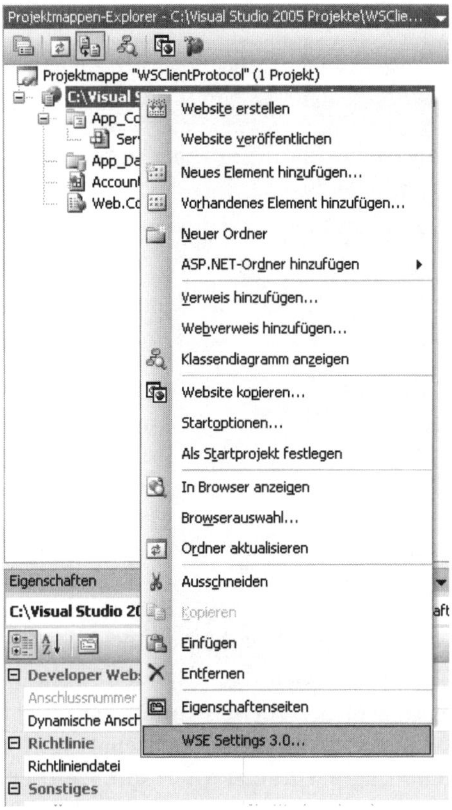

Abbildung 9.1 Auswählen des Ordners **WSE Settings 3.0** aus dem Eigenschaftenmenü eines Projekts

   b. Nun sollte ein Dialogfeld ähnlich dem in Abbildung 9.2 gezeigten erscheinen. Die Registerkarte **Allgemein** enthält zwei Kontrollkästchen: **Enable This Project For Web Services Enhancements** und **Enable Microsoft Web Services Enhancement Soap Protocol Factory**. Sie sollten das erste Kontrollkästchen und, falls es Ihr Projekt erfordert, auch das zweite Kontrollkästchen aktivieren.

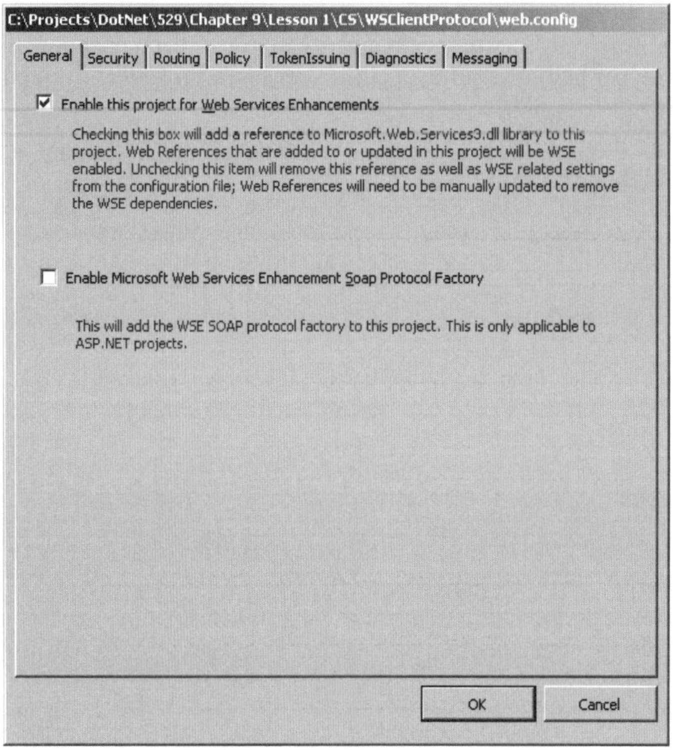

Abbildung 9.2 Aktivieren Sie das erste Kontrollkästchen und, falls es Ihr Projekt erfordert, auch das zweite Kontrollkästchen.

c. Klicken Sie auf **OK**, um den Verweis **Microsoft.Web.Services3** zu Ihrem Projekt hinzuzufügen.

d. Der Ordner **Verweise**, der bei anderen Projekttypen zu sehen ist, ist bei ASP.NET-Website- und Webdienstprojekten nicht vorhanden. Um zu überprüfen, ob der Verweis korrekt hinzufügt wurde, klicken Sie mit der rechten Maustaste auf das Projekt und wählen dann **Eigenschaften**. Klicken Sie auf den Ordner **Verweise**. Nun sollte wie in Abbildung 9.3 gezeigt **Microsoft.Web.Services3** im rechten Bereich zu sehen sein.

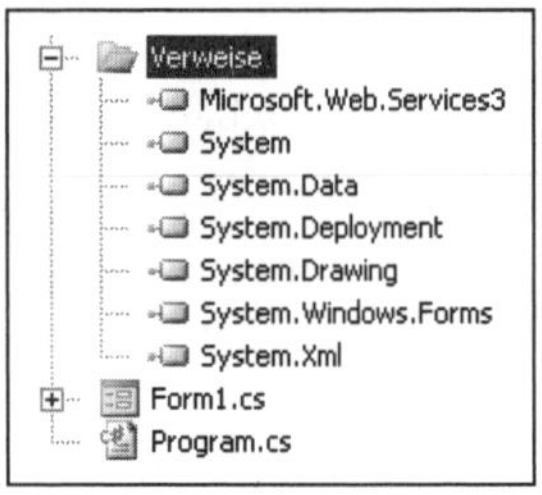

Abbildung 9.3 Überprüfen, ob ein Verweis auf **Microsoft.Web.Services3** korrekt zum Projekt hinzugefügt wurde

Erben von der Klasse *WebServicesClientProtocol*

Wie der Name bereits sagt, erweitern die Web Services Enhancements die Funktionen der standardmäßigen .NET-Webdienste. Es gibt subtile Unterschiede in Anwendungen, die WSE-Funktionen verwenden, aber die wesentlichen Abweichungen liegen in denjenigen Anwendungen vor, die Webdienste verwenden. In Kapitel 7 haben wir beschrieben, was hinter den Kulissen passiert, wenn Sie einen Webverweis hinzufügen. Zur Auffrischung hier noch einmal eine Zusammenfassung:

- Visual Studio 2005 generiert, wenn Sie einen Webverweis hinzufügen, eine Proxyklasse.
- Diese Proxyklasse ahmt die Methoden des Webdienstes minutiös nach, und die Clientanwendung ruft eigentlich die Methoden des Proxys auf.
- Der Webdienst kann sich ändern, nachdem die Proxyklasse erstellt wurde; in diesem Fall liegt eine Nichtübereinstimmung zwischen Dienst und Proxy vor. Visual Studio 2005 stellt eine Funktion bereit, um den Proxy erneut zu generieren.

Es gibt kleine Unterschiede zwischen der von Visual Studio 2005 generierten und der eigentlichen Klasse, aber die meisten dieser Unterschiede sind zusätzliche Methoden, mit denen die Unterstützung für asynchrone Aufrufe bereitgestellt wird. Das Bemerkenswerteste an der Proxyklasse ist jedoch, dass sie von der Klasse **System.Web.Services.Protocols.SoapHttpClientProtocol** erbt. Um diesen Aspekt noch einmal mit Nachdruck zu betonen, zeigen die folgenden Codeausschnitte die äußere Klassendefinition der aus der in Kapitel 7 erstellten Klasse **StockLookupService** generierten Proxyklasse (die relevanten Bereiche sind durch Fettdruck hervorgehoben):

HINWEIS Nur zur Veranschaulichung

Der folgende Code soll lediglich die Klassendefinition und die Vererbungskette zeigen. Ohne Ergänzung weiterer Funktionalität tut der Code nichts.

```
'VB
<System.CodeDom.Compiler.GeneratedCodeAttribute( _
    "System.Web.Services", "2.0.50727.42"), _
    System.Diagnostics.DebuggerStepThroughAttribute(), _
    System.ComponentModel.DesignerCategoryAttribute("code"), _
    System.Web.Services.WebServiceBindingAttribute( _
    Name:="StockLookupServiceSoap", [Namespace]:="http://a-datum.org/")> _
Partial Public Class StockLookupService     Inherits System.Web.Services.Protocols.SoapHttpClientProtocol

//C#
[System.CodeDom.Compiler.GeneratedCodeAttribute("System.Web.Services",
    "2.0.50727.42")]
[System.Diagnostics.DebuggerStepThroughAttribute()]
[System.ComponentModel.DesignerCategoryAttribute("code")]
[System.Web.Services.WebServiceBindingAttribute(
    Name="StockLookupServiceSoap", Namespace="http://a-datum.org/")]
public partial class StockLookupService :     System.Web.Services.Protocols.SoapHttpClientProtocol {}
```

Um die WSE 3.0-Funktionen verwenden zu können, muss die Vererbungskette geändert werden. Die Proxyklasse muss von der Klasse **Microsoft.Web.Services3.WebServicesClientProtocol** erben statt von der Klasse **System.Web.Services.Protocols.SoapHttpClientProtocol**. Insofern würde dieselbe Webdienstdefinition wie folgt aussehen, wenn Sie unter Verwendung von WSE 3.0 entstünde:

```
'VB
<System.CodeDom.Compiler.GeneratedCodeAttribute( _
    "System.Web.Services", "2.0.50727.42"), _
    System.Diagnostics.DebuggerStepThroughAttribute(), _
    System.ComponentModel.DesignerCategoryAttribute("code"), _
    System.Web.Services.WebServiceBindingAttribute( _
    Name:="StockLookupServiceSoap", [Namespace]:="http://a-datum.org")> _
Partial Public Class StockLookupService    Inherits Microsoft.Web.Services3.WebServicesClientProtocol

//C#
[System.CodeDom.Compiler.GeneratedCodeAttribute("System.Web.Services",
    "2.0.50727.42")]
[System.Diagnostics.DebuggerStepThroughAttribute()]
[System.ComponentModel.DesignerCategoryAttribute("code")]
[System.Web.Services.WebServiceBindingAttribute(
    Name="StockLookupServiceSoap", Namespace="http://a-datum.org")]
public partial class StockLookupService :    Microsoft.Web.Services3.WebServicesClientProtocol {}
```

Das Erben von dieser Klasse ist der Ausgangspunkt für Ihren Client, um die gesamten WSE 3.0-Funktionen verwenden zu können. Die folgende Liste ist zwar nicht umfassend, zeigt aber die wesentlichen Funktionsbereiche, auf die über **WebServicesClientProtocol**-Objekte zugegriffen werden kann:

1. Auf die Eigenschaft SOAPCONTEXT von SOAP-Anfragen und SOAP-Antworten der XML-Webdienste lässt sich über WEBSERVICESCLIENTPROTOCOL-Objekte zugreifen. Der Zugriff auf SOAP-Anfragen kann über die **RequestSoapContext**-Eigenschaft der Klasse, der Zugriff auf SOAP-Antworten über die Eigenschaft **ResponseSoapContext** der Klasse erfolgen.

2. Der Zugriff auf die in der WS-Security-Spezifikation definierten SOAP-Header kann über die unter Punkt 1 erwähnte Eigenschaft **SoapContext** erfolgen.

3. Der Zugriff auf die in der WS-Addressing-Spezifikation definierten SOAP-Header kann über die unter Punkt 1 erwähnte Eigenschaft **SoapContext** erfolgen.

4. Wenn ein **WebServicesClientProtocol**-Objekt in ein **SoapHttpClientProtocol**-Objekt umgewandelt wird, dann gehen Member der Klasse **WebServicesClientProtocol**, die in der Klasse **SoapHttpClientProtocol** vorhanden sind, verloren. Hierzu zählen auch die Eigenschaften **RequestSoapContext** und **ResponseSoapContext**.

Bearbeiten der Proxyklasse

Da Visual Studio 2005 die Proxyklasse für Sie generiert, muss die Klasse so bearbeitet werden, dass der Proxy von **WebServicesClientProtocol** erbt.

HINWEIS

Wenn Sie Visual Studio 2005 verwenden, dann müssen Sie die Vererbung nicht wie in diesem Abschnitt beschrieben manuell ändern. Sie müssen lediglich gewährleisten, dass der Client oder Consumer WSE-fähig ist, wenn auf den Webdienst verwiesen oder er aktualisiert wird. Visual Studio 2005 erkennt dies und erzeugt dann automatisch eine zweite Proxyklasse, die von **WebServicesClientProtocol** erbt.

Um den Vorgang zu vereinfachen, müssen die folgenden Aufgaben erledigt werden:

1. Erstellen Sie ein neues Projekt und fügen Sie einen Verweis auf die Bibliothek **Microsoft.Web.Services3** hinzu.
2. Fügen Sie einen Webverweis zu dieser Anwendung hinzu, der auf den zu verwendenden Webdienst verweist. Visual Studio 2005 generiert automatisch eine Proxyklasse für Sie.
3. Erweitern Sie im Projektmappen-Explorer den Ordner **Web References** des entsprechenden Webdienstes, der im vorherigen Schritt hinzugefügt wurde.
4. Klicken Sie auf **Alle Dateien anzeigen**.
5. Erweitern Sie den Ordner **Verweiszuordnung**, sodass die Datei **Reference.cs** bzw. **Reference.vb** angezeigt wird.
6. Doppelklicken Sie auf die Datei **Reference.cs** oder **Reference.vb**, um sie im Codefenster zu öffnen. Bearbeiten Sie die Klassendefinition so, dass die Klasse von **WebServicesClientProtocol** statt von **SoapHttpClientProtocol** erbt. Der folgende Code zeigt ein Beispiel für die Klassendeklaration:

```
'VB
<System.CodeDom.Compiler.GeneratedCodeAttribute( _
    "System.Web.Services", "2.0.50727.42"), _
    System.Diagnostics.DebuggerStepThroughAttribute(), _
    System.ComponentModel.DesignerCategoryAttribute("code"), _
    System.Web.Services.WebServiceBindingAttribute( _
    Name:="AccountManagerServiceSoap", _
    [Namespace]:="http://a-datum.org")> _
Partial Public Class AccountManagerServiceWse
    Inherits Microsoft.Web.Services3.WebServicesClientProtocol

//C#
[System.CodeDom.Compiler.GeneratedCodeAttribute(
    "System.Web.Services", "2.0.50727.42")]
[System.Diagnostics.DebuggerStepThroughAttribute()]
[System.ComponentModel.DesignerCategoryAttribute("code")]
[System.Web.Services.WebServiceBindingAttribute(
    Name="AccountManagerServiceSoap", Namespace="http://a-datum.org/")]
public partial class AccountManagerServiceWse :
    Microsoft.Web.Services3.WebServicesClientProtocol
```

7. Arbeiten Sie die folgenden zur Verwendung eines bestimmten Konfigurationsabschnitts erforderlichen Änderungen in die Konfigurationsdatei der Anwendung ein (wenn Sie noch keine Konfigurationsdatei hinzugefügt haben, müssen Sie dies zunächst nachholen):

```
<configSections>
  <section name="microsoft.web.services3"
    type="Microsoft.Web.Services3.Configuration.WebServicesConfiguration,
    Microsoft.Web.Services3, Version=3.0.0.0, Culture=neutral,
    PublicKeyToken=31bf3856ad364e35" />
  <sectionGroup name="applicationSettings"
    type="System.Configuration.ApplicationSettingsGroup, System,
      Version=2.0.0.0, Culture=neutral, PublicKeyToken=b77a5c561934e089" >
  </sectionGroup>
</configSections>

<microsoft.web.services3>
  <diagnostics>
    <trace enabled="false" input="InputTrace.log"
      output="OutputTrace.log" />
    <detailedErrors enabled="false" />
  </diagnostics>
  <tokenIssuer>
    <statefulSecurityContextToken enabled="true" />
  </tokenIssuer>
</microsoft.web.services3>
```

Nun ist der Client für die Verwendung aller Funktionen von WSE 3.0 konfiguriert.

Praxistipp

William Ryan

Ein Freund von mir ist der Prototyp eines Pilotanwenders. Er stürzt sich nicht nur stets auf die neuesten Technologien, sobald diese erscheinen, sondern lotet bei allem, was er anfasst, schon sehr bald die Grenzen aus. Er setzte die Web Services Enhancements vom ersten Tag an ein und ging sogar so weit, die Technologie auf Compact Framework zu portieren. Eines Tages erstellte er eine der coolsten Anwendungen, auf die ich je gestoßen bin. Mithilfe der Web Services Enhancements erstellte er eine FTP-Anwendung (File Transfer Protocol-Anwendung), die Programme auf und von seinem Webserver verschob. Mit WSE entwarf er die Anwendung so, dass sie eine neuere Version ihrer selbst auf den Webserver verschieben und diese dann ausführen konnte. Aufgrund der Leistungsfähigkeit dieser Anwendung musste sie sowohl effizient als auch sicher sein, denn schließlich wäre es nicht schön zu wissen, dass irgendein Programm auf Ihrem Server läuft, das alle Ihre Dateien verschieben und Anwendungen starten kann. Mit den WSE-Sicherheitsfunktionen und durch das Anhängen der eigentlichen Anwendung als DIME-Anhang erstellte er eine extrem sichere und effiziente Anwendung, die ihre eigene Ersatzanwendung ausfindig machen und übertragen, die Anhänge entfernen und sich dann selbst ausführen konnte. (DIME wurde in der aktuellen WSE-Version durch MTOM ersetzt.) WSE bietet also wirklich endlose Möglichkeiten.

Übung 1: Hinzufügen von WSE 3.0 zu einem Projekt

In dieser Übung erstellen Sie eine einfache Konsolenanwendung, die auf die Bibliothek **Microsoft. Web.Services3** verweist.

1. Öffnen Sie Visual Studio 2005 und erstellen Sie ein leeres Projekt.
2. Fügen Sie eine neue C#- oder Visual Basic .NET-Konsolenanwendung hinzu, der Sie je nach verwendeter Programmiersprache den Namen **WSEDemoCS** oder **WSEDemoVB** geben.
3. Klicken Sie im Projektmappen-Explorer mit der rechten Maustaste auf den Ordner **Verweise** und wählen Sie **Verweis hinzufügen**.
4. Klicken Sie im Dialogfeld **Verweis hinzufügen** auf die Registerkarte **.NET**.
5. Klicken Sie auf **Microsoft.Web.Services3** und dann auf **OK**.

Wenn alle Schritte korrekt durchgeführt wurden, dann sollte die Bibliothek **Microsoft.Web.Services3** im Ordner **Verweise** im Projektmappen-Explorer angezeigt werden.

Zusammenfassung der Lektion

- Web Services Enhancements erweitern die standardmäßigen Funktionen der Webdienste
- Das Hinzufügen eines Verweises auf die WSE 3.0-Bibliothek wird auf gleiche Weise durchgeführt wie das Hinzufügen eines Verweises auf andere Bibliotheken mit Ausnahme von Webanwendungen. Der Menübefehl **WSE Settings 3.0** wird zum Verweisen auf die WSE 3.0-Bibliothek in Webanwendungen verwendet.
- Die folgenden WS-*-Standards werden von WSE 3.0 unterstützt: XML, SOAP, WSDL, WS-Security, WS-Trust, WS-SecureConversation, WS-Addressing und MTOM.
- Der Zugriff auf die in der WS-Security-Spezifikation definierten SOAP-Header kann über die Eigenschaft **SoapContext** erfolgen
- Die Proxyklasse von Consumern, die WSE 3.0 verwenden, muss von der Basisklasse **WebServicesClientProtocol** statt von der standardmäßigen Basisklasse **SoapHttpClientProtocol** erben
- Wenn ein **WebServicesClientProtocol**-Objekt in ein **SoapHttpClientProtocol**-Objekt umgewandelt wird, dann gehen Member der Klasse **WebServicesClientProtocol**, die in der Klasse **SoapHttpClientProtocol** vorhanden sind, verloren. Hierzu zählen auch die Eigenschaften **RequestSoapContext** und **ResponseSoapContext**.

Lernzielkontrolle

Mit den folgenden Fragen können Sie Ihr Wissen zu den Informationen aus Lektion 1, „Aktivieren von und Verweisen auf WSE 3.0", überprüfen. Die Fragen finden Sie (in englischer Sprache) auch auf der Begleit-CD, Sie können sie also auch auf dem Computer im Rahmen eines Übungstests beantworten.

HINWEIS Antworten

Die Antworten auf diese Fragen mit Erklärungen, warum die jeweiligen Auswahlmöglichkeiten richtig oder falsch sind, finden Sie im Abschnitt „Antworten" am Ende dieses Buchs.

1. Welche Methoden können zur Aktivierung von Web Services Enhancements 3.0 angewendet werden? (Wählen Sie alle zutreffenden Antworten aus.)
   a. Verwenden der Funktion **Verweis hinzufügen** in Visual Studio 2005 zur Auswahl der Bibliothek **Microsoft.Web.Services3**.
   b. Direktes Verweisen auf die Datei **C:\Programme\Microsoft WSE\v3.0\Microsoft.Web. Services3.dll**.
   c. Auswählen des Menübefehls **WSE 3.0 Settings** im Projekt.
   d. Hinzufügen eines Verweises auf den Webdienst. Wenn WSE aktiviert ist, wird der Verweis über den Proxy automatisch erzeugt.
2. Was trifft auf die Verwendung der Klasse **WebServiceClientProtocol** zu? (Wählen Sie die beste Antwort aus.)
   a. Alle Webdienste (d. h. der ASMX-Datei entsprechende Klassen), die von Clients, die WSE 3.0 verwenden, verwendet werden, müssen von **WebServiceClientProtocol** erben.
   b. Alle Klassen, die in einem Projekt, das WSE 3.0 verwendet, verwendet werden oder selbst Consumer sind, müssen von **WebServiceClientProtocol** erben.
   c. Eine Clientklasse, die einen Webdienst und die WSE 3.0-Funktionen verwenden soll, muss von der Klasse **WebServiceClientProtocol** erben.
   d. Sie kann im Austausch mit **SoapHttpClientProtocol** verwendet werden.
3. Was geschieht, wenn ein **WebServicesClientProtocol**-Objekt in ein **SoapHttpClientProtocol**-Objekt umgewandelt wird? (Wählen Sie die beste Antwort aus.)
   a. Eine Ausnahme wegen einer ungültigen Umwandlung wird ausgelöst.
   b. Es wird keine Ausnahme ausgelöst. Allerdings wird das umgewandelte Objekt zu **NULL**. Dieses Verhalten ist identisch mit dem des Schlüsselwortes **as** in C# im Umwandlungskontext; wenn ein Typ nicht in einen anderen umgewandelt werden kann, wird **NULL** zurückgegeben, statt eine Ausnahme auszulösen.
   c. Es werden keine Ausnahmen ausgelöst. Allerdings werden alle Eigenschaften der Klasse **WebServicesClientProtocol**, die nicht in der Klasse **SoapHttpClientProtocol** vorhanden sind, in C# auf **NULL** und in Visual Basic .NET auf **Nothing** ausgewertet.
   d. Beide implementieren die Schnittstelle **IClientProtocol** und können insofern ineinander umgewandelt werden. Wenn in einer der Klassen eine Eigenschaft vorhanden ist, die in der anderen fehlt, dann wird mit Ausnahme solcher Eigenschaften alles umgewandelt.

Lektion 2: Verwenden von *soapExtensionTypes*

In der vorherigen Lektion haben wir die Grundlagen zum Hinzufügen von Verweisen auf die WSE 3.0-Bibliothek kennen gelernt. Die in Lektion 1 enthaltenen Informationen stellen die Infrastruktur zur Verfügung, die ein Entwickler benötigt, um einen Webdienst zu verwenden und WSE-Funktionen wie **RequestSoapContext** und **ResponseSoapContext** verwenden zu können. In der Einführung wurden bereits einige Anwendungsmöglichkeiten für WSE erwähnt, so etwa die Erweiterungen bei Sicherheit und Messaging. Die Anpassbarkeit dieser Funktionen ist einer der größten Vorteile bei der Verwendung von WSE 3.0. Anpassungen werden mithilfe von **SoapExtensions** behandelt. Wie viele Bereiche von .NET Framework können **SoapExtensions** mithilfe einer der drei folgenden Methoden behandelt werden:

- **Imperativ** Code kann so formuliert werden, dass er gezielt Funktionen erstellt, die Erweiterungen von WSE 3.0-Funktionen darstellen
- **Deklarativ** Attribute können verwendet werden, um gezielt Funktionen zu erstellen, die Erweiterungen von WSE 3.0-Funktionen darstellen
- **Konfiguration**Um eine Anwendung möglichst flexibel zu machen, kann mithilfe von Konfigurationsdateien festgelegt werden, dass sie eine oder auch mehrere bestimmte Funktionen verwendet

Am Ende dieser Lektion werden Sie in der Lage sein, die folgenden Aufgaben auszuführen:

- Hinzufügen eines untergeordneten Elements mit dem Element **<add>**
- Angeben eines Typs
- Angeben einer Priorität
- Angeben einer Gruppe

Veranschlagte Zeit für diese Lektion: 50 Minuten

Mit der Freigabe von .NET Framework wurden der Namespace **System.Configuration** und alle zugehörigen Funktionen eingeführt. Viele Entwickler waren es gewohnt, die Konfiguration auf ihre spezielle Weise zu erledigen, und es wurde lange darüber debattiert, ob und in welchem Umfang .NET Configuration Framework eingesetzt werden sollte. Es gibt wahrscheinlich auch heute noch Leute, die mit diesem Thema hadern, aber im Großen und Ganzen wurde ein einmütiges Urteil gefällt: Die Verwendung des .NET-Konfigurationsmechanismus stellt die beste Möglichkeit dar, Hintergrundinformationen zu behandeln, die zum Zeitpunkt der Entwicklung unbekannt sind oder sich während der Lebensdauer der Anwendung ändern können. Zwar kann die Verwendung von Konfigurationsdateien bei der .NET Framework-Entwicklung alles in allem recht hilfreich sein, aber ihre Brauchbarkeit in Bereichen wie .NET Remoting, Webdiensten, Protokollierung, Diagnose und Web Services Enhancements ist geradezu erstaunlich.

Der einzige Nachteil der Verwendung von Konfigurationsdateien (wobei ich sogar zögere, dies wirklich als Nachteil zu bezeichnen) besteht darin, dass die Bearbeitung von Konfigurationsdateien dem Uneingeweihten etwas verwirrend und fehleranfällig erscheinen mag. Aber wie groß der Nachteil in dieser Beziehung auch sein mag, die Vorteile übertreffen den Aufwand, den Entwickler, die WSE 3.0 optimal nutzen wollen, betreiben müssen, um sich mit der Verwendung von Konfigurationsdateien vertraut zu machen, bei weitem. Bevor wir uns nun den fortgeschrittenen Funktionen der Web Services Enhancements zuwenden, wollen wir noch die Grundstruktur der WSE-spezifischen Konfigurationselemente behandeln.

Konfigurationsdateistruktur

Webanwendungen speichern Konfigurationsinformationen in einer Datei namens **Web.config**, während Windows Forms- und Konsolenanwendungen hierzu eine Datei namens **App.config** verwenden. Nach der Kompilierung benennt Visual Studio die Datei **App.config** in *Anwendungsname*.**exe.config** um und speichert sie im selben Verzeichnis wie die ausführbare Datei. **App.config** und **Web.config** sind im Wesentlichen gleich, und alle WSE 3.0-spezifischen Angaben sind identisch.

HINWEIS Unterschiede zwischen den Dateien **App.config und Web.config**

Es gibt ein paar Unterschiede zwischen dem Standardlayout von Web.config und App.config. Dies liegt in erster Linie daran, dass bestimmte Werte, die für Webanwendungen benötigt werden, in Windows Forms- und Konsolenanwendungen nicht erforderlich sind. Beispielsweise ist die Angabe einer Standardfehlerseite, zu der die Anwendung navigiert, in einer Windows Forms- oder Konsolenanwendung wenig sinnvoll, während ihr Einsatz in einer Webanwendung absolut zweckmäßig ist. Alle Unterschiede zwischen einer App.config-Standarddatei und einer Web.config-Standarddatei ergeben sich aus den Unterschieden bezüglich der Frage, wie die Anwendungen mit der Umgebung interagieren. Diese Unterschiede müssen nicht verstanden werden, um begreifen zu können, wie eine Anwendung konfiguriert wird, die WSE 3.0 verwendet.

Die beste Art und Weise, die Struktur einer Konfigurationsdatei und ihr Verhältnis zu WSE 3.0 zu beschreiben, besteht darin, zunächst eine Beispieldatei aufzulisten und deren einzelne Bestandteile dann zu erläutern. Die grundlegende Hierarchie der Konfigurationselemente zeigt Abbildung 9.4.

```
<configuration>
  <system.Web>
    <webServices>
      <soapExtensionTypes>
```

Abbildung 9.4 Hierarchie der **configuration** -Elemente in einer CONFIG-Datei

Ganz oben in der Hierarchie befindet sich das Element **<configuration>**. Dieses ist das äußerste Containerelement, das alle anderen Elemente und Attribute enthält, die die Anwendung verwendet. Darunter befindet sich das Element **<system.Web>**, das alle Werte enthält, die zum Namespace **System.Web** gehören. Innerhalb des Elements **<system.Web>** ist das Element **<webServices>** vorhanden, das alle Werte enthält, die zur Webdienstkonfiguration gehören. Auf Webdienste bezogene Elemente wie **<soapExtensionTypes>**, **<diagnostics>** und **<tokenIssuer>** sind im Element **<webServices>** enthalten. Jedes dieser Elemente kann eine andere Struktur (d. h. andere Elemente oder Attribute) aufweisen, und einige können auch mehrere Werte enthalten. Diese Struktur hängt von dem jeweils zu konfigurierenden Element ab. Sehen Sie sich einmal folgende Konfigurationsdatei an (es handelt sich dabei um die Konfigurationsdatei, die wir im Webdienst **WSClientProtocol** in Lektion 1 verwendet haben). Abschnitte, die nicht direkt etwas mit WSE 3.0 zu tun haben, wurden entfernt, um Verwirrung zu vermeiden:

```
<?xml version="1.0" encoding="utf-8" ?>
  <configuration>
    <configSections>
      <section name="microsoft.web.services3"
        type=
          "Microsoft.Web.Services3.Configuration.WebServicesConfiguration,
    Microsoft.Web.Services3, Version=3.0.0.0, Culture=neutral,
          PublicKeyToken=31bf3856ad364e35" />
    </configSections>
    <microsoft.web.services3>
      <diagnostics>
        <trace enabled="true" input="in.log" output="out.log" />
        <detailedErrors enabled="false" />
      </diagnostics>
      <tokenIssuer>
        <statefulSecurityContextToken enabled="true" />
      </tokenIssuer>
    </microsoft.web.services3>
  </configuration>
```

Innerhalb des Elementes **<configSections>** der Konfigurationsdatei wurde ein Eintrag (fett gedruckt) für den Namespace **Microsoft.Web.Services3** hinzugefügt. Typ, Version, Standardkultur und öffentliches Schlüsseltoken der Bibliothek wurden hinzugefügt, sodass die Bibliothek eindeutig identifiziert werden kann. Diese Angaben sind wichtig, weil in dem Fall, dass mehrere Versionen dieser Bibliothek auf dem Computer geladen wurden, ein Eintrag für jede Version hinzugefügt werden könnte und eine solche Struktur eine Parallelausführung gestatten würde.

Das Element **<configSections>** ist eigenständig und kann für alle benutzerdefinierten Bereiche verwendet werden, die implementiert werden (der **<appSettings>**-Abschnitt wurde der Übersichtlichkeit halber entfernt). Der Eintrag **<configSections>** dient als Deklaration für den Namespace, weswegen ein entsprechender Eintrag eingegeben werden muss, der dem angegebenen Abschnittsnamensattribut entspricht. Nachdem diese Information angegeben wurde, sollte alles für den Namespace **Microsoft.Web.Services3** Wesentliche im Abschnitt **<microsoft.Web.Services3>** enthalten sein.

ACHTUNG <soapExtensionTypes> können nur in den Internet-Informationsdiensten (IIS) sicher verwendet werden

Um das Element **<soapExtensionTypes>** in einem Webdienst verwenden zu können, müssen die Microsoft-Internet-Informationsdienste Host des Dienstes selbst sein. Das Verhalten dieser Funktion kann auf anderen Webservern abweichen.

Zu Beginn dieser Lektion wurde erwähnt, dass ein Großteil der Leistungsfähigkeit von WSE 3.0 auf der Verwendung von **SoapExtensions** und **soapExtensionTypes** fußt. Nachdem Sie sie in Ihrem Code erstellt haben, wird im Abschnitt **<webServices>** der Konfigurationsdatei auf sie verwiesen. Das folgende Format wird zum Hinzufügen von **soapExtensionTypes** zu Ihrer Anwendung verwendet:

```
<soapExtensionTypes>
  <add type="Namespace.ClassName, AssemblyName"
    priority="Integer Value specifying priority"
    group="0 or 1"/>
</soapExtensionTypes>
```

Tabelle 9.1 zeigt die relevanten Attribute und ihre Verwendung.

Tabelle 9.1 Attributverwendung bei **<soapExtensionTypes>**

Attribut	Verwendung
type	Der vollqualifizierte Objektname von **soapExtensionTypes**. Diesem folgen ein Komma und ein Leerzeichen, gefolgt vom Assemblynamen. Folgt auf den Assemblynamen ein Leerzeichen, dann wird dieses als Teil des Namens betrachtet, was zu einem Fehler führt. Nach einem Komma kann durchaus ein Leerzeichen folgen, um den Objektnamen von der Assembly abzutrennen, nicht aber auf die Namen selbst.
priority	Die Priorität der Erweiterung innerhalb einer Gruppe. 1 ist die höchste Priorität, die eine Erweiterung haben kann. Je niedriger die Prioritätszahl, desto höher die Priorität. Da die Priorität sich umgekehrt zur zugewiesenen Prioritätenzahl verhält, kommt es häufig vor, dass mit größeren Zahlen fälschlicherweise höhere Prioritäten verbunden werden.
group	Die Erweiterung **group** ist ein Member einer Priorität. Es gibt zwei mögliche Werte: 0 und 1. Wie bei **priority** haben auch hier niedrigere Werte die größere Bedeutung. Folglich verleiht der Wert 0 einer Gruppe höchste, der Wert 1 jedoch die niedrigste Priorität.

Es gibt drei Aktionen, die bei der Verwendung des Elements **<soapExtensionTypes>** durchgeführt werden können und die durch drei untergeordnete Elemente dargestellt werden. Die drei untergeordneten Elemente sind in Tabelle 9.2 aufgeführt.

Tabelle 9.2 Untergeordnete Elemente von **<soapExtensionTypes>**

Attribut	Verwendung
add	Fügt eine **soapExtension** zur Liste der von einem Webdienst unterstützten Erweiterungen hinzu
clear	Entfernt alle unterstützten Erweiterungen
remove	Entfernt eine einzelne Erweiterung aus der Liste der unterstützten Erweiterungen.

Hinzufügen eines untergeordneten Elements mit dem *<add>*-Element.

Wie bereits weiter oben kurz angerissen, sollte zum Hinzufügen eines Elements das Subtag **<add>** innerhalb des Elements **<soapExtensionTypes>** der Konfigurationsdatei verwendet werden. Im folgenden Beispiel wird eine Bibliothek namens **MSPress.DemoExtension** in der Assembly **MSPressExten-**

sions zur Anwendung hinzugefügt (die Subtags **priority** und **group** werden aus Gründen der Übersichtlichkeit ignoriert; der relevante Code wird fett gedruckt gezeigt):

```
<soapExtensionTypes>
  <add type=" MSPress.DemoExtension, MSPressExtensions"/> </soapExtensionTypes>
```

Angeben einer Priorität

Um eine Priorität anzugeben, spezifizieren Sie einfach einen Wert für das Attribut **priority**. Der wesentliche hierbei zu beachtende Aspekt ist, dass die Priorität umso höher ist, je kleiner der numerische Wert ist. Das Subtag **group** wurde in diesem Beispiel bewusst weggelassen:

```
<soapExtensionTypes>
  <add type="MSPress.DemoExtension, MSPressExtensions" priority="1"/>
</soapExtensionTypes>
```

Angeben einer Gruppe

Um eine Gruppe anzugeben, spezifizieren Sie einfach einen Wert für das Attribut **group**. Der wesentliche hierbei zu beachtende Aspekt ist, dass die Priorität der Gruppe umso höher ist, je kleiner der numerische Wert ist.

```
<soapExtensionTypes>
  <add type="MSPress.DemoExtension, MSPressExtensions"
    priority="0" group="0"/>
</soapExtensionTypes>
```

Übung 2: Erstellen einer Klasse, die von *WebServicesClientProtocol* erbt

In dieser Übung erstellen Sie einen Webdienst und einen Clientconsumer, die WSE 3.0 verwenden. Die Clientanwendung verwendet eine Klasse, die von **WebServicesClientProtocol** erbt.

▶ Übung 1: Erstellen des Webdienstes *AuthorService*

In dieser Übung erstellen Sie einen sehr einfachen Webdienst, der Informationen zu einem Autor zurückgibt (die Rückgabewerte des Webdienstes sind der Einfachheit halber fest programmiert; allerdings würden sich clientseitig keine Änderungen ergeben, wenn dies ein „scharfgeschalteter" Webdienst wäre).

1. Öffnen Sie Visual Studio 2005 und erstellen Sie eine leere Projektmappe namens **WebServicesEnhancementsLab**.
2. Klicken Sie auf die Projektmappendatei, wählen Sie **Hinzufügen**, **Neue Website** und klicken Sie auf die Vorlage **ASP.NET-Webdienst**.
3. Klicken Sie im Dropdown-Listenfeld **Speicherort** auf **Dateisystem**.
4. Klicken Sie im Dropdown-Listenfeld **Sprache** je nach verwendeter Programmiersprache auf **Visual C#** oder auf **Visual Basic**.
5. Geben Sie **WebDemoCS** bzw. **WebDemoVB** als Projektnamen ein und klicken Sie auf **OK**.

6. Klicken Sie im Projektmappen-Explorer mit der rechten Maustaste auf den Projektordner und klicken Sie auf **WSE Settings 3.0**.
7. Klicken Sie auf die Registerkarte **Allgemein**, wählen Sie **Enable This Project For Web Services Enhancements** und klicken Sie dann auf **OK**.
8. Klicken Sie mit der rechten Maustaste auf den Projektmappenordner und wählen Sie **Hinzufügen**, **Neues Projekt**.
9. Klicken Sie im Dropdown-Listenfeld **Projekttypen** auf die Sprache Ihrer Wahl.
10. Klicken Sie auf die Vorlage **Klassenbibliothek**, geben Sie **WSEBusinessObjects** in das Textfeld **Name** ein und klicken Sie auf **OK**.
11. Klicken Sie mit der rechten Maustaste auf den neuen Projektordner **WSEBusinessObjects** und klicken Sie auf **Eigenschaften**.
12. Geben Sie **MSPress.Chapter9.Lesson2.Lab** in das Textfeld **Standardnamespace** ein. Schließen Sie das Fenster nach Festlegen des Standardnamespace.
13. Klicken Sie mit der rechten Maustaste auf den neuen Projektordner **WSEBusinessObjects** und klicken Sie auf **WSE Settings 3.0**.
14. Klicken Sie auf die Registerkarte **Allgemein**, wählen Sie **Enable This Project For Web Services Enhancements** und klicken Sie dann auf **OK**.
15. Klicken Sie mit der rechten Maustaste auf **Class1.cs** bzw. **Class1.vb** und klicken Sie auf **Umbenennen**. Ändern Sie den Klassennamen in **Authors.cs** bzw. **Authors.vb**.
16. Ändern Sie die Klassendefinition der Klasse **Authors** wie folgt:

```
'VB
Imports System
Imports System.Collections.Generic
Imports System.Text
Imports System.Xml.Serialization

<XmlRoot(Namespace:="http://www.williamgryan.com/wse/books/529/09/Lab02")> _
Public Class Author
    Public FirstName As String
    Public LastName As String
    Public Function FullName() As String
        Return String.Format("{0}, {1}", Me.LastName, Me.FirstName)
    End Function

    Public WebSiteUrl As String
    Public BlogUrl As String
    Public BookTitles() As String
    Public MVPAwardee As String
End Class

//C#
using System;
```

```
using System.Collections.Generic;
using System.Text;
using System.Xml.Serialization;

namespace MSPress.Chapter9.Lesson2.Lab
{

    [XmlRoot(Namespace =
        "http://www.williamgryan.com/wse/books/529/09/Lab02")]
    public class Author
    {
        public String FirstName;
        public String LastName;
        public String FullName()
        {
            return String.Format("{0}, {1}", this.LastName,
                this.FirstName);
        }
        public String WebSiteUrl;
        public String BlogUrl;
        public String[] BookTitles;
        public Boolean MVPAwardee;

    }
}
```

17. Klicken Sie auf die Datei **Service.cs** bzw. **Service.vb** und benennen Sie sie in **AuthorService.cs** bzw. **AuthorService.vb** um. Öffnen Sie die Datei und ändern Sie die Klassendefinition wie folgt:

```
'VB
Imports System.Web
Imports System.Web.Services
Imports System.Web.Services.Protocols
Imports System.Xml.Serialization
Imports MSPress.Chapter9.Lesson2.Lab
<WebService(Namespace:= _
    "http://www.williamgryan.com/wse/books/529/09/Lab02")> _
<WebServiceBinding(ConformsTo:=WsiProfiles.BasicProfile1_1)> _
<Global.Microsoft.VisualBasic.CompilerServices.DesignerGenerated()> _
Public Class AuthorService
    Inherits System.Web.Services.WebService

    <WebMethod()> <SoapDocumentMethod(ResponseElementName:="Authors")> _
    Public Function HelloWorld() As Author
        Dim SomeAuthor As New Author()
        SomeAuthor.FirstName  = "William"
        SomeAuthor.LastName   = "Ryan"
        SomeAuthor.MVPAwardee = True
        SomeAuthor.WebSiteUrl = "http://www.williamgryan.com"
        SomeAuthor.BlogUrl    = "http://www.msmvps.com/WilliamRyan"
        SomeAuthor.BookTitles = New String() {
```

```
            "Professional ADO.NET 2.0", _
            "Professional WinFX", _
            "Advanced Microsoft Speech Server Development", _
            "MCTS Self-Paced Training Kit (Exam 70-536)"}
        Return SomeAuthor
    End Function
End Class

//C#
using System;
using System.Web;
using System.Web.Services;
using System.Web.Services.Protocols;
using System.Xml.Serialization;
using MSPress.Chapter9.Lesson2.Lab;
[WebService(Namespace =
    "http://www.williamgryan.com/wse/books/529/09/Lab02")]
[WebServiceBinding(ConformsTo = WsiProfiles.BasicProfile1_1)]
public class AuthorService : System.Web.Services.WebService
{
    public AuthorService () {

        //Auskommentierung der folgenden Zeile aufheben, um Designkomponenten zu verwenden
        //InitializeComponent();
    }

    [WebMethod]
    [SoapDocumentMethod(ResponseElementName = "Authors")]
    [return: XmlElement("Authors")]
    public Author GetAuthorInformation() {

        Author SomeAuthor = new Author();
        SomeAuthor.FirstName  = "William";
        SomeAuthor.LastName   = "Ryan";
        SomeAuthor.MVPAwardee = true;
        SomeAuthor.WebSiteUrl = "http://www.williamgryan.com";
        SomeAuthor.BlogUrl    = "http://www.msmvps.com/WilliamRyan";
        SomeAuthor.BookTitles = new String[] {
            "Professional ADO.NET 2.0",
            "Professional WinFX",
            "Advanced Microsoft Speech Server Development",
            "MCTS Self-Paced Training Kit (Exam 70-536)"};
        return SomeAuthor;

    }
}
```

18. Klicken Sie mit der rechten Maustaste auf den Webdienstprojektordner und klicken Sie auf **Verweis hinzufügen**. Klicken Sie im Dialogfeld **Verweis hinzufügen** auf die Registerkarte **Projekte**, dann auf das Projekt **WSEBusinessObjects** und schließlich auf **OK**.

19. Klicken Sie im Webdienstprojekt mit der rechten Maustaste auf die Datei **Service.asmx** und benennen Sie sie in **AuthorService.asmx** um.
20. Öffnen sie die Datei **AuthorService.asmx** und ändern Sie sie so, dass sie wie folgt aussieht:

```
'VB
<%@ WebService Language="vb" CodeBehind="~/App_Code/AuthorService.vb" _
    Class="AuthorService" %>

//C#
<%@ WebService Language="C#" CodeBehind="~/App_Code/AuthorService.cs"
    Class="AuthorService" %>
```

21. Klicken Sie auf **Erstellen**, **Website neu erstellen**.
22. Klicken Sie mit der rechten Maustaste auf das Webdienstprojekt und klicken Sie auf **Als Startprojekt festlegen**.
23. Klicken Sie mit der rechten Maustaste auf die Datei **AuthorService.asmx** und klicken Sie auf **Als Startseite festlegen**.
24. Führen Sie die Anwendung aus. Die Testseite des Webdienstes sollte angezeigt werden, wenn alles einwandfrei funktioniert. Sie sollte dann wie in den Abbildungen 9.5 und 9.6 gezeigt aussehen.

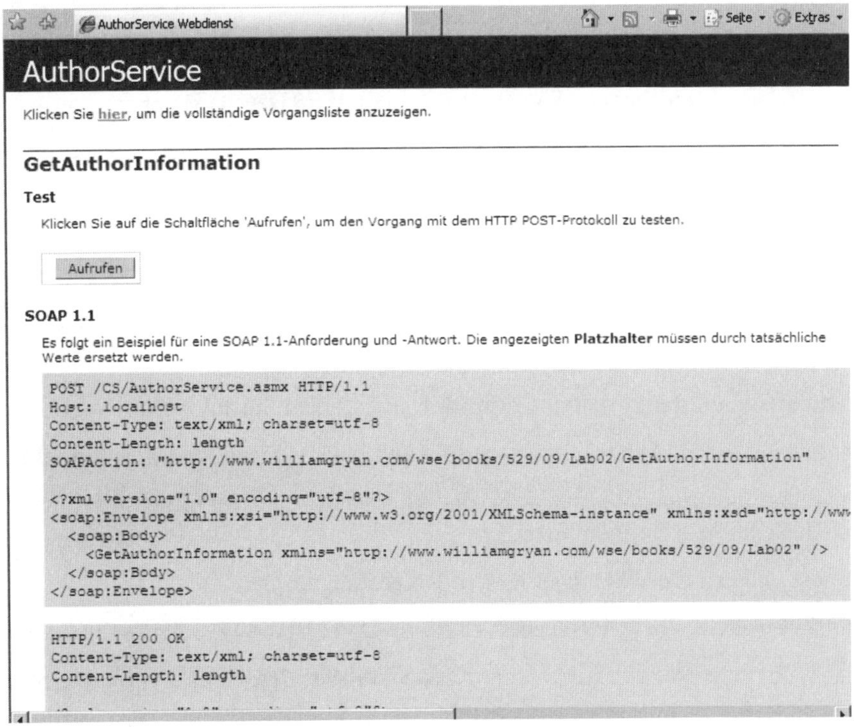

Abbildung 9.5 Testprogramm für die Methode **AuthorService**

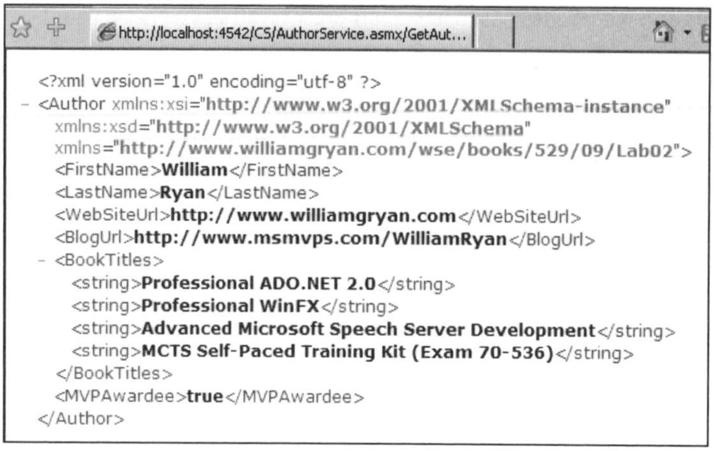

```
http://localhost:4542/CS/AuthorService.asmx/GetAut...

<?xml version="1.0" encoding="utf-8" ?>
- <Author xmlns:xsi="http://www.w3.org/2001/XMLSchema-instance"
    xmlns:xsd="http://www.w3.org/2001/XMLSchema"
    xmlns="http://www.williamgryan.com/wse/books/529/09/Lab02">
    <FirstName>William</FirstName>
    <LastName>Ryan</LastName>
    <WebSiteUrl>http://www.williamgryan.com</WebSiteUrl>
    <BlogUrl>http://www.msmvps.com/WilliamRyan</BlogUrl>
  - <BookTitles>
      <string>Professional ADO.NET 2.0</string>
      <string>Professional WinFX</string>
      <string>Advanced Microsoft Speech Server Development</string>
      <string>MCTS Self-Paced Training Kit (Exam 70-536)</string>
    </BookTitles>
    <MVPAwardee>true</MVPAwardee>
  </Author>
```

Abbildung 9.6 Ausgabe des Webdienstes **GetAuthorInformation**

▶ Übung 2: Erstellen eines Projekts, das auf WSE 3.0 verweist

In dieser Übung erstellen Sie eine einfache Konsolenanwendung, die auf die Bibliothek **Microsoft.Web.Services3** verweist. Die primäre Klasse in dieser Anwendung erbt von der Klasse **WebServicesClientProtocol**.

1. Öffnen Sie Visual Studio 2005 und erstellen Sie ein leeres Projekt.
2. Fügen Sie eine neue C#- oder Visual Basic .NET-Konsolenanwendung hinzu, der Sie je nach verwendeter Programmiersprache den Namen **WSEDemoCS** oder **WSEDemoVB** geben.
3. Klicken Sie im Projektmappen-Explorer mit der rechten Maustaste auf den Projektordner und wählen Sie **Verweis hinzufügen**.
4. Klicken Sie im Dialogfeld **Verweis hinzufügen** auf die Registerkarte **.NET**.
5. Klicken Sie auf **Microsoft.Web.Services3** und dann auf **OK**.
6. Klicken Sie mit der rechten Maustaste auf den Projektordner und klicken Sie auf **Webverweis hinzufügen**.
7. Klicken Sie auf **Webdienste auf dem lokalen Computer** und klicken Sie auf **AuthorService**.
8. Geben Sie **localhost** in das Textfeld **Webverweisname** ein und klicken Sie auf **Verweis hinzufügen**.
9. Klicken Sie auf **Localhost** im Ordner **Webverweise** und klicken Sie dann im Projektmappen-Explorer auf die Schaltfläche **Alle Dateien anzeigen**.
10. Erweitern Sie **localhost** und erweitern Sie das Element **Reference.map**.
11. Öffnen Sie die Datei **Reference.cs** bzw. **Reference.vb** (diese Datei ist die Webdienst-Proxyklasse).
12. Vergewissern Sie sich, dass die Proxyklasse von der Klasse **WebServicesClientProtocol** erbt.

13. Fall notwendig, ändern Sie die Klasse so, dass die Definition wie folgt aussieht:

```
'VB
Partial Public Class AuthorServiceWse
    Inherits Microsoft.Web.Services3.WebServicesClientProtocol

//C#
public partial class AuthorServiceWse : Microsoft.Web.Services3.WebServicesClientProtocol
```

14. Öffnen Sie im Projekt **WSEDemoVB** die Datei **Program.cs** bzw. **Module1.vb** und bearbeiten Sie den Code so, dass er wie folgt aussieht:

```
'VB
Imports System
Imports System.Collections.Generic
Imports System.Text
Imports Microsoft.Web.Services3
Imports WSEDemoVB.localhost

Module Module1

    Sub Main(ByVal args As String())
        'Alias für die Namespaces Microsoft.Web.Services3
        'und WebDemoCS.localhost erstellen
        Dim DemoService As AuthorService = New AuthorService()
        Dim DemoAuthor As Author = DemoService.GetAuthorInformation()
        Console.WriteLine("First Name: " + DemoAuthor.FirstName)
        Console.WriteLine("Last Name: " + DemoAuthor.LastName)
        Console.WriteLine("Blog URL: " + DemoAuthor.BlogUrl)
        Console.WriteLine("Web Site URL: " + DemoAuthor.WebSiteUrl)
        Console.WriteLine("MVP Awardee? " + _
            DemoAuthor.MVPAwardee.ToString())
        Console.WriteLine("First Name: " + DemoAuthor.FirstName)
        For Each book As String In DemoAuthor.BookTitles
            Console.WriteLine("Book Title: " + book)
        Next
        Console.ReadLine()
    End Sub

End Module

//C#
using System;
using System.Collections.Generic;
using System.Text;
using Microsoft.Web.Services3;
using WebDemoCS.localhost;

namespace WebDemoCS
{
    class Program
```

```
    {
        static void Main(string[] args)
        {
            //Alias für die Namespaces Microsoft.Web.Services3
            //und WebDemoCS.localhost erstellen
            AuthorService DemoService = new AuthorService();
            Author DemoAuthor = DemoService.GetAuthorInformation();
            Console.WriteLine("First Name: " + DemoAuthor.FirstName);
            Console.WriteLine("Last Name: " + DemoAuthor.LastName );
            Console.WriteLine("Blog URL: " + DemoAuthor.BlogUrl );
            Console.WriteLine("Web Site URL: " + DemoAuthor.WebSiteUrl);
            Console.WriteLine("MVP Awardee? " +
                DemoAuthor.MVPAwardee.ToString());

            Console.WriteLine("First Name: " + DemoAuthor.FirstName);
            foreach (String book in DemoAuthor.BookTitles)
            {
                Console.WriteLine("Book Title: " + book);
            }
            Console.ReadLine();
        }
    }
}
```

15. Klicken Sie mit der rechten Maustaste auf das Projekt **WebDemoCS** oder **WebDemoVB** und klicken Sie auf **Als Startprojekt festlegen**.

16. Kompilieren und starten Sie die Anwendung. Wenn alles korrekt ist, sollte die Ausgabe so aussehen wie in Abbildung 9.7 gezeigt.

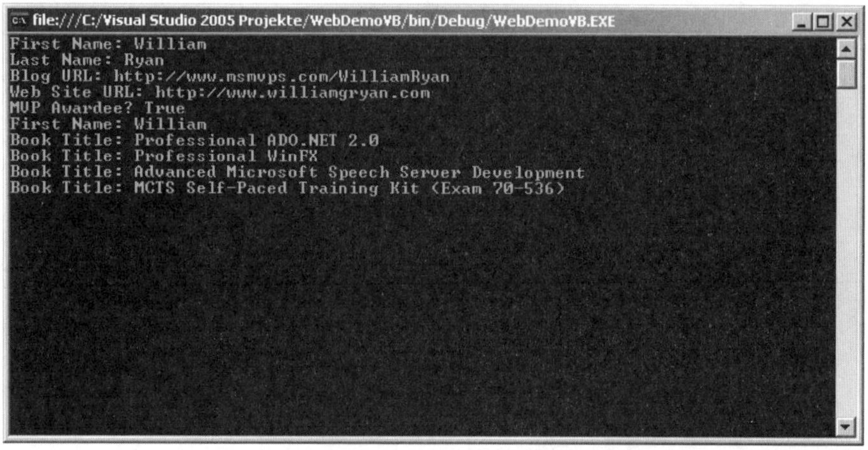

Abbildung 9.7 Ausgabe des Projekts **WebDemoCS** bzw. **WebDemoVB**

Zusammenfassung der Lektion

- **SoapExtensions** lassen sich über das Element **<soapExtensionTypes>** in einer Konfigurationsdatei konfigurieren
- SOAPEXTENSIONS können über Konfigurationsdateieinträge hinzugefügt, entfernt und gelöscht werden
- Bei den beiden Subtags **group** und **priority** bezeichnen niedrige numerische Werte eine höhere Priorität als höhere Werte
- Benutzerdefinierte Konfigurationsabschnitte wie **Microsoft.Web.Services3** können über den Abschnitt **<configSections>** der Konfigurationsdatei hinzugefügt werden

Lernzielkontrolle

Mit den folgenden Fragen können Sie Ihr Wissen zu den Informationen aus Lektion 2, „Verwenden von **soapExtensionTypes**", überprüfen. Die Fragen finden Sie (in englischer Sprache) auch auf der Begleit-CD, Sie können sie also auch auf dem Computer im Rahmen eines Übungstests beantworten.

HINWEIS Antworten

Die Antworten auf diese Fragen mit Erklärungen, warum die jeweiligen Auswahlmöglichkeiten richtig oder falsch sind, finden Sie im Abschnitt „Antworten" am Ende dieses Buchs.

---

1. Welche **soapExtensionTypes**-Aufgaben können mit einer Konfigurationsdatei erledigt werden? (Wählen Sie alle zutreffenden Antworten aus.)
   a. **soapExtensionTypes** können zum Projekt hinzugefügt werden.
   b. **soapExtensionTypes** können aus dem Projekt entfernt werden.
   c. Alle **soapExtensionTypes**, die hinzugefügt wurden, lassen sich auf einmal löschen.
   d. **soapExtensionTypes** können nicht über eine Konfigurationsdatei verwaltet werden.
2. Was trifft in Bezug auf **soapExtensionTypes**-Deklarationen in einer Konfigurationsdatei zu? (Wählen Sie die beste Antwort aus.)
   a. Ein **priority**-Wert von 2 bezeichnet eine höhere Priorität als ein **priority**-Wert von 1.
   b. Ein **group**-Wert von 1 bezeichnet eine höhere Priorität als ein **group**-Wert von 0.
   c. Ein **priority**-Wert von 1 bezeichnet eine höhere Priorität als ein **priority**-Wert von 2.
   d. Numerische Werte steuern die Priorität weder über das Tag **priority** noch über das Tag **group**.

3. Welche Änderungen sind erforderlich, um einen bestimmmten Konfigurationsabschnitt verwenden zu können? (Wählen Sie alle zutreffenden Antworten aus.)
   a. Hinzufügen eines Eintrags zum Abschnitt **<configSections>** der Konfigurationsdatei.
   b. Assemblyname, Assemblyversion und Standardkultur können im benutzerdefinierten Konfigurationsabschnitt angegeben werden.
   c. Ein Eintrag, der dem im **<configSections>**-Abschnitt angegebenen Namen entspricht, muss außerhalb dieses Abschnitts eingeschlossen sein.
   d. Ein Element mit dem Namen der Assembly muss in die Konfigurationsdatei eingeschlossen sein. Ein Attribut **configSection** sollte zu diesem Element hinzugefügt werden.

Lektion 3: Verwenden digitaler Signaturen zur Sicherstellung der Nachrichtenintegrität

Eines der wichtigsten Verkaufsargumente für Web Services Enhancements – und insbesondere für Web Services Enhancements 3.0 – sind die erweiterten Sicherheitsfunktionen. Wie die früheren WSE-Gegenstücke implementiert auch WSE 3.0 die WS-Security 1.1-Spezifikation.

WEITERFÜHRENDE INFORMATIONEN WS-Security im Detail

Allgemeine Informationen zur WS-Security-Spezifikation finden Sie unter folgendem URL (Uniform Resource Locator): http://en.wikipedia.org/wiki/WS-Security.

Die WS-Security 1.1-Spezifikation verfolgt in Bezug auf Nachrichten drei Hauptziele:

- **Integrität** Sicherstellen, dass die Nachricht während der Übertragung vom Absender zum Empfänger nicht geändert wurde
- **Authentifizierung** Bestätigen der Identitäten von Absender und Empfänger der Nachricht
- **Vertraulichkeit** Unkenntlichmachen des Inhalts der Nachricht, damit nur autorisierte Teilnehmer sie lesen können

Am Ende dieser Lektion werden Sie in der Lage sein, die folgenden Aufgaben auszuführen:

- Verstehen, wie die Grundlagen der Sicherheitskonzepte für das Messaging aussehen
- Verwenden von Sicherheitstoken

Veranschlagte Zeit für diese Lektion: 45 Minuten

Grundlagen zur digitalen Signatur

Bis vor kurzer Zeit stellte die handschriftliche Unterschrift die bevorzugte Vorgehensweise beim Abschließen von Verträgen dar. Durch das Unterschreiben eines Vertrags bestätige ich, dass ich ihn gelesen habe und die Vertragsbestimmungen akzeptiere. Wenn ich einen Scheck unterschreibe, bestätige ich, dass ich mich auf die Transaktion einlasse und sie auf diese Weise autorisiere. Allerdings hat es immer unehrliche Menschen gegeben, die Unterschriften gefälscht haben. Aufgrund dessen verfügen die meisten Einrichtungen wie etwa Banken über Unterschriftenkarten ihrer Kunden, mit denen sie die Unterschrift auf eingehenden Schecks auf Authentizität prüfen können. Dieses System bedingt wie alle schriftlichen Überprüfungen jedoch, dass ein Mensch eine neue Unterschrift mit einer solchen Unterschriftenkarte vergleicht, um zu bestimmen, ob die Signatur authentisch ist. Bei einer Bank sind die meisten Angestellten für eine solche Überprüfung zwar qualifiziert, aber im Falle größerer Transaktionen oder bei Streitigkeiten werden oft Handschriftenexperten zu Rate gezogen, die dann die Authentizität der Unterschrift überprüfen. Die Prüfung der Unterschrift ist stets mehr Kunst als Wissenschaft und – weil Fehler hohe Kosten zur Folge haben können – potenziell problematisch.

Mittlerweile ist der elektronische Handel alltäglich geworden, weswegen die Unterschriftenprüfung in vielen Fällen nicht mehr praktikabel ist. Angenommen, Sie benötigen 20 Euro, um zu tanken und eine Kleinigkeit zu essen. Wenn ein Mensch zunächst Ihre Unterschrift überprüfen müsste, dann müsste eine Bank rund um die Uhr geöffnet haben, um eine solche Dienstleistung anbieten zu können. Stattdessen verwenden die meisten Menschen mittlerweile Kundenkreditkarten. Auf jeder Karte ist eine persönliche Geheimzahl (Personal Identification Number, PIN) gespeichert, die, wenn sie geheim bleibt, dafür sorgt, dass nur der vorgesehene Benutzer Geld von einem bestimmten Konto abheben kann.

Eine Kundenkreditkarte ist meinem Konto fest zugeordnet. Sofern ich keine wirklich ausgeklügelte Betrugsmethode kenne, kann ich Geld von meinem Konto nur mit meiner Karte abheben. Gelangt jemand in den Besitz meiner Karte, kennt aber meine PIN nicht, dann kann er nur dann Geld von meinem Konto abheben, wenn er sich meine PIN irgendwie beschaffen kann. *Digitale Signaturen* funktionieren auf sehr ähnliche Weise.

Wenn eine Nachricht digital signiert wird, dann sind zur Erstellung der Signatur normalerweise ein Benutzername und ein Kennwort erforderlich. Diese Anforderung stellt sicher, dass der Absender derjenige ist, der zu sein er vorgibt. Die Nachricht selbst wird zur Erstellung eines Hashwerts verwendet, der mathematisch gesehen nur dieser speziellen Nachricht oder nur einer sehr geringen Anzahl möglicher Nachrichten entsprechen kann (bereits kleinste Änderungen führen zu einem anderen Hashwert). Wenn die Nachricht empfangen wird, kann der Hash überprüft werden. Entspricht er demjenigen, der beim Signieren der Nachricht generiert wurde, dann ist sicher davon auszugehen, dass die Nachricht nicht manipuliert wurde. Zwar sind digitale Signaturen nicht mit hundertprozentiger Garantie authentisch, aber die Chancen einer Manipulation sind derart gering, dass die auf digitalen Signaturen basierende Sicherheit die traditionelle Methoden (wie der handschriftlichen Unterschrift) bei weitem übertrifft.

Bei SOAP-Nachrichten gibt es drei Mechanismen, die zum digitalen Signieren von Nachrichten verwendet werden können:

- Ein **UserNameToken**-Objekt, das eine Kombination aus Benutzernamen und Kennwort enthält
- Ein digitales Zertifikat wie X.509
- Ein Kerberos-Token. Kerberos ist zwar leistungsfähig, aber nur eingeschränkt verwendbar, da das Token nur auf einem Computer ausgegeben und verifiziert werden kann, der unter Microsoft Windows XP Service Pack 1 oder höher oder unter Microsoft Windows Server 2003 ausgeführt wird.

X.509-Zertifikate

X.509-Zertifikate stellen einen sauberen und recht benutzerfreundlichen Mechanismus zum Absichern von Nachrichten bereit. Sie werden prinzipiell wie folgt verwendet:

1. Mit einem installierten X.509-Zertifikat wird ein aus je einem öffentlichen und einem privaten Schlüssel bestehendes Schlüsselpaar generiert.
2. Die Schlüssel werden zunächst zur digitalen Signierung einer ausgehenden SOAP-Anforderung verwendet.
3. Auf dem Server werden die Schlüssel zur Entschlüsselung der Nachricht verwendet, die in Schritt 2 verschlüsselt wurde.

Der schwierigste Schritt bei der Verwendung von X.509-Zertifikaten ist ihre Installation auf einem Computer. Nach der Installation können sie wie hier gezeigt verwendet werden:

```
'VB
Private Sub X509Demo()
    Dim DemoService As New ServiceWse()
    Dim DemoToken As X509SecurityToken '590-Zertifikat
                                       'abrufen
    DemoService.RequestSoapContext.Security.Tokens.Add(DemoToken)
End Sub

//C#
public static void X509Demo()
{
    ServiceWse DemoService = new ServiceWse();
    X509SecurityToken DemoToken; //X509SecurityToken abrufen
    DemoService.RequestSoapContext.Security.Tokens.Add(DemoToken)
}
```

Kerberos-Token

Kerberos ist ein proprietärer Microsoft-Standard, der ziemlich nützlich sein kann. Im WSE 3.0-Kontext wird er über die Klasse **KerberosToken** implementiert. Das **KerberosToken**-Objekt wird innerhalb der SOAP-Header auf mehr oder weniger gleiche Weise übergeben wie das nachfolgende **UserName-Token**. Nach dem Aufruf des Webdienstes wird der Computer gegenüber der Kerberos-Domäne bestätigt. Wird er authentifiziert, dann kann ihm die Berechtigung zum Aufrufen der Methoden des Webdienstes zugewiesen werden:

```
'VB
Private Sub KerberosDemo()
    Dim DemoService As New ServiceWse()
    Dim DNSName As String = System.Net.Dns.GetHostName()
    Dim kerbToken As New KerberosToken("host/" & DNSName & "@DomainName")
    Dim RequestContext As SoapContext = DemoService.RequestSoapContext
    RequestContext.Security.Tokens.Add(kerbToken)
    RequestContext.Security.Timestamp.TtlInSeconds = 60
    RequestContext.Security.Elements.Add(New MessageSignature())
    DemoService.ValidateResult("Bill.Ryan")

End Sub

//C#
public static void KerberosDemo()
{
    ServiceWse DemoService = new ServiceWse();
    String DNSName  = System.Net.Dns.GetHostName();
    KerberosToken  kerbToken = new KerberosToken("host/" +
        DNSName + "@DomainName");
    SoapContext RequestContext = new DemoService.RequestSoapContext;
```

```
    RequestContext.Security.Tokens.Add(kerbToken);
    RequestContext.Security.Timestamp.TtlInSeconds = 60;
    RequestContext.Security.Elements.Add(new MessageSignature());
    DemoService.ValidateResult("Bill.Ryan");
}
```

UserNameToken

Der wahrscheinlich einfachste Mechanismus in der Sicherheitsbibliothek ist die Erstellung mithilfe von **UserNameToken**. Um **UserNameToken** zu verwenden, müssen Sie lediglich Folgendes tun:

1. Deklarieren Sie ein **UserNameToken**-Objekt.
2. Instanzieren Sie **UserNameToken** unter Angabe eines Benutzernamens und eines Kennworts.
3. Hängen Sie das **UserNameToken** an die Auflistung **Tokens** der Eigenschaft **RequestSoap-Context** an.

Der folgende Code veranschaulicht den Vorgang der Verwendung von **UserNameToken**:

```
'VB
Public Sub UserNameTokenSampe()
    Dim DemoService As New ServiceWse()
    Dim DemoUserName As String = "BillRyan"
    Dim DemoToken As UsernameToken
    Dim PasswordArray As Byte() = _
        System.Text.Encoding.UTF8.GetBytes(DemoUserName)
    Array.Reverse(PasswordArray)
    Dim Base64Equivalent As String = Convert.ToBase64String(PasswordArray)
    DemoToken = New UsernameToken(DemoUserName, _
        Base64Equivalent,PasswordOption.SendHashed)
    DemoService.RequestSoapContext.Security.Tokens.Add(DemoToken)
End Sub

//C#
public static void UserNameTokenSample()
{
    ServiceWse  DemoService = new ServiceWse();
    UsernameToken DemoToken = new UsernameToken();
    String DemoUserName = "BillRyan";
    Byte[] PasswordArray =
        System.Text.Encoding.UTF8.GetBytes(DemoUserName);
    Array.Reverse(PasswordArray);
    String Base64Equivalent = Convert.ToBase64String(PasswordArray);
    DemoToken = new UsernameToken(DemoUserName, Base64Equivalent,
        PasswordOption.SendHashed);
    DemoService.RequestSoapContext.Security.Tokens.Add(DemoToken)
    DemoService.RequestSoapContext.Security.Elements.Add(null);
}
```

Übung 3: Erstellen einer Richtlinie für digitale Signaturen

▶ Übung 1: Erstellen des Webdienstes

1. Öffnen Sie Visual Studio 2005 und erstellen Sie eine leere Projektmappe namens **DigitalSig-PolicyLab**.
2. Fügen Sie einen neuen C#- oder Visual Basic .NET-Webdienst hinzu, dem Sie je nach verwendeter Programmiersprache den Namen **SignatureEnabledServiceCS** oder **SignatureEnabledServiceVB** geben.
3. Klicken Sie im Projektmappen-Explorer mit der rechten Maustaste auf den Projektordner und wählen Sie **Verweis hinzufügen**.
4. Klicken Sie im Dialogfeld **Verweis hinzufügen** auf die Registerkarte **.NET**.
5. Klicken Sie auf **Microsoft.Web.Services3** und dann auf **OK**.
6. Klicken Sie mit der rechten Maustaste auf den Ordner **App_Code** und klicken Sie auf **Hinzufügen**, **Neues Element**. Wählen Sie **Klasse**, nennen Sie die Klasse **X509ProviderDemo** und klicken Sie auf **Hinzufügen**.
7. Fügen Sie oben in der Datei die folgenden **Imports**- oder **using**-Anweisungen hinzu:

```
'VB
Imports Microsoft.Web.Services3
Imports Microsoft.Web.Services3.Security
Imports Microsoft.Web.Services3.Security.Tokens
Imports System.Security.Cryptography.X509Certificates

//C#
using Microsoft.Web.Services3;
using Microsoft.Web.Services3.Security;
using Microsoft.Web.Services3.Security.Tokens;
using System.Security.Cryptography.X509Certificates;
```

8. Fügen Sie den folgenden Code zur Klassensignatur hinzu. Die Klasse erbt dann von **SendSecurity-Filter**. Die Klassendefinition sollte jeweils wie folgt aussehen:

```
'VB
Public Class X509ProviderDemo
    Inherits SendSecurityFilter

//C#
class X509ProviderDemo : SendSecurityFilter
```

9. Fügen Sie einen Konstruktor hinzu, der den Konstruktor der Basisklasse aufruft:

```
'VB
Public Sub New()
    MyBase.New("ServiceActor", True)
End Sub

//C#
protected X509ProviderDemo(string serviceActor, bool isClient)
    : base("ServiceActor", true) { }
```

10. Überschreiben Sie die Methode **SecureMessage** und geben Sie ihr die folgende Definition:

```
'VB
Public Overrides Sub SecureMessage( _
    ByVal envelope As Microsoft.Web.Services3.SoapEnvelope, _
    ByVal security As Microsoft.Web.Services3.Security.Security)

    Dim DemoCertificate As New X509Certificate2()
    Dim DemoToken As New X509SecurityToken(DemoCertificate)
    security.Tokens.Add(DemoToken)
    Dim DemoSig As New MessageSignature(DemoToken)
    security.Elements.Add(DemoSig)
End Sub

//C#
public override void SecureMessage(SoapEnvelope envelope,
    Security security)
{
    X509Certificate2 DemoCertificate = new X509Certificate2();
    X509SecurityToken DemoToken = new X509SecurityToken(DemoCertificate);
    security.Tokens.Add(DemoToken);
    MessageSignature DemoSig = new MessageSignature(DemoToken);
    security.Elements.Add(DemoSig);
}
```

11. Kompilieren Sie die Anwendung. Wenn alles richtig gemacht wurde, sollte hierdurch der erste für den Versand digital signierter Nachrichten notwendige Schritt abgeschlossen sein.

▶ Übung 2: Hinzufügen einer benutzerdefinierten Richtlinie

In dieser Übung werden Sie eine benutzerdefinierte Richtlinie zur Behandlung eingehender Nachrichten erstellen, die digital signiert sind.

1. Öffnen Sie die in der vorherigen Übung erstellte Projektmappe **DigitalSigPolicyLab**.
2. Erweitern Sie den Ordner **App_Code** im Webdienst und wählen Sie je nach von Ihnen verwendeter Sprache die Datei **Service.cs** oder **Service.vb** aus. Überprüfen Sie, ob oben in der Klasse folgende Namespaces (mit dem Schlüsselwort **using** in C# oder dem Schlüsselwort **Imports** in Visual Basic) angegeben sind:

```
Microsoft.Web.Services3;
System.Security.Principal;

Microsoft.Web.Services3.Design;
Microsoft.Web.Services3.Security;
Microsoft.Web.Services3.Security.Tokens;
System.Security.Cryptography.X509Certificates;
```

3. Fügen Sie in der Klassendefinition des Dienstes folgende Codezeile hinzu, um eine Richtlinie anzugeben. Dieser Code sollte unter den Attributen **WebService**, **WebServiceBinding** und **DesignerGenerated** ergänzt werden. (Nur Visual Basic generiert das Attribut **DesignerGenerated**; wenn Sie C# verwenden, können Sie es also ignorieren.)

```
'VB
<Policy(GetType(DemoPolicy))> _

//C#
[Policy(typeof(DemoPolicy))]
```

4. Erstellen Sie am Ende der Klassendefinition für den Webdienst eine andere Klasse, die die Richtlinie definiert. (Diese Klasse könnte auch problemlos in einer separaten Datei hinzugefügt werden. Der Einfachheit halber wollen wir sie aber zur selben Datei wie den Dienst hinzufügen, weil der Dienst diese Klasse zur Ausführung benötigt.) Fügen Sie die folgende Klassendefinition am Ende der Klassendefinition des Dienstes hinzu:

```
'VB
Public Class DemoPolicy
    Inherits Policy

    Public Const CERTIFICATE As String = "CERTIFICATE REFERENCE HERE"

    Public Sub New()
        Dim DemoAssertion As UsernameForCertificateAssertion = _
            New UsernameForCertificateAssertion()

        DemoAssertion.X509TokenProvider = _
            New X509TokenProvider( _
                StoreLocation.LocalMachine, _
                StoreName.My, _
                CERTIFICATE, _
                X509FindType.FindBySubjectDistinguishedName)

        Dim DemoProtection As EndpointProtectionRequirements = _
            DemoAssertion.Protection

        Dim DemoOptions As SignatureOptions = _
            SignatureOptions.IncludeAddressing Or _
            SignatureOptions.IncludeTimestamp Or _
            SignatureOptions.IncludeSoapBody
```

```
        DemoProtection.Request.SignatureOptions = DemoOptions
        DemoProtection.Request.EncryptBody = True

        DemoProtection.Response.SignatureOptions = DemoOptions
        DemoProtection.Response.EncryptBody = True

        DemoProtection.Fault.SignatureOptions = DemoOptions
        DemoProtection.Fault.EncryptBody = False

        DemoAssertion.MessageProtectionOrder = _
            MessageProtectionOrder.SignBeforeEncrypt
        DemoAssertion.RequireDerivedKeys = True

        Me.Assertions.Add(DemoAssertion)

    End Sub

End Class

//C#
public class DemoPolicy : Policy
{
    private const String CERTIFICATE = "CERTIFICATE REFERENCE HERE";

    public DemoPolicy()
    {

        UsernameForCertificateAssertion DemoAssertion =
            new UsernameForCertificateAssertion();

        DemoAssertion.X509TokenProvider =
            new X509TokenProvider(StoreLocation.LocalMachine,
                StoreName.My, CERTIFICATE,
                X509FindType.FindBySubjectDistinguishedName);
        EndpointProtectionRequirements DemoProtection =
            DemoAssertion.Protection;

        DemoProtection.Request.SignatureOptions =
            SignatureOptions.IncludeAddressing |
            SignatureOptions.IncludeTimestamp |
            SignatureOptions.IncludeSoapBody;
        DemoProtection.Request.EncryptBody = true;

        DemoProtection.Response.SignatureOptions =
            SignatureOptions.IncludeAddressing |
            SignatureOptions.IncludeTimestamp |
            SignatureOptions.IncludeSoapBody;
        DemoProtection.Response.EncryptBody = true;

        DemoAssertion.MessageProtectionOrder =
            MessageProtectionOrder.SignBeforeEncrypt;
```

```
        DemoAssertion.RequireDerivedKeys = true;

        this.Assertions.Add(DemoAssertion);
    }
}
```

5. Damit ein Client diese Richtlinie verwenden kann, müssen Sie nichts weiter tun, als die Klassendefinition auf eine Methode im Client zu kopieren und dann anzugeben, dass die Richtlinie verwendet werden soll. Wenn der Client beispielsweise eine Methode namens **GetPolicy** hat, würde dies wie folgt aussehen:

```
'VB
Private Function GetPolicy() As SecureInvoiceServiceWse

    Public Const CERTIFICATE As String = "CERTIFICATE REFERENCE HERE"

        Dim DemoAssertion As UsernameForCertificateAssertion = _
        New UsernameForCertificateAssertion()

        DemoAssertion.X509TokenProvider = _
            New X509TokenProvider( _
                StoreLocation.LocalMachine, _
                StoreName.My, _
                CERTIFICATE, _
                X509FindType.FindBySubjectDistinguishedName)

        Dim DemoProtection As EndpointProtectionRequirements = _
            DemoAssertion.Protection

        Dim DemoOptions As SignatureOptions = _
            SignatureOptions.IncludeAddressing Or _
            SignatureOptions.IncludeTimestamp Or _
            SignatureOptions.IncludeSoapBody

        DemoProtection.Request.SignatureOptions = DemoOptions
        DemoProtection.Request.EncryptBody = True

        DemoProtection.Response.SignatureOptions = DemoOptions
        DemoProtection.Response.EncryptBody = True

        DemoProtection.Fault.SignatureOptions = DemoOptions
        DemoProtection.Fault.EncryptBody = False

        DemoAssertion.MessageProtectionOrder = _
            MessageProtectionOrder.SignBeforeEncrypt
        DemoAssertion.RequireDerivedKeys = True

        Me.Assertions.Add(DemoAssertion)

End Function
```

```
//C#
private Policy GetPolicy()
{
    private String CERTIFICATE = "CERTIFICATE REFERENCE HERE";

    UsernameForCertificateAssertion DemoAssertion =
        new UsernameForCertificateAssertion();

    DemoAssertion.X509TokenProvider =
        new X509TokenProvider(StoreLocation.LocalMachine,
            StoreName.My,
            CERTIFICATE,
            X509FindType.FindBySubjectDistinguishedName);

    EndpointProtectionRequirements DemoProtection =
        DemoAssertion.Protection;

    DemoProtection.Request.SignatureOptions =
        SignatureOptions.IncludeAddressing |
        SignatureOptions.IncludeTimestamp |
        SignatureOptions.IncludeSoapBody;
    DemoProtection.Request.EncryptBody = true;

    DemoProtection.Response.SignatureOptions =
        SignatureOptions.IncludeAddressing |
        SignatureOptions.IncludeTimestamp |
        SignatureOptions.IncludeSoapBody;
    DemoProtection.Response.EncryptBody = true;

    DemoAssertion.MessageProtectionOrder =
        MessageProtectionOrder.SignBeforeEncrypt;
    DemoAssertion.RequireDerivedKeys = true;

    this.Assertions.Add(DemoAssertion);
}
```

6. Nun müssen Sie, bevor Sie den Dienst aufrufen, noch die Richtlinie festlegen:

```
'VB
Dim DemoPolicy As Policy = GetPolicy()
proxy.SetPolicy(DemoPolicy)

//C#
Policy DemoPolicy = GetPolicy();
proxy.SetPolicy(DemoPolicy)
```

Zusammenfassung der Lektion

- Digitale Signaturen können zur Integritätsüberprüfung einer Nachricht verwendet werden
- Bei der Authentifizierung geht es um die Bestätigung des Absenders und des Empfängers einer Nachricht
- Unter der Vertraulichkeit ist die Garantie zu verstehen, dass nur zulässige Parteien den Inhalt einer Nachricht anzeigen können
- Unter der Integrität ist die Sicherheit zu verstehen, dass eine Nachricht nach der Übertragung nicht manipuliert wurde
- Zu den Token, die an eine Nachricht angehängt werden können, gehören X.509-Token, **UserNameToken**, Kerberos-Token und benutzerdefinierte binäre Token
- Token können zur Auflistung **Tokens** der Eigenschaft **RequestSoapContext** eines WSE-fähigen Webdienstes oder Proxys hinzugefügt werden

Lernzielkontrolle

Mit den folgenden Fragen können Sie Ihr Wissen zu den Informationen aus Lektion 3, „Verwenden digitaler Signaturen zur Sicherstellung der Nachrichtenintegrität", überprüfen. Die Fragen finden Sie (in englischer Sprache) auch auf der Begleit-CD, Sie können sie also auch auf dem Computer im Rahmen eines Übungstests beantworten.

HINWEIS Antworten

Die Antworten auf diese Fragen mit Erklärungen, warum die jeweiligen Auswahlmöglichkeiten richtig oder falsch sind, finden Sie im Abschnitt „Antworten" am Ende dieses Buchs.

---

1. Welche der folgenden Punkte sind Ziele digitaler Signaturen? (Wählen Sie alle zutreffenden Antworten aus.)

   a. Authentifizierung

   b. Autorisierung

   c. Integrität

   d. Vertraulichkeit

2. Welche Arten von Token können mit einer WSE 3.0-Datei verwendet werden? (Wählen Sie alle zutreffenden Antworten aus.)

   a. Kerberos

   b. X.509

   c. **UserNameToken**-Objekte

   d. Benutzerdefinierte binäre Token

Rückblick auf dieses Kapitel

Sie können die in diesem Kapitel vermittelten Fähigkeiten folgendermaßen einüben und vertiefen:

- Lesen Sie die Zusammenfassung des Kapitels sorgfältig durch
- Lesen Sie die Liste der Schlüsselbegriffe durch, die in diesem Kapitel eingeführt wurden
- Arbeiten Sie die Übungen mit Fallbeispielen durch. Diese Szenarios beschreiben Fälle aus der Praxis, in denen die Themen dieses Kapitels zur Anwendung kommen. Sie werden aufgefordert, eine Lösung zu entwickeln.
- Führen Sie die vorgeschlagenen praktischen Übungen durch
- Machen Sie einen Übungstest

Zusammenfassung des Kapitels

- Web Services Enhancements bieten erweiterte Funktionen für Webdienste
- Web Services Enhancements basieren auf verschiedenen WS-*-Spezifikationen
- Mithilfe von WSE lassen sich leistungsfähige Sicherheitsmerkmale implementieren
- **WebServicesClientProtocol** ist die Basisklasse, von der Webdienstproxys erben, die die WSE-Funktionen verwenden
- Ein Webverweis wird benötigt, um einen Webdienst zu verwenden. Jeder Proxy muss jedoch **WebServicesClientProtocol** anstelle von **SoapHttpClientProtocol** verwenden.
- Konfigurationsdateien stellen einen leistungsfähigen und flexiblen Mechanismus für die Verwendung von WSE 3.0 bereit

Schlüsselbegriffe

Wissen Sie, was die folgenden Schlüsselbegriffe bedeuten? Sie können Ihre Antworten überprüfen, indem Sie die Begriffe im Glossar am Ende dieses Buchs nachschlagen.

- Authentifizierung
- Digitale Signatur
- Direct Internet Message Encapsulation (DIME)
- Integrität
- Kerberos
- Message Transmission Optimization Mechanism (MTOM)
- WS-*

Fallbeispiele

In den folgenden Fallbeispielen wenden Sie an, was Sie über die Verwendung von Webmethoden und Webdiensten gelernt haben. Die Lösungen zu den Fragen finden Sie im Abschnitt „Antworten" hinten in diesem Buch.

Fallbeispiel 1: Wie passt WSE in meine Anwendungsentwicklungsstrategie?

Dieses Fallbeispiel beschreibt ein typisches Bereitstellungsszenario, wie es entsteht, wenn ein Unternehmen die Webdienste in Betrieb nimmt. Zunächst ist es oberste Priorität, die Dienste zum Laufen zu bringen. Unmittelbar darauf werden jedoch Aspekte wie Sicherheit und Leistung entscheidend. Dieses Fallbeispiel erläutert, wie solche Aspekte behandelt werden.

Interviews

Es folgt eine Auflistung der befragten Unternehmensmitarbeiter und ihrer Aussagen:

- **Leiter der IT-Abteilung** „Wir sind ein bisschen spät auf den Zug mit den Webdiensten aufgesprungen, versuchen aber nun, so gut wie möglich Fahrt aufzunehmen. Bisher haben wir so viele Protokolle gesehen, dass es schwer fällt, zu entscheiden, welche davon wirklich gut und welche nur Hype sind. Das einzige, was wir definitiv sagen können, ist, dass der Einsatz unserer eigenen Lösung wenig sinnvoll erscheint."
- **Unternehmensplaner** „Die Tage der *Sicherheit durch Unklarheit (Security by Obscurity)* sind vorbei. Alle unsere Kunden fragen nach Sicherheitsprozeduren, und sie lassen sich nicht einfach abspeisen. Sie stellen kluge Fragen und verlangen kluge Antworten. Wir brauchen also die richtigen Antworten für sie. Die einzige Möglichkeit hierzu besteht in flexibler und umfassender Sicherheit. Kann uns WSE dabei helfen?"
- **CIO** „Die Sicherheit ernst zu nehmen, ist eine Frage des Überlebens. Ich weiß besser als jeder andere, dass Sicherheit nie auffällt, solange sie vorhanden ist, aber ich würde alles tun, was notwendig ist, um nachts in dem Wissen, dass die Daten meiner Kunden sicher sind, gut schlafen zu können. Und dieses Gerede über einen Kompromiss zwischen Sicherheit und Leistung kann ich auch nicht mehr hören. Wir brauchen beides – basta!"

Fragen

Beantworten Sie die folgenden Fragen für Ihren Abteilungsleiter:

1. Passen Web Service Enhancements zu unserer Entwicklungsgeschichte?
2. Können wir, wenn wir WSE verwenden, fortgeschrittene Sicherheits- oder Leistungssteigerungsfunktionen implementieren, ohne dass wir ein Jahr lang lernen müssen, wie diese funktionieren?
3. Kann WSE sowohl vertrauenswürdige Sicherheitsmechanismen als auch Anpassung bieten? Oder stellt es eher eine Art Nullachtfünfzehn-Ansatz bereit?

Fallbeispiel 2: Kann der Prozess optimiert werden?

Nachdem einige Erweiterungen vorgenommen wurden und der Prozess nun einwandfrei funktioniert, müssen einige Gesichtspunkte berücksichtigt werden, um die Leistung zu optimieren. Wie das am besten geht, wollen wir in diesem Fallbeispiel behandeln.

Interviews

Es folgt eine Auflistung der befragten Unternehmensmitarbeiter und ihrer Aussagen:

- **Leiter der IT-Abteilung** „Dateiübertragungen stellen für uns ein echtes Problem dar. Wir glaubten, wir hätten an alles gedacht, aber wenn wir große Multimediadateien an die Kunden senden, legt uns dies das Netzwerk lahm. Die Kunden beschweren sich, weil alles so langsam geht, und die Latenz im Netzwerk ist hoch; kurz: Es funktioniert aus leistungstechnischer Sicht einfach nicht so wie vorgesehen."
- **Unternehmensplaner** „Am Anfang sah es noch so aus, als wären unsere Probleme alle gelöst, sobald wir unsere Organisationsobjekte ins Web stellten. Leider traf dies nicht zu. Viele vorhandene Probleme wurden tatsächlich gelöst, aber jetzt haben wir die Messlatte bezüglich dessen, was unsere Kunden erwarten, sehr hoch gelegt und können das nun auch nicht mehr rückgängig machen. Der Schlüssel heißt nun Leistung."
- **CIO** „Kauft schnellere Server! Kauft schnellere Switches! Kauft mehr Bandbreite! Das ist doch verrückt. Als ich sagte, ich wünschte mir, dass diese Probleme behoben würden, meinte ich nicht, dass sie um wirklich *jeden* Preis behoben werden sollten – und uns dies die Haare vom Kopf frisst. Einer der wesentlichen Gründe für unsere Entscheidung für die Webdienste war doch, dass wir annahmen, sie seien in Bezug auf Leistung und Kosten hocheffizient. Natürlich haben die neuen Funktionen eine Menge gebracht, aber wenn das so weitergeht, sind wir bald pleite, und *kaufen, kaufen, kaufen* kann keine Lösung für alles sein. Gibt es nicht irgendetwas, was wir mit den Ressourcen tun können, die uns zur Verfügung stehen?

Fragen

Beantworten Sie die folgenden Fragen für Ihren Abteilungsleiter:

1. Wie lässt sich die Effizienz bei der Datenübertragung steigern, ohne neue Hardware oder weitere Bandbreite hinzuzukaufen?
2. Können wir eine der älteren WSE-Versionen verwenden oder benötigen wir WSE 3.0?
3. Wie viel Arbeit kommt bei der Realisierung dieses Ansatzes auf uns zu?

Vorgeschlagene praktische Übungen

Um die in diesem Kapitel formulierten Lernziele erfolgreich zu erreichen, führen Sie die folgenden Aufgaben durch.

- **Praktische Übung 1** Erstellen Sie einen einfachen Webdienst und kompilieren Sie ihn. Beachten Sie dabei insbesondere die Datei **Web.config**, die standardmäßig generiert wird. Danach aktivieren Sie mit **WseConfigEditor3** WSE und überprüfen, welche Änderungen vorgenommen werden.
- **Praktische Übung 2** Erstellen Sie mithilfe des in Übung 1 erstellten Webdienstes eine Clientanwendung, die ihn verwendet. Fügen Sie einen Webverweis zum Dienst hinzu und notieren Sie sich die Definition der Proxyklasse, die generiert wird. Aktivieren Sie WSE 3.0 und aktualisieren Sie den Webverweis. Untersuchen Sie die Proxyklasse erneut und notieren Sie alle Unterschiede, die Sie finden.
- **Praktische Übung 3** Erstellen Sie einen Webdienst, der WSE 3.0 verwendet. Erstellen Sie dann einen Client, der den Webdienst verwendet. Signieren Sie eine Nachricht digital und bestätigen Sie ihre Authentizität.

Machen Sie einen Übungstest

Die Übungstests auf der Begleit-CD zu diesem Buch (in englischer Sprache) bieten zahlreiche Möglichkeiten. Zum Beispiel können Sie einen Test machen, der ausschließlich die Themen eines bestimmten Lernziels behandelt, oder Sie können sich selbst mit dem gesamten Inhalt der Prüfung 70-259 testen. Sie können den Test so konfigurieren, dass er dem Ablauf einer echten Prüfung entspricht, oder Sie können einen Lernmodus verwenden, in dem Sie sich nach dem Beantworten einer Frage jeweils sofort die richtige Antwort und Erklärungen ansehen können.

WEITERFÜHRENDE INFORMATIONEN Praktische Übungen

Einzelheiten zu allen Optionen, die bei den Übungstests zur Verfügung stehen, finden Sie im Abschnitt „So verwenden Sie die Übungstests“ in der Einführung am Anfang dieses Buchs.

KAPITEL 10

WSE-Sicherheit

Wie bereits im vorherigen Kapitel erwähnt, bieten die Web Services Enhancements (WSE) fortgeschrittene Funktionen, die anders nicht verfügbar sind. Sicherheit ist einer der wesentlichen Vorzüge der Verwendung von WSE. Wenn Entwickler WSE verwenden, können sie auf eine benutzerfreundliche Anwendungsprogrammierschnittstelle (Application Programming Interface) zugreifen, die ihnen die Implementierung granularer Sicherheitslösungen gestattet. Das Mehr an Sicherheit ist aber in WSE 3.0 nicht neu; erweiterte Sicherheit war bereits seit Version 1.0 ein wesentliches Merkmal von WSE. Der primäre Unterschied zwischen WSE 3.0 und früheren Versionen besteht darin, dass Sicherheitsfunktionen bei älteren Versionen individuell auf einzelne SOAP-Nachrichten (Simple Object Access Protocol-Nachrichten) angewendet wurden. Im Wesentlichen stellten frühere Versionen Sicherheit für jede einzelne Nachricht her. Dieses System war zwar für die meisten Entwickler angemessen, aber die Art der Implementierung machte seine Verwendung ziemlich komplex. Seit WSE 3.0 kann die Nachrichtensicherheit nun auf den eigentlichen Nachrichtenaustauschmechanismus angewendet werden. Insofern ermöglicht WSE 3.0 Ihnen die Sicherheitsanwendung auf höherer Ebene und bietet Ihnen zu diesem Zweck einen Satz Sicherheitsoperationen, die *Sicherheitsassertionen* heißen. WSE stellt auch eine Anzahl vordefinierter Assertionen bereit, die als gebrauchsfertige Sicherheitsassertionen bezeichnet werden. Sicherheitsassertionen werden mithilfe von Richtlinien und Richtlinienassertionen angewendet.

Eine einfache Möglichkeit, zwischen diesen beiden Ansätzen zu unterscheiden, ist das Bild eines Leibwächters. Nehmen wir an, Ihr Unternehmen hat Leibwächter für *x* Personen zu stellen. Wenn Sie das bei der früheren WSE-Version geltende Prinzip anwenden würden, würden Sie jeder Person einen Leibwächter zuweisen, der diese Person ständig begleitet. Wären also 50 Leute unterwegs, dann benötigten Sie mindestens 50 Bodyguards. Würden Sie hingegen das aktuelle WSE-Prinzip anwenden, dann würden Sie das Transportfahrzeug und die Route sowie den Abfahrts- und Ankunftsort sichern und alle 50 Personen diesen Weg nehmen lassen, wann immer sie es wollten. Statt sie also individuell zu schützen, sichern Sie im Wesentlichen eine Zone oder Reiseroute. Die Leute wissen dann, dass sie sicher sind, solange sie sich innerhalb dieser Zone bewegen. Die Metapher ist nicht perfekt, aber zur Veranschaulichung der konzeptionellen Unterschiede zwischen WSE 3.0 und früheren Versionen ausreichend.

In diesem Kapitel abgedeckte Lernziele:

- Implementieren einer Richtlinie für eine Webdienstanwendung
  - Manuelles Erstellen einer Richtliniendatei
  - Deklarieren der Richtlinien in einer Richtliniendatei
  - Zuordnen von Richtlinien zu SOAP-Endpunkten
  - Konfigurieren einer Richtliniendatei in einer Konfigurationsdatei
  - Erstellen und Erzwingen einer benutzerdefinierten Richtlinie
  - Erstellen einer Richtliniendatei mithilfe des Tools **WseConfigEditor3**
  - Festlegen einer Richtlinie in einer Clientanwendung und auf einem Clientcomputer
- Verschlüsseln und Entschlüsseln einer SOAP-Nachricht
  - Verschlüsseln einer SOAP-Nachricht
  - Entschlüsseln einer verschlüsselten SOAP-Nachricht
- Implementieren von Filtern in einer Webdienstanwendung
  - Hinzufügen eines Filters
  - Entfernen eines Filters
  - Ändern der Filterreihenfolge
  - Aktivieren des Ablaufverfolgungsfilters
  - Erstellen benutzerdefinierter Eingabe- und Ausgabefilter

Lektionen in diesem Kapitel:

Bevor Sie beginnen

Um die Lektionen in diesem Kapitel durcharbeiten zu können, benötigen Sie Folgendes:

- Einen Computer, der die in der Einführung dieses Buchs aufgeführten Hardwaremindestvoraussetzungen erfüllt oder übertrifft
- Microsoft Visual Studio 2005 und .NET Framework 2.0
- Programmierkenntnisse in Microsoft Visual Basic oder C# und ein Grundverständnis der Extensible Markup Language (XML)

Außerdem setzen die Codebeispiele in diesem Kapitel voraus, dass die folgenden Namespaces am Anfang der Codedatei hinzugefügt wurden:

```
'VB
Imports System
Imports System.Collections.Generic
Imports System.Text
Imports System.Xml
Imports System.Security.Cryptography.X509Certificates
Imports Microsoft.Web.Services3
Imports Microsoft.Web.Services3.Design
Imports Microsoft.Web.Services3.Security
Imports Microsoft.Web.Services3.Security.Tokens

//C#
using System;
using System.Collections.Generic;
using System.Text;
using System.Security.Cryptography.X509Certificates;
using Microsoft.Web.Services3;
using Microsoft.Web.Services3.Design;
using Microsoft.Web.Services3.Security;
using Microsoft.Web.Services3.Security.Tokens;
```

Um den Namespace **Microsoft.Web.Services3** und die ihm untergeordneten Namespaces zu importieren, wird ferner vorausgesetzt, dass Sie den Verweis auf die Assembly **Microsoft.Web.Service3.dll** hinzugefügt haben.

Praxistipp

William Ryan

Noch vor nicht allzu langer Zeit wurden Sicherheitsaspekte von der Entwicklergemeinde weitgehend ignoriert. Ich hatte eine Zeit lang gearbeitet, bevor ich mein unterbrochenes Studium fortsetzte. Als ich dann meinen Abschluss machte, konnten die meisten meiner Freunde, die in der Branche arbeiteten, bereits wesentlich mehr Praxiserfahrung vorweisen als ich. Eines Tages erwähnte ich beim gemeinsamen Mittagessen, dass das Produkt, mit dessen Entwicklung sie gerade beschäftigt waren, einen wesentlichen Fehler aufwies: Der Sicherheitsaspekt wurde fast vollständig ignoriert. Als ich die Details aufzählte, lachten die meisten Anwesenden mich aus, denn solche Sachen könnten sich doch nur Leute ausdenken, die zu lange an der Uni gewesen wären und keine Ahnung von der Praxis hätten. Sicherheit war ein Gesichtspunkt, der weder für Kunden noch für Investoren augenfällig war. Deswegen galt sie vielen als etwas, das keinen Mehrwert schuf.

Fast auf den Tag genau drei Jahre nach dem beschriebenen Gespräch aß ich mit drei der fünf Leute, die bereits bei der damaligen Unterhaltung dabei gewesen waren, zu Mittag. Sie waren ziemlich deprimiert, denn sie hatten gerade eine ziemliche Blamage erlitten und einen potenziellen Kunden verloren, obwohl sie überzeugt gewesen waren, ihn zu gewinnen. Sie hatten einen Großteil ihrer Infrastruktur auf Webdienste verlagert und sich dabei fast ausschließlich auf die Aspekte Leistung und Funktionalität konzentriert. ▶

Fast alles, was intern möglich war, konnte nun auch von den Handelspartnern bewerkstelligt werden. Sie waren der festen Überzeugung, dass Sicherheit ein nachrangiger Aspekt sei, und wollten sich damit erst befassen, wenn die Anwendung lauffähig ist. Bei der Vorführung zeigten sie ihrem Kunden, wie einfach es ist, von außen auf das System zuzugreifen. Sie präsentierten ihm, was alles extern erledigt werden kann, ohne hierfür viel neuen Code entwickeln zu müssen. Leider gab einer der Vorführer einige Werte ein, die sich auf einen anderen Kunden bezogen. Er hatte eigentlich vorgehabt, dem Kunden zu veranschaulichen, wie einfach es ist, auf alle Finanzdaten des Kunden zuzugreifen, aber bevor er überhaupt bemerkt hatte, was geschah, zeigt er dem Kunden die Daten eines *anderen* Unternehmens.

Zwar konzentrierten sich einige der bei der Demonstration Anwesenden auf die Vorteile der neuen Funktionen, aber der Leiter der Finanzabteilung war überwältigt von der Tatsache, dass ihm die Konten, Namen, Adressen und andere Daten der Kunden des Konkurrenzunternehmens angezeigt wurden. Als der Vorführer bemerkte, was vorgefallen war, versuchte er, das Versehen mit folgenden Worten herunterzuspielen: „Entschuldigung, ich habe einen kleinen Fehler gemacht. Ich habe zwar den Benutzernamen und das Kennwort Ihres Unternehmens verwendet, aber ein anderes Unternehmen als Zielobjekt angegeben.“ Er war der Ansicht, diese Erklärung würde die Zuschauer zufrieden stellen. Stattdessen hatte er jedoch zweifelsfrei bewiesen, wie einfach es ist, versehentlich alle vertraulichen Daten des Kunden anzuzeigen. Er konnte die Interessenten also nicht beruhigen, sondern hat sie vielmehr davon überzeugt, wie gefährlich es ist, ihre Daten bei seinem Unternehmen zu speichern.

Sie nahmen also nicht nur von einem Kauf der erweiterten Dienste Abstand, sondern lösten binnen einer Woche unter Verweis auf das Debakel bei der Demonstration ihr Konto auf. Bei der Demonstration wurden zwar einige beeindruckende Funktionen mit Webdiensten vorgeführt, aber da noch keine richtigen Sicherheitsfunktionen implementiert waren, konnten durch einen einfachen Eingabefehler sehr sensible Daten zugänglich gemacht werden. Die Verwendung selbst einfachster Sicherheitsfunktionen, wie sie auch von WSE 3.0 geboten werden, hätte die Anzeige der Daten des anderen Unternehmens unterbunden, und der Kunde wäre nicht verloren gegangen. Sicherheit sollte niemals nachrangig sein, wenn Daten über das Web verfügbar gemacht werden. Der Schutz solcher Daten ist bei der Übertragung im Web noch kritischer als im traditionellen Netzwerk. Bestenfalls ist es aus fachlicher Sicht unverantwortlich, Sicherheit nicht ernst zu nehmen; im schlimmsten Fall ruiniert ein solches Vorgehen Ihre Karriere oder führt Ihr Unternehmen in den Konkurs.

Lektion 1: Webdienstrichtlinie

WSE 3.0 bietet für Webdienste eine imperative Absicherung im Code oder deklarativen Schutz unter Verwendung einer Sicherheitsrichtlinie. WSE-Richtlinien implementieren die WS-Policy-Spezifikation. Weitere Informationen finden Sie unter **http://msdn.microsoft.com/library/default.asp?url=/library/en-us/dnwebsrv/html/understwspol.asp**. Generell sollten Sie zur Implementierung Ihrer Webdienst-Sicherheitsanforderungen eine Richtlinie verwenden; Informationen zu der Frage, wie Sie einen Webdienst ohne Verwendung einer Richtliniendatei schützen, finden Sie unter **http://msdn.microsoft.com/library/default.asp?url=/library/en-us/wse3.0/html/0610f54f-f8c4-4ded-9617-08384e5ed635.asp**. Sie sollten deswegen ein Richtlinie zur Implementierung Ihrer Webdienst-Sicherheitsanforderungen verwenden, weil eine Richtlinie Ihnen dabei hilft, die Unternehmenslogik von der Logik der Sicherheitsanforderungen zu trennen. Das Richtlinienframework kann auch so erweitert werden, dass benutzerdefinierte Anforderungen als Erweiterungen des Richtlinienframeworks hinzugefügt werden können; denken Sie an Wiederverwendung statt an Duplizierung von Code. Eine Richtlinie erlaubt Ihren Webdiensten, zu überprüfen, ob Anforderungsnachrichten einer definierten Sicherheitsrichtlinie entsprechen, und schützt die Webdienstantworten automatisch. Ferner kann ein Administrator eine Richtliniendatei verwalten, sobald Ihr Webdienst in einer Produktionsumgebung bereitgestellt wurde.

Das WSE 3.0-Richtlinienframework beschreibt die Einschränkungen und Anforderungen bei der Kommunikation mit Webdiensten. Eine Richtlinie wird kompiliert, bevor Nachrichten zwischen einem Absender und einem Empfänger ausgetauscht werden. Insofern ist eine Richtlinie im Endeffekt eine Laufzeitkomponente in Form eines SOAP-Nachrichtenfilters (siehe auch Lektion 3, „Nachrichtenfilter"), und die Richtlinienanforderungen werden beim Absender angewendet oder beim Empfänger erzwungen.

Zwar können Richtlinien zur Anwendung unterschiedlicher Anforderungstypen (z. B. bei der Nachrichtenadressierung) verwendet werden, aber in dieser Lektion werden Sie erfahren, wie WSE 3.0-Richtlinien zur Anwendung von Sicherheitsanforderungen angewendet werden.

Am Ende dieser Lektion werden Sie in der Lage sein, die folgenden Aufgaben auszuführen:

- Manuelles Erstellen einer Richtliniendatei
- Erstellen einer Richtliniendatei mithilfe des Tools **WseConfigEditor3**
- Deklarieren der Richtlinien in einer Richtliniendatei
- Zuordnen von Richtlinien zu SOAP-Endpunkten
- Konfigurieren einer Richtliniendatei in einer Konfigurationsdatei

Veranschlagte Zeit für diese Lektion: 45 Minuten

Erstellen einer Richtlinie

WSE 3.0 macht das Erstellen von *Richtlinienassertionen* recht einfach. Eine Richtlinienassertion ist eine Kombination aus den Fähigkeiten und den Anforderungen Ihres Webdienstes. Das bedeutet, dass eine Assertion Teil der SOAP-Verarbeitungspipeline ist. Sie können sich eine Assertion als eine Art „Fabrikklasse" vorstellen, die zum Einfügen von Eingabe- und/oder Ausgabefiltern in die Verarbeitungspipeline verwendet werden kann. Mehr zu Filtern erfahren Sie in den Lektionen 2 und 3. Gehen Sie wie folgt vor, um eine Richtlinie zu erstellen und zu implementieren:

1. Erstellen Sie einen Stub zur Aufnahme der Richtlinienelemente. Diese Aufgabe führen Sie durch Erstellen einer CONFIG-Datei aus, die Richtliniendatei oder auch Richtlinien-Cachedatei heißt.
2. Erstellen Sie einen Satz Richtlinienassertionen. Es ist bereits ein recht komplexer Satz Assertionen vorhanden, die verwendet werden können. Wenn diese Assertionen für die Anforderungen Ihrer Anwendung nicht ausreichend sind, dann können Sie benutzerdefinierte Assertionen erstellen, indem Sie einfach eine Klasse erstellen, die von den Klassen **SecurityPolicyAssertion** oder **PolicyAssertion** erbt.
3. Verweisen Sie aus der Anwendungskonfigurationsdatei heraus auf die Richtliniendatei.

Das folgende Beispiel zeigt die Struktur einer WSE-Richtliniendatei:

```
<policies xmlns="http://schemas.microsoft.com/wse/2005/06/policy">
  <extensions>
    <extension name="..." type="..." />
  </extensions>
  <policy name="..." />
</policies>
```

Die Struktur ist recht intuitiv, aber eine kurze Beschreibung kann nicht schaden. Das Element **<policies>** ist das Stammelement. Um Warnungen bei der Erstellung zu verhindern, sollten Sie das Attribut **xmlns** wie angezeigt angeben. Das Element **<extensions>**, das optional ist, ist ein Container für ein oder mehrere **<extension>**-Elemente. Das Element **<extension>** wird zur Angabe einer Richtlinienerweiterung verwendet, die Standard- oder benutzerdefinierte Richtlinienassertion heißt. Ein Beispiel für eine Standard-Sicherheitsrichtlinienassertion (Erweiterung) ist **usernameOverTransportSecurity**:

```
<extension name="usernameOverTransportSecurity"
  type="Microsoft.Web.Services3.Design.UsernameOverTransportAssertion,
      Microsoft.Web.Services3, Version=3.0.0.0, Culture=neutral,
  PublicKeyToken=31bf3856ad364e35" />
```

Das Element **<policy>** wird verwendet, um eine Richtlinie in einer Richtliniendatei anhand des Attributs **name** eindeutig zu identifizieren. Es enthält ein oder mehrere untergeordnete Elemente, die alle eine der Standardrichtlinienassertionen sein können, z. B. die gebrauchsfertige Sicherheitsassertion **usernameOverTransportSecurity** oder eine benutzerdefinierte Richtlinienassertion. Weitere Informationen zum Richtliniendateischema finden Sie unter **http://msdn.microsoft.com/library/default.asp?url=/library/en-us/wse/html/88b311eb-03f2-4fec-b8f3-33755413a0ca.asp**.

Manuelles Erstellen einer Richtliniendatei

Die einfachste Möglichkeit für den Einstieg in eine Webdienstrichtlinie besteht in der manuellen Erstellung einer Richtliniendatei. Im Wesentlichen erstellen Sie eine leere XML-Datei, die einen beliebigen gültigen Dateinamen aufweisen kann, aber zur besseren Wiedererkennung die Standarderweiterung CONFIG erhalten sollte. Dann fügen Sie die folgende Struktur zur XML-Datei hinzu:

```
<policies xmlns="http://schemas.microsoft.com/wse/2005/06/policy">
</policies>
```

Zu dieser Struktur können Sie die Erweiterungen manuell mithilfe der Elemente **<extensions>** und **<extension>** hinzufügen. Richtlinienassertionen fügen sie mit dem Element **<policy>** und den ihm untergeordneten Elementen hinzu. Allerdings ist die Verwendung des Tools **WSE Settings 3.0** – auch als WseConfigEditor3 bekannt – wesentlich einfacher. Das Tool beschreiben wir im nächsten Abschnitt, „Erstellen, Konfigurieren und Aktivieren einer Richtliniendatei mithilfe von WseConfigEditor3".

Erstellen, Konfigurieren und Aktivieren einer Richtliniendatei mithilfe von WseConfigEditor3

Viele Funktionen von WSE 3.0 lassen sich mit dem Tool **WSE Settings 3.0** bearbeiten, das auch WseConfigEditor3 heißt. WseConfigEditor3 ist ein Tool mit grafischer Benutzeroberfläche, das die Arbeit bei der manuellen Konfiguration von Konfigurationsdateien erleichtert. Sobald WSE 3.0 auf einem Computer installiert ist, steht WseConfigEditor3 im Startmenü ebenso zur Verfügung wie im Projektmappen-Explorer in der integrierten Entwicklungsumgebung Microsoft Visual Studio 2005.

Das Verwenden des Konfigurationstools ist weitaus bequemer als bei früheren WSE-Versionen. Vor der Freigabe von WSE 3.0 konnten Entwickler nur aus Visual Studio 2005 heraus auf das Konfigurationstool zugreifen. Was noch schwerer wog, war die Tatsache, dass der Zugriff nur aus einem vorhandenen Projekt heraus erfolgen konnte.

Um eine neue Richtliniendatei mit WseConfigEditor3 zu erstellen oder eine vorhandene Richtliniendatei anzuhängen, führen Sie die folgenden Schritte aus:

1. Klicken Sie im Projektmappen-Explorer mit der rechten Maustaste auf das Projekt, für das Sie eine Richtlinie erstellen wollen. Dies kann das Webdienstprojekt oder das Webdienstconsumer-Projekt (z. B. eine Konsolen- oder eine Windows-Anwendung) sein. Klicken Sie dann auf **WSE 3.0 Settings**.
2. Klicken Sie im Dialogfeld **WseConfigEditor3** auf die Registerkarte **Policy** (siehe Abbildung 10.1).

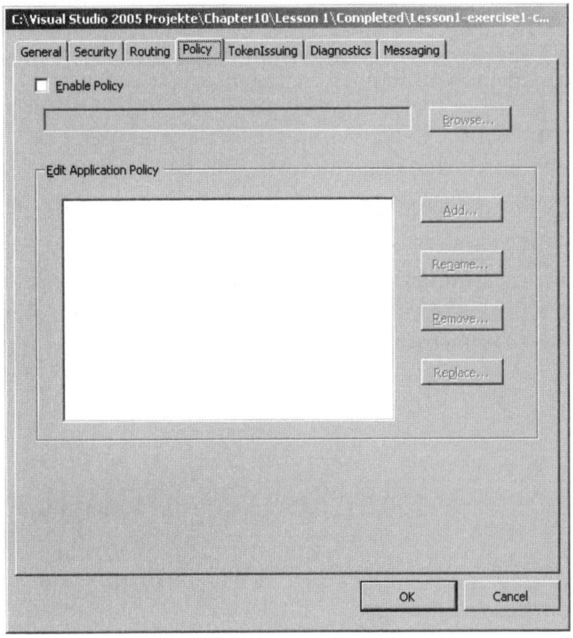

Abbildung 10.1 Registerkarte **Policy** im Tool **WseConfigEditor3**

3. Aktivieren Sie das Kontrollkästchen **Enable Policy**.
4. Klicken Sie auf **Browse** und navigieren Sie im Dialogfeld **Öffnen** zu der CONFIG-Datei, die die vorhandene Richtlinie enthält, bzw. zum Ordner, in dem Sie eine neue Richtliniendatei erstellen wollen. Geben Sie den Namen der Datei in das Feld **Dateiname** ein und klicken Sie auf **Öffnen**.

Sofern Sie nicht eine vorhandene Richtliniendatei anhängen, die bereits Richtlinien enthält (was bei der leeren Richtliniendatei, die Sie unter Umständen wie im Abschnitt „Manuelles Erstellen einer Richtliniendatei" beschrieben manuell erstellt haben, nicht der Fall ist), müssen Sie neue Richtlinienassertionen hinzufügen (siehe auch den nächsten Abschnitt, „Hinzufügen von Richtlinienassertionen"). Wenn die Richtlinien zur Richtliniendatei hinzugefügt wurden, können Sie auf **OK** klicken, um die Richtlinie für Ihr Projekt zu aktivieren.

Hinzufügen von Richtlinienassertionen

Eine Richtlinie (oder Richtliniendatei) ohne Richtlinienassertionen ist kaum einsetzbar, eigentlich sogar nutzlos. Tatsächlich erhalten Sie, wenn Sie im Dialogfeld **WseConfigEditor3** auf **OK** klicken, nachdem die Richtlinie aktiviert wurde, ihr aber noch keine Assertionen hinzugefügt wurden, die Meldung, dass die Richtlinie deaktiviert wird. Leider bietet Ihnen das betreffende Meldungsfeld nicht die Option, den Vorgang abzubrechen und zum Dialogfeld **WseConfigEditor3** zurückzukehren. Stattdessen wird die Richtlinie für Ihr Projekt deaktiviert und das Dialogfeld **WseConfigEditor3** wird geschlossen.

Um im Dialogfeld **WseConfigEditor3** Richtlinienassertionen zu Ihrer Richtlinie hinzuzufügen, müssen Sie Folgendes tun:

1. Stellen Sie sicher, dass eine Richtliniendatei zu Ihrem Projekt hinzugefügt wurde. Weitere Informationen finden Sie im vorherigen Abschnitt „Erstellen, Konfigurieren und Aktivieren einer Richtliniendatei mithilfe von WseConfigEditor3".
2. Klicken Sie im Dialogfeld **WseConfigEditor3** auf die Registerkarte **Policy** und klicken Sie in der Gruppe **Edit Application Policy** auf **Add** (siehe Abbildung 10.2).
3. Im Dialogfeld **Add Or Modify Policy Friendly Name** (siehe Abbildung 10.3) geben Sie den Anzeigenamen für die Richtlinienassertion ein und klicken dann auf **OK**. Der WSE Security Settings Wizard wird Sie nun durch den Vorgang zur Einstellung einer Authentifizierungsmethode geleiten.

Sobald Sie einen Anzeigenamen für die Richtlinienassertion eingegeben und auf **OK** geklickt haben, wird der WSE Security Settings Wizard gestartet. Klicken Sie auf der Seite **Welcome** auf **Next**. Auf der Seite **Authentication Settings** (siehe Abbildung 10.4) sind zwei Optionen vorhanden:

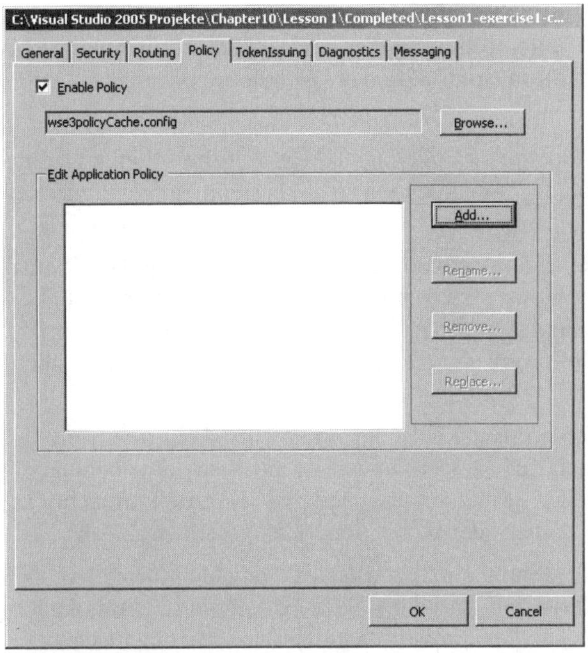

Abbildung 10.2 Schaltfläche **Add** in der Gruppe **Edit Application Policy**

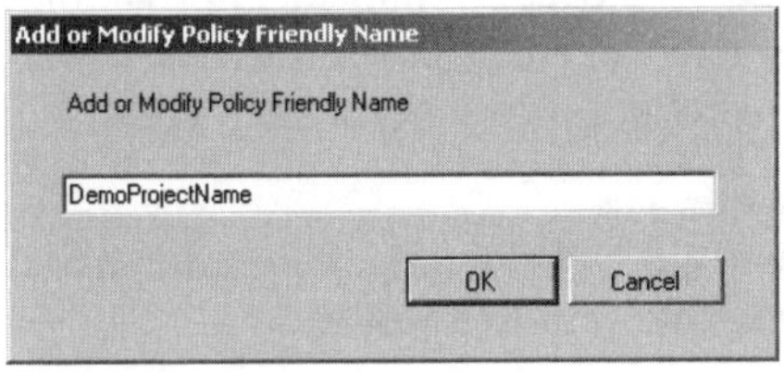

Abbildung 10.3 Dialogfeld **Add or Modify Policy Friendly Name**

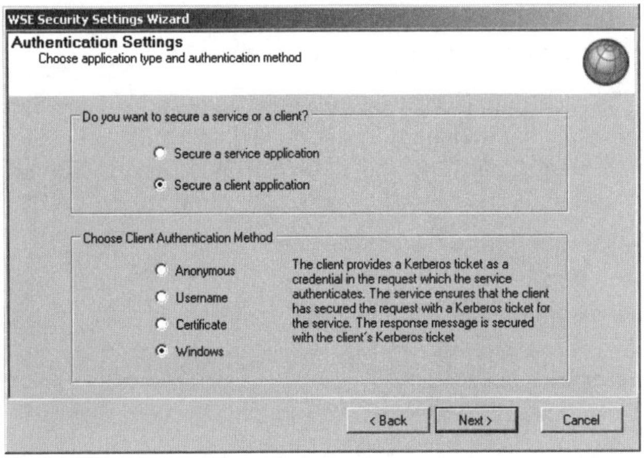

Abbildung 10.4 Seite **Authentication Settings** des WSE Security Settings Wizard

- **Do You Want To Secure A Service Or A Client?** Diese Einstellung ist relativ offensichtlich: Sie wählen einfach die Option **Secure A Service Application**, wenn Sie ein Webdienstprojekt konfigurieren, oder die Option **Secure A Client Application**, sofern Sie eine Webdienstconsumer- oder Clientanwendung konfigurieren.
- **Choose Client Authentication Method** Die Gruppe Choose Client Authentication Method stellt Optionen für Authentifizierungseinstellungen bereit. Die folgenden vier Auswahlmöglichkeiten sind vorhanden:
  - **Anonymous** Der Client übergibt keine Anmeldeinformationen in der Anforderung. Der Dienst gewährleistet, dass der Client die Anforderung mit dem öffentlichen Zertifikat des Servers gesichert hat. Die Antwortnachricht wird mit einem symmetrischen Schlüssel gesichert, der vom Client bereitgestellt wurde. Zwar ist diese Option am einfachsten zu verwenden, sie gilt aber auch als die schwächste.
  - **Username** Der Client übergibt in der Anforderung einen Benutzernamen und ein Kennwort als Anmeldeinformationen, die der Dienst authentifiziert. Der Dienst gewährleistet, dass der Client die Anforderung mit dem öffentlichen Zertifikat des Servers gesichert hat. Die Antwortnachricht wird mit einem symmetrischen Schlüssel gesichert, der vom Client bereitgestellt wurde.
  - **Certificate** Der Client übergibt in der Anforderung ein Zertifikat als Anmeldeinformation, die der Dienst authentifiziert. Der Dienst gewährleistet, dass der Client die Anforderung mit dem öffentlichen Zertifikat des Servers gesichert hat. Die Antwortnachricht wird mit einem symmetrischen Schlüssel gesichert, der vom Client bereitgestellt wurde.
  - **Windows** Der Client übergibt in der Anforderung ein Kerberos-Ticket als Anmeldeinformation, die der Dienst authentifiziert. Der Dienst gewährleistet, dass der Client die Anforderung mit einem Kerberos-Ticket für den Dienst gesichert hat. Die Antwortnachricht wird mit dem Kerberos-Ticket des Clients gesichert.

Wenn Sie **Username**, **Certificate** oder **Windows** gewählt haben und auf **Next** klicken, dann können Sie angeben, ob Sie die Authentifizierung auf der Seite **User and Roles** durchführen wollen.

Auf den nachfolgenden Seiten müssen Sie die Schutzanforderungen für Nachrichten angeben, d. h. ob Sie WS-Security Extensions 1.1 aktivieren wollen, in welcher Reihenfolge die Schutzmaßnahmen durchgeführt werden sollen und ob eine sichere Sitzung hergestellt werden soll. Außerdem müssen Sie das für den sicheren Nachrichtenaustausch zu verwendende Serverzertifikat angeben.

Überprüfen Sie abschließend Ihre Einstellungen auf der Seite **Create Security Settings** und klicken Sie auf **Finish**, um die Einstellungen in der Richtliniendatei zu speichern. Nachfolgend abgebildet ist eine Beispielrichtliniendatei mit einer Richtlinie namens **demoPolicy**, die die Sicherheitsassertion **usernameForCertificateSecurity** verwendet:

```
<policies xmlns="http://schemas.microsoft.com/wse/2005/06/policy">
  <extensions>
    <extension name="usernameForCertificateSecurity"
      type="Microsoft.Web.Services3.Design.UsernameForCertificateAssertion,
      Microsoft.Web.Services3, Version=3.0.0.0, Culture=neutral,
      PublicKeyToken=31bf3856ad364e35" />
    <extension name="x509"
      type="Microsoft.Web.Services3.Design.X509TokenProvider,
```

```
      Microsoft.Web.Services3, Version=3.0.0.0, Culture=neutral,
        PublicKeyToken=31bf3856ad364e35" />
    <extension name="requireActionHeader"
      type="Microsoft.Web.Services3.Design.RequireActionHeaderAssertion,
      Microsoft.Web.Services3, Version=3.0.0.0, Culture=neutral,
      PublicKeyToken=31bf3856ad364e35" />
  </extensions>
    <policy name="DemoPolicy">
     <usernameForCertificateSecurity establishSecurityContext="true"
        renewExpiredSecurityContext="true"
        requireSignatureConfirmation="false"
        messageProtectionOrder="SignBeforeEncryptAndEncryptSignature"
        requireDerivedKeys="true" ttlInSeconds="300">
      <serviceToken>
        <x509 storeLocation="LocalMachine" storeName="My" findValue=""
          findType="FindBySubjectDistinguishedName" />
      </serviceToken>
      <protection>
        <request signatureOptions="IncludeAddressing, IncludeTimestamp,
          IncludeSoapBody" encryptBody="true" />
        <response signatureOptions="IncludeAddressing, IncludeTimestamp,
          IncludeSoapBody" encryptBody="true" />
        <fault signatureOptions="IncludeAddressing, IncludeTimestamp,
          IncludeSoapBody" encryptBody="false" />
      </protection>
    </usernameForCertificateSecurity>
    <requireActionHeader />
  </policy>
</policies>
```

Weitere Informationen zum WSE Security Settings Wizard und zum Tool **WSE Settings 3.0** allgemein erhalten Sie unter **http://msdn.microsoft.com/library/default.asp?url=/library/enus /wse3.0/html/ 5a8f03b1-16ac-4c5c-9d9e-132a9c0b628a.asp**.

Verwenden einer Richtliniendatei

Nachdem Sie eine Richtliniendatei erstellt haben, muss auf diese aus der Datei **Web.config** bzw. **App.config** Ihrer Anwendung heraus verwiesen werden, sodass die Richtlinie für den Nachrichtenaustausch verwendet werden kann. Dies bedeutet auch, dass Sie Ihre Richtlinien dem SOAP-Endpunkt Ihrer Anwendung zuordnen (hier bedienen wir uns eigentlich der Ausdrucksweise aus WSE 2.0):

```
<microsoft.web.services3>
  <policy fileName="wse3policyCache.config" />
</microsoft.web.services3>
```

Übung 1: Konfigurieren der Sicherheit

In dieser Übung verwalten Sie die von Ihrer Anwendung verwendete Richtlinie mithilfe des Tools **WseConfigEditor3**. Sie erstellen einen Webdienst und verwalten diesen mit WseConfigEditor3. Falls Sie bei einer Übung auf Probleme stoßen, können Sie sich das fertige Projekt auf der Begleit-CD im Ordner **Code** ansehen.

1. Öffnen Sie Visual Studio 2005 und erstellen Sie eine leere Projektmappe namens **WSEConfig-EditorLab**.
2. Fügen Sie einen neuen C#- oder Visual Basic-Webdienst namens **WSEConfigEditorLab** hinzu.
3. Klicken Sie mit der rechten Maustaste auf das Projekt und klicken Sie auf **WSE Settings 3.0**.
4. Aktivieren Sie im Dialogfeld **WseConfigEditor3** auf der Registerkarte **General** die Kontrollkästchen **Enable This Project For Web Services Enhancements** und **Enable Microsoft Web Services Enhancement Soap Protocol Factory**.
5. Klicken Sie auf die Registerkarte **Policy**.
6. Aktivieren Sie das Kontrollkästchen **Enable Policy**.
7. Klicken Sie in der Gruppe **Edit Application Policy** auf **Add**.
8. Geben Sie im Dialogfeld **Add Or Modify Policy Name** in das Textfeld **demoPolicy** ein und klicken Sie auf **OK**.
9. Klicken Sie auf der Begrüßungsseite des WSE Security Settings Wizard auf **Next**.
10. Klicken Sie auf der Seite **Authentication Settings** in der Gruppe **Do You Want To Secure A Service Or A Client** auf die Option **Secure A Service Application**.
11. Klicken Sie in der Gruppe **Choose Client Authentication Method** auf die Option **Anonymous** und dann auf **Next**.
12. Klicken Sie auf der Seite **Message Protection** in der Gruppe **Protection Order** auf die Option **Sign-Only** und klicken Sie dann auf **Next**.
13. Aktivieren Sie auf der Seite **Server Certificate** das Kontrollkästchen **Specify The X.509 Certificate In Code** und klicken Sie dann auf **Next**.
14. Überprüfen Sie die gewählten Optionen auf der Seite **Create Security Settings**. Wenn Sie Fehleingaben gemacht haben oder Änderungen an den Optionen vornehmen wollen, dann können Sie auch zurückgehen und Korrekturen durchführen.
15. Klicken Sie auf **Finish**, um den Assistenten zu schließen, und klicken Sie auf **OK**, um das Dialogfeld **WseConfigEditor3** zu schließen.
16. Überprüfen Sie die neu erstellte Datei **Wse3policycache.config**. Sie sollte in etwa so aussehen:

```
<policies xmlns="http://schemas.microsoft.com/wse/2005/06/policy">
  <extensions>
    <extension name="anonymousForCertificateSecurity"
      type=
      "Microsoft.Web.Services3.Design.AnonymousForCertificateAssertion,
```

```
      Microsoft.Web.Services3, Version=3.0.0.0, Culture=neutral,
      PublicKeyToken=31bf3856ad364e35" />
    <extension name="requireActionHeader"        type=
      "Microsoft.Web.Services3.Design.RequireActionHeaderAssertion,
      Microsoft.Web.Services3, Version=3.0.0.0, Culture=neutral,
      PublicKeyToken=31bf3856ad364e35" />
  </extensions>
  <policy name="demoPolicy">
    <anonymousForCertificateSecurity establishSecurityContext="false"
        renewExpiredSecurityContext="true"
        requireSignatureConfirmation="false"
      messageProtectionOrder="SignBeforeEncrypt" requireDerivedKeys="true"
      ttlInSeconds="300">
      <protection>
        <request signatureOptions="IncludeAddressing, IncludeTimestamp,
          IncludeSoapBody" encryptBody="false" />
        <response signatureOptions="IncludeAddressing, IncludeTimestamp,
          IncludeSoapBody" encryptBody="false" />
        <fault signatureOptions="IncludeAddressing, IncludeTimestamp,
          IncludeSoapBody" encryptBody="false" />
      </protection>
    </anonymousForCertificateSecurity>
    <requireActionHeader />
  </policy>
</policies>
```

Sie haben Ihre Webdienstanwendung nun erfolgreich mit dem Tool **WseConfigEditor3** konfiguriert.

Zusammenfassung der Lektion

- Das Tool **WseConfigEditor3** kann zur Verwaltung fast aller Elemente der WSE-Konfiguration verwendet werden
- In den früheren Versionen von WSE stand WseConfigEditor3 nur innerhalb einzelner Projekte zur Verfügung. Seit WSE 3.0 kann das Tool aber auch innerhalb von Visual Studio 2005 oder als eigenständige Anwendung verwendet werden.
- Mithilfe des Tools **WseConfigEditor3** lassen sich allgemeine Einstellungen, Sicherheitseinstellungen, Richtlinieneinstellungen, Routing, Tokenausstellung, Diagnose und Messaging verwalten
- Wenn eine benutzerdefinierte Richtlinie für eine Anwendung implementiert wird, kann diese in WseConfigEditor3 auf der Registerkarte **Policy** verwaltet werden. Diese Funktion bietet Zugriff auf einen Security Settings Wizard und ermöglicht eine sehr ausgeklügelte Richtlinienkonfiguration.
- Es gibt vier Authentifizierungsmodi bei einer benutzerdefinierten Richtlinie: **Anonymous**, **Windows**, **Certificate** und **Username**
- Die anonyme Authentifizierung ist der einfachste Modus, gilt aber gemeinhin als der am wenigsten sichere unter den verfügbaren Modi und sollte nur in Verbindung mit Sicherheitsmaßnahmen auf der Transportebene verwendet werden

- Die Windows-Authentifizierung verwendet Kerberos und bietet ein hohes Maß an Sicherheit bei verringertem Administrationsaufwand
- Standardmäßig lassen sich zwei Anwendungstypen konfigurieren: Clientanwendungen und Dienste
- Das Richtlinienattribut **fileName** des Elements **<policy>** in einer Datei **Web.config** kann verwendet werden, um die Anwendung auf eine benutzerdefinierte Richtlinienausdrucksdatei zu verweisen
- Einer Anwendung lassen sich mehrere Richtlinien hinzufügen, indem zusätzliche **<policy>**-Elemente angegeben werden
- Wenn mehrere Richtlinien konfiguriert werden, kann die Konfigurationsdatei mithilfe des Tools **WseConfigEditor3** manuell bearbeitet werden
- Wird eine Richtlinie manuell hinzugefügt, dann muss sorgfältig darauf geachtet werden, dass alle erforderlichen Elemente (auch bezüglich der Schreibweise) korrekt eingegeben werden

Lernzielkontrolle

Mit den folgenden Fragen können Sie Ihr Wissen zu den Informationen aus Lektion 1, „Webdienstrichtlinie", überprüfen. Die Fragen finden Sie (in englischer Sprache) auch auf der Begleit-CD, Sie können sie also auch auf dem Computer im Rahmen eines Übungstests beantworten.

HINWEIS Antworten

Die Antworten auf diese Fragen und Erläuterungen dazu, warum die einzelnen Antworten richtig oder falsch sind, finden Sie im Abschnitt „Antworten" am Ende dieses Buchs.

---

1. Welches sind gültige Methoden zur Clientauthentifizierung? (Wählen Sie alle zutreffenden Antworten aus.)
   a. Anonymous
   b. Username
   c. Certificate
   d. Windows
2. Wie kann eine Richtlinie in einer Datei **Web.config** bzw. **App.config** angegeben werden? (Wählen Sie die beste Antwort aus.)
   a. Hinzufügen eines Elements **<policy>** und darin Angeben der Richtlinieninformationen.
   b. Hinzufügen eines Elements **<protection>** und darin Hinzufügen der Richtlinieninformationen.
   c. Hinzufügen eines Elements **<securityToken>**, das eine automatische Discovery gestattet.
   d. Hinzufügen eines Elements **<policy>** innerhalb des Elements **<Microsoft.Web.Service3>** und Angeben des Richtliniennamens mithilfe des Attributs **fileName**.

Lektion 2: Benutzerdefinierte Richtlinien

In der vorherigen Lektion haben Sie Richtlinien-(Cache-)Dateien, Richtlinienassertionen und Richtlinienerweiterungen kennen gelernt und erfahren, wie Sie all diese Elemente mit dem Tool **WseConfigEditor3** konfigurieren. In dieser Lektion nun werden wir uns mit der Frage befassen, wie eine benutzerdefinierte Richtlinienassertion erstellt wird, die die ausgetauschten Nachrichten verschlüsselt. Sie werden sehen, wie eine benutzerdefinierte Richtlinienassertion mithilfe von **UsernameToken** für eine benutzerdefinierte Sicherheitslösung erstellt wird. Zunächst werden wir die Grundlagen der Verschlüsselung behandeln. Sicherheit war bei der Entwicklung von WSE 3.0 einer der primären Aspekte. Das ist wahrscheinlich nicht überraschend, denn da sich Webdienste im Laufe der Zeit immer stärker durchgesetzt haben, ist eine immer umfassendere Sicherheitsimplementierung zunehmend kritisch geworden. Es gibt viele Sicherheitsaspekte, aber Ver- und Entschlüsselung sind zweifelsohne die Eckpunkte jeder sicheren Lösung.

Am Ende dieser Lektion werden Sie in der Lage sein, die folgenden Aufgaben auszuführen:

- Erstellen und Erzwingen einer benutzerdefinierten Richtlinie
- Festlegen einer Richtlinie in einer Clientanwendung und auf einem Clientcomputer
- Verschlüsseln einer SOAP-Nachricht
- Entschlüsseln einer SOAP-Nachricht

Veranschlagte Zeit für diese Lektion: 55 Minuten

Überblick

Der grundsätzliche Zweck der Verschlüsselung besteht darin, möglichst zu verhindern, dass Unbefugte an Informationen gelangen können – oder zumindest dafür zu sorgen, dass diese Informationen für diese möglichst schwer lesbar sind. Die Entschlüsselung ist das Gegenstück: Mit ihr wird sichergestellt, dass autorisierte Benutzer verschlüsselte Nachrichten lesen *können*. Ver- und Entschlüsselung werden in praktisch jeder halbwegs anspruchsvollen Anwendung eingesetzt, und eine substanzielle Unternehmensanwendung, die weder Ver- noch Entschlüsselung zu einem gewissen Grad verwendet, ist nur schwer vorstellbar. In seiner einfachsten Form kann ein Verschlüsselungsalgorithmus aus dem Wort „Microsoft" das Wort „Nuxeiaidr" machen. Dieser Algorithmus verwendet eine sehr einfache Ersetzungstechnik, bei der jeder Buchstabe im Wort „Microsoft" durch einen anderen Buchstaben ersetzt wird, der auf einer normalen Tastatur direkt neben dem ursprünglichen Buchstaben steht. Ohne den Algorithmus zu kennen, könnten Sie eine Nachricht verschlüsseln und sie auf diese Weise für Unbefugte schwer lesbar machen. In diesem Fall ist der Algorithmus recht simpel und jeder clevere Angreifer würde ihn früher oder später knacken können.

Eine andere Sicherheitskomponente ist das Hashing (das allerdings auch außerhalb von Sicherheitskontexten verwendet wird). Hashing berechnet mithilfe mathematischer Operationen einen Wert für die zu verschleiernden Wörter. Wird ein Teil des Hashwertes geändert oder manipuliert, dann lässt sich der Ursprungswert nicht mehr korrekt wiederherstellen. Aus diesem Grund kann durch Vergleichen des Ausgangswertes mit dem erwarteten Wert mit hoher Wahrscheinlichkeit festgestellt werden, ob eine Nachricht manipuliert wurde.

Diese beiden Konzepte werden in Kombination verwendet, um digitale Signaturen zu erstellen. In Kapitel 9, „Web Services Enhancements 3.0 in Client- und Serveranwendungen“, wurde das Konzept der *digitalen Signatur* bereits vorgestellt. Der wesentliche Zweck einer digitalen Signatur besteht darin, eine *Nichtabstreitbarkeit (Nonrepudiation)* zu ermöglichen.

HINWEIS Definition der Nichtabstreitbarkeit (Nonrepudiation)

Das Konzept der **Nichtabstreitbarkeit (Nonrepudiation)** besagt im Wesentlichen, dass, wenn eine Nachricht nicht abstreitbar ist, der Absender nicht leugnen kann, dass die betreffende Nachricht tatsächlich von ihm gesendet wurde, und der Empfänger auch nicht abstreiten kann, die Nachricht erhalten zu haben. Hierbei muss nicht nur die Identität von Absender und Empfänger bestätigt werden, sondern es muss ein Mechanismus implementiert werden, der verhindert, dass jemand behaupten kann, er habe zwar *eine* Nachricht gesendet, aber nicht *diese* Nachricht.

Basisverschlüsselung

Zwar ist die Nichtabstreitbarkeit (Nonrepudiation) ein wichtiges Sicherheitskonzept, aber sie ist unter Umständen nicht das primäre Ziel in einem gegebenen Sicherheitsszenario. Stellen wir uns einen Fall vor, in dem Branchengeheimnisse übertragen werden sollen. Unabhängig davon, ob es notwendig ist, Absender und Empfänger zu bestätigen, wollen Sie natürlich sicherstellen, dass, wenn die Nachricht verloren geht oder gestohlen wird, Unbefugte nicht in die in der Nachricht enthaltenen Geheimnisse eingeweiht werden. Es sollte an dieser Stelle festgehalten werden, dass kein Verschlüsselungsalgorithmus hundertprozentig sicher ist, d. h. es gibt keine Garantie, dass Unbefugte die Nachricht nicht anzeigen können. Allerdings ist es mithilfe starker kommerzieller Algorithmen möglich, diesen Vorgang derart kostspielig, zeitaufwendig oder kompliziert zu machen, dass die Chance eines Datenzugriffs durch einen Unbefugten minimal ist.

HINWEIS Definition des Datenschutzes

Die Nichtabstreitbarkeit (Nonrepudiation) mag zwar bei vielen Transaktionen wichtig sein (was insbesondere etwa für Finanztransaktionen oder die Übertragung von Patientendaten gelten mag), aber in vielen anderen Fällen ist der Datenschutz gleichermaßen wichtig. Wenn Sie einen Vertrag von einem Kunden erhalten, werden Sie meist sicherstellen wollen, dass dieser Vertrag tatsächlich vom Kunden unterschrieben wurde und nach Leistung der Unterschrift niemand mehr den Vertrag manipuliert hat. Es gibt auch Fälle, in denen zusätzlich zur Nichtabstreitbarkeit (Nonrepudiation) oder ungeachtet ihrer gewährleistet sein soll, dass niemand außer dem vorgesehenen Empfänger den Inhalt einer Nachricht zu sehen bekommt. Im Wesentlichen soll einfach sicherstellt sein, dass nur diejenigen Personen auf die Inhalte einer Nachricht zugreifen können, denen Sie diesen Zugriff ermöglichen wollen.

Um Daten erfolgreich zu schützen, können zwei Arten der Verschlüsselung verwendet werden:

- **Symmetrische Algorithmen** Der Begriff der *Verschlüsselung mit privaten Schlüsseln* wird häufig als Synonym für *symmetrische Algorithmen* verwendet. Ein symmetrischer Algorithmus verwendet einen Schlüssel, der sowohl dem Absender als auch dem Empfänger bekannt sein muss. Symmetrische Algorithmen gelten gemeinhin als weniger sicher als ihre asymmetrischen Gegenstücke, denn sowohl Absender als auch Empfänger verwenden denselben Schlüssel. Die *Integrität* des Algorithmus hängt davon ab, ob der Schlüssel geheim bleibt: Mit jeder weiteren Person, die Zugriff auf den Schlüssel hat, steigt das Gefährdungsrisiko.
- **Asymmetrische Algorithmen**Der Begriff der *Verschlüsselung mit öffentlichen Schlüsseln* wird häufig als Synonym für *asymmetrische Algorithmen* verwendet. Um diese Algorithmen verwenden zu können, verschlüsselt der Absender eine Nachricht mit dem öffentlichen Schlüssel des Empfängers. Zur Entschlüsselung der Nachricht muss dann der private Schlüssel des Empfängers verwendet werden. Diese Verschlüsselungsmethode gilt allgemein als sicherer, weil nur ein Beteiligter Zugriff auf den privaten Schlüssel benötigt. Solange der private Schlüssel privat bleibt, ist die Gefährdungswahrscheinlichkeit für die Nachricht sehr gering.

WEITERFÜHRENDE INFORMATIONEN Weitere Ressourcen zur .NET Framework-Kryptografie

An dieser Stelle konzentrieren wir uns in erster Linie auf die Ver- und Entschlüsselung von SOAP-Nachrichten mithilfe von WSE 3.0. Es gibt aber noch viele andere Anwendungen der Kryptografie. Die Microsoft-Gruppe Patterns and Practices hat einen Anwendungsblock für Kryptografie erstellt, der für viele Anwendungen einsetzbar ist. Dieser Anwendungsblock ist nicht nur recht einfach zu verwenden, sondern bietet auch eine umfassende Dokumentation zu den Kryptografieeigenschaften von .NET Framework. Diese Dokumentation als Lernmittel zu studieren, ist sehr sinnvoll. Zum Zeitpunkt der Abfassung dieses Dokuments können Sie an der Adresse http://msdn.microsoft.com/library/default.asp?url=/library/en-us/dnpag2/html/EntLibJan2006_CryptoAppBlock.asp?frame=true auf den Anwendungsblock zugreifen.

WSE 3.0 ermöglicht die Verwendung jeweils eines der beiden Kryptografiealgorithmen. Um die asymmetrische Verschlüsselung verwenden zu können, muss der Webdienstconsumer Zugriff auf das X.509-Zertifikat des Empfängers haben, denn dieses enthält den zum privaten Schlüssel des Empfängers passenden öffentlichen Schlüssel. Um einen symmetrischen Algorithmus mit WSE 3.0 verwenden zu können, muss der private Schlüssel beiden Beteiligten zugänglich sein, d. h. jeder Webdienstconsumer sowie der Webdienst selbst benötigen Zugriff auf diesen Privatschlüssel.

Ein häufig auftretendes Missverständnis bezüglich der Verschlüsselung von SOAP-Nachrichten besteht darin, anzunehmen, dass die gesamte Nachricht verschlüsselt würde. Dies ist *nicht* der Fall! Nur der Textkörper der SOAP-Nachricht wird verschlüsselt (und entsprechend beim Empfänger wieder entschlüsselt). Aus diesem Grund müssen sensible Daten, die in anderen Elementen der Nachricht enthalten sind (z. B. im Header), separat ver- und entschlüsselt werden.

ACHTUNG Vorsicht bei der Übertragung sensibler Daten außerhalb des Textkörpers

Alle Informationen, die nicht im Textkörper der Nachricht enthalten sind, werden nicht verschlüsselt und sind für neugierige Augen sichtbar. Aus diesem Grund ist es wesentlich, die eigenen SOAP-Nachrichten zu prüfen und sich zu vergewissern, welche Informationen sie enthalten.

Praxistipp

William Ryan

Vor einiger Zeit führte ich einer Gruppe von .NET-Benutzern eine Präsentation zu Web Services Enhancements 2.0 vor. Am Ende der Veranstaltung saßen viele Entwickler im Raum zusammen und plauschten miteinander. Einer der Anwesenden erzählte mir von einem Consultingunternehmen, das sein Unternehmen mit der Erstellung eines Nachrichtensubsystems beauftragt hatte. Die Consultants hatten einen ausgesprochen hohen Stundensatz und verwiesen auf ihr anscheinend sehr umfassendes Wissen im Sicherheitsbereich. Das von ihnen entwickelte Projekt wurde bereits länger als sechs Monate eingesetzt, als die obligatorische jährliche Überprüfung stattfand. Zu den ersten Dingen, die die Prüfer untersuchten, gehörten die Inhalte übertragener SOAP-Nachrichten. Was sie entdeckten, war sehr entmutigend. Sie stellen nämlich fest, dass der Textkörper der Nachrichten zwar ordnungsgemäß geschützt war, aber ein wesentlicher Teil der sehr sensiblen Daten in einem benutzerdefinierten SOAP-Header übertragen wurde, was von den Consultants schlicht ignoriert worden war. Es waren also Zeit und Geld in beträchtlichem Umfang darauf verwendet worden, die Daten im Textkörper zu schützen, aber dieselben Daten waren zum größten Teil auch im Header vorhanden – und insofern unverschlüsselt sichtbar. Dies ist in etwa vergleichbar mit dem Abschließen der Fahrertür und anschließendem Verlassen des Wagens, während die anderen Türen aber weit offen stehen.

Sie sind nun mit den Grundlagen zur Verschlüsselung vertraut. Jetzt wollen wir dieses Wissen so mit einer benutzerdefinierten Richtlinie verbinden, dass wir eine benutzerdefinierte Richtlinienassertion erstellen können, die sowohl vom Webdienst als auch vom Client verwendet wird und auf diese Weise sicherstellt, dass alle ausgetauschten Nachrichten verschlüsselt werden.

Erstellen einer benutzerdefinierten Richtlinienassertion

Eine benutzerdefinierte Richtlinienassertion sollte erstellt werden, wenn keine der gebrauchsfertigen Sicherheitsassertionen die Anforderungen Ihrer Anwendung erfüllt. Die benutzerdefinierte Richtlinienassertion wird verwendet, um Sicherheitsanforderungen durchzusetzen oder SOAP-Nachrichten zu modifizieren. Wie in Lektion 1 bereits erwähnt, muss eine benutzerdefinierte Richtlinienassertion entweder von der Klasse **PolicyAssertion** oder von der Klasse **SecurityPolicyAssertion** abgeleitet sein. Weil Sie eine Sicherheitsassertion erstellen, werden Sie diese von der Klasse **SecurityPolicyAssertion** ableiten.

Gehen Sie wie folgt vor, um eine benutzerdefinierte Richtlinienassertion zu erstellen, die einen SOAP-Nachrichtenaustausch schützt:

1. Erstellen Sie ein neues Klassenbibliotheksprojekt, benennen Sie die Standardklasse wie erforderlich um und leiten Sie sie von **SecurityPolicyAssertion** ab. Fügen Sie zwei private Variablen **username** und **password** sowie die entsprechenden schreibgeschützten Eigenschaften zum Abrufen der Werte der privaten Variablen hinzu. Als Nächstes ergänzen Sie zwei Konstruktoren: einen standardmäßigen ohne Parameter sowie einen zweiten, der einen Benutzernamen und ein Kennwort entgegennimmt. Im standardfremden Konstruktor speichern Sie die übergebenen Werte für Benutzername und Kennwort in private Variablen:

```
'VB
Public Class CustomSecurityAssertion
    Inherits SecurityPolicyAssertion

    Private usn As String = Nothing
    Private pwd As String = Nothing

    Public Sub New()
        MyBase.New()
    End Sub

    Public Sub New(ByVal userName As String, ByVal password As String)
        MyBase.New()

        Me.usn = userName
        Me.pwd = password
    End Sub

    Public ReadOnly Property UserName() As String
        Get
            Return Me.usn
        End Get
    End Property

        public readonly property Password() as string
        Get

            Return Me.pwd
        End Get
    End Property
End Class

//C#
    public class CustomSecurityAssertion : SecurityPolicyAssertion
{
        private string usn = null;
        private string pwd = null;

        public CustomSecurityAssertion()
        : base()
    {
    }

    public CustomSecurityAssertion(string userName, string password)
        : base()
    {
            this.usn = userName;
            this.pwd = password;
    }

    public string UserName
```

```
    {
            get
        {
                return this.usn;
        }
    }

        public string Password
    {
            get
        {
                return this.pwd;
        }
    }
}
```

2. Überschreiben Sie die abstrakte Methode **CreateServiceInputFilter** der Klasse **SecurityPolicy-Assertion**:

```
'VB
    Public Overrides Function CreateServiceInputFilter(ByVal context As _
        Microsoft.Web.Services3.Design.FilterCreationContext) As _
        Microsoft.Web.Services3.SoapFilter

    Throw New Exception("The method or operation is not implemented.")
End Function

//C#
public override SoapFilter CreateServiceInputFilter(FilterCreationContext
    context)
{
    throw new Exception("The method or operation is not implemented.");
}
```

3. Überschreiben Sie die abstrakte Methode **CreateServiceOutputFilter** der Klasse **SecurityPolicy-Assertion**:

```
'VB
    Public Overrides Function CreateServiceOutputFilter(ByVal context As _
        Microsoft.Web.Services3.Design.FilterCreationContext) As _
        Microsoft.Web.Services3.SoapFilter

    Throw New Exception("The method or operation is not implemented.")
End Function

//C#
public override SoapFilter CreateServiceOutputFilter(FilterCreationContext
    context)
{
    throw new Exception("The method or operation is not implemented.");
}
```

4. Überschreiben Sie die abstrakte Methode **CreateClientInputFilter** der Klasse **SecurityPolicy-Assertion**:

```
'VB
    Public Overrides Function CreateClientInputFilter(ByVal context As _
        Microsoft.Web.Services3.Design.FilterCreationContext) As _
        Microsoft.Web.Services3.SoapFilter

    Throw New Exception("The method or operation is not implemented.")
    End Function

//C#
public override SoapFilter CreateClientInputFilter(FilterCreationContext
    context)
{
    throw new Exception("The method or operation is not implemented.");
}
```

5. Überschreiben Sie die abstrakte Methode **CreateClientOutputFilter** der Klasse **SecurityPolicy-Assertion**:

```
'VB
    Public Overrides Function CreateClientOutputFilter(ByVal context As _
        Microsoft.Web.Services3.Design.FilterCreationContext) As _
        Microsoft.Web.Services3.SoapFilter

    Throw New Exception("The method or operation is not implemented.")
End Function

//C#
public override SoapFilter CreateClientOutputFilter(FilterCreationContext
    context)
{
    throw new Exception("The method or operation is not implemented.");
}
```

6. Überschreiben Sie die abstrakte Methode **ReadXml** der Klasse **SecurityPolicyAssertion**. Die Methode **ReadXml** ist zwar nicht abstrakt und muss aufgrund dessen eigentlich auch nicht wie die anderen zuvor beschriebenen Methoden überschrieben werden, aber das Überschreiben von **ReadXml** ist trotzdem erforderlich, sofern die Konfiguration über eine Konfigurationsdatei erfolgt. Wenn Sie dies versäumen, wird **System.Net.WebException** ausgelöst, weil eine Zeitüberschreitung der Operation erfolgt, während sie darauf wartet, dass das Startelement aus der Konfigurationsdatei ausgelesen wird. Insofern müssen Sie in der Methode **ReadXml** Code zur Analyse der ggf. vorhandenen benutzerdefinierten XML-Elemente und -Attribute hinzufügen, die in der Richtliniendatei für die Sicherheitsrichtlinienassertion abgelegt werden können. (Gebrauchsfertige sowie benutzerdefinierte) Sicherheitsrichtlinienassertionen können ein XML-Element bereitstellen, das zur Angabe der Optionen in der Richtliniendatei verwendet wird. Ein **XmlReader**-Objekt wird an die Methode **ReadXml** übergeben und das Leserelement wird für die Sicherheitsrichtlinienassertion im XML-Element platziert. Der Name des XML-Elements wird angegeben, wenn die Sicherheitsrichtlinienassertion in der Richtliniendatei mit

dem Element **extension** registriert wird. Aus diesem Grund kann **XmlReader** zum Abrufen der Optionen verwendet werden, die in der Richtliniendatei angegeben sind:

```
'VB
Public Overrides Sub ReadXml(ByVal reader As XmlReader, _
        ByVal extensions As IDictionary(Of String, Type))

    ' Wurde ein XmlReader-Objekt übergeben?
        If reader Is Nothing Then
            Throw New ArgumentNullException( _
                "XmlReader parameter cannot be null")
    End If

    ' Wurde ein IDictionary-Objekt übergeben?
        If extensions Is Nothing Then
            Throw New ArgumentNullException( _
                "IDictionary parameter cannot be null")
    End If

        Dim elementName As String = Nothing

    ' Erweiterungen in Schleife abarbeiten
        For Each extensionName As String In extensions.Keys
            ' Unsere Erweiterung?
            If extensions(extensionName) Is _
                GetType(CustomSecurityAssertion) Then

                ' Erweiterungsnamen speichern
                elementName = extensionName

            Exit For
        End If
            Next

        ' Startelement lesen
        reader.ReadStartElement(elementName)
End Sub

//C#
        public override void ReadXml(XmlReader reader,
            IDictionary<string, Type> extensions)
{
            // Wurde ein XmlReader-Objekt übergeben?
            if (reader == null)
                throw new ArgumentNullException(
                    "XmlReader parameter cannot be null");
            // Wurde ein IDictionary-Objekt übergeben?
            if (extensions == null)
                throw new ArgumentNullException(
                    "IDictionary parameter cannot be null");

            string elementName = null;
```

```
        // Erweiterungen in Schleife abarbeiten
        foreach (string extensionName in extensions.Keys)
    {
            // Unsere Erweiterung?
        if (extensions[extensionName] == typeof(CustomSecurityAssertion))
        {
                // Erweiterungsnamen speichern
                elementName = extensionName;

                break;
        }
    }

        // Startelement lesen
        reader.ReadStartElement(elementName);
}
```

7. Erstellen Sie den benutzerdefinierten Eingabefilter Ihres Webdienstes, indem Sie eine neue Klasse zur in Schritt 1 erstellten Klassendatei hinzufügen, die von **Microsoft.Web.Services3.Security. ReceiveSecurityFilter** abgeleitet ist. Dies ist die Basisklasse zur Filterung eingehender SOAP-Nachrichten. Sie müssen nun einen benutzerdefinierten Konstruktor erstellen, weil die Basisklasse keinen parameterlosen Konstruktor umfasst. Der Aufruf des überladenen Basiskonstruktors nimmt zwei Parameter entgegen: einen SOAP-Darsteller und einen booleschen Wert, der angibt, ob der Filter mit einem Webdienstclient verwendet werden soll. Außerdem müssen Sie die abstrakte Methode **ReceiveSecurityFilter.ValidateMessageSecurity** überschreiben:

```
'VB
Public Class ServiceFilterIn
    Inherits ReceiveSecurityFilter

    Public Sub New(ByVal parentAssertion As CustomSecurityAssertion)
        MyBase.New(parentAssertion.ServiceActor, False)
    End Sub

    Public Overrides Sub ValidateMessageSecurity(ByVal envelope As _
        Microsoft.Web.Services3.SoapEnvelope, _
        ByVal security As Microsoft.Web.Services3.Security.Security)

    End Sub
End Class

//C#
public class ServiceFilterIn : ReceiveSecurityFilter
{
    public ServiceFilterIn(CustomSecurityAssertion parentAssertion):
        base(parentAssertion.ServiceActor, false)
    {
    }
```

```
        public override void ValidateMessageSecurity(
            Microsoft.Web.Services3.SoapEnvelope envelope,
            Microsoft.Web.Services3.Security.Security security)
    {
    }
}
```

8. Erstellen Sie den benutzerdefinierten Ausgabefilter Ihres Webdienstes, indem Sie eine neue Klasse zur in Schritt 1 erstellten Klassendatei hinzufügen, die von **Microsoft.Web.Services3.Security. SendSecurityFilter** abgeleitet ist. Dies ist die Basisklasse zur Filterung ausgehender SOAP-Nachrichten. Sie müssen nun einen benutzerdefinierten Konstruktor erstellen, weil die Basisklasse keinen parameterlosen Konstruktor umfasst. Der Aufruf des überladenen Basiskonstruktors nimmt zwei Parameter entgegen: einen SOAP-Darsteller und einen booleschen Wert, der angibt, ob der Filter mit einem Webdienstclient verwendet werden soll. Sie müssen außerdem die abstrakte Methode **SendSecurityFilter.SecureMessage** überschreiben:

```
'VB
Public Class ServiceFilterOut
    Inherits SendSecurityFilter

    Public Sub New(ByVal parentAssertion As CustomSecurityAssertion)
        MyBase.New(parentAssertion.ServiceActor, False)
    End Sub

    Public Overrides Sub SecureMessage(ByVal envelope As _
        Microsoft.Web.Services3.SoapEnvelope, _
        ByVal security As Microsoft.Web.Services3.Security.Security)

    End Sub
End Class

//C#
public class ServiceFilterOut : SendSecurityFilter
{
    public ServiceFilterOut(CustomSecurityAssertion parentAssertion) :
        base(parentAssertion.ServiceActor, false)
    {
    }

        public override void SecureMessage(
            Microsoft.Web.Services3.SoapEnvelope envelope,
            Microsoft.Web.Services3.Security.Security security)
    {
    }
}
```

9. Erstellen Sie den benutzerdefinierten Eingabefilter Ihres Webdienstes, indem Sie eine neue Klasse zur in Schritt 1 erstellten Klassendatei hinzufügen, die von **Microsoft.Web.Services3.Security. ReceiveSecurityFilter** abgeleitet ist.

```
'VB
Public Class ClientFilterIn
    Inherits ReceiveSecurityFilter

    Public Sub New(ByVal parentAssertion As CustomSecurityAssertion)
        MyBase.New(parentAssertion.ServiceActor, True)
    End Sub

    Public Overrides Sub ValidateMessageSecurity(ByVal envelope As _
        Microsoft.Web.Services3.SoapEnvelope, _
        ByVal security As Microsoft.Web.Services3.Security.Security)

    End Sub
End Class

//C#
public class ClientFilterIn : ReceiveSecurityFilter
{
    public ClientFilterIn(CustomSecurityAssertion parentAssertion) :
        base(parentAssertion.ServiceActor, true)
    {
    }

        public override void ValidateMessageSecurity(
            Microsoft.Web.Services3.SoapEnvelope envelope,
            Microsoft.Web.Services3.Security.Security security)
    {
    }
}
```

10. Erstellen Sie den benutzerdefinierten Ausgabefilter Ihres Webdienstclients, indem Sie eine neue Klasse zur in Schritt 1 erstellten Klassendatei hinzufügen, die von **Microsoft.Web.Services3.Security.SendSecurityFilter** abgeleitet ist. Erstellen Sie eine private Variable zum Speichern der übergeordneten Sicherheitsassertion, die an den Konstruktor übergeben wird, und speichern Sie sie im Konstruktor:

```
'VB
Public Class ClientFilterOut
    Inherits SendSecurityFilter

    Private parentAssertion As CustomSecurityAssertion = Nothing

    Public Sub New(ByVal parentAssertion As CustomSecurityAssertion)
        MyBase.New(parentAssertion.ServiceActor, True)

        Me.parentAssertion = parentAssertion
    End Sub
```

```
    Public Overrides Sub SecureMessage(ByVal envelope As _
        Microsoft.Web.Services3.SoapEnvelope, _
        ByVal security As Microsoft.Web.Services3.Security.Security)

    End Sub
End Class

//C#
    public class ClientFilterOut : SendSecurityFilter
{
        private CustomSecurityAssertion parentAssertion = null;

        public ClientFilterOut(CustomSecurityAssertion parentAssertion)
        : base(parentAssertion.ServiceActor, true)
    {
            this.parentAssertion = parentAssertion;
    }

        public override void SecureMessage(
            Microsoft.Web.Services3.SoapEnvelope envelope,
            Microsoft.Web.Services3.Security.Security security)
    {
    }
}
```

Mit den beschriebenen Schritten erstellen Sie eine einzelne Sicherheitsrichtlinienassertion oder -assembly. Je nach Vorliebe können Sie die Klasse aber auch einfach in zwei Sicherheitsrichtlinienassertions-Klassen oder -Assemblys unterteilen: eine für die SOAP-Pipeline des Webdienstes und eine für die SOAP-Pipeline des Webdienstclients. Die benutzerdefinierte Sicherheitsassertion signiert, verifiziert, verschlüsselt und entschlüsselt SOAP-Nachrichten mithilfe von **Microsoft.Web.Services3.Security.Tokens.UsernameToken** wie im nächsten Abschnitt, „Verschlüsselung mit einem Sicherheitstoken“, beschrieben.

Verschlüsselung mit einem Sicherheitstoken

Sicherheitstoken können zur Signierung und Verschlüsselung von SOAP-Nachrichten verwendet werden. Die WSE 3.0-Klassenbibliothek bietet eine Anzahl Token im Namespace **Microsoft.Web.Services3.Security.Tokens**. Es gibt viele verschiedene Tokentypen, die jeweils eigene Stärken und Schwächen aufweisen. Jede Tokenimplementierung in WSE 3.0 ist von der Basisklasse **SecurityToken** abgeleitet. Die WSE 3.0-Klassen, die von **SecurityToken** erben, sind in der folgenden Liste aufgeführt:

- Microsoft.Web.Services3.Security.Tokens.BinarySecurityToken
- Microsoft.Web.Services3.Security.Tokens.DerivedKeyToken
- Microsoft.Web.Services3.Security.Tokens.EncryptedKeyToken

- Microsoft.Web.Services3.Security.Tokens.IssuedToken
- Microsoft.Web.Services3.Security.Tokens.UsernameToken
- Microsoft.Web.Services3.Security.Tokens.X509SecurityToken

Zwar würde eine detaillierte Beschreibung der Stärken und Schwächen der einzelnen Tokentypen den Rahmen dieses Buches sprengen, aber die WSE 3.0-Dokumentation bietet eine Menge Hintergrundinformationen zur Verwendung und zu Vor- und Nachteilen der einzelnen Token. Mit der im vorherigen Abschnitt „Erstellen einer benutzerdefinierten Richtlinienassertion" erstellten Sicherheitsrichtlinienassertion verwenden Sie **UsernameToken**. Ein **UsernameToken**-Objekt enthält einen Benutzernamen und/oder ein Kennwort. Wenn ein Webdienst eine Anforderung erhält, können Benutzernamens- und Kennwortwerte abgerufen und mit einem Speicher (z. B. einer Datenbank, Windows Active Directory oder einem anderen implementierten Mechanismus) verglichen werden, um die Gültigkeit der Anforderung zu überprüfen. Der wesentliche Vorteil der Verwendung von **UsernameToken** ist seine Einfachheit. Die Vorgehensweise zum Signieren und Verschlüsseln einer Nachricht mit **SecurityToken** ist simpel. Im WSE 3.0-Kontext fügen wir Code zum benutzerdefinierten Ausgabefilter des Webdienstclients hinzu, nämlich die überschriebene Methode **SecureMessage** der Klasse **ClientFilterOut**:

1. Erstellen Sie einen Tokentyp namens **UsernameToken**.
2. Fügen Sie Anmeldeinformationen zum Token hinzu.
3. Entscheiden Sie, welcher **PasswordOption**-Wert geeignet ist.
4. Fügen Sie **UsernameToken** zum SOAP-Sicherheitsheader hinzu.
5. Signieren Sie die SOAP-Nachricht mit einem XML-Signaturobjekt.
6. Erstellen Sie ein neues **EncryptedData**-Objekt und übergeben Sie an dieses **UsernameToken**.
7. Fügen Sie, wie im nachfolgenden Code gezeigt, das **EncryptedData**-Objekt zur Sammlung der Signaturen und Schlüssel im Sicherheitskontext hinzu:

```
'VB
        ' Token für Signierung und Verschlüsselung erstellen
        Dim userToken As New UsernameToken(parentAssertion.UserName, _
             parentAssertion.Password, PasswordOption.SendPlainText)

        ' Token zum SOAP-Sicherheitsheader hinzufügen
        security.Tokens.Add(userToken)

        ' SOAP-Nachricht mit XML-Signaturobjekt signieren
        Dim mesSignature As New MessageSignature(userToken)
        security.Elements.Add(mesSignature)

        ' Textkörper der Nachricht verschlüsseln
        Dim encData As New EncryptedData(userToken)

        ' Verschlüsselte Daten zur Sammlung der Signaturen
        ' und Schlüssel hinzufügen
        security.Elements.Add(encData)
```

```
//C#
 // Token für Signierung und Verschlüsselung erstellen
UsernameToken userToken = new UsernameToken(parentAssertion.UserName,
               parentAssertion.Password, PasswordOption.SendPlainText);

 // Token zum SOAP-Sicherheitsheader hinzufügen
 security.Tokens.Add(userToken);

 // SOAP-Nachricht mit XML-Signaturobjekt signieren
MessageSignature mesSignature = new MessageSignature(userToken);
 security.Elements.Add(mesSignature);

 // Textkörper der Nachricht verschlüsseln
 EncryptedData encData = new EncryptedData(userToken);

 // Verschlüsselte Daten zur Sammlung der Signaturen
 // und Schlüssel hinzufügen
 security.Elements.Add(encData);
```

Zwar ist im Code nicht angegeben, welcher Authentifizierungstyp (Windows oder benutzerdefiniert) verwendet werden soll, aber beide Typen lassen sich mit **UsernameToken** verwenden. Allerdings ist es, wenn Sie die benutzerdefinierte Authentifizierung verwenden wollen, erforderlich, eine Klasse zu erstellen, die von **UsernameTokenManager** abgeleitet ist und die Methode **AuthenticateToken** überschreibt, um eine Authentifizierung gegenüber einem Datenspeicher wie etwa einer Datenbank durchzuführen. Die abgeleitete Klasse muss dann in der Datei **Web.config** des Webdienstes unter Verwendung des Attributs **Type** des Elementes **<securityTokenManager>** registriert werden. Ansonsten ist der Code unkompliziert, und der einzige knifflige Schritt besteht in der Wahl des korrekten **PasswordOption**-Wertes. Eine Kurzbeschreibung der einzelnen **PasswordOption**-Werte finden Sie in Tabelle 10.1.

Tabelle 10.3 Die Enumeration **PasswordOption**

Wert	Beschreibung
SendHashed	Das Kennwort ist eingeschlossen und der SHA-1-Algorithmus wird für das Hashing des Kennwortes verwendet. Um diesen Wert zu verwenden, geben Sie eine Klasse an, die von der Klasse **UsernameTokenManager** erbt, die zur Behandlung der Authentifizierung automatisch eine überschriebene Methode **AuthenticateToken** aufruft.
SendNone	Das Kennwort ist nicht Bestandteil der Übertragung der Nachricht, wird aber zu ihrer Signierung verwendet und muss angegeben werden, damit die Nachricht entschlüsselt werden kann
SendPlainText	Das Kennwort wird unverschlüsselt gesendet. Diese Option kann sinnvoll sein, ihre Einsetzbarkeit ist aber aufgrund des unverschlüsselt übertragenen Kennworts beschränkt. Sie ist nur für Szenarios geeignet, in denen ein Zertifikat zur Verschlüsselung des **UsernameToken**-Wertes verwendet wird oder wenn der Transportchannel mithilfe von Secure Sockets Layer (SSL) abgesichert wurde.

Entschlüsselung

Je nach für die Anwendung erforderlichem Maß an Sicherheit kann eine zusätzliche Ver- oder Entschlüsselung wünschenswert sein. Die vordefinierten Funktionen sind allerdings bereits recht leistungsfähig und für die meisten kommerziellen Anwendungen mehr als ausreichend.

Die Vorgehensweise beim Signieren und Verschlüsseln von Nachrichten hat, sofern Sie gültige Windows-Kontoanmeldeinformationen verwendet haben, zur Folge, dass die Nachricht automatisch authentifiziert und entschlüsselt wird, weil WSE 3.0 ein vordefiniertes **UsernameTokenManager**-Objekt hat. Übergeben Sie keine Windows-Kontoanmeldeinformationen, dann müssen Sie eine benutzerdefinierte Klasse **Microsoft .Web.Services3.UsernameTokenManager** implementieren. Die Klasse **UsernameTokenManager** stellt eine Sicherheitstokenverwaltung für Sicherheitstoken des Typs **UsernameToken** dar. Es gibt eine Tokenverwaltungsklasse für alle Sicherheitstokenklassen, die am Anfang des vorherigen Abschnitts „Verschlüsselung mit einem Sicherheitstoken“ beschrieben wurden.

Verwenden eines Ausstellungsdienstes für Sicherheitstoken

Sollten Sie Ihre Sicherheitstoken bei Bedarf lieber automatisch ausstellen lassen wollen, statt eigene Token zu erstellen, dann bietet WSE 3.0 hierfür die entsprechenden Funktionen. Der Absender der SOAP-Nachricht erhält ein Sicherheitstoken vom Sicherheitstokendienst und verwendet dieses Token zur digitalen Signierung eines Nachrichtenaustauschs. Um ein Token vom Tokendienst abzurufen, dem vom Empfänger des Nachrichtenaustauschs vertraut werden muss, sendet der Absender der SOAP-Nachricht zunächst die erste SOAP-Nachricht, die auch RST-Nachricht (Request Security Token) heißt. Die RST-Nachricht muss signiert sein, damit der Sicherheitstokendienst bestätigen kann, dass der Absender der SOAP-Nachricht dazu autorisiert ist, das Sicherheitstoken anzufordern. Ist die Signatur einmal verifiziert, authentifiziert und autorisiert, dann wird eine RSTR-Nachricht (Request Security Token Response) an den Antragsteller zurückgegeben. Das ausgegebene Sicherheitstoken kann dann für den Nachrichtenaustausch verwendet werden, bis es abläuft.

WSE 3.0 bietet einen sehr eleganten Mechanismus zur Ausstellung von Token: die Klasse **SecurityContextTokenService**.

Damit diese Klasse Tokenanforderungen behandeln kann, muss der SOAP-Header die folgenden Bedingungen erfüllen:

- Der Header muss ein **<Action>**-Element enthalten
- Der Wert des **<Action>**-Elements muss auf **http://schemas.xmlsoap.org/ws/2004/04/security/trust/RST/SCT** festgelegt sein

---

ACHTUNG Basisklasse *SecurityTokenService* für Nicht-*SecurityContextToken*-Sicherheitstoken

Wenn die Anwendung die Verwendung von Token gestattet, die keine **SecurityContextToken**-Sicherheitstoken sind, dann muss die Klasse **SecurityTokenService** als Basisklasse verwendet werden, von der Ihre benutzerdefinierte Tokenklasse erbt.

Zwar hat die Klasse **SecurityContextTokenService** viele Member, doch die im Kontext der Tokenausstellung primär verwendete Methode ist **IssueSecurityContextTokenRequest**. Diese Methode hat zwei Überladungen, die ein anderes Objekt als Parameter entgegennehmen, und zwar entweder **RequestSecurityToken** oder **RequestSecurityTokenResponse**. Tabelle 10.2 zeigt, wann welcher Parameter zu verwenden ist.

Tabelle 10.4 IssueSecurityContextTokenRequest-Überladungen

Parameter	Erläuterung
RequestSecurityToken	Dieses Objekt wird immer dann verwendet, wenn eine Sicherheitstokenanforderung innerhalb eines **<RequestSecurityToken>**-Elements verarbeitet wird. Sofern die Anforderung gültig ist, wird ein Sicherheitstoken zurückgegeben.
RequestSecurityToken-Response	Dieses Objekt wird immer dann verwendet, wenn eine Sicherheitstokenanforderung innerhalb eines **<RequestSecurityTokenResponse>**-Elements empfangen wird.

Der folgende Code zeigt einen Beispielaufruf, bei dem ein **SecurityContextTokenService**-Objekt als Parameter für die Methode **IssueSecurityContextTokenRequest** verwendet wird:

```
'VB
Public Sub RequestSecurityTokenDemo()
    Dim ServiceInstance As New SecurityContextTokenService()
    Dim BaseToken As New RequestSecurityToken("TokenTypeHere")
    ServiceInstance.IssueSecurityContextTokenRequest(BaseToken)
End Sub

//C#
public void RequestSecurityTokenDemo()
{
    SecurityContextTokenService ServiceInstance =
        new SecurityContextTokenService();
    RequestSecurityToken BaseToken =
        new RequestSecurityToken("TokenTypeHere");
    ServiceInstance.IssueSecurityContextTokenRequest(BaseToken);
}
```

Die zweite überladene Methode **IssueSecurityContextTokenRequest** nimmt ein **RequestSecurityTokenResponse**-Objekt entgegen und wird im Endeffekt auf die gleiche Weise aufgerufen:

```
'VB
Public Sub RequestSecurityTokenResponseDemo()
    Dim ServiceInstance As New SecurityContextTokenService()
    Dim BaseTokenResponse As New RequestSecurityTokenResponse()
    ServiceInstance.IssueSecurityContextTokenRequest(BaseTokenResponse)
End Sub

//C#
public void RequestSecurityTokenResponseDemo(){
```

```
    SecurityContextTokenService ServiceInstance =
        new SecurityContextTokenService();
    RequestSecurityTokenResponse BaseTokenResponse =
        new RequestSecurityTokenResponse();
    ServiceInstance.IssueSecurityContextTokenRequest(BaseTokenResponse);
}
```

In beiden Fällen erstellen Sie ein **RequestSecurityToken**- oder ein **RequestSecurityTokenResponse**-Objekt und verwenden dieses dann als Parameter für den Aufruf der Methode **IssueSecurityContextTokenResponse**. Dieser Aufruf wiederum behandelt den Tokenaufruf und stellt ein Token basierend auf dem Objekt aus.

Übung 2: Signieren und Verschlüsseln eines Nachrichtenaustauschs mithilfe einer benutzerdefinierten Richtlinie

In dieser Übung haben Sie einen vorhandenen Webdienst, müssen aber eine benutzerdefinierte Richtlinie und einen Webdienstconsumer erstellen. Letzterer signiert und verschlüsselt eine Nachricht mithilfe der benutzerdefinierten Richtlinie und schickt sie an den Webdienst, der dieselbe Richtlinie zur Bestätigung und Entschlüsselung der Nachricht verwendet. Falls Sie bei einer Übung auf Probleme stoßen, können Sie sich das fertige Projekt auf der Begleit-CD im Ordner **Code** ansehen.

1. Kopieren Sie die Projektmappe namens **CustomPolicyLab** einschließlich aller Dateien und Projekte aus dem Ordner **Code** der Begleit-CD. Diese Projektmappe, die sowohl in Visual Basic als auch in C# vorhanden ist, enthält einen Beispielwebdienst namens **CustomPolicyWS** mit der berühmten Webmethode **HelloWorld**. WSE 3.0 wurde für diesen Webdienst aktiviert, und eine Richtliniendatei ohne Richtlinien wurde erstellt, auf die aus der Datei **Web.config** heraus verweisen wird.

2. Fügen Sie eine neue Klassenbibliothek namens **CustomPolicyAssertion** zur Projektmappe hinzu und benennen Sie **Class1.vb** bzw. **Class1.cs** in **CustomSecurityAssertion.vb** bzw. **CustomSecurityAssertion.cs** um.

3. Fügen Sie zum Projekt **CustomPolicyAssertion** einen Verweis auf die Assemblys **Microsoft.Web.Services3.dll** und **System.Web.Services.dll** hinzu.

4. Ersetzen Sie den Code in **CustomSecurityAssertion.vb** bzw. **CustomSecurityAssertion.cs** durch den folgenden Code, um Ihre benutzerdefinierte Sicherheitsrichtlinienassertion zu erstellen:

```
'VB
Imports System.Xml
Imports System.Collections.Generic
Imports Microsoft.Web.Services3
Imports Microsoft.Web.Services3.Design
Imports Microsoft.Web.Services3.Security
Imports Microsoft.Web.Services3.Security.Tokens

Public Class CustomSecurityAssertion
    Inherits SecurityPolicyAssertion

    Private usn As String = Nothing
```

```
    Private pwd As String = Nothing

    Public Sub New()
        MyBase.New()
    End Sub

    Public Sub New(ByVal userName As String, ByVal password As String)
        MyBase.New()

        Me.usn = userName
        Me.pwd = password
    End Sub

    Public ReadOnly Property UserName() As String
        Get
            Return Me.usn
        End Get
    End Property

    Public ReadOnly Property Password() As String
        Get
            Return Me.pwd
        End Get
    End Property

    Public Overrides Function CreateClientInputFilter(ByVal context As _
        Microsoft.Web.Services3.Design.FilterCreationContext) As _
        Microsoft.Web.Services3.SoapFilter

        Return New ClientFilterIn(Me)
    End Function

    Public Overrides Function CreateClientOutputFilter(ByVal context As _
        Microsoft.Web.Services3.Design.FilterCreationContext) As _
        Microsoft.Web.Services3.SoapFilter

        Return New ClientFilterOut(Me)
    End Function

    Public Overrides Function CreateServiceInputFilter(ByVal context As _
        Microsoft.Web.Services3.Design.FilterCreationContext) As _
        Microsoft.Web.Services3.SoapFilter

        Return New ServiceFilterIn(Me)
    End Function

    Public Overrides Function CreateServiceOutputFilter(ByVal context As _
        Microsoft.Web.Services3.Design.FilterCreationContext) As _
        Microsoft.Web.Services3.SoapFilter

        Return Nothing
```

```
    End Function

    Public Overrides Sub ReadXml(ByVal reader As XmlReader, _
        ByVal extensions As IDictionary(Of String, Type))

        ' Wurde ein XmlReader-Objekt übergeben?
        If reader Is Nothing Then
            Throw New ArgumentNullException( _
                "XmlReader parameter cannot be null")
        End If

        ' Wurde ein IDictionary-Objekt übergeben?
        If extensions Is Nothing Then
            Throw New ArgumentNullException( _
                "IDictionary parameter cannot be null")
        End If

        Dim elementName As String = Nothing

        ' Erweiterungen in Schleife abarbeiten
        For Each extensionName As String In extensions.Keys
            ' Unsere Erweiterung?
            If extensions(extensionName) Is _
                GetType(CustomSecurityAssertion) Then

                ' Erweiterungsnamen speichern
                elementName = extensionName


                Exit For
            End If
            Next

        ' Startelement lesen
        reader.ReadStartElement(elementName)

        ' Gesamte weitere Verarbeitung, ggf. einschließlich des Abrufs
        ' benutzerdefinierter Elemente und Attribute, hier durchführen
    End Sub
End Class

Public Class ServiceFilterIn
    Inherits ReceiveSecurityFilter

    Private parentAssertion As CustomSecurityAssertion = Nothing

    Public Sub New(ByVal parentAssertion As CustomSecurityAssertion)
        MyBase.New(parentAssertion.ServiceActor, False)

        Me.parentAssertion = parentAssertion
    End Sub
```

```
    Public Overrides Sub ValidateMessageSecurity(ByVal envelope As _
        Microsoft.Web.Services3.SoapEnvelope, _
        ByVal security As Microsoft.Web.Services3.Security.Security)

        Dim signed As Boolean = False
        Dim encrypted As Boolean = False

        If Not security Is Nothing Then
            ' Sammlung der Signaturen und Schlüssel durchlaufen
            For Each element As ISecurityElement In security.Elements
                ' Ist dies eine XML-Signatur?
                If TypeOf element Is MessageSignature Then
                    ' In XML-Signaturelement umwandeln
                    Dim signature As MessageSignature = _
                        CType(element, MessageSignature)

                    ' Ist Textkörper signiert?
                    If ((SignatureOptions.IncludeSoapBody And _
                        signature.SignatureOptions) = _
                            SignatureOptions.IncludeSoapBody) Then

                        ' Ist die Nachricht mit UsernameToken signiert?
                        If (TypeOf signature.SigningToken _
                            Is UsernameToken) Then

                            signed = True
                        End If
                    End If
                End If


                ' Sind dies verschlüsselte Daten?
                If TypeOf element Is EncryptedData Then
                    Dim encData As EncryptedData = _
                        CType(element, EncryptedData)
                    encrypted = True
                End If
            Next
        End If

        If Not signed OrElse Not encrypted Then
            Throw New SecurityFault("Message does not contain " & _
                "UsernameToken and/or message isn't encrypted")
        End If
    End Sub
End Class

Public Class ServiceFilterOut
    Inherits SendSecurityFilter
```

```
    Public Sub New(ByVal parentAssertion As CustomSecurityAssertion)
        MyBase.New(parentAssertion.ServiceActor, False)
    End Sub

    Public Overrides Sub SecureMessage(ByVal envelope As _
        Microsoft.Web.Services3.SoapEnvelope, _
        ByVal security As Microsoft.Web.Services3.Security.Security)

    End Sub
End Class

Public Class ClientFilterIn
    Inherits ReceiveSecurityFilter

    Public Sub New(ByVal parentAssertion As CustomSecurityAssertion)
        MyBase.New(parentAssertion.ServiceActor, True)
    End Sub

    Public Overrides Sub ValidateMessageSecurity(ByVal envelope As _
        Microsoft.Web.Services3.SoapEnvelope, _
        ByVal security As Microsoft.Web.Services3.Security.Security)

    End Sub
End Class

Public Class ClientFilterOut
    Inherits SendSecurityFilter

    Private parentAssertion As CustomSecurityAssertion = Nothing

    Public Sub New(ByVal parentAssertion As CustomSecurityAssertion)
        MyBase.New(parentAssertion.ServiceActor, True)

        Me.parentAssertion = parentAssertion

    End Sub

    Public Overrides Sub SecureMessage(ByVal envelope As _
        Microsoft.Web.Services3.SoapEnvelope, _
        ByVal security As Microsoft.Web.Services3.Security.Security)

        ' Token für Signierung und Verschlüsselung erstellen
        Dim userToken As New UsernameToken(parentAssertion.UserName, _
             parentAssertion.Password, PasswordOption.SendPlainText)

        ' Token zum SOAP-Sicherheitsheader hinzufügen
        security.Tokens.Add(userToken)

        ' SOAP-Nachricht mit XML-Signaturobjekt signieren
        Dim mesSignature As New MessageSignature(userToken)
        security.Elements.Add(mesSignature)
```

```
        ' Textkörper der Nachricht verschlüsseln
        Dim encData As New EncryptedData(userToken)

        ' Verschlüsselte Daten zur Sammlung der Signaturen
        ' und Schlüssel hinzufügen
        security.Elements.Add(encData)
    End Sub
End Class

//C#
using System;
using System.Data;
using System.Configuration;
using System.Collections.Generic;
using System.Web;
using System.Xml;
using Microsoft.Web.Services3;
using Microsoft.Web.Services3.Design;
using Microsoft.Web.Services3.Security;
using Microsoft.Web.Services3.Security.Tokens;

namespace MSLearning.TK70_529.Chapter10.Lesson2
{
    /// <summary>
    /// Zusammenfassende Beschreibung für CustomSecurityAssertion
    /// </summary>
    public class CustomSecurityAssertion : SecurityPolicyAssertion
    {
        private string usn = null;
        private string pwd = null;

        public CustomSecurityAssertion()
            : base()
        {
        }


        public CustomSecurityAssertion(string userName, string password)
            : base()
        {

            this.usn = userName;
            this.pwd = password;
        }

        public string UserName
        {
            get
            {
                return this.usn;
```

```
        }
    }

    public string Password
    {
        get
        {
            return this.pwd;
        }
    }

    public override SoapFilter
        CreateClientInputFilter(FilterCreationContext context)
    {
        return new ClientFilterIn(this);
    }

    public override SoapFilter
        CreateClientOutputFilter(FilterCreationContext context)
    {
        return new ClientFilterOut(this);
    }

    public override SoapFilter
        CreateServiceInputFilter(FilterCreationContext context)
    {
        return new ServiceFilterIn(this);
    }

    public override SoapFilter
        CreateServiceOutputFilter(FilterCreationContext context)
    {
        return null;
    }

    public override void ReadXml(XmlReader reader,
        IDictionary<string, Type> extensions)
    {
        // Wurde ein XmlReader-Objekt übergeben?
        if (reader == null)

            throw new ArgumentNullException(
                "XmlReader parameter cannot be null");
        // Wurde ein IDictionary-Objekt übergeben?
        if (extensions == null)
            throw new ArgumentNullException(
                "IDictionary parameter cannot be null");

        string elementName = null;

        // Erweiterungen in Schleife abarbeiten
```

```
            foreach (string extensionName in extensions.Keys)
            {
                // Unsere Erweiterung?
                if (extensions[extensionName] ==
                    typeof(CustomSecurityAssertion))
                {
                    // Erweiterungsnamen speichern
                    elementName = extensionName;

                    break;
                }
            }

            // Startelement lesen
            reader.ReadStartElement(elementName);

            // Gesamte weitere Verarbeitung, ggf. einschließlich des Abrufs
            // benutzerdefinierter Elemente und Attribute, hier durchführen
        }
    }

    public class ServiceFilterIn : ReceiveSecurityFilter
    {
        CustomSecurityAssertion parentAssertion = null;

        public ServiceFilterIn(CustomSecurityAssertion parentAssertion)
            : base(parentAssertion.ServiceActor, false)
        {
            this.parentAssertion = parentAssertion;
        }

        public override void ValidateMessageSecurity(
            Microsoft.Web.Services3.SoapEnvelope envelope,
            Microsoft.Web.Services3.Security.Security security)
        {
            bool signed = false;
            bool encrypted = false;

            if (security != null)
            {
                // Sammlung der Signaturen und Schlüssel
                // durchlaufen
                foreach (ISecurityElement element in security.Elements)

                {
                    // Ist dies eine XML-Signatur?
                    if (element is MessageSignature)
                    {
                        // In XML-Signaturelement umwandeln
                        MessageSignature signature =
                            (MessageSignature) element;
```

```
                    // Ist Textkörper signiert?
                    if ((SignatureOptions.IncludeSoapBody &
                        signature.SignatureOptions) ==
                        SignatureOptions.IncludeSoapBody)
                    {
                        // Ist die Nachricht mit UsernameToken signiert?
                        if (signature.SigningToken is UsernameToken)
                        {
                            signed = true;
                        }
                    }

                }

                // Sind dies verschlüsselte Daten?
                if (element is EncryptedData)
                {
                    EncryptedData encData = (EncryptedData) element;
                    encrypted = true;
                }
            }
        }

        if (!signed || !encrypted)
            throw new SecurityFault("Message does not contain " +
                "UsernameToken and/or message isn't encrypted");
    }
}

public class ServiceFilterOut : SendSecurityFilter
{
    public ServiceFilterOut(CustomSecurityAssertion parentAssertion)
        : base(parentAssertion.ServiceActor, false)
    {
    }

    public override void SecureMessage(
        Microsoft.Web.Services3.SoapEnvelope envelope,
        Microsoft.Web.Services3.Security.Security security)
    {
    }
}

public class ClientFilterIn : ReceiveSecurityFilter

{

    public ClientFilterIn(CustomSecurityAssertion parentAssertion)
        : base(parentAssertion.ServiceActor, true)
    {
```

```
        }

        public override void ValidateMessageSecurity(
            Microsoft.Web.Services3.SoapEnvelope envelope,
            Microsoft.Web.Services3.Security.Security security)
        {
        }
    }

    public class ClientFilterOut : SendSecurityFilter
    {
        private CustomSecurityAssertion parentAssertion = null;

        public ClientFilterOut(CustomSecurityAssertion parentAssertion)
            : base(parentAssertion.ServiceActor, true)
        {
            this.parentAssertion = parentAssertion;
        }

        public override void SecureMessage(
            Microsoft.Web.Services3.SoapEnvelope envelope,
            Microsoft.Web.Services3.Security.Security security)
        {
            // Token für Signierung und Verschlüsselung erstellen
            UsernameToken userToken = new
                UsernameToken(parentAssertion.UserName,
                parentAssertion.Password, PasswordOption.SendPlainText);

            // Token zum SOAP-Sicherheitsheader hinzufügen
            security.Tokens.Add(userToken);

            // SOAP-Nachricht mit XML-Signaturobjekt signieren
            MessageSignature mesSignature =
                new MessageSignature(userToken);
            security.Elements.Add(mesSignature);

            // Textkörper der Nachricht verschlüsseln
            EncryptedData encData = new EncryptedData(userToken);

            // Verschlüsselte Daten zur Sammlung der Signaturen
            // und Schlüssel hinzufügen
            security.Elements.Add(encData);
        }
    }
}
```

5. Legen Sie den Namespace **Root** (Visual Basic) bzw. **Default** (C#) für das Projekt **CustomPolicy-Assertion** auf **MSLearning.TK70_529.Chapter10.Lesson2** fest.
6. Fügen Sie zum Projekt **CustomPolicyWS** einen Verweis auf das Projekt **CustomPolicyAssertion** hinzu.

7. Fügen Sie ein neues Visual Basic- oder C#-Konsolenanwendungsprojekt namens **CustomPolicy-Client** zur Projektmappe hinzu.
8. Wählen Sie das Projekt **CustomPolicyClient** als Startprojekt aus und machen Sie es WSE 3.0-fähig.
9. Legen Sie den Namespace **Stammnamespace** (Visual Basic) bzw. **Standardnamespace** (C#) für das Projekt **CustomPolicyClient** auf **MSLearning.TK70_529.Chapter10.Lesson2** fest.
10. Fügen Sie zum Projekt **CustomPolicyClient** einen Verweis auf das Projekt **CustomPolicyAssertion** hinzu.
11. Fügen Sie im Dialogfeld **Webverweis hinzufügen** einen Verweis auf den Webdienst **CustomPolicy-WS** hinzu und nennen Sie ihn **CustomPolicyWS**.
12. Ersetzen Sie im Projekt **CustomPolicyClient** den Code in **Module1.vb** bzw. in **Program.cs** durch den folgenden Code (ersetzen Sie zuvor den Benutzernamen und das Kennwort für **Username-Token** durch auf Ihrem System gültige Werte):

```
'VB
Imports Microsoft.Web.Services3
Imports Microsoft.Web.Services3.Design
Imports Microsoft.Web.Services3.Security
Imports Microsoft.Web.Services3.Security.Tokens

Module Module1
    Sub Main()
        Dim custPolicyWS As New CustomPolicyWS.ServiceWse()

        ' Benutzerdefinierte Assertion erstellen
        Dim assertion As New _
            CustomSecurityAssertion("WindowsUserName", _
                "password")

        ' Richtlinie erstellen und benutzerdefinierte Assertion hinzufügen
        Dim pol As New Policy()
        pol.Assertions.Add(assertion)

        ' Richtlinie auf Webdienstproxy anwenden
        custPolicyWS.SetPolicy(pol)

        ' Webdienst aufrufen und Ergebnis anzeigen
        Console.WriteLine(custPolicyWS.HelloWorld())
    End Sub
End Module

//C#
using System;
using System.Collections.Generic;
using System.Text;
using Microsoft.Web.Services3;
using Microsoft.Web.Services3.Design;
```

```
using Microsoft.Web.Services3.Security;
using Microsoft.Web.Services3.Security.Tokens;

namespace MSLearning.TK70_529.Chapter10.Lesson2
{
    class Program
    {
        static void Main(string[] args)
        {
            CustomPolicyWS.ServiceWse custPolicyWS =
                new CustomPolicyWS.ServiceWse();

            // Benutzerdefinierte Assertion erstellen
            CustomSecurityAssertion assertion =
                new CustomSecurityAssertion("WindowsUserName",
                    "password");

            // Richtlinie erstellen und benutzerdefinierte Assertion hinzufügen
            Policy pol = new Policy();
            pol.Assertions.Add(assertion);

            // Richtlinie auf Webdienstproxy anwenden
            custPolicyWS.SetPolicy(pol);

            // Webdienst aufrufen und Ergebnis anzeigen
            Console.WriteLine(custPolicyWS.HelloWorld());
        }
    }
}
```

13. Ersetzen Sie im Projekt **CustomPolicyWS** den Code in WSE durch den folgenden Code. Mit ihm wird eine neue Richtlinie namens **servicePolicy** erstellt, die die gerade erstelle Klasse **Custom-SecurityAssertion** verwendet:

```
<policies xmlns="http://schemas.microsoft.com/wse/2005/06/policy">
  <extensions>
    <extension name="customSecurityAssertion" type=
      "MSLearning.TK70_529.Chapter10.Lesson2.CustomSecurityAssertion,
      CustomPolicyAssertion" />
  </extensions>
  <policy name="servicePolicy">
    <customSecurityAssertion />
  </policy>
</policies>
```

14. Wenden Sie im Projekt **CustomPolicyWS** das Attribut **Policy** auf die Klasse **Service** an:

```
'VB
<WebService(Namespace:="http://contoso.com/")> _
<WebServiceBinding(ConformsTo:=WsiProfiles.BasicProfile1_1)> _
<Global.Microsoft.VisualBasic.CompilerServices.DesignerGenerated()> _ <Policy("servicePolicy")> _
```

```
Public Class Service
    Inherits System.Web.Services.WebService

//C#
[WebService(Namespace = "http://contoso.com/")]
[WebServiceBinding(ConformsTo = WsiProfiles.BasicProfile1_1)]
[Policy("servicePolicy")]
public class Service : System.Web.Services.WebService
{
```

15. Führen Sie die Projektmappe aus. Die Ausgabe „Hello World" sollte im Konsolenfenster erscheinen. Drücken Sie die EINGABETASTE, um das Konsolenfenster zu verlassen.
16. Um die Übertragung der signierten und verschlüsselten Nachrichten vom Client zum Webdienst überwachen zu können, klicken Sie im Projektmappen-Explorer mit der rechten Maustaste auf das Projekt **CustomPolicyWS** und klicken dann auf **WSE Settings 3.0**. Ignorieren Sie die Warnmeldung, dass die Assembly **CustomPolicyAssertion** nicht geladen werden konnte.
17. Klicken Sie im Tool **WseConfigEditor3** auf die Registerkarte **Diagnostics**, wählen Sie **Enable Message Trace** und klicken Sie auf **OK**.
18. Führen Sie die Projektmappe erneut aus. Die Ausgabe „Hello World" sollte im Konsolenfenster erscheinen. Drücken Sie die EINGABETASTE, um das Konsolenfenster zu verlassen.
19. Klicken Sie im Projektmappen-Explorer mit der rechten Maustaste auf das Projekt **CustomPolicyWS** und klicken Sie auf **Ordner aktualisieren**. Sie werden bemerken, dass zwei neue Dateien **InputTrace.webinfo** und **OutputTrace.webinfo** von der WSE 3.0-Infrastruktur erstellt wurden. Öffnen Sie die Datei **InputTrace.webinfo** und betrachten Sie die Inhalte der eingehenden Nachrichten.

Zusammenfassung der Lektion

- Die Identität eines Empfängers oder Absenders sowie die Bestätigung, dass eine Übertragung nicht manipuliert wurde, ist über digitale Signaturen erhältlich
- Der Prozess des Verschleierns einer Nachricht, sodass Unbefugte sie nicht anzeigen können, heißt Verschlüsselung. Digitale Signaturen und verschlüsselte Nachrichten können separat eingesetzt werden, bilden aber in Kombination verwendet ein sehr leistungsfähiges Framework zur Absicherung von Daten.
- Der Vorgang, in dessen Verlauf eine verschlüsselte Nachricht wieder lesbar gemacht wird, heißt Entschlüsselung
- Damit Unbefugte den Inhalt einer Nachricht nicht anzeigen können, muss die Nachricht verschlüsselt werden
- Standardmäßig verschlüsselt WSE 3.0 nur den Textkörper einer Nachricht. Wenn sensible Daten außerhalb des Textkörpers in der Nachricht enthalten sind, die nicht verschlüsselt sind, dann können nichtautorisierte Dritte darauf zugreifen.

- Symmetrische Verschlüsselungsalgorithmen – auch als Algorithmen mit privaten Schlüsseln bezeichnet – machen es erforderlich, dass Absender sowie Empfänger Zugriff auf denselben privaten Schlüssel haben. Da mindestens zwei Parteien diesen Schlüssel kennen müssen, gelten symmetrische Algorithmen gemeinhin als weniger sicher als ihre asymmetrischen Gegenstücke.
- Asymmetrische Algorithmen – auch als Algorithmen mit öffentlichen Schlüsseln bezeichnet – setzen lediglich voraus, dass der Absender auf einen öffentlichen Schlüssel zugreifen können muss. Mit diesem verschlüsselt der Absender Nachrichten, die dann nur noch von Parteien entschlüsselt werden können, die auf den entsprechenden Privatschlüssel zugreifen können.
- Die Methode **IssueSecurityContextTokenRequest** der Klasse **SecurityContextTokenService** kann verwendet werden, um sowohl die **<RequestSecurityToken>**- als auch die **<RequestSecurityTokenResponse>**-Elemente einer Anforderung zu behandeln.
- Eine benutzerdefinierte Richtlinienassertion sollte erstellt werden, wenn keine der gebrauchsfertigen Sicherheitsassertionen die Anforderungen Ihrer Anwendung erfüllt.
- Eine benutzerdefinierte Richtlinienassertion muss entweder von der Klasse **PolicyAssertion** oder von der Klasse **SecurityPolicyAssertion** abgeleitet sein.

Lernzielkontrolle

Mit den folgenden Fragen können Sie Ihr Wissen zu den Informationen aus Lektion 2, „Benutzerdefinierte Richtlinien", überprüfen. Die Fragen finden Sie (in englischer Sprache) auch auf der Begleit-CD, Sie können sie also auch auf dem Computer im Rahmen eines Übungstests beantworten.

HINWEIS Antworten

Die Antworten auf diese Fragen mit Erklärungen, warum die jeweiligen Auswahlmöglichkeiten richtig oder falsch sind, finden Sie im Abschnitt „Antworten" am Ende dieses Buchs.

---

1. Worin besteht der wesentliche Unterschied zwischen symmetrischen und asymmetrischen Algorithmen? (Wählen Sie die beste Antwort aus.)
   a. Symmetrische Algorithmen gelten als sicherer als ihre asymmetrischen Gegenstücke.
   b. Asymmetrische Algorithmen gelten als sicherer als ihre symmetrischen Gegenstücke.
   c. Symmetrische Algorithmen stellen den bevorzugten Mechanismus zur Erstellung digitaler Signaturen dar und sind hinsichtlich der Verschleierung von Daten nur von eingeschränktem Wert.
   d. Asymmetrische Algorithmen stellen den bevorzugten Mechanismus zur Erstellung digitaler Signaturen dar und sind hinsichtlich der Verschleierung von Daten nur von eingeschränktem Wert.
2. Welches Element einer Anforderung wird standardmäßig geschützt, wenn eine Nachricht verschlüsselt wird? (Wählen Sie die beste Antwort aus.)
   a. Der Textkörper.
   b. Der Anforderungsheader.

c. Das **<RequestSecurityToken>**-Element, soweit überhaupt vorhanden.

d. Das **<RequestSecurityTokenResponse>**-Element, soweit überhaupt vorhanden.

3. Welche der folgenden Aussagen treffen bezüglich der Ver- und Entschlüsselung von SOAP-Anforderungen zu? (Wählen Sie alle zutreffenden Antworten aus.)

   a. Header und Textkörper können verschlüsselt werden.

   b. Ein **UsernameToken** kann verwendet werden.

   c. Zertifikate können zur Behandlung des Schlüsselaustauschs verwendet werden.

   d. Asymmetrische sowie symmetrische Algorithmen können verwendet werden.

Lektion 3: Nachrichtenfilter

In Lektion 2 haben Sie Filter in der Verarbeitungspipeline für SOAP-Nachrichten kennen gelernt. In dieser Lektion nun werden wir einen etwas anderen Ansatz zu Nachrichtenfiltern beschreiben. Informationen zu WSE 3.0-Nachrichtenfiltern entnehmen Sie allerdings Lektion 2 und dort insbesondere Übung 2. Nachrichtenfilter werden in einem separaten Abschnitt beschrieben, weil sie eine der *grundlegenden* Änderungen beim Wechsel von WSE 2.0 auf WSE 3.0 darstellen. Kurz gesagt, gestatten es Filter einer Anwendung, präzise zu definieren, wie ausgehende Nachrichten behandelt (also beispielsweise abgesichert) werden sollen und wie auch eingehende Nachrichten zu behandeln sind.

Am Ende dieser Lektion werden Sie in der Lage sein, die folgenden Aufgaben auszuführen:

- Migrieren eines **InputFilter** oder **OutputFilter** von WSE 2.0 zu WSE 3.0
- Erstellen eines neuen Filters
- Erstellen einer Richtlinienassertion zur Filterbehandlung

Veranschlagte Zeit für diese Lektion: 35 Minuten

Die Art und Weise der Filterimplementierung hat sich drastisch geändert. Dies geht auch aus dem folgenden Text hervor, der dem Artikel „How to: Migrate Custom Filters to Custom Policy Assertions“ in der MSDN-Dokumentation (**http://msdn.microsoft.com/library/default.asp?url=/library/en-us/wse3.0/html/4ffe5169-ec97-47ae-9df8-0bca49421777.asp**) entnommen ist: „Benutzerdefinierte Filter, die für frühere Versionen der Web Services Enhancements für Microsoft .NET (WSE) geschrieben wurden, müssen in benutzerdefinierte Richtlinienassertionen für WSE 3.0 migriert werden. Richtlinienassertionen unterscheiden sich von benutzerdefinierten WSE 2.0-Filtern dahingehend, dass benutzerdefinierte Filter nur einen Teil der SOAP-Nachrichten filtern, die zwischen einem Client und einem Webdienst ausgetauscht werden. …“

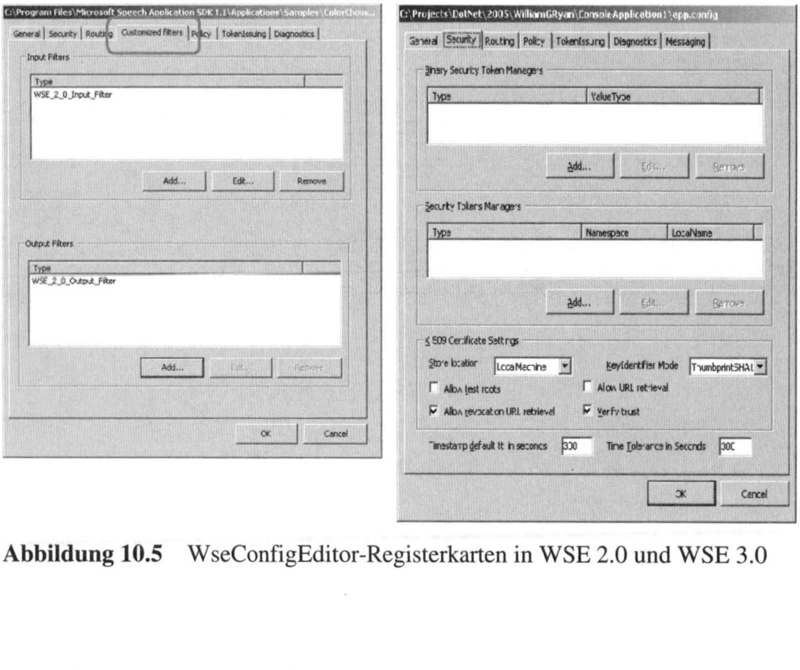

Abbildung 10.5 WseConfigEditor-Registerkarten in WSE 2.0 und WSE 3.0

Bereits bei einem Vergleich des WseConfigEditor-Tools für WSE 2.0 und WSE 3.0 (siehe Abbildung 10.5) sollten die Unterschiede augenscheinlich werden (falls nicht, achten Sie einmal auf die Unterschiede bei den Registerkarten).

Überblick zu den Nachrichtenfiltern

Nachrichtenfilter dienen der Optimierung der Sicherheit in Webdiensten, denn sie steuern, was in einer Nachricht übertragen und was empfangen werden darf. Ihr Zweck ist, wie der Name bereits sagt, die Filterung von Daten. Ihre Funktionsweise ist relativ simpel und in Abbildung 10.6 dargestellt.

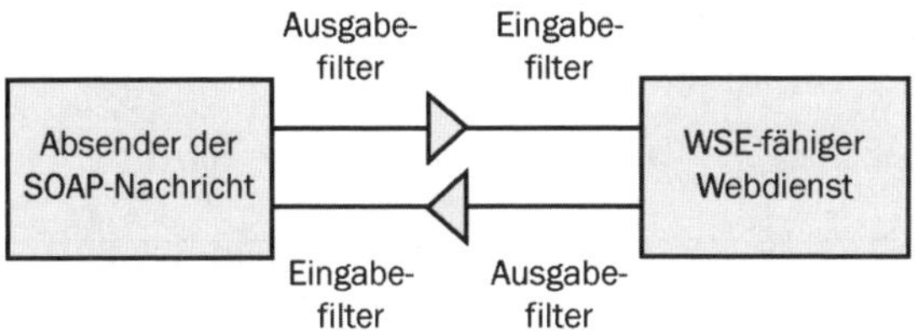

Abbildung 10.6 Ablauf bei Nachrichtenfiltern

Da Sie eigene Filter erstellen können, gibt es keine echte Beschränkung des bei der Absicherung einsetzbaren Granularitätsmaßes. Wenn Sie also etwas Bestimmtes realisieren wollen, können Sie das normalerweise auch tun. Je komplexer die Regeln, desto komplexer ist auch der Code, aber eine solche Beziehung ist durchaus nicht unüblich und nicht umständlicher als irgendeine andere.

Implementierung und Migration

Wenn eine Anwendung von WSE 2.0 zu WSE 3.0 migriert wird, müssen ein paar Schritte durchgeführt werden. Wird eine Anwendung von Grund auf neu entwickelt, dann sind dieselben Schritte durchzuführen, allerdings gibt es einen Unterschied: In letzterem Fall werden tatsächlich neue Klassen erstellt, während in ersterem vorhandene Definitionen geändert werden müssen. In beiden Fällen umfasst der Vorgang Folgendes:

1. Wenn es sich um eine neue Anwendung handelt, erstellen Sie eine Klasse, die von **SoapFilter**, **ReceiveSecurityFilter** oder **SendSecurityFilter** abgeleitet ist. Wird die Anwendung portiert, dann ändern Sie die Basisklasse des vorhandenen Filters in eine der drei genannten Klassen. Tabelle 10.3 beschreibt, wozu die einzelnen Basisklassen dienen.

Tabelle 10.5 Die Klassen **SoapFilter, ReceiveSecurityFilter** und **SendSecurityFilter**

Klassenname	Verwendung
SoapFilter	Basisklasse, von der alle WSE 3.0-Filter abgeleitet sein müssen. Ersetzt die Eingabe- und Ausgabefilter in WSE 2.0. Wird in erster Linie für Filter verwendet, die nicht zur Absicherung von SOAP-Nachrichten dienen.
ReceiveSecurityFilter	Basisklasse, von der alle Filter abgeleitet sein sollten, die Empfang und Absicherung von SOAP-Nachrichten behandeln
SendSecurityFilter	Basisklasse, von der alle Filter abgeleitet sein sollten, die Versand und Absicherung von SOAP-Nachrichten behandeln

2. In neuen Anwendungen geben Sie eine bestimmte Methode an, mit der der Prozess verarbeitet wird. Bei Migrationen ändern Sie den Rückgabetyp der Methode **ProcessMessage** je nachdem, welche Aufgaben der Filter erfüllen soll. Tabelle 10.4 beschreibt, wann welcher Typ verwendet werden soll.

Tabelle 10.6 Methoden hinzufügen oder Rückgabetypen angeben für die Methode **ProcessMessage**

Aktion	Verwendung
Filter, die nicht zur Absicherung von SOAP-Nachrichten gedacht sind	Verwenden Sie **SoapFilterResult** als Rückgabetyp. Verwenden Sie **SoapFilterResult.Continue**, um die Abwärtskompatibilität sicherzustellen.
Ausgabefilter, die SOAP-Nachrichten absichern	Fügen Sie eine Methode **SecureMessage** hinzu
Eingabefilter, die SOAP-Nachrichten absichern	Fügen Sie eine Methode **ValidateMessageSecurity** hinzu

3. Erstellen Sie eine benutzerdefinierte Sicherheitsassertion.
4. Geben Sie in der in Schritt 3 erstellten Assertion eine neue Instanz des benutzerdefinierten Filters in der entsprechenden Methode (**CreateClientInputFilter**, **CreateClientOutputFilter**, **CreateServiceInputFilter** oder **CreateServiceOutputFilter**) zurück.

Verwenden der Klasse *SoapFilter*

Auf die Gefahr hin, dass wir uns wiederholen, möchten wir doch darauf hinweisen, dass Klassen, die von **SoapFilter** abgeleitet sind, nicht verwendet werden dürfen, wenn eine SOAP-Nachricht abgesichert werden muss. (Weitere Informationen zur Filterung mit einer benutzerdefinierten Sicherheitsrichtlinienassertion finden Sie in Lektion 2.) Insofern besteht der primäre Verwendungszweck solcher Klassen darin, von vorhandenen Funktionen (z. B. der Ablaufverfolgung) zu profitieren. Jetzt müssen Sie, um eine Klasse zu implementieren, die von **SoapFilter** abgeleitet ist, nur noch die Vererbung definieren und die Methode **ProcessMessage** überschreiben. (Die in den obigen Schritten erwähnten Schlüsselbereiche sind fett gedruckt.)

```
'VB
Imports Microsoft.Web.Services3
Imports Microsoft.Web.Services3.Design
Imports Microsoft.Web.Services3.Security
Imports Microsoft.Web.Services3.Security.Tokens

    Public Class DemoSoapFilter
        Inherits SoapFilter

        Public Overrides Function ProcessMessage( _
            ByVal envelope As SoapEnvelope) As SoapFilterResult
         Me.Trace("Message you want to trace")
        Return SoapFilterResult.Continue
    End Function
End Class

//C#
```

```
using Microsoft.Web.Services3;
using Microsoft.Web.Services3.Design;
using Microsoft.Web.Services3.Security;
using Microsoft.Web.Services3.Security.Tokens;

public class DemoSoapFilter : SoapFilter
{
    public DemoSoapFilter()  {}
    public override SoapFilterResult ProcessMessage(
        SoapEnvelope envelope)
    {
         this.Trace("Message I want to trace");
        return SoapFilterResult.Continue;
    } }
```

Verwenden der Klasse *ReceiveSecurityFilter*

Bei Klassen, die den Empfang von abgesicherten Nachrichten behandeln, muss die Klasse **ReceiveSecurityFilter** verwendet werden. Die Klasse, von der abgeleitet wird, muss eine zusätzliche Konstruktorlogik bieten, um zur Definition der Basisklasse zu passen. (Die in den obigen Schritten erwähnten Schlüsselbereiche sind fett gedruckt.)

```
'VB
Imports Microsoft.Web.Services3
Imports Microsoft.Web.Services3.Design
Imports Microsoft.Web.Services3.Security
Imports Microsoft.Web.Services3.Security.Tokens

Public Class DemoReceiveSecurityFilter
    Inherits ReceiveSecurityFilter

     Public Overrides Sub ValidateMessageSecurity( _
         ByVal envelope As SoapEnvelope, ByVal security As Security)
         'Überprüfung hier implementieren
     End Sub

     Public Sub New(ByVal serviceActor As String, ByVal isClient As Boolean)
        MyBase.New(serviceActor, isClient)
    End Sub
End Class

//C#
using System;
using Microsoft.Web.Services3;
using Microsoft.Web.Services3.Design;
using Microsoft.Web.Services3.Security;
using Microsoft.Web.Services3.Security.Tokens;
public class DemoReceiveSecurityFilter : ReceiveSecurityFilter
{
    public DemoReceiveSecurityFilter(String serviceActor,
        Boolean isClient) : base(serviceActor, isClient)
```

```
    {
    }
    public override void ValidateMessageSecurity(SoapEnvelope envelope,
        Security security)
    {
        //Überprüfung hier implementieren
    }
}
```

Verwenden der Klasse *SendSecurityFilter*

Bei Klassen, die den Versand von abgesicherten Nachrichten behandeln, muss die Klasse **SendSecurityFilter** verwendet werden. Die Klasse, von der abgeleitet wird, muss eine zusätzliche Konstruktorlogik bieten, um zur Definition der Basisklasse zu passen. (Die in den obigen Schritten erwähnten Schlüsselbereiche sind fett gedruckt.)

```
'VB
Imports Microsoft.Web.Services3
Imports Microsoft.Web.Services3.Design
Imports Microsoft.Web.Services3.Security
Imports Microsoft.Web.Services3.Security.Tokens

Public Class DemoSendSecurityFilter
    Inherits SendSecurityFilter
     Public Overrides Sub SecureMessage(ByVal envelope As SoapEnvelope, _
         ByVal security As Security)
         'Nachricht hier verarbeiten
     End Sub

     Public Sub New(ByVal serviceActor As String, ByVal isClient As Boolean)
        MyBase.New(serviceActor, isClient)
     End Sub
End Class

//C#
using System;
using Microsoft.Web.Services3;
using Microsoft.Web.Services3.Design;
using Microsoft.Web.Services3.Security;
using Microsoft.Web.Services3.Security.Tokens;

public class DemoSendSecurityFilter : SendSecurityFilter
{
    public DemoSendSecurityFilter(String serviceActor,
         Boolean isClient) : base(serviceActor, isClient)
    {
    }

     public override void SecureMessage(SoapEnvelope envelope,         Security security)
    {        //Überprüfung hier implementieren
    }
}
```

Übung 3: Erstellen eines benutzerdefinierten Filters

In dieser Übung erstellen Sie einen benutzerdefinierten Filter. Falls Sie bei einer Übung auf Probleme stoßen, können Sie sich das fertige Projekt auf der Begleit-CD im Ordner **Code** ansehen.

1. Öffnen Sie Visual Studio 2005 und erstellen Sie eine leere Projektmappe namens **DemoFilter**.
2. Fügen Sie ein neues C#- oder Visual Basic-Webdienstprojekt namens **DemoFilter** hinzu.
3. Fügen Sie einen Verweis auf die Assembly **Microsoft.Web.Services3.dll** hinzu.
4. Fügen Sie eine Klasse namens **DemoSoapFilter** zum Projekt im Ordner **App_Code** hinzu.
5. Ändern Sie die Klasse so, dass sie wie folgt aussieht:

```
'VB
Imports Microsoft.VisualBasic
Imports System
Imports System.Collections.Generic
Imports System.Text
Imports System.Xml
Imports System.Security.Cryptography.X509Certificates
Imports Microsoft.Web.Services3
Imports Microsoft.Web.Services3.Design
Imports Microsoft.Web.Services3.Security
Imports Microsoft.Web.Services3.Security.Tokens

Public Class DemoSoapFilter
    Inherits SoapFilter

    Public Overrides Function ProcessMessage( _
        ByVal envelope As SoapEnvelope) _
        As Microsoft.Web.Services3.SoapFilterResult

        Me.Trace("Message you want to trace")
        Return SoapFilterResult.Continue
    End Function
End Class

//C#
using System.Web;
using System.Web.Services;
using System.Web.Services.Protocols;
using System.Collections.Generic;
using System.Text;
using System.Security.Cryptography.X509Certificates;
using Microsoft.Web.Services3;
using Microsoft.Web.Services3.Design;
using Microsoft.Web.Services3.Security;
using Microsoft.Web.Services3.Security.Tokens;

public class DemoSoapFilter : SoapFilter
{
```

```
    public DemoSoapFilter() {}

    public override SoapFilterResult ProcessMessage(SoapEnvelope envelope)
    {
        this.Trace("Message I want to trace");
        return SoapFilterResult.Continue;
    }
}
```

6. Konfigurieren Sie die Anwendung und vergewissern Sie sich, dass sie abgeschlossen wird. Nun sollten Sie über einen funktionsfähigen Filter verfügen, der in einem Webdienst verwendet werden kann.

Zusammenfassung der Lektion

- Nachrichtenfilter stellen einen wesentlichen Bereich der WSE-Sicherheitsfunktionen dar. Allerdings sind sie durch den Wechsel von Version 2.0 auf Version 3.0 erheblichen Änderungen unterworfen.
- Klassen, die als Filter in WSE 3.0 verwendet werden sollen, müssen von den Klassen **SoapFilter**, **ReceiveSecurityFilter** oder **SendSecurityFilter** erben.
- Die Klasse **SoapFilter** sollte zur Bearbeitung von Tasks verwendet werden, die keine Absicherung von SOAP-Nachrichten mit einbeziehen.
- Klassen, die von **SoapFilter** abgeleitet sind, müssen die Methode **ProcessMessage** implementieren und **SoapFilterResult.Continue** zurückgeben, um sicherzustellen, dass bereits vorhandener Clientcode sie weiterhin aufrufen kann.
- Klassen, die von **SendSecurityFilter** abgeleitet sind, sollten die Methode **SecureMessage** implementieren.
- Klassen, die von **ReceiveSecurityFilter** abgeleitet sind, sollten die Methode **ValidateMessageSecurity** implementieren.
- Da Filter, um in WSE 3.0 zu funktionieren, nicht mehr einfach nur hinzugefügt werden können, muss eine benutzerdefinierte Richtlinienassertion erstellt werden, die ihre Implementierung behandelt.

Lernzielkontrolle

Mit den folgenden Fragen können Sie Ihr Wissen zu den Informationen aus Lektion 3, „Nachrichtenfilter“, überprüfen. Die Fragen finden Sie (in englischer Sprache) auch auf der Begleit-CD, Sie können sie also auch auf dem Computer im Rahmen eines Übungstests beantworten.

HINWEIS Antworten

Die Antworten auf diese Fragen mit Erklärungen, warum die jeweiligen Auswahlmöglichkeiten richtig oder falsch sind, finden Sie im Abschnitt „Antworten“ am Ende dieses Buchs.

1. Welche der folgenden Klassen sind gültige Basisklassen, von denen benutzerdefinierte Filter abgeleitet werden können? (Wählen Sie alle zutreffenden Antworten aus.)
   a. SoapFilter
   b. ReceiveSecurityFilter
   c. SendSecurityFilter
   d. ProcessMessage
2. Welche der folgenden Methoden sollten Klassen implementieren, die von der Klasse **SendSecurityFilter** abgeleitet sind? (Wählen Sie die beste Antwort aus.)
   a. ProcessMessage
   b. ValidateMessageSecurity
   c. SecureMessage
   d. CreateClientOutputFilter

Rückblick auf dieses Kapitel

Sie können die in diesem Kapitel vermittelten Fähigkeiten folgendermaßen einüben und vertiefen:

- Lesen Sie die Zusammenfassung des Kapitels sorgfältig durch
- Lesen Sie die Liste der Schlüsselbegriffe durch, die in diesem Kapitel eingeführt wurden
- Arbeiten Sie die Übungen mit Fallbeispielen durch. Diese Szenarios beschreiben Fälle aus der Praxis, in denen die Themen dieses Kapitels zur Anwendung kommen. Sie werden aufgefordert, eine Lösung zu entwickeln.
- Führen Sie die vorgeschlagenen praktischen Übungen durch
- Machen Sie einen Übungstest

Zusammenfassung des Kapitels

- Die Identität eines Empfängers oder Absenders sowie die Bestätigung, dass eine Übertragung nicht manipuliert wurde, ist über digitale Signaturen erhältlich
- Der Prozess des Verschleierns einer Nachricht, sodass Unbefugte sie nicht anzeigen können, heißt Verschlüsselung. Digitale Signaturen und verschlüsselte Nachrichten können separat eingesetzt werden, bilden aber in Kombination verwendet ein sehr leistungsfähiges Framework zur Absicherung von Daten.
- Der Vorgang, in dessen Verlauf eine verschlüsselte Nachricht wieder lesbar gemacht wird, heißt Entschlüsselung
- Damit Unbefugte den Inhalt einer Nachricht nicht anzeigen können, muss eine Nachricht verschlüsselt werden

- Standardmäßig verschlüsselt WSE 3.0 nur den Textkörper einer Nachricht. Wenn sensible Daten außerhalb des Textkörpers in der Nachricht enthalten sind, die nicht verschlüsselt sind, dann können nichtautorisierte Dritte darauf zugreifen.
- Symmetrische Verschlüsselungsalgorithmen – auch als Algorithmen mit privaten Schlüsseln bezeichnet – machen es erforderlich, dass Absender sowie Empfänger Zugriff auf denselben privaten Schlüssel haben. Da mindestens zwei Parteien diesen Schlüssel kennen müssen, gelten symmetrische Algorithmen gemeinhin als weniger sicher als ihre asymmetrischen Gegenstücke.
- Asymmetrische Algorithmen – auch als Algorithmen mit öffentlichen Schlüsseln bezeichnet – setzen lediglich voraus, dass der Absender auf einen öffentlichen Schlüssel zugreifen können muss. Mit diesem verschlüsselt der Absender Nachrichten, die dann nur noch von Parteien entschlüsselt werden können, die auf den entsprechenden Privatschlüssel zugreifen können.
- Die Methode **IssueSecurityContextTokenRequest** der Klasse **SecurityContextTokenService** kann verwendet werden, um sowohl die **<RequestSecurityToken>**- als auch die **<RequestSecurityTokenResponse>**-Elemente einer Anforderung zu behandeln
- Mithilfe von Konfigurationsdateien lassen sich praktisch alle Aspekte benutzerdefinierter Richtlinien steuern und ändern
- Das Element **<mappings>** kann zur Angabe von Endpunkten der Anwendung verwendet werden
- Eine Richtlinienausdrucksdatei muss mindestens ein **<mappings>**-Element, ein **<endpoint>**-Element und ein **<default operation>**-Element enthalten (dieses muss zudem die Elemente **<request>**, **<response>** und **<policy>** enthalten). Zusätzlich muss jede benutzerdefinierte Richtlinie hinzugefügt werden.
- Das Attribut **fileName** des Elements **<policy>** in einer Datei **Web.config** kann verwendet werden, um die Anwendung auf eine benutzerdefinierte Richtlinienausdrucksdatei zu verweisen
- Unter dem Element **<protection>** lassen sich drei Komponenten konfigurieren: **<request>**, **<response>** und **<fault>**.
- Einer Anwendung lassen sich mehrere Richtlinien hinzufügen, indem zusätzliche **<policy>**-Elemente angegeben werden
- Wenn mehrere Richtlinien konfiguriert werden, kann die Konfigurationsdatei mithilfe des Tools **WseConfigEditor3** manuell bearbeitet werden
- Wird eine Richtlinie manuell hinzugefügt, dann muss sorgfältig darauf geachtet werden, dass die Schreibweisen der Elementnamen korrekt sind
- Werden mehrere Richtlinien konfiguriert, dann muss jede Richtlinie einen eindeutigen Namen aufweisen
- Assertionen müssen zu Richtliniendateien hinzugefügt werden, um sie verwenden zu können
- WseConfigEditor3 kann zur Verwaltung der meisten Elemente der WSE-Konfiguration verwendet werden

- In früheren WSE-Versionen stand WseConfigEditor nur innerhalb einzelner Projekte zur Verfügung. Seit WSE 3.0 kann das Tool aber auch innerhalb von Visual Studio 2005 oder als eigenständige Anwendung verwendet werden.
- Mithilfe von WseConfigEditor3 lassen sich allgemeine Einstellungen, Sicherheitseinstellungen, Richtlinieneinstellungen, Routing, Tokenausstellung, Diagnose und Messaging verwalten
- Wenn eine benutzerdefinierte Richtlinie für eine Anwendung implementiert wird, kann diese auf der Registerkarte **Policy** verwaltet werden. Diese Funktion bietet Zugriff auf einen Security Settings Wizard und ermöglicht eine sehr ausgeklügelte Richtlinienkonfiguration.
- Es gibt vier Authentifizierungsmodi bei einer benutzerdefinierten Richtlinie: **Anonymous**, **Windows**, **Certificate** und **Username**.
- Die anonyme Authentifizierung ist der einfachste Modus, gilt aber gemeinhin auch als am wenigsten sichere Variante
- Die Windows-Authentifizierung (ein proprietäres Microsoft-Format) verwendet Kerberos und bietet ein hohes Maß an Sicherheit bei verringertem Administrationsaufwand
- Standardmäßig lassen sich zwei Anwendungstypen konfigurieren: Clientanwendungen und Dienste.

Schlüsselbegriffe

Wissen Sie, was die folgenden Schlüsselbegriffe bedeuten? Sie können Ihre Antworten überprüfen, indem Sie die Begriffe im Glossar am Ende dieses Buchs nachschlagen.

- Asymmetrischer Algorithmus
- Digitale Signatur
- Integrität
- Richtlinienassertion
- Richtlinienausdruck
- Richtlinienframework
- Symmetrischer Algorithmus
- Zeitstempel

Fallbeispiel

Im folgenden Fallbeispiel wenden Sie an, was Sie über die Verwendung der WSE 3.0-Sicherheitsfunktionen gelernt haben. Die Lösungen zu den Fragen finden Sie im Abschnitt „Antworten" hinten in diesem Buch.

Fallbeispiel 1: Wie sicher ist sicher genug?

Die Implementierung leistungsfähiger und flexibler Richtlinien ist in Webdiensten häufig sehr wichtig. Schließlich ist der Webdienst ein Eintrittspunkt in Ihre Organisation – und in den meisten Fällen einer, der geschützt werden muss. Im folgenden Szenario wird diese Entscheidung behandelt.

Interviews

Es folgt eine Auflistung der befragten Unternehmensmitarbeiter und ihrer Aussagen:

- **Leiter der IT-Abteilung** „Was wir in Bezug auf eine erweiterte Funktionalität für unsere Benutzer erreichen konnten, war geradezu überraschend. Die Geschäfte laufen hervorragend und werden nicht nur immer besser, sondern wir erhalten immer weniger Supportanfragen, und die Kunden sind zufrieden wie nie zuvor. Die beiden bedeutendsten Risiken, denen wir ausgesetzt sind, sind meiner Meinung nach Dienstunterbrechungen und Sicherheitslücken. Ich möchte alles in meiner Macht stehende tun, damit weder das eine noch das andere jemals geschieht. Zurzeit besteht mein dringlichstes Ziel darin, herauszufinden, wie gut unsere Arbeit in Sachen Sicherheit ist, und unseren Kunden eine Dokumentation zu unserem Sicherheitsansatz zur Verfügung zu stellen."
- **Unternehmensplaner** „Wir haben unsere Hausaufgaben in Sachen Technik größtenteils erledigt, und unsere Kunden sind hocherfreut. Da wir schneller vorangekommen sind als erwartet, müssen wir uns in der Tat auf die Produktdokumentation konzentrieren, damit wir unseren Kunden unsere Infrastruktur erläutern und von dem, was wir gerade tun, hoffentlich von Anfang an profitieren können. Ich möchte mit der Entwicklung einer Reihe von Whitepapers beginnen, die sich in erster Linie mit unserer Sicherheitskonfiguration befassen. Ist WSE 3.0 etwas, das branchenweit anerkannt ist? Werden die Algorithmen in akademischen und professionellen Kreisen gewürdigt? Welche Details können wir betonen?"
- **CIO** „Finanziell gesehen könnte es nicht besser laufen, und wir müssen dies wirklich nutzen. Die Umsätze sind hervorragend, die Kosten niedrig und alle Kunden sind sehr zufrieden. Wie der Leiter der IT-Abteilung bereits erwähnte, gibt es nur zwei Dinge, über die wir uns den Kopf zerbrechen: Dienstunterbrechungen und Sicherheitslücken. Ich habe einen Großteil unserer Ressourcen auf die Dokumentation unserer Dienstinfrastruktur verwendet. Dasselbe müssen wir auch im Hinblick auf die Sicherheit tun."

Fragen

Beantworten Sie die folgenden Fragen für Ihren Abteilungsleiter:

1. Sind die von WSE vermittelten Sicherheitsmerkmale in der Softwarecommunity anerkannt?
2. Wie trägt WSE in unserem Tätigkeitskontext zu unserer Sicherheitsimplementierung bei?
3. Lassen sich Whitepapers zum Sicherheitsansatz entwickeln, die die Merkmale von WSE und unsere spezielle Implementierung betonen?

Vorgeschlagene praktische Übungen

Um die in diesem Kapitel formulierten Lernziele erfolgreich zu erreichen, führen Sie die folgenden Aufgaben durch:

Für diese Aufgabe müssen Sie zumindest die Übungen 1 und 2 bearbeiten. Um Ihr Verständnis von WSE 3.0 zu vertiefen, können Sie auch Übung 3 bearbeiten.

- **Praktische Übung 1** Erstellen Sie einen Webdienst, der WSE 3.0 verwendet und verschlüsselte Nachrichten entschlüsselt.

  Erstellen Sie einen neuen Webdienstconsumer, der WSE 3.0 verwendet. Entwickeln Sie diese Anwendung so, dass sie einen Textkörper unter Verwendung eines asymmetrischen oder symmetrischen Algorithmus verschlüsseln kann.

- **Praktische Übung 2** Notieren Sie mindestens drei Ziele, die Sie mit einer benutzerdefinierten Sicherheitsrichtlinie erreichen wollen. Erstellen Sie dann nach Analyse dieser Ziele eine benutzerdefinierte Richtlinie, die diese Merkmale implementiert. Nachdem die Richtlinie erstellt ist, erstellen Sie einen Webdienstconsumer und einen Webdienstclient, die die gerade erstellte Richtlinie verwenden können. Um sicherzustellen, dass Sie verstehen, wie diese Aufgabe erledigt wird, erstellen Sie die Richtlinie zunächst manuell und nachfolgend noch einmal mit dem Tool **WseConfigEditor3**.

- **Praktische Übung 3** Erstellen Sie eine benutzerdefinierte Richtlinie und fügen Sie sie zu einem Webdienst hinzu. Nun geben Sie über die Richtliniendatei einen oder mehrere Filter an, die der Dienst verwenden soll.

Machen Sie einen Übungstest

Die Übungstests auf der Begleit-CD zu diesem Buch (in englischer Sprache) bieten zahlreiche Möglichkeiten. Zum Beispiel können Sie einen Test machen, der ausschließlich die Themen eines bestimmten Lernziels behandelt, oder Sie können sich selbst mit dem gesamten Inhalt der Prüfung 70-259 testen. Sie können den Test so konfigurieren, dass er dem Ablauf einer echten Prüfung entspricht, oder Sie können einen Lernmodus verwenden, in dem Sie sich nach dem Beantworten einer Frage jeweils sofort die richtige Antwort und Erklärungen ansehen können.

WEITERFÜHRENDE INFORMATIONEN Praktische Übungen

Einzelheiten zu allen Optionen, die bei den Übungstests zur Verfügung stehen, finden Sie im Abschnitt „So verwenden Sie die Übungstests“ in der Einführung am Anfang dieses Buchs.

KAPITEL 11

Messaging und Routing

Der Schwerpunkt dieses Kapitels liegt auf der Frage, wie die Funktionen von Web Services Enhancements (WSE) über Messaging und Routing erweitert werden können. WSE-Messaging ermöglicht ein Ergänzen traditioneller Webdienste um Funktionen wie uni- oder bidirektionales Messaging oder Anhänge. Sie können mithilfe von WSE-Messaging auch angeben, dass der Webdienst ein alternatives Kommunikationsprotokoll verwendet und so die Effizienz der Nachrichtenübertragung erhöht.

Ein WSE-Router kann implementiert werden, um Anforderungen an die entsprechenden Server und/oder Webdienste auch unterschiedlicher Versionen zu leiten. Sobald die Routeranwendung erstellt ist, kann sie so konfiguriert werden, dass sie Anforderungen an einen oder mehrere Webdienste weiterleitet. Statt nun direkt auf die Webdienste zuzugreifen, stellen externe Clients ihre Anforderungen an den WSE-Router.

Lektion 3 legt den Schwerpunkt auf das Hinzufügen und Überprüfen von Anmeldeinformationen. In Kapitel 9, „Web Services Enhancements 3.0 in Client- und Serveranwendungen", wurde die Verwendung digitaler Signaturen zur Sicherstellung der Nachrichtenintegrität vorgestellt. Wenn Sie eine Zwischenstelle wie etwa einen WSE-Router verwenden, müssen Sie die Anmeldeinformationen mithilfe von WSE hinzufügen, statt sie – wie in Kapitel 9 – dem Proxy zuzuordnen. In diesem Kapitel werden Sie erfahren, wie Sie die Anmeldeinformationen hinzufügen und diese Anmeldeinformationen dann auch überprüfen.

In diesem Kapitel abgedeckte Lernziele:

- Implementieren des WSE-SOAP-Messagings
  - Auswählen eines Protokolls
  - Implementieren des unidirektionalen SOAP-Messagings
  - Implementieren des bidirektionalen SOAP-Messagings
  - Senden von Anhängen aus einer Webdienstanwendung
  - Empfangen von Anhängen in einer Clientanwendung
- Weiterleiten von SOAP-Nachrichten mithilfe eines WSE-Routers
  - Erstellen einer WSE-Routeranwendung
  - Konfigurieren einer WSE-Routeranwendung
  - Konfigurieren einer Referral-Cachedatei für das Routing
- Hinzufügen und Überprüfen von Anmeldeinformationen
  - Hinzufügen von Anmeldeinformationen zu einer SOAP-Nachricht
  - Überprüfen von Anmeldeinformationen

Lektionen in diesem Kapitel:

Bevor Sie beginnen

Um die Lektionen in diesem Kapitel durcharbeiten zu können, benötigen Sie Folgendes:

- Einen Computer, der die in der Einführung dieses Buchs aufgeführten Hardwaremindestvoraussetzungen erfüllt oder übertrifft
- Microsoft Visual Studio 2005 und .NET Framework 2.0
- Programmierkenntnisse in Microsoft Visual Basic oder C# und XML
- Ein heruntergeladenes und installiertes Web Services Enhancements (WSE) 3.0 Service Pack 2 für Microsoft .NET
- Sie müssen die Übungen zur Erstellung eines XML-Webdienstes in Kapitel 1, „Erstellen eines XML-Webdienstes“, gelesen und abgeschlossen haben
- Sie müssen die Übungen in Kapitel 9 zu WSE in Client- und Serveranwendungen gelesen und abgeschlossen haben

Lektion 1: Konfigurieren des WSE-Messagings

In dieser Lektion werden Sie erfahren, wie Sie mithilfe von WSE-Messaging die Funktionen Ihrer Webdienste erweitern. Speziell werden wir zunächst darauf eingehen, wie Sie ein Kommunikationsprotokoll angeben können. Ferner werden wir die Frage behandeln, wie Sie uni- und bidirektionales Messaging implementieren. Abschließend werden Sie erfahren, wie Sie mithilfe von Message Transmission Optimization Mechanism (MTOM) Anhänge senden und empfangen.

Am Ende dieser Lektion werden Sie in der Lage sein, die folgenden Aufgaben auszuführen:

- Auswählen eines Protokolls
- Implementieren des unidirektionalen SOAP-Messagings
- Implementieren des bidirektionalen SOAP-Messagings
- Senden von Anhängen aus der XML-Webdienstanwendung
- Empfangen von Anhängen in der Clientanwendung

Veranschlagte Zeit für diese Lektion: 45 Minuten

WSE-SOAP-Messaging

Einer der Eckpfeiler der Service Oriented Architecture (SOA) sind Nachrichten. Das Messaging ist in letzter Zeit unter Entwicklern immer beliebter geworden und stellt eine wichtige Komponente der zukünftigen Ausrichtung von Microsoft bezüglich der Frage dar, wie Anwendungen und Dienste miteinander kommunizieren. Das Messaging in WSE 3.0 weist gegenüber früheren Versionen eine Reihe von Erweiterungen auf, denn es lässt sich jetzt ausschließlich über das Transmission Control Protocol (TCP) ausführen – ein HTTP-Server wird nicht mehr benötigt. Ferner müssen Daten nicht im XML-Format gesendet werden, sondern können auch in einem Binärformat übertragen werden. Da XML den Datenumfang erheblich vergrößert und TCP gemeinhin als effizienteres Protokoll gilt, lässt sich durch Kombination der beiden Faktoren eine erhebliche Effektivitätssteigerung erzielen.

WEITERFÜHRENDE INFORMATIONEN WSE Hands On Lab zu Messaging

MSDN bietet ein Hands On Lab an, das sich direkt auf das WSE-Messaging bezieht. Es behandelt sowohl einfache als auch fortgeschrittene Szenarios und stellt ein hervorragendes Hilfsmittel zur Prüfungsvorbereitung dar. Das Hands On Lab steht unter http://www.microsoft.com/downloads/details.aspx?familyid=0e5491c1-8bde-4fff-88c4-8e3dc102fad6&displaylang=en zum Herunterladen bereit.

Auswählen eines Kommunikationsprotokolls

WSE 3.0-fähige Webdienste können sowohl das traditionelle HTTP-Protokoll als auch das schnellere TCP-Protokoll verwenden. Welches dieser Protokolle Sie auswählen, hängt in erster Linie von der Frage ab, wo und wie auf den jeweiligen Webdienst zugegriffen werden soll. HTTP-Daten werden durch die meisten Firewalls übertragen, wohingegen TCP-Daten in der Regel mindestens einen offenen Port benötigen. Die Faustregel lautet, dass Sie HTTP für Internetszenarios vorsehen sollten, während TCP besser für Intranetszenarios geeignet ist – vor allem dann, wenn die Leistung wichtig ist. Wenn Sie TCP als Kommunikationsprotokoll zu verwenden beabsichtigen, müssen Sie in jedem Fall potenzielle Sicherheitsrisiken bewerten und abschwächen.

Unabhängig vom gewählten Protokoll müssen Sie einen SOAP-Empfänger registrieren. Um einen Empfänger bei HTTP zu registrieren, müssen Sie ein **<add>**-Element im Abschnitt **<httpHandlers>** der Datei **Web.config** Ihres Webdienstes hinzufügen. Zunächst allerdings müssen Sie sicherstellen, dass Ihr Webdienstprojekt WSE 3.0-fähig ist. Der folgende Code stellt ein Beispiel für das Aussehen dieses Eintrags dar, wenn Sie im Namespace **SoapReceivers**, der sich in der Assembly **DemoReceiver.dll** befindet, eine Klasse registrieren, die von der Klasse **SoapReceiver** abgeleitet ist, und sie **DemoReceiver** nennen:

```
<httpHandlers>
  <add verb="*" path="DemoReceiver.ashx"
    type="SoapReceivers.DemoReceiver, DemoReceiver"/>
</httpHandlers>
```

HINWEIS Was ist eine ASHX-Datei?

Eine Datei mit einer ASHX-Erweiterung heißt ASP.NET-Handlerdatei und wird zur Behandlung unformatierter HTTP-Anforderungen verwendet, die von ASP.NET empfangen werden.

Wenn Sie den Einsatz von TCP als Kommunikationsprotokoll vorziehen, müssen Sie einen Endpunkt für den Empfänger erstellen und das Präfix **soap:tcp** im angegebenen Uniform Resource Indicator (URI) verwenden. Dann registrieren Sie den Endpunkt bei der Instanz der benutzerdefinierten Empfängerklasse. Der entsprechende Code wird in die Anwendung eingefügt, die die Anforderung empfängt. (Im weiteren Verlauf dieser Lektion werden wir noch ein weiteres Beispiel für diesen Code sehen.)

An dieser Stelle müssen Sie lediglich wissen, dass eine Instanz einer von **SoapReceiver** abgeleiteten Klasse erstellt und dann zur Auflistung **SoapReceivers** hinzugefügt werden muss. Nachfolgend ein Beispiel dafür, wie dieser Code aussehen würde:

```
'VB
Dim receiver As New DemoReceiver()
Dim destination As New Uri("soap.tcp://" & _
    System.Net.Dns.GetHostName() & "/DemoReceiver")
Dim demoEndPoint As New EndpointReference(destination)
SoapReceivers.Add(demoEndPoint, receiver)

//C#
DemoReceiver receiver = new DemoReceiver();
Uri destination = new Uri(
    "soap.tcp://" + System.Net.Dns.GetHostName() + "/DemoReceiver" );
EndpointReference demoEndPoint = new EndpointReference(destination);
SoapReceivers.Add(demoEndPoint, receiver);
```

Der erste Parameter der Klasse **Uri** wurde auf **soap.tcp://** festgelegt, weil Sie in diesem Fall TCP verwenden. Wollen Sie HTTP als Kommunikationsprotokoll einsetzen, dann ersetzen Sie es durch **http://**.

Implementieren des unidirektionalen Messagings

Dieser Abschnitt behandelt die Frage, wie das unidirektionale Messaging implementiert wird, bei dem eine Nachricht von einem Computer an einen anderen gesendet wird, die Kommunikation aber nur in eine Richtung verläuft. Ein ähnliches Konzept behandelten wir bereits in Kapitel 2, „Erweitern von XML-Webdiensten mit SOAP-Formatierung, benutzerdefinierten Headern und Erweiterungen"; in diesem Fall aber implementieren wir das unidirektionale Messaging mit WSE. In WSE 3.0 wird dies durch die Klassen **SoapSender** (siehe Tabelle 11.1) und **SoapReceiver** (siehe Tabelle 11.2) ermöglicht.

Tabelle 11.1 Eigenschaften der Klasse **SoapSender**

Name	Beschreibung
Channel	Ruft den Ausgabechannel für den Absender ab
Destination	Gibt den SOAP-Nachrichtenempfänger-Endpunkt an. Dort werden das Kommunikationsprotokoll und der aufzurufende URI angegeben.
Pipeline	Ruft das Objekt, das die benutzerdefinierte Filterung von Nachrichten gestattet, ab oder legt es fest
RequireMtom	Ruft einen booleschen Wert, der angibt, ob die Nachricht MTOM-codiert werden muss, ab oder legt diesen fest. Wird beim Hinzufügen eines Anhangs verwendet.
SessionState	Ruft ein Objekt, das die Statusinformation für eine SOAP-Nachricht enthält, ab oder legt es fest

Angeben eines Absenders

Um eine Anwendung zu implementieren, die eine Nachricht senden kann, müssen Sie ein neues **SoapSender**-Objekt erstellen. Zu diesem Zweck importieren Sie zunächst die erforderlichen Namespaces. Dies ist etwa mit folgendem Code möglich:

```
'VB
Imports System.Xml
Imports Microsoft.Web.Services3
Imports Microsoft.Web.Services3.Addressing
Imports Microsoft.Web.Services3.Messaging

//C#
using System;
using System.Collections.Generic;
using System.Text;
using System.Xml;
using Microsoft.Web.Services3;
using Microsoft.Web.Services3.Addressing;
using Microsoft.Web.Services3.Messaging;
```

Danach müssen Sie einen Ziel-URI angeben, der darstellt, wohin die Nachricht gesendet wird. Ebenfalls angeben müssen Sie einen Endpunkt, der dem Ziel-URI entspricht. Dies führen Sie beispielsweise mit folgendem Code aus:

```
'VB
Dim destinationUri As New Uri( _
    "soap.tcp://" & _
    System.Net.Dns.GetHostName() & "/DemoReceiver")
Dim destination As New EndpointReference(destinationUri)

//C#
Uri destinationUri = new Uri("soap.tcp://" +
    System.Net.Dns.GetHostName() & "/DemoReceiver");
EndpointReference destination = new EndpointReference(destinationUri);
```

Schließlich müssen Sie noch neue **SoapSender**- und **SoapEnvelope**-Objekte erstellen, die zum Senden der Nachricht verwendet werden. Der folgende Code veranschaulicht, wie dies aussehen sollte:

```
'VB
Dim sender As New SoapSender(destination)
Dim demoEnvelope As New SoapEnvelope()
demoEnvelope.Context.Addressing.Action = _
    New Action("soap.tcp://" & _
    System.Net.Dns.GetHostName() & "/DemoReceiver")
demoEnvelope.SetBodyObject("This is a test")
sender.Send(demoEnvelope)

//C#
SoapSender sender = new SoapSender(destination);
SoapEnvelope demoEnvelope = new SoapEnvelope();
demoEnvelope.Context.Addressing.Action =
    new Action("soap.tcp://" +
    System.Net.Dns.GetHostName() & "/DemoReceiver");
demoEnvelope.SetBodyObject("This is a test")
sender.Send(demoEnvelope)
```

Angeben eines Empfängers

Für den Empfang von Nachrichten kann sowohl das TCP- als auch das HTTP-Protokoll verwendet werden. In beiden Fällen muss eine Klasse erstellt werden, um die empfangene Nachricht zu behandeln. Im zweiten Fall muss zudem ein Konfigurationsdateieintrag zur Verarbeitung von HTTP-Anforderungen erstellt werden.

Tabelle 11.2 Eigenschaften der Klasse **SoapReceiver**

Name	Beschreibung
Actor	Ruft den Darstellernamen für **SoapReceiver** ab, der als URI zurückgegeben wird
DispatchModel	Ruft das Dispatchmodell für **SoapReceiver** ab
Pipeline	Ruft das Objekt, das die benutzerdefinierte Filterung von Nachrichten gestattet, ab oder legt es fest

Um eine Klasse zu erstellen, die eingehende Nachrichten verarbeiten kann, gehen Sie wie folgt vor:

1. Erstellen Sie eine neue Handlerklasse, die von **SoapReceiver** erbt (beachten Sie dabei, dass auf die Namespaces **System.Web**, **System.Web.Services** und **Microsoft.Web.Services3** verwiesen werden muss).

2. Überschreiben Sie die Methode **Receive** und verarbeiten Sie den Parameter **message** entsprechend Ihren Anforderungen.

   Je nachdem, welche Vorgehensweise Sie zur Erstellung eines Remoteobjekts genau verwenden, könnte der Aufruf etwa wie folgt aussehen:

```
'VB
Imports System.Xml
Imports Microsoft.Web.Services3
Imports Microsoft.Web.Services3.Addressing
Imports Microsoft.Web.Services3.Messaging

Namespace DemoSoapReceivers
    Public Class DemoReceiver
        Inherits SoapReceiver

        Protected Overloads Overrides Sub Receive( _
            ByVal message As SoapEnvelope)

            Console.WriteLine("Message Received")
        End Sub
End Class
End Namespace

//C#
using System.Xml;
using Microsoft.Web.Services3;
using Microsoft.Web.Services3.Addressing;
using Microsoft.Web.Services3.Messaging;

namespace DemoSoapReceivers
{
    class DemoReceiver : SoapReceiver
    {
         protected override void Receive(SoapEnvelope message)
        {
            Console.WriteLine("Message Received");
        }

    }
}
```

Die folgende zusätzliche Anweisung muss zur Konfigurationsdatei für den Webdienst hinzugefügt werden, um HTTP-Anforderungen zu verarbeiten:

```
<httpHandlers>
  <add verb="*" path="DemoReceiver.ashx"
    type="SoapReceivers.DemoReceiver, DemoReceiver"/>
</httpHandlers>
```

Wenn das **SoapReceiver**-Objekt eingerichtet ist, muss nur noch ein letzter Arbeitsschritt durchgeführt werden, damit eine Anwendung die Klasse verwenden kann: Es muss eine Instanz der Klasse deklariert und zur Auflistung **Receivers** der Anwendung hinzugefügt werden.

```
'VB
Dim destination As Uri = New Uri("soap.tcp://" & _
    System.Net.Dns.GetHostName() & "/DemoReceiver")
Dim demoEndPoint As New EndpointReference(destination)
SoapReceivers.Add(demoEndPoint, GetType(DemoSoapReceivers.DemoReceiver))

//C#
Uri destination = new Uri(
    "soap.tcp://" + System.Net.Dns.GetHostName() + "/DemoReceiver" );
EndpointReference demoEndPoint = new EndpointReference(destination);
SoapReceivers.Add(demoEndPoint, typeof(DemoSoapReceivers.DemoReceiver));
```

Implementieren des bidirektionalen Messagings

Wie das unidirektionale ist auch das bidirektionale Messaging sehr unkompliziert. Allerdings verwenden Sie in diesem Fall zur Ableitung die Klassen **SoapClient** (siehe Tabelle 11.3) und **SoapService** (siehe Tabelle 11.4), und zwar auf dieselbe Weise wie bei **SoapSender** und **SoapReceiver**. Denken Sie daran, dass diese beiden Klassen ebenso für das unidirektionale wie für das bidirektionale Messaging verwendet werden.

Tabelle 11.3 Eigenschaften der Klasse **SoapClient**

Name	Beschreibung
Channel	Ruft den Ausgabechannel für den Absender ab
DefaultTimeout	Gibt für alle Clients an, wie lange (in Millisekunden) auf die Antwort einer **SendRequestResponse**-Operation gewartet werden soll. Der Standardwert beträgt 120.000, was zwei Minuten entspricht.
Destination	Gibt den SOAP-Nachrichtenempfänger-Endpunkt an. Dort werden das Kommunikationsprotokoll und der aufzurufende URI angegeben.
Pipeline	Ruft das Objekt, das die benutzerdefinierte Filterung von Nachrichten gestattet, ab oder legt es fest
RequireMtom	Ruft einen booleschen Wert, der angibt, ob die Nachricht MTOM-codiert werden muss, ab oder legt diesen fest. Wird beim Hinzufügen eines Anhangs verwendet.

Tabelle 11.3 Eigenschaften der Klasse **SoapClient** *(Fortsetzung)*

Name	Beschreibung
SessionState	Ruft ein Objekt, das die Statusinformation für eine SOAP-Nachricht enthält, ab oder legt es fest
SoapVersion	Gibt für die betreffende Clientanforderung an, wie lange (in Millisekunden) auf die Antwort einer **SendRequestResponse**-Operation gewartet wird. Der Standardwert beträgt 120.000, was zwei Minuten entspricht.

Angeben eines Absenders

Der Vorgang der Erstellung eines Absenders in einem bidirektionalen Szenario ähnelt dem unidirektionalen Szenario sehr. Sie müssen lediglich die folgenden Schritte ausführen:

1. Erstellen Sie eine Klasse, die von **SoapClient** erbt.
2. Fügen Sie eine Methode hinzu, die **SoapEnvelope** als Parameter akzeptiert und die Methode **SendRequestResponse** der Basisklasse aufruft, die diesen Umschlag übergibt.
3. Fügen Sie einen Konstruktor hinzu, der **EndpointReference** als Parameter akzeptiert, und übergeben Sie diesen Parameter an den Konstruktor der Basisklasse.

```
'VB
Namespace Sender
    Public Class TwoWaySender
        Inherits SoapClient

            <SoapMethod("RequestResponseMethod")> _
        Public Function RequestResponseMethod( _
            ByVal envelope As SoapEnvelope) As SoapEnvelope

                Return MyBase.SendRequestResponse("RequestResponseMethod", _
                    envelope)
        End Function

        Public Sub New(ByVal destination As EndpointReference)
            MyBase.New(destination)
        End Sub
End Class
End Namespace

//C#
namespace Sender
{
    class TwoWaySender : SoapClient
    {
        [SoapMethod("RequestResponseMethod")]
        public SoapEnvelope RequestResponseMethod(SoapEnvelope envelope)
        {
            return base.SendRequestResponse("RequestResponseMethod",
```

```
                    envelope);
        }

        public TwoWaySender(EndpointReference destination) : base(destination)
        {
        }
    }
}
```

Angeben eines Empfängers

Um eine Empfängerklasse zu erstellen, wird ein Ansatz verwendet, der mit dem im **SoapReceiver**-Beispiel beschriebenen praktisch identisch ist. Sie müssen lediglich die folgenden Schritte ausführen:

1. Erstellen Sie eine Klasse, die von der Klasse **SoapService** erbt (siehe Tabelle 11.4).

Tabelle 11.4 Eigenschaften der Klasse **SoapService**

Name	Beschreibung
Actor	Ruft den Darstellernamen der geerbten **SoapReceiver**-Instanz ab, der als URI zurückgegeben wird
DispatchModel	Ruft das Dispatchmodell für die geerbte **SoapReceiver**-Instanz ab
Pipeline	Ruft das Objekt, das die benutzerdefinierte Filterung von Nachrichten gestattet, ab oder legt es fest

2. Fügen Sie eine Methode **RequestResponseMethod** hinzu, um eingehende Antworten zu behandeln.

3. Ergänzen Sie diese Methode mit dem Attribut **SoapMethod**.

```
'VB
Imports System.Xml
Imports Microsoft.Web.Services3
Imports Microsoft.Web.Services3.Addressing
Imports Microsoft.Web.Services3.Messaging

Namespace DemoReceiver
    Public Class DemoService
        Inherits SoapService

        <SoapMethod("RequestResponseMethod")> _
        Public Function RequestResponseMethod( _
            ByVal envelope As SoapEnvelope) As SoapEnvelope

            Dim response As SoapEnvelope = New SoapEnvelope
            response.SetBodyObject("Response")

            Return response
        End Function
End Class
```

```
End Namespace

//C#
using System.Xml;
using Microsoft.Web.Services3;
using Microsoft.Web.Services3.Addressing;
using Microsoft.Web.Services3.Messaging;

namespace DemoReceiver
{
    class DemoService : SoapService
    {
        [SoapMethod("RequestResponseMethod")]
        public SoapEnvelope RequestResponseMethod(SoapEnvelope envelope)
        {
            SoapEnvelope response = new SoapEnvelope();
            response.SetBodyObject("Response");

            return response;
        }
    }
}
```

Der Ansatz bezüglich TCP und HTTP folgt derselben Vorgehensweise, die auch bei unidirektionalen Aufrufen verwendet wird.

Senden von Anhängen

Eine weitere wesentliche Änderung in WSE 3.0 ist die Art und Weise, in der Anhänge behandelt werden. In den früheren Versionen war Dynamic Internet Message Encapsulation (DIME) das primäre Medium zur Behandlung von Anhängen. In Version 3.0 ist MTOM das Mittel der Wahl zum Senden binärer Daten.

Bevor wir die Vorteile anpreisen, wollen wir im Rückblick zunächst noch einmal das Thema Anhänge allgemein behandeln. Betrachten wir eine Situation, in der Sie das Zeichenfolgenliteral „WSE 3.0“ senden wollen. Wenn Sie XML als Wrapper für das Senden dieser Nachricht verwenden, dann haben Sie den Overhead, der in Verbindung mit „WSE 3.0“ entsteht, und das Tag, das die Zeichenkette kapselt. Je nach verwendetem Namen wird das Öffnen und Schließen der Tags bereits mehr Ressourcen benötigen als die Nachricht selbst. Wenn nun in Betracht gezogen wird, dass einer der wesentlichen Vorteile der Verwendung von XML in der vom Menschen lesbaren Form besteht, die XML aufweisen kann, dann sollte bereits klar sein, dass die meisten beschreibenden Namen ebenfalls sehr ressourcenintensiv sind. Nun stellen Sie sich dieselbe Situation vor, nur werden diesmal ein paar Daten mehr gesendet – beispielsweise ein Verzeichnis mit Excel-Dateien. Offensichtlich kann der Umfang der zusätzlich aufgrund der XML-Serialisierung entstandenen Daten beträchtlich sein. Anstatt die Anforderung zu verschlüsseln, ließen sich also auch Anhänge mit geringerem Bedarf verwenden. Genau dies ist der Vorteil von MTOM.

Allerdings ist die Leistung nicht der einzige Vorteil. Die als Anhang gesendeten Binärdaten lassen sich digital signieren, was die Überprüfung der Nachricht gestattet. Wären Anhänge nicht signierbar, dann wäre ihr Nutzen begrenzt, denn wie wertvoll wäre ein Anhang, den Sie nicht überprüfen können? In manchen Fällen ist dieses Risiko unproblematisch, in anderen kann es ein Ausschlusskriterium sein. In solchen Situationen können digitale Signaturen verwendet werden.

Um die Verwendung von MTOM für einen Webdienst zu aktivieren, gehen Sie wie folgt vor:

1. Klicken Sie mit der rechten Maustaste auf das Projekt und wählen Sie den Menüeintrag **WSE Settings 3.0**.
2. Wenn das Dialogfeld **WSE 3.0** (siehe Abbildung 11.1) erscheint, aktivieren Sie auf der Registerkarte **General** die Kontrollkästchen **Enable This Project For Web Services Enhancements** und **Enable Microsoft Web Services Enhancement Soap Protocol Factory**.
3. Wählen Sie die Registerkarte **Messaging** aus und legen Sie **Server Mode** auf **Optional**, **Always** oder **Never** fest.

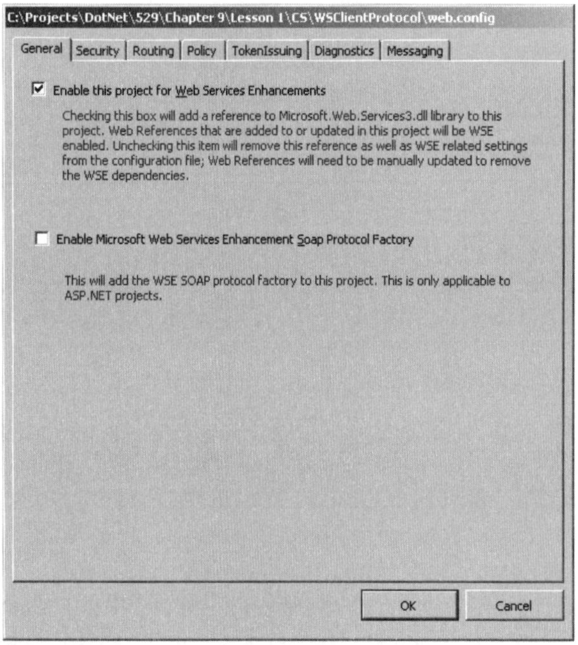

Abbildung 11.1 Die Registerkarte **General** im Dialogfeld **WSE Settings 3.0**

Auf diese Weise wird ein **<messaging>**-Element zur Konfigurationsdatei hinzugefügt, und darin wird ein **<mtom>**-Element eingeschlossen. Wenn Sie etwa **Always** als Servermodus gewählt haben, sollte die Datei **Web.config** wie folgt aussehen (die relevanten Bereiche sind fett gedruckt):

```
<?xml version="1.0" encoding="utf-8"?>
<configuration>
  <configSections>
    <section name="microsoft.web.services3"
      type="Microsoft.Web.Services3.Configuration.WebServicesConfiguration,
          Microsoft.Web.Services3, Version=3.0.0.0, Culture=neutral,
     PublicKeyToken=31bf3856ad364e35" />
```

```
  </configSections>
  <system.web>
    <webServices>
      <soapExtensionImporterTypes>
        <add type="Microsoft.Web.Services3.Description.WseExtensionImporter,
          Microsoft.Web.Services3, Version=3.0.0.0, Culture=neutral,
          PublicKeyToken=31bf3856ad364e35" />
      </soapExtensionImporterTypes>
    </webServices>
    <compilation>
      <assemblies>
        <add assembly="Microsoft.Web.Services3, Version=3.0.0.0, Culture=neutral,
          PublicKeyToken=31BF3856AD364E35" />
      </assemblies>
    </compilation>
  </system.web>
<microsoft.web.services3>
<messaging>
      <mtom serverMode="always" />
    </messaging>
  </microsoft.web.services3>
</configuration>
```

Die Unterschiede zwischen den drei Modi sind in folgender Tabelle aufgeführt:

Modusname	Verhalten
Optional	WSE-Nachrichten werden unabhängig davon verarbeitet, ob sie MTOM-verschlüsselt sind oder nicht. Wenn SOAP-Fehler auftreten, dann sind sie MTOM-verschlüsselt.
Always	Alle ein- und ausgehenden Nachrichten werden MTOM-verschlüsselt. Wenn eine eingehende Nachricht empfangen wird, die nicht MTOM-verschlüsselt ist, wird ein SOAP-Fehler zurückgegeben.
Never	Weder ein- noch ausgehende Nachrichten werden MTOM-verschlüsselt. Wird eine MTOM-verschlüsselte Nachricht empfangen, dann wird ein SOAP-Fehler zurückgegeben.

Sobald dies erledigt ist, müssen Sie, um Binärdaten zurückzugeben, nur noch eine Methode mit Bytearray als Rückgabewert erstellen. Der folgende Code zeigt, wie dies ausgeführt werden kann:

```
'VB
<WebMethod()> _
Public Function GetFile(ByVal filename As String) As Byte()
    ' Datei hier zurückgeben
End Function

//C#
[WebMethod]
public byte[] GetFile(string fileName)
{
    // Datei hier zurückgeben
}
```

Die Arbeit zur Erstellung eines Consumers für diesen Dienst ist bereits vollständig abgeschlossen. Um diesen Dienst zu verwenden, müssen Sie nun eine Clientanwendung erstellen, die auf den Webdienst verweist und die Methode aufruft, die das MTOM-Objekt zurückgibt.

```
'VB
Sub Main()
    Dim DemoService As New Service()
    Dim ArrayValue As Byte() = DemoService.GetFile("FileName.extension")
End Sub

//C#
static void Main(string[] args)
{
    Service DemoService = new Service();
    Byte[] DemoArray = DemoService.GetFile("Filename.extension");
}
```

Übung 1: Datenübertragung MTOM

In dieser Übung werden Sie es einem Webdienst ermöglichen, eine Binärdatei mithilfe von MTOM zu senden. Außerdem werden Sie einen MTOM-fähigen Client erstellen, der die Binärdatei empfängt. Der Einfachheit halber wird eine kleine Bilddatei übertragen, die auf der Begleit-CD vorhanden ist. Sie können diese Datei aber auch durch eine größere Datei eigener Wahl ersetzen, um die Vorteile von MTOM umfassend zu testen. Falls Sie bei einer Übung auf Probleme stoßen, können Sie sich das fertige Projekt auf der Begleit-CD im Ordner **Code** ansehen.

▶ Übung 1: Erstellen eines MTOM-fähigen Webdienstes

In dieser Übung erstellen Sie einen Webdienst, indem Sie MTOM aktivieren. Der Dienst gibt ein JPEG-Bild als Anhang zurück.

1. Öffnen Sie Visual Studio 2005.
2. Klicken Sie auf **Datei**, **Neu**, **Website**.
3. Wählen Sie im Dialogfeld **Neue Website** die Vorlage **ASP.NET-Webdienst** aus und nennen Sie die Projektdatei **MTOMDemoService**.
4. Klicken Sie im Projektmappen-Explorer mit der rechten Maustaste auf das Projekt **MTOMDemoService** und wählen Sie **Verweis hinzufügen**. Fügen Sie auf der Registerkarte **.NET** Verweise auf die Assembly **System.Web.Services.dll** hinzu und klicken Sie auf **OK**.
5. Klicken Sie im Projektmappen-Explorer mit der rechten Maustaste auf das Projekt **MTOMDemoService** und klicken Sie auf **WSE Settings 3.0**.
6. Aktivieren Sie im Dialogfeld **WSE Settings** auf der Registerkarte **General** die Kontrollkästchen **Enable This Project For Web Services Enhancements** und **Enable Microsoft Web Services Enhancement Soap Protocol Factory**.
7. Wählen Sie auf der Registerkarte **Messaging** (siehe Abbildung 11.2) im Dropdown-Listenfeld **Server Mode** den Eintrag **Optional** aus. Klicken Sie auf **OK**, um den Konfigurationsvorgang abzuschließen.

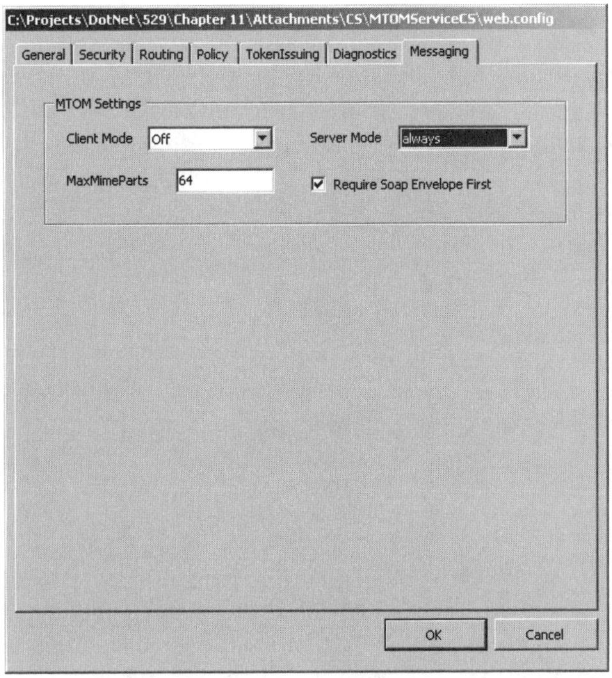

Abbildung 11.2 Registerkarte **Messaging**, die zu WSE-fähigen Projekten angezeigt wird

8. Öffnen Sie die Datei **Web.config** der Anwendung und vergewissern Sie sich, dass die Elemente **<soapExtensionImporterTypes>** und **<SoapServerProtocolFactory>** hinzugefügt wurden. Stellen Sie ferner sicher, dass das Element **Messaging** hinzugefügt wurde und dass dieses ein Element **<mtom>** enthält, dessen Attribut **serverMode** auf **Optional** festgelegt ist. Wenn die Einstellungen korrekt konfiguriert sind, sollte die Datei **Web.config** etwa wie folgt aussehen (die relevanten Bereiche sind fett gedruckt und die Standardkommentare wurden entfernt, um die Lesbarkeit zu verbessern):

```
'VB
<?xml version="1.0" encoding="utf-8" ?>
<configuration>
  <configSections>
    <section name="microsoft.web.services3"
      type="Microsoft.Web.Services3.Configuration.WebServicesConfiguration,
       Microsoft.Web.Services3, Version=3.0.0.0, Culture=neutral,
       PublicKeyToken=31bf3856ad364e35" />
  </configSections>
  <appSettings />
  <connectionStrings />
  <system.web>
    <compilation debug="true" strict="false" explicit="true">
      <assemblies>
        <add assembly=
          "Microsoft.Web.Services3, Version=3.0.0.0, Culture=neutral,
```

```
          PublicKeyToken=31BF3856AD364E35" />
      </assemblies>
    </compilation>
    <pages>
      <namespaces>
        <clear />
        <add namespace="System" />
        <add namespace="System.Collections" />
        <add namespace="System.Collections.Specialized" />
        <add namespace="System.Configuration" />
        <add namespace="System.Text" />
        <add namespace="System.Text.RegularExpressions" />
        <add namespace="System.Web" />
        <add namespace="System.Web.Caching" />
        <add namespace="System.Web.SessionState" />
        <add namespace="System.Web.Security" />
        <add namespace="System.Web.Profile" />
        <add namespace="System.Web.UI" />
        <add namespace="System.Web.UI.WebControls" />
        <add namespace="System.Web.UI.WebControls.WebParts" />
        <add namespace="System.Web.UI.HtmlControls" />
      </namespaces>
    </pages>
    <authentication mode="Windows" />
    <webServices>
      <soapExtensionImporterTypes>
        <add type="Microsoft.Web.Services3.Description.WseExtensionImporter,
          Microsoft.Web.Services3, Version=3.0.0.0, Culture=neutral,
          PublicKeyToken=31bf3856ad364e35" />
      </soapExtensionImporterTypes>
      <soapServerProtocolFactory type=
        "Microsoft.Web.Services3.WseProtocolFactory,
        Microsoft.Web.Services3, Version=3.0.0.0, Culture=neutral,
        PublicKeyToken=31bf3856ad364e35" />
    </webServices>
  </system.web>
  <microsoft.web.services3>
<messaging>
      <mtom serverMode="optional" />
    </messaging>
  </microsoft.web.services3>
</configuration>

//C#
<?xml version="1.0" encoding="utf-8"?>
<configuration>   <configSections>
    <section name="microsoft.web.services3"
      type="Microsoft.Web.Services3.Configuration.WebServicesConfiguration,
      Microsoft.Web.Services3, Version=3.0.0.0, Culture=neutral,
      PublicKeyToken=31bf3856ad364e35" />
  </configSections>
```

```
  <appSettings />
  <connectionStrings />
  <system.web>
    <compilation debug="true">
      <assemblies>
        <add assembly="Microsoft.Web.Services3, Version=3.0.0.0, Culture=neutral,

          PublicKeyToken=31BF3856AD364E35" />
      </assemblies>

    </compilation>
    <authentication mode="Windows" />
    <webServices>
      <soapServerProtocolFactory type=
        "Microsoft.Web.Services3.WseProtocolFactory,
        Microsoft.Web.Services3, Version=3.0.0.0, Culture=neutral,
        PublicKeyToken=31bf3856ad364e35" />
      <soapExtensionImporterTypes>
        <add type="Microsoft.Web.Services3.Description.WseExtensionImporter,
          Microsoft.Web.Services3, Version=3.0.0.0, Culture=neutral,
          PublicKeyToken=31bf3856ad364e35" />
      </soapExtensionImporterTypes>
    </webServices>
  </system.web>
<microsoft.web.services3>
<messaging>
      <mtom serverMode="optional" />
    </messaging>
  </microsoft.web.services3>
</configuration>
```

HINWEIS ***Festlegen der Option*** **Server Mode**

Der Standardwert von Server Mode ist Optional. Sofern diese Einstellung nicht vom Standardwert abweicht, wird sie in der Datei Web.config nicht angezeigt. Damit das Tag **<mtom>** erscheint, müssen Sie zunächst einen anderen Wert als Optional festlegen.

9. Öffnen Sie den Ordner **App_Code** und öffnen Sie die Datei **Service.vb** bzw. **Service.cs**.

10. Importieren Sie den Namespace **System.IO**.

11. Löschen Sie die Methode **HelloWorld**, die standardmäßig erstellt wird, wenn Sie einen Webdienst erstellen.

12. Erstellen Sie wie folgt eine Methode namens **GetVistaImage** mit einem Bytearray als Rückgabetyp:

```
'VB
<WebMethod(Description:="Get Demo Image")> _
Public Function GetVistaImage() As Byte()
    Dim ResponseImage As Byte()
    Dim ImagePath As String = AppDomain.CurrentDomain.BaseDirectory & _
        "App_Data\VistaImage.jpg"
    ResponseImage = File.ReadAllBytes(ImagePath)

    Return ResponseImage
End Function

//C#
[WebMethod(Description = "Get Demo Image")]
public Byte[] GetVistaImage()
{
    Byte[] ResponseImage;
    String ImagePath = AppDomain.CurrentDomain.BaseDirectory +
        @"App_Data\VistaImage.jpg";
    ResponseImage = File.ReadAllBytes(ImagePath);

    return ResponseImage;
}
```

13. Klicken Sie im Projektmappen-Explorer mit der rechten Maustaste auf den Ordner **App_Code** und klicken Sie auf **Vorhandenes Element hinzufügen**.

14. Navigieren Sie auf der Begleit-CD zum Ordner **Chapter 11**, wählen Sie im dortigen Unterverzeichnis **Images** die Datei **VistaImage.jpg** aus und klicken Sie auf **OK**, um das Bild zum Projekt hinzuzufügen.

15. Benennen Sie den Webdienst in **MtomDemoService** um. Ändern Sie den Namespace des Webdienstes in **http://contoso.com** und fügen Sie die nachfolgend aufgeführten Namespaces hinzu. Die vollständige Dateidefinition sollte wie folgt aussehen (auch hier sind die relevanten Bereiche fett gedruckt):

```
'VB
Imports System.IO
Imports System.Web
Imports System.Web.Services
Imports System.Web.Services.Protocols
Imports Microsoft.Web.Services3
Imports Microsoft.Web.Services3.Addressing
Imports Microsoft.Web.Services3.Messaging

 <WebService(Namespace:="http://contoso.com/")> _
<WebServiceBinding(ConformsTo:=WsiProfiles.BasicProfile1_1)> _
<Global.Microsoft.VisualBasic.CompilerServices.DesignerGenerated()> _
Public Class MtomDemoService
    Inherits System.Web.Services.WebService

    <WebMethod(Description:="Get Demo Image")> _
```

```
    Public Function GetVistaImage() As Byte()
        Dim responseImage As Byte()
        Dim imagePath As String = AppDomain.CurrentDomain.BaseDirectory & _
            "App_Data\VistaImage.jpg"
        responseImage = File.ReadAllBytes(imagePath)

        Return responseImage
    End Function
End Class

//C#
using System;
using System.IO;
using System.Web;
using System.Web.Services;
using System.Web.Services.Protocols;
using Microsoft.Web.Services3;
using Microsoft.Web.Services3.Addressing;
using Microsoft.Web.Services3.Messaging;

[WebService(Namespace = "http://contoso.com/")]
[WebServiceBinding(ConformsTo = WsiProfiles.BasicProfile1_1)]
public class MtomDemoService : System.Web.Services.WebService
{
    public MtomDemoService ()
    {
    }

    [WebMethod(Description = "Get Demo Image")]
    public Byte[ ] GetVistaImage(){
        Byte[ ] responseImage;
        String imagePath = AppDomain.CurrentDomain.BaseDirectory +
            @"App_Data\VistaImage.jpg";
        responseImage = File.ReadAllBytes(imagePath);

        return responseImage;
    } }
```

16. Kompilieren Sie die Anwendung, führen Sie sie aus und wählen Sie den Hyperlink **GetVistaImage** aus. Nun werden Sie zur Demonstrationsseite **GetVistaImage** weitergeleitet. Klicken Sie auf **Aufrufen** und überprüfen Sie, ob der Namespace **http://contoso.com** lautet und der Rückgabewert in ein **<base64binary>**-Element eingeschlossen ist. Wenn alles korrekt ausgeführt wurde, sollte der Bildschirm etwa so aussehen wie in Abbildung 11.3 gezeigt.

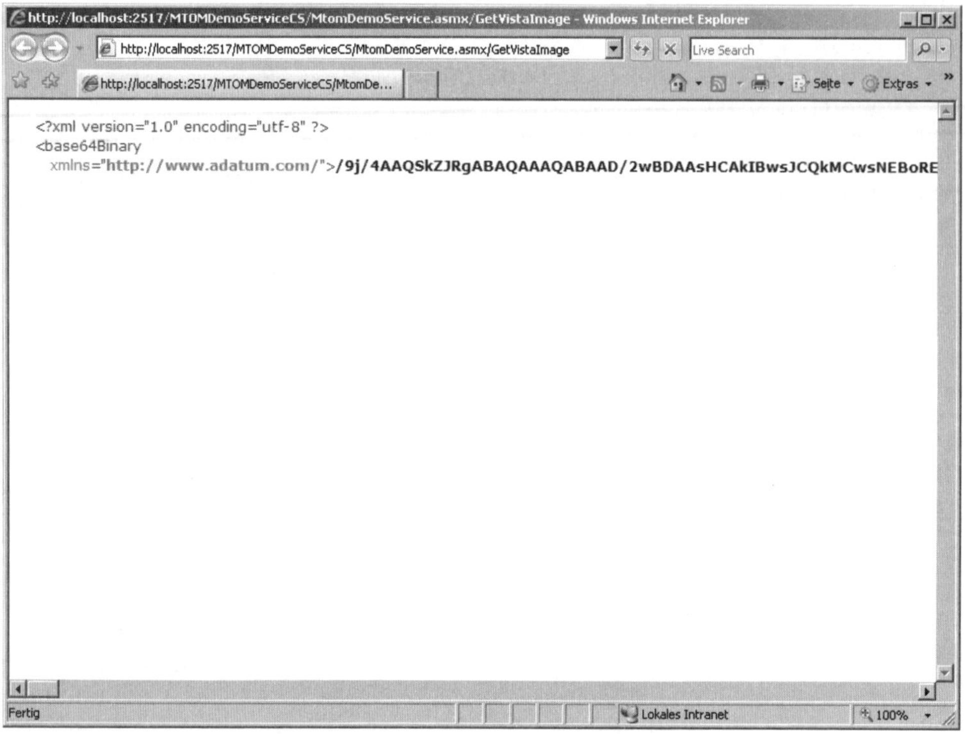

Abbildung 11.3 Debugbestätigung des Aufrufs der Methode **GetVistaImage**

▶ Übung 2: Erstellen eines WinForms-Clients, der den MTOM-Anhang verwendet

In dieser Übung erstellen Sie einen Webdienstclient, der eine JPEG-Datei anzeigt, die als MTOM-Anhang zurückgegeben wurde.

1. Fügen Sie zur Projektmappe **MTOMDemoService** ein neues C#- oder Visual Basic 2005-Anwendungsprojekt hinzu und nennen Sie es **MTOMDemoClient**.
2. Klicken Sie im Projektmappen-Explorer mit der rechten Maustaste auf **MTOMDemoClient** und wählen Sie **Verweis hinzufügen** aus. Fügen Sie auf der Registerkarte **.NET** einen Verweis auf die Assembly **System.Web.Services.dll** hinzu und klicken Sie auf **OK**.
3. Klicken Sie im Projektmappen-Explorer mit der rechten Maustaste auf **MTOMDemoClient** und wählen Sie **Webverweis hinzufügen** aus.
4. Klicken Sie auf **Webdienste in dieser Projektmappe**.
5. Wählen Sie den Webdienst **MTOMDemoService** aus.
6. Nennen Sie den Verweis **MtomDemoService** und klicken Sie auf **Verweis hinzufügen**, um das Dialogfeld zu schließen.
7. Klicken Sie im Projektmappen-Explorer mit der rechten Maustaste auf das Projekt **MTOMDemoClient** und klicken Sie auf **WSE Settings 3.0**.

8. Aktivieren Sie auf der Registerkarte **General** das Kontrollkästchen **Enable This Project for Web Services Enhancements**.
9. Klicken Sie auf der Registerkarte **Messaging** im Dropdown-Listenfeld **Server Mode** auf **Always**, klicken Sie im Dropdown-Listenfeld **Client Mode** auf **On** und klicken Sie auf **OK**, um das Dialogfeld zu schließen.
10. Öffnen Sie die Datei **App.config**, die von WseConfigEditor erstellt wurde, und vergewissern Sie sich, dass alle in Schritt 3 und 4 erwähnten Elemente hinzugefügt wurden. Wenn die Datei **App.config** korrekt konfiguriert wurde, sollte sie so aussehen:

```
'VB
<?xml version="1.0" encoding="utf-8" ?>
<configuration>
  <configSections>
    <sectionGroup name="applicationSettings" type=
      "System.Configuration.ApplicationSettingsGroup, System, Version=2.0.0.0,
      Culture=neutral, PublicKeyToken=b77a5c561934e089">
      <section name="MTOMDemoClient.My.MySettings"
      type=
        "System.Configuration.ClientSettingsSection, System,
        Version=2.0.0.0,  Culture=neutral, PublicKeyToken=b77a5c561934e089"
        requirePermission="false" />
    </sectionGroup>
    <section name="microsoft.web.services3"
      type="Microsoft.Web.Services3.Configuration.WebServicesConfiguration,
      Microsoft.Web.Services3, Version=3.0.0.0, Culture=neutral,
      PublicKeyToken=31bf3856ad364e35" />
  </configSections>
  <system.diagnostics>
    <sources>
      <!-- Dieser Abschnitt definiert die Protokollierungskonfiguration
        für My.Application.Log -->
      <source name="DefaultSource" switchName="DefaultSwitch">
        <listeners>
          <add name="FileLog" />
          <!-- Auskommentierung des nachfolgenden Abschnitts
             aufheben, um das Anwendungsprotokoll zu schreiben>
          <!--<add name="EventLog"/>-->
        </listeners>
      </source>
    </sources>
    <switches>
      <add name="DefaultSwitch" value="Information" />
    </switches>
    <sharedListeners>
      <add name="FileLog" type=
        "Microsoft.VisualBasic.Logging.FileLogTraceListener,
        Microsoft.VisualBasic, Version=8.0.0.0, Culture=neutral,
        PublicKeyToken=b03f5f7f11d50a3a, processorArchitecture=MSIL"
        initializeData="FileLogWriter" />
      <!-- Auskommentierung des nachfolgenden Abschnitts aufheben
```

```
        und APPLICATION_NAME durch den Namen der Anwendung
        ersetzen, um in das Anwendungsprotokoll zu schreiben -->
      <!--<add name="EventLog" type="System.Diagnostics.EventLogTraceListener"
        initializeData="APPLICATION_NAME"/> -->
    </sharedListeners>
  </system.diagnostics>
  <applicationSettings>
    <MTOMDemoClient.My.MySettings>
      <setting name="MTOMDemoClient_MtomDemoService_MtomDemoService"
        serializeAs="String">
        <value>
          http://localhost:2520/MTOMDemoService/MtomDemoService.asmx
        </value>
      </setting>
    </MTOMDemoClient.My.MySettings>
  </applicationSettings>
  <microsoft.web.services3>
    <messaging>
      <mtom clientMode="On" serverMode="always" />
    </messaging>
  </microsoft.web.services3>
</configuration>

//C#
<?xml version="1.0" encoding="utf-8" ?>
<configuration>
  <configSections>

    <sectionGroup name="applicationSettings" type=
      "System.Configuration.ApplicationSettingsGroup, System, Version=2.0.0.0,
      Culture=neutral, PublicKeyToken=b77a5c561934e089">
      <section name="MTOMDemoClientCS.Properties.Settings"
        type="System.Configuration.ClientSettingsSection, System,
        Version=2.0.0.0,  Culture=neutral, PublicKeyToken=b77a5c561934e089"
        requirePermission="false" />
    </sectionGroup>
    <section name="microsoft.web.services3"
      type="Microsoft.Web.Services3.Configuration.WebServicesConfiguration,
      Microsoft.Web.Services3, Version=3.0.0.0, Culture=neutral,
PublicKeyToken=31bf3856ad364e35" />
  </configSections>
  <applicationSettings>
    <MTOMDemoClient.Properties.Settings>
      <setting name="MTOMDemoClient_MtomDemoService_MtomDemoService"
serializeAs="String">
        <value>
          http://localhost:2517/MTOMDemoService/MtomDemoService.asmx
        </value>
      </setting>
    </MTOMDemoClient.Properties.Settings>
  </applicationSettings>
```

```
  <microsoft.web.services3>
    <messaging>
      <mtom
clientMode="On" serverMode="Always" />
    </messaging>
  </microsoft.web.services3>
</configuration>
```

11. Wählen Sie **Form1** in der Entwurfsansicht aus und ziehen Sie ein **PictureBox**-Steuerelement auf den Designer. Nennen Sie das **PictureBox**-Element **picVistaImage**. Legen Sie die Größe auf 150 × 113 fest.
12. Ziehen Sie eine Schaltfläche auf den Designer. Nennen Sie die Schaltfläche **getImageButton** und legen Sie die Eigenschaft **Text** auf **GetImage** fest.
13. Doppelklicken Sie auf die Schaltfläche **getImageButton** und fügen Sie folgenden Code ein (wir zeigen die vollständige Klassendefinition):

```
'VB
Imports System.IO
Imports System.Web
Imports System.Web.Services
Imports System.Web.Services.Protocols
Imports Microsoft.Web.Services3
Imports Microsoft.Web.Services3.Addressing
Imports Microsoft.Web.Services3.Messaging

Public Class Form1
    Private Sub btnGetImage_Click(ByVal sender As System.Object, _
        ByVal e As EventArgs) Handles btnGetImage.Click
        Dim mtomProxy As New MtomDemoService
        Dim imageStream As Byte()
        imageStream = mtomProxy.GetVistaImage
        Dim memStream As New MemoryStream(imageStream)
       picVvistaImage.Image = _
            System.Drawing.Image.FromStream(memStream)
    End Sub
End Class

//C#
using System;
using System.Collections.Generic;
using System.ComponentModel;
using System.Data;
using System.Drawing;
using System.Text;
using System.IO;
using System.Windows.Forms;
using System.Web;
using System.Web.Services;
using System.Web.Services.Protocols;
```

```
using Microsoft.Web.Services3;
using Microsoft.Web.Services3.Addressing;
using Microsoft.Web.Services3.Messaging;

namespace MTOMDemoClient
{
    public partial class Form1 : Form
    {
        public Form1()
        {
            InitializeComponent();
        }
         private void getImageButton_Click(object sender, EventArgs e)
        {
MtomDemoService mtomProxy =
                new MtomDemoService();
            Byte[] imageStream = mtomProxy.GetVistaImage();
MemoryStream
memStream = new MemoryStream(imageStream);
picVistaImage.Image =
System.Drawing.Image.FromStream(memStream);
        }
    }
}
```

14. Klicken Sie im Projektmappen-Explorer mit der rechten Maustaste auf das Projekt **MTOMDemo-Client** und klicken Sie auf **Als Startprojekt festlegen**.

15. Kompilieren und starten Sie die Anwendung. Wenn das Formular erscheint, klicken Sie auf **Get Image**, um den Webdienst aufzurufen und den Anhang abzurufen.

16. Wenn die Anforderung korrekt verarbeitet wird, sollte im Formular das Bild **VistaImage.jpg** im Steuerelement **picVistaImage** angezeigt werden. Das Formular sollte nun so aussehen wie in Abbildung 11.4 gezeigt.

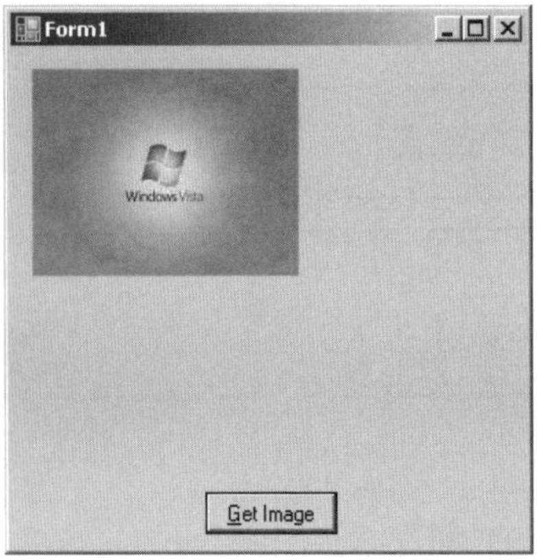

Abbildung 11.4 Erscheinungsbild des Formulars nach dem Aufruf der Webmethode **GetVistaImage**

Zusammenfassung der Lektion

- Das WSE-Messaging, das Bestandteil von WSE 3.0 ist, kann zur Erweiterung der Funktionen verwendet werden, die traditionelle Webdienste bieten
- WSE 3.0 gestattet Ihnen die Angabe eines Kommunikationsprotokolls. Sie können festlegen, dass Ihr Webdienst statt HTTP auch TCP verwendet.
- Mithilfe von WSE-Messaging lässt sich ein unidirektionales Messaging implementieren, bei dem zur Kommunikation die Klassen **SoapSender** und **SoapReceiver** verwendet werden
- Das bidirektionale Messaging, bei dem die Kommunikation in beiden Richtungen möglich ist, verwendet die Klassen **SoapClient** und **SoapService**. Diese Klassen ähneln den Klassen **SoapSender** und **SoapReceiver**, die für das unidirektionale Messaging verwendet werden.
- Anhänge von SOAP-Nachrichten lassen sich mithilfe von MTOM übertragen, was das Mittel der Wahl zum Senden binärer Daten darstellt

Lernzielkontrolle

Mit den folgenden Fragen können Sie Ihr Wissen zu den Informationen aus Lektion 1, „Konfigurieren des WSE-Messagings", überprüfen. Die Fragen finden Sie (in englischer Sprache) auch auf der Begleit-CD, Sie können sie also auch auf dem Computer im Rahmen eines Übungstests beantworten.

HINWEIS Antworten

Die Antworten auf diese Fragen und Erläuterungen dazu, warum die einzelnen Antworten richtig oder falsch sind, finden Sie im Abschnitt „Antworten" am Ende dieses Buchs.

---

1. Welche zwei Klassen sind erforderlich, um das unidirektionale Messaging zu ermöglichen?
   a. **SoapClient** und **SoapReceiver**
   b. **SoapClient** und **SoapService**
   c. **SoapSender** und **SoapReceiver**
   d. **SoapSender** und **SoapService**
2. Welche Schritte sind erforderlich, um einen Absender für ein bidirektionales Messagingszenario zu implementieren? (Wählen Sie alle zutreffenden Antworten aus.)
   a. Erstellen einer Klasse, die von **SoapClient** erbt.
   b. Erstellen einer Klasse, die von **SoapReceiver** erbt.
   c. Hinzufügen eines Konstruktors, der einen URI als Parameter akzeptiert.
   d. Hinzufügen eines Konstruktors, der ein **EndpointReference**-Objekt als Parameter akzeptiert.

3. Ermitteln Sie den XML-Code, der in der Konfigurationsdatei eines Projekts erscheinen würde, in dem der Parameter **Server Mode** auf **Always** festgelegt wurde.

   a.

```
<microsoft.web.services3>
  <messaging>
    <mtom serverMode="always" />
  </messaging>
</microsoft.web.services3>
```

   b.

```
<microsoft.web.services2>
  <messaging>
    <mtom serverMode="always" />
  </messaging>
</microsoft.web.services2>
```

   c.

```
<microsoft.web.services3>
  <attachments>
    <mtom serverMode="always" />
  </attachments>
</microsoft.web.services3>
```

   d.

```
<microsoft.web.services2>
  <attachments>
    <mtom serverMode="always" />
  </attachments>
</microsoft.web.services2>
```

Lektion 2: Erstellen eines WSE-Routers

Diese Lektion erläutert, wie eine WSE-Routeranwendung erstellt und konfiguriert wird. Zunächst erfahren Sie, was ein WSE-Router ist. Danach werden wir die einzelnen Schritte betrachten, die zur Erstellung einer Anwendung mit Visual Studio 2005 erforderlich sind. Darauf folgend werden Sie die WSE-Routeranwendung konfigurieren, indem Sie eine Konfigurationsdatei erstellen und Handler für alle Webdienste hinzufügen, die weitergeleitet werden müssen. Anschließend erstellen Sie eine Referral-Cachedatei; dies ist ein XML-Dokument, das die Uniform Resource Locators (URLs) enthält, die von der WSE-Routeranwendung verwendet werden.

Am Ende dieser Lektion werden Sie in der Lage sein, die folgenden Aufgaben auszuführen:

- Erstellen einer WSE-Routeranwendung
- Konfigurieren der WSE-Routeranwendung
- Konfigurieren einer Referral-Cachedatei für das Routing

Veranschlagte Zeit für diese Lektion: 45 Minuten

Was ist ein WSE-Router?

Der WSE-Router dient als Zwischenstelle zwischen der Außenwelt und Ihren Webdiensten. Er wird verwendet, um Anforderungen an den entsprechenden Server zu leiten und zu überprüfen, ob die anfordernde Stelle gültig ist. Stellen Sie sich einen Wachmann vor, der ein Gebäude bewacht. Er steht am Eingang und überprüft, ob Personen, die das Gebäude betreten wollen, eine entsprechende Berechtigung vorweisen können. Wenn sichergestellt ist, dass eine Person zum Eintritt berechtigt ist, kann der Wachmann ihr auch Auskunft darüber geben, wie sie zum gewünschten Ort innerhalb des Gebäudes findet.

Ein WSE-Router agiert als Wachmann für Ihre Webdienste. Er stellt eine Art Schranke zwischen Ihren Webdiensten und der Außenwelt dar. Ihre Webdienste können sich in einem privaten Netzwerk befinden, und externe Clients können nicht auf sie zugreifen. Clients, die Ihre Webdienste verwenden wollen, greifen auf den WSE-Router zu, der auch ein Webdienst ist. Nach erfolgreicher Überprüfung werden die Clients zum Zielwebdienst im privaten Netzwerk weitergeleitet.

Einer der Vorteile der Verwendung eines WSE-Routers ist seine Fähigkeit, Details zu Ihrem Webdienst auszublenden. Sie können dem Router einen virtuellen Namen zuweisen, den die Clients dann anstelle des Namens des Servers verwenden, auf dem sich der Webdienst eigentlich befindet. Der Client kann die Topologie Ihres Netzwerks also nicht erkennen. Der größte Vorteil der Verwendung eines WSE-Routers ist jedoch die Möglichkeit, Wartungsarbeiten an Servern durchzuführen, die als Hosts für Webdienste fungieren, ohne dass es zu Ausfallzeiten kommt. Sind Wartungsarbeiten erforderlich, dann wird einfach eine Änderung in der Konfiguration vorgenommen, die alle Anforderungen an einen alternativen Server umleitet, bis der ursprüngliche Server wieder verfügbar ist.

Praxistipp

Sara Morgan

Ein Freund von mir, der ebenfalls als Entwickler tätig ist, erzählte mir neulich von einem Erlebnis in Zusammenhang mit einem WSE-Router. Er war zur betreffenden Zeit als Consultant für ein großes Finanzunternehmen tätig, das mehrere Webdienste betrieb. Externe Clients verwendeten die Webdienste, um über mobile Geräte auf die Finanzdienstleistungen zuzugreifen. Das Unternehmen beschloss, einen WSE-Router zu implementieren, um Server für regelmäßige Wartungsarbeiten offline nehmen und den Zugriff auf die Webdienste trotzdem rund um die Uhr ermöglichen zu können.

Beim Unternehmen drehten sich viele Gedanken um die Sicherheit, der Leistungsaspekt hingegen wurde vernachlässigt. Die durch den WSE-Router entstandene Zusatzebene führt unmittelbar zu Leistungseinbußen, was viele Kunden verärgerte. Zu Zeiten hohen Anfrageaufkommens waren die Server derart stark ausgelastet, dass die meisten Kunden des Wartens auf die angeforderten Dienstleistungen nach einiger Zeit müde waren. Schließlich konnte das Unternehmen die Probleme zwar beheben, aber dies ist trotzdem ein gutes Beispiel dafür, wie wichtig es ist, vor der Implementierung eines WSE-Routers die Leistung in Betracht zu ziehen.

Erstellen einer WSE-Routeranwendung

Eine WSE-Routeranwendung ist eigentlich nur ein Webdienst. Die einzige Aufgabe dieses Dienstes besteht darin, Anforderungen an andere Webdienste weiterzuleiten. Um einen WSE-Router zu erstellen, müssen Sie in Visual Studio 2005 mit der Webdienstvorlage ein Projekt erstellen. Abbildung 11.5 zeigt das Dialogfeld **Neue Website**, das angezeigt wird, wenn dieser Projekttyp ausgewählt wird.

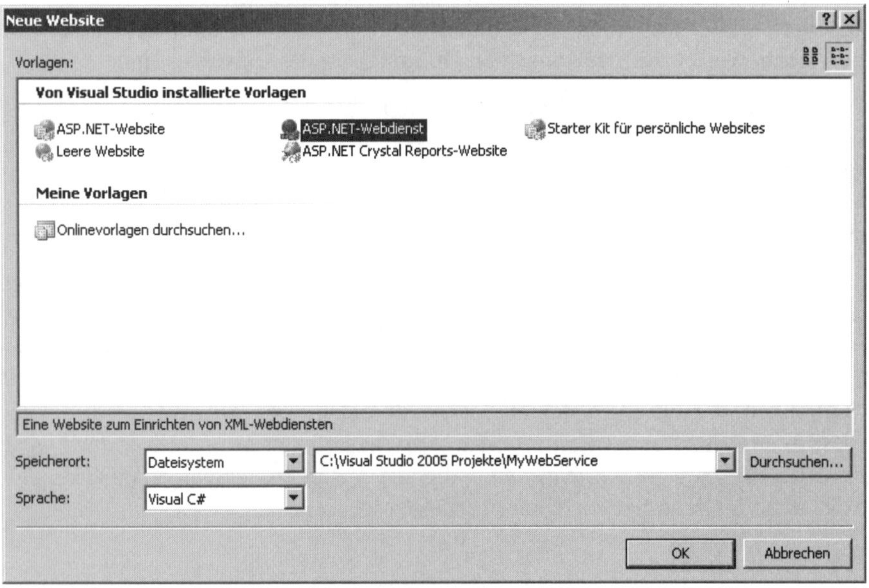

Abbildung 11.5 Im Dialogfeld **Neue Website** erstellen Sie ein neues ASP.NET-Webdienstprojekt, das als Basis für Ihren WSE-Router dient

HINWEIS Welche WSE-Version?

Die aktuelle WSE-Version ist 3.0. Informationen zu Download und Installation dieses Service-Pack-Add-Ons finden Sie in der Einführung.

Nachdem das neue Projekt erstellt wurde, müssen Sie Verweise auf die folgenden beiden .NET Framework-Komponenten hinzufügen:

- **Microsoft.Web.Services3** Dieser Namespace enthält die für den Zugriff auf WSE 3.0 erforderlichen Basisklassen. WSE 3.0 wiederum wird zur Erstellung einer WSE-Routeranwendung benötigt.
- **System.Web.Services** Dieser Namespace enthält die zur Erstellung von XML-Webdiensten notwendigen Basisklassen. Dazu gehören die Klassen **WebService** und **WebMethodAttribute**, die zur Erstellung von Methoden der Webdienstanwendung erforderlich sind.

Sie müssen außerdem eine neue Klassendatei zu Ihrem Projekt hinzufügen, die den Code für den Routerhandler enthält. Zusätzlich zu den standardmäßig hinzugefügten Namespaces sollte die Klassendatei auch **Imports**- bzw. **using**-Direktiven für die folgenden Namespaces enthalten:

```
'VB
Imports Microsoft.Web.Services3
Imports Microsoft.Web.Services3.Messaging
Imports System.Xml

//C#
using Microsoft.Web.Services3;
using Microsoft.Web.Services3.Messaging;
using System.Xml;
```

Die Klassendatei, die als Routerhandler dient, muss von der Klasse **Microsoft.Web.Services3.Messaging.SoapHttpRouter** abgeleitet werden. Dies wird durch das Hinzufügen des folgenden Codes zur neu erstellten Klassendatei ermöglicht:

```
'VB
Public Class RouterHandler
    Inherits Microsoft.Web.Services3.Messaging.SoapHttpRouter

//C#
public class RouterHandler : Microsoft.Web.Services3.Messaging.SoapHttpRouter
```

Als Nächstes müssen Sie die Logik zur Routerhandlerklasse hinzufügen, damit diese weiß, wie Nachrichten weiterzuleiten sind. Dieser Vorgang heißt *inhaltsbasiertes Routing*, weil Sie Nachrichten basierend auf ihrem jeweiligen Inhalt weiterleiten. Um dies zu erreichen, müssen Sie eine Methode erstellen, die die Methode **ProcessRequestMessage** überschreibt. Die überladene Methodendeklaration akzeptiert die eingehende SOAP-Nachricht (Simple Object Access Protocol) als Eingabeparameter und gibt einen URI zurück. Die Methode sieht wie folgt aus:

```
'VB
    Protected Overrides Function ProcessRequestMessage(ByVal message As SoapEnvelope) As Uri
    ' Hier Logik ergänzen, um die SOAP-Nachricht zu verarbeiten
    Return base.ProcessRequestMessage(message)

End Function

//C#
    protected override Uri ProcessRequestMessage( SoapEnvelope message)
{
    // Hier Logik ergänzen, um die SOAP-Nachricht zu verarbeiten
        return base.ProcessRequestMessage (message);
}
```

Die in der Methode **ProcessRequestMessage** hinzugefügte Logik hängt davon ab, was Ihr Router ausführen soll. Wenn Sie lediglich Anforderungen an den passenden Webdienst weiterleiten wollen, dann reicht eine einfache **if..then**-Logik aus. Wollen Sie hingegen zusätzliche Funktionen hinzufügen, mit denen Sie die SOAP-Nachricht überprüfen und sie dann basierend auf bestimmten komplexen Kriterien weiterleiten wollen, dann kann die Logik recht kompliziert werden. Da der WSE-Router im Grunde genommen ein Tor zur Außenwelt ist, müssen Sie sicherstellen, dass dieses Tor sicher, zugänglich und funktional ist.

HINWEIS Fügen Sie nicht zu viele Funktionen zu Ihrem WSE-Router hinzu

Ist der Routerhandler mit zu viel Logik belastet, dann können aufseiten von Clients, die auf den Router zugreifen, bei hohem Datenverkehrsaufkommen Verzögerungen auftreten. Um dies zu vermeiden, ergänzen Sie Ihren Routerhandler mit möglichst wenig Logik und führen Belastungstests mit Tools wie dem Microsoft Web Application Stress Tool durch (dieses steht im MSDN unter http://www.microsoft.com/downloads/details.aspx?familyid=E2C0585A-062A-439E-A67D-75A89AA36495&displaylang=en zum kostenfreien Download zur Verfügung).

Normalerweise überprüft ein WSE-Router den SOAP-Header, um Hinweise darauf zu finden, wie die Anforderung zu behandeln ist. Dann gibt er als Zeichenkette einen URI zurück, der angibt, wohin die Anforderung weitergeleitet werden soll.

Konfigurieren der WSE-Routeranwendung

Um den WSE-Router zu konfigurieren, müssen Sie mindestens ein **<add>**-Element für **<httpHandlers>** hinzufügen (siehe Tabelle 11.5). Dieses wird zur Datei **Web.config** des Webdienstes Ihres WSE-Routers hinzugefügt. Dieses Element dient der Angabe, dass der Webdienst WSE verwendet. Indem Sie es hinzufügen, gestatten Sie der Klasse **WebServicesExtension** das Abfangen von SOAP-Nachrichten, die an den Webdienst gesendet werden, und das Verarbeiten der SOAP-Header in solchen Nachrichten. Um das Element hinzuzufügen, öffnen Sie die Datei **Web.config** im Projektmappen-Explorer, indem Sie auf die Datei doppelklicken. Dann können Sie einen Handler wie den folgenden hinzufügen, um alle Anforderungen mit der ASMX-Erweiterung zu behandeln:

```
<httpHandlers>
  <add verb="*" path="*.asmx"
    type="Microsoft.Web.Services3.Messaging.SoapHttpRouter,
    Microsoft.Web.Services3,
    Version=3.0.0.0, Culture=neutral,
    PublicKeyToken=31bf3856ad364e35" />
</httpHandlers>
```

ACHTUNG Warnung vor dem Kopieren von Code

Wenn Sie die Beispiele in diesem Abschnitt ausführen, müssen Sie in jedem Fall die Zeilenumbrüche für das **<add>**-Element entfernen. Die Zeilenumbrüche wurden eingefügt, um die Lesbarkeit zu verbessern; sind sie jedoch in der eigentlichen Anwendung vorhanden, dann wird ein Fehler generiert.

Tabelle 11.5 Attribute des **<add>**-Elements

Name	Beschreibung
Verb	Gibt die durchzuführende HTTP-Operation (Hypertext Transfer Protocol) in Form einer durch Kommas getrennten Liste oder eines Sternchens an, das einen Platzhalterwert beschreibt. Das HTTP-Verb kann Werte wie **GET**, **PUT** und **POST** enthalten.
Path	Gibt entweder einen Pfad zu einer bestimmten Datei oder einen Platzhalterverweis (als Sternchen) an. Sie können mit einem einzelnen Sternchen alle Dateien bezeichnen oder aber ein Sternchen mit einer Erweiterung angeben, um auf Dateien mit dieser Erweiterung zu verweisen.
Type	Gibt die Klasse und Assembly für den WSE-Router an. Die Klassen- und Assemblynamen sind durch Kommas getrennte Werte. Sie können zudem weitere Informationen wie die Assemblyversion anhängen.

In Fällen, in denen der WSE-Router mehr als nur einen Webdienst behandeln soll, müssen Sie mehrere **<add>**-Elemente hinzufügen. Das folgende Beispiel ist die Konfiguration eines Routers, der Nachrichten für zwei Webdienste namens **WebServiceA.asmx** und **WebServiceB.asmx** weiterleitet:

```
<httpHandlers>
  <add verb="*" path="WebServiceA.asmx"
    type="Microsoft.Web.Services3.Messaging.SoapHttpRouter,
    Microsoft.Web.Services3,
    Version=3.0.0.0, Culture=neutral,
    PublicKeyToken=31bf3856ad364e35" />
  <add verb="*" path="WebServiceB.asmx"
    type="Microsoft.Web.Services3.Messaging.SoapHttpRouter,
    Microsoft.Web.Services3,
    Version=3.0.0.0, Culture=neutral,
    PublicKeyToken=31bf3856ad364e35" />
</httpHandlers>
```

Konfigurieren einer Referral-Cachedatei für das Routing

Eine Referral-Cachedatei ist eine XML-basierte Datei, die Informationen dazu enthält, wohin die SOAP-Anforderungen weitergeleitet werden sollen. Es handelt sich hierbei um eine obligatorische Datei, und Sie müssen sicherstellen, dass das Benutzerkonto, unter dem WSE ausgeführt wird, auf diese Datei zugreifen kann. Das Konto, das WSE verwendet, wird in der Datei **Machine.config** für Ihren Webserver angegeben. Suchen Sie im Element **<processModel>** dieser Datei nach dem Attribut **username**. Stellen Sie sicher, dass dieses Konto Zugriff auf die Datei hat, aber schränken Sie den Zugriff aller anderen Konten mit Ausnahme des Administrators ein. Schließlich soll niemand anderes diese Datei ändern können. Nennen Sie die Datei **ReferralCache.config** und legen Sie sie im Stammverzeichnis Ihrer WSE-Routeranwendung ab.

HINWEIS Die Referral-Cachedatei sollte stets die CONFIG-Erweiterung haben

Die Microsoft Internet-Informationsdienste (Internet Information Services, IIS) stellen sicher, dass Dateien mit der CONFIG-Erweiterung nicht in einem Internetbrowser geöffnet werden können. Vergewissern Sie sich, dass Ihre Referral-Cachedatei die CONFIG-Erweiterung verwendet, um zu verhindern, dass externe Quellen diese Datei lesen und den tatsächlichen Speicherort Ihrer Webdienste in Erfahrung bringen können.

Jedes Mal, wenn der WSE-Router eine Anforderung erhält, verweist er zwecks Bezug der Routinganweisungen auf die Referral-Cachedatei. Die Datei selbst enthält URL-Verweise, die angeben, wohin die Anforderungen weitergeleitet werden. Tabelle 11.6 zeigt die in dieser Datei enthaltenen Elemente.

Tabelle 11.6 In der Referral-Cachedatei enthaltene Elemente

Name	Beschreibung
<r:referrals>	Dies ist das Stammelement der Referral-Cachedatei
<r:ref>	Dies ist das oberste Element, das zur Angabe des Speicherorts verwendet wird, an den eine Anforderung schließlich weitergeleitet wird. Sie können ein oder mehrere derartige Elemente haben, es kann aber auch gar keines vorhanden sein.
<r:for>	Für jedes **<r:ref>**-Element ist ein solches Element vorhanden. Es enthält ein **<r:exact>**- oder ein **<r:prefix>**-Element zur Angabe des Speicherorts des Zielwebdienstes.
<r:exact>	Dieses Element wird verwendet, wenn der URL exakt übereinstimmen muss und der gesamte Pfad des Webdienstes eingeschlossen ist. Die Groß-/Kleinschreibung muss hier nicht beachtet werden.
<r:prefix>	Dieses Element wird verwendet, wenn Sie lediglich einen Teil des Webdienstnamens angeben
<r:if>	Hiermit geben Sie Bedingungen dafür an, wie Anforderungen weitergeleitet werden
<r:invalidates>	Hiermit geben Sie eine Routinganweisung an, die nicht mehr gültig ist, wenn die Anweisung, auf die verwiesen wird, gültig ist
<r:rid>	Dieses Element dient in Verbindung mit dem Element **<r:invalidates>** der Angabe der Routinganweisung, die ungültig gemacht wird

Tabelle 11.6 In der Referral-Cachedatei enthaltene Elemente *(Fortsetzung)*

Name	Beschreibung
<r:go>	Gibt an, wohin die Anforderung weitergeleitet wird
<r:via>	Dieses Element dient in Verbindung mit dem Element **<r:go>** der Angabe eines URI, an den die Anforderung weitergeleitet wird. Es können mehrere **<r:via>**-Elemente vorhanden sein.
<r:refId>	Dieses Element gibt eine eindeutige Kennung an, die die Routinganweisung repräsentiert. In der Regel handelt es sich um eine global eindeutige Kennung (Globally Unique Identifier, GUID).

Höchstwahrscheinlich enthält Ihre Referral-Cachedatei zwei URLs zur Angabe des Speicherorts, der von außen zugänglich bzw. nur Ihrer Organisation bekannt ist. Nachfolgend wird ein Beispiel für eine Referral-Cachedatei gezeigt, die an einen Webdienst von Unternehmen A gerichtete Anforderungen an den Zieldienst leitet, der sich auf dem Server von Unternehmen B befindet:

```
<?xml version="1.0" ?>
<r:referrals xmlns:r="http://schemas.xmlsoap.org/ws/2001/10/referral">
  <r:ref>
    <r:for>
      <r:exact>http://www.companya.com/MyWebService/MyWebService.asmx</r:exact>
    </r:for>
    <r:if/>
    <r:go>
      <r:via>http://www.companyb.com/MyWebService/MyWebService.asmx</r:via>
    </r:go>
    <r:refId>uuid:fa469956-0057-4e77-962a-81c5e292f2ae</r:refId>
  </r:ref>
</r:referrals>
```

Sobald die Datei **ReferralCache.config** erstellt wurde, müssen Sie einen Konfigurationsabschnitt zur Datei **Web.config** für Ihren WSE-Router hinzufügen. Der Konfigurationsabschnitt gibt an, dass der Router WSE 3.0 verwendet. Ferner gibt ein **<referral>**-Element den Namen der Referral-Cachedatei an. Nachfolgend ein Beispiel dafür, wie diese Hinzufügung zur Datei **Web.config** aussehen würde:

```
<configSections>
  <section name="microsoft.web.services3"
      type="Microsoft.Web.Services3.Configuration.WebServicesConfiguration,
          Microsoft.Web.Services3, Version=3.0.0.0, Culture=neutral,
    PublicKeyToken=31bf3856ad364e35" />
</configSections>

<microsoft.web.services3>
  <referral>
    <cache name="referralCache.config" />
  </referral>
</microsoft.web.services3>
```

Praxistipp

Sara Morgan

Die Übung für diese Lektion enthält Code, der eine Nachricht in das Anwendungsprotokoll schreibt. Normalerweise würde der Aufwand, einen WSE-Router zu erstellen, als übertrieben empfunden, wenn dessen einzige Funktion darin bestünde, die Anforderung ins Ereignisprotokoll zu schreiben. In der Regel wird ein WSE-Router nur dann verwendet, wenn es einen bestimmten Grund dafür gibt, Nachrichten basierend auf einer in der SOAP-Nachricht enthaltenen Angabe weiterzuleiten. Andernfalls erzeugt der WSE-Router viel unnötigen Overhead.

Sie sollten deswegen stets Alternativen in Betracht ziehen, bevor Sie eine Entscheidung zur Implementierung eines WSE-Routers treffen. Wenn Sie etwa über eine Möglichkeit verfügen möchten, Anforderungen an Ihre Webdienste zu protokollieren, dann können Sie stattdessen eine SOAP-Erweiterung (so, wie sie in Kapitel 2 beschrieben wurde) verwenden. Beachten Sie, dass Sie durch Verwenden eines WSE-Routers eine zusätzliche Ebene hinzufügen, die die Anforderungen durchqueren müssen; dies jedoch könnte die Leistung Ihrer Webdienste beeinträchtigen.

Übung 2: Erstellen eines WSE-Routers

In dieser Übung erfahren Sie Schritt für Schritt, wie ein WSE-Router mit Visual Studio erstellt wird. Zunächst erstellen Sie ein neues Webdienstprojekt, das den WSE-Router darstellt. Die Übung zeigt auch, wie ein WSE-Router konfiguriert wird, indem ein Eintrag zur Datei **Web.config** hinzugefügt und dann eine Referral-Cachedatei erstellt wird, die die Speicherorte enthält, von denen und an die die Anforderungen weitergeleitet werden. Sie können auch eine Klasse zum Routerprojekt hinzufügen, die die Methode **ProcessRequestMessage** überschreibt, die vom Client kommenden SOAP-Nachricht abfängt und einen Eintrag in das Anwendungsprotokoll schreibt. Falls Sie bei einer Übung auf Probleme stoßen, können Sie sich das fertige Projekt auf der Begleit-CD im Ordner **Code** ansehen.

1. Öffnen Sie Visual Studio 2005.
2. Klicken Sie auf **Datei**, **Neu**, **Website**.
3. Im Dialogfeld **Neue Website** (siehe Abbildung 11.5) wählen Sie die Vorlage **ASP.NET-Webdienst** aus und nennen Ihre Projektdatei **MyWSERouter**. Standardmäßig speichert Visual Studio das Projekt im Verzeichnis **\Eigene Dateien\VisualStudio 2005\WebSites**.
4. Legen Sie die Programmiersprache fest, indem Sie **Visual Basic** oder **C#** im Dropdown-Listenfeld **Sprache** auswählen. Standardmäßig wählt Visual Studio die Sprache aus, die bei der Konfiguration der Entwicklungsumgebung angegeben wurde.
5. Eine neue Projektmappe namens **MyWSERouter** wird erstellt. Die Projektmappendatei zu Ihrem Projekt wird standardmäßig im Verzeichnis **\Eigene Dateien\Visual Studio 2005\WebSites** gespeichert. Die eigentlichen Dateien des Webdienstprojekts werden in dem in Schritt 3 angegebenen Verzeichnis abgelegt.
6. Klicken Sie im Projektmappen-Explorer mit der rechten Maustaste auf das Projekt **MyWSERouter** und wählen Sie **Verweis hinzufügen** aus. Fügen Sie auf der Registerkarte **.NET** Verweise auf die Namespaces **Microsoft.Web.Services3** und **System.Web.Services** hinzu.

7. Klicken Sie im Projektmappen-Explorer mit der rechten Maustaste auf das Projekt und wählen Sie **Neues Element hinzufügen** aus. Fügen Sie eine neue Webkonfigurationsdatei namens **ReferralCache .config** hinzu und klicken Sie auf **Hinzufügen**, um die neue Datei zum Projektstamm hinzuzufügen.
8. Ersetzen Sie den im Codefenster erscheinenden Code durch Folgendes:

```
<?xml version="1.0" ?>
<r:referrals xmlns:r="http://schemas.xmlsoap.org/ws/2001/10/referral">
  <r:ref>
    <r:for>
      <r:exact>http://localhost/MyWSERouter/Service.asmx</r:exact>
    </r:for>
    <r:if/>
    <r:go>
      <r:via>http://localhost/MyWSERouterWS/Service.asmx</r:via>
    </r:go>
    <r:refId>uuid:fa469956-0057-4e77-962a-81c5e292f2ae</r:refId>
  </r:ref>
</r:referrals>
```

9. Löschen Sie die Datei **Web.config**, klicken Sie dann mit der rechten Maustaste im Projektmappen-Explorer auf das Projekt und klicken Sie auf **Neues Element hinzufügen**. Fügen Sie eine neue Webkonfigurationsdatei hinzu und übernehmen Sie diesmal den Standardnamen **Web.config**. Klicken Sie auf **Hinzufügen**, um die neue Datei zum Projekt hinzuzufügen.
10. Ersetzen Sie den Code im Codefenster durch Folgendes:

```
<?xml version="1.0" ?>
<configuration>
  <configSections>
    <section name="microsoft.web.services3"
      type="Microsoft.Web.Services3.Configuration.WebServicesConfiguration,
          Microsoft.Web.Services3, Version=3.0.0.0,
        Culture=neutral, PublicKeyToken=31bf3856ad364e35" />
  </configSections>

  <microsoft.web.services3>
    <referral>
      <cache name="referralCache.config" />
    </referral>
  </microsoft.web.services3>

  <appSettings />
    <connectionStrings />
    <system.web>
      <httpHandlers>
        <add verb="*" path="*.asmx" type="Microsoft.Web.Services3.Messaging.SoapHttpRouter,
          Microsoft.Web.Services3, Version=3.0.0.0,
          Culture=neutral, PublicKeyToken=31bf3856ad364e35" />
      </httpHandlers>

    </system.web>
</configuration>
```

11. Klicken Sie mit der rechten Maustaste auf den Ordner **App_Code** und klicken Sie auf **Neues Element hinzufügen**. Wählen Sie **Klasse** als Vorlage aus, nennen Sie die Datei **RouterHandler.cs** oder **RouterHandler.vb** und klicken Sie auf **Hinzufügen**.

12. Ersetzen Sie im Codefenster den gesamten Inhalt der Datei durch Folgendes:

```
'VB
Imports System.Web.Services
Imports Microsoft.Web.Services3
Imports Microsoft.Web.Services3.Messaging
Imports System.Diagnostics
Imports System.Xml

Public Class RouterHandler
    Inherits Microsoft.Web.Services3.Messaging.SoapHttpRouter
    Protected Overrides Function ProcessRequestMessage(ByVal message As SoapEnvelope) As Uri
        Dim EventLog1 As EventLog = New EventLog

        If EventLog.SourceExists("WSERouter") <> Nothing Then
            EventLog.CreateEventSource("WSERouter", "Application")
        End If

        EventLog1.Source = "WSERouter"
        EventLog1.WriteEntry("Routing a request for MyWSERouterWS web service")

        'Hier Code hinzufügen, der die SOAP-Nachricht liest und
        ' notwendige Änderungen vornimmt

        Return MyBase.ProcessRequestMessage(message)

        End Function

End Class

//C#
using System;
using System.Data;
using System.Configuration;
using System.Web;
using System.Web.Security;
using System.Web.UI;
using System.Web.UI.WebControls;
using System.Web.UI.WebControls.WebParts;
using System.Web.UI.HtmlControls;
using Microsoft.Web.Services3;
using Microsoft.Web.Services3.Messaging;

/// <summary>
/// Zusammenfassende Beschreibung für RouterHandler
/// </summary>
public class RouterHandler : Microsoft.Web.Services3.Messaging.SoapHttpRouter
{
```

```
    public RouterHandler()
    {

    }

    protected override Uri ProcessRequestMessage( SoapEnvelope message)
    {
        System.Diagnostics.EventLog EventLog1 = new System.Diagnostics.EventLog();

        if (!System.Diagnostics.EventLog.SourceExists("WSERouter"))
        {
            System.Diagnostics.EventLog.CreateEventSource("WSERouter", "Application");
        }

        EventLog1.Source = "WSERouter"
        EventLog1.WriteEntry("Routing a request for MyWSERouterWS web service")


        //Hier Code hinzufügen, der die SOAP-Nachricht liest und
        // notwendige Änderungen vornimmt
        return base.ProcessRequestMessage (message);

    }
}
```

13. Klicken Sie im Projektmappen-Explorer mit der rechten Maustaste auf die Projektmappe und wählen Sie **Projektmappe erstellen** aus. Stellen Sie sicher, dass die Meldung **Erstellen erfolgreich** unten links in der Statusleiste erscheint.

Zusammenfassung der Lektion

Ein WSE-Router dient als Zwischenstelle zwischen der Außenwelt und Ihren Webdiensten. Ein Router ist nichts anderes als ein Webdienst, der Anforderungen entgegennimmt und diese an den passenden Webdienst weiterleitet. Eine Routerhandlerklasse wird zum Projekt hinzugefügt, die eine überschriebene Methode namens **ProcessRequestMessage** enthält. Diese Methode liest die eingehende SOAP-Nachricht, ermittelt, wohin diese weitergeleitet wird, und gibt den URI zurück.

- Der Router wird konfiguriert, indem eine Konfigurationsdatei namens **ReferralCache.config** hinzugefügt wird, die die URLs für den Router und die Zielwebdienste enthält
- Sie können auch ein **<add>**-Element zum Element **<HttpHandlers>** in der Datei **Web.config** hinzufügen. Mithilfe dieses Elements wird dem Router mitgeteilt, welche Anforderungen er behandeln soll.

Lernzielkontrolle

Mit den folgenden Fragen können Sie Ihr Wissen zu den Informationen aus Lektion 2, „Erstellen eines WSE-Routers“, überprüfen. Die Fragen finden Sie (in englischer Sprache) auch auf der Begleit-CD, Sie können sie also auch auf dem Computer im Rahmen eines Übungstests beantworten.

HINWEIS Antworten

Die Antworten auf diese Fragen mit Erklärungen, warum die jeweiligen Auswahlmöglichkeiten richtig oder falsch sind, finden Sie im Abschnitt „Antworten“ am Ende dieses Buchs.

---

1. Welche Namespaces sollten in Ihrem WSE-Routerprojekt eingeschlossen sein? (Wählen Sie alle zutreffenden Antworten aus.)
   a. System.Web.Services
   b. System.Web.Services2
   c. System.Web.Services3
   d. Microsoft.Web.Services3
2. Ermitteln Sie den korrekten Code zur Konfiguration eines WSE-Routers, damit dieser Anforderungen aller Webdienstdateien akzeptiert. (Wählen Sie die beste Antwort aus.)
   a.

```
<httpHandlers>
  <add verb="*" path="*.asmx"
    type="Microsoft.Web.Services2.Messaging.SoapHttpRouter,
    Microsoft.Web.Services2,
    Version=2.0.0.0, Culture=neutral,
    PublicKeyToken=31bf3856ad364e35" />
</httpHandlers>
```

   b.

```
<httpHandlers>
  <add verb="*" path="webservices"
    type="Microsoft.Web.Services2.Messaging.SoapHttpRouter,
    Microsoft.Web.Services2,
    Version=2.0.0.0, Culture=neutral,
    PublicKeyToken=31bf3856ad364e35" />
</httpHandlers>
```

   c.

```
<httpHandlers>
  <add verb="*" path="*.asmx"
    type="Microsoft.Web.Services3.Messaging.SoapHttpRouter,
    Microsoft.Web.Services3,
    Version=3.0.0.0, Culture=neutral,
    PublicKeyToken=31bf3856ad364e35" />
</httpHandlers>
```

d.

```
<httpHandlers>
  <add verb="*" path="webservices"
    type="Microsoft.Web.Services3.Messaging.SoapHttpRouter,
    Microsoft.Web.Services3,
    Version=3.0.0.0, Culture=neutral,
    PublicKeyToken=31bf3856ad364e35" />
</httpHandlers>
```

3. Welches Element in der Referral-Cachedatei wird verwendet, um den exakten Speicherort anzugeben, an den eine Anforderung letztendlich weitergeleitet wird? (Wählen Sie die beste Antwort aus.)

   a. <r:exact>

   b. <r:for>

   c. <r:ref>

   d. <r:to>

Lektion 3: Hinzufügen und Überprüfen von Anmeldeinformationen

Diese Lektion erläutert, wie Anmeldeinformationen zu einer SOAP-Nachricht hinzugefügt werden können. Statt die Anmeldeinformationen mit der Eigenschaft **credentials** des Proxys hinzuzufügen, verwenden Sie hierzu WSE, damit die Anforderung weiterhin eine Zwischenstelle passieren kann. Außerdem erfahren Sie, wie die digitalen Signaturen der SOAP-Nachricht überprüft werden, die vom Client gesendet wurde.

Am Ende dieser Lektion werden Sie in der Lage sein, die folgenden Aufgaben auszuführen:

- Hinzufügen von Anmeldeinformationen zu einer SOAP-Nachricht
- Überprüfen der vom Client gesendeten Anmeldeinformationen

Veranschlagte Zeit für diese Lektion: 30 Minuten

Warum sollten Anmeldeinformationen hinzugefügt werden?

Vielleicht wundern Sie sich, warum Sicherheitstoken an dieser Stelle schon wieder behandelt werden, wo sie doch erst in Kapitel 9 erläutert wurden. Grund hierfür ist, dass in diesem Kapitel WSE-Router beschrieben werden, die als Zwischenstelle dienen. Immer, wenn Sie eine Zwischenstelle passieren, können Sie nicht einfach die Anmeldeinformationen der Proxyklasse senden, wie Sie es in Kapitel 9 gesehen haben. Die Anmeldeinformationen können die Zwischenstelle nicht passieren und der Client wird nicht authentifiziert. Stattdessen müssen Sie Anmeldeinformationen mithilfe von WSE hinzufügen, denn nur auf diese Weise können sie den WSE-Router passieren.

Hinzufügen von Anmeldeinformationen mithilfe eines X.509-Zertifikats

Um Sicherheit mithilfe von WSE hinzuzufügen, müssen Sie eine Klasse zu Ihrem WSE-Router hinzufügen, die mindestens eine Richtlinie definiert. Sie können zwei Richtlinien hinzufügen, die Sicherheit zwischen dem Client und dem Router und auch zwischen dem Router und dem Webdienst bieten. In dieser Lektion untersuchen wir eine Klasse, die eine einzelne Richtlinienassertion verwendet. Diese betrifft nur die Sicherheit zwischen Client und Router. Danach wird die Nachricht ungesichert an den Webdienst weitergeleitet.

WEITERFÜHRENDE INFORMATIONEN Sicheres Weiterleiten an den Webdienst

Wenn Sie wissen wollen, wie die Nachricht zwischen dem Router und dem Webdienst abgesichert werden kann, beschäftigen Sie sich mit dem Beispiel SecureRoutingToUltimateReceiver, das in den Beispielordnern zu WSE 3.0 enthalten ist. Normalerweise befindet sich das Programm im Ordner \Programme\Microsoft WSE\v3.0\Samples\<*Sprache*>\QuickStart\Routing\SecureRoutingToUltimateReceiver.

Die Richtlinie erstellt eine benutzerdefinierte Richtlinienassertion, die ein X.509-Sicherheitstoken erstellt. In diesem Fall wird die Sicherheit über eine Anzahl gepackter Operationen angewendet, die *Sicherheitsassertionen* heißen. Das X.509-Sicherheitstoken wird mithilfe der Klasse **X509SecurityToken** (siehe Tabelle 11.7) angewendet, die zur Darstellung eines X.509 Version 3-Zertifikats dient. Das *Zertifikat* ist das digitale Dokument, mit dem bestätigt wird, dass die Person, die die Anforderung sendet, hierzu berechtigt ist.

Tabelle 11.7 Öffentliche Methoden der Klasse **X509SecurityToken**

Name	Beschreibung
Equals	Ruft einen Wert ab, der angibt, ob zwei Objekte gleich sind
GetHashcode	Ruft den Hashcode für das X.509-Zertifikat ab
GetSignedTokenXML	Ruft ein XML-Dokument ab, das ein signiertes Token darstellt
GetSTRTransformXML	Ist der Verwendung durch WSE vorbehalten und kann nicht in Ihrem Code verwendet werden
GetXML	Ruft ein XML-Dokument ab, das das Sicherheitstoken darstellt
LoadXML	Lädt XML-Code für das aktuelle Sicherheitstoken
Verify	Dient der Überprüfung der Signaturen aller signierenden Teilnehmer und stellt sicher, dass das Zertifikat aktuell ist
VerifySignedTokenXML	Wird zur Bestätigung der Signatur eines Tokens in seiner XML-Form verwendet

Zuallererst müssen Sie eine neue Klassendatei hinzufügen, die Ihre Routerrichtlinien enthält. Wenn Sie die Klasse zum selben Projekt hinzufügen, die in Lektion 2 erstellt wurde, dann sollten bereits Verweise auf die DLLs **System.Web.Services** und **Microsoft.Web.Services3** vorhanden sein. Allerdings müssen Sie noch Direktiven für die folgenden Namespaces zu dieser Klasse hinzufügen:

```
'VB
Imports Microsoft.Web.Services3
Imports Microsoft.Web.Services3.Messaging
Imports Microsoft.Web.Services3.Design
Imports System.Security.Cryptography.X509Certificates

//C#
using Microsoft.Web.Services3;
using Microsoft.Web.Services3.Messaging;
using Microsoft.Web.Services3.Design;
using System.Security.Cryptography.X509Certificates;
```

Wie die Klasse **RouterHandling**, die in Lektion 2 erstellt wurde, muss auch die Klasse **RouterPolicy** von der Klasse **HttpSoapRouter** abgeleitet werden. Der folgende Code zeigt, wie dies aussehen sollte:

```
'VB
Public Class RouterPolicy
    Inherits Microsoft.Web.Services3.Messaging.SoapHttpRouter
```

```
//C#
public class RouterPolicy : Microsoft.Web.Services3.Messaging.SoapHttpRouter
```

Der nächste Schritt besteht darin, eine andere Klasse zur soeben erstellten Klassendatei hinzuzufügen. Diese Klasse enthält die eigentliche Richtlinienassertion und erbt wie im folgenden Code gezeigt von Microsoft.Web.Services3.Design.Policy:

```
'VB
Public Class PolicyAssertion
    Inherits Microsoft.Web.Services3.Design.Policy

//C#
public class PolicyAssertion : Microsoft.Web.Services3.Design.Policy
```

Nun fügen Sie den Code hinzu, der die Richtlinie für Nachrichten definiert, die zwischen dem Client und dem WSE-Router übergeben werden. Der folgende Code erstellt eine neue Assertion, mit deren Hilfe festgelegt wird, was der Client- und der Serverdarsteller sind. Sie erinnern sich vielleicht noch aus Kapitel 2, dass das Attribut **actor/role** im Headerelement Ihrer SOAP-Nachricht enthalten ist. Bei Anforderungen, die zwischen dem Router (Dienst) und dem Client ausgetauscht werden, muss das Attribut **actor** mit einem anderen Wert als einer leeren Zeichenfolge festgelegt werden. Der folgende Code erstellt außerdem ein Token für den Router (Dienst) und den Client und befindet sich im Konstruktor für die Klasse **PolicyAssertion**:

```
'VB
Public Sub New()
    Dim assertion As New MutualCertificate11Assertion()

        assertion.ClientActor = "http://microsoft.web.services3.samples.securerouting/client"
        assertion.ServiceActor = "http://schemas.xmlsoap.org/soap/actor/next"

        assertion.ClientX509TokenProvider = New X509TokenProvider(StoreLocation.CurrentUser,
        StoreName.My, "CN=WSClient")
        assertion.ServiceX509TokenProvider = New X509TokenProvider(StoreLocation.LocalMachine,
        StoreName.My, "CN=WSERouter")

        Me.Assertions.Add(assertion)
    End Sub

//C#
public PolicyAssertion() : base()
{
        MutualCertificate11Assertion assertion =
            new MutualCertificate11Assertion();

        assertion.ClientActor =
            "http://microsoft.web.services3.samples.securerouting/client";
        assertion.ServiceActor =
            "http://schemas.xmlsoap.org/soap/actor/next";
```

```
        assertion.ClientX509TokenProvider = new
            X509TokenProvider(StoreLocation.CurrentUser,
            StoreName.My, "CN=WSClient");
        assertion.ServiceX509TokenProvider = new
            X509TokenProvider(StoreLocation.LocalMachine,
            StoreName.My, "CN=WSERouter");

        this.Assertions.Add(assertion);
}
```

Im obigen Codebeispiel haben wir sowohl **serviceActor** als auch **clientActor** definiert. **serviceActor** wird verwendet, wenn Nachrichten zwischen Client und Router übergeben werden. Der **clientActor** hingegen wird benötigt, wenn Nachrichten auch zwischen Router und Webdienst abgesichert werden sollen.

HINWEIS Erstellen einer Richtliniendatei

Diese Lektion enthält ein Beispiel, in dem die Richtlinie im Code definiert wurde; Sie hätten die Richtlinie aber auch durchaus in einer XML-basierten Richtliniendatei definieren können. In diesem Fall hätten Sie die Richtlinie in der Methode **GetRequestPolicy** zurückgeben können, statt die überschriebene Klasse **PolicyAssertion** zurückzugeben. Der offensichtliche Vorteil der Verwendung einer Richtliniendatei besteht darin, dass, wenn sich die Werte in Ihrer Richtlinie mit hoher Wahrscheinlichkeit ändern werden, eine Richtliniendatei besser ist, weil in diesem Fall keine Neukompilierung von Code erforderlich ist.

Nun überschreiben Sie die Methode **GetRequestPolicy**, mit deren Hilfe Sie die Richtlinie abrufen, die der SOAP-Anforderung zugeordnet ist. Dieser Code wird in der Klasse **RouterPolicy** abgelegt. Die Methode, die Sie erstellen, gibt die Richtlinienassertion zurück, die in obigem Codebeispiel erstellt wurde, und sieht wie folgt aus:

```
'VB
    Protected Overrides Function GetRequestPolicy() As Policy
        Return New PolicyAssertion()
End Function

//C#
protected override Policy GetRequestPolicy()
{
        return new PolicyAssertion();
}
```

Andere Sicherheitstoken

Im vorherigen Abschnitt wurde erklärt, wie der Router mit einem X.509-Sicherheitstoken geschützt werden kann. Dies ist allerdings nur eines der Sicherheitstoken, die von WSE 3.0 unterstützt werden. Dieser Sicherheitstyp heißt *Sicherheit auf Nachrichtenebene*, weil die Anmeldeinformationen mit der SOAP-Nachricht übergeben werden. Sie können aber auch eines der folgenden Sicherheitstoken verwenden:

- **UsernameToken** Verwendet eine Kombination aus Benutzername und Kennwort, die normalerweise in einer externen Datenbank gespeichert sind. Sie können sich auch beim Microsoft Active Directory-Verzeichnisdienst authentifizieren. Gewöhnlich wird das Kennwort als Hash des eigentlichen Kennworts gespeichert, um noch mehr Sicherheit zu bieten. Es ist wichtig, dass das Kennwort geschützt und nicht unverschlüsselt gesendet wird, um nicht gefährdet zu werden. Um ein Benutzernamentoken zu erstellen, verwenden Sie die Klasse **UsernameToken**, die Teil des Namespaces **Microsoft.Web.Services3.Security.Tokens** ist, zum Signieren oder Verschlüsseln der SOAP-Nachricht. Auch dies ist Sicherheit auf Nachrichtenebene.

WEITERFÜHRENDE INFORMATIONEN Implementieren der Sicherheit auf Nachrichtenebene

Weitere Informationen dazu, wie dieser Sicherheitstyp implementiert wird, finden Sie im MSDN im *Patterns and Practices*-Dokument „Implementing Direct Authentication with UsernameToken in WSE 3.0“, das unter http://msdn.microsoft.com/library/default.asp?url=/library/en-us/dnpag2/html/WSS_Ch3_ImpDirectAuth_WSE30.asp heruntergeladen werden kann.

- **UsernameOverTransport** Verwendet eine Benutzeranmeldung und ein Kennwort zur Durchführung der Authentifizierung, aber die Sicherheit wird mit Secure Sockets Layer (SSL) statt mit einem signierten Zertifikat behandelt. Viele Menschen ziehen SSL zur Sicherheitsbehandlung vor. Dies wird als *Transportebenensicherheit* bezeichnet, denn in diesem Fall werden die Anmeldeinformationen für die Authentifizierung von der Transportschicht übergeben, die SSL implementiert. Beachten Sie, dass Sie, wenn Sie unter Verwendung von SSL einen WSE-Router passieren, eine neue SSL-Verbindung zwischen den einzelnen Zugriffspunkten erstellen müssen. Es gibt eine SSL-Verbindung vom Client zum Router und eine weitere zwischen dem Router und dem Webdienst. Ferner müssen Sie berücksichtigen, dass der mit dieser Methode verbundene Overhead die Skalierbarkeit Ihrer Webdienste beeinträchtigen kann.
- **AnonymousOverX509** Heißt auch **AnonymousForCertificate**. Diese Methode gestattet es einem Benutzer, sich mit dem öffentlichen Schlüssel des Servers zu authentifizieren; die Sicherheitsbehandlung erfolgt jedoch weiterhin mit dem X.509-Zertifikat des Servers. Der Client ist unbekannt, weil er sich anonym authentifiziert, d. h. diese Sicherheitsebene sollte nur bei unkritischen Diensten oder aber solchen angewendet werden, in denen der öffentliche Schlüssel nur einem eingeschränkten Kreis externer Teilnehmer (z. B. Lieferanten des Unternehmens oder Partnerfirmen) zugänglich gemacht wird.

Überprüfen der Anmeldeinformationen

Sie wissen aus Lektion 2 vielleicht noch, dass auf die Datei **ReferralCache.config** verwiesen wurde, indem ein **<referral>**-Element in die Datei **Web.config** für den WSE-Router eingeschlossen wurde. Dies ist aber nur eines der Elemente, mit denen WSE 3.0 konfiguriert wird. Sie können auch ein **<security>**-Element einschließen, das die Sicherheitseinstellungen für Ihre WSE-Anwendung enthält. Diese Lektion hat Ihnen gezeigt, wie ein WSE-Router implementiert wird, der die Sicherheit mit einem X.509-Zertifikat behandelt. Um solche Zertifikatstypen zu überprüfen, müssen Sie ein **<x509>**-Element in die Datei **Web.config** Ihres Routers einschließen (siehe Tabelle 11.8).

Tabelle 11.8 Attribute des **<x509>**-Elements

Name	Beschreibung
allowTestRoot	Ein boolescher Wert, der angibt, ob WSE die erfolgreiche Überprüfung eines X.509-Zertifikats zulässt, das von einem Teststamm signiert wurde. Wird in Verbindung mit dem Attribut **verifyTrust** verwendet und ist nur gültig, wenn das Attribut auf den Wert **true** festgelegt ist.
revocationMode	Dieses Attribut ist vorhanden, um Anwendungen den Betrieb auch nach einer Aktualisierung von WSE 2.0 zu ermöglichen. Es entspricht dem Attribut **AllowRevocationUrlRetrieval**, das in der Vorgängerversion verwendet wurde, und dient der Angabe des Algorithmus, mit dem die Schlüsselkennung des Antragstellers des X.509-Zertifikats berechnet wird. Dieses Attribut kann auf einen der Werte **NoCheck**, **Offline** oder **Online** festgelegt werden.
skiMode	Gibt den Algorithmus an, den WSE 3.0 zur Berechnung des Wertes der Schlüsselkennung des Antragstellers verwendet. Festlegbar sind die Werte **RIC3280**, **IssueSerial** oder **ThumbprinSHA1** (Standard).
storeLocation	Gibt den Speicherort an, an dem WSE das X.509-Zertifikat speichert. Ferner angegeben wird der Zertifikatsspeicher, der während des Überprüfungsvorgangs verwendet wird. Das Attribut kann auf die Werte **CurrentUser** oder **LocalMachine** festgelegt werden.
verificationMode	Gibt an, ob **WSE** während der Überprüfung im Zertifikatsspeicher vertrauenswürdiger Personen nachschlägt. Festlegbar sind die Werte **ChainOnly**, **TrustedPeopleOnly** oder **TrustedPeopleOrChain**.
verifyTrust	Ein boolescher Wert, der angibt, ob WSE überprüft, ob das Zertifikat von einer gültigen Zertifizierungsstelle ausgegeben wurde

Ein typischer Eintrag in der Datei **Web.config** eines WSE-Routers, der ein X.509-Zertifikat verwendet, würde etwa so aussehen:

```
<security>
  <x509 allowTestRoot="true" verifyTrust="true" />
</security>
```

Übung 3: Hinzufügen von Sicherheit zu Ihrem WSE-Router

In dieser Übung erfahren Sie Schritt für Schritt, wie Sie den in Übung 2 erstellten WSE-Router absichern. Sie fügen eine Klasse zu diesem Projekt hinzu, die zur Konfiguration einer Richtliniendatei mithilfe eines X.509-Zertifikats konfiguriert wird. Falls Sie bei einer Übung auf Probleme stoßen, können Sie sich das fertige Projekt auf der Begleit-CD im Ordner **Code** ansehen.

1. Öffnen Sie Visual Studio 2005 und laden Sie das in Übung 2 erstellte Projekt **MyWSERouter**.
2. Klicken Sie mit der rechten Maustaste auf den Ordner **App_Code** und klicken Sie auf **Neues Element hinzufügen**. Wählen Sie **Klasse** als Vorlage aus, nennen Sie die Datei **RouterPolicy.cs** oder **RouterPolicy.vb** und klicken Sie auf **Hinzufügen**.

3. Ersetzen Sie den Code dieser Klasse durch Folgendes:

```
'VB
Imports Microsoft.VisualBasic
Imports Microsoft.Web.Services3
Imports Microsoft.Web.Services3.Messaging
Imports Microsoft.Web.Services3.Design
Imports System.Security.Cryptography.X509Certificates

Public Class RouterPolicy
    Inherits Microsoft.Web.Services3.Messaging.SoapHttpRouter

    Protected Overrides Function GetRequestPolicy() As Policy
        Return New PolicyAssertion()
    End Function
End Class

Public Class PolicyAssertion
    Inherits Microsoft.Web.Services3.Design.Policy

    Public Sub New()

        Dim assertion As New MutualCertificate11Assertion()

        assertion.ClientActor = "http://microsoft.web.services3.samples.securerouting/client"
        assertion.ServiceActor = "http://schemas.xmlsoap.org/soap/actor/next"

        assertion.ClientX509TokenProvider = New X509TokenProvider(StoreLocation.CurrentUser,
            StoreName.My, "CN=WSE2QuickStartClient")
        assertion.ServiceX509TokenProvider = New X509TokenProvider(StoreLocation.LocalMachine,
            StoreName.My, "CN=WSE2QuickStartServer")

        Me.Assertions.Add(assertion)

    End Sub

End Class

//C#
using System.Web.UI.HtmlControls;
using Microsoft.Web.Services3;
using Microsoft.Web.Services3.Messaging;
using Microsoft.Web.Services3.Design;
using System.Security.Cryptography.X509Certificates;

/// <summary>
/// Zusammenfassende Beschreibung für RouterPolicy
/// </summary>
public class RouterPolicy : Microsoft.Web.Services3.Messaging.SoapHttpRouter

{
    protected override Policy GetRequestPolicy()
```

```
        {
            return new PolicyAssertion();
        }
    }

    public class PolicyAssertion : Microsoft.Web.Services3.Design.Policy
    {
        public PolicyAssertion() : base()
        {
            MutualCertificate11Assertion assertion =
                new MutualCertificate11Assertion();

            assertion.ClientActor =
                "http://microsoft.web.services3.samples.securerouting/client";
            assertion.ServiceActor =
                "http://schemas.xmlsoap.org/soap/actor/next";

            assertion.ClientX509TokenProvider = new
                X509TokenProvider(StoreLocation.CurrentUser,
                StoreName.My, "CN=WSClient");
            assertion.ServiceX509TokenProvider = new
                X509TokenProvider(StoreLocation.LocalMachine,
                StoreName.My, "CN=WSERouter");

            this.Assertions.Add(assertion);

        }
    }
```

4. Klicken Sie mit der rechten Maustaste auf die Datei **Web.config** und klicken Sie auf **Öffnen**. Fügen Sie im Codefenster den folgenden Code unter dem **<referral>**-Element hinzu:

```
<security>
  <x509 allowTestRoot="true" verifyTrust="true" />
</security>
```

5. Klicken Sie im Projektmappen-Explorer mit der rechten Maustaste auf die Projektmappe und wählen Sie **Projektmappe erstellen**. Stellen Sie sicher, dass die Meldung **Erstellen erfolgreich** unten links in der Statusleiste erscheint.

Zusammenfassung der Lektion

- Anmeldeinformationen werden für Anforderungen, die über einen WSE-Router übergeben werden, anders behandelt. Zu diesem Zweck müssen Sie mithilfe von WSE Anmeldeinformationen hinzufügen. Sie können die Sicherheit zwischen Client und Router und dann optional zwischen Router und Webdienst überprüfen.

- Wenn Sie Sicherheit mithilfe eines X.509-Zertifikats hinzufügen, müssen Sie eine benutzerdefinierte Richtlinienassertion hinzufügen, indem Sie entweder Code in einer Klassendatei oder aber eine XML-basierte Richtliniendatei verwenden.
- Bei Nachrichten, die zwischen Client und Router übergeben werden, muss das Attribut **serviceActor** mit einem anderen Wert als einer leeren Zeichenfolge festgelegt werden. Ferner muss bei Nachrichten, die zwischen Router und Webdienst übergeben werden, auch das Attribut **clientActor** auf einen anderen Wert als eine leere Zeichenfolge festgelegt sein.
- Zusätzlich zum X.509-Zertifikat können Sie Sicherheit mit **UsernameToken**, **UsernameOverTransport** oder **AnonymousOverX509** implementieren
- Die Überprüfung der Anmeldeinformationen für ein X.509-Zertifikat erfolgt, indem Sie ein **<x509>**-Element in die Datei **Web.config** Ihres Routers einschließen

Lernzielkontrolle

Mit den folgenden Fragen können Sie Ihr Wissen zu den Informationen aus Lektion 3, „Hinzufügen und Überprüfen von Anmeldeinformationen“, überprüfen. Die Fragen finden Sie (in englischer Sprache) auch auf der Begleit-CD, Sie können sie also auch auf dem Computer im Rahmen eines Übungstests beantworten.

HINWEIS Antworten

Die Antworten auf diese Fragen mit Erklärungen, warum die jeweiligen Auswahlmöglichkeiten richtig oder falsch sind, finden Sie im Abschnitt „Antworten“ am Ende dieses Buchs.

---

1. Welche zwei Alternativen gibt es zur Erstellung einer benutzerdefinierten Richtlinienassertion? (Wählen Sie zwei Antworten.)
   a. Fügen Sie Code zum Konstruktor für den WSE-Router hinzu, mit dem die Anmeldeinformationen des Signaturgebers überprüft werden.
   b. Erstellen Sie eine XML-basierte Richtliniendatei und geben Sie darin die überschriebene Methode **GetRequestPolicy** zurück.
   c. Fügen Sie Code zur Methode **GetRequestPolicy** hinzu, um die Anmeldeinformationen des Signaturgebers zu überprüfen.
   d. Fügen Sie Code zu einer Klassendatei hinzu, mit dem eine Assertion hinzufügt wird, die von der überschriebenen Methode **GetRequestPolicy** zurückgegeben wird.
2. Welche Sicherheitsmethode verwendet einen Benutzernamen und ein Kennwort, die in einer externen Quelle wie beispielsweise Microsoft SQL Server oder Active Directory gespeichert sind? (Wählen Sie die beste Antwort aus.)
   a. X.509
   b. UsernameToken
   c. UsernameOverTransport
   d. AnonymousOverX509

3. Bezeichnen Sie den Code, mit dem der Router so konfiguriert wird, dass er die erfolgreiche Überprüfung eines X.509-Zertifikats zulässt, das von einem Teststamm signiert wurde. (Wählen Sie die beste Antwort aus.)

   a.

```
<security>
  <x509 allowTestRoot="true" verifyTrust="true" />
</security>
```

   b.

```
<security>
  <x509 allowTestRoot="true" verifyTrust="false" />
</security>
```

   c.

```
<credentials>
  <x509 allowTestRoot="true" verifyTrust="true" />
</credentials>
```

   d.

```
<credentials>
  <x509 allowTestRoot="true" verifyTrust="false" />
</credentials>
```

Rückblick auf dieses Kapitel

Sie können die in diesem Kapitel vermittelten Fähigkeiten folgendermaßen einüben und vertiefen:

- Lesen Sie die Zusammenfassung des Kapitels sorgfältig durch
- Lesen Sie die Liste der Schlüsselbegriffe durch, die in diesem Kapitel eingeführt wurden
- Arbeiten Sie die Übungen mit Fallbeispielen durch. Diese Szenarios beschreiben Fälle aus der Praxis, in denen die Themen dieses Kapitels zur Anwendung kommen. Sie werden aufgefordert, eine Lösung zu entwickeln.
- Führen Sie die vorgeschlagenen praktischen Übungen durch
- Machen Sie einen Übungstest

Zusammenfassung des Kapitels

- Ein WSE-Router dient als Zwischenstelle zwischen der Außenwelt und Ihren Webdiensten. Es handelt sich eigentlich um einen weiteren Webdienst, der so konfiguriert ist, dass er Anforderungen an die passenden Webdienste weiterleitet.
- Sie konfigurieren den WSE-Router, indem Sie ein **<add>**-Element für **<httpHandlers>** zur Datei **Web.config** des Routers hinzufügen. Ferner erstellen Sie eine Datei **ReferralCache.config**, die die Speicherorte Ihres Routers und der Webdienste enthält, die als endgültige Ziele dienen.
- Wenn Sie einen WSE-Router verwenden, müssen Sie zum Hinzufügen von Anmeldeinformationen WSE verwenden, statt diese zum Proxy hinzuzufügen. Dies ist erforderlich, damit diese den Router passieren können.
- Wenn Sie die Sicherheit für einen WSE-Router konfigurieren, müssen Sie zwei Schritte berücksichtigen: Sicherheit zwischen Client und Router und Sicherheit zwischen Router und Webdienst.
- Sie können eine benutzerdefinierte Richtlinienassertion unter Verwendung einer XML-basierten Richtliniendatei oder über Code erstellen, der zu einer Klassendatei hinzugefügt wird. In jedem Fall wird die Richtlinie von der überschriebenen Methode **GetRequestPolicy** zurückgegeben.
- Die Sicherheit wird für eine Überprüfung konfiguriert, indem ein Element zum **<security>**-Element in der Datei **Web.config** des WSE-Routers hinzugefügt wird

Schlüsselbegriffe

Wissen Sie, was die folgenden Schlüsselbegriffe bedeuten? Sie können Ihre Antworten überprüfen, indem Sie die Begriffe im Glossar am Ende dieses Buchs nachschlagen.

- Assertion
- Zertifikat
- Sicherheit auf Nachrichtenebene
- Transportschichtsicherheit

Fallbeispiele

In den folgenden Fallbeispielen wenden Sie an, was Sie über die Implementierung und Absicherung eines WSE-Routers gelernt haben. Die Lösungen zu den Fragen finden Sie im Abschnitt „Antworten" hinten in diesem Buch.

Fallbeispiel 1: Durchführen einer Serveraktualisierung

Sie arbeiten für ein Unternehmen, das medizinische Dienstleistungen anbietet. In Ihrem großen Netzwerk werden mehrere Webdienste betrieben. Der Netzwerkadministrator hat Ihre Abteilung darüber informiert, dass alle Server, auf denen diese Dienste ausgeführt werden, für mehrere Stunden offline genommen werden müssen, um eine Serveraktualisierung durchzuführen. Glücklicherweise werden alle Webdienste über einen WSE-Router weitergeleitet, und Sie wissen, dass Sie nichts anderes tun müssen, als eine Strategie zur Verwendung des Routers zu entwickeln, um die Anforderungen vorübergehend umzuleiten.

1. Welche Strategie schlagen Sie vor?

Fallbeispiel 2: Auswählen einer Sicherheitsmethode für Ihren WSE-Router

Sie haben einen WSE-Router für das in Fallbeispiel 1 erwähnte Unternehmen implementiert. Der Zugriff auf die bereitgestellten Webdienste ist nur von Zweigstellen des Unternehmens aus möglich. Obwohl sich die Zweigstellen nicht in Ihrem öffentlichen Netzwerk befinden und über das Internet auf die Webdienste zugreifen, sind sie vertrauenswürdige Mitglieder Ihrer Organisation. Sie wurden gebeten, die Sicherheit für den WSE-Router unter Berücksichtigung der Tatsache zu implementieren, dass die Leistungsfähigkeit der Webdienste einen wesentlichen Faktor darstellt.

1. Welche Sicherheitsmethode könnten Sie empfehlen?

Vorgeschlagene praktische Übungen

Um die in diesem Kapitel formulierten Lernziele erfolgreich zu erreichen, führen Sie die folgenden Aufgaben durch.

Implementieren des WSE-SOAP-Messagings

Um das Lernziel für das WSE-SOAP-Messaging zu erreichen, müssen Sie lediglich Übung 1 bearbeiten. Um Ihr Wissen zu erweitern, laden Sie das MSDN Hands On Lab zum WSE-Messaging herunter und installieren es. Das Hands On Lab steht unter **http://www.microsoft.com/downloads/details.aspx?familyid=0e5491c1-8bde-4fff-88c4-8e3dc102fad6&displaylang=en** zum Download bereit. Auf dieser Grundlage können Sie dann Übung 2 bearbeiten.

- **Praktische Übung 1** Erstellen Sie ein Webdienstprojekt und belassen Sie die standardmäßig erstellte Webmethode **HelloWorld**. Aktivieren Sie WSE für das Projekt und ändern Sie die Webmethode mithilfe von WSE-Messaging so, dass TCP als Kommunikationsprotokoll verwendet wird. Danach fügen Sie ein Windows-Anwendungsprojekt zur Projektmappe hinzu und erstellen in dieser Lösung einen Webverweis auf den Webdienst. Fügen Sie eine Bezeichnung zum Standardformular für dieses Projekt hinzu, und fügen Sie Code zur Methode **Page_load** hinzu, die die Webmethode **HelloWorld** aufruft und das Zeichenfolgenergebnis im Text des Bezeichnungssteuerelements anzeigt.
- **Praktische Übung 2** Nachdem Sie das MSDN Hands On Lab heruntergeladen und installiert haben, navigieren Sie zum Ordner **WSE Messaging**, der während der Installation erstellt wurde. Navigieren Sie weiter zu dem Ordner der verwendeten Programmiersprache (VB oder C#) und öffnen Sie dort den Ordner **Basic**. Öffnen Sie die Datei **Manual.doc** und lesen Sie die Anweisungen zur Bearbeitung des Hands On Lab. Bearbeiten Sie die Teile 1 und 2 der Basisübung und studieren sie den Code, der Bestandteil der Übung ist.

Weiterleiten von SOAP-Nachrichten mithilfe eines WSE-Routers

Um dieses Lernziel zu erreichen, sollten Sie Übung 1 bearbeiten. Übung 2 ist optional, denn dort werden fortgeschrittene Konzepte behandelt, z. B. das Übergeben in einem SOAP-Header, sodass die Nachricht inhaltsbasiert weitergeleitet werden kann.

- **Praktische Übung 1** Erstellen Sie ein Webdienstprojekt, das als WSE-Router fungiert. Konfigurieren Sie den WSE-Router so, dass er Anforderungen für alle ASMX-Dateien annimmt, und erstellen Sie eine Datei **ReferralCache.config**, die Nachrichten ohne Berücksichtigung des Nachrichteninhalts weiterleitet. Sie können Nachrichten für den in Übung 1 zum WSE-SOAP-Messaging erstellten Webdienst weiterleiten. Danach fügen Sie ein Webanwendungsprojekt hinzu, das als Client fungiert, und senden eine Anforderung an den Webdienst.
- **Praktische Übung 2** Ändern Sie das in Übung 1 erstellte WSE-Routerprojekt so, dass eine Methode erstellt wird, die die Methode **ProcessRequestMessage** überschreibt und so eine Nachricht basierend auf einem Wert weiterleitet, der im SOAP-Header übergeben wird. Danach müssen Sie das Clientprojekt so ändern, dass es den SOAP-Header übergibt.

Hinzufügen und Überprüfen von Anmeldeinformationen

Um die Übungen in diesem Abschnitt bearbeiten zu können, müssen Sie zunächst Übung 1 im Abschnitt zum Weiterleiten von SOAP-Nachrichten abgeschlossen haben.

- **Praktische Übung 1** Fügen Sie eine Klasse zum WSE-Routerprojekt hinzu, das Sie in Übung 1 des vorherigen Abschnitts erstellt haben. Diese Klasse wird zum Übergeben des Benutzernamentokens an den Webdienst verwendet. In diesem Fall werden Sie einen Benutzernamen und ein Kennwort verwenden, deren Werte aus einer Datenbank abgerufen werden. Allerdings können Sie den Benutzernamen und das Kennwort auch als statischen Text übergeben. Weitere Informationen zur Implementierung eines Benutzernamentokens finden Sie im MSDN-Dokument **http://msdn.microsoft.com/library/default.asp?url=/library/en-us/dnpag2/html/WSS_Ch3_ImpDirectAuth_WSE30.asp**.
- **Praktische Übung 2** Überprüfen Sie die Anmeldeinformationen, die Sie in Übung 1 hinzugefügt haben, indem Sie ein **<security>**-Element zur Datei **Web.config** für den WSE-Router hinzufügen.

Machen Sie einen Übungstest

Die Übungstests auf der Begleit-CD zu diesem Buch (in englischer Sprache) bieten zahlreiche Möglichkeiten. Zum Beispiel können Sie einen Test machen, der ausschließlich die Themen eines bestimmten Lernziels behandelt, oder Sie können sich selbst mit dem gesamten Inhalt der Prüfung 70-259 testen. Sie können den Test so konfigurieren, dass er dem Ablauf einer echten Prüfung entspricht, oder Sie können einen Lernmodus verwenden, in dem Sie sich nach dem Beantworten einer Frage jeweils sofort die richtige Antwort und Erklärungen ansehen können.

WEITERFÜHRENDE INFORMATIONEN Praktische Übungen

Einzelheiten zu allen Optionen, die bei den Übungstests zur Verfügung stehen, finden Sie im Abschnitt „So verwenden Sie die Übungstests“ in der Einführung am Anfang dieses Buchs.

KAPITEL 12

Erstellen von Serviced Components

Die Enterprise Services sind Teil der Toolbox, die jeder Entwickler, der komplexe Transaktionssysteme entwickeln will, verwenden muss. Verteilte Transaktionen, Systeme für hohes Volumen, Objektpooling und JIT-Aktivierung (Just-In-Time-Aktivierung) sind nur einige der Dienste, die Sie benötigen, aber die Implementierung von Code auf der Infrastrukturebene ist nicht besonders produktiv. Die Enterprise Services und das zugrunde liegende COM+-Framework stellen diese Dienste bereit. Serviced Components sind das Herzstück der Lösung, wenn es darum geht, aus einer verwalteten Umgebung heraus auf diese Dienste zuzugreifen.

In diesem Kapitel abgedeckte Lernziele:

- Erstellen und Konfigurieren einer und Zugreifen auf eine Serviced Component
  - Erstellen einer Serviced Component
  - Hinzufügen von Attributen zu einer Serviced Component
  - Registrieren einer Serviced Component
  - Implementieren von Sicherheit
  - Hinzufügen eines Verweises auf eine Serviced Component in einer Anwendung
  - Erstellen einer Instanz einer Serviced Component
  - Aufrufen der Methoden einer Serviced Component

Lektionen in diesem Kapitel:

Bevor Sie beginnen

Um die Lektionen in diesem Kapitel durcharbeiten zu können, sollten Sie mit Microsoft Visual Basic oder C# vertraut sein und sich die Bearbeitung der folgenden Aufgaben zutrauen:

- Erstellen einer Bibliothek und einer Konsolenanwendung in Microsoft Visual Studio mithilfe von Visual Basic oder C#
- Hinzufügen von Verweisen zu den Systemklassenbibliotheken eines Projekts
- Hinzufügen von Verweisen zu Projekten innerhalb einer Projektmappe

- Ein grundlegendes Verständnis von Remotemethodiken (XML-Webdienste, DCOM, .NET Remoting, CORBA usw.)
- Ein grundlegendes Verständnis von COM+
- Ein grundlegendes Verständnis von Queuingtechnologien wie dem MSMQ-Server (Microsoft Message Queuing-Server)
- Ein grundlegendes Verständnis von verteilten Transaktionen
- Ein grundlegendes Verständnis von ADO.NET

Praxistipp

Mark Blomsma

Serviced Components sind in einer Organisationsumgebung unentbehrlich. Ich habe schon an Projekten gearbeitet, bei denen die Transaktionsintegrität über mehrere Datenquellen hinweg ein absolutes Muss war. Wir fügten Daten in zwei, manchmal auch mehr Datenbanken ein und verschoben mehrere Nachrichten in einer Warteschlange – und dies alles in einer Umgebung mit hohem Transaktionsaufkommen. Die Verwendung von Serviced Components zur Interaktion mit dem *Microsoft Distributed Transaction Coordinator* (DTC) war die einzige Möglichkeit, die anstehenden Aufgaben zuverlässig zu erledigen.

Lektion 1: Überblick zu den Serviced Components

In dieser Lektion werden wir uns damit befassen, in welcher Beziehung COM, COM+, MTS, Enterprise Services und Serviced Components miteinander stehen. Sie werden erfahren, was eine Serviced Component ist, wie sie erstellt und wie Enterprise Services wie etwa Transaktionsverwaltung, Objektpooling und JIT-Aktivierung verwendet werden.

Verknüpfte Technologien

Es gibt eine Reihe von Technologien, die in Zusammenhang mit Serviced Components miteinander verknüpft sind: COM, COM+, Microsoft Transaction Server und die Enterprise Services. Die Common Language Runtime (CLR) ist ein Ersatz für COM, nicht aber für COM+. COM+ ist eine Laufzeitumgebung mit einer Anzahl Dienste, deren Zweck darin besteht, die Erstellung skalierbarer verteilter Systeme zu vereinfachen. COM+ ist der Name von Microsoft Transaction Server 2.0 (MTS 2.0). Beide Namen – COM+ und MTS – sind unglücklich gewählt, denn sie geben die zugrunde liegende Technologie nicht wieder. Dies wurde mittlerweile korrigiert. .NET Framework stellt die nächste Generation von COM+ vor: die Enterprise Services. Die Enterprise Services sind eine Laufzeitumgebung, in deren Zentrum die Serviced Components stehen.

Um die von der Enterprise Services-Laufzeitumgebung bereitgestellten Dienste verwenden zu können, müssen Sie eine Serviced Component erstellen. Die Serviced Component bietet Zugriff auf die Enterprise Services, und die Enterprise Services wiederum gewähren Zugriff auf Dienste wie JIT-Aktivierung, Queuing, rollenbasierte Sicherheit, Objektpooling, Synchronisierung und Transaktionen. Mithilfe der Klassen im Namespace **System.EnterpriseServices** ermöglicht Visual Studio Ihnen die einfache Erstellung von Serviced Components. Im Grunde genommen erstellen Sie eine Klasse, mit der Sie die Klasse **ServicedComponent** erweitern. Lassen Sie Ihre Klasse von **ServicedComponent** erben und ergänzen Sie die Klasse und ihre Methoden mit Attributen, die Metadaten dazu enthalten, wie die Komponente im COM+-Katalog zu registrieren ist. In Lektion 1 werden wir erfahren, wie dies alles funktioniert.

Eine Assembly für eine Serviced Component muss einen starken Namen haben. Eine Serviced Component kann von einer .NET-Assembly genauso verwendet werden, wie Sie auch eine reguläre Komponente verwenden würden: Sie fügen einfach einen Assemblyverweis zur Dynamic Link Library (DLL) hinzu, der die Serviced Component definiert.

Serviced Components können bei Verwenden des COM+-SOAP-Dienstes auch als Webdienste bereitgestellt werden. Dies ist ganz leicht möglich, indem Sie lediglich die richtigen Attribute zu Ihrer Klasse hinzufügen. Genauer gesagt verwenden Sie die Eigenschaft **SoapVRoot** des Attributs **ApplicationActivation** der Serviced Component.

Einer der meistverwendeten COM+-Dienste ist Microsoft DTC. Durch Eintragen der .NET-Transaktion in DTC können Sie Transaktionen erstellen, die über mehrere Datenquellen hinweg ausgeführt werden, und sogar einen kompensierenden Ressourcen-Manager (Compensating Resource Manager, CRM) für Ressourcen verwenden, die eigentlich nicht transaktionsfähig sind. Sie können beispielsweise eine Transaktion erstellen, die einen Datensatz in der Datenbank aktualisiert, eine Nachricht in eine Nachrichtenwarteschlange einreiht und einen Eintrag in eine Datei schreibt – und dies alles im Rahmen einer einzigen Transaktion. Die Datenbank und die Nachrichtenwarteschlange sind beide transaktionsfähig, das Dateisystem hingegen ist es nicht. In diesem Beispiel müsste ein CRM erstellt werden, um an der Datei vorgenommene Änderungen rückgängig zu machen, sofern die Transaktion zurückgesetzt werden muss.

Durch COM+ erhalten Entwickler mehr Kontrolle über ihre Anwendungen, denn es bietet konfigurierbare Transaktionsisolierungsebenen. Bei COM+-Versionen vor COM+ 1.5 wurde für Transaktionen stets die höchste Isolierungsebene verwendet. Zwar garantiert diese, dass die Datenintegrität stets erhalten bleibt, kann aber Leistungsprobleme wie z. B. Zeitüberschreitungen verursachen, wenn viele Transaktionen an einer großen Datenbank durchgeführt werden müssen. Mit konfigurierbaren Isolierungsebenen kann der erfahrene Entwickler die Nebenläufigkeit erhöhen und so Leistung und Skalierbarkeit verbessern.

Serviced Components sind in serverseitigen Umgebungen am leistungsfähigsten und können sowohl die Funktionalität als auch die Leistung Ihrer .NET-Anwendung optimieren.

Am Ende dieser Lektion werden Sie in der Lage sein, die folgenden Aufgaben auszuführen:

- Beschreiben von Hintergrund und Anwendungsmöglichkeiten für COM+-Dienste
- Erstellen einer Serviced Component
- Registrieren einer Serviced Component
- Hinzufügen von Attributen zu einer Serviced Component
- Implementieren von Sicherheit für Serviced Components

Veranschlagte Zeit für diese Lektion: 45 Minuten

COM+-Dienste

COM+ basiert auf Anwendungen, die mithilfe von COM, MTS und anderen COM-basierten Technologien geschrieben wurden, und erweitert diese. COM+ behandelt viele der Ressourcenverwaltungsaufgaben, die Entwickler zuvor selbst programmieren mussten, z. B. Thread-Reservierungen und Thread-Sicherheit. Einige COM+-Dienste können in .NET Framework verwendet werden, um Funktionalität und Leistungsfähigkeit zu optimieren. Die .NET Framework-Attribute bewirken, dass die COM+-Konfiguration im COM+-Katalog gespeichert wird, wenn die Assembly registriert wird.

Die folgenden COM+-Funktionen können zu Ihrer verwalteten Anwendung hinzugefügt werden, indem eine Serviced Component implementiert wird:

- Transaktionsunterstützung
  - Automatische Transaktionsverarbeitung
  - Bring Your Own Transaction (BYOT)
  - CRMs
- Objektpooling
- JIT-Aktivierung
- Lose verknüpfte Ereignisse
- Objektkonstruktion
- Private Komponenten
- Queued Components
- Rollenbasierte Sicherheit
- SOAP-Dienst
- Synchronisierung

Transaktionsunterstützung

Eine Transaktion ist eine Gruppe von Operationen, die als Einheit betrachtet werden. Entweder sind alle Operationen erfolgreich oder alle schlagen fehl. Bei einem Fehlschlag wird keine Operation durchgeführt. .NET Framework bietet innerhalb von ADO.NET auch Unterstützung für andere Transaktionsarten, aber das COM+-Transaktionsmodell unterstützt einen deklarativen Codierstil und die Möglichkeit, verteilte Transaktionen durchzuführen.

Automatische Transaktionsverarbeitung

Mithilfe des Attributs **AutoComplete** können Sie eine Transaktionsmethode automatisch rückgängig machen, wenn eine unbehandelte Ausnahme den regulären Ablauf der Anwendung beendet. Wenn **AutoCompleteAttribute** nicht verwendet wird, dann kann die Klasse **ContextUtil** zur Interaktion mit der COM+-Anwendung verwendet werden und diese mithilfe der Methoden **SetComplete()** und **SetAbort()** über Erfolg bzw. Fehlschlag in Kenntnis setzen.

Bring Your Own Transaction (BYOT)

In einer verteilten Transaktion kann es notwendig sein, das Eintragen von Code in eine laufende Transaktion manuell zu verwalten. Der Ansatz, eine Verbindung mit DTC herzustellen, um die Eintragung in eine laufende Transaktion vorzunehmen, heißt BYOT.

CRMs

CRMs werden für Ressourcen verwendet, die eigentlich nicht transaktionsfähig sind. Sie können beispielsweise eine Transaktion erstellen, die einen Datensatz in der Datenbank aktualisiert, eine Nachricht in eine Nachrichtenwarteschlange einreiht und einen Eintrag in eine Datei schreibt – und dies alles im Rahmen einer einzigen Transaktion. Die Datenbank und die Nachrichtenwarteschlange sind beide transaktionsfähig, das Dateisystem hingegen ist es nicht. In diesem Beispiel würde ein CRM benötigt, um an der Datei vorgenommene Änderungen rückgängig zu machen, sofern die Transaktion zurückgesetzt werden muss.

Objektpooling

Objektpooling bedeutet, dass eine begrenzte Anzahl Objekte für die Verwendung durch Clients bereitgestellt wird. Wenn Clients eine neue Objektinstanz anfordern, dann erhalten Sie entweder eine neue Objektinstanz oder aber eine Instanz, die bereits im Pool vorhanden ist. Haben Clients die Verwendung von Objekten beendet, dann werden die Objekte nicht gelöscht, sondern in den Pool zurückgegeben, damit andere Clients diese Instanzen im Pool nachfolgend wiederverwenden können.

JIT-Aktivierung

Die JIT-Aktivierung ist ein Vorgang, bei dem COM+-Komponenten nur erstellt werden, wenn sie erforderlich sind, und wieder gelöscht werden, sobald sie nicht mehr erforderlich sind. Diese Aktivierung und Deaktivierung findet beim Aufrufen von Methoden statt (obwohl die Kontextinformationen zwischen den Aufrufen gespeichert werden). Wenn Clients Instanzen von COM+-Komponenten erstellen, erhalten sie eine Proxyklasse. Allerdings existiert die COM+-Komponente, auf die die Proxyklasse zugreift, eigentlich erst dann, wenn der Client die Komponentenmethoden zur Durchführung von Operationen verwendet.

Lose verknüpfte Ereignisse

Lose verknüpfte Ereignisse (manchmal auch „LCE-System“ genannt) gestatten das Senden von Ereignissen über das Netzwerk. Weitere Informationen dazu, wie diese Funktionalität mithilfe von .NET Remoting wirksam eingesetzt wird, finden Sie in Kapitel 8, „Methodenaufrufe und Ereignisverwaltung mit .NET Remoting“.

Objektkonstruktion

COM+ bietet einen Mechanismus zur zeichenfolgenbasierten Objektkonstruktion, bei dem nach der Erstellung des Objekts mithilfe des Standardkonstruktors die Methode **Construct** aufgerufen wird, die dann eine Zeichenfolge mit Informationen zum Status des Objekts übergibt. Diese Funktion muss auf der Registerkarte **Aktivierung** des Dialogfeldes **Eigenschaften** der Komponente oder durch Ergänzen der Klasse mit einem Attribut **ConstructionEnabled** aktiviert werden. Dadurch wird die Option automatisch in dem Moment festgelegt, in dem die Komponente in eine COM+-Anwendung importiert wird.

Private Komponenten

COM+ 1.0 kennzeichnet alle Komponenten in einer Anwendung als öffentlich. Eine öffentliche Komponente kann von jeder anderen Anwendung aktiviert werden. Eine Anwendung enthält jedoch normalerweise auch eine Anzahl Komponenten, die anwendungsintern sind. Das in Microsoft Windows Server 2003 implementierte COM+ 1.5 gestattet es Ihnen, diese Komponenten als privat zu kennzeichnen. Das bedeutet, dass diese Komponenten nur für andere Komponenten in derselben Anwendung sichtbar und zugreifbar sind.

Dass Entwickler Komponenten nun als privat kennzeichnen können, verleiht ihnen mehr Kontrolle über das Maß, in dem Funktionen verfügbar gemacht werden. Es ist außerdem möglich, eine Komponente als privat zu kennzeichnen und trotzdem von allen Funktionen der Enterprise Services zu profitieren.

Queued Components

Sehr häufig wird asynchrones Messaging mithilfe von MSMQ ausgeführt. Wenn wir MSMQ verwenden, statt die Daten synchron zu aktualisieren, dann senden wir eine Nachricht an MSMQ, die Informationen zur anstehenden Aufgabe enthält. (Die Nachricht liegt meistens, aber nicht immer, im XML-Format [Extensible Markup Language] vor.) Später rufen wir diese Nachricht von MSMQ wieder ab und führen die eigentliche Aufgabe durch. MSMQ funktioniert bei einer derartigen Operation sehr gut. Allerdings erfordert die direkte Verwendung von MSMQ benutzerdefinierten Quellcode in erheblichem Umfang. Die Anwendung muss speziell dafür entwickelt sein, Informationen an die Warteschlange zu senden, und die Komponenten müssen Informationen manuell aus der Warteschlange lesen. Weitere Informationen zu Nachrichtenwarteschlangen finden Sie in Kapitel 13, „Verwalten von Serviced Components".

Queued Components sind anders. Sie nutzen MSMQ, blenden aber alles aus, was daran komplex ist. Das Einrichten von Queued Components ist eine rein administrative Aufgabe. Dies erleichtert das Konvertieren einer regulären synchronen Operation in eine asynchrone Operation.

Rollenbasierte Sicherheit

.NET bietet grundlegende rollenbasierte Sicherheit. In der .NET-Definition ist eine Rolle jedoch eine Windows-Benutzergruppe. Dies ist eine schwerwiegende Einschränkung, weil Sie häufig keine Kontrolle über die IT-Abteilung Ihres Kunden haben werden. Wenn Sie Ihre Anwendung in einer Umgebung bereitstellen, in der die Benutzergruppen in Ihrer Domäne nicht zu den Rollen passen, die Ihre Anwendung erwartet, dann kann niemand auf Ihre Anwendung zugreifen. Für dieses Problem gibt es zwei Lösungen: Sie können entweder ein benutzerdefiniertes Prinzip definieren, das die Art und Weise, auf die eine Rolle überprüft wird, neu definiert, oder Sie verwenden die rollenbasierte Sicherheit der Enterprise Services.

Die rollenbasierte Sicherheit der Enterprise Services ist nicht mit den Windows-Benutzergruppen verknüpft, d. h. Sie können Rollen auch dann direkt aus der Unternehmensdomäne der Anwendung heraus definieren, wenn keine entsprechende Benutzergruppe vorhanden ist.

SOAP-Dienst

.NET Framework gestattet über einen SOAP-Dienst den Zugriff auf beliebige COM+-Komponenten. Mithilfe der MMC-Snap-Ins (Microsoft Management Console-Snap-Ins) für Komponentendienste können Sie die COM+-Komponente so konfigurieren, dass die Schnittstelle als SOAP-Dienst verfügbar ist. Die Microsoft Internet-Informationsdienste (Internet Information Services, IIS) dienen als Host für diesen Dienst. Beachten Sie die Verwendung des Begriffs „SOAP-Dienst". Der Dienst verwendet SOAP über das Hypertext Transfer Protocol (HTTP), aber an dieser Stelle ist vom SOAP von .NET Remoting die Rede. Sie benötigen das Befehlszeilenprogramm **soapsuds**, um einen .NET-Remoteproxy für diesen Dienst zu erstellen.

Synchronisierung

Der letzte Dienst, den die Enterprise Services bieten, ist die Synchronisierung. Wenn Sie die Synchronisierung verwenden, dann erstellt COM+ einen Proxy für Sie, der alle Instanzen Ihres Objekts in seinem Kontext ausführt. COM+ führt ein Marshalling aller Aufrufe über den Proxy durch, wodurch Leistungseinbußen entstehen. Der Dienst garantiert, dass zu jedem Zeitpunkt immer nur ein Thread ein Objekt ausführt. Die COM+-Synchronisierung stellt ein weiteres einfaches Verfahren zur Synchronisierung dar, das aber mit Umsicht verwendet werden sollte. Viele Aufrufe eines COM+-synchronisierten Objekts verschlechtern Ihre Anwendung aufgrund des Marshallings über den Proxy erheblich. Testen Sie in jedem Fall die Interaktivität, wenn Sie dieses Verfahren verwenden.

Erstellen einer Serviced Component

Um eine Serviced Component zu erstellen, müssen die folgenden Schritte durchgeführt werden:

1. Erben von **ServicedComponent**.
2. Hinzufügen eines Standardkonstruktors.
3. Ergänzen der Klasse mit **ComVisible**.
4. Auswählen des COM+-Aktivierungstyps.
5. Zuweisen eines starken Namens.

Erben von *ServicedComponent*

Sie erstellen eine Serviced Component, indem Sie eine .NET Framework-Klasse erstellen, die direkt oder indirekt von der Klasse **System.EnterpriseServices.ServicedComponent** erbt. Serviced Component-Klassen werden von einer COM+-Anwendung aufgenommen und können unter Verwendung des Namespaces System.EnterpriseServices verwendet werden. Um auf den Namespace System.EnterpriseServices zugreifen zu können, müssen Sie einen Assemblyverweis auf **System.EnterpriseServices.dll** hinzufügen. (Diese Assembly ist Bestandteil der .NET Framework-Klassenbibliothek.)

```
VB
Imports System.EnterpriseServices
 Public Class OrderService
    Inherits ServicedComponent

    End Class

//C#
using System.EnterpriseServices;
namespace MSLearning.Chapter12.Services
{
    public class OrderService : ServicedComponent
    {
    }
}
```

Hinzufügen eines Standardkonstruktors

Damit COM+ Ihre Komponente verwalten kann, muss es eine Instanz Ihrer Klasse erstellen können. COM+ kann beim Erstellen Ihrer Klasse keine Standardparameter angeben, d. h. Sie müssen einen öffentlichen Standardkonstruktor implementieren.

```
'VB
Imports System.EnterpriseServices

 Public Class OrderService
        Inherits ServicedComponent

    ''' <summary>
        ''' Für die COM+-Registrierung erforderlicher Standardkonstruktor
    ''' </summary>
    ''' <remarks></remarks>
    Public Sub OrderService()
    End Sub

    End Class

//C#
using System.EnterpriseServices;
namespace MSLearning.Chapter12.Services
{
    public class OrderService : ServicedComponent
    {
        /// <summary>
        /// Für die COM+-Registrierung erforderlicher Standardkonstruktor
        /// </summary>
        public OrderService()
        {
        }
    }
}
```

Ergänzen der Klasse mit *ComVisible*

Die Typen in Ihrer verwalteten Codeassembly sind standardmäßig für COM+ nicht sichtbar. Das liegt daran, dass Ihre Assemblyinfodatei den folgenden Eintrag enthält:

```
'VB
Imports System.Runtime.InteropServices

' Durch Festlegen von ComVisible auf "false" werden die Typen in dieser Assembly unsichtbar
' für COM-Komponenten. Wenn Sie aus COM auf einen Typ in dieser Assembly
' zugreifen müssen, legen Sie das ComVisible-Attribut für diesen Typ auf "true" fest.
<Assembly: ComVisible(False)>

//C#
using System.Runtime.InteropServices;
```

```
// Durch Festlegen von ComVisible auf "false" werden die Typen in dieser Assembly unsichtbar
// für COM-Komponenten. Wenn Sie aus COM auf einen Typ in dieser Assembly
// zugreifen müssen, legen Sie das ComVisible-Attribut für diesen Typ auf "true" fest.
[assembly: ComVisible(false)]
```

Sie müssen **Alle Dateien anzeigen** im Projektmappen-Explorer auswählen, um *Assemblyinformationen* in Visual Basic sehen zu können.

Es gilt als schlechter Programmierstil, alle Typen in der COM+-Umgebung sichtbar zu machen. Um Ihren benutzerdefinierten Typ für COM+ sichtbar zu machen, müssen Sie das Attribut **ComVisible** zu Ihrer Klasse hinzufügen. **ComVisible** finden Sie im Namespace **System.Runtime.InteropServices**.

```
'VB
Imports System.EnterpriseServices
Imports System.Runtime.InteropServices

 Public Class OrderService
        Inherits ServicedComponent

    ''' <summary>
        ''' Für die COM+-Registrierung erforderlicher Standardkonstruktor
    ''' </summary>
    ''' <remarks></remarks>
    <ComVisible(True)> _
        Public Sub OrderService()
    End Sub


    End Class

//C#
using System.EnterpriseServices;
using System.Runtime.InteropServices;

namespace MSLearning.Chapter12.Services
{
    [ComVisible(true)]
    public class OrderService : ServicedComponent
    {
        /// <summary>
        /// Für die COM+-Registrierung erforderlicher Standardkonstruktor
        /// </summary>
        public OrderService()
        {
        }
    }
}
```

Auswählen eines COM+-Aktivierungstyps

In COM+ können Sie zwischen den folgenden beiden Typen zur Anwendungsaktivierung wählen:

- **Bibliothek** Eine Bibliotheksanwendung wird im Prozess des Clients ausgeführt, der sie erstellt hat, und kann nur von Clients aufgerufen werden, die sich auf demselben Computer befinden. Dies ist die Standardeinstellung.
- **Server** Serveranwendungen werden jeweils in ihrem eigenen dedizierten Serverprozess ausgeführt

Es ist mithilfe des Attributs **ApplicationActivation** in der Datei **Assemblyinfo.cs** möglich, anzugeben, ob Komponenten in der Assembly im Prozess des Erstellers oder in einem Systemprozess ausgeführt werden:

```
'VB
Imports System.EnterpriseServices

<Assembly: ApplicationActivation(ActivationOption.Library)>

//C#
using System.EnterpriseServices;

[assembly: ApplicationActivation(ActivationOption.Library)]
```

Zuweisen eines starken Namens

Eine Serviced Component erfordert zur Registrierung einen starken Namen. Ein starker Name umfasst Informationen zur Identität der Assembly: die Zeichenfolge, die den Namen der Assembly bildet, eine Versionsnummer, Kulturinformationen (sofern angegeben), einen öffentlichen Schlüssel und eine digitale Signatur. Die Informationen werden aus einer Assemblydatei generiert, die den entsprechenden privaten Schlüssel verwendet. Die Assemblydatei enthält das Assemblymanifest, das die Namen und Hashes aller Dateien enthält, die die Assembly bilden. Diese Signatur gewährleistet die Eindeutigkeit des Namens für die Assembly und verhindert, dass der Name der Assembly missbräuchlich gefälscht wird (so genanntes *Namensspoofing*). Beachten Sie, dass alle Assemblys, die auf eine Assembly mit starkem Namen verweisen, ebenfalls starke Namen aufweisen müssen.

Einen starken Namen erstellen Sie mit dem Befehlszeilenprogramm **Sn.exe** oder über die Eigenschaftenseiten Ihres Projekts in Visual Studio 2005. Wenn Sie das Programm **Sn.exe** verwenden, erstellen Sie zunächst eine Schlüsseldatei.

```
Sn.exe -k mykey.snk
```

Nun erstellen Sie über die Eigenschaftenseiten Ihres Projekt einen Verweis auf die gerade erstellte Datei. Sie finden auf den Eigenschaftenseiten eine Registerkarte namens **Signierung**. Aktivieren Sie das Kontrollkästchen **Assembly signieren** und navigieren Sie zur Datei **Mykey.snk**.

In .NET Framework 1.1 wurde der Verweis auf die Schlüsseldatei in der Datei **Assemblyinfo.cs** gespeichert, in .NET Framework 2.0 hingegen erfolgt die Speicherung in der Projektdatei.

```
<SignAssembly>true</SignAssembly>
<AssemblyOriginatorKeyFile>mykey.snk</AssemblyOriginatorKeyFile>
```

Obwohl dies für die Laufzeit nicht erforderlich ist, gilt es als empfohlene Praxis, Ihrer Assembly einen Namen zu geben. Mit dem Attribut **ApplicationName** im Namespace **System.EnterpriseServices** können Sie einen Standardanwendungsnamen auf der Assemblyebene festlegen:

```
'VB
Imports System.EnterpriseServices

<Assembly: ApplicationName("AdventureWorks")>

//C#
using System.EnterpriseServices;

[assembly: ApplicationName("AdventureWorks")]
```

Registrieren einer Serviced Component

Nachdem Sie die Schritte im vorherigen Abschnitt durchgeführt haben, können Sie Ihre Serviced Component nun im COM+-Katalog registrieren. Zur Registrierung Ihrer Serviced Component stehen vier Möglichkeiten zur Verfügung:

- MMC
- Dienstinstallationstool
- Dynamische Registrierung
- Windows Installer-Paket (MSI)

Microsoft Management Console

Komponentendienste ist ein Snap-In für die MMC. Mit diesem Snap-In können Sie eine COM+-Anwendung erstellen, Komponenten zur Anwendung hinzufügen und die Attribute für die Anwendung und die Komponenten festlegen.

Starten Sie Komponentendienste, indem Sie zunächst auf **Start**, **Ausführen** klicken. Geben Sie **c:\windows\system32\com\comexp.msc** ein und klicken Sie auf **OK**. Alternativ klicken Sie auf **Start**, **Systemsteuerung**, **Verwaltung**, **Komponentendienste**. Dann klicken Sie auf **Komponentendienste**, **Computer**, **Arbeitsplatz**, **COM+-Anwendungen**. Ihr Bildschirm sollte nun etwa so aussehen wie in Abbildung 12.1 gezeigt.

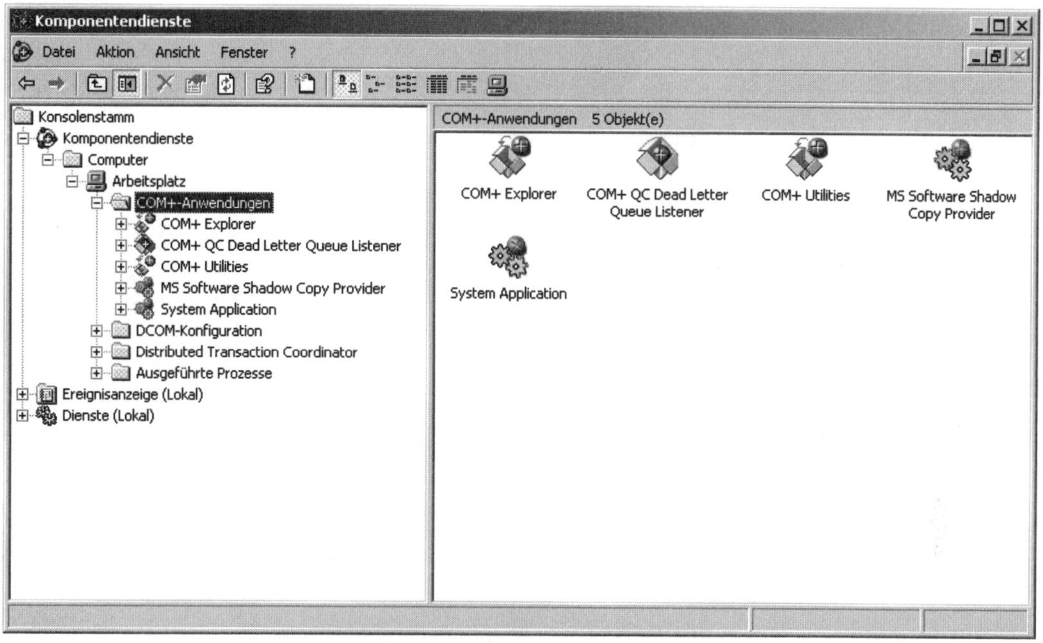

Abbildung 12.1 Standardansicht der Komponentendienste-Verwaltungskonsole

Klicken Sie mit der rechten Maustaste auf **COM+-Anwendungen** und klicken Sie auf **Neu**, **Anwendung**. Der COM+-Anwendungsinstallations-Assistent wird gestartet. Gehen Sie nun wie folgt vor:

1. Klicken Sie auf der Seite **Willkommen** auf **Weiter**.
2. Klicken Sie auf der Seite **Neue Anwendung erstellen oder installieren** auf **Eine leere Anwendung erstellen**.
3. Geben Sie auf der Seite **Leere Anwendung erstellen** als Namen der Anwendung **AdventureWorks** ein. Klicken Sie auf **Bibliotheksanwendung** und klicken Sie auf **Weiter**.
4. Klicken Sie auf der Seite **Vielen Dank für die Verwendung des COM+-Anwendungsinstallations-Assistenten** auf **Fertig stellen**.

Sie haben nun die ursprüngliche COM+-Anwendung hinzugefügt. Natürlich ist diese noch leer, weil wir unsere Anwendung noch nicht hinzugefügt haben. Dies kann mithilfe von Drag & Drop erfolgen. Wählen Sie im Explorer von Komponentendienste im Ordner **AdventureWorks** den Ordner **Komponenten** aus. Wie Sie sehen, ist dieser leer. Als Nächstes navigieren Sie im Windows-Explorer zu Ihrer Assembly (DLL-Datei). Ziehen Sie die Assembly dann in den Ordner **Komponenten**. Ihr Bildschirm sollte nun so aussehen wie in Abbildung 12.2 gezeigt.

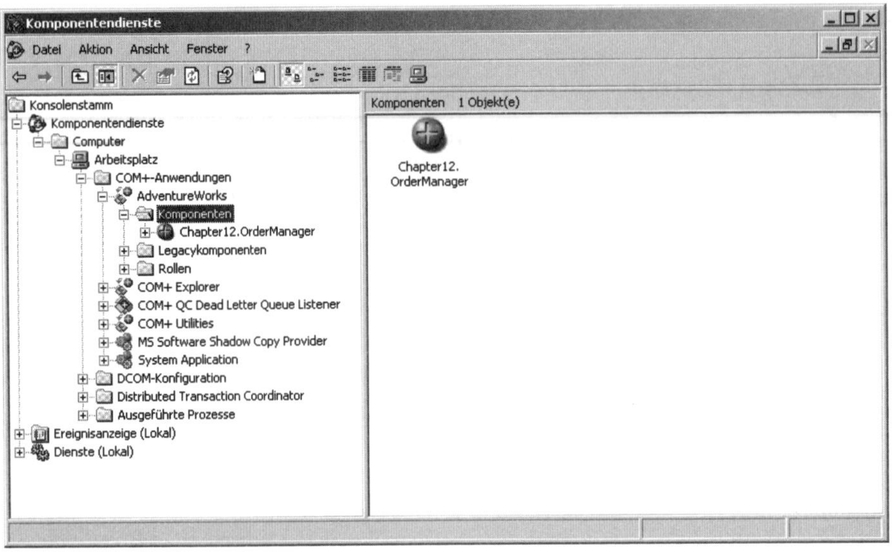

Abbildung 12.2 Sie haben Ihre COM+-Anwendung erfolgreich installiert

Herzlichen Glückwunsch! Sie haben Ihre COM+-Anwendung soeben erfolgreich installiert.

Um die COM+-Anwendung zu deinstallieren, klicken Sie einfach mit der rechten Maustaste auf **AdventureWorks** und dann auf **Löschen**.

Dienstinstallationstool

Das .NET Framework Software Development Kit enthält das .NET Framework-Dienstinstallationstool (**Regsvcs.exe**), das eine Assembly laden und registrieren, eine Typbibliothek in einer angegebenen COM+-Anwendung installieren und COM+-Dienste konfigurieren kann.

Starten Sie die Visual Studio 2005-Eingabeaufforderung. Klicken Sie hierzu auf **Start**, **Alle Programme**, **Visual Studio 2005**, **Visual Studio Tools**, **Visual Studio 2005 Command Prompt**.

Wechseln Sie zum Verzeichnis, in dem sich Ihre Assembly befindet, und registrieren Sie Ihre COM+-Anwendung mithilfe von **Regsvcs.exe**:

```
regsvcs chapter12.dll AdventureWorks
```

Beachten Sie, dass durch das Verwenden der Visual Studio 2005-Eingabeaufforderung automatisch eine Pfadeinstellung zum Ordner **C:\Windows\Microsoft.NET\Framework\v2.0.50727** vorhanden ist, in dem sich **Regsvcs.exe** befindet.

Ein weiterer zu beachtender Aspekt ist die Tatsache, dass **Regsvcs.exe** nicht den Anwendungsnamen aus **Assemblyinfo.cs** übernimmt. Dieser muss stattdessen als eines der Befehlszeilenargumente übergeben werden.

Heben Sie die Registrierung der COM+-Anwendung mit dem Schalter **–u** auf:

```
regsvcs -u chapter12.dll AdventureWorks
```

Dynamische Registrierung

Die dynamische Registrierung kopiert eine Assembly, die die Serviced Components enthält, in den Ordner, der die Clientanwendung enthält. Diese werden nicht im globalen Assemblycache (GAC) abgelegt. Wenn ein Client eine Instanz der Serviced Component zu erstellen versucht, dann registriert die CLR die Assembly und konfiguriert den COM+-Katalog. Dieser Vorgang findet pro Version einer Assembly nur einmal statt. Diese Vorgehensweise funktioniert nur, wenn der aufrufende Code verwalteter Code ist, und der Prozess, der die dynamische Registrierung durchführt, muss zudem lokale Administratorrechte haben.

Wir verwenden die dynamische Registrierung, wenn wir unsere Serviced Component in Lektion 2 dieses Kapitels verwenden.

Windows Installer-Paket (MSI)

Nachdem eine Serviced Component-Anwendung auf einem System installiert wurde, kann sie aus dem MMC-Snap-In für Komponentendienste in Form eines MSI-Pakets (Microsoft Windows Installer) exportiert werden.

Starten Sie die Komponentendienste-Verwaltungskonsole und navigieren Sie zu Ihrer COM+-Anwendung (siehe auch den Abschnitt „Microsoft Management Console“ weiter oben in dieser Lektion). Klicken Sie mit der rechten Maustaste auf Ihre Anwendung und klicken Sie auf **Exportieren**. Nun wird der COM+-Anwendungsexport-Assistent gestartet. Gehen Sie dann wie folgt vor:

1. Klicken Sie auf der Seite **Willkommen** auf **Weiter**.
2. Geben Sie auf der Seite **Exportinformationen für die Anwendung** (siehe Abbildung 12.3) einen Ordner und einen Namen für Ihre MSI-Datei ein und klicken Sie auf **Weiter**.
3. Klicken Sie auf der letzten Seite auf **Fertig stellen**.

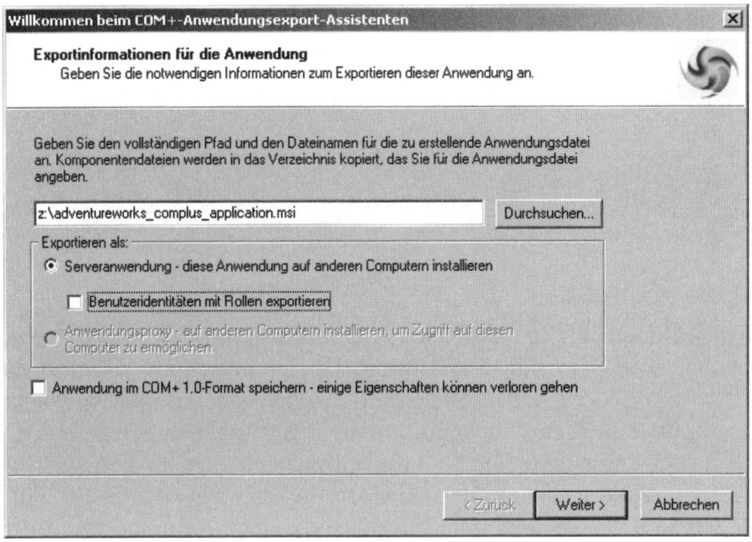

Abbildung 12.3 Exportieren Ihrer COM+-Anwendung

Beim Export Ihrer COM+-Anwendung werden zwei Dateien erstellt: eine MSI- und eine CAB-Datei. Kopieren Sie beide Dateien auf den Zielcomputer und doppelklicken Sie auf die MSI-Datei, um Ihre COM+-Anwendung auf diesem Computer zu installieren. Nach der Installation befinden sich Ihre Dateien in folgendem Ordner:

```
C:\Programme\ComPlus Applications\{GUID Ihrer Anwendung}
```

Sie können Ihre Anwendung in der Systemsteuerung über **Software** deinstallieren.

Hinzufügen von Attributen zu einer Serviced Component

Nun wissen wir, was Serviced Components tun und wie eine Serviced Component erstellt und registriert wird. In diesem Abschnitt werden wir erfahren, wie die von den Enterprise Services gebotenen Funktionen wirksam eingesetzt werden.

Die meisten Funktionen von Serviced Components werden mithilfe von .NET Framework-Attributen angewendet. Wenn ein Dienst aufgerufen wird, dann wird das zugeordnete Attribut festgelegt, um die Laufzeit über den benötigten COM+-Dienst zu benachrichtigen. Die .NET Framework-Attribute bewirken, dass die COM+-Konfiguration im COM+-Katalog gespeichert wird, wenn die Assembly registriert wird. Diese Attribute informieren die COM+-Hostumgebung darüber, wie mit den Serviced Components über die Dienste zu interagieren ist. Als wir im vorherigen Abschnitt einen Standardanwendungsnamen zu unserer Assembly hinzugefügt haben, haben wir eigentlich ein Attribut namens APPLICATIONNAME verwendet. Beachten Sie, dass diese attributierten Konfigurationseinstellungen in der Komponentendienste-Verwaltungskonsole geändert werden können, nachdem die Komponente installiert wurde.

Wir werden uns nun der Frage zuwenden, wie mithilfe von Attributen Folgendes verwendet wird:

- Transaktionen
- Objektpooling
- JIT-Aktivierung
- Objektkonstruktion
- Private Komponenten
- Queued Components

Transaktionen

Werfen wir einen weiteren Blick auf **OrderService**. Wir haben zwei Methoden: SUBMITORDER und GETORDERS. Nehmen wir an, dass wir, wenn wir in unserer Anwendung eine Bestellung aufgeben, diese in unserer Datenbank AdventureWorks speichern wollen. Gleichzeitig wollen wir aber auch eine separate Anwendung – die Fakturier-Engine – über diese Bestellung informieren. Wir haben direkten Zugriff auf unsere Datenbank, müssen aber eine Nachricht über eine Nachrichtenwarteschlange an die Fakturier-Engine senden (weitere Informationen zu Nachrichtenwarteschlangen finden Sie in Kapitel 13). Für unseren Datenbankzugriff folgen wir dem Datenzugriffsebenen-Muster (weitere Informationen hierzu finden Sie auf der Website Patterns & Practices unter **http://msdn.microsoft.com/library/**

default.asp?url=/library/en-us/dnpatterns/html/ArcThreeLayeredSvcsApp.asp) und haben eine Klasse namens AdventureWorksDB implementiert. Um die Komplexität von MSMQ zu kapseln, haben wir ferner eine Klasse namens BillingEngineQueue hinzugefügt. Der Code sieht nun wie folgt aus:

```
'VB
Imports System.EnterpriseServices
Imports System.Runtime.InteropServices

Namespace MSLearning.Chapter12.Services

 Public Class OrderService
        Inherits ServicedComponent

        ''' <summary>
        ''' Für die COM+-Registrierung erforderlicher Standardkonstruktor
        ''' </summary>
        ''' <remarks></remarks>
        <ComVisible(True)> _
        Public Sub OrderService()
    End Sub

        Public Sub SubmitOrder(ByVal customerId As Integer,
 ByVal articleId As Integer,
 ByVal quantity As Integer)

                Dim db As New AdventureWorksDB()
 Dim orderId As Integer
 orderId = db.InsertOrder(customerId, articleId, quantity)

        Dim q As New BillingEngineQueue()
 q.InformOfNewOrder(customerId, orderId)
        End Sub

        Public Function GetOrders(ByVal customerId As Integer) As DataSet
                Dim db As New AdventureWorksDB()
            Return db.GetOrders(customerId)
        End Function

    End Class
End Namespace

//C#
using System;
using System.Data;
using System.EnterpriseServices;
using System.Runtime.InteropServices;
namespace MSLearning.Chapter12.Services
{
    [ComVisible(true)]
    public class OrderService : ServicedComponent
    {
        /// <summary>
```

```
        /// Für die COM+-Registrierung erforderlicher Standardkonstruktor
        /// </summary>
        public OrderService()
        {
        }

        public void SubmitOrder(int customerId, int articleId,
                                int quantity)
        {
                AdventureWorksDB db = new AdventureWorksDB();
            int orderId = db.InsertOrder(customerId, articleId, quantity);

        BillingEngineQueue q = new BillingEngineQueue();
                q.InformOfNewOrder(customerId, orderId);
        }


        public DataSet GetOrders(int customerId)
        {

            AdventureWorksDB db = new AdventureWorksDB();
            return db.GetOrders(customerId);
        }
    }
}
```

Sofern sie wie hier gezeigt implementiert wird, sollte die Methode SUBMITORDER funktionieren. Nun nehmen Sie an, alles sei gut. Das stimmt aber nicht. Eine Ausnahme wird ausgelöst, wenn die Methode INFORMOFNEWORDER aus irgendeinem Grunde fehlschlägt. Die Methode INSERTORDER hat ihre Änderungen jedoch bereits übermittelt, d. h. die Anwendung bleibt in einem inkonsistenten Status. Wir müssen also eine Transaktionsunterstützung hinzufügen, und weil wir unsere Transaktion über mehr als nur eine Datenbank ausführen, benötigen wir den DTC. Der einfachste Ansatz hierzu besteht darin, zwei Attribute zur Klasse hinzuzufügen: eines auf der Klassenebene und ein weiteres auf der Methodenebene.

```
'VB
    <Transaction(TransactionOption.Required, _
                 Isolation:=IsolationLevel.Serializable, _
                 Timeout:=30)> _
 Public Class OrderService
        Inherits ServicedComponent

        '...

        <AutoComplete> _
 Public Sub SubmitOrder(ByVal customerId As Integer,
 ByVal articleId As Integer,
 ByVal quantity As Integer)

                Dim db As New AdventureWorksDB()
 Dim orderId As Integer
```

```
orderId = db.InsertOrder(customerId, articleId, quantity)

        Dim q As New BillingEngineQueue()
q.InformOfNewOrder(customerId, orderId)
        End Sub

        '...

    End Class

//C#
    [ComVisible(true)]
    [Transaction(TransactionOption.Required,
                 Isolation=IsolationLevel.Serializable,
                 Timeout=30)]
    public class OrderService : ServicedComponent
    {
        ///...

        [AutoComplete]
        public void SubmitOrder(int customerId, int articleId,
                                int quantity)
        {
                AdventureWorksDB db = new AdventureWorksDB();
            int orderId = db.InsertOrder(customerId, articleId, quantity);

        BillingEngineQueue q = new BillingEngineQueue();
                q.InformOfNewOrder(customerId, orderId);
        }

        ///...
    }
```

Auf der Klassenebene verwenden wir das Attribut **Transaction** zur Angabe, dass für diese Klasse eine Transaktion erforderlich (**Required**) ist, und die *Transaktionsisolierungsebene* wird auf **Serializable** und der Timeout für die Transaktion auf 30 Sekunden festgelegt.

Beachten Sie, dass ein Timeout von 30 Sekunden für das Debuggen relativ kurz ist; Sie sollten also in Betracht ziehen, ihn während des Debuggens auf einen höheren Wert festzulegen.

Die folgenden Optionen sind bei der Angabe zulässig, wie diese Klasse die COM+-Transaktion verwenden wird:

- **Disabled** Ignoriert Transaktionen im aktuellen Kontext
- **NotSupported** Erstellt die Komponente in einem Kontext ohne bestimmende Transaktion
- **Required** Gibt eine Transaktion frei, sofern vorhanden, und erstellt bei Bedarf eine neue Transaktion
- **RequiresNew** Erstellt die Komponente mit einer neuen Transaktion ohne Berücksichtigung des aktuellen Kontexts
- **Supported** Gibt eine Transaktion frei, sofern vorhanden

Die Isolierungsebene kann auf die folgenden Werte festgelegt werden:

- **Chaos** Anstehende Änderungen von höher isolierten Transaktionen können nicht überschrieben werden
- **ReadCommitted** Gemeinsame Sperren werden aufrechterhalten, während die Daten gelesen werden, um Dirty Reads zu verhindern, aber die Daten können vor Ende der Transaktion geändert werden, was nicht wiederholbare Lesevorgänge oder Phantomdaten zur Folge hat
- **ReadUncommitted** Ein Dirty Read ist möglich, d. h. es werden keine gemeinsamen Sperren eingerichtet, und exklusive Sperren bleiben unbeachtet
- **RepeatableRead** Alle Daten, die in einer Abfrage verwendet werden, werden mit einer Sperre belegt, um zu vermeiden, dass andere Benutzer die Daten ändern. Dies verhindert zwar nicht wiederholbare Lesevorgänge, aber Phantomzeilen sind nach wie vor möglich.
- **Serializable** Der DataSet wird mit einer Bereichssperre belegt, um zu vermeiden, dass andere Benutzer Zeilen im DataSet ändern oder einfügen, bevor die Transaktion abgeschlossen ist
- **Snapshot** Reduziert die Blockierung, indem eine Version der Daten gespeichert wird, die eine Anwendung lesen kann, während eine andere Anwendung dieselben Daten ändert. Das bedeutet, dass Sie aus einer Transaktion heraus in anderen Transaktionen vorgenommene Änderungen auch dann nicht sehen können, wenn Sie die Abfrage wiederholen.
- **Unspecified** Es wird eine andere als die angegebene Isolierungsebene verwendet, aber diese Ebene kann nicht bestimmt werden. Wenn Sie **OdbcTransaction** verwenden und **IsolationLevel** nicht festlegen oder aber **IsolationLevel** auf **Unspecified** festlegen, wird die Transaktion gemäß der Standardisolierungsebene des zugrunde liegenden ODBC-Treibers (Open Database Connectivity-Treiber) ausgeführt.

Das Hervorragende an .NET 2.0 ist, dass, wenn Transaktionen auf diese Weise verwendet werden, der DTC im Grunde genommen erst dann einbezogen wird, wenn es unvermeidlich ist. Das ist vorteilhaft, weil die Verwaltung einer Transaktion über mehrere Datenquellen hinweg einen beträchtlichen Overhead erzeugt. Durch ein Verschieben der DTC-Einbeziehung verbessert sich die Leistung erheblich.

Was passiert in **SubmitOrder**? Eine Erfolg versprechende Möglichkeit, dies herauszufinden, besteht darin, einen Debughaltepunkt in der ersten Zeile von **SubmitOrder** festzulegen und eine Überwachung zu **System.Transactions.Transaction.Current** hinzuzufügen. Zu diesem Zweck müssen Sie einen Projektverweis zu **System.Transactions** hinzufügen. Außerdem müssen sie die Komponentendienste-Verwaltungskonsole öffnen, dort den Knoten **Distributed Transaction Coordinator** öffnen und auf **Transaktionsstatistik** klicken. Nun beginnen Sie mit dem Debuggen der Anwendung. Wie Sie sehen, ist eine Transaktion erst vorhanden, wenn die Verbindung mit der Datenbank **AdventureWorks** geöffnet wird. Nun sehen Sie, dass **System.Transactions.Transaction.Current** einen Verweis auf ein Transaktionsobjekt enthält und diese Transaktion nur einen **LocalIdentifier** hat (siehe Abbildung 12.4).

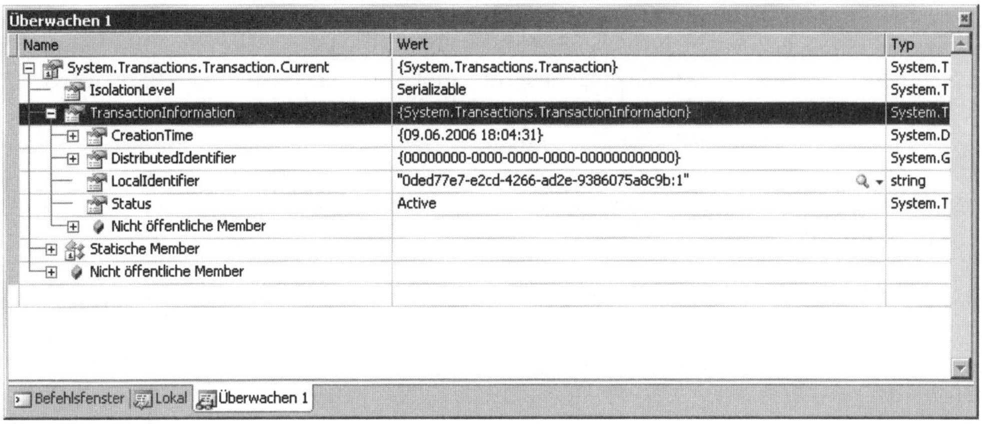

Abbildung 12.4 Überwachen Sie **System.Transactions.Transaction.Current**

DistributedIdentifier wurde noch nicht initialisiert, weil die Transaktion zu diesem Zeitpunkt noch nicht an den DTC übergeben wurde. Wir können dies durch einen Blick auf das Fenster **Transaktionsstatistik** bestätigen (siehe Abbildung 12.5).

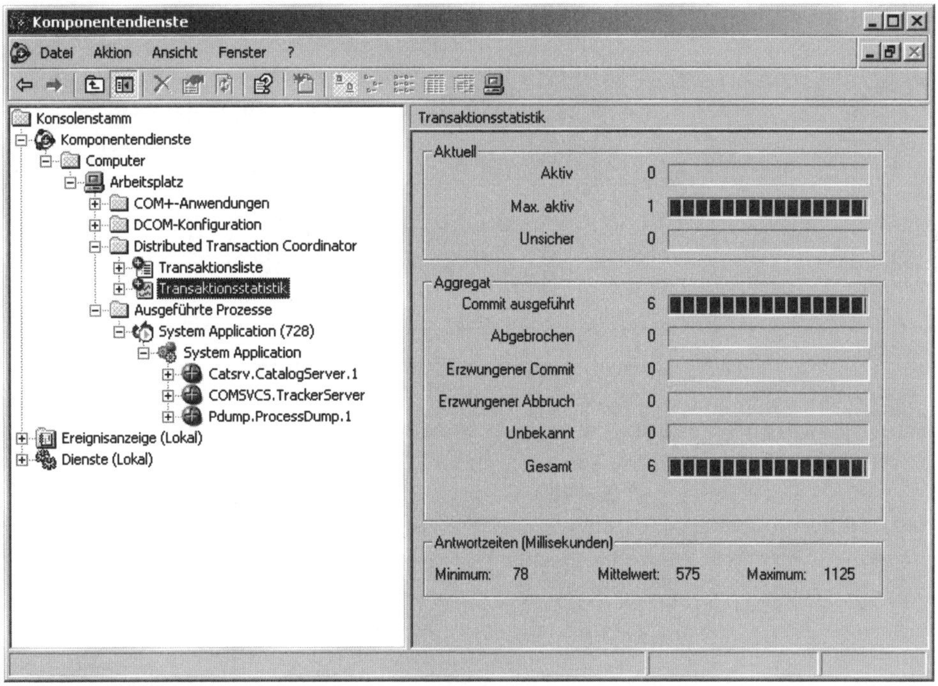

Abbildung 12.5 Keine aktuell aktiven Transaktionen

Die Statistik zeigt, dass derzeit keine aktiven Transaktionen vorhanden sind. Nun gehen wir unseren Code Schritt für Schritt weiter durch. Geben Sie die Methode **InformOfNewOrder** ein. In genau dem Moment, in dem Sie die Nachricht senden, erkennen Sie eine Änderung im Überwachungsfenster. **DistributedIdentifier** wird initialisiert (siehe Abbildung 12.6), und wenn Sie die Transaktionsstatistik überprüfen, sehen Sie, dass aktuell nur eine verteilte Transaktion aktiv ist (siehe Abbildung 12.7).

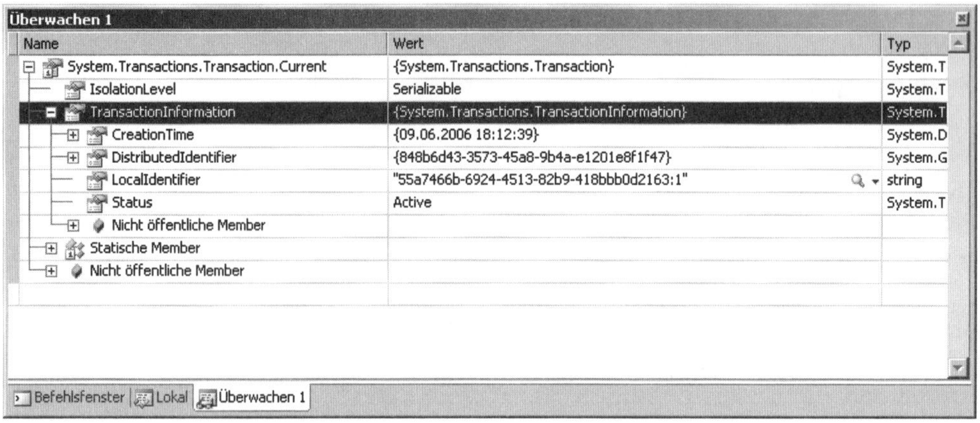

Abbildung 12.6 Das Dialogfeld **Überwachen** zeigt eine verteilte Kennung

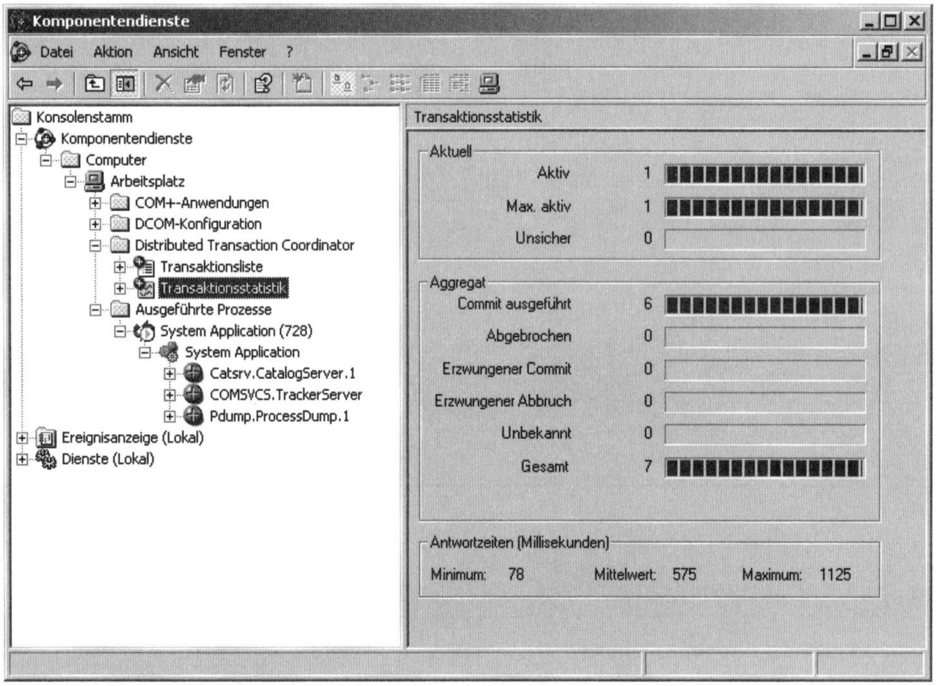

Abbildung 12.7 Die Transaktionsstatistik zeigt eine aktive verteilte Transaktion

Der Namespace **System.Transactions**, mit dem überwacht wird, was im Verlauf von **SubmitOrder** geschieht, ist neu in .NET Framework 2.0. Der Namespace **System.EnterpriseServices** in .NET Framework 2.0 wurde teilweise umgeschrieben, um den neuen Namespace optimal zu nutzen. SYSTEM.ENTERPRISESERVICES verwendet den *Lightweight Transaction Manager* (LTM). Der LTM wurde als Teil von .NET Framework 2.0 erstellt, um die Leistung des Transaktionsmechanismus zu verbessern. Der LTM ist Bestandteil des Namespaces **System.Transactions**, der im weiteren Verlauf behandelt wird. Beachten Sie, dass Sie mithilfe dieses Namespaces nur Anwendungen auf den Plattformen Microsoft Windows 2000, Windows XP und Windows 2003 erstellen können. Das Erstellen einer Transaktion unter Microsoft Windows 98 und Windows ME löst die Ausnahme **PlatformNotSupportedException** aus.

Objektpooling

Objektpooling bedeutet, dass eine eingeschränkte Anzahl Objekte für die Clientverwendung verfügbar gemacht wird. Wenn Clients die Verwendung von Objekten beenden, werden diese nicht gelöscht, sondern in den Pool zurückgegeben, d. h. andere Clients können diese Poolinstanzen nachfolgend wiederverwenden.

Verwenden Sie das Attribut **ObjectPooling** zur Angabe der Mindest- und Maximalanzahl Instanzen (mit **MinPoolSize** bzw. **MaxPoolSize**) und eines Erstellungstimeouts (**CreationTimeout**).

```
'VB
Namespace MSLearning.Chapter12.Services

    <ObjectPooling(MinPoolSize:=1, MaxPoolSize:=10, _
                  CreationTimeout:=1000)> _
 Public Class OrderService
       Inherits ServicedComponent

       '...

    End Class
End Namespace

//C#
namespace MSLearning.Chapter12.Services
{
    [ObjectPooling(MinPoolSize = 1, MaxPoolSize = 10,
                  CreationTimeout = 1000)]
    public class OrderService : ServicedComponent
    {
        ///...
    }
}
```

- **MinPoolSize** Mindestanzahl Objekte im Pool
- **MaxPoolSize** Höchstanzahl Objekte im Pool
- **CreationTimeout** Der Timeoutwert in Millisekunden. Gibt an, wie lange der Client wartet, bis ein Objekt aus dem Pool zurückgegeben wird. Eine Ausnahme wird ausgelöst, wenn ein Objekt nicht innerhalb der angegebenen Zeit verfügbar wird.

JIT-Aktivierung

Die JIT-Aktivierung ist ein Vorgang, bei dem COM+-Komponenten nur erstellt werden, wenn sie erforderlich sind, und wieder gelöscht werden, sobald sie nicht mehr erforderlich sind. JIT wird häufig in Verbindung mit dem Objektpooling verwendet. Wie der Name bereits sagt, wird das Attribut **JustInTimeActivation** verwendet, um anzugeben, dass eine Komponente rechtzeitig (Just In Time) aktiviert wird.

```
'VB
Namespace MSLearning.Chapter12.Services

    <JustInTimeActivation>_
 Public Class OrderService
        Inherits ServicedComponent

        '...

    End Class
End Namespace

//C#
namespace MSLearning.Chapter12.Services
{
    [JustInTimeActivation]
    public class OrderService : ServicedComponent
    {
        ///...
    }
}
```

Objektkonstruktion

Wie bereits weiter oben erwähnt, bietet COM+ einen Mechanismus zur zeichenfolgenbasierten Objektkonstruktion, bei dem nach der Erstellung des Objekts mithilfe des Standardkonstruktors die Methode **Construct** aufgerufen wird, die dann eine Zeichenfolge mit Informationen zum Status des Objekts übergibt.

Verwenden Sie das Attribut **ConstructionEnabled**, um dieses Verhalten für die Registrierung Ihrer COM+-Anwendung zu aktivieren.

```
'VB
Imports System.EnterpriseServices
Imports System.Runtime.InteropServices

Namespace MSLearning.Chapter12.Services

    <ConstructionEnabled(True, Default:="place your default string here")> _
 Public Class OrderService
        Inherits ServicedComponent

        '...
```

```
    End Class
End Namespace

//C#
namespace MSLearning.Chapter12.Services
{
    [ConstructionEnabled(true, Default="place your default string here")]
    public class OrderService : ServicedComponent
    {
        /// <summary>
        /// Für die COM+-Registrierung erforderlicher Standardkonstruktor
        /// </summary>
        public OrderService()
        {
        }

        /// <summary>
        /// Konstruktormethode überschreiben, um Zugriff
        /// auf die Aufbauzeichenfolge zu erhalten.
        /// </summary>
        /// <param name="s">Construction String</param>
        protected override void Construct(string s)
        {
            base.Construct(s);
        }
    }
}
```

Beachten Sie, dass die im Konstruktor des Attributs **ConstructionEnabled** abgelegte Zeichenfolge bei der Registrierung in der COM+-Konfiguration abgelegt wird. Wenn die Einstellung auf der Registerkarte **Aktivierung** geändert wird, ist die Standardangabe in Ihrem Code veraltet.

Private Komponenten

Ein Anwendung enthält jedoch normalerweise auch eine Anzahl Komponenten, die anwendungsintern sind. Das bedeutet, dass diese Komponenten nur für andere Komponenten in derselben Anwendung sichtbar und zugreifbar sind.

Das Attribut **PrivateComponent** erlaubt es Ihnen, eine Komponente als intern zu kennzeichnen. Das folgende Codebeispiel zeigt, wie dies geschieht:

```
'VB
Imports System.EnterpriseServices

Namespace MSLearning.Chapter12.Services

    <PrivateComponent()> _
    Public Class AdventureWorksDB
        Inherits ServicedComponent
```

```
        Public Sub AdventureWorksDB()
        End Sub

        '...

    End Class

End Namespace

//C#
using System.EnterpriseServices;

namespace MSLearning.Chapter12.Services
{

    [PrivateComponent]
    public class AdventureWorksDB
    {
        public AdventureWorksDB()
        {
        }
        ///...
    }
}
```

Queued Components

Queued Components nutzen MSMQ, blenden aber alles aus, was daran komplex ist. Das Einrichten von Queued Components ist eine rein administrative Aufgabe. Dies erleichtert das Konvertieren einer regulären synchronen Operation in eine asynchrone Operation. Queued Components werden manchmal auch als Aufruf in der Warteschlange oder sogar als asynchroner Komponentenaufruf bezeichnet.

Verwenden Sie sowohl **InterfaceQueuing** auf der Klassenebene als auch **ApplicationQueuing** auf der Assemblyebene, um diese Funktion zu konfigurieren. Eine Komponente muss eine öffentliche Schnittstelle implementieren, um als Queued Component eingerichtet werden zu können. Dies kann zwar implizit erfolgen, indem eine Klasse mit dem Attribut **InterfaceQueuing** ergänzt wird, aber die empfohlene Methode besteht in der Definition einer Schnittstelle. Im folgenden Codebeispiel wird die Visual Studio 2005-Umgestaltung **Schnittstelle extrahieren** zur Erstellung der erforderlichen Schnittstellendefinition verwendet:

```
'VB
Namespace MSLearning.Chapter12.Services

    Public Class OrderService
                        Inherits ServicedComponent
              Implements IOrderServiceQueued

        '...
      End Class
    <InterfaceQueuing(True)> _
```

```
    Public Interface IOrderServiceQueued

        '...
    End Interface

End Namespace

//C#
namespace MSLearning.Chapter12.Services
{
    public class OrderService : ServicedComponent, IOrderServiceQueued
    {
        ///...
    }
     [InterfaceQueuing(true)]
    public interface IOrderServiceQueued
    {
        ///...
    }

}
```

In der Datei **Assemblyinfo.cs** muss Folgendes ergänzt werden:

```
'VB
' Die COM+-Anwendung bei der Kompilierung mit dem Attribut
' ApplicationQueuing als "Queued" kennzeichnen. Den COM+-Listener aktivieren, indem
' QueueListenerEnabled auf "True" festgelegt wird <assembly: ApplicationQueuing(Enabled := true, _
        QueueListenerEnabled := true)>

//C#
// Die COM+-Anwendung bei der Kompilierung mit dem Attribut
// ApplicationQueuing als "Queued" kennzeichnen. Den COM+-Listener aktivieren, indem
// QueueListenerEnabled auf "True" festgelegt wird
[assembly: ApplicationQueuing(Enabled = true, QueueListenerEnabled = true)]
```

Beachten Sie, dass die ursprüngliche **SubmitOrder** eine ganze Zahl mit der Auftragsnummer zurückgibt. Aus offensichtlichen Gründen ist der Rückgabewert nicht verfügbar, wenn die Schnittstelle über eine Queued Component aufgerufen wird. Deswegen implementiert **IOrderServiceQueued** eine überladene Methode, die keinen Wert zurückgibt.

In Lektion 2 dieses Kapitels werden wir erfahren, wie eine Serviced Component verwendet wird. Die zugrunde liegende Technologie für Queued Components ist das Message Queuing. Wie eine Queued Component verwendet wird, werden wir in Kapitel 13 sehen.

Implementieren von Sicherheit für eine Serviced Component

Die rollenbasierte Sicherheit der Enterprise Services ist nicht mit den Windows-Benutzergruppen verknüpft, d. h. Sie können Rollen auch dann direkt aus der Unternehmensdomäne der Anwendung heraus definieren, wenn keine entsprechende Benutzergruppe vorhanden ist. Welche Domänenbenutzer zu einer bestimmten Gruppe in Ihrer Anwendung gehören, kann mit der Komponentendienste-Verwaltungskonsole verwaltet werden. Zunächst aber müssen Sie Ihre Komponente einrichten, um die Sicherheitsfunktionen der Enterprise Services verwenden zu können.

Sie beginnen auf der Assemblyebene. Fügen Sie in der Datei **AssemblyInfo** das Attribut **ApplicationAccessControl** hinzu, das Zugriffssteuerungen für eine Assembly angibt, die die Klasse **ServicedComponent** enthält.

```
'VB
Imports System.EnterpriseServices
 <assembly: ApplicationAccessControl(true)>

//C#
using System.EnterpriseServices;

[assembly: ApplicationAccessControl(true)]
```

Auf der Klassenebene geben Sie an, dass für die Klasse die Sicherheitsüberprüfung aktiviert werden soll und welche Rollen Sie in der Klasse verwenden. Das Attribut **ComponentAccessControl** aktiviert die Sicherheitsüberprüfung beim Aufrufen einer Komponente. Das Attribut **SecurityRole** konfiguriert eine Rolle für eine Anwendung oder Komponente. Das Attribut **SecurityRole** gestattet die Verwendung eines zusätzlichen booleschen Parameters, der angibt, ob die Domänengruppe **Jeder** mit der Rolle verknüpft werden soll. Dies ist besonders nützlich, wenn Sie ein Gastkonto zulassen wollen.

```
'VB
Imports System.EnterpriseServices

Namespace MSLearning.Chapter12.Services

    <ComVisible(true)> _
    <ComponentAccessControl(true)> _
    <SecurityRole("Manager")> _
    <SecurityRole("Guest",true)> _
    Public Class OrderService
                 Inherits ServicedComponent
           Implements IOrderServiceQueued

       '...
       End Class
End Namespace

//C#
using System.EnterpriseServices;

namespace MSLearning.Chapter12.Services
{
    [ComVisible(true)]
    [ComponentAccessControl(true)]
    [SecurityRole("Manager")]
    [SecurityRole("Guest",true)]
```

```
    public class OrderService : ServicedComponent, IOrderServiceQueued
    {
       ///...
    }
}
```

Was nun noch zu tun bleibt, ist die Durchführung der eigentlichen Sicherheitsüberprüfung. Mithilfe der COM+-Sicherheit verwenden Sie die Klassen **ContextUtil** oder **SecurityCallContext**, um Informationen zum Benutzer abzurufen. In diesem Beispiel wollen wir die Methode **SubmitOrder** so ändern, dass nur Manager Bestellungen übermitteln können. Zu diesem Zweck fügen Sie eine private boolesche Eigenschaft **CurrentUserIsManager** hinzu. Damit die ausgelöste Ausnahme einen höheren Informationsgehalt erhält, schließen Sie den Kontennamen des Benutzer in die Ausnahme mit ein.

```
'VB
Imports System.EnterpriseServices;

Namespace MSLearning.Chapter12.Services

    <ComVisible(true)> _
    <ComponentAccessControl(true)> _
    <SecurityRole("Manager")> _
    <SecurityRole("Guest",true)> _
    Public Class OrderService
                    Inherits ServicedComponent
            Implements IOrderServiceQueued

        '...

       <AutoComplete()> _
        Public Sub SubmitOrder(ByVal customerId As Integer,
                               ByVal articleId As Integer,
                               ByVal quantity As Integer)

            If CurrentUserIsManager Then

                               Dim db As New AdventureWorksDB()
                Dim orderId As Integer
                orderId = db.InsertOrder(customerId, articleId, quantity)

                        Dim q As New BillingEngineQueue()
                q.InformOfNewOrder(customerId, orderId)

            Else
                Dim msg As String
                msg = "Only Managers can submit orders. " _
                    & GetAccountName() _
                    & " is not a Manager."
                Throw New Exception(msg)
            End If
```

```
        End Sub

        Private ReadOnly Property CurrentUserIsManager() As Boolean
            Get
                If (ContextUtil.IsSecurityEnabled) Then
                    Return ContextUtil.IsCallerInRole("Manager")
                Else
                    Return (False)
                End If
                   End Get
        End Property

        Private Function GetAccountName() As String
            If (ContextUtil.IsSecurityEnabled) Then
                Return
                (SecurityCallContext.CurrentCall.OriginalCaller.AccountName)
            Else
                Return String.Empty
            End If
        End Function
       End Class

End Namespace

//C#
using System.EnterpriseServices;

namespace MSLearning.Chapter12.Services
{
    [ComVisible(true)]
    [ComponentAccessControl(true)]
    [SecurityRole("Manager")]
    [SecurityRole("Guest",true)]
    public class OrderService : ServicedComponent, IOrderService
    {
        ///...

        [AutoComplete]
        public void SubmitOrder(int customerId, int articleId,
                                int quantity)
        {
            if (CurrentUserIsManager)
            {
                AdventureWorksDB db = new AdventureWorksDB();
                int orderId = db.InsertOrder(customerId,
                                             articleId, quantity);

        BillingEngineQueue q = new BillingEngineQueue();
                q.InformOfNewOrder(customerId, orderId);
            }
            else
```

```
            {
                string msg = "Only Managers can submit orders. "
                    + GetAccountName()
                    + " is not a Manager.";
                throw new Exception(msg);
            }
        }

        public DataSet GetOrders(int customerId)
        {
                AdventureWorksDB db = new AdventureWorksDB();
            return db.GetOrders(customerId);
        }


        /// <summary>
        /// ContextUtil zur Bestimmung verwenden, ob aktueller Benutzer Manager ist.
        /// </summary>
        /// <returns></returns>
        private bool CurrentUserIsManager
        {
            get
            {
                if (ContextUtil.IsSecurityEnabled)

                {
                    return ContextUtil.IsCallerInRole("Manager");
                }
            else
                {
                    return (false);
                }
            }
        }


        /// <summary>
        /// SecurityCallContext zur Bestimmung des Kontennamens des
aufrufenden Prozesses verwenden.
        /// </summary>
        /// <returns></returns>
        public string GetAccountName()
        {
            if (ContextUtil.IsSecurityEnabled)
                return
                    (SecurityCallContext.CurrentCall.OriginalCaller.AccountName);
            else
                return String.Empty; ;
        }
    }
}
```

Nachdem die Komponente im COM+-Katalog registriert wurde, sehen die Rollen für die Komponente wie in Abbildung 12.8 gezeigt aus.

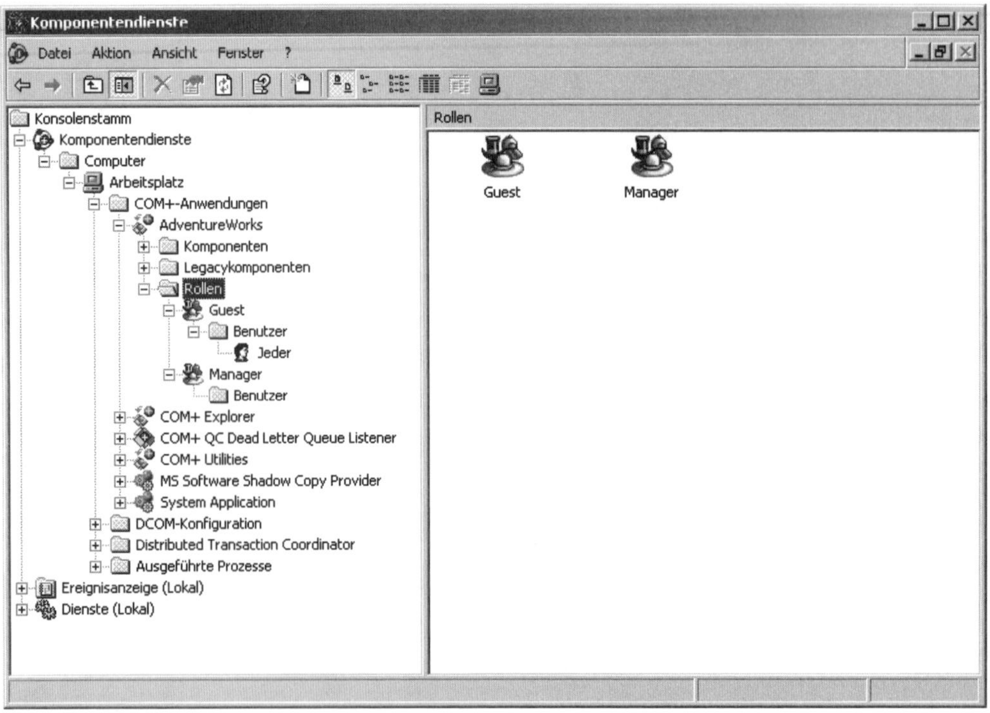

Abbildung 12.8 Die registrierte Komponente ist in Komponentendienste sichtbar

Dienste ohne Komponenten

In den vorherigen Abschnitten haben wir gesehen, wie eine Serviced Component erstellt und registriert wird. Hierdurch entsteht eine Situation, in der die Serviced Component über die Komponentendienste-Verwaltungskonsole konfiguriert werden kann. COM+ 1.5 bietet aber noch eine andere Möglichkeit, Zugriff auf einen Teil der Enterprise Services zu erhalten: über die Klasse **ServiceConfig**. Diese Klasse wurde mit CLR Version 1.1 eingeführt. COM+ 1.5 steht auf den Plattformen Windows XP, Windows 2000 und Windows 2003 zur Verfügung.

```
'VB
Public Sub DeleteCustomer(ByVal customerId As Integer)
    Try
        ' ServiceConfig erstellen und Eigenschaften festlegen, um das
        ' Verhalten der Dienste zu definieren.
        Dim svc As New ServiceConfig()
        svc.Transaction = TransactionOption.RequiresNew
        svc.TransactionTimeout = 30
        svc.TransactionDescription = "Service without Component"
        svc.TrackingAppName = "AdventureWorks advanced"
```

```
        svc.TrackingComponentName = "Chapter12"
        svc.TrackingEnabled = True
        ServiceDomain.Enter(svc)

        ' Datenzugriffsebene für Datenbankinteraktion verwenden
                Dim db As New AdventureWorksDB()
        'db.DeleteCustomer(id)

        ' Warteschlangenproxy zum Informieren des Remotesystems verwenden
        Dim q As New BillingEngineQueue()
        q.InformOfDeletedCustomer(id)

        ' Commit für Transaktion ausführen
        ContextUtil.SetComplete()


    Catch ex As Exception
        ' Fehler protokollieren und Transaktion abbrechen
        Trace.WriteLine("ERROR: " & ex.Message)
        ContextUtil.SetAbort()
    Finally
        ' Dienstdomäne immer verlassen.
        ServiceDomain.Leave()
    End Try
End Sub

//C#
public void DeleteCustomer(int id)
{
            try
    {
        // ServiceConfig erstellen und Eigenschaften festlegen, um das
        // Verhalten der Dienste zu definieren.
        ServiceConfig svc = new ServiceConfig();
        svc.Transaction = TransactionOption.RequiresNew;
        svc.TransactionTimeout = 30;
        svc.TransactionDescription = "Service without Component";
        svc.TrackingAppName = "AdventureWorks advanced";
        svc.TrackingComponentName = "Chapter12";
        svc.TrackingEnabled = true;
        ServiceDomain.Enter(svc);

        // Datenzugriffsebene für Datenbankinteraktion verwenden
                AdventureWorksDB db = new AdventureWorksDB();
        db.DeleteCustomer(id);

        // Warteschlangenproxy zum Informieren des Remotesystems verwenden
        BillingEngineQueue q = new BillingEngineQueue();
        q.InformOfDeletedCustomer(id);

        // Commit für Transaktion ausführen
```

```
        ContextUtil.SetComplete();
    }
          catch (Exception ex)
    {
        // Fehler protokollieren und Transaktion abbrechen
        Trace.WriteLine("ERROR: " + ex.Message);
        ContextUtil.SetAbort();
    }
    finally
    {
        // Dienstdomäne immer verlassen.
        ServiceDomain.Leave();
    }
}
```

Nicht alle Enterprise Services stehen bei der Verwendung von **ServiceConfig** zur Verfügung. Einige sehr nützliche Dienste wie das Objektpooling, die JIT-Aktivierung, Queued Components und lose verknüpfte Ereignisse sind nicht verfügbar. Beachten Sie außerdem, dass in diesem Zusammenhang nur Plattformen verwendet werden können, die COM+1.5 ausführen (derzeit sind dies Windows XP, Windows 2000 und Windows 2003).

System.Transactions

System.Transactions baut auf Diensten ohne Komponenten auf. Die wichtigsten Features von **System.Transactions** sind die folgenden:

- Ein benutzerfreundliches Programmiermodell
- Unterstützung für transaktionale Codesperren mit der Klasse **TransactionScope**
- Ein schneller LTM für Anwendungsdomänentransaktionen, die maximal einen dauerhaften Ressourcen-Manager einbeziehen
- Automatischer Wechsel von „Lightweight" zu verteilten Transaktionen auf Bedarfsbasis (wie in diesem Kapitel bereits erläutert)
- Schutz vor vorzeitigen Commits in einer asynchronen Umgebung mit **IDependentTransaction**

System.Transactions wird mithilfe von **ServiceConfig** erstellt. Dies führt dazu, dass die Serviced Component im COM+-Katalog nicht registriert werden muss; aus der Verwendung von COM+ 1.5 ergibt sich jedoch, dass der Namespace nur unter Windows XP, Windows 2000 und Windows 2003 unterstützt wird.

Der folgende Code zeigt die einfachste Möglichkeit, die Klassen im Namespace **System.Transactions** zur Verwaltung einer Transaktion zu verwenden:

```
'VB
Imports System.Transactions
Imports System.Data.SqlClient

Public Class CustomerService

    ''' <summary>
    ''' Diese Methode demonstriert, wie
    ''' System.Transactions.TransactionScope
    ''' zur Verwaltung einer Transaktion verwendet wird.
    ''' </summary>
    ''' <param name="name"></param>
    ''' <remarks></remarks>
    Public Sub AddCustomer(ByVal name As String)
        Using ts As New TransactionScope()
            Dim conn As New SqlConnection("your connection string")
            conn.Open()
            Dim cmd As New SqlCommand("insert into Customer ...", conn)
            cmd.ExecuteNonQuery()
            conn.Close()
            ts.Complete()
        End Using
    End Sub
    End Class

//C#
using System;
using System.EnterpriseServices;
using System.Diagnostics;
using System.Transactions;
using System.Data.SqlClient;

namespace MSLearning.Chapter12.Services
{
    public class CustomerService
    {
        /// <summary>
        /// Diese Methode demonstriert, wie
        /// System.Transactions.TransactionScope
        /// zur Verwaltung einer Transaktion verwendet wird.
        /// </summary>
        /// <param name="name"></param>
        public void AddCustomer(string name)
        {
            using (TransactionScope ts = new TransactionScope())
            {
                SqlConnection conn =
                          new SqlConnection("your connection string");
            conn.Open();
                SqlCommand cmd =
                       new SqlCommand("insert into Customer ...", conn);
                cmd.ExecuteNonQuery();
```

```
                conn.Close();
                    ts.Complete();
                }
            }
        }
    }
```

Übung 1: Erstellen einer einfachen Serviced Component

In dieser Übung erstellen Sie eine einfache Serviced Component und registrieren sie im COM+-Katalog.

▶ Übung 1: Erstellen einer Serviced Component

In dieser Übung erstellen Sie eine Klassenbibliothek namens **SalesService**, die Methoden zum Lesen und Einfügen von Werten für **SalesReasons** in die Datenbank **AdventureWorks** bietet.

1. Öffnen Sie Visual Studio 2005 und erstellen Sie eine leere Projektmappe namens **MSLearning.Exercises**.
2. Fügen Sie ein neues C#- oder Visual Basic-Klassenbibliotheksprojekt hinzu.
3. Nennen Sie das Projekt **AdventureWorksServices**.
4. Klicken Sie im Projektmappen-Explorer mit der rechten Maustaste auf das Projekt und klicken Sie auf **Eigenschaften**. Geben Sie **MSLearning.Chapter12.Services** in das Textfeld **Standardnamespace** ein.
5. Klicken Sie im Fenster **Eigenschaften** des Projekts auf die Registerkarte **Signierung**. Aktivieren Sie das Kontrollkästchen **Assembly signieren**. Erstellen Sie einen neuen Schlüssel über das Dropdown-Listenfeld.
6. Löschen Sie die Datei **Klasse1**.
7. Wählen Sie **Projekt**, **Neues Element hinzufügen** aus und klicken Sie auf **Klasse**. Nennen Sie die Klasse **SalesService** und definieren Sie sie wie im folgenden Codebeispiel gezeigt:

```
'VB
Namespace MSLearning.Chapter12.Services
{
    Public Class SalesService
    {
    }
}

//C#
using System;

namespace MSLearning.Chapter12.Services
{
    public class SalesService
    {
    }
}
```

8. Klicken Sie auf **Projekt**, **Verweis hinzufügen**, klicken Sie auf der Registerkarte **.NET** auf **System.EnterpriseServices** und klicken Sie auf **OK**.
9. Klicken Sie auf **Projekt**, **Neues Element hinzufügen** und klicken Sie auf **Klasse**. Nennen Sie die Klasse **AdventureWorksDB** und definieren Sie sie wie im folgenden Codebeispiel gezeigt. Passen Sie dabei die Verbindungszeichenfolge so an, dass sie auf den korrekten Speicherort der Datenbank **AdventureWorks** verweist.

```
'VB
Imports System.Data.SqlClient
Imports System.EnterpriseServices

Namespace MSLearning.Chapter12.Services


    <PrivateComponent()> _
    Friend Class AdventureWorksDB

        ' Zeichenfolge so anpassen, dass sie auf die Position der Datenbank
        ' AdventureWorks zeigt
        Private Const cConnectionString As String = _
        "DataSource=.\SQLEXPRESS;" & _
        "AttachDbFilename='C:\Program Files\Microsoft SQL" & _
        "Server\MSSQL.1\MSSQL\Data\AdventureWorks_Data.mdf';" & _
        "IntegratedSecurity=True;Connect Timeout=30;User Instance=True"

        Friend Sub AdventureWorksDB()

        End Sub

        Friend Function InsertSalesReason(ByVal name As String, _
                                          ByVal reason As String) As Integer
            Dim sql As String
            sql = "INSERT INTO Sales.SalesReason (Name, ReasonType," & _
                "ModifiedDate) VALUES ('" & name & "', '" & reason & _
                "', GETDATE()); select SCOPE_IDENTITY()"
            Dim conn As SqlConnection
            conn = New SqlConnection(cConnectionString)
            Dim cmd As New SqlCommand(sql, conn)
            conn.Open()
            Dim id As Object
            id = cmd.ExecuteScalar()
            conn.Close()
            Return Convert.ToInt32(id)
        End Function

    End Class
End Namespace

//C#
using System;
using System.Data.SqlClient;
```

```
using System.EnterpriseServices;

namespace MSLearning.Chapter12.Services
{

    [PrivateComponent]
    internal class AdventureWorksDB
    {
        internal AdventureWorksDB()
        {
        }

        private const string cConnectionString =
            @"DataSource=.\SQLEXPRESS;" +
            @"AttachDbFilename='C:\Program Files\Microsoft SQL" +
            @"Server\MSSQL.1\MSSQL\Data\AdventureWorks_Data.mdf';" +
            @"IntegratedSecurity=True;Connect Timeout=30;" +
            @"User Instance=True";



        internal int InsertSalesReason(string name, string reason)
        {
            string sql = "INSERT INTO Sales.SalesReason (Name, ReasonType," +
                "ModifiedDate) VALUES ('" + name + "', '" + reason + "', " +
                "GETDATE()); select SCOPE_IDENTITY()";
            SqlConnection conn = new SqlConnection(cConnectionString);
            SqlCommand cmd = new SqlCommand(sql, conn);
            conn.Open();
            object id = cmd.ExecuteScalar();
            conn.Close();
            return Convert.ToInt32(id);
        }
    }
}
```

10. Öffnen Sie die Datei **SalesService** und fügen Sie einen öffentlichen Konstruktor hinzu. Fügen Sie dann **System.EnterpriseServices** und **System.Runtime.InteropServices** zu den **using**-Anweisungen hinzu, fügen Sie ein Attribut hinzu, um die Klasse mit **ComVisible** zu ergänzen, erben Sie von **ServicedComponent**, fügen Sie Attribute zur Transaktionsverwaltung hinzu und definieren Sie die Sicherheitsrollen **Manager** und **Guest**. Nun können nur Manager ein **SalesReason**-Objekt hinzufügen. Ihr Code sollte jetzt wie folgt aussehen:

```
'VB
Imports System
Imports System.EnterpriseServices
Imports System.Runtime.InteropServices

Namespace MSLearning.Chapter12.Services
    <ComVisible(True)> _
    <Transaction(TransactionOption.Required)> _
```

```
    <ComponentAccessControl(True)> _
    <SecurityRole("Manager")> _
    <SecurityRole("Guest", True)> _
    Public Class SalesService
        Inherits ServicedComponent

        Public Sub SalesService()
        End Sub

        <AutoComplete()> _
        Public Sub InsertSalesReason(ByVal name As String, _
                                     ByVal reason As String)
            If (ContextUtil.IsSecurityEnabled AndAlso _
                ContextUtil.IsCallerInRole("Manager")) Then
                Dim db As New AdventureWorksDB()
                db.InsertSalesReason(name, reason)
            End If
        End Sub

    End Class
End Namespace

//C#
using System;
using System.EnterpriseServices;
using System.Runtime.InteropServices;

namespace MSLearning.Chapter12.Services
{
    [ComVisible(true)]
    [Transaction(TransactionOption.Required)]
    [ComponentAccessControl(true)]
    [SecurityRole("Manager")]
    [SecurityRole("Guest", true)]
    public class SalesService : ServicedComponent
    {
        public SalesService()
        {
        }

        [AutoComplete]
        public void InsertSalesReason(string name, string reason)
        {
            if (ContextUtil.IsSecurityEnabled &&
                ContextUtil.IsCallerInRole("Manager"))
            {
                AdventureWorksDB db = new AdventureWorksDB();
                db.InsertSalesReason(name, reason);
            }
        }
    }
}
```

11. Öffnen Sie die Datei **AssemblyInfo**. In C# ist sie im Projektmappen-Explorer unterhalb des Knotens **Properties** sichtbar. In Visual Basic müssen Sie im Projektmappen-Explorer auf **Alle Dateien anzeigen** klicken, damit die Datei sichtbar wird.
12. Legen Sie den COM+-Anwendungsnamen auf **AdventureWorks** fest, aktivieren Sie die Sicherheitsüberprüfung und kennzeichnen Sie die COM+-Anwendung als Bibliothekskomponente. Ihr Code sollte jetzt wie folgt aussehen:

```
'VB
Imports System.EnterpriseServices

<Assembly: ApplicationName("AdventureWorks")>
<Assembly: ApplicationActivation(ActivationOption.Library)>
<Assembly: ApplicationAccessControl(True)>


//C#
using System.EnterpriseServices;

[assembly: ApplicationName("AdventureWorks")]
[assembly: ApplicationActivation(ActivationOption.Library)]
[assembly: ApplicationAccessControl(true)]
```

13. Klicken Sie im Menü **Projekt** von Visual Studio auf **Projektmappe neu erstellen**.

▶ Übung 2: Registrieren einer Serviced Component

1. Starten Sie die Komponentendienste-Verwaltungskonsole, indem Sie auf **Start**, **Systemsteuerung**, **Verwaltung**, **Komponentendienste** klicken.
2. Navigieren Sie zum Knoten **Komponentendienste**. Auf einem bereinigten Computer sieht Ihr System aus wie in Abbildung 12.9 gezeigt. Je nach installierten Anwendungen werden unter Umständen weitere COM+-Anwendungen angezeigt. Schließen Sie die Komponentendienste-Verwaltungskonsole.

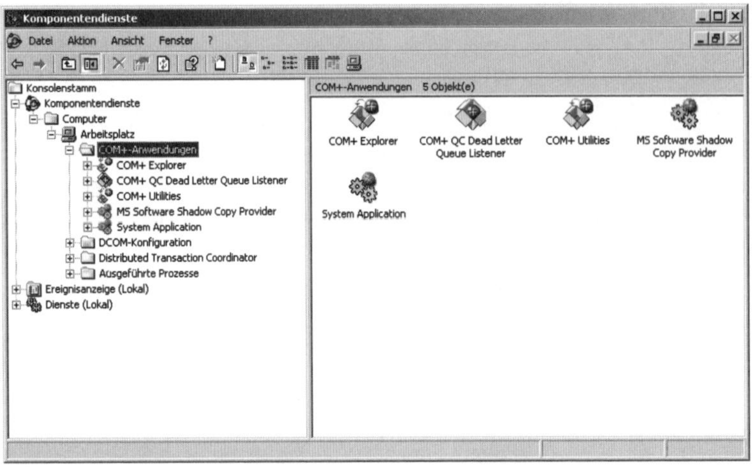

Abbildung 12.9 Ansicht der COM+-Anwendungen auf einem bereinigten System

3. Öffnen Sie die Visual Studio 2005 Command Prompt. Klicken Sie hierzu auf **Start**, **Alle Programme**, **Microsoft Visual Studio 2005**, **Visual Studio Tools**, **Visual Studio 2005 Command Prompt**.
4. Wechseln Sie zum Verzeichnis, in dem Sie das Projekt in Lektion 1 erstellt haben. Standardmäßig handelt es sich um einen Unterordner von **Eigene Dateien\Visual Studio 2005\Projekte**.
5. Geben Sie Folgendes ein:

```
regsvcs AdventureWorksServices.dll AdventureWorks
```

6. Starten Sie die Komponentendienste-Verwaltungskonsole über das Startmenü, indem Sie auf **Start**, **Systemsteuerung**, **Verwaltung**, **Komponentendienste** klicken.
7. Navigieren Sie zum Knoten **Komponentendienste**. Ihr System sollte wie in Abbildung 12.10 gezeigt aussehen (dies entspricht dem weiter oben in diesem Kapitel Gezeigten).

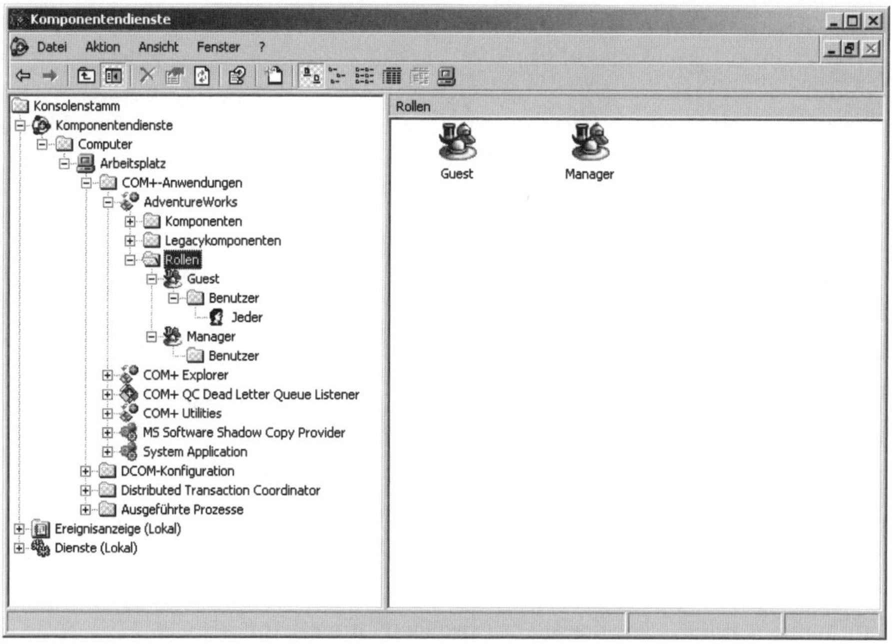

8. Die registrierte Komponente ist in Komponentendienste sichtbar

Zusammenfassung der Lektion

- Serviced Components sind Bestandteil der Enterprise Services, der nächsten Generation von COM+
- Eine Serviced Component wird durch Erben von **System.EnterpriseServices.ServicedComponent** erstellt
- Die Interaktion von verwaltetem Code mit den Enterprise Services erfolgt mithilfe einer Vielzahl von Attributen, der Klasse **ContextUtil** und der Klasse **SecurityCallContext**

- Es gibt vier Möglichkeiten, Ihre Serviced Component im COM+-Katalog zu registrieren: die MMC, das Dienstinstallationstool (**Regsvcs.exe**), die dynamische Registrierung und das MSI-Package (Windows Installer).
- Transaktionen in den Enterprise Services verwenden, wann immer dies möglich ist, **System.Transactions**. Eine Abwärtskompatibilität mit älteren Plattformen ist jedoch gegeben.
- Das Attribut **Transaction** kann zur Deklaration eines Klassenteils einer Transaktion verwendet werden
- Mithilfe des Attributs **AutoComplete** kann eine Methode die Transaktion automatisch über Erfolg oder Fehlschlag informieren. Dies bestimmt die Entscheidung über Commit oder Abbruch.
- .NET Framework 2.0 bietet den LTM, eine Komponente, die eine Transaktion nur dann zum DTC heraufstuft, wenn es erforderlich ist
- Dienste ohne Komponente bieten eine Teilmenge der Enterprise Services mit dem Vorteil, dass die Komponente nicht im COM+-Katalog vorregistriert werden muss

Lernzielkontrolle

Mit den folgenden Fragen können Sie Ihr Wissen zu den Informationen aus Lektion 1, „Überblick zu den Serviced Components", überprüfen. Die Fragen finden Sie (in englischer Sprache) auch auf der Begleit-CD, Sie können sie also auch auf dem Computer im Rahmen eines Übungstests beantworten.

HINWEIS Antworten

Die Antworten auf diese Fragen mit Erklärungen, warum die jeweiligen Auswahlmöglichkeiten richtig oder falsch sind, finden Sie im Abschnitt „Antworten" am Ende dieses Buchs.

---

1. Welche der folgenden Aussagen sind zutreffend? (Wählen Sie alle zutreffenden Antworten aus.)
   a. Eine Serviced Component muss die Schnittstelle **IServicedComponent** implementieren.
   b. Die Basisklasse **ServicedComponent** befindet sich im Namespace **System.EnterpriseServices**.
   c. Die Basisklasse **ServicedComponent** befindet sich im Namespace **System.EnterpriseComponents**.
   d. Eine Serviced Component muss von der Klasse **ServicedComponent** erben.
2. Welche Attribute sind relevant, wenn Transaktionen mithilfe der Enterprise Services implementiert werden? (Wählen Sie alle zutreffenden Antworten aus.)
   a. System.EnterpriseServices.AutoCompleteAttribute
   b. System.Runtime.InteropServices.ComVisibleAttribute
   c. System.EnterpriseServices.TransactionAttribute
   d. System.EnterpriseServices.JustInTimeActivationAttribute

3. Welche Möglichkeiten gibt es, eine Serviced Component zu registrieren? (Wählen Sie alle zutreffenden Antworten aus.)

   a. Befehlszeile:

   ```
   sn.exe -k myassembly.dll
   ```

   b. Befehlszeile:

   ```
   regsvcs.exe myassembly.dll AppName
   ```

   c. Erstellen eines Anwendungsordners in **C:\Programme\ComPlus** und Ziehen der Datei **MyAssembly.dll** in diesen Ordner.

   d. Erstellen eines Anwendungsknotens in der Komponentendienste-Verwaltungskonsole und Ziehen von **MyAssembly.dll** auf diesen Knoten.

Lektion 2: Verwenden einer Serviced Component

In dieser Lektion erfahren Sie, wie eine Serviced Component durch Erstellen einer Anwendung, die auf eine Assembly mit einer Serviced Component verweist, und Zugreifen auf Methoden und Eigenschaften der Serviced Component verwendet wird. Wir fahren fort, wo Lektion 1 endete.

Am Ende dieser Lektion werden Sie in der Lage sein, die folgenden Aufgaben auszuführen:

- Erstellen einer Anwendung, die eine Serviced Component verwendet
- Zugreifen auf Methoden, Eigenschaften und Ereignisse einer Serviced Component

Veranschlagte Zeit für diese Lektion: 25 Minuten

Verweisen auf die Assembly, die die Komponente enthält

In Lektion 1 haben Sie gelernt, wie eine Serviced Component erstellt und registriert wird. Im nächsten Schritt wollen wir nun eine Anwendung erstellen, die die Dienste der Serviced Component verwendet.

Der erste Schritt in diesem Vorgang besteht in der Erstellung eines Verweises auf die Serviced Component. Dies ist eigentlich recht einfach. Sie erstellen den Verweis genauso, wie Sie einen Verweis auf eine externe Assembly erstellen würden.

Angenommen, Sie haben eine Konsolenanwendung namens **MSLearning.Chapter12.ConsoleClient** zur vorhandenen Projektmappe hinzugefügt. Aus dieser Anwendung wollen wir nun die in Lektion 1 erstellte Serviced Component **OrderService** verwenden.

Klicken Sie auf **Projekt**, **Verweis hinzufügen** und klicken Sie dann auf der Registerkarte **Projekte** auf **MSLearning.Chapter12.Services.dll**. Alternativ würden Sie, wenn Sie eine neue Projektmappe erstellt haben, zur Datei **MSLearning.Chapter12.Services.dll** navigieren. Nun müssen wir, weil **MSLearning.Chapter12.Services.dll** auf die Assembly **System.EnterpriseServices.dll** verweist und dies keine Standardkomponente ist, aus unserer Konsolenanwendung auch einen Verweis auf **System.EnterpriseServices.dll** hinzufügen. Ein Verweis auf eine Serviced Component wird erstellt wie jeder andere Verweis auch.

An dieser Stelle ist es wichtig festzuhalten, dass, weil **MSLearning.Chapter12.Services.dll** eine Assembly mit einem starken Namen ist, der von Ihnen auf diese Assembly erstellte Verweis auch sehr spezifisch ist. Wenn Sie die Versionsnummer der Assembly ändern und **MSLearning.Chapter12.Services.dll** dann erneut bereitstellen, unterbrechen Sie den Verweis. Dieser unterbrochene Verweis kann aufgelöst werden, indem die Konsolenanwendung mit einem Verweis auf die neue Version von **MSLearning.Chapter12.Services.dll** neu kompiliert oder eine Richtlinie verwendet wird, die die Bindung umleitet. Die Implementierung von Richtlinien ist nicht Gegenstand dieses Kapitels, aber Sie sollten wissen, dass sie auch eine Option darstellt.

Queued Components

Das Verweisen auf Queued Components funktioniert ein wenig anders. Die zugrunde liegende Technologie der Nachrichtenwarteschlangen wird erst in Kapitel 13 behandelt, wenn wir erfahren werden, wie eine Queued Component verwendet wird.

Deklarieren und Instanzieren der Komponente

Nachdem Sie einen Verweis auf die Assembly erstellt haben, können Sie die Serviced Component nun deklarieren und instanzieren. Auch hier ist, wie der folgende Code zeigt, nur wenig Zauberei erforderlich. Erstellen Sie eine Instanz der Serviced Component, so als ob es sich um eine ganz normale Klasse handelte, rufen Sie **SubmitOrder** auf, und geben Sie an, dass der Kunde Nummer 10 fünf Artikel mit der Artikelnummer 255 bestellen will. Wenn der Vorgang erfolgreich war, wird auf Ihrem Bildschirm die **orderId** angezeigt, andernfalls tritt eine Ausnahme auf, die ebenfalls angezeigt wird.

```
'VB
Imports System

Imports MSLearning.Chapter12.Services

Namespace MSLearning.Chapter12.ConsoleClient
    Public Class Program
        Sub Main()
            Dim os As OrderService = New OrderService()
            Console.WriteLine("Serviced Component is created.")
            Console.ReadKey()
        End Sub
    End Class
End Namespace

//C#
using System;

using MSLearning.Chapter12.Services;

namespace MSLearning.Chapter12.ConsoleClient
{
    class Program
    {
        static void Main(string[] args)
        {
                OrderService os = new OrderService();
             Console.WriteLine("Serviced Component is created.");
            Console.ReadKey();
        }
    }
}
```

Zugreifen auf Eigenschaften, Methoden und Ereignisse der Komponente

Nachdem Sie eine Instanz von **OrderService** erstellt haben, wollen Sie nun Code für den Aufruf von **SubmitOrder** hinzufügen, der besagt, dass der Kunde Nummer 10 fünf Artikel mit der Artikelnummer 255 bestellen will. Wenn der Vorgang erfolgreich war, wird auf Ihrem Bildschirm die **orderId** angezeigt, andernfalls tritt eine Ausnahme auf, die ebenfalls angezeigt wird.

```
'VB
Imports System

Imports MSLearning.Chapter12.Services

Namespace MSLearning.Chapter12.ConsoleClient
    Public Class Program
        Sub Main()
    Try
                Dim os As OrderService = New OrderService()
            Console.WriteLine("Serviced Component is created.")
            Console.ReadKey()
    Catch ex As Exception
                Console.WriteLine("An error occured: " + ex.Message)
    End Try
        End Sub
    End Class
End Namespace

//C#
using System;

using MSLearning.Chapter12.Services;

namespace MSLearning.Chapter12.ConsoleClient
{
    class Program
    {
        static void Main(string[] args)
        {
            try
            {
                OrderService os = new OrderService();
                int orderid = os.SubmitOrder(10, 255, 5);
                Console.WriteLine("Order " + orderid.ToString()
                                + " has been submitted.");
            }
            catch (Exception ex)
            {
                Console.WriteLine("An error occured: " + ex.Message);
            }
            Console.ReadKey();
        }
    }
}
```

Übung 2: Verwenden der Serviced Component in einer separaten Anwendung

In dieser Übung erstellen Sie eine Konsolenanwendung namens **ConsoleClient**, die den Dienst für die in Lektion 1 erstellte Serviced Component **SalesReason** erstellt und verwendet. Wenn Sie Lektion 1 übersprungen haben sollten, suchen Sie auf der Begleit-CD nach den Ergebnissen dieser Lektion und verwenden Sie diese als Ausgangspunkt für die folgenden Schritte.

1. Öffnen Sie Visual Studio 2005 und öffnen Sie die in Lektion 1 erstellte Projektmappe namens **MSLearning.Exercises**.
2. Fügen Sie ein neues C#- oder Visual Basic 2005-Konsolenanwendungsprojekt hinzu.
3. Nennen Sie das Projekt **ConsoleClient**.
4. Klicken Sie im Projektmappen-Explorer mit der rechten Maustaste auf das Projekt und klicken Sie auf **Eigenschaften**. Geben Sie **MSLearning.Chapter12.ConsoleClient** in das Textfeld **Standardnamespace** ein.
5. Klicken Sie mit der rechten Maustaste in der Projektmappe auf das Projekt und fügen Sie einen Projektverweis auf das Projekt **AdventureWorksServices** hinzu.
6. Öffnen Sie die Datei **Program.cs**.
7. Ändern Sie den Code so, dass er eine Anweisung **MSLearning.Chapter12.Lesson1** enthält, erstellen Sie über die Methode **Main** eine Instanz von **SalesService** und rufen Sie die Methode **InsertSalesReason** auf. Sie können einen beliebigen Namen und Kaufgrund eintragen, in der Konsole vermerken, dass der Kaufgrund hinzugefügt wurde, und dann auf eine Tastatureingabe warten, bevor die Anwendung beendet wird. Der Code sollte nun wie folgt aussehen:

```
'VB
Imports MSLearning.Chapter12.Services

Module Module1

    Sub Main()
        Using service As New SalesService()
            service.InsertSalesReason("MCP discount", _
                "Certified Professionals are our friends.")
            Console.WriteLine("Sales reason has been added.")
            Console.ReadLine()
        End Using
    End Sub

End Module

//C#
using System;
using MSLearning.Chapter12.Services;

namespace MSLearning.Chapter12.ConsoleClient
{
```

```
        class Program
        {
            static void Main(string[] args)
            {
                using (SalesService service = new SalesService())
                {
                    service.InsertSalesReason("MCP discount",
                          "Certified Professionals are our friends.");
                    Console.WriteLine("Sales reason has been added.");
                    Console.ReadLine();
                }
            }
        }
    }
```

Zusammenfassung der Lektion

- Das Verweisen auf eine Serviced Component ist nicht schwieriger als das Verweisen auf irgendeine andere Assembly mit verwaltetem Code
- Das Aufrufen einer Methode oder der Zugriff auf eine Eigenschaft einer Serviced Component aus verwaltetem Code heraus ähnelt dem Aufruf einer regulären Methode oder Eigenschaft

Lernzielkontrolle

Mit den folgenden Fragen können Sie Ihr Wissen zu den Informationen aus Lektion 2, „Verwenden einer Serviced Component", überprüfen. Die Fragen finden Sie (in englischer Sprache) auch auf der Begleit-CD, Sie können sie also auch auf dem Computer im Rahmen eines Übungstests beantworten.

HINWEIS Antworten

Die Antworten auf diese Fragen mit Erklärungen, warum die jeweiligen Auswahlmöglichkeiten richtig oder falsch sind, finden Sie im Abschnitt „Antworten" am Ende dieses Buchs.

---

1. Welche Aussage trifft auf Typen zu, die von **ServicedComponent** erben? (Wählen Sie alle zutreffenden Antworten aus.)
   a. Sie können **Webverweis hinzufügen** verwenden, um den Dienst zu verwenden.
   b. Der Zugriff der Klasse muss öffentlich sein.
   c. Sie müssen explizit eine Schnittstelle implementieren.
   d. Sie können **Verweis hinzufügen** verwenden, um den Dienst zu verwenden.

2. Welche Methoden können Sie verwenden, um eine Instanz einer Serviced Component zu erstellen? (Wählen Sie alle zutreffenden Antworten aus.)
   a. Verwenden von **Activator.CreateInstanceFrom**(...).
   b. Hinzufügen eines Verweises auf die Assembly und Verwenden des Schlüsselworts **new**.
   c. Hinzufügen eines Verweises auf das im COM+-Katalog registrierte Objekt und Verwenden des Schlüsselworts **new**.
3. Welche der folgenden Aussagen sind zutreffend? (Wählen Sie alle zutreffenden Antworten aus.)
   a. Eine Serviced Component muss einen Anwendungsnamen aufweisen.
   b. Eine Serviced Component muss einen starken Namen aufweisen.
   c. Eine Serviced Component kann nur andere Serviced Components aufrufen.
   d. Eine Serviced Component kann nur Komponenten mit einem starken Namen aufrufen.

Rückblick auf dieses Kapitel

Sie können die in diesem Kapitel vermittelten Fähigkeiten folgendermaßen einüben und vertiefen:

- Lesen Sie die Zusammenfassung des Kapitels sorgfältig durch
- Lesen Sie die Liste der Schlüsselbegriffe durch, die in diesem Kapitel eingeführt wurden
- Arbeiten Sie die Übungen mit Fallbeispielen durch. Diese Szenarios beschreiben Fälle aus der Praxis, in denen die Themen dieses Kapitels zur Anwendung kommen. Sie werden aufgefordert, eine Lösung zu entwickeln.
- Führen Sie die vorgeschlagenen praktischen Übungen durch
- Machen Sie einen Übungstest

Zusammenfassung des Kapitels

- Serviced Components werden durch Erben von **System.EnterpriseServices.ServicedComponent** erstellt
- Die Interaktion mit den Enterprise Services wird durch Ergänzen von Klassen und Methoden mit Attributen verwaltet, die Metadaten enthalten
- Die Verwaltung verteilter Transaktionen ist der meistverwendete von den Enterprise Services angebotene Dienst
- **System.Transactions** bietet ein separates Programmiermodell zur Verwaltung von Transaktionen. Der LTM eskaliert die Transaktion in eine verteilte Transaktion, sofern dies erforderlich ist.
- Das Verwenden einer Serviced Component unterscheidet sich nicht vom Aufrufen einer Methode, einer Eigenschaft oder eines Ereignisses regulären externen Typs
- Die Sicherheit über Enterprise Services kann mithilfe der Komponentendienste-Verwaltungskonsole extern und separat von den Domänenrollen verwaltet werden

Schlüsselbegriffe

- Komponentendienste-Verwaltungskonsole
- Lightweight Transaction Manager
- Microsoft Distributed Transaction Coordinator
- Transaktionsisolierungsebenen

Fallbeispiele

In den folgenden Fallbeispielen wenden Sie an, was Sie über die Verwendung von Serviced Components gelernt haben. Die Lösungen zu den Fragen finden Sie im Abschnitt „Antworten" hinten in diesem Buch.

Fallbeispiel 1: Zuverlässigkeit über Transaktionen

Interviews

Es folgt eine Auflistung der befragten Unternehmensmitarbeiter und ihrer Aussagen.

- **Leiter der IT-Abteilung** „Wir haben in letzter Zeit einen erheblichen Anstieg der Belastung unserer Anwendungsserver erkannt, und plötzlich mussten wir sogar feststellen, dass Bestellungen verloren zu gehen scheinen. Unser Vertriebssystem meldet, dass die Bestellung von der Website angenommen wurde, aber sie gelangt niemals in das Versandsystem. Der derzeitige Code, der unter geringer Serverlast einwandfrei zu funktionieren schien, ist offenbar weniger zuverlässig, wenn die Last steigt. Ich glaube, wir verwalten unsere Transaktionen nicht richtig. Der Code wurde ursprünglich unter immensem Zeitdruck erstellt, und ich glaube nicht, dass wir verteilte Transaktionen verwenden. Wir müssen unseren Code überprüfen und unser Transaktionsproblem beheben."
- **Unternehmensplaner** „Wir müssen sicher sein können, dass die Datenintegrität über all die verschiedenen von uns eingesetzten Systeme hinweg gewährleistet ist. Derzeit senden wir Rechnungen für Bestellungen in unserem Vertriebssystem, die niemals geliefert werden. Wir verlieren Kunden. Das ist nicht hinnehmbar!"
- **CIO** „Jeder verlorene Kunde bedeutet auch einen Gesichtsverlust, und im Internet verbreiten sich schlechte Erfahrungen von Kunden wie ein Lauffeuer. Was anfangs nur nach zwei oder drei unzufriedenen Kunden aussieht, kann sich im Handumdrehen zum Ruin unseres Onlinegeschäfts auswachsen. Das muss behoben werden!"

Fragen

Beantworten Sie die folgenden Fragen für Ihren Abteilungsleiter:

1. Unterstützen unsere Datenspeicher Transaktionen?
2. Verfügen wir über die Anwendungslogik, um das Onlinegeschäft auf einem anderen Computer auszuführen als die eigentlichen Webseiten?
3. Wie können Änderungen an der Anwendungslogik vorgenommen werden, um deren Zuverlässigkeit zu erhöhen?

Fallbeispiel 2: Optimieren der Leistungsfähigkeit

Interviews

Es folgt eine Auflistung der befragten Unternehmensmitarbeiter und ihrer Aussagen.

- **Leiter der IT-Abteilung** „Unsere Anwendung läuft in der Testumgebung, in der die Anzahl Benutzer eingeschränkt ist, einwandfrei. Die Serverlast scheint ein wenig hoch, aber das war bislang keinesfalls besorgniserregend. In einer Produktionsumgebung mit weitaus mehr Benutzern hingegen läuft die Anwendung quälend langsam bis hin zum Stillstand."
- **Unternehmensplaner** "Wir müssen mehr Benutzer unterstützen."
- **CIO** „Wir haben so viel Geld für die Entwicklung des Systems ausgegeben. Es kann doch nicht so schwierig sein, die Leistung zu optimieren."

Fragen

Beantworten Sie die folgenden Fragen für Ihren Abteilungsleiter:

1. Verwenden Sie das Objektpooling?
2. Ist diese Komponente so ausgelegt, dass sie statusfrei ist? Falls ja, verwenden Sie die JIT-Aktivierung?

Vorgeschlagene praktische Übungen

Um die in diesem Kapitel formulierten Lernziele erfolgreich zu erreichen, führen Sie die folgenden Aufgaben durch.

Erstellen und Konfigurieren einer und Zugreifen auf eine Serviced Component

Im Rahmen der folgenden beiden praktischen Übungen implementieren Sie eine Serviced Component ohne Hilfe einer schrittweisen Anleitung. Versuchen Sie es, um zu überprüfen, wie gut Sie das Material verstanden haben.

- **Praktische Übung 1** Erstellen Sie eine Klasse, die von **ServicedComponent** erbt. Verwenden Sie den Objektpoolingdienst in den Enterprise Services. Erstellen Sie einen Konsolenclient, der mehr Objekte zu erstellen versucht, als in Ihrem Pool vorhanden sind. Überwachen Sie das Ergebnis in der Komponentendienste-Verwaltungskonsole.
- **Praktische Übung 2** Erstellen Sie eine Klasse, die von **ServicedComponent** erbt. Konfigurieren Sie die Klasse so, dass sie eine Transaktion erfordert, die das Attribut **Transaction** verwendet. Implementieren Sie eine Methode, die Daten in zwei verschiedene Datenbanken einfügt. Verwenden Sie das Attribut **AutoComplete** für die Methode. Erstellen Sie eine Konsolenanwendung, um den Code auszuführen. Nun passen Sie den Code so an, dass die Methode nach dem Einfügen der Daten eine Ausnahme auslöst. Überprüfen Sie die Transaktionsstatistiken in der Komponentendienste-Verwaltungskonsole.

Implementieren von Sicherheit in einer Serviced Component

Die folgende Übung ist etwas anspruchsvoller als die vorherige. Geprüft wird Ihr Überblick über die Sicherheit.

- **Praktische Übung 1** Erstellen Sie eine Klasse, die von **ServicedComponent** erbt. Erstellen Sie eine Methode, die Bestellungen zu einer Datenbank hinzufügt. Erstellen Sie eine Überprüfung, damit nur Benutzer mit der Rolle des Managers Bestellungen in einem Wert von mehr als 2000 Dollar aufgeben können. Fügen Sie sich über die Komponentendienste-Verwaltungskonsole selbst der Managerrolle hinzu.

Verwenden automatischer Transaktionen

Diese praktische Übung testet Ihr Verständnis automatischer Transaktionen und erfordert zur Implementierung etwas mehr Zeit, weil mehrere Datenbanken im Spiel sind.

- **Praktische Übung 1** Erstellen Sie eine Klassenbibliothek mit einer Serviced Component, die eine Methode **TransferFunds** implementiert. Sie müssen zwei Datenbanken erstellen, die jeweils eine Kontentabelle enthalten. Ein Konto sollte eine Anzahl Felder enthalten, von denen eines **balance** heißt. Ihre Methode sollte einen Geldbetrag als Parameter akzeptieren und diesen von einem Konto in Datenbank 1 abziehen und zu einem Konto in Datenbank 2 hinzuaddieren. Ist keine erforderliche Deckung vorhanden, dann soll eine Ausnahme ausgelöst werden.

Hinweis: Verwenden Sie das Attribut **AutoComplete** für die Methode **TransferFunds**.

- **Praktische Übung 2** Erstellen Sie auf der Basis der praktischen Übung 1 eine WinForm-Anwendung, die Ihnen die Auswahl zwischen zwei Konten – einem für die Quelle und einem für das Ziel – und die Eingabe des Betrags gestattet, der überwiesen werden muss. Fügen Sie einen Verweis auf die zuvor erstellte Bibliothek hinzu und rufen Sie die Methode **TransferFunds** auf.

Machen Sie einen Übungstest

Die Übungstests auf der Begleit-CD zu diesem Buch (in englischer Sprache) bieten zahlreiche Möglichkeiten. Zum Beispiel können Sie einen Test machen, der ausschließlich die Themen eines bestimmten Lernziels behandelt, oder Sie können sich selbst mit dem gesamten Inhalt der Prüfung 70-259 testen. Sie können den Test so konfigurieren, dass er dem Ablauf einer echten Prüfung entspricht, oder Sie können einen Lernmodus verwenden, in dem Sie sich nach dem Beantworten einer Frage jeweils sofort die richtige Antwort und Erklärungen ansehen können.

WEITERFÜHRENDE INFORMATIONEN Übungstests

Einzelheiten zu allen Optionen, die bei den Übungstests zur Verfügung stehen, finden Sie im Abschnitt „So verwenden Sie die Übungstests“ in der Einführung am Anfang dieses Buchs.

KAPITEL 13

Verwaltung von Serviced Components

Nachdem wir in Kapitel 12, „Erstellen von Serviced Components", gelernt haben, wie eine Serviced Component erstellt und bereitgestellt wird, wollen wir dieses Thema nun einen Schritt weiterführen. In diesem Kapitel werden wir einen Blick auf Nachrichtenwarteschlangen und den Nachrichtenschutz werfen. **Microsoft Message Queuing (MSMQ)** ermöglicht es Anwendungen, die zu unterschiedlichen Zeiten ausgeführt werden, über Netzwerke und Systeme zu kommunizieren, die unter Umständen zeitweise offline sind. MSMQ bietet garantierte Nachrichtenzustellung, effizientes Routing, Sicherheit und prioritätsbasiertes Messaging. Das Message Queuing kann zur Implementierung von Szenarios verwendet werden, bei denen Nachrichten asynchron gesendet werden, doch auch synchrone Szenarios liegen im Bereich des Möglichen.

Dieses Kapitel erfordert die Verwendung der aktuellen MSMQ-Version (MSMQ 3.0). MSMQ ist für Microsoft Windows Server 2003 und für Windows XP verfügbar.

Wenn Sie eine ältere Version von Windows verwenden, beachten Sie, dass MSMQ 1.0 Bestandteil des Windows NT 4.0-Optionspakets ist. Diese Version erfordert Microsoft SQL Server zur Speicherung von Warteschlangennamen. MSMQ 2.0 ist Bestandteil von Microsoft Windows 2000 und verwendet den Microsoft Active Directory-Verzeichnisdienst zur Speicherung der Warteschlangennamen. Steht Active Directory nicht zur Verfügung, dann können Sie das Message Queuing nur im Arbeitsgruppenmodus verwenden.

In diesem Kapitel abgedeckte Lernziele:

- Erstellen und Löschen einer Nachrichtenwarteschlange und Festlegen der Berechtigungen
  - Manuelles Erstellen einer Nachricht
  - Programmgesteuertes Erstellen einer Nachricht
  - Löschen einer Nachrichtenwarteschlange
  - Programmgesteuertes Festlegen der Berechtigungen für eine Nachrichtenwarteschlange
- Senden von Nachrichten an und Löschen einer Nachricht aus einer Nachrichtenwarteschlange
  - Erstellen einer Nachricht
  - Senden einer Nachricht
  - Synchrones Empfangen einer Nachricht
  - Auswählen der geeigneten Formatierung
  - Lesen eines Nachrichtentextkörpers
  - Löschen von Nachrichten in der Warteschlange

- Empfangen von Nachrichten
  - Einsehen von Nachrichten
  - Auflisten von Nachrichten
  - Asynchrones Empfangen einer Nachricht
  - Verwenden der Methoden **BeginReceive** und **BeginPeek**
  - Reagieren auf ein **ReceiveCompleted**- oder **PeekCompleted**-Ereignis
- Signieren und Verschlüsseln von Nachrichten
  - Signieren einer Nachricht
  - Verschlüsseln einer Nachricht mithilfe der Eigenschaften **UseEncryption** und **EncryptionAlgorithm**
  - Behandeln von Bestätigungen
- Verarbeiten von Nachrichten
  - Bestätigen einer Nachrichtenquelle mithilfe eines Zertifikats
  - Verschlüsseln einer Nachricht
  - Extrahieren von Details zur Antwortwarteschlange aus einer Nachricht
  - Verfassen und Senden einer Antwort an eine Antwortwarteschlange
  - Anwenden einer Regel auf eine Nachrichtenwarteschlange

Lektionen in diesem Kapitel:

Bevor Sie beginnen

Um die Lektionen in diesem Kapitel durcharbeiten zu können, sollten Sie mit Microsoft Visual Basic oder C# vertraut sein und sich die Bearbeitung der folgenden Aufgaben zutrauen:

- Erstellen einer Bibliothek und einer Konsolenanwendung in Microsoft Visual Studio mithilfe von Visual Basic oder C#
- Hinzufügen von Verweisen zu den Systemklassenbibliotheken eines Projekts
- Hinzufügen von Verweisen zu Projekten innerhalb einer Projektmappe
- Ein grundlegendes Verständnis von Remotemethodiken (XML-Webdienste, DCOM, .NET Remoting, CORBA usw.)
- Ein grundlegendes Verständnis von COM+
- Ein grundlegendes Verständnis von Queuingtechnologien wie MSMQ
- Ein grundlegendes Verständnis von verteilten Transaktionen

- Ein grundlegendes Verständnis von ADO.NET
- Ein grundlegendes Verständnis von Serviced Components
- Sie müssen Kapitel 12 dieses Buchs gelesen und verstanden haben

Praxistipp

Mark Blomsma

Message Queuing-Lösungen sind ideal zur Erstellung von Anwendungen, die rund um die Uhr verfügbar sein müssen. Die asynchrone Kommunikation ist der Schlüssel, um Systeme auch dann online zu halten, wenn Systeme im Umfeld der Anwendung ausfallen. Ich habe einmal an einem riesigen Kundenprojekt gearbeitet, bei dem das System, das wir entwickelten, am Ende in mehrere Untersysteme aufgeteilt wurde. Ziel dieser Verfahrensweise war es, die Ausführung von System A auch dann fortzusetzen, wenn System B nicht zur Verfügung steht. Die Lösung bestand in der Verwendung von Message Queuing. Alle Daten, die von A nach B übermittelt wurden, wurden mithilfe asynchroner Nachrichten gesendet. System A setzte niemals einen Webdienst- oder Remoteprozeduraufruf ab, sondern sendete nur Nachrichten. Bei einem Ausfall von System B wurden die Nachrichten in einer Warteschlange gesammelt, die verarbeitet wurde, sobald System B wieder online war. Vorteile wurden sowohl im Bereich der Verfügbarkeit als auch der Leistungsfähigkeit festgestellt. Das Einreihen einer Nachricht in eine Warteschlange ist eine Fire-and-Forget-Aktion, die sehr wenig Leistung erfordert. Angemerkt werden muss allerdings, dass die asynchrone Verarbeitung sich auf die Art und Weise auswirkt, auf die der Benutzer mit dem System interagiert. Wie wird der Benutzer benachrichtigt, wenn die Verarbeitung auf System B ausfällt? Diese Frage stellt eine Herausforderung beim Programmentwurf dar.

Lektion 1: Nachrichtenwarteschlangen

In dieser Lektion erfahren wir, wie Nachrichtenwarteschlangen mithilfe der MSMQ-Technologie erstellt, verwendet und überwacht werden. Sie erhalten ein grundlegendes Verständnis dazu, was eine *Nachrichtenwarteschlange* ist, wie sie erstellt wird und wie die Verwaltung verteilter Transaktionen mithilfe der Enterprise Services verwendet wird, um die Nutzung einer Warteschlange in eine Transaktion einzutragen. Sie werden die Warteschlange lesen und in sie schreiben und zur Überwachung von Warteschlangen die Microsoft Management Console verwenden. Wir werden sowohl die synchrone als auch die asynchrone Verwendung von Nachrichtenwarteschlangen behandeln.

Am Ende dieser Lektion werden Sie in der Lage sein, die folgenden Aufgaben auszuführen:

- Beschreiben der Grundlagen zum Message Queuing
- Einrichten einer Nachrichtenwarteschlange
- Senden einer Nachricht an eine Nachrichtenwarteschlange
- Lesen einer Nachricht aus einer Nachrichtenwarteschlange
- Asynchrones Senden und Empfangen einer Nachricht
- Auflisten von Nachrichten
- Einsehen von Nachrichten
- Korrelieren von Nachrichten

Veranschlagte Zeit für diese Lektion: 45 Minuten

Grundlagen des Message Queuings

Bevor wir uns der Erstellung und Verwendung von Nachrichtenwarteschlangen zuwenden, wollen wir noch einmal einen Schritt zurückgehen und kurz die Grundlagen des Message Queuings betrachten.

Das Senden von Nachrichten in einem Message Queuing-Szenario ähnelt dem Senden eines Briefes mit der Post. Beim Message Queuing gibt es eine sendende und eine empfangende Anwendung – ebenso wie beim Brief, der einen Absender und einen Empfänger hat. Beim Message Queuing reihen Sie Ihre Nachricht in eine Nachrichtenwarteschlange ein und erwarten dann die Zustellung der Nachricht. Dies entspricht im Grunde genommen dem Brief, den Sie in einen Postkasten werfen und von dessen Zustellung Sie dann fest ausgehen. In einem Message Queuing-Szenario kann Ihre Nachricht auch verspätet eintreffen, wenn das Netzwerk überlastet ist; schließlich kommt Ihre Post manchmal auch etwas später, wenn der Briefträger unterwegs aufgehalten wird. Wenn die empfangende Anwendung nicht innerhalb einer bestimmten Zeit verfügbar wird, wird die Nachricht an eine Warteschlange für unzustellbare Nachrichten umgeleitet. Briefe sind ebenfalls manchmal nicht zustellbar, weil der Adressat vielleicht umgezogen ist und keinen Auftrag zur Nachsendung erteilt hat; in dem Fall geht der Brief zurück an den Absender. Der vielleicht einzige Unterschied zwischen dem Message Queuing und dem Postsystem besteht darin, dass MSMQ eine hundertprozentige Zustellung garantiert; ein solches Dienstniveau bietet die Post nicht.

Es gibt zwei Grundtypen von Warteschlangen: öffentliche und private. Eine öffentliche Warteschlange wird in Active Directory registriert und kann demnach gesucht werden, indem das Netzwerk durchsucht wird. Eine private Warteschlange hingegen wird auf einem Computer erstellt; ein anderer Computer kann nur darauf zugreifen, wenn die exakten Namen von Computer und Warteschlange bekannt sind. Private Warteschlangen werden gewöhnlich verwendet, wenn Windows im Arbeitsgruppenmodus betrieben wird oder die Warteschlange zur Verbindung zweier Anwendungen vorgesehen ist, die auf demselben Computer laufen. Im Arbeitsgruppenmodus stellen private Warteschlangen die einzige Option dar, aber auch für den Domänenmodus sind die folgenden Vorzüge privater Warteschlangen unter Umständen interessant:

- Private Warteschlangen weisen alle Merkmale öffentlicher Warteschlangen auf, nur werden sie nicht in Active Directory aufgelistet und können insofern nicht gesucht werden. Sofern Sie wissen, dass die Warteschlange vorhanden ist, können Sie immer noch eine Remoteverbindung herstellen.
- Private Warteschlangen können schneller erstellt werden als öffentliche, weil sie keine zusätzliche Zeit für Active Directory-Aktivitäten benötigen.
- Private Warteschlangen verursachen keine Probleme mit der Active Directory-Replikation.

Neben diesen gibt es auch eine Anzahl weiterer Warteschlangen zu administrativen Zwecken. Die folgende Tabelle 13.1 zeigt eine Beschreibung und die Pfadnamenssyntax zu den einzelnen Typen. Beachten Sie, dass Sie „.“ zum Verweisen auf Ihren lokalen Computer verwenden können, also etwa „.\Private$\MyQueue“.

Tabelle 13.1 Beschreibung und Pfadnamenssyntax von Warteschlangentypen

Warteschlangentyp	Beschreibung	Syntax
Öffentliche Warteschlange	In Verzeichnisdiensten registriert, kann von allen Message Queuing-Anwendungen gefunden werden	Computername \Warteschlangenname
Private Warteschlange	Auf lokalem Computer registriert, kann normalerweise nicht von anderen Anwendungen gefunden werden	Computername\Private$ \Warteschlangenname
Journalwarteschlange	Enthält entfernte Nachrichten, warteschlangenspezifisch (sofern aktiviert)	Computername \Warteschlangenname\Journal$
Journalwarteschlange des Computers	Enthält entfernte Nachrichten, computerspezifisch (sofern aktiviert)	Computername\Journal$
Warteschlange des Computers für unzustellbare Nachrichten	Enthält unzustellbare Nachrichten (sofern aktiviert)	Computername \Deadletter$
Warteschlange des Computers für unzustellbare Transaktionsnachrichten	Enthält unzustellbare Transaktionsnachrichten (sofern aktiviert)	Computername \XactDeadletter$

Warteschlangen können Transaktionswarteschlangen sein. Wenn eine Warteschlange transaktionsfähig ist, löst das Abrufen einer Nachricht aus der Warteschlange den Distributed Transaction Coordinator (DTC) aus, der dann eine verteilte Transaktion auslöst. Dieser Vorgang ist besonders praktisch, wenn Sie garantieren wollen, dass jede Nachricht, die aus der Warteschlange entfernt wird, auch tatsächlich erfolgreich verarbeitet wird. Betrachten Sie einmal folgendes Szenario: Unser Onlinegeschäft hat eine Bestellung angenommen und sendet eine Nachricht an das Versandsystem. Das Versandsystem erhält die Nachricht über die Warteschlange, liest sie und will nun einen Versandauftrag in die Datenbank eintragen. Das Einfügen schlägt mit einer Meldung fehl, die angibt, dass das Transaktionsprotokoll voll ist. Was nun? Die Nachricht wurde aus der Warteschlange abgerufen, aber noch nicht verarbeitet, und das Schreiben eines Status in die Warteschlange ist nicht möglich, weil der Datenbankzugriff derzeit nicht möglich ist. Wenn die Warteschlange als Transaktionswarteschlange gekennzeichnet wurde, können wir durch Verwenden einer verteilten Transaktion sicherstellen, dass bei einem Fehlschlagen des Einfügevorgangs in die Datenbank das Entfernen der Nachricht aus der Warteschlange rückgängig gemacht wird; die Nachricht wird dann verarbeitet, wenn die Datenbank wieder verfügbar ist. Ein passender Entwurf würde zudem automatisch einen Systemadministrator über technische Schwierigkeiten mit dem System informieren.

Einrichten einer Nachrichtenwarteschlange

Eine Warteschlange kann manuell, mithilfe der Microsoft Management Console (MMC) oder über Code eingerichtet werden.

Manuelles Einrichten einer Nachrichtenwarteschlange

Die folgenden Schritte zeigen, wie Sie eine Nachrichtenwarteschlange manuell einrichten:

1. Klicken Sie auf **Start**, **Systemsteuerung**, **Verwaltung**, **Computerverwaltung** oder klicken Sie auf **Start**, **Ausführen** und geben sie **compmgmt.msc** ein, um die Computerverwaltungs-Konsole zu starten.

2. Erweitern Sie den Knoten **Dienste und Anwendungen**.

3. Erweitern Sie den Knoten **Message Queuing**. Wenn der Knoten **Message Queuing** nicht angezeigt wird, haben Sie MSMQ höchstwahrscheinlich nicht installiert. Verwenden Sie die Funktion **Windows-Komponenten hinzufügen/entfernen**, die Bestandteil von **Software** in der Systemsteuerung ist, um dieses Feature von Windows XP oder Windows Server 2003 zu installieren. Ihr Fenster sollte etwa so aussehen wie in Abbildung 13.1.

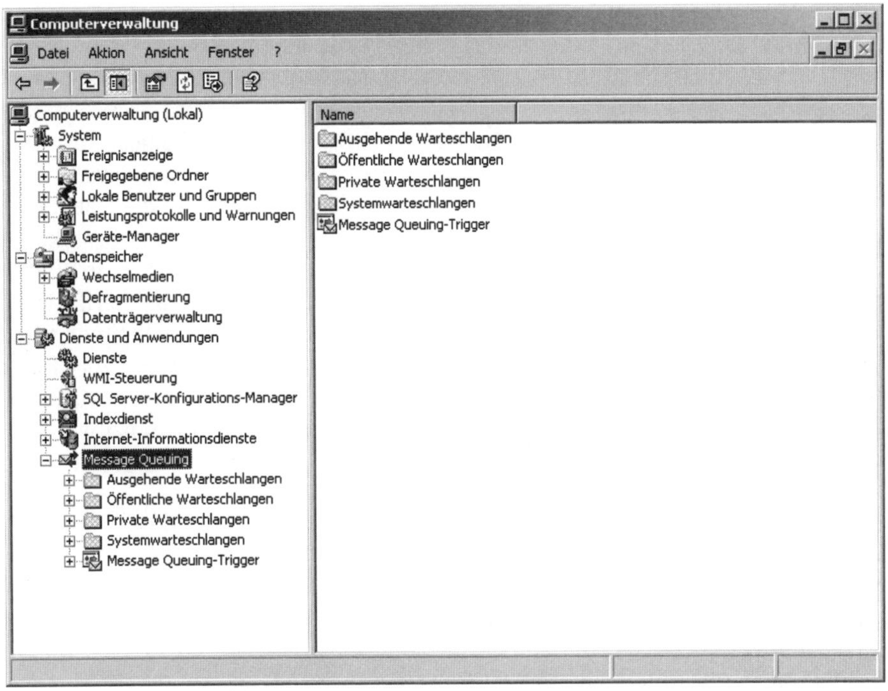

Abbildung 13.1 Standardansicht von Message Queuing in der Computerverwaltung

4. Nun erstellen Sie eine private Warteschlange. Klicken Sie mit der rechten Maustaste auf **Private Warteschlangen**, klicken Sie auf **Neu**, **Private Warteschlange**, geben Sie **MyQueue** als Namen für die Warteschlange ein und klicken Sie auf das Kontrollkästchen **Transaktionsreplikation** (siehe Abbildung 13.2).

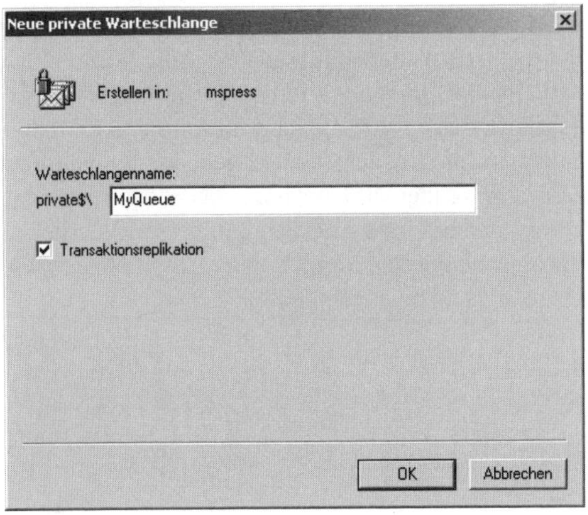

Abbildung 13.2 Erstellen einer privaten transaktionsfähigen Nachrichtenwarteschlange

5. Klicken Sie auf **OK**. Die Warteschlange wurde erstellt. Ihr Bildschirm sollte jetzt so aussehen wie in Abbildung 13.3 gezeigt.

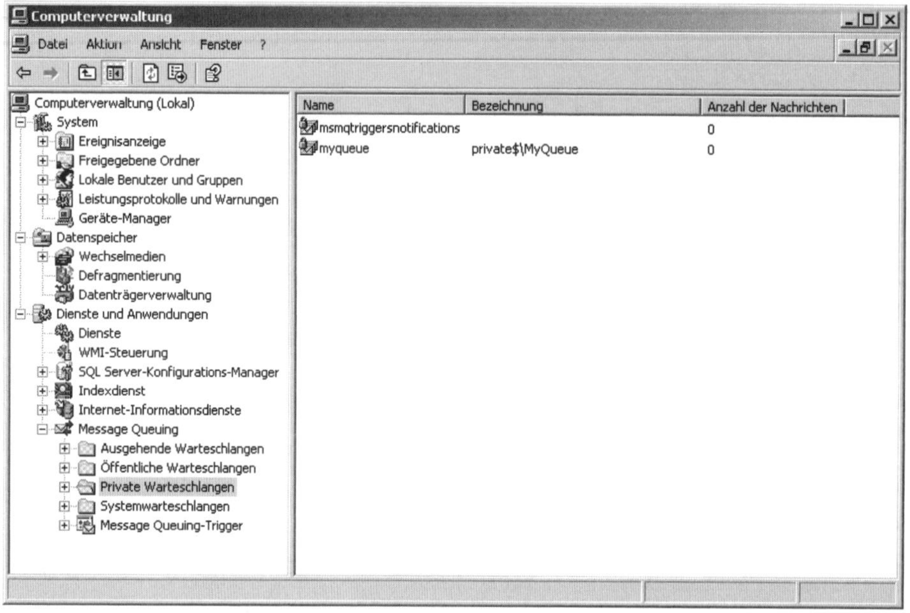

Abbildung 13.3 MyQueue wurde erstellt

Programmgesteuertes Einrichten einer Nachrichtenwarteschlange

Die Framework-Klassenbibliothek enthält einen Namespace namens **System.Messaging**, der Klassen enthält, die die Warteschlangenfunktionen kapseln. Um diesen Namespace verwenden zu können, müssen Sie einen Verweis auf **System.Messaging.dll** hinzufügen. Die beiden wichtigsten Klassen sind **MessageQueue** und **Message**. Verwenden Sie die statischen Methoden der Klasse **MessageQueue**, um zu überprüfen, ob Ihre Warteschlange bereits vorhanden ist. Ist dies nicht der Fall, dann erstellen Sie die Warteschlange, und legen Sie die Bezeichnung so fest, dass sie mit dem Namen der Warteschlange übereinstimmt. Der folgende Code zeigt eine Konsolenanwendung namens **QueueSender**, die die Überprüfung und Erstellung einer Warteschlange namens **ShippingInbox** implementiert (die relevanten Passagen sind fett gedruckt). Beachten Sie, wie **private$** im Namen der Warteschlange verwendet wird, um anzugeben, dass sie privat ist. Zur Registrierung einer Warteschlange in Active Directory sind besondere Berechtigungen erforderlich, d. h. ein **try/catch**-Block ist bei der Erstellung einer Warteschlange durchaus angebracht. Unter Windows XP kann jedes Mitglied der Gruppe **Benutzer** eine private Warteschlange erstellen.

```
'VB
Imports System.Messaging
Module Module1

    Private Const cQueueName As String = ".\private$\ShippingInbox"

Sub Main()
```

```
        Dim queue As MessageQueue

        ' Mithilfe einer statischen Methode überprüfen, ob die Warteschlange vorhanden ist.
        If MessageQueue.Exists(cQueueName) Then
            Console.WriteLine("Queue '{0}' already exists.", cQueueName)
            queue = New MessageQueue(cQueueName)
    Else
            Console.WriteLine("Queue '{0}' does not exist.", cQueueName)
        Try
                ' Warteschlange erstellen und Bezeichnung angeben.
                queue = MessageQueue.Create(cQueueName, True)
        queue.Label = cQueueName
                Console.WriteLine("Queue created.")
            Catch exception As Exception
                Console.WriteLine("Queue not created. Error message: {0}", _
                    exception.Message)
            End Try
    End If

    Console.WriteLine("Hit enter...")
        Console.ReadLine()
    End Sub

End Module

//C#
using System; using System.Messaging;

namespace QueueSender
{
    class Program
    {
        private const string cQueueName = @".\private$\ShippingInbox";

        static void Main(string[] args)
        {
            MessageQueue queue;
            // Mithilfe einer statischen Methode überprüfen, ob die Warteschlange vorhanden ist.
            if (MessageQueue.Exists(cQueueName))
            {
                Console.WriteLine("Queue '{0}' already exists.", cQueueName);
           queue = new MessageQueue(cQueueName);             }
    else
            {
                Console.WriteLine("Queue '{0}' does not exist.", cQueueName);
            try
                {
                    // Warteschlange erstellen und Bezeichnung angeben.
             queue = MessageQueue.Create(cQueueName, true);
            queue.Label = cQueueName;
                    Console.WriteLine("Queue created.");
```

```
                }

                catch (Exception exception)
                {

                    Console.WriteLine("Queue not created. Error message: {0}",
                        exception.Message);
                }
            }
    Console.WriteLine("Hit enter...");
            Console.ReadLine();
        }
    }
}
```

Nach Ausführung der Anwendung überprüfen Sie mit der *Computerverwaltungs-Konsole*, ob die Warteschlange erstellt wurde. Die Computerverwaltung sollte so aussehen wie in Abbildung 13.4 gezeigt.

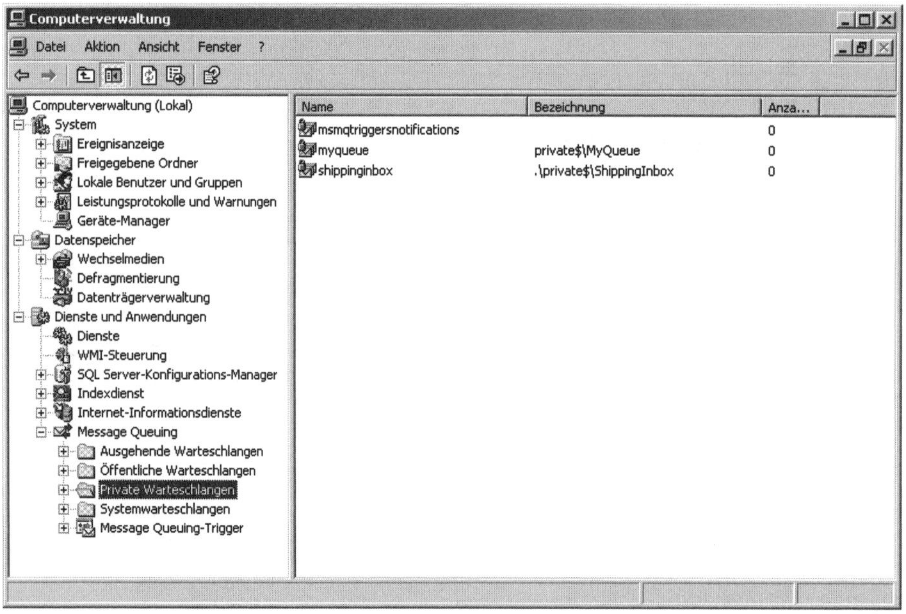

Abbildung 13.4 ShippingInbox wurde erstellt

Löschen einer Nachrichtenwarteschlange

Es gibt zwei Verfahren zum Löschen einer Nachrichtenwarteschlange. Die erste Methode besteht in der Verwendung der Computerverwaltungs-Konsole. Klicken Sie einfach mit der rechten Maustaste auf die entsprechende Warteschlange und dann auf **Löschen**. Achtung: Nachrichten, die sich in der Warteschlange befinden, werden dauerhaft gelöscht.

Beim zweiten Verfahren wird die Methode **Delete** der Klasse **MessageQueue** verwendet. Der folgende Code zeigt, wie dies gemacht wird (auch hier sind die relevanten Passagen fett gedruckt):

```
'VB
Imports System.Messaging

Module Module1

    Private Const cQueueName As String = ".\private$\ShippingInbox"

Sub Main()
        If MessageQueue.Exists(cQueueName) Then
            MessageQueue.Delete(cQueueName)
            Console.WriteLine("Queue '{0}' has been deleted.", cQueueName)
    Else
            Console.WriteLine("Queue '{0}' does not exist.", cQueueName)
    End If
    Console.WriteLine("Hit enter...")
        Console.ReadLine()
    End Sub

End Module

//C#
using System;
using System.Messaging;

namespace QueueDelete
{
    class Program
    {
        private const string cQueueName = @".\private$\ShippingInbox";

        static void Main(string[] args)
        {
            if (MessageQueue.Exists(cQueueName))
            {
                MessageQueue.Delete(cQueueName);
                Console.WriteLine("Queue '{0}' has been deleted.", cQueueName);
            }
    else
            {
                Console.WriteLine("Queue '{0}' does not exist.", cQueueName);
            }
    Console.WriteLine("Hit enter...");
            Console.ReadLine();
        }
    }
}
```

Senden einer Nachricht an eine Nachrichtenwarteschlange

Nachdem wir die Nachrichtenwarteschlange nun erstellt haben, wollen wir eine Nachricht senden. Zum Senden einer Nachricht muss lediglich eine Instanz eines **Message**-Objekts erstellt und mithilfe der Methode **Send** der Nachrichtenwarteschlange gesendet werden. Es gibt zwei Arten der Nachrichtenzustellung: schnelles (Express-)Messaging und wiederherstellbares Messaging. Beachten Sie, dass die Auswahl des Zustellungstyps auf der Nachrichtenebene und nicht auf der Warteschlangenebene erfolgt. Verwenden Sie die Option **Recoverable** für eine Nachricht, um anzugeben, dass diese wiederherstellbar sein muss.

Express Messaging

Beim Express Messaging werden die Nachrichten bei Routing und Zustellung im Arbeitsspeicher (RAM) gespeichert. Dies macht den Vorgang sehr schnell, aber eine Wiederherstellbarkeit ist nicht gegeben, wenn ein Computer, den die Nachricht während der Übertragung passiert, ausfallen sollte. Insbesondere gehen Expressnachrichten verloren, wenn der Message Queuing-Dienst beendet wird.

Eine zu große Anzahl Nachrichten im RAM kann zu einem Auslagern auf die Festplatte führen, was die Leistung beeinträchtigt. Aus diesem Grund sollten Sie nicht mehr Expressnachrichten speichern, als der physische Speicher aufnehmen kann.

Expressnachrichten können einen Netzwerkausfall allerdings überstehen. Wenn eine Message Queuing-Anwendung beispielsweise Expressnachrichten über einen Message Queuing-Server sendet und die Netzwerkverbindung zwischen dem Message Queuing-Server und dem Zielcomputer ausfällt, dann belässt der Message Queuing-Server die Nachrichten in seinem Speicher. Fällt allerdings der Message Queuing-Server aus, bevor die Netzwerkverbindung wiederhergestellt ist, dann gehen die Expressnachrichten verloren.

Wiederherstellbares Messaging

Beim wiederherstellbaren Messaging werden die Nachrichten während des Routings und der Zustellung auf Festplatte geschrieben. Deswegen ist die Zustellung ein wenig langsamer als beim Express-Messaging, aber ideal, wenn keine Fehler auftreten dürfen oder Computer heruntergefahren werden, während noch Nachrichten in Warteschlangen vorhanden sind (was beispielsweise bei mobilen Clients auf Laptopcomputern der Fall ist). Fällt ein Computer während des Sendens einer Nachricht aus oder wird er heruntergefahren, dann ist die Nachricht auf der Festplatte gespeichert. Nach dem Neustart des Computers und des Message Queuing-Dienstes wird der Sendevorgang automatisch fortgeführt.

Alle wiederherstellbaren Nachrichten werden in Dateien gespeichert, denen Speicher zugewiesen wurde. Leistungsgewinne lassen sich erzielen, indem mehrere physische Festplatten zur Speicherung wiederherstellbarer Nachrichten verwendet werden.

Alter von Nachrichten

Wenn Sie eine Nachricht senden, müssen Sie berücksichtigen, dass deren Verarbeitung nicht synchron erfolgt. Es gibt in jedem Fall eine Verzögerung, d. h. die Nachricht hat eine Lebensdauer von Sekunden, Minuten, Stunden oder sogar Tagen, sofern Sie sie so lange leben lassen. Bereits beim Entwurf müssen Sie berücksichtigen, wie lange eine Nachricht gültig bleiben soll. Angenommen, unser Onlineshop hat eine Option für die Zustellung am nächsten Tag. Damit die Zustellung auf diese Weise erfolgen kann, muss ein

Auftrag vor 16:00 Uhr in das Versandsystem eingegeben worden sein. Wird also eine Expressbestellung um 15:30 Uhr eingegeben, dann bleibt sie 30 Minuten gültig. Danach kann die Bestellung nicht mehr rechtzeitig geliefert werden. Ihr System sollte derartige Fälle möglichst abfangen und ggf. Korrekturmaßnahmen ergreifen. So könnte z. B. eine E-Mail an den Kunden gesendet werden, in der darauf hingewiesen wird, dass eine Auslieferung der Bestellung aufgrund technischer Schwierigkeiten erst einen Tag später möglich ist, und beim Kunden anfragt wird, ob er dies akzeptiert. Technisch gesehen bedeutet dies, dass die Versandbestellung vom Versandsystem wieder zurück an den Onlineshop umgeleitet werden muss. Die Nachricht bietet drei Eigenschaften, mit denen Sie leichter steuern können, wie mit Nachrichten verfahren wird, die ihren Nutzwert überdauern: **TimeToReachQueue**, **TimeToBeReceived** und **UseDeadLetterQueue**.

TimeToReachQueue Diese Eigenschaft ruft den Zeitraum ab, den die Nachricht zum Erreichen der Warteschlange maximal benötigen darf, oder legt ihn fest. Wenn das durch **TimeToReachQueue** angegebene Intervall ausläuft, bevor die Nachricht ihr Ziel erreicht, wird sie auf eine von zwei Arten verworfen. Ist **UseDeadLetterQueue** auf **true** festgelegt, dann wird die Nachricht in die Warteschlange für unzustellbare Nachrichten eingefügt. Wenn **UseDeadLetterQueue** hingegen auf **false** festgelegt ist, dann wird sie ignoriert.

Beachten Sie, dass Sie die Eigenschaft **AcknowledgeType** der Nachricht so festlegen können, dass eine negative Bestätigungsnachricht an die sendende Anwendung zurückgegeben wird, wenn die Nachricht vor Ablauf des Timers nicht eintrifft.

Ist **TimeToReachQueue** auf 0 Sekunden festgelegt, dann versucht **MessageQueue.Send** genau einmal, die Nachricht an ihr Ziel zu senden – sofern die Warteschlange auf die Nachricht wartet. Ist die Warteschlange lokal, dann erreicht die Nachricht sie immer.

TimeToBeReceived Diese Eigenschaft ruft den Zeitraum ab, den die Nachricht zum Erreichen der Zielwarteschlange maximal benötigen darf, oder legt ihn fest. Wenn das mit **TimeToBeReceived** angegebene Intervall abläuft, bevor die Nachricht aus der Warteschlange entfernt wurde, dann wird die Nachricht verworfen.

UseDeadLetterQueue Diese Eigenschaft ruft einen Wert ab, der angibt, ob eine Kopie der unzustellbaren Nachricht in die Warteschlange für unzustellbare Nachrichten eingereiht werden soll, oder legt ihn fest. Ist **UseDeadLetterQueue** auf **true** festgelegt, dann führt ein Fehlschlagen der Zustellung (einer nicht transaktionsfähigen Nachricht) dazu, dass die Nachricht an die Warteschlange für unzustellbare Nichttransaktionsnachrichten des Computers gesendet wird, der die Nachricht nicht zustellen konnte.

Im Falle einer fehlgeschlagenen Zustellung einer Transaktionsnachricht wird diese an die Warteschlange für unzustellbare Transaktionsnachrichten auf dem Absendercomputer gesendet.

Transaktionen

Sehen wir uns nun ein Beispiel an, bei dem Sie eine einfache Zeichenfolge an die Warteschlange senden. Der weiter oben aufgeführte Code wurde so angepasst, dass Überprüfung und Erstellung der Warteschlange an eine Methode namens **GetQueue** verschoben wurden (wie üblich sind die relevanten Passagen fett gedruckt). Das Beispiel zeigt, dass Sie eine Zeichenfolge von der Befehlszeile entgegennehmen, diese im Textkörper eines neu erstellten **Message**-Objekts ablegen und die Nachricht dann senden. Beachten Sie, dass Sie, weil Sie eine Transaktionswarteschlange erstellt haben, entweder die Methode **Send** mit einem Verweis auf **MessageQueueTransaction** übergeben oder **MessageQueueTransactionType** angeben müssen, um zu definieren, wie die Transaktion behandelt werden soll.

```
'VB
Imports System.Messaging


Module Module1

    Private Const cQueueName As String = ".\private$\ShippingInbox"

Sub Main()

        Dim queue As MessageQueue

        queue = GetQueue()

        ' Text für den Textkörper der Nachricht eingeben
        Console.Write("Enter body: ")
        Dim body As String = Console.ReadLine()

        ' Nachricht erstellen und Eigenschaften festlegen
                Dim msg As Message = New Message()
        msg.Body = body
        msg.Label = "Message from webapplication to shipping system."
        msg.Priority = MessagePriority.Normal
        msg.Recoverable = True
        msg.TimeToBeReceived = New TimeSpan(1, 0, 0, 0, 0)  ' 1 Tag
        msg.UseDeadLetterQueue = True
        msg.UseJournalQueue = True

        ' Nachricht mithilfe einer einzelnen MSMQ-Transaktion senden
        queue.Send(msg, MessageQueueTransactionType.Single)

        Console.WriteLine("Message is sent to queue.")
    Console.WriteLine("Hit enter...")
        Console.ReadLine()

    End Sub

    Private Function GetQueue() As MessageQueue
        '...
    End Function
End Module

//C#
using System;
using System.Messaging;

namespace QueueSender
{
    class Program
    {
        private const string cQueueName = @".\private$\ShippingInbox";
```

```
        static void Main(string[] args)
        {
    MessageQueue queue;

            queue = GetQueue();

            // Text für den Textkörper der Nachricht eingeben
        Console.Write("Enter body: ");

            string body = Console.ReadLine();

            // Nachricht erstellen und Eigenschaften festlegen
                      Message msg = new Message();
            msg.Body = body;
            msg.Label = "Message from webapplication to shipping system.";
            msg.Priority = MessagePriority.Normal;
            msg.Recoverable = true;
            msg.TimeToBeReceived = new TimeSpan(1, 0, 0, 0, 0);  // 1 Tag
            msg.UseDeadLetterQueue = true;
            msg.UseJournalQueue = true;

            // Nachricht mithilfe einer einzelnen MSMQ-Transaktion senden
            queue.Send(msg, MessageQueueTransactionType.Single);
            Console.WriteLine("Message is sent to queue.");
    Console.WriteLine("Hit enter...");
            Console.ReadLine();
        }

        /// <summary>
        /// Warteschlange abrufen oder Warteschlange erstellen, sofern nicht vorhanden.
        /// </summary>
        /// <returns></returns>
        private static MessageQueue GetQueue()
        {
            //...
        }
}
}
```

MessageQueueTransactionType kann eine der folgenden Optionen entgegennehmen:

- **Automatic** Transaktionstyp, der für Microsoft Transaction Server (MTS) verwendet wird. Wenn ein MTS-Transaktionskontext bereits vorhanden ist, dann wird er beim Senden oder Empfangen der Nachricht verwendet. Verwenden Sie diese Option in Verbindung mit den Serviced Component-Transaktionen, die Sie in Kapitel 12 kennen gelernt haben.
- **None** Die Operation **Send** ist keine Transaktionsoperation. In unserem Fall führt diese Einstellung zu einem fehlgeschlagenen Senden.
- **Single** Dieser Transaktionstyp wird für einzelne interne Transaktionen verwendet. Die Operation **Send** erstellt und startet eine interne Transaktion für das Senden dieser Nachricht und führt einen Commit durch.

Abbildung 13.5 zeigt das Ergebnis, wenn wir den Code ausführen und als Text „Ship new camera to Mark Blomsma“ eingeben.

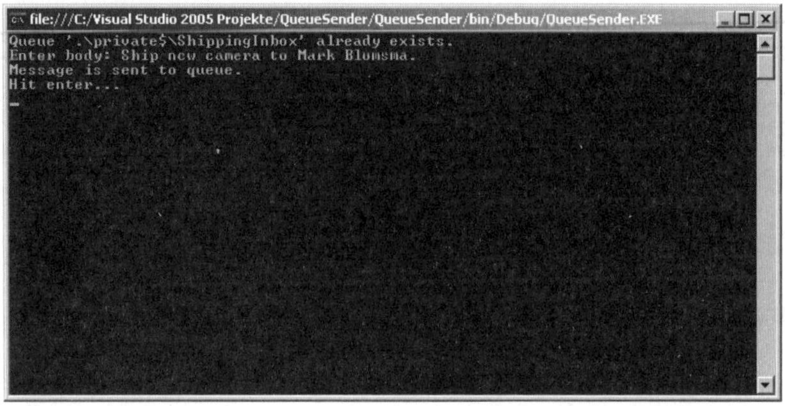

Abbildung 13.5 Führen Sie die Anwendung aus, um eine Nachricht zu senden

Nach dem Ausführen der Anwendung können Sie Ihre Ergebnisse überprüfen, indem Sie die Computerverwaltungs-Konsole öffnen und die Warteschlange **ShippingInbox** darauf überprüfen, ob die Nachricht in die Warteschlange eingereiht wurde. Doppelklicken Sie auf die Nachricht, um ihre Eigenschaften zu überprüfen. Auf der Registerkarte **Nachrichtentext** können Sie tatsächlich den Inhalt der Nachricht überprüfen; wie Sie in Abbildung 13.6 sehen, wurde die Zeichenfolge als Extensible Markup Language (XML) serialisiert.

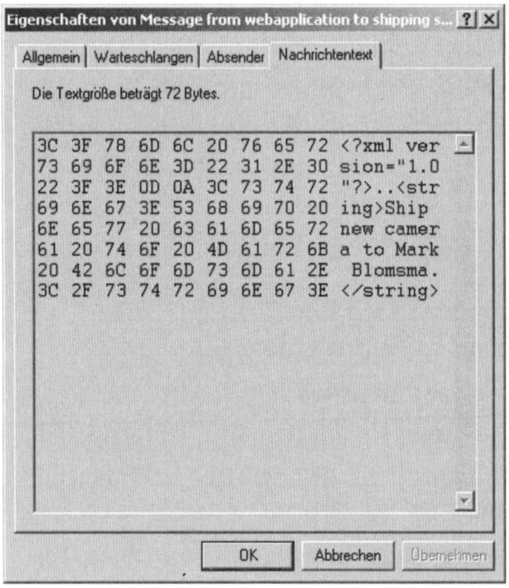

Abbildung 13.6 Der Nachrichtentext der Nachricht wurde als XML serialisiert

Wenn Sie eine Nachricht senden, wird der Nachrichtentext standardmäßig als XML serialisiert. Es ist aber auch möglich, eine binäre Darstellung eines Objekts als Nachricht zu senden. Zu diesem Zweck müssen Sie **BinaryMessageFormatter** verwenden, das Bestandteil des Namespaces **System.Messaging** ist. Im folgenden Code werden Sie bemerken, dass wir, statt eine Zeichenfolge in den Textkörper zu schreiben, eine Instanz eines benutzerdefinierten Typs namens **ShippingOrder** erstellen und die Eigenschaften des Objekts festlegen (die relevanten Passagen sind fett gedruckt). Sie legen den Textkörper der Nachricht mithilfe der Methode **Write** von **BinaryMessageFormatter** fest.

Beachten Sie, dass die Klasse **ShippingOrder** mit dem Attribut **Serializable** als serialisierbar gekennzeichnet werden muss; andernfalls kann **BinaryMessageFormatter** die Bestellung nicht serialisieren.

```
'VB
Imports System.Messaging


Module Module1

    Private Const cQueueName As String = ".\private$\ShippingInbox"

Sub Main()

        Dim queue As MessageQueue

        queue = GetQueue()

        ' Text für den Textkörper der Nachricht eingeben
        Console.Write("Enter to: ")
        Dim shipTo As String = Console.ReadLine()

        Dim order As QueueData.ShippingOrder = New QueueData.ShippingOrder()
        order.Id = 1
        order.ArticleId = 555
        order.Quantity = 1
        order.ShipTo = shipTo

        ' Nachricht erstellen und Eigenschaften festlegen
        Dim msg As Message = New Message()
        SetMessageProperties(msg)

        ' Mit der binären Formatierung den Textteil der Nachricht füllen
        Dim formatter As BinaryMessageFormatter = New BinaryMessageFormatter()
        formatter.Write(msg, order)

        ' Nachricht mithilfe einer einzelnen MSMQ-Transaktion senden
        queue.Send(msg, MessageQueueTransactionType.Single)

        Console.WriteLine("Message is sent to queue.")
    Console.WriteLine("Hit enter...")
        Console.ReadLine()

    End Sub
```

```
    Private Sub SetMessageProperties(ByVal msg As Message)
        '...
    End Sub

    Private Function GetQueue() As MessageQueue
        '...
    End Function
End Module

//C#
using System;
using System.Messaging;

namespace QueueSender
{
    class Program
    {
        private const string cQueueName = @".\private$\ShippingInbox";

        static void Main(string[] args)
        {
    MessageQueue queue;


            queue = GetQueue();

            // Text für den Textkörper der Nachricht eingeben

            Console.Write("Enter to: ");
            string to = Console.ReadLine();

            ShippingOrder order = new ShippingOrder();
            order.Id = 1;
            order.ArticleId = 555;
            order.Quantity = 1;
            order.To = to;

            // Nachricht erstellen und Eigenschaften festlegen
            Message msg = new Message();
            SetMessageProperties(msg);

            // Mit der binären Formatierung den Textteil der Nachricht füllen
             BinaryMessageFormatter formatter =
                                  new BinaryMessageFormatter();
            formatter.Write(msg, order);

            // Nachricht mithilfe einer einzelnen MSMQ-Transaktion senden
            queue.Send(msg, MessageQueueTransactionType.Single);

            Console.WriteLine("Message is sent to queue.");
```

```
    Console.WriteLine("Hit enter...");
            Console.ReadLine();
        }


        /// <summary>
        /// Nachrichteneigenschaften festlegen.
        /// </summary>
        /// <param name="msg"></param>
        private static void SetMessageProperties(Message msg)
        {
            //...
        }

        /// <summary>
        /// Warteschlange abrufen oder Warteschlange erstellen, sofern nicht vorhanden.
        /// </summary>
        /// <returns></returns>
        private static MessageQueue GetQueue()
        {
            //...
        }
    }
}
```

Wenn Sie in obigem Beispiel **BinaryMessageFormatter** durch **XmlMessageFormatter** ersetzen, implementieren Sie eigentlich genau die Serialisierung, die auch von der Methode **Send** implizit implementiert wird.

Lesen einer Nachricht aus einer Warteschlange

Das Lesen einer Nachricht aus einer Warteschlange ist im Grunde genommen das Gegenteil des obigen Codes. Erstellen Sie eine neue Konsolenanwendung namens **QueueReceiver** und verwenden Sie **Receive** anstelle von **Send** zum Lesen der Warteschlange; statt **Write** für **BinaryMessageFormatter** verwenden Sie **Read**, um den Textkörper wieder in das Originalobjekt zurückzuformatieren. Beachten Sie, wie wir nun **MessageQueueTransaction** beim Lesen der Warteschlange verwenden. Geht während der Formatierung des Objekts irgendetwas schief, dann sollte die Nachricht möglichst nicht aus der Warteschlange entfernt werden. Weil Sie das serialisierte Objekt wieder auf seinen ursprünglichen Status zurücksetzen, benötigt Ihr neues Projekt einen Verweis auf die Assembly, die den Typ **ShippingOrder** definiert. Weil Sie diesen Typ sowohl der sendenden als auch der empfangenden Anwendung bereitstellen, ist es sinnvoll, die Klasse **ShippingOrder** in eine separate Assembly zu verschieben – in diesem Fall eine Assembly namens **QueueData.dll**.

```
'VB
Imports System.Messaging


Module Module1
```

```
    Private Const cQueueName As String = ".\private$\ShippingInbox"

Sub Main()
        Dim queue As MessageQueue = GetQueue()

        Dim tran As MessageQueueTransaction = New MessageQueueTransaction()
        tran.Begin()

        ' Receive wartet, bis eine Nachricht in der Warteschlange erscheint
        Dim msg As Message = queue.Receive(tran)

        Dim formatter As BinaryMessageFormatter = New BinaryMessageFormatter()
        Dim body As Object = formatter.Read(msg)

                Console.WriteLine("Type: " + body.GetType().ToString())
        tran.Commit()

    Console.WriteLine("Hit enter...")
            Console.ReadLine()

    End Sub

    Private Function GetQueue() As MessageQueue
        '...
    End Function
End Module
```

//C#

```
using System;
using System.Messaging;

namespace QueueRecipient
{
    class Program
    {
        private const string cQueueName = @".\private$\ShippingInbox";

        static void Main(string[] args)
        {
            MessageQueue queue = GetQueue();

            using (MessageQueueTransaction tran =
                new MessageQueueTransaction())
            {
                // Receive wartet, bis eine Nachricht in der Warteschlange erscheint
                Message msg = queue.Receive(tran);
                BinaryMessageFormatter formatter =
                    new BinaryMessageFormatter();
                object body = formatter.Read(msg);
                Console.WriteLine("Type: " + body.GetType().ToString());
            }
```

```
    Console.WriteLine("Hit enter...");
    Console.ReadLine();
        }

        /// <summary>
        /// Warteschlange abrufen oder Warteschlange erstellen, sofern nicht vorhanden.
        /// </summary>
        /// <returns></returns>
        private static MessageQueue GetQueue()
        {
            //...
        }
    }
}
```

Der obige Code zeigt, dass das Objekt in der Warteschlange vom Typ **QueueData.ShippingOrder** ist. Starten Sie die Anwendung **QueueReceive**. Sie wird ausgeführt und wartet, bis eine Nachricht in der Warteschlange erscheint. Nachfolgend starten Sie die Anwendung **QueueSender** aus dem vorherigen Abschnitt. Versuchen Sie, die Konsolenwendungen nebeneinander zu öffnen. Sobald die Anwendung **QueueSender** die Nachricht in der Warteschlange ablegt, werden Sie sehen, wie die Anwendung **QueueRecipient** diese Nachricht aus der Warteschlange abruft und den Typ ausgibt.

Löschen einer Nachricht

Es ist wichtig festzuhalten, dass eine Nachricht nicht programmgesteuert aus der Warteschlange entfernt werden kann. Die Verwendung von **Delete** ist bei einer Warteschlange nicht möglich. Sobald eine Nachricht empfangen wird, wird sie automatisch aus der Warteschlange entfernt.

Asynchrones Senden und Empfangen einer Nachricht

Abbildung 13.7 zeigt eine Nachricht, die unverzüglich zugestellt wird. Wichtig ist die Tatsache, dass, obwohl für die Zustellung der Nachricht nur sehr wenig Zeit benötigt wird, das eigentliche Senden und Empfangen ein asynchroner Vorgang ist. Sie können dies überprüfen, indem Sie die Anwendung **QueueSender** ausführen, ohne dass parallel **QueueRecipient** ausgeführt wird. Die Anwendung startet und Sie sehen Ihre Nachricht. Da die Anwendung **QueueRecipient** nicht ausgeführt wird, weiß die Nachricht allerdings nicht, wohin sie soll, und bleibt in der Warteschlange, bis sie entweder daraus entfernt wird oder die für **TimeToBeReceived** gewählte Zeitspanne abgelaufen ist. In letzterem Fall wird die Nachricht in die Warteschlange für unzustellbare Nachrichten verschoben.

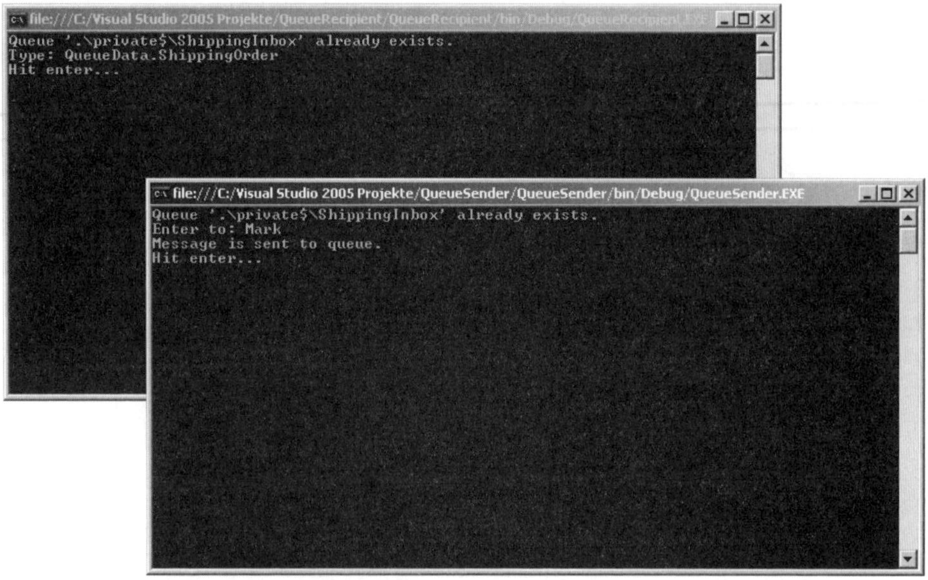

Abbildung 13.7 Die Nachricht wird unverzüglich gesendet

Synchrones Senden und Empfangen einer Nachricht

Wie haben gesehen, wie Nachrichten mithilfe von Warteschlangen auf asynchrone Weise gesendet werden. Es kann unter ganz bestimmten Umständen aber auch interessant sein, mit MSMQ ein synchrones Szenario zu implementieren. Dadurch würde im Grunde genommen ein Remoteprozeduraufruf mithilfe des MSMQ-Protokolls erstellt. Der Vorteil bestünde darin, dass der Remoteprozeduraufruf einen Wert zurückgeben könnte. MSMQ unterstützt dieses Verhalten tatsächlich. Da es als hochgradig unwahrscheinliches Szenario gilt, unterstützen die Klassen der .NET Framework-Klassenbibliothek, die im Namespace **System.Messaging** vorhanden sind, das RPC-Message Queuing nicht. Wenn Sie diesen Sachverhalt eingehender untersuchen wollen, suchen Sie auf der MSDN-Website (**http://msdn.microsoft.com**) nach „RPC" in Verbindung mit „MSQM"; Sie werden dort eine Anzahl interessanter Einträge unter der Überschrift „RPC Message Queuing" (**http://msdn.microsoft.com/library/default.asp?url=/library/en-us/rpc/rpc/rpc_message_queuing.asp**) finden.

Asynchrones Abhören einer Warteschlange

Die Methoden **Peek** und **Receive** überprüfen die Warteschlange und warten darauf, dass eine Nachricht verfügbar wird. Sie können mit dem Parameter **TimeSpan** angeben, wie lange Sie die Warteschlange abhören wollen. Der Code bleibt entweder stehen, bis eine Nachricht empfangen wird, oder wartet entsprechend der angegebenen Zeit. Wenn Sie Code ausführen wollen, während Sie die Warteschlange abhören, dann besteht eine Option in der Verwendung der Methoden **BeginPeek**, **BeginReceive**, **EndPeek** und **EndReceive** zum asynchronen Abhören der Warteschlange. Sie könnten sogar die Ereignisse **PeekCompleted** oder **ReceiveCompleted** verwenden. Wenn ein solches Szenario Ihren Anforderungen entspricht, legen wir Ihnen nahe, sich eingehend mit der Funktionsweise dieses Bestandteils von MSMQ zu beschäftigen.

HINWEIS Verwenden von *BackgroundWorkerProcess*

Wenn das von Ihnen vorgesehene Szenario das asynchrone Abhören einer Warteschlange einbezieht, wobei eine WinForm-Anwendung eine Warteschlange im Hintergrund überwachen will, während der Benutzer die Benutzeroberfläche weiter verwendet, dann stellt die Verwendung von **BackgroundWorkerProcess** eine geeignetere Lösung dar.

Senden von Objekten mit Nachrichten

Mithilfe von Generika ist es relativ einfach, eine Nachrichtenwarteschlange zu kapseln und eine typisierte Darstellung der Nachrichtenwarteschlange zu erstellen. Es gibt zahlreiche Wege, dies zu tun, von denen einer die Vererbung ist. Im folgenden Code sehen Sie eine Klasse, die von **MessageQueue** erbt und ein generisches Typargument hinzufügt. Der Typparameter wird als solcher an die Schnittstelle **IMessageQueue** übergeben und in den Methoden **Send** und **Receive** des generischen **MessageQueue** -Typs **T** verwendet. Die statische Methode **GetQueue** aus dem obigen Beispiel wurde auch in die neue Klasse verschoben und gibt nun ebenfalls ein Objekt des Typs **T** zurück.

```
'VB
Imports System
Imports System.Messaging


'/ <summary>
'/ Einfache Schnittstelle zum Senden und Empfangen von Nachrichten in einer typisierten Warteschlange.
'/ </summary>
'/ <typeparam name="T"></typeparam>
Public Interface IMessageQueue(Of T)
    Sub Send(ByVal obj As T)
    Function Receive() As T
 End Interface

'/ <summary>
'/ Generische Nachrichtenwarteschlange, verwendet binäre Formatierung zur Serialisierung von Objekten.
'/ </summary>
'/ <typeparam name="T"></typeparam>
Public Class MessageQueue(Of T)
    Inherits System.Messaging.MessageQueue
    Implements IMessageQueue(Of T)

    Sub New()
        MyBase.New()
    End Sub

    Sub New(ByVal path As String)
        MyBase.New(path)
    End Sub

    Public Shadows Sub Send(ByVal obj As T) Implements IMessageQueue(Of T).Send
        Dim msg As Message = New Message()
```

```
        ' Mit der binären Formatierung den Textteil der Nachricht füllen
        Dim formatter As BinaryMessageFormatter = New BinaryMessageFormatter()
        formatter.Write(msg, obj)

        MyBase.Send(msg, MessageQueueTransactionType.Single)
    End Sub

    Public Shadows Function Receive() As T _
        Implements IMessageQueue(Of T).Receive

        Dim obj As T
        Dim tran As MessageQueueTransaction
        tran = New MessageQueueTransaction()
        tran.Begin()

        ' Receive wartet, bis eine Nachricht in der Warteschlange erscheint
        Dim msg As Message = MyBase.Receive(tran)

        Dim formatter As BinaryMessageFormatter = New BinaryMessageFormatter()
        Dim body As Object = formatter.Read(msg)
        obj = CType(body, T)

        tran.Commit()
        Return obj
    End Function

    '/ <summary>
    '/ Warteschlange abrufen oder Warteschlange erstellen, sofern nicht vorhanden.
    '/ </summary>
    '/ <returns></returns>
    Public Shared Function GetQueue(ByVal path As String) As MessageQueue(Of T)
        Dim queue As MessageQueue(Of T) = Nothing
        ' Mithilfe einer statischen Methode überprüfen, ob die Warteschlange vorhanden ist.
    If MessageQueue.Exists(path) Then
                queue = New MessageQueue(Of T)(path)
    Else
        Try
                ' Warteschlange erstellen und Bezeichnung angeben.

                MessageQueue.Create(path, True)
                queue = New MessageQueue(Of T)(path)
    queue.Label = path
        Catch exception As Exception
                'Fehlerprotokollierung hinzufügen.
                Throw
            End Try
    End If
    Return queue
    End Function
    End Class
```

```
//C#
using System;
using System.Messaging;

namespace QueueSendAndReceive
{

    /// <summary>
    /// Einfache Schnittstelle zum Senden und Empfangen von Nachrichten in einer typisierten Warteschlange.
    /// </summary>
    /// <typeparam name="T"></typeparam>
    public interface IMessageQueue<T>
    {
        void Send(T obj);
        T Receive();
    }

    /// <summary>
    /// Generische Nachrichtenwarteschlange, verwendet binäre Formatierung zur Serialisierung von Objekten.
    /// </summary>
    /// <typeparam name="T"></typeparam>
    public class MessageQueue<T> : System.Messaging.MessageQueue,
        IMessageQueue<T>
    {
        public MessageQueue()
            : base()
        {
        }

        public MessageQueue(string path)
            : base(path)
        {
        }

        public void Send(T obj)
        {
            Message msg = new Message();

            // Mit der binären Formatierung den Textteil der Nachricht füllen
            BinaryMessageFormatter formatter = new BinaryMessageFormatter();
            formatter.Write(msg, obj);


            base.Send(msg, MessageQueueTransactionType.Single);
        }

        public new T Receive()
        {
            T obj;
            using (MessageQueueTransaction tran =
                new MessageQueueTransaction())
            {
```

```
                // Receive wartet, bis eine Nachricht in der Warteschlange erscheint
                Message msg = base.Receive(tran);

                BinaryMessageFormatter formatter =
                    new BinaryMessageFormatter();
                object body = formatter.Read(msg);
                obj = (T)body;
            }
            return obj;
        }

        /// <summary>
        /// Warteschlange abrufen oder Warteschlange erstellen, sofern nicht vorhanden.
        /// </summary>
        /// <returns></returns>
        public static MessageQueue<T> GetQueue(string path)
        {
            MessageQueue<T> queue = null;
            // Mithilfe einer statischen Methode überprüfen, ob die Warteschlange vorhanden ist.
    if (MessageQueue.Exists(path))
            {
                queue = new MessageQueue<T>(path);
            }
    else
            {
            try
                {
                    // Warteschlange erstellen und Bezeichnung angeben.
                    MessageQueue.Create(path, true);
                    queue = new MessageQueue<T>(path);
    queue.Label = path;
                }
                catch (Exception exception)
                {
                    //Fehlerprotokollierung hinzufügen.
                    throw;
                }
            }
    return queue;

        }
    }
}
```

Das Implementieren einer generischen Schnittstelle gestattet Ihnen die Verwendung der Warteschlange auf typsichere Weise. Außerdem vereinfacht dieser Ansatz die typisierte Nachrichtenwarteschlange durch eine Reduzierung der relevanten Operationen auf **Send** und **Receive**. In einem praxisorientierteren Code würden Sie eine Reihe von Überladungen zu diesen beiden Methoden hinzufügen, um die Transaktionsverwaltung auf umfassendere Weise zu erleichtern:

```
'VB
Imports System.Messaging

Module Module1
    Private Const cQueueName As String = ".\private$\ShippingInbox"

    Sub Main(ByVal args() As String)
        Dim queue As IMessageQueue(Of QueueData.ShippingOrder)

        queue = MessageQueue(OF QueueData.ShippingOrder).GetQueue(cQueueName)

        ' Text für den Textkörper der Nachricht eingeben
        Console.Write("Enter to: ")
        Dim shipTo As String = Console.ReadLine()

        Dim order1 As QueueData.ShippingOrder = CreateOrder(shipTo)

        ' Nachricht mithilfe der typisierten Warteschlange senden
        queue.Send(order1)
        Console.WriteLine("Message is sent to queue.")
    Console.WriteLine("Hit enter...")
        Console.ReadLine()

        ' Objekt des Typs QueueData.ShippingOrder empfangen
        Dim order2 As QueueData.ShippingOrder = queue.Receive()
            Console.WriteLine("Received message to: '{0}'", order2.ShipTo)
    Console.WriteLine("Hit enter...")
        Console.ReadLine()
    End Sub

    Private Function CreateOrder(ByVal shipTo As String) _
        As QueueData.ShippingOrder

        Dim order As QueueData.ShippingOrder = New QueueData.ShippingOrder()
        order.Id = 1
        order.ArticleId = 555
        order.Quantity = 1
        order.ShipTo = shipTo
        Return order
    End Function

End Module

//C#
using System;
using System.Messaging;

namespace QueueSendAndReceive
{
    class Program
    {
```

```
        private const string cQueueName = @".\private$\ShippingInbox";

        static void Main(string[] args)
        {
            IMessageQueue<QueueData.ShippingOrder> queue;

            queue = MessageQueue<QueueData.ShippingOrder>.GetQueue(cQueueName);

            // Text für den Textkörper der Nachricht eingeben
        Console.Write("Enter to: ");
            string to = Console.ReadLine();

            QueueData.ShippingOrder order1 = CreateOrder(to);

            // Nachricht mithilfe der typisierten Warteschlange senden
            queue.Send(order1);
            Console.WriteLine("Message is sent to queue.");

    Console.WriteLine("Hit enter...");
            Console.ReadLine();

            // Objekt des Typs QueueData.ShippingOrder empfangen
            QueueData.ShippingOrder order2 = queue.Receive();
            Console.WriteLine("Received message to: '{0}'", order2.To);
    Console.WriteLine("Hit enter...");
            Console.ReadLine();
        }

        private static QueueData.ShippingOrder CreateOrder(string to)
        {
            QueueData.ShippingOrder order = new QueueData.ShippingOrder();
            order.Id = 1;
            order.ArticleId = 555;
            order.Quantity = 1;
            order.To = to;
            return order;
        }
    }
}
```

Senden einer Nachricht mithilfe von Queued Components

In Kapitel 12 haben wir gesehen, dass es möglich ist, eine Methode einer Serviced Component mithilfe von MSMQ aufzurufen. Dies wird als *Queued Components* bezeichnet. Statt eine Nachricht auf eher explizite Weise in einer Warteschlange abzulegen, wie wir es bislang gemacht haben, können wir die Besonderheiten der Nachricht mithilfe einer Queued Component kapseln. Bei der Verwendung von Queued Components wird empfohlen, den Dienst, den Sie verfügbar machen wollen, unter Verwendung einer Schnittstelle anzugeben. Der folgende Code zeigt, was zu tun ist. Die Anwendung muss im COM+-Katalog registriert werden, wobei **ApplicationActivation** auf **Server** festgelegt werden muss. **ApplicationQueueing** muss mit dem entsprechenden Anwendungsattribut aktiviert werden. Die Schnittstelle, die Sie verfügbar machen wollen, muss mit **InterfaceQueuing** gekennzeichnet werden, und sowohl die Klasse als auch die Schnittstelle müssen natürlich mit **ComVisible** ergänzt werden. Die Clientanwendung benötigt eigentlich keinen Zugriff auf die Implementierung von **IShippingSystem**, aber sie muss auf die Assembly verweisen, die die Schnittstelle definiert. Statt nun die Anweisung **new** zu verwenden, setzen Sie die Klasse **Marshal** ein, die Bestandteil des Namespaces **System.Runtime.InteropServices** ist, um einen Moniker zu erstellen, der auf die Warteschlange verweist, die von **ShippingSystem** abgehört wird. Der Moniker kann in die Schnittstelle **IShippingSystem** umgewandelt werden, d. h. in Ihrem Code und in Visual Studio können Sie Typüberprüfung und IntelliSense vollständig nutzen. Wenn Sie **SendOrder** aufrufen, statt die Methode tatsächlich direkt aufzurufen, erstellt der Moniker eine Nachricht und reiht diese in die Warteschlange ein. Die COM+-Komponente wird im Hintergrund ausgeführt, nimmt die Nachricht aus der Warteschlange auf und schreibt – zumindest in diesem Beispiel – einen Eintrag in das Ereignisprotokoll. Wenn Sie mit Ihrem Moniker fertig sind, geben Sie die COM+-Ressourcen frei, indem Sie **Marshal.ReleaseComObject** aufrufen.

```
'VB
Imports System
Imports System.Reflection
Imports System.EnterpriseServices
Imports System.Runtime.InteropServices

<Assembly: ApplicationName("ShippingSystem")>

<Assembly: ApplicationActivation(ActivationOption.Server)>

<Assembly: ApplicationQueuing()>


Namespace QueuedComponent
    <ComVisible(True)> _
    <InterfaceQueuing()> _
    Public Interface IShippingSystem
        Sub SendOrder(ByVal shipTo As String)
 End Interface

    <ComVisible(True)> _
    Public Class ShippingSystem
        Inherits ServicedComponent
        Implements IShippingSystem
        Public Sub New()
        End Sub

        Public Sub SendOrder(ByVal shipTo As String) _
            Implements IShippingSystem.SendOrder

            System.Diagnostics.EventLog.WriteEntry("ShippingOrder", _
                "Ship order to: " + shipTo)
        End Sub
    End Class

    Class Program
```

```
        Shared Sub Main(ByVal args() As String)
            'ShippingSystem s = new ShippingSystem();

            Dim iss As IShippingSystem = Nothing
        Try
                iss =
                    CType(Marshal.BindToMoniker( _
                    "queue:/new:QueuedComponent.ShippingSystem"),
                    IShippingSystem)
        Catch exception As Exception
                Console.WriteLine("Error: {0}", exception.Message)
            End Try
            iss.SendOrder("MSLearning")
            Marshal.ReleaseComObject(iss)
            Console.WriteLine("Order send.")
    Console.WriteLine("Hit enter...")
            Console.ReadLine()
    End Sub
    End Class
End Namespace

//C#
using System;
using System.Reflection;
using System.EnterpriseServices;
using System.Runtime.InteropServices;

[assembly: ApplicationName("ShippingSystem")]
[assembly: ApplicationActivation(ActivationOption.Server)]
[assembly: ApplicationQueuing(Enabled = true, QueueListenerEnabled = true)]

namespace QueuedComponent
{
    [ComVisible(true)]
    [InterfaceQueuing]
    public interface IShippingSystem
    {
        void SendOrder(string to);
    }

    [ComVisible(true)]
    public class ShippingSystem : ServicedComponent, IShippingSystem
    {
        public ShippingSystem()
        {
        }

        public void SendOrder(string to)
        {

            System.Diagnostics.EventLog.WriteEntry("ShippingOrder",
```

```
                "Ship order to: " + to);
        }
    }

    class Program
    {
        static void Main(string[] args)
        {
            //ShippingSystem s = new ShippingSystem();

            IShippingSystem iss = null;
            try
            {
                iss = (IShippingSystem)
                    Marshal.BindToMoniker(
                    "queue:/new:QueuedComponent.ShippingSystem");
            }
                catch (Exception exception)
            {
                Console.WriteLine("Error: {0}", exception.Message);
            }
            iss.SendOrder("MSLearning");
            Marshal.ReleaseComObject(iss);
            Console.WriteLine("Order send.");
    Console.WriteLine("Hit enter...");
            Console.ReadLine();
        }
    }
}
```

Wie im Beispiel gezeigt, blenden Queued Components das Queuing, das hinter der Queued Components-Lösung steht, fast vollständig aus. Mit Ausnahme der Anweisung **BindToMoniker** bleiben Warteschlangen unsichtbar.

Festlegen von Berechtigungen für eine Nachrichtenwarteschlange

Bislang haben wir nur die Standardsicherheitseinstellungen für Nachrichtenwarteschlangen kennen gelernt und verwendet, und standardmäßig hat die Gruppe **Jeder** Vollzugriff. Für einen Entwickler ist das zwar die praktischste Einstellung, aber wenn Sie Ihre Anwendung bereitstellen, werden Sie die Einstellungen höchstwahrscheinlich ändern wollen. Wie die meisten bislang von uns betrachteten Funktionen kann auch das Festlegen der Berechtigungen manuell oder programmgesteuert erfolgen.

Das manuelle Festlegen der Berechtigungen erfolgt mithilfe der Computerverwaltungs-Konsole. Starten Sie die Computerverwaltungs-Konsole, klicken Sie mit der rechten Maustaste auf die Warteschlange und dann auf **Eigenschaften**. Klicken Sie im Dialogfeld **Eigenschaften** auf die Registerkarte **Sicherheit**. Abbildung 13.8 zeigt die Standardeinstellungen.

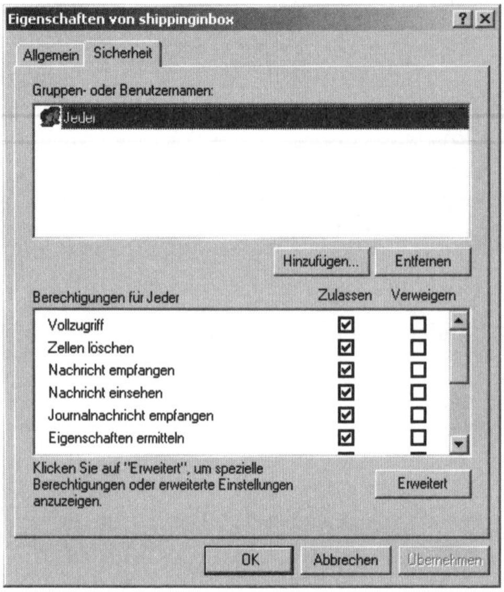

Abbildung 13.8 Standardsicherheitseinstellungen für eine Nachrichtenwarteschlange

Die Rechte für eine Warteschlange sind eine beliebige Kombination der folgenden Berechtigungen:

- Vollzugriff
- Zellen löschen
- Nachricht empfangen
- Nachricht einsehen
- Journalnachricht empfangen
- Eigenschaften abrufen
- Eigenschaften festlegen
- Berechtigungen abrufen
- Berechtigungen festlegen
- Besitz übernehmen
- Nachricht senden

Was diese Berechtigungen im Einzelnen bedeuten, werden wir genauer erfahren, wenn wir das Festlegen von Berechtigungen mithilfe von Code behandeln.

Das Festlegen der Berechtigungen für eine Warteschlange erfolgt mithilfe der Methode **SetPermissions** der Klasse **MessageQueue**. Hierbei kann leicht ein Fehler begangen werden, der dazu führt, dass die Warteschlange über die Computerverwaltungs-Konsole nicht mehr zugänglich ist. Um aufgetretene Fehler zu beheben, können Sie die Standardeinstellungen mithilfe der Methode **ResetPermissions** der Klasse **MessageQueue** wiederherstellen.

Der folgende Code veranschaulicht, wie die Berechtigungen für die Warteschlange so festgelegt werden, dass der Benutzer Mark Vollzugriff hat (die relevanten Passagen sind fett gedruckt):

```
'VB
Imports System.Messaging

Module Module1

    Private Const cQueueName As String = ".\private$\ShippingInbox"

Sub Main()
        If MessageQueue.Exists(cQueueName) Then
        Dim queue As MessageQueue = New MessageQueue(cQueueName)
            queue.SetPermissions("Mark", MessageQueueAccessRights.FullControl)
    End If
    Console.WriteLine("Hit enter...")
        Console.ReadLine()
    End Sub

End Module

//C#
using System;
using System.Messaging;

namespace QueuePermissions
{
    class Program
    {
        private const string cQueueName = @".\private$\ShippingInbox";

        static void Main(string[] args)
        {
            if (MessageQueue.Exists(cQueueName))
            {
            MessageQueue queue = new MessageQueue(cQueueName);
                queue.SetPermissions("Mark",
                                     MessageQueueAccessRights.FullControl);
            }
    Console.WriteLine("Hit enter...");
            Console.ReadLine();
        }
    }
}
```

MessageQueueAccessRights gleicht die Optionen ab, die Sie haben, wenn Sie die Berechtigungen manuell festlegen, erweitert die Granularität der Berechtigungen aber so, dass sie sich auch auf Nachrichten in der Warteschlange erstrecken. Die folgenden Werte sind möglich:

- **ChangeQueuePermissions** Das Recht, Warteschlangenberechtigungen zu ändern
- **DeleteJournalMessage** Das Recht, Nachrichten aus der Journalwarteschlange zu löschen

- **DeleteMessage** Das Recht, Nachrichten aus der Warteschlange zu löschen
- **DeleteQueue** Das Recht, die Warteschlange zu löschen
- **FullControl** Volle Rechte für die Warteschlange. Es handelt sich hierbei um eine Vereinigung aller anderen Rechte in der Aufzählung.
- **GenericRead** Eine Kombination aus **GetQueueProperties**, **GetQueuePermissions**, **ReceiveMessage** und **ReceiveJournalMessage**
- **GenericWrite** Eine Kombination aus **GetQueueProperties**, **GetQueuePermissions** und **WriteMessage**
- **GetQueuePermissions** Das Recht, Warteschlangenberechtigungen zu lesen
- **GetQueueProperties** Das Recht, die Eigenschaften der Warteschlange zu lesen
- **PeekMessage** Das Recht, Nachrichten in der Warteschlange einzusehen
- **ReceiveJournalMessage** Das Recht, Nachrichten aus der Journalwarteschlange zu empfangen. Dies schließt auch die Rechte zum Löschen und Einsehen von Nachrichten aus der Journalwarteschlange mit ein.
- **ReceiveMessage** Das Recht, Nachrichten aus der Warteschlange zu empfangen. Dies schließt auch die Rechte zum Löschen und Einsehen von Nachrichten mit ein.
- **SetQueueProperties** Das Recht, die Eigenschaften der Warteschlange zu ändern
- **TakeQueueOwnership** Das Recht, die Besitzrechte für die Warteschlange zu übernehmen
- **WriteMessage** Das Recht, Nachrichten an die Warteschlange zu senden

Die Methode **SetPermissions** hat eine Anzahl Überladungen, die bei der Einrichtung komplexerer Sicherheitsszenarios nützlich sein können. Der folgende Code zeigt, wie eine **AccessControlList** erstellt, zwei Vertrauensnehmer hinzugefügt und Berechtigungen festgelegt werden und mithilfe der Liste dann die Berechtigungen für die Warteschlange festgelegt werden.

```
'VB
Imports System.Messaging

Module Module1

    Private Const cQueueName As String = ".\private$\ShippingInbox"

Sub Main()
        If MessageQueue.Exists(cQueueName) Then
        Dim queue As MessageQueue = New MessageQueue(cQueueName)

            Dim acl As AccessControlList = New AccessControlList()
            Dim mark As Trustee = New Trustee("Mark")
            Dim enTryMark As AccessControlEnTry = _
                New AccessControlEnTry(mark, GenericAccessRights.All, _
                StandardAccessRights.All, AccessControlEnTryType.Allow)
            acl.Add(enTryMark)
```

```
            Dim ken As Trustee = New Trustee("Ken")
            Dim enTryKen As AccessControlEnTry = _
                New AccessControlEnTry(ken, GenericAccessRights.All, _
                StandardAccessRights.All, AccessControlEnTryType.Allow)
            acl.Add(enTryKen)
            queue.SetPermissions(acl)
    End If
    Console.WriteLine("Hit enter...")
        Console.ReadLine()
    End Sub

End Module

//C#
using System;
using System.Messaging;

namespace QueuePermissions
{
    class Program
    {
        private const string cQueueName = @".\private$\ShippingInbox";

        static void Main(string[] args)
        {
            if (MessageQueue.Exists(cQueueName))
            {
            MessageQueue queue = new MessageQueue(cQueueName);

                AccessControlList acl = new AccessControlList();
                Trustee mark = new Trustee("Mark");
                AccessControlEntry entryMark = new AccessControlEntry(mark,
                    GenericAccessRights.All, StandardAccessRights.All,
                    AccessControlEntryType.Allow);
                acl.Add(entryMark);
                Trustee ken = new Trustee("Ken");
                AccessControlEntry entryKen = new AccessControlEntry(ken,
                    GenericAccessRights.All, StandardAccessRights.All,
                    AccessControlEntryType.Allow);
                acl.Add(entryKen);
                queue.SetPermissions(acl);
            }
    Console.WriteLine("Hit enter...");
            Console.ReadLine();
        }

    }
}
```

Nach Ausführung des Codes zeigt die Computerverwaltungs-Konsole die Sicherheitseinstellungen für die Warteschlange wie in Abbildung 13.9 dargestellt.

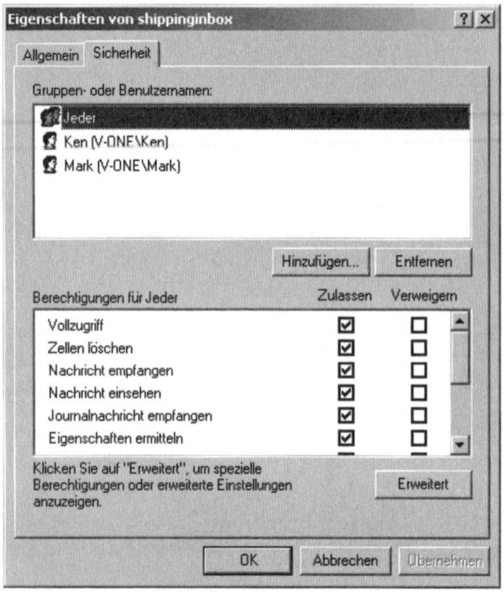

Abbildung 13.9 Angepasste Sicherheitseinstellungen für eine Nachrichtenwarteschlange

Einsehen und Auflisten von Nachrichten

Die obigen Beispiele beschrieben den Empfang von jeweils nur einer Nachricht. In der Regel allerdings werden Sie mehrere Nachrichten erhalten. Um einen Blick auf alle Nachrichten in einer Warteschlange zu werfen, können Sie die Methode **GetAllMessages** der Klasse **MessageQueue** verwenden. Mit **GetAllMessages** wird das Konzept des Einsehens einer Nachricht vorgestellt. Hierunter ist das Erstellen einer Nachrichtenkopie in der Warteschlange zu verstehen, ohne die Nachricht selbst aus der Warteschlange zu entfernen. **GetAllMessages** durchläuft alle Nachrichten in der Warteschlange und erstellt für jede Nachricht eine Kopie. Verwenden Sie die **Peek**-Methode mit dem entsprechenden Namen, wenn Sie lediglich eine Kopie der ersten Nachricht in der Warteschlange erstellen wollen. Die Option zum Einsehen von Nachrichten wird häufig verwendet, wenn mehrere Nachrichten in der Warteschlange vorhanden sind, die Teil derselben Transaktion sind. Dies lässt sich am besten mit einem Beispiel veranschaulichen.

Der folgende Code zeigt fünf Nachrichten, die an eine Warteschlange gesendet wurden. Statt aber für jede Nachricht eine separate Transaktion zu verwenden, machen Sie alle diese Nachrichten zu Bestandteilen derselben Transaktion. Wenn Sie die Nachrichten nun aus der Warteschlange lesen, wollen Sie natürlich alle Nachrichten, die im Rahmen einer Schreibtransaktion in die Warteschlange eingereiht wurden, zu Bestandteilen einer neuen Lesetransaktion machen. Kann eine der Nachrichten nicht verarbeitet werden, dann müssen alle Nachrichten in der Warteschlange bleiben. Beachten Sie, dass die Verwendung von **GetAllMessages** mit hoher Wahrscheinlichkeit unnötigen Overhead erzeugt; sie erfüllt aber bei dieser Demonstration einen gewissen Zweck.

```
'VB
Imports System.Messaging

Module Module1
```

```
    Private Const cQueueName As String = ".\private$\ShippingInbox"

Sub Main()
        ' Zugriff auf die Warteschlange erstellen
        Dim queue As MessageQueue = New MessageQueue(cQueueName)
        queue.MessageReadPropertyFilter.TransactionId = True

        Dim writeTransaction As MessageQueueTransaction = _
            New MessageQueueTransaction()
        writeTransaction.Begin()

        Dim i As Integer
        For i = 0 To 5 - 1 Step i + 1
        ' Nachricht erstellen und Eigenschaften festlegen
        Dim msg As Message = New Message()
            msg.Formatter = New BinaryMessageFormatter()
            msg.Body = "Test " + i.ToString()

            msg.Label = "Test " + i.ToString()
            ' Nachricht mithilfe einer MSMQ-Transaktion senden
            queue.Send(msg, writeTransaction)
            Next
        writeTransaction.Commit()

        Console.WriteLine("Messages have been sent to queue.")

        Dim messages() As Message = queue.GetAllMessages()
        Console.WriteLine("{0} messages in queue.", messages.Length)
        Dim transactiondId As String = messages(0).TransactionId
        Console.WriteLine("Retrieving messages part of transaction: {0}", _
            transactiondId)

        Dim readTransaction As MessageQueueTransaction = _
            New MessageQueueTransaction()

        readTransaction.Begin()
        Dim m As Message
        For Each m In messages
            If m.TransactionId = transactiondId Then
                ' Nachricht ist Bestandteil der Lesetransaktion
                ' Abrufen und aus Warteschlange entfernen
                Dim msg As Message = _
                    queue.ReceiveByLookupId( _
                    MessageLookupAction.Current, m.LookupId,
                    readTransaction)
            msg.Formatter = New BinaryMessageFormatter()
                Console.WriteLine("Message received: {0}", msg.Body.ToString())
                ' Folgende Zeilen verwenden, um Verhalten zu prüfen, wenn Transaktion fehlschlägt.
                ' if (msg.Body.ToString().Equals("Test 3"))
                '     throw new Exception("Testing");
    End If
```

```
            Next
        readTransaction.Commit()

    Console.WriteLine("Hit enter...")
        Console.ReadLine()

    End Sub

End Module

//C#
using System;
using System.Messaging;

namespace QueueEnumeration
{
    class Program
    {
        private const string cQueueName = @".\private$\ShippingInbox";

        static void Main(string[] args)
        {

            // Zugriff auf die Warteschlange erstellen
            MessageQueue queue = new MessageQueue(cQueueName);

            queue.MessageReadPropertyFilter.TransactionId = true;

            using (MessageQueueTransaction writeTransaction =
                new MessageQueueTransaction())
            {
                writeTransaction.Begin();
                for (int i = 0; i < 5; i++)
                {
            // Nachricht erstellen und Eigenschaften festlegen
            Message msg = new Message();
                    msg.Formatter = new BinaryMessageFormatter();
                    msg.Body = "Test " + i.ToString();

                    msg.Label = "Test " + i.ToString();
                    // Nachricht mithilfe einer MSMQ-Transaktion senden
                    queue.Send(msg, writeTransaction);
                }
                writeTransaction.Commit();
            }


            Console.WriteLine("Messages have been sent to queue.");

            Message[] messages = queue.GetAllMessages();
            Console.WriteLine("{0} messages in queue.", messages.Length);
            string transactiondId = messages[0].TransactionId;
```

```
        Console.WriteLine("Retrieving messages part of transaction: {0}",
            transactiondId);

            using (MessageQueueTransaction readTransaction =
                new MessageQueueTransaction())
            {
                readTransaction.Begin();
                foreach (Message m in messages)
                {
                    if (m.TransactionId == transactiondId)
                    {
                        // Nachricht ist Bestandteil der Lesetransaktion
                        // Abrufen und aus Warteschlange entfernen
                        Message msg =
                            queue.ReceiveByLookupId(
                    MessageLookupAction.Current, m.LookupId,
                            readTransaction);
                    msg.Formatter = new BinaryMessageFormatter();
                Console.WriteLine("Message received: {0}",
                            msg.Body.ToString());
                        // Folgende Zeilen verwenden, um Verhalten zu prüfen, wenn
                        // Transaktion fehlschlägt.
                        // if (msg.Body.ToString().Equals("Test 3"))
                        //     throw new Exception("Testing");
                    }
                }
                readTransaction.Commit();
            }

    Console.WriteLine("Hit enter...");
            Console.ReadLine();
        }
    }
}
```

Beachten Sie, dass Sie, um **TransactionId** abrufen zu können, **MessageReadPropertyFilter** anpassen müssen. MSMQ verfolgt eine Reihe von Eigenschaften. Um die Leistungsfähigkeit der Warteschlange bestmöglich zu optimieren, kopiert MSMQ nicht alle diese Eigenschaften für jede Nachricht, sondern Sie müssen angeben, welche Eigenschaften verfügbar gemacht werden sollen. Im obigen Beispiel wurde angegeben, dass Sie **TransactionId** verfügbar machen wollen, indem **MessageReadPropertyFilter.TransactionId** auf **true** festgelegt wurde.

Korrelieren von Nachrichten

Es kommt oft vor, dass eine Anwendung eine Nachricht sendet und dann auf die Antwort wartet, wobei die häufigste Antwort eine Bestätigung ist, dass die Nachricht vom Empfänger erhalten und verarbeitet wurde. Beim Message Queuing muss die Antwort, wenn sie empfangen wird, der ursprünglichen Nachricht zugeordnet werden. Dieser Vorgang wird als Korrelieren von Nachrichten bezeichnet. Um Nachrichten korrelieren zu können, benötigen Sie eine Kennung, die von Bestätigungs-, Berichts- und Antwortnachrichten zum Verweis auf die Ursprungsnachricht verwendet werden kann. Die für die Korrelation von Bestätigungen verwendete Kennung ist die Nachrichtenkennung der ersten Nachricht.

Das folgende Codebeispiel zeigt zwei Warteschlangen, von denen eine für das Senden Ihrer Nachricht und die zweite zum Empfangen von Bestätigungen verwendet wird. Die Warteschlangen sind so konfiguriert, dass sie Informationen zu Bestätigungen, Korrelationskennungen und dem Sendezeitpunkt einer Nachricht bereitstellen. Wenn Sie die ursprüngliche Nachricht an die Warteschlange senden, fügen Sie Informationen zur Nachricht hinzu. Die Eigenschaft **Acknowledgment** wird verwendet, um anzugeben, welche Bestätigungen Sie erhalten wollen; in diesem Fall möchten Sie informiert werden, wenn die Nachricht in der Warteschlange eintrifft und wenn sie wieder aus der Warteschlange entnommen wird. Mithilfe der Eigenschaft **AcknowledgmentQueue** wird dem Empfänger mitgeteilt, in welcher Warteschlange Sie die Bestätigung wünschen.

Der nächste Schritt im Code zeigt Ihnen, wie Sie die Nachricht aus der Warteschlange abrufen. Wie Sie sehen, wird zum Senden der Bestätigungen kein zusätzlicher Code benötigt. MSMQ erledigt das alles selbst. Beachten Sie, dass an dieser Stelle noch immer von der Ursprungsnachricht die Rede ist; insofern können Sie davon ausgehen, dass **CorrelationId** leer ist.

Der letzte Schritt im Code besteht darin, die Bestätigungswarteschlange darauf zu überprüfen, ob die Nachricht angekommen ist und der Empfänger den Empfang der Nachricht bestätigt hat. Sie können mithilfe der Kennung der Ursprungsnachricht nach der Bestätigung suchen. Weil Sie zwei Bestätigungen angefordert haben, wird in einer **while**-Schleife nach allen erwarteten Bestätigungen gesucht.

```
'VB
Imports System.Messaging

Module Module1

    Private Const cQueueName As String = ".\private$\ShippingInbox"
    Private Const cAdminQueueName As String = ".\private$\AdminQueue"

Sub Main()
        Dim queue As MessageQueue = New MessageQueue(cQueueName)
        Dim adminQueue As MessageQueue = New MessageQueue(cAdminQueueName)
        queue.MessageReadPropertyFilter.CorrelationId = True
        queue.MessageReadPropertyFilter.SentTime = True
        adminQueue.MessageReadPropertyFilter.CorrelationId = True
        adminQueue.MessageReadPropertyFilter.Acknowledgment = True
        adminQueue.MessageReadPropertyFilter.SentTime = True

        Dim sendMessage As Message = New Message()

        sendMessage.Formatter = New BinaryMessageFormatter()
        sendMessage.Label = "Test"
        sendMessage.Body = "Test"
        sendMessage.AcknowledgeType = AcknowledgeTypes.PositiveArrival Or _
                                      AcknowledgeTypes.PositiveReceive
        sendMessage.AdministrationQueue = adminQueue
```

```
    queue.Send(sendMessage, MessageQueueTransactionType.Single)
    Dim messageId As String = sendMessage.Id
    Console.WriteLine("Send Message Information:")
        Console.WriteLine("Id: '{0}'", sendMessage.Id)
        Console.WriteLine("Sent at: {0}", System.DateTime.Now.Ticks)
    Console.WriteLine()

Console.WriteLine("Hit enter...")
    Console.ReadLine()

    Dim receiveMessage As Message = _
        queue.Receive(MessageQueueTransactionType.Single)
    receiveMessage.Formatter = New BinaryMessageFormatter()
    Console.WriteLine("Received Message Information:")
        Console.WriteLine("Id: '{0}'", receiveMessage.Id)
    Console.WriteLine("CorrelationId: '{0}'", receiveMessage.CorrelationId)
    Console.WriteLine("Body: '{0}'", receiveMessage.Body)
        Console.WriteLine("Sent at: {0}", receiveMessage.SentTime.Ticks)
    Console.WriteLine()


    Dim ackReceived As Boolean = False
    Try
        While (Not (adminQueue.PeekByCorrelationId(messageId) Is Nothing))
            Dim acknowledgmentMessage As Message = _
                adminQueue.ReceiveByCorrelationId(messageId)
            ackReceived = True
            ' Informationen zur Bestätigungsnachricht ausgeben. Die Korrelationskennung
            ' ist identisch mit der Kennung der Ursprungsnachricht.
            Console.WriteLine("Acknowledgment Message Information:")
        Console.WriteLine("Id: " + acknowledgmentMessage.Id.ToString())
            Console.WriteLine("Correlation Id: {0}", _
                acknowledgmentMessage.CorrelationId)
            Console.WriteLine("Acknowledgment Type: {0}", _
                acknowledgmentMessage.Acknowledgment)
        Console.WriteLine("Sent at: {0}", _
                acknowledgmentMessage.SentTime.Ticks)
    Console.WriteLine()
        End While
    Catch exception As Exception
        If Not ackReceived Then
            Console.WriteLine("Acknowledgement not received. (error: {0})", _
                exception.Message)
        End If
        End Try


Console.WriteLine("Hit enter...")
    Console.ReadLine()
End Sub
```

```
End Module

//C#
using System;
using System.Messaging;

namespace QueueCorrelation
{
    class Program
    {
        private const string cQueueName = @".\private$\ShippingInbox";
        private const string cAdminQueueName = @".\private$\AdminQueue";

static void Main(string[] args)
        {
            MessageQueue queue = new MessageQueue(cQueueName);
            MessageQueue adminQueue = new MessageQueue(cAdminQueueName);
            queue.MessageReadPropertyFilter.CorrelationId = true;
            queue.MessageReadPropertyFilter.SentTime = true;
            adminQueue.MessageReadPropertyFilter.CorrelationId = true;
            adminQueue.MessageReadPropertyFilter.Acknowledgment = true;
            adminQueue.MessageReadPropertyFilter.SentTime = true;

            Message sendMessage = new Message();

            sendMessage.Formatter = new BinaryMessageFormatter();
            sendMessage.Label = "Test";
            sendMessage.Body = "Test";
            sendMessage.AcknowledgeType = AcknowledgeTypes.PositiveArrival |
                                          AcknowledgeTypes.PositiveReceive;
            sendMessage.AdministrationQueue = adminQueue;

            queue.Send(sendMessage, MessageQueueTransactionType.Single);
            string messageId = sendMessage.Id;
            Console.WriteLine("Send Message Information:");
            Console.WriteLine("Id: '{0}'", sendMessage.Id);
            Console.WriteLine("Sent at: {0}", System.DateTime.Now.Ticks);
            Console.WriteLine();

    Console.WriteLine("Hit enter...");
            Console.ReadLine();

            Message receiveMessage =
                queue.Receive(MessageQueueTransactionType.Single);
            receiveMessage.Formatter = new BinaryMessageFormatter();
            Console.WriteLine("Received Message Information:");
            Console.WriteLine("Id: '{0}'", receiveMessage.Id);
        Console.WriteLine("CorrelationId: '{0}'",
                receiveMessage.CorrelationId);

            Console.WriteLine("Body: '{0}'", receiveMessage.Body);
```

```
            Console.WriteLine("Sent at: {0}", receiveMessage.SentTime.Ticks);
            Console.WriteLine();


            bool ackReceived = false;
            try
            {
                while ((adminQueue.PeekByCorrelationId(messageId) != null))
                {
                    Message acknowledgmentMessage =
                        adminQueue.ReceiveByCorrelationId(messageId);
                    ackReceived = true;
                    // Informationen zur Bestätigungsnachricht ausgeben. Die
                    // Korrelationskennung ist identisch
                    // mit der Kennung der Ursprungsnachricht.
                    Console.WriteLine("Acknowledgment Message Information:");
            Console.WriteLine("Id: " +
                        acknowledgmentMessage.Id.ToString());
                Console.WriteLine("Correlation Id: {0}" +
                        acknowledgmentMessage.CorrelationId);
                Console.WriteLine("Acknowledgment Type: {0}",
                        acknowledgmentMessage.Acknowledgment);
            Console.WriteLine("Sent at: {0}",
                        acknowledgmentMessage.SentTime.Ticks);
            Console.WriteLine();
                }
            }
                catch (Exception exception)
            {
                if (!ackReceived)
                {
            Console.WriteLine(
                        "Acknowledgement not received. (error: {0})",
                        exception.Message);
                }
            }

        Console.WriteLine("Hit enter...");
            Console.ReadLine();
        }

    }
}
```

Das Ergebnis des obigen Codes wird in Abbildung 13.10 gezeigt. Beachten Sie, dass der Sendezeitpunkt nur sekundengenau und deshalb nicht verwendbar ist.

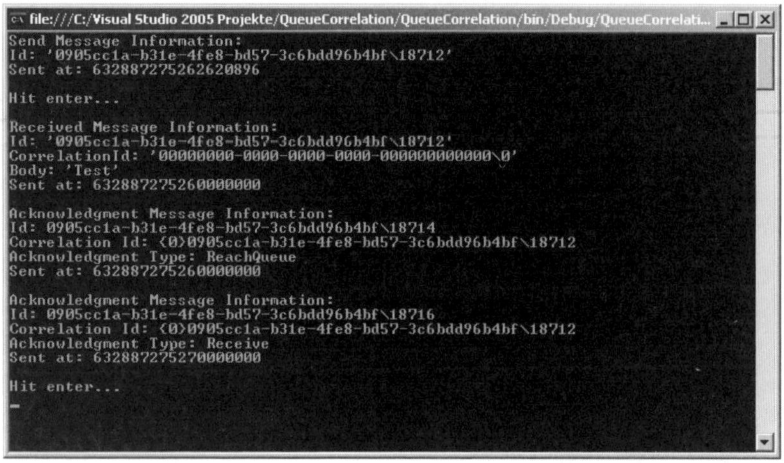

Abbildung 13.10 Zwei Bestätigungen wurden empfangen

Regeln und Trigger

.NET Framework 2.0 bietet keine Unterstützung zur Erstellung von Regeln oder Triggern für eine Warteschlange. Es ist allerdings möglich, eine oder mehrere Regeln mithilfe der Computerverwaltungs-Konsole einzurichten. Mit einem Trigger können Sie eine COM-Komponente oder eine ausführbare Datei zu einer eingehenden Nachricht zuordnen, wobei die Nachrichteneigenschaften als Parameter übergeben werden. Wenn Ihre .NET-Anwendung über einen Trigger aufrufbar sein soll, müssen Sie einen CCW (COM Callable Wrapper) für Ihre Assembly oder eine Konsolenanwendung erstellen, die Parameter als Befehlszeilenargumente akzeptiert.

Übung 1: Erstellen einer Nachricht und Senden der Nachricht an eine Warteschlange

In dieser Übung legen Sie eine Warteschlange an, erstellen eine Nachricht und senden diese Nachricht dann an die Warteschlange.

Wenn Sie bei der Bearbeitung dieser Übung auf Probleme stoßen, finden Sie alle abgeschlossenen Projekte auf der Begleit-CD im Ordner **Code**.

▶ Übung 1: Erstellen einer Warteschlange

In dieser Übung erstellen Sie eine Anwendung, die eine Transaktionswarteschlange namens **InvoicingQueue** erstellt.

1. Starten Sie die Computerverwaltungs-Konsole über das Startmenü, indem Sie auf **Start**, **Systemsteuerung**, **Verwaltung**, **Computerverwaltung** klicken.
2. Stellen Sie sicher, dass unter **Private Warteschlangen** keine Warteschlange namens **InvoicingQueue** aufgeführt ist (siehe Abbildung 13.11). Je nachdem, was auf Ihrem Computer alles installiert ist, sind bei Ihnen mehr Warteschlangen aufgeführt als in Abbildung 13.11 gezeigt.

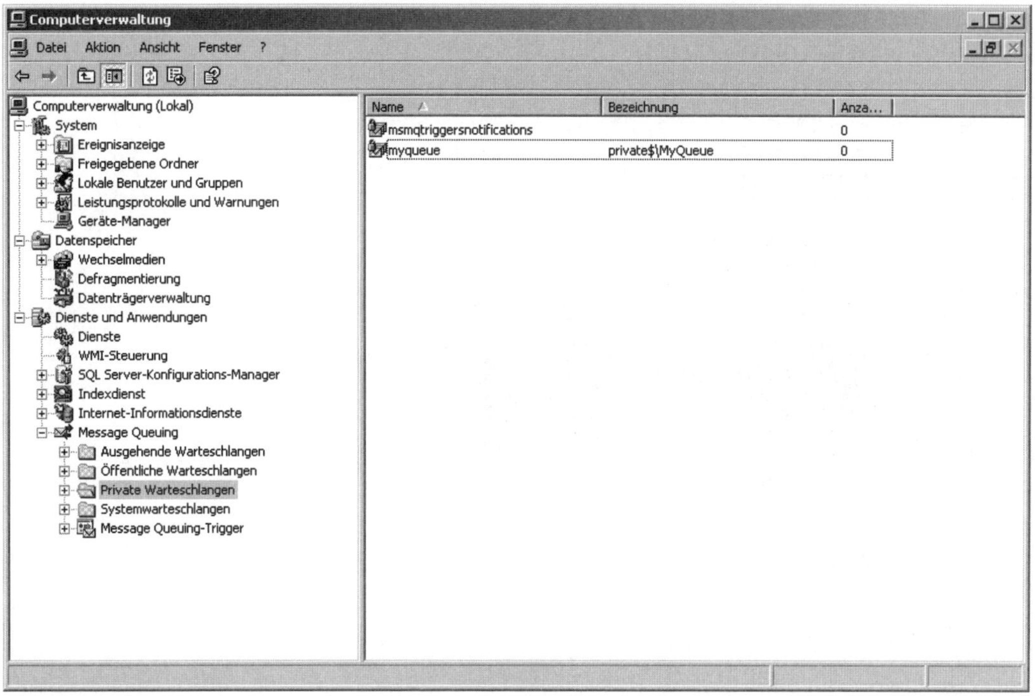

Abbildung 13.11 Stellen Sie sicher, dass **InvoicingQueue** nicht vorhanden ist

3. Wenn eine Warteschlange namens **InvoicingQueue** vorhanden ist, klicken Sie mit der rechten Maustaste darauf und klicken Sie auf **Löschen**.

4. Öffnen Sie Visual Studio 2005 und erstellen Sie eine leere Projektmappe namens **MSLearning.Exercises**.

5. Fügen Sie ein neues C#- oder Visual Basic 2005-Konsolenanwendungsprojekt namens **OnlineStore** hinzu.

6. Klicken Sie mit der rechten Maustaste auf den Projektordner und klicken Sie auf **Eigenschaften**. Geben Sie **MSLearning.Chapter13.Sender** in das Textfeld **Standardnamespace** ein.

7. Klicken Sie auf **Projekt**, **Verweis hinzufügen**. Klicken Sie auf der Registerkarte **.NET** auf **System.Messaging** und klicken Sie auf **OK**.

8. Öffnen Sie die Datei **Program.cs** bzw. **Module1.vb**.

9. Fügen Sie eine private Konstantenzeichenfolge namens **cQueueName** hinzu und weisen Sie dieser einen Wert zu, aus dem hervorgeht, dass Sie eine private Warteschlange namens **InvoicingQueue** erstellen wollen. Fügen Sie eine **using**- bzw. **imports**-Anweisung hinzu, um anzugeben, dass Sie Klassen aus dem Namespace **System.Messaging** verwenden wollen, und fügen Sie außerdem eine neue Methode namens **GetQueue** hinzu. Ergänzen Sie diese Methode mit Code, der überprüft, ob die Warteschlange **InvoicingQueue** existiert; tut sie dies nicht, dann erstellen Sie eine nicht transaktionsfähige Warteschlange, legen Sie die Bezeichnung fest, geben Sie **InvoicingQueue** zurück,

passen Sie die Methode **Main** so an, dass sie **GetQueue** aufruft und warten Sie, bis der Benutzer die EINGABETASTE drückt.

```
'VB
Imports System.Messaging

Module Module1

    Private Const cQueueName As String = ".\private$\InvoicingQueue"

Sub Main()
    Dim queue As MessageQueue = GetQueue(cQueueName)
    Console.WriteLine("Using queue: {0}", cQueueName)
    Console.WriteLine("Hit enter...")
        Console.ReadLine()
    End Sub

    Function GetQueue(ByVal path As String) As MessageQueue
        Dim queue As MessageQueue
    If MessageQueue.Exists(path) Then
    queue = New MessageQueue(path)
    Else
        queue = MessageQueue.Create(path)
    End If
    queue.Label = path
    Return queue
    End Function
End Module

//C#
using System;
using System.Messaging;

namespace MSLearning.Chapter13.Queues
{
    class Program
    {
        private const string cQueueName = @".\private$\InvoicingQueue";

        static void Main(string[] args)
        {
    MessageQueue queue = GetQueue(cQueueName);
    Console.WriteLine("Using queue: {0}", cQueueName);
    Console.WriteLine("Hit enter...");
    Console.ReadLine();
        }

        static private MessageQueue GetQueue(string path)
        {
    MessageQueue queue;
    if (MessageQueue.Exists(path))
            {
```

```
                queue = new MessageQueue(path);
                    }
            else
                    {
                queue = MessageQueue.Create(path, false);
                    }
            queue.Label = path;
            return queue;
                }

        }
}
```

10. Starten Sie die Konsolenanwendung.

11. Verwenden Sie die Computerverwaltungs-Konsole, um zu überprüfen, ob die Warteschlange erstellt wurde (siehe Abbildung 13.12).

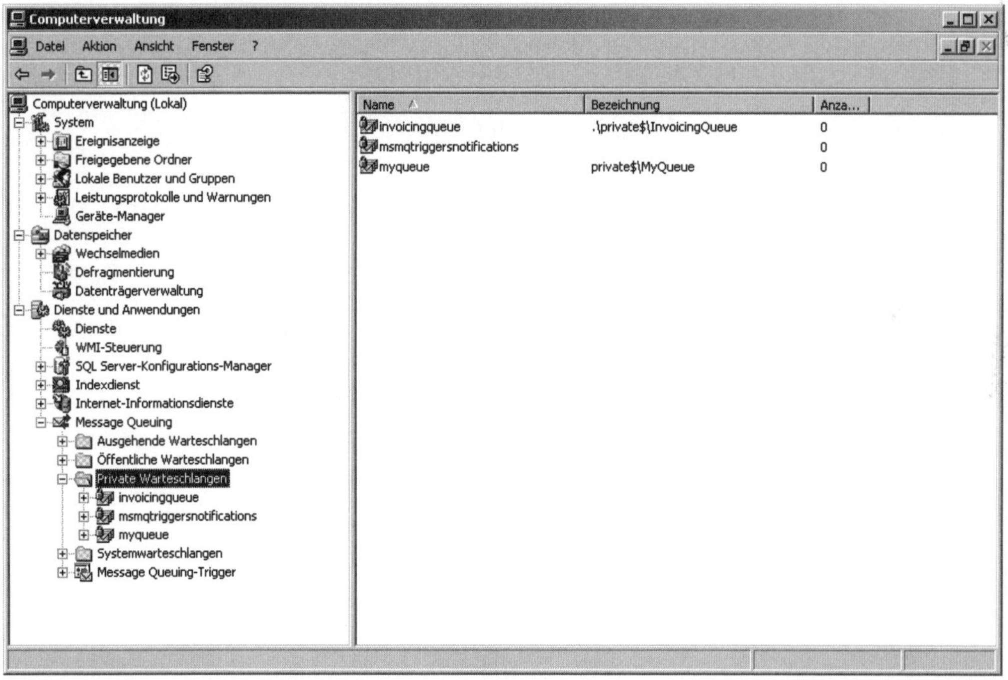

Abbildung 13.12 InvoicingQueue wurde erstellt

▶ Übung 2: Erstellen und Senden einer Nachricht

In dieser Übung verwenden Sie die in Übung 1 erstellte Anwendung, um eine Nachricht mit einigen einfachen Bestellungsangaben zu erstellen und zu senden.

1. Fügen Sie eine neue Methode namens **CreateMessage** hinzu. Implementieren Sie Code, der den Nachrichtenkörper auf „CustomerId=888;OrderId=501;ArticleId=9900232;Quantity=10" festlegt, XML als Formatierung verwendet und die Nachrichtenbezeichnung auf „Request to invoice customer 888 for order 501" festlegt. Machen Sie die Nachricht dann wiederherstellbar und geben Sie Ihr eine Lebensdauer von einer Stunde.

```
'VB
Private Function CreateMessage() As Message
    Dim body As String =
"CustomerId=888;OrderId=501;ArticleId=9900232;Quantity=10"
    Dim message As Message = New Message(body)
    message.Formatter = New XmlMessageFormatter(New Type()
        {Type.GetType("System.String")})
    message.Label = "Request to invoice customer 888 for order 501."
    message.Recoverable = True
    message.TimeToBeReceived = New TimeSpan(1, 0, 0)
    Return message
End Function

//C#
static private Message CreateMessage()
{
    string body = "CustomerId=888;OrderId=501;ArticleId=9900232;Quantity=10";
    Message message = new Message(body);
    message.Formatter = new XmlMessageFormatter(new Type[] { typeof(string) });
    message.Label = "Request to invoice customer 888 for order 501.";
    message.Recoverable = true;
    message.TimeToBeReceived = new TimeSpan(1, 0, 0);
    return message;
}
```

2. Nun fügen Sie Code zu **Main** hinzu, mit dem **CreateMessage** aufgerufen wird, und verwenden das Warteschlangenobjekt zum Senden der neu erstellten Nachricht:

```
'VB
Sub Main()
    Dim queue As MessageQueue = GetQueue(cQueueName)
    Console.WriteLine("Using queue: {0}", cQueueName)

    Dim message As Message = CreateMessage()
queue.Send(message)
    Console.WriteLine("Send message to queue.")

    Console.WriteLine("Hit enter...")
    Console.ReadLine()
End Sub

//C#
static void Main(string[] args)
{
    MessageQueue queue = GetQueue(cQueueName);
```

```
    Console.WriteLine("Using queue: {0}", cQueueName);

    Message message = CreateMessage();
queue.Send(message);
    Console.WriteLine("Send message to queue.");

    Console.WriteLine("Hit enter...");
    Console.ReadLine();
}
```

3. Starten Sie die Konsolenanwendung.
4. Stellen Sie in der Computerverwaltungs-Konsole sicher, dass in der Warteschlange nun eine Nachricht angezeigt wird. Sie müssen die Anzeige unter Umständen aktualisieren, damit die Nachricht sichtbar wird (Abbildung 13.13).

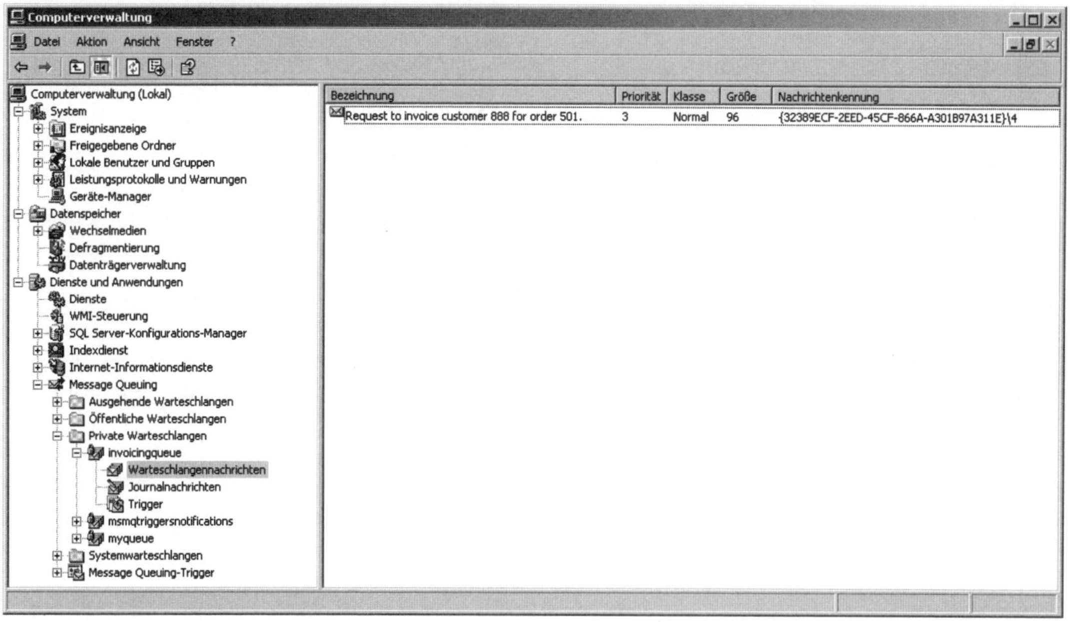

Abbildung 13.13 Eine Nachricht in der Warteschlange

5. Überprüfen Sie den Textkörper der Nachricht nun über deren Dialogfeld **Eigenschaften** auf der Registerkarte **Nachrichtentext**. Beachten Sie, wie die Zeichenfolge in XML eingebunden ist (siehe Abbildung 13.14).

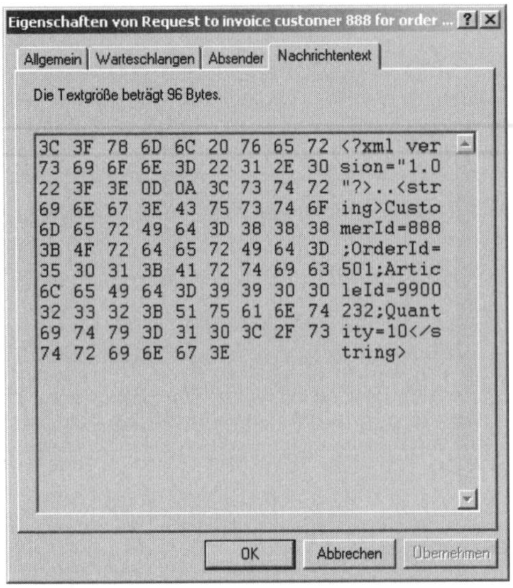

Abbildung 13.14 Der Textkörper der Nachricht ist in XML eingebunden

▶ Übung 3: Empfangen einer Nachricht

In dieser Übung empfangen Sie mithilfe der in den Übungen 1 und 2 erstellten Anwendung die Informationen, die in die Warteschlange eingereiht wurden. Beachten Sie, dass Sie in einem Praxisszenario kaum die gleiche Anwendung zu einem derartigen Senden und Empfangen einer Nachricht verwenden würden, aber zu Lehrzwecken ist dies ein guter Ausgangspunkt.

1. Fügen Sie Code zu **Main** hinzu, um auf eine eingehende Nachricht zu warten. Beim Empfang einer Nachricht schreiben Sie die Bezeichnung und den Textkörper an die Konsole (vergessen Sie dabei nicht, die korrekte Formatierung für die Nachricht anzugeben):

```
'VB
Sub Main()
    Dim queue As MessageQueue = GetQueue(cQueueName)
    Console.WriteLine("Using queue: {0}", cQueueName)

    Dim message As Message = CreateMessage()
queue.Send(message)
    Console.WriteLine("Send message to queue.")
    Dim incoming As Message = queue.Receive()
    incoming.Formatter = New XmlMessageFormatter(New Type() _
        {Type.GetType("System.String")})
    Console.WriteLine("Incoming message.label : {0}", incoming.Label)
    Console.WriteLine("Incoming message.body : {0}", incoming.Body)

    Console.WriteLine("Hit enter...")
    Console.ReadLine()
End Sub
```

```
//C#
static void Main(string[] args)
{
    MessageQueue queue = GetQueue(cQueueName);
    Console.WriteLine("Using queue: {0}", cQueueName);

    Message message = CreateMessage();
queue.Send(message);
    Console.WriteLine("Send message to queue.");

    Message incoming = queue.Receive();
    incoming.Formatter = new XmlMessageFormatter(
        new Type[] { typeof(string) });
    Console.WriteLine("Incoming message.label : {0}", incoming.Label);
    Console.WriteLine("Incoming message.body : {0}", incoming.Body);

    Console.WriteLine("Hit enter...");
    Console.ReadLine();
}
```

2. Leeren Sie **InvoicingQueue** über die Computerverwaltungs-Konsole. Klicken Sie mit der rechten Maustaste auf den Knoten **Warteschlangennachrichten** und klicken Sie auf **Alle Tasks**, **Leeren** (siehe Abbildung 13.15).

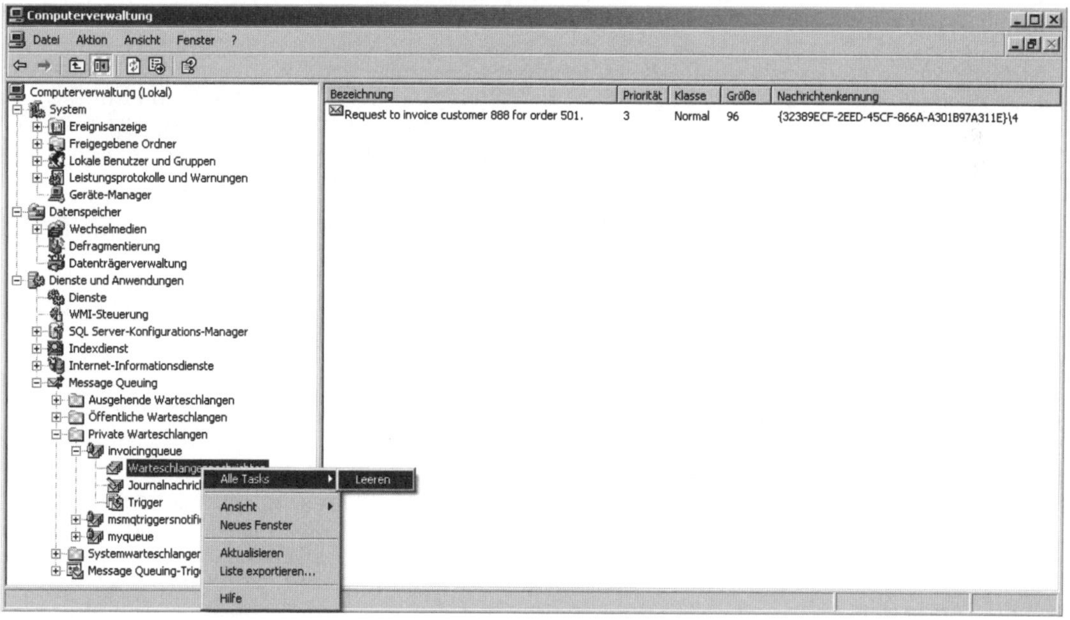

Abbildung 13.15 Leeren Sie **InvoicingQueue**

3. Starten Sie die Konsolenanwendung.

4. Das Ergebnis sollte wie folgt aussehen:

```
Using queue: .\private$\InvoicingQueue
Send message to queue.
Incoming message.label : Request to invoice customer 888 for order 501.
Incoming message.body : CustomerId=888;OrderId=501;ArticleId=9900232;
Quantity=10
Hit enter...
```

Zusammenfassung der Lektion

- MSMQ ermöglicht es Anwendungen, die zu unterschiedlichen Zeiten ausgeführt werden, über heterogene Netzwerke und Systeme, die unter Umständen zeitweise offline sind, zu kommunizieren
- MSMQ bietet garantierte Nachrichtenzustellung
- MSMQ kann zur Implementierung von Lösungen in Szenarios mit asynchronem und synchronem Messaging gleichermaßen verwendet werden
- MSMQ wird durch die Klassen in **System.Messaging** eingebunden, von denen die beiden wichtigsten **MessageQueue** und **Message** sind
- Eine Nachrichtenwarteschlange kann Bestandteil einer verteilten Transaktion sein. Alternativ bietet **System.Messaging** eine **MessageQueueTransaction**.
- Es gibt zwei Arten der Nachrichtenzustellung: schnelles (Express-)Messaging und wiederherstellbares Messaging.
- Mithilfe der Computerverwaltungs-Konsole können Aktivitäten und Warteschlangenstatus überwacht werden
- Berechtigungen können mithilfe der Klasse **MessageQueue** oder der Computerverwaltungs-Konsole festgelegt werden
- Wenn eine Nachricht eingesehen wird, dann wird eine Kopie der Nachricht erstellt. Beim Empfang einer Nachricht hingegen wird diese aus der Warteschlange entfernt.
- Das Auflisten von Nachrichten mithilfe von **GetAllMessages** führt dazu, dass sie durchlaufen werden, und erlaubt das Einsehen aller Nachrichten in der Warteschlange

Lernzielkontrolle

Mit den folgenden Fragen können Sie Ihr Wissen zu den Informationen aus Lektion 1, „Nachrichtenwarteschlangen", überprüfen. Die Fragen finden Sie (in englischer Sprache) auch auf der Begleit-CD, Sie können sie also auch auf dem Computer im Rahmen eines Übungstests beantworten.

HINWEIS Antworten

Die Antworten auf diese Fragen mit Erklärungen, warum die jeweiligen Auswahlmöglichkeiten richtig oder falsch sind, finden Sie im Abschnitt „Antworten" am Ende dieses Buchs.

---

1. Welche der folgenden Aussagen sind zutreffend? (Wählen Sie alle zutreffenden Antworten aus.)
   a. Eine Nachrichtenwarteschlange wird stets im Active Directory registriert.
   b. Das Präfix **public$** muss verwendet werden, um eine Warteschlange als öffentlich zu kennzeichnen.
   c. Private Warteschlangen können im Arbeitsgruppenmodus betrieben werden.
   d. **MessageQueue.Create(".\\InvoicingQueue")** erstellt eine öffentliche Warteschlange namens **InvoicingQueue**.
2. Welche der folgenden Aussagen sind zutreffend? (Wählen Sie alle zutreffenden Antworten aus.)
   a. Eine Warteschlange, die Nachrichten enthält, kann nicht gelöscht werden.
   b. **MessageQueue.Remove(".\\private$\\MyQueue")** löscht eine Warteschlange mit dem Namen **MyQueue**.
   c. **MessageQueue.Delete(".\\private$\\MyQueue")** löscht eine Warteschlange mit dem Namen **MyQueue**.
   d. Die Computerverwaltungs-Konsole kann verwendet werden, um eine Warteschlange zu löschen.
3. Welche der folgenden Aussagen sind zutreffend? (Wählen Sie die beste Antwort aus.)
   a. Nur einfache Typen können verwendet werden, wenn Sie Queued Components verwenden.
   b. Eine Nachricht kann nur mit **System.Messaging.Message** gesendet werden.
   c. Der Textteil einer Nachricht wird in Form von Binärdaten übertragen.
   d. Wenn Sie eine Nachricht erstellen, müssen Sie nicht angeben, ob diese Bestandteil einer Transaktion ist.
4. Welche der folgenden Aussagen sind zutreffend? (Wählen Sie alle zutreffenden Antworten aus.)
   a. Die Verwendung der Option **Journal** für eine Warteschlange ermöglicht Ihnen das Anzeigen einer Nachricht, nachdem diese aus der Warteschlange entfernt wurde.
   b. Wenn ein Computer abstürzt, gehen alle Nachrichten verloren, weil MSMQ diese im Speicher aufbewahrt.
   c. Nach Empfang einer Nachricht aus der Warteschlange mit **MessageQueue.Receive(...)** müssen Sie **Message.Delete()** aufrufen, um sie aus der Warteschlange zu entfernen.
   d. Sie können mit **MessageQueue.Peek(...)** eine Nachricht aus der Warteschlange abrufen, ohne sie zu löschen.

Lektion 2: Sicheres Messaging

Das Absichern einer Nachricht umfasst zwei Schritte: das Signieren einer Nachricht und das Verschlüsseln der Nachricht. In dieser Lektion werden wir das Signieren und Verschlüsseln von Nachrichten und natürlich auch den Empfang solcher Nachrichten behandeln.

Am Ende dieser Lektion werden Sie in der Lage sein, die folgenden Aufgaben auszuführen:

- Signieren einer Nachricht
- Verschlüsseln einer Nachricht
- Überprüfen einer Nachricht

Veranschlagte Zeit für diese Lektion: 25 Minuten

Signieren einer Nachricht

MSMQ authentifiziert Nachrichten mithilfe interner oder externer Sicherheitszertifikate. Ein Zertifikat wird zum Generieren einer *digitalen Signatur* verwendet, die einen Benutzer, der eine authentifizierte Nachricht sendet, eindeutig identifiziert. Zertifikat und digitale Signatur des Benutzers werden beim Senden an die Nachricht angehängt. Die digitale Signatur wird vom MSMQ-Dienst auf dem sendenden Computer ver- und vom MSMQ-Dienst auf dem empfangenden Computer entschlüsselt.

Interne Zertifikate, die von MSMQ bereitgestellt werden, authentifizieren die Windows-Sicherheitskennung (Security Identifier, SID) des Absenders. Wenn ein internes Zertifikat verwendet wird, dann garantiert MSMQ lediglich, dass die an die Nachricht angehängte SID gültig ist. Interne Zertifikate werden von MSMQ erstellt, wenn der Benutzer MSMQ zum ersten Mal in der Systemsteuerung ausführt. Benutzer müssen ihre internen Zertifikate im Message Queue Information Service (MQIS) registrieren, bevor sie authentifizierte Nachrichten senden können.

Externe Zertifikate verwenden zur Überprüfung der Identität des Absenders benutzerspezifische Informationen, die von einer Zertifizierungsstelle (CA) statt über die SID des Absenders vermittelt wurden. Die Richtigkeit der Informationen im externen Zertifikat wird von der CA garantiert, die das Zertifikat erstellt hat. Externe Zertifikate sind erforderlich, um authentifizierte Nachrichten an Umgebungen mit anderen Betriebssystemen als Windows senden zu können. Wenn externe Zertifikate zum Senden authentifizierter Nachrichten an andere Computer unter Windows Workstation oder Workstation Server verwendet werden, müssen Benutzer ihre Zertifikate nur dann registrieren, wenn sie auch eine Verwendung ihrer SIDs bei der Authentifizierung der Nachricht wünschen. Eine solche Vorgehensweise bietet ein zusätzliches – wenn auch optionales – Maß an Authentifizierung.

Als Authentifizierung wird ein Vorgang bezeichnet, bei dem überprüft wird, ob der Absender einer Nachricht authentisch ist (d. h. seine Identität nicht von einem anderen Benutzer angenommen wurde). MSMQ bietet Nachrichtenauthentifizierung auf der Basis digitaler Signaturen. Die MSMQ-Authentifizierung garantiert ferner Nachrichtenintegrität (d. h. die Nachricht wurde nicht manipuliert) und Nichtabstreitbarkeit (Nonrepudiation, d. h. kein Benutzer kann abstreiten, dass er eine Nachricht gesendet hat, wenn diese seine Signatur enthält, weil kein Benutzer eine Nachricht mit der Identität eines anderen Benutzers signieren kann).

Sie können eine Warteschlange so konfigurieren, dass sie nur Nachrichten von authentifizierten Benutzern akzeptiert. Wenn MSMQ so konfiguriert ist, dass nur Nachrichten von authentifizierten Benutzern akzeptiert werden, dann überprüft MSMQ die Anmeldeinformationen des Benutzers darauf, ob ein Benutzerzertifikat vorhanden ist. Ist dies der Fall, dann schließt MSMQ das Benutzerzertifikat und die **SenderId** in die Nachricht ein. Standardmäßig ist die Authentifizierung nur verfügbar, wenn der Computer, über den Sie Ihre Nachricht senden, sich in einer Active Directory-Domäne befindet. Grund hierfür ist, dass jeder Benutzer, der von Active Directory authentifiziert wurde, ein internes Benutzerzertifikat erhält, d. h. die Anforderung eines Zertifikats durch MSMQ wird erfüllt. Dies ist auch an den Sicherheitseinstellungen von MSMQ erkennbar. Wenn MSMQ im Arbeitsgruppenmodus ausgeführt wird, dann steht die Registerkarte **Sicherheit** nicht zur Verfügung. Bei vorhandener Verbindung mit einer Domäne sind, wie Abbildung 13.16 zeigt, drei Registerkarten vorhanden: **Benutzerzertifikat**, **Dienstsicherheit** und **Sicherheit**.

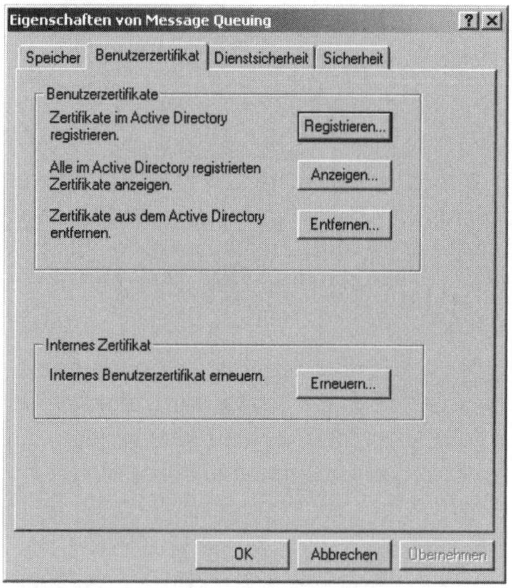

Abbildung 13.16 MSMQ-Sicherheitseinstellungen auf Computerebene

Eigentlich besteht die Standardeinstellung für jede Warteschlange darin, **SenderId** einzuschließen, aber im Arbeitsgruppenmodus ist keine **SenderId** verfügbar. Sie können das Standardverhalten anpassen, indem Sie **AttachSenderId** auf **false** festlegen.

Der folgende Code zeigt einige zusätzliche festgelegte Nachrichteneigenschaften, nämlich **AttachSenderId**, womit angegeben wird, dass MSMQ beim Senden der Nachricht Ihre Identität aus dem aktuellen Thread abrufen soll. Verwenden Sie die Eigenschaft **Authenticated** in Verbindung mit der Eigenschaft **SenderId**, um die Zugriffsrechte des Absenders zu überprüfen. Die Eigenschaft **UseAuthentication** gibt an, ob die Nachricht authentifiziert werden muss. Falls die sendende Anwendung eine Authentifizierung anfordert, erstellt Message Queuing eine digitale Signatur und signiert die Nachricht damit beim Senden und authentifiziert sie beim Empfangen. Geben Sie mit der Eigenschaft **UseAuthentication** an, dass eine Authentifizierung erforderlich ist. Wenn **UseAuthentication** auf **false** festgelegt ist und eine Nachricht an eine Warteschlange gesendet wird, die nur authentifizierte Nachrichten akzeptiert, dann wird die Nachricht abgewiesen, wenn sie die Warteschlange erreicht.

```
'VB
Imports System.Messaging

Module Module1

    Private Const cQueueName As String = ".\private$\ShippingInbox"

Sub Main()
        ' Warteschlange erstellen
        Dim queue As MessageQueue
        queue = MessageQueue.Create(cQueueName, True)
        queue.Label = cQueueName
queue.Authenticate = True

        ' Nachricht erstellen und Eigenschaften festlegen
        Dim msg As Message = New Message()

        msg.UseAuthentication = True
        msg.AttachSenderId = True

        ' Mit der binären Formatierung den Textteil der Nachricht füllen
        msg.Formatter = New XmlMessageFormatter()
        msg.Body = "Test"

        ' Nachricht mithilfe einer einzelnen MSMQ-Transaktion senden
        queue.Send(msg, MessageQueueTransactionType.Single)

        Console.WriteLine("Message is sent to queue.")
    Console.WriteLine("Hit enter...")
        Console.ReadLine()

    End Sub

End Module

//C#
using System;
using System.Messaging;

namespace QueueSenderSecure
{
    class Program
    {
        private const string cQueueName = @".\private$\ShippingInbox";

        static void Main(string[] args)
        {

            // Warteschlange erstellen
    MessageQueue queue;
            queue = MessageQueue.Create(cQueueName, true);
```

```
            queue.Label = cQueueName;
queue.Authenticate = true;

            // Nachricht erstellen und Eigenschaften festlegen
            Message msg = new Message();

            msg.UseAuthentication = true;
            msg.AttachSenderId = true;


            // Mit der binären Formatierung den Textteil der Nachricht füllen
            msg.Formatter = new XmlMessageFormatter();
            msg.Body = "Test";

            // Nachricht mithilfe einer einzelnen MSMQ-Transaktion senden
            queue.Send(msg, MessageQueueTransactionType.Single);

            Console.WriteLine("Message is sent to queue.");
    Console.WriteLine("Hit enter...");
            Console.ReadLine();
        }
    }
}
```

Nach Ausführung dieses Codes können Sie die Nachricht in der Computerverwaltungs-Konsole überprüfen. Die Registerkarte **Absender** sollte etwa so aussehen wie in Abbildung 13.17 gezeigt; davon abweichen werden lediglich die Eigenschaft **User**, die dem Namen entsprechen sollte, mit dem Sie sich am System angemeldet haben, und **SenderId**.

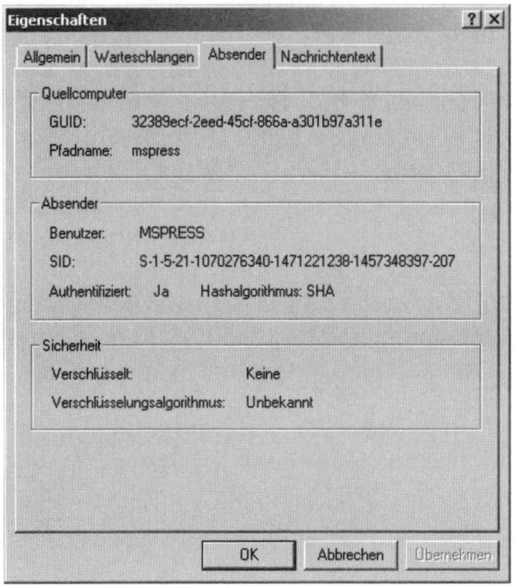

Abbildung 13.17 Die Nachricht ist authentifiziert und **SenderId** ist enthalten

Es ist auch möglich, **SenderId** nicht einzuschließen und trotzdem eine Authentifizierung zu erfordern. Ändern Sie den Code einfach in **msg.AttachSenderId = false**. Ihre Nachricht zeigt dann an, dass sie beim Senden an die Nachrichtenwarteschlange authentifiziert wurde, aber die Identität des Absenders bleibt dem Empfänger verborgen, wie Abbildung 13.18 zeigt.

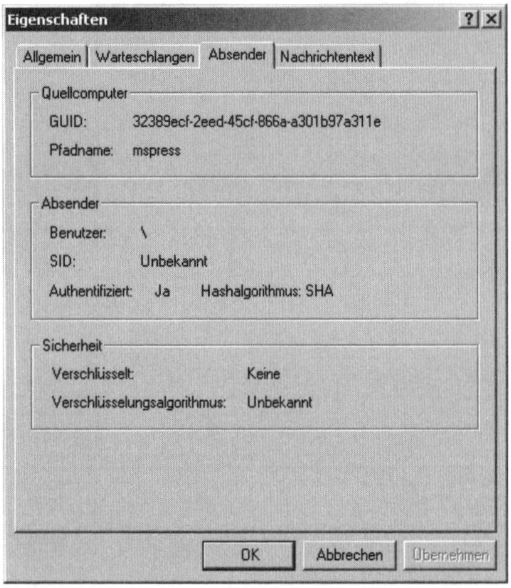

Abbildung 13.18 Die Nachricht wird authentifiziert, aber der Absender bleibt anonym

Wenn Sie die Authentifizierung im Arbeitsgruppenmodus verwenden wollen, müssen Sie Ihr eigenes Zertifikat erstellen und die Eigenschaft **SenderCertificate** der Nachricht zum Festlegen des Zertifikats verwenden. Der Nachteil bei dieser Vorgehensweise besteht darin, dass eigentlich jedes beliebige Zertifikat akzeptabel ist. Der Empfänger der Nachricht muss das in ihr enthaltene Zertifikat überprüfen und bestimmen, ob er es akzeptieren möchte oder nicht. Um ohne Active Directory authentifizieren zu können, benötigen Sie ein X.509-Zertifikat. In Visual Studio 2005 und auch im .NET Framework 2.0 Software Development Kit ist ein Befehlszeilenprogramm namens **Makecert** enthalten. Mit diesem Tool können Sie ein persönliches Zertifikat erstellen und in Ihren persönlichen Zertifikaten speichern:

```
makecert -n "CN=MSMQCertificate" -ss My
```

Das Zertifikat sollte nun in Ihrem Speicher für persönliche Zertifikate angezeigt werden. Sie können den Zertifikatsspeicher überprüfen, indem Sie den Internet Explorer starten und dort auf **Extras**, **Internetoptionen**, **Inhalte**, **Zertifikate**, **Eigene Zertifikate** klicken. Dort sollten Sie das Zertifikat sehen, das Sie soeben erstellt haben (siehe Abbildung 13.19).

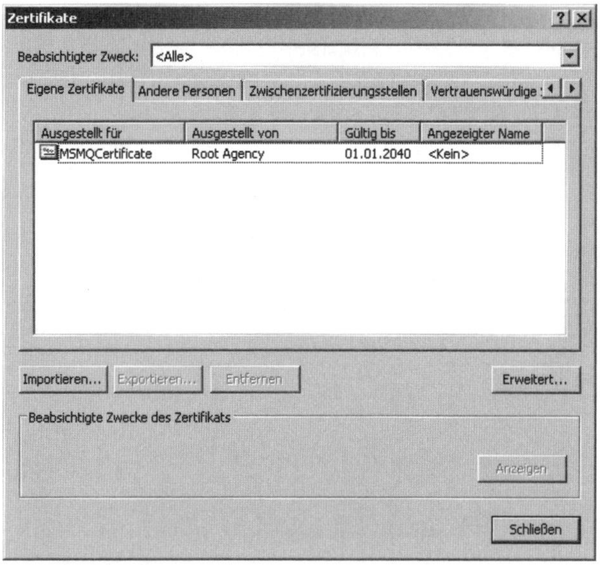

Abbildung 13.19 Ihr persönliches Zertifikat

Der nächste Schritt besteht darin, das Zertifikat aus dem Speicher für persönliche Zertifikate zu laden und es an die Nachricht anzuhängen. Dies wird im folgenden Code angezeigt:

```
'VB
Imports System.Messaging
Imports System.Security.Cryptography.X509Certificates

Module Module1

    Private Const cQueueName As String = ".\private$\ShippingInbox"
    Private Const cCertificateName As String = "MSMQCertificate"

Sub Main()
    Dim store As X509Store = New X509Store(StoreName.My)
    store.Open(OpenFlags.ReadOnly)

    Dim collection As X509Certificate2Collection
    collection = store.Certificates.Find(X509FindType.FindBySubjectName, _
            cCertificateName, False)

        Dim certificate As X509Certificate2 = Collection(0)

        Console.WriteLine("Using '{0}' certificate issued by '{1}'", _
            certificate.Subject, certificate.Issuer)

        Dim queue As MessageQueue = New MessageQueue(cQueueName)

Dim message As Message =  New Message()
        message.Body = "Authenticated message test - body"
```

```
        message.Label = "Authenticated message test - label"
        message.UseDeadLetterQueue = True

        ' Authentifizierung anfordern und externes Zertifikat angeben
        message.UseAuthentication = True
        message.SenderCertificate = certificate.GetRawCertData()

        ' Sicherstellen, dass SenderID nicht gesendet wird. Im Arbeitsgruppenmodus kann MSMQ
        ' einen öffentlichen Schlüssel nicht mit der SID verknüpfen. Authentifizierte Nachrichten, die
        ' eine SID enthalten, bestehen die Authentifizierungsprüfung nicht und werden an die
        ' Warteschlange für unzustellbare Nachrichten gesendet.
        message.AttachSenderId = False

        queue.Send(message, MessageQueueTransactionType.Single)

        Console.WriteLine("Message is sent to queue.")
    Console.WriteLine("Hit enter...")
        Console.ReadLine()

    End Sub

End Module

//C#
using System;
using System.Messaging;
using System.Security.Cryptography.X509Certificates;

namespace QueueSenderWorkgroup
{
    class SendProgram
    {

        private const string cQueueName = @".\private$\ShippingInbox";
        private const string certificateName = "MSMQCertificate";

        static void Main(string[] args)
        {


    X509Store store = new X509Store(StoreName.My);
    store.Open(OpenFlags.ReadOnly);

            X509Certificate2Collection collection =
                store.Certificates.Find(X509FindType.FindBySubjectName,
                certificateName, false);

    X509Certificate2 certificate = collection[0];

            Console.WriteLine("Using '{0}' certificate issued by '{1}'",
                certificate.Subject, certificate.Issuer);
```

```
            MessageQueue queue = new MessageQueue(cQueueName);

Message message = new Message();
            message.Body = "Authenticated message test - body";
            message.Label = "Authenticated message test - label";
            message.UseDeadLetterQueue = true;

            // Authentifizierung anfordern und externes Zertifikat angeben
            message.UseAuthentication = true;
            message.SenderCertificate = certificate.GetRawCertData();

            // Sicherstellen, dass SenderID nicht gesendet wird. Im Arbeitsgruppenmodus kann MSMQ
          // einen öffentlichen Schlüssel nicht mit der SID verknüpfen. Authentifizierte Nachrichten, die
            // eine SID enthalten, bestehen die Authentifizierungsprüfung nicht und werden an die
            // Warteschlange für unzustellbare Nachrichten gesendet.
            message.AttachSenderId = false;

            queue.Send(message, MessageQueueTransactionType.Single);

            Console.WriteLine("Message is sent to queue.");
    Console.WriteLine("Hit enter...");
            Console.ReadLine();
        }
    }
}
```

Überprüfen einer Nachricht

Im Domänenmodus wird es kaum notwendig sein, die Herkunft der Nachricht zu überprüfen. Wenn die Eigenschaft **Authenticated** der Nachricht auf **true** festgelegt ist, dann wurde die Nachricht beim Einfügen in die Warteschlange überprüft. Im Arbeitsgruppenmodus hingegen kennt der Empfänger das Zertifikat des Absenders nicht; er muss also, statt sich auf **SenderId** zu verlassen, die Eigenschaften des Zertifikats darauf überprüfen, ob es von einer vertrauenswürdigen CA ausgestellt wurde. Der folgende Code zeigt, wie auf die Eigenschaften des Zertifikats zugegriffen wird:

```
'VB
Imports System.Messaging
Imports System.Security.Cryptography.X509Certificates
Imports CChars = Microsoft.VisualBasic.ControlChars

Module Module1

    Private Const cQueueName As String = ".\private$\ShippingInbox"
    Private Const cCertificateName As String = "MSMQCertificate"

Sub Main()
        Dim queue As MessageQueue = New MessageQueue(cQueueName)

        ' Eigenschaft Authenticated und Zertifikat des Absenders anfordern
        queue.MessageReadPropertyFilter.Authenticated = True
    queue.MessageReadPropertyFilter.SenderCertificate = True
```

```
    ' Nachricht abrufen
    Dim message As Message
    message = queue.Receive()

    If Not message.Authenticated Then
        Console.WriteLine("Message with label '{0}' was not authenticated", _
        message.Label)
        Return
End If

    Console.WriteLine("Authenticated message received with label '{0}'", _
        message.Label)

    Dim certificate As X509Certificate2 = _
        New X509Certificate2(message.SenderCertificate)

    Console.WriteLine("\tSender was '{0}'", certificate.Subject)
    Console.WriteLine("\tCertificate Issuer was '{0}'", certificate.Issuer)
    Console.WriteLine("\tCertificate effective {0}", certificate.NotBefore)
    Console.WriteLine("\tCertificate expires {0}", certificate.NotAfter)
Console.WriteLine("\tCertificate Verify: {0}", certificate.Verify())
    Console.WriteLine()

    If certificate.NotBefore > DateTime.Now Then
        Console.WriteLine("The certificate used to authenticate the " + _
            "message will not be valid until {0}", _
            certificate.NotBefore)
        Return
End If

    If certificate.NotAfter < DateTime.Now Then
        Console.WriteLine("The certificate used to authenticate the " + _
            "message expired on {0}", _
            certificate.NotAfter)
        Return
End If

    If Not certificate.Verify() Then

        Console.WriteLine("The certificate used to authenticate the " + _
            "message could not be validated using " + _
                "the basic validation policy.  Perhaps it is a test " + _
            "certificate or not issued by a trusted " + _
            "authority." + CChars.NewLine + CChars.NewLine + _
            "Use the X509Chain class to perform a more detailed analysis.")
End If

Console.WriteLine("Hit enter...")
    Console.ReadLine()

End Sub
```

```
End Module

//C#
using System;
using System.Messaging;
using System.Security.Cryptography.X509Certificates;

namespace QueueRecipientWorkgroup
{
    class Program
    {

        private const string cQueueName = @".\private$\ShippingInbox";
        private const string certificateName = "MSMQCertificate";

        static void Main(string[] args)
        {
            MessageQueue queue = new MessageQueue(cQueueName);

            // Eigenschaft Authenticated und Zertifikat des Absenders anfordern
            queue.MessageReadPropertyFilter.Authenticated = true;
            queue.MessageReadPropertyFilter.SenderCertificate = true;

            // Nachricht abrufen
            Message message;
            message = queue.Receive();

            if (!message.Authenticated)
            {
                Console.WriteLine("Message with label '{0}' was not " +
                    "authenticated", message.Label);
                return;
            }

            Console.WriteLine("Authenticated message received with label " +
                "'{0}'", message.Label);

            X509Certificate2 certificate =
                new X509Certificate2(message.SenderCertificate);


            Console.WriteLine("\tSender was '{0}'", certificate.Subject);
            Console.WriteLine("\tCertificate Issuer was '{0}'",
                certificate.Issuer);
            Console.WriteLine("\tCertificate effective {0}",
                                    certificate.NotBefore);
            Console.WriteLine("\tCertificate expires {0}",
                    certificate.NotAfter);
    Console.WriteLine("\tCertificate Verify: {0}",
                certificate.Verify());
            Console.WriteLine();
```

```
            if (certificate.NotBefore > DateTime.Now)
            {
                Console.WriteLine("The certificate used to authenticate " +
                    "the message will not be valid until {0}",
                    certificate.NotBefore);
                return;
            }

            if (certificate.NotAfter < DateTime.Now)
            {
                Console.WriteLine("The certificate used to authenticate " +
                    "the message expired on {0}",
                    certificate.NotAfter);
                return;
            }

            if (!certificate.Verify())
            {
                Console.WriteLine("The certificate used to authenticate " +
                    "the message could not be validated using " +
                    "the basic validation policy.  Perhaps it is a test " +
                    "certificate or not issued by a trusted " +
                    "authority.  \n\nUse the X509Chain class to perform " +
                    "a more detailed analysis.");
            }

    Console.WriteLine("Hit enter...");
            Console.ReadLine();
        }
    }
}
```

Wenn Sie die zuvor gesendete Nachricht abrufen, sehen Sie die in Abbildung 13.20 gezeigte Ausgabe.

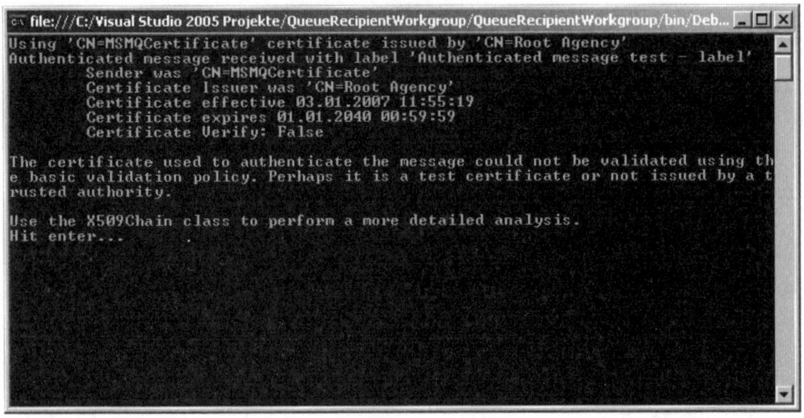

Abbildung 13.20 Das persönliche Zertifikat ist in die authentifizierte Nachricht eingebettet

Verschlüsseln einer Nachricht

Die zweite Möglichkeit, Ihre Nachricht abzusichern, ist die *Verschlüsselung*. Verschlüsselung bezeichnet den Vorgang des Ver- und Entschlüsselns von Nachrichten, wodurch sichergestellt wird, dass diese nicht von Personen gelesen oder verwendet werden können, die hierzu nicht befugt sind. MSMQ unterstützt die Verschlüsselung durch die Verwendung öffentlicher und privater Schlüssel. Die Implementierung öffentlicher Schlüssel bei MSMQ basiert auf der CryptoAPI von Microsoft und verwendet den Microsoft Base Cryptographic Provider Version 1.0.

Wie bei der Authentifizierung erfordert die Verschlüsselung von MSMQ-Nachrichten die Verwendung eines Kryptografiedienstanbieters (Cryptographic Service Provider, CSP). Sie können zwar eine Vielzahl von CSPs zur Authentifizierung installieren, aber der Microsoft Base Cryptographic Provider Version 1.0 muss auf jedem MSMQ-Server, unabhängigen Client oder abhängigen Clientcomputer installiert sein, der verschlüsselte Nachrichten sendet oder empfängt. (Auch nachdem Sie den Microsoft Base Cryptographic Provider Version 1.0 installiert haben, können Nicht-MSMQ-Anwendungen weiterhin andere CSPs zur Verschlüsselung verwenden.)

Sie können angeben, ob eine Warteschlange verschlüsselte und/oder unverschlüsselte Nachrichten akzeptiert. Wenn als Sicherheitsstufe der Warteschlange **Keine** gewählt ist, akzeptiert die Warteschlange nur unverschlüsselte Nachrichten. Wenn als Sicherheitsstufe der Warteschlange **Optional** gewählt ist, akzeptiert die Warteschlange unverschlüsselte und verschlüsselte Nachrichten. Wenn als Sicherheitsstufe der Warteschlange **Nachrichtentext** gewählt ist, akzeptiert die Warteschlange nur verschlüsselte Nachrichten.

Nachrichten werden auf dem Quellcomputer verschlüsselt und auf dem Zielcomputer entschlüsselt; in der Zielwarteschlange erscheinen sie als Klartext. Wenn die Sicherheitsstufe **Optional** gewählt ist, können Benutzer durch Aufrufen der Nachrichteneigenschaften im MSMQ-Explorer überprüfen, ob eine Nachricht, die an die Warteschlange gesendet wurde, verschlüsselt oder unverschlüsselt war.

Wenn Sie die Verschlüsselung verwenden, wird der MSMQ-Nachrichtendurchsatz erheblich eingeschränkt – wenn auch nicht so stark wie bei der Authentifizierung. Wenn Sie mehrere Nachrichten an dasselbe Ziel senden, dauert lediglich das Senden der ersten Nachricht erheblich länger.

Das Absichern Ihrer Nachricht mithilfe der Verschlüsselung ist ein Dienst, der auf der Warteschlangenebene bereitgestellt wird. Der erste Schritt besteht darin, Ihre Warteschlange so zu konfigurieren, dass nur verschlüsselte Nachrichten akzeptiert werden. Danach erfolgt die eigentliche Verschlüsselung der Nachricht. Das Konfigurieren der Verschlüsselungseinstellung der Warteschlange kann über die Computerverwaltungs-Konsole oder mithilfe von Code erfolgen, der die Eigenschaft **EncryptionRequired** festlegt. Es gibt drei mögliche Einstellungen für **EncryptionRequired**:

- **Body** Akzeptiert nur private (verschlüsselte) Nachrichten
- **None** Akzeptiert nur nicht private (unverschlüsselte) Nachrichten
- **Optional** Erzwingt keinen Datenschutz. Akzeptiert private (verschlüsselte) wie auch nicht private (unverschlüsselte) Nachrichten.

Auf der Nachrichtenebene geben Sie an, dass die Nachricht verschlüsselt werden soll, indem Sie **UseEncryption** auf **true** festlegen. Der folgende Code zeigt beispielhaft, wie Sie eine Warteschlange so festlegen, dass sie nur verschlüsselte Nachrichten akzeptiert, und sendet danach eine Nachricht, bei der **UseEncryption** auf **true** festgelegt ist.

```
'VB
Imports System.Messaging

Module Module1

    Private Const cQueueName As String = ".\private$\ShippingInbox"

Sub Main()
        ' Warteschlange erstellen
        Dim queue As MessageQueue = New MessageQueue(cQueueName)
        queue.Label = cQueueName
        queue.EncryptionRequired = EncryptionRequired.Body

        ' Nachricht erstellen und Eigenschaften festlegen
        Dim msg As Message = New Message()
        ' Folgendes funktioniert nur mit Active Directory
        msg.UseEncryption = True

        msg.Body = "Test"
        msg.Label = "Test"

        ' Nachricht mithilfe einer einzelnen MSMQ-Transaktion senden
        queue.Send(msg, MessageQueueTransactionType.Single)

        Console.WriteLine("Message is sent to queue.")
    Console.WriteLine("Hit enter...")
        Console.ReadLine()
    End Sub

End Module

//C#
using System;
using System.Messaging;

namespace QueueSenderEncrypt
{
    class Program
    {
        private const string cQueueName = @".\private$\ShippingInbox";

        static void Main(string[] args)
        {

            // Warteschlange erstellen
            MessageQueue queue = new MessageQueue(cQueueName);
            queue.Label = cQueueName;
            queue.EncryptionRequired = EncryptionRequired.Body;
```

```
            // Nachricht erstellen und Eigenschaften festlegen
            Message msg = new Message();
            // Folgendes funktioniert nur mit Active Directory
            msg.UseEncryption = true;

            msg.Body = "Test";
            msg.Label = "Test";

            // Nachricht mithilfe einer einzelnen MSMQ-Transaktion senden
            queue.Send(msg, MessageQueueTransactionType.Single);

            Console.WriteLine("Message is sent to queue.");
    Console.WriteLine("Hit enter...");
            Console.ReadLine();
        }
    }
}
```

Wenn Sie sich die Eigenschaften der Nachricht in der Computerverwaltungs-Konsole ansehen, werden Sie feststellen, dass die Verschlüsselung angewendet wurde.

Die empfangende Anwendung ruft eine private Nachricht auf gleiche Weise ab wie eine unverschlüsselte Nachricht. Sie kann allerdings anhand der Sicherheitsstufeneigenschaft der Nachricht ermitteln, ob diese in verschlüsselter Form gesendet wurde, und auf der Basis des verwendeten Verschlüsselungsalgorithmus feststellen, wie die Verschlüsselung erfolgte.

Im Arbeitsgruppenmodus wird diese automatische Verschlüsselungsstufe nicht unterstützt; gleiches gilt für die Möglichkeit, zu erzwingen, dass nur verschlüsselte Nachrichten gesendet werden. Wenn Sie den Nachrichtentext verschlüsseln wollen, können Sie dies tun, indem Sie zunächst den Text Ihrer Nachricht serialisieren und das Ergebnis dann mit Kryptografieklassen wie der in der Framework-Klassenbibliothek vorhandenen Klasse **Rijndael** verschlüsseln.

Übung 2: Verschlüsseln einer Nachricht und Überprüfen ihrer Authentizität nach der Übertragung

In dieser Übung wollen wir ausarbeiten, was Sie in der vorherigen Übung gelernt haben, und ein Zertifikat erstellen, dieses zur Signierung und Verschlüsselung einer Nachricht verwenden und es später untersuchen, um seine Authentizität zu überprüfen.

Wenn Sie bei der Bearbeitung dieser Übung auf Probleme stoßen, finden Sie alle abgeschlossenen Projekte auf der Begleit-CD im Ordner **Code**.

▶ Übung 1: Verschlüsseln und Überprüfen

In dieser Übung verwenden Sie die in Lektion 1 dieses Kapitels erstellte Anwendung, um die Informationen in der Nachricht zu verschlüsseln und die Nachricht beim Empfang zu überprüfen. Sie können mit Ihren persönlichen Ergebnissen fortfahren oder die Ergebnisse von der CD kopieren und dann als Ausgangspunkt verwenden.

1. Erstellen Sie zunächst ein persönliches Zertifikat. Starten Sie die Visual Studio 2005-Eingabeaufforderung. Geben Sie Folgendes ein:

```
makecert -n "CN=MSMQExercises" -ss My
```

2. Öffnen Sie Visual Studio 2005 und öffnen Sie die Projektmappe **MSLearning.Exercises**.
3. Öffnen Sie **Program.cs**.
4. Fügen Sie eine Methode namens **GetCertificate** hinzu, die das Zertifikat aus Ihrem Speicher für persönliche Zertifikate lädt:

```
'VB
Function GetCertificate() As X509Certificate2
    Dim store As X509Store = New X509Store(StoreName.My)
    store.Open(OpenFlags.ReadOnly)

    Dim collection As X509Certificate2Collection
    collection = store.Certificates.Find(X509FindType.FindBySubjectName, _
        "MSMQExercises", False)

    Dim certificate As X509Certificate2 = collection(0)
    Return certificate
End Function

//C#
static X509Certificate2 GetCertificate()
{
    X509Store store = new X509Store(StoreName.My);
    store.Open(OpenFlags.ReadOnly);

    X509Certificate2Collection collection =
                store.Certificates.Find(X509FindType.FindBySubjectName,
        "MSMQExercises", false);

    X509Certificate2 certificate = collection[0];
    return certificate;
}
```

5. Fügen Sie Code zu **CreateMessage** hinzu, um die Nachricht zu verschlüsseln (relevante Passagen sind fett gedruckt):

```
'VB
Private Function CreateMessage() As Message
    Dim body As String = _
"CustomerId=888;OrderId=501;ArticleId=9900232;Quantity=10"
    Dim message As Message = New Message(body)
    message.Formatter = New XmlMessageFormatter(New Type() _
        {Type.GetType("System.String")})
    message.Label = "Request to invoice customer 888 for order 501."
    message.Recoverable = True
```

```
    message.TimeToBeReceived = New TimeSpan(1, 0, 0)
    message.SenderCertificate = GetCertificate().GetRawCertData()
    message.UseEncryption = True
    Return message
End Function

//C#
static private Message CreateMessage()
{
    string body = "CustomerId=888;OrderId=501;ArticleId=9900232;Quantity=10";
Message message = new Message();
    message.Formatter = new XmlMessageFormatter(new Type[] { typeof(string) });
    message.Body = body;
    message.Label = "Request to invoice customer 888 for order 501.";
    message.Recoverable = true;
    message.TimeToBeReceived = new TimeSpan(1, 0, 0);
    message.SenderCertificate = GetCertificate().GetRawCertData();
    message.UseEncryption = true;
    return message;
}
```

6. Fügen Sie Code zu **GetQueue** hinzu, damit die Warteschlange eine Verschlüsselung erfordert (relevante Passagen sind fett gedruckt):

```
'VB
Function GetQueue(ByVal path As String) As MessageQueue
        Dim queue As MessageQueue
    If MessageQueue.Exists(path) Then
    queue = New MessageQueue(path)
    Else
        queue = MessageQueue.Create(path)
    End If
    queue.Label = path
    queue.EncryptionRequired = EncryptionRequired.Body
    queue.MessageReadPropertyFilter.SenderCertificate = True
    Return queue
End Function

//C#
static private MessageQueue GetQueue(string path)
{
    MessageQueue queue;
    if (MessageQueue.Exists(path))
    {
        queue = new MessageQueue(path);
    }
    else
    {
        queue = MessageQueue.Create(path, false);
    }
    queue.Label = path;
```

```
    queue.EncryptionRequired = EncryptionRequired.Body;
    queue.MessageReadPropertyFilter.SenderCertificate = true;
    return queue;
}
```

7. Fügen Sie Code zu **Main** hinzu, um die Informationen aus dem Zertifikat, mit dem die Nachricht verschlüsselt wurde, abzurufen und anzuzeigen (relevante Passagen sind fett gedruckt):

```
'VB
Sub Main()
    Dim queue As MessageQueue = GetQueue(cQueueName)
    Console.WriteLine("Using queue: {0}", cQueueName)

    Dim message As Message = CreateMessage()
queue.Send(message)
    Console.WriteLine("Send message to queue.")

    Dim incoming As Message = queue.Receive()
    incoming.Formatter = New XmlMessageFormatter(New Type() _
        {Type.GetType("System.String")})
    Console.WriteLine("Incoming message.label : {0}", incoming.Label)
    Console.WriteLine("Incoming message.body : {0}", incoming.Body)

    Dim certificate As X509Certificate2 = _
        New X509Certificate2(incoming.SenderCertificate)
    Console.WriteLine("\tSender was '{0}'", certificate.Subject)
    Console.WriteLine("\tCertificate Issuer was '{0}'", certificate.Issuer)
    Console.WriteLine("\tCertificate effective {0}", certificate.NotBefore)
    Console.WriteLine("\tCertificate expires {0}", certificate.NotAfter)
    Console.WriteLine("\tCertificate Verify: {0}", certificate.Verify())

    Console.WriteLine("Hit enter...")
    Console.ReadLine()
End Sub

//C#
static void Main(string[] args)
{
    MessageQueue queue = GetQueue(cQueueName);

    Console.WriteLine("Using queue: {0}", cQueueName);

    Message message = CreateMessage();
queue.Send(message);
    Console.WriteLine("Send message to queue.");

    Message incoming = queue.Receive();
    incoming.Formatter = new XmlMessageFormatter(new Type[]{typeof(string)});
    Console.WriteLine("Incoming message.label : {0}", incoming.Label);
    Console.WriteLine("Incominf message.body : {0}", incoming.Body);
```

```
    X509Certificate2 certificate =
        new X509Certificate2(incoming.SenderCertificate);
    Console.WriteLine("\tSender was '{0}'", certificate.Subject);
    Console.WriteLine("\tCertificate Issuer was '{0}'", certificate.Issuer);
    Console.WriteLine("\tCertificate effective {0}", certificate.NotBefore);
    Console.WriteLine("\tCertificate expires {0}", certificate.NotAfter);
    Console.WriteLine("\tCertificate Verify: {0}", certificate.Verify());

    Console.WriteLine("Hit enter...");
    Console.ReadLine();
}
```

8. Starten Sie die Konsolenanwendung.
9. Das Ergebnis sollte wie folgt aussehen, auch wenn die Daten auf dem Zertifikat sich unterscheiden werden:

```
Using queue: .\private$\InvoicingQueue
Send message to queue.
Incoming message.label : Request to invoice customer 888 for order 501.
Incoming message.body :
CustomerId=888;OrderId=501;ArticleId=9900232;Quantity=10

        Sender was 'CN=MSMQExercises'
        Certificate Issuer was 'CN=Root Agency'
        Certificate effective 17-7-2006 22:08:25
        Certificate expires 1-1-2040 0:59:59
        Certificate Verify: False
        Hit enter...
```

Zusammenfassung der Lektion

- Die Authentifizierung kann von MSMQ durch Prüfen gegen Active Directory oder gegen ein Zertifikat erzwungen werden, das von einer CA ausgegeben wurde
- Das Signieren einer Nachricht erfolgt durch Aktivieren der Authentifizierung. Hierdurch wird die Nachricht mit einer digitalen Signatur versehen, die ungültig wird, wenn die Nachricht beschädigt wird, bevor der Empfänger sie erhält.
- Die Überprüfung mit einem Zertifikat erfordert benutzerdefinierten Code aufseiten des Empfängers der Nachricht
- Die MSMQ-Verschlüsselung von Nachrichten wird nur in einer Domäne unterstützt. Die Verschlüsselung einer Nachricht erfolgt von deren Absender, die Entschlüsselung wird von MSMQ durchgeführt und ist insofern für den Empfänger transparent
- Im Arbeitsgruppenmodus ist eine benutzerdefinierte Verschlüsselung mithilfe der .NET Framework-Klassenbibliothek erforderlich
- Der Empfänger einer Nachricht kann den Absender überprüfen, indem er die Eigenschaft **SenderCertificate** überprüft

Lernzielkontrolle

Mit den folgenden Fragen können Sie Ihr Wissen zu den Informationen aus Lektion 2, „Sicheres Messaging“, überprüfen. Die Fragen finden Sie (in englischer Sprache) auch auf der Begleit-CD, Sie können sie also auch auf dem Computer im Rahmen eines Übungstests beantworten.

HINWEIS Antworten

Die Antworten auf diese Fragen mit Erklärungen, warum die jeweiligen Auswahlmöglichkeiten richtig oder falsch sind, finden Sie im Abschnitt „Antworten“ am Ende dieses Buchs.

1. Betrachten Sie den folgenden Code, der auf einem Computer im Arbeitsgruppenmodus ausgeführt wird:

```
'VB
Dim queue As MessageQueue =  MessageQueue.Create(".\\private$\\myqueue")
queue.Authenticate = True
Dim message As Message =  New Message()
queue.Send(message)

//C#
MessageQueue queue = MessageQueue.Create(".\\private$\\myqueue");
queue.Authenticate = true;
Message message = new Message();
queue.Send(message);
```

   Welche der folgenden Aussagen ist zutreffend? (Wählen Sie die beste Antwort aus.)

   a. Der Code wird problemlos ausgeführt.
   b. Der Code funktioniert im Arbeitsgruppenmodus nicht, weil Sie in diesem Modus ein **SenderCertificate** angeben müssen.
   c. Der Code funktioniert nicht, weil die Nachricht **UseAuthentication** als **true** angeben muss.
   d. Dieser Code funktioniert sowohl aus dem unter B als auch aus dem unter C beschriebenen Grund nicht.

2. Welche der folgenden Aussagen ist zutreffend? (Wählen Sie die beste Antwort aus.)

   a. **MessageQueue.GetAllMessages()** liest und löscht alle Nachrichten aus einer Warteschlange.
   b. **MessageQueue.Peek()** klont die erste Nachricht in der Warteschlange, löscht sie aber nicht.
   c. **MessageQueue.Receive()** klont die erste Nachricht in der Warteschlange, löscht sie aber nicht.
   d. **MessageQueue.Delete()** löscht die erste Nachricht in der Warteschlange.

Rückblick auf dieses Kapitel

Sie können die in diesem Kapitel vermittelten Fähigkeiten folgendermaßen einüben und vertiefen:

- Lesen Sie die Zusammenfassung des Kapitels sorgfältig durch
- Lesen Sie die Liste der Schlüsselbegriffe durch, die in diesem Kapitel eingeführt wurden
- Arbeiten Sie die Übungen mit Fallbeispielen durch. Diese Szenarios beschreiben Fälle aus der Praxis, in denen die Themen dieses Kapitels zur Anwendung kommen. Sie werden aufgefordert, eine Lösung zu entwickeln.
- Führen Sie die vorgeschlagenen praktischen Übungen durch
- Machen Sie einen Übungstest

Zusammenfassung des Kapitels

- Das Message Queuing ist eine optionale Windows-Komponente, die explizit installiert werden muss
- Warteschlangen und der Zugriff darauf werden mit der Klasse **System.Messaging.MessageQueue** erstellt, gelöscht und verwaltet
- Nachrichten können beliebige Objekte sein, es gilt aber als gängige Praxis, das Objekt im Nachrichtenkörper eines **System.Messaging.Message**-Objekts abzulegen
- Der Nachrichtenkörper kann entweder mit einer binären oder einer XML-Formatierung serialisiert werden
- Warteschlangen können Bestandteile von Transaktionen sein
- Die Authentifizierung einer Nachricht kann sogar als Voraussetzung dafür konfiguriert werden, eine Nachricht an eine Warteschlange zu senden
- Nachrichten können mithilfe von Verschlüsselung abgesichert werden
- Mithilfe der Computerverwaltungs-Konsole können Warteschlangen überwacht und verwaltet werden

Schlüsselbegriffe

Wissen Sie, was die folgenden Schlüsselbegriffe bedeuten? Sie können Ihre Antworten überprüfen, indem Sie die Begriffe im Glossar am Ende dieses Buchs nachschlagen.

- Computerverwaltungs-Konsole
- Digitale Signatur
- Verschlüsselung
- Nachrichtenwarteschlange
- Microsoft Message Queuing (MSMQ)

Fallbeispiele

In den folgenden Fallbeispielen wenden Sie an, was Sie über die Verwendung von Warteschlangen und über sicheres Messaging gelernt haben. Die Lösungen zu den Fragen finden Sie im Abschnitt „Antworten" hinten in diesem Buch.

Fallbeispiel 1: Onlineshop

Interviews

Es folgt eine Auflistung der befragten Unternehmensmitarbeiter und ihrer Aussagen.

- **Leiter der IT-Abteilung** „Wir haben einen Onlineshop, unser Versandsystem und unser Abrechnungssystem, die alle mithilfe von Webdiensten verbunden sind. Das funktioniert recht gut, aber um unser Abrechnungssystem zu sichern, müssen wir es für zwei Stunden herunterfahren. Da das System dann ausfällt, stehen die Webdienste nicht zur Verfügung, und unser Onlineshop funktioniert nicht mehr."
- **Unternehmensplaner** „Es ist ja nicht so, dass im Moment nichts funktioniert, aber manchmal arbeitet das System aus Benutzersicht träge, wenn unser Abrechnungssystem die monatliche Rechnungserstellung ausführt. Wir geben unser Bestes, damit alle finanzbezogenen Änderungen in dem Moment erfolgen, in dem der Benutzer auf **Kauf abschließen** klickt, aber die Reaktion ist einfach zu langsam."
- **CIO** „Langsam? System nicht verfügbar? Ja, leben wir denn im Mittelalter? Lassen Sie sich etwas Kluges einfallen! Ich möchte optimale Leistung und Verfügbarkeit, und das rund um die Uhr – an 365 Tagen im Jahr!"

Fragen

Beantworten Sie die folgenden Fragen für Ihren Abteilungsleiter:

1. Muss der Onlineshop alle Verarbeitungsfunktionen in dem Moment ausführen, in dem der Kunde auf **Kauf abschließen** klickt?
2. Welche Art von Sicherheit besteht derzeit bei der Kommunikation zwischen unserem Onlineshop, dem Versand- und dem Abrechnungssystem?

Fallbeispiel 2: Stapel

Interviews

Es folgt eine Auflistung der befragten Unternehmensmitarbeiter und ihrer Aussagen.

- **Leiter der IT-Abteilung** „Wir haben einen monatlichen Rechnungsstapel, dessen Bearbeitung 48 Stunden dauert. Es gibt keine Möglichkeit, diese Bearbeitung mit wenig Aufwand auf mehrere Computer zu skalieren."
- **Unternehmensplaner** „Das System soll rund um die Uhr an jedem Wochentag verfügbar sein. Unser Fenster für die Stapelverarbeitung muss mindestens auf sechs, besser auf vier Stunden verringert werden."

- **CIO** „Der Vorstand hat ganz klar formuliert, dass wir an allen Tagen der Woche einschließlich des Wochenendes bereit zur Bestellungsannahme sein müssen. Unsere Systeme dürfen kein ganzes Wochenende mehr für Stapelverarbeitungsaufträge beanspruchen."

Fragen

Beantworten Sie die folgenden Fragen für Ihren Abteilungsleiter:

1. Wie funktioniert die Stapelverarbeitung derzeit?
2. Gibt es eine bestimmte Reihenfolge, in der Elemente während der Stapelverarbeitung bearbeitet werden müssen? Wenn ja, wie groß ist die kleinste Arbeitseinheit, die sich benennen lässt?
3. Wie viele Computer stehen zur Verfügung? Wie viele Prozesse pro Computer können wir gleichzeitig starten?

Vorgeschlagene praktische Übungen

Um die in diesem Kapitel formulierten Lernziele erfolgreich zu erreichen, führen Sie die folgenden Aufgaben durch.

Erstellen und Löschen einer Nachrichtenwarteschlange und Festlegen der Berechtigungen

Für diese Aufgabe sollten Sie die beiden praktischen Übungen bearbeiten.

Praktische Übung 1

- Erstellen Sie eine Konsolenanwendung, die auf das Vorhandensein einer Warteschlange namens **MyInboxQueue** prüft. Wenn sie vorhanden ist, soll sie gelöscht werden; wenn nicht, soll sie erstellt werden.

Praktische Übung 2

- Erstellen Sie eine Konsolenanwendung, die auf das Vorhandensein einer Warteschlange namens **MyInboxQueue** prüft. Ist diese Warteschlange nicht vorhanden, dann soll sie erstellt werden.
- Ändern Sie die Rechte für die Warteschlange so, dass nur Sie in die Warteschlange schreiben, aber jeder daraus lesen kann
- Schreiben Sie zwei Nachrichten in die Warteschlange. Geben Sie **I can read from the queue.** als Nachrichtenkörper an.
- Starten Sie die Konsolenanwendung
- Erstellen Sie eine zweite Konsolenanwendung, die eine Nachricht aus dem Nachrichtenkörper liest und anzeigt
- Starten Sie die zweite Konsolenanwendung. Sie sollten nun den Text „I can read from the queue." sehen.

- Melden Sie sich ab und melden Sie sich danach als anderer Benutzer wieder an
- Starten Sie die erste Konsolenanwendung. Sie sollten nun eine Sicherheitsausnahme erhalten.
- Starten Sie die zweite Konsolenanwendung. Sie sollten nun den Text „I can read from the queue." sehen.

Senden und Empfangen von Nachrichten

Für diese Aufgabe sollten Sie die beiden praktischen Übungen bearbeiten.

Praktische Übung 1

- Erstellen Sie eine Konsolenanwendung, die eine Warteschlange erstellt und eine Nachricht an diese Warteschlange sendet
- Überprüfen Sie den Nachrichtenkörper mit der Computerverwaltungs-Konsole
- Ändern Sie die Nachrichtenformatierung in **XML** und wiederholen Sie die vorherigen Schritte
- Ändern Sie die Nachrichtenformatierung in **Binär** und wiederholen Sie die vorherigen Schritte

Praktische Übung 2

- Erstellen Sie ein Klassenbibliotheksprojekt mit einer Methode **SubmitOrder** für eine Klasse **OrderService**. Verwenden Sie eine Schnittstelle namens **IOrderService**. Wandeln Sie den Dienst in einer Queued Component um und registrieren Sie diese als Dienstanwendung im COM+-Katalog. Eine Anzahl Warteschlangen wird automatisch erstellt. Aktivieren Sie automatische Journaleinträge für diese Warteschlangen mithilfe der Computerverwaltungs-Konsole.
- Erstellen Sie eine Konsolenanwendung, die mithilfe eines Monikers auf die Queued Component zugreift, und wandeln Sie den Moniker in die Schnittstelle **IOrderService** um. Rufen Sie **SubmitOrder** auf. Überprüfen Sie die Journalwarteschlangen, um die gesendete Nachricht anzuzeigen.
- Wenn Sie ehrgeizig sind, können Sie ein **Order**-Objekt übergeben, das **IPersistStream** als Parameter implementiert

Signieren und Verschlüsseln von Nachrichten

Für diese Aufgabe ist nur eine praktische Übung vorhanden.

Praktische Übung 1

- Erstellen Sie eine Konsolenanwendung, die eine Transaktionswarteschlange erstellt, die die Authentifizierung und Verschlüsselung von Nachrichten erfordert. Konfigurieren Sie sie so, dass beim Empfang einer Nachricht eine Bestätigung erwartet wird. Fügen Sie unter Verwendung der binären Formatierung ein **Order**-Objekt in die Warteschlange ein. Dieses soll die administrative Warteschlange überwachen und alle eingehenden Nachrichten anzeigen.
- Erstellen Sie eine zweite Konsolenanwendung, die das **Order**-Objekt empfängt und innerhalb einer Transaktion einen Eintrag in die Datenbank schreibt

- Experimentieren Sie mit dieser Konfiguration und erstellen Sie gezielt Fehler in der zweiten Anwendung. Überprüfen Sie dann, was mit den Nachrichten, der Warteschlange für unzustellbare Nachrichten und den Bestätigungen geschieht.

Machen Sie einen Übungstest

Die Übungstests auf der Begleit-CD zu diesem Buch (in englischer Sprache) bieten zahlreiche Möglichkeiten. Zum Beispiel können Sie einen Test machen, der ausschließlich die Themen eines bestimmten Lernziels behandelt, oder Sie können sich selbst mit dem gesamten Inhalt der Prüfung 70-259 testen. Sie können den Test so konfigurieren, dass er dem Ablauf einer echten Prüfung entspricht, oder Sie können einen Lernmodus verwenden, in dem Sie sich nach dem Beantworten einer Frage jeweils sofort die richtige Antwort und Erklärungen ansehen können.

WEITERFÜHRENDE INFORMATIONEN Übungstests

Einzelheiten zu allen Optionen, die bei den Übungstests zur Verfügung stehen, finden Sie im Abschnitt „So verwenden Sie die Übungstests“ in der Einführung am Anfang dieses Buchs.

Antworten

Kapitel 1: Antworten zu den Lernzielkontrollen

Lektion 1

1. Richtige Antworten: A, C und D
   a. **Richtig:** Dieser Namespace ist standardmäßig für ein neues Webdienstprojekt enthalten, das mit der Vorlage erstellt wurde.
   b. **Falsch:** Es gibt keinen Namespace namens **System.WebServices**.
   c. **Richtig:** Dieser Namespace ist standardmäßig für ein neues Webdienstprojekt enthalten, das mit der Vorlage erstellt wurde.
   d. **Richtig:** Dieser Namespace ist standardmäßig für ein neues Webdienstprojekt enthalten, das mit der Vorlage erstellt wurde.
2. Richtige Antwort: D
   a. **Falsch:** Dieser Code ist gültig und wird verwendet, um anzugeben, dass der Webdienst auf eine andere Assembly verweisen wird.
   b. **Falsch:** Dieser Code ist gültig und wird verwendet, um anzugeben, dass der Webdienst auf eine einzelne Assembly verweisen wird.
   c. **Falsch:** Dieser Code ist korrekt, obwohl der Name in der Klasse sich von dem im Attribut **CodeBehind** angegebenen Namen unterscheidet. Solange tatsächlich eine Datei namens **ANewService.vb** vorhanden ist und die Klasse intern **Service** heißt, ist dieser Code gültig.
   d. **Richtig:** Dieser Code verweist auf eine zweite Assembly, verwendet aber statt eines Kommas einen Doppelpunkt zur Trennung der Klasse vom zweiten Assemblynamen.
3. Richtige Antwort: A
   a. **Richtig:** Der Namespace unterscheidet Ihren Webdienst eindeutig von anderen Webdiensten.
   b. **Falsch:** Diese Eigenschaft wird nicht für einen Verweis auf Standardisierungsorganisationen verwendet.
   c. **Falsch:** Der Namespace kann auf einen gültigen URL verweisen, aber sein primärer Zweck besteht darin, den Webdienst eindeutig zu identifizieren, und nicht darin, auf die Dokumentation zu verweisen.
   d. **Falsch:** Der Namespace kann auf einen gültigen URL verweisen, aber sein primärer Zweck besteht darin, den Webdienst eindeutig zu identifizieren, und nicht darin, auf eine Unternehmenswebsite zu verweisen.

Lektion 2

1. Richtige Antworten: A, B und D
   a. **Richtig:** Eine Methode muss öffentlich sein, bevor sie über einen Webdienst verfügbar gemacht wird.
   b. **Richtig:** Die Verarbeitungsdirektive **WebService** sagt dem ASMX-Handler, wo die Klassendateien zu finden sind, die den Webdienst implementieren.
   c. **Falsch:** In der Datei **Web.config** gibt es keinen Konfigurationsabschnitt **WebService**.
   d. **Richtig:** Das Attribut **WebMethod** muss an alle öffentlichen Methoden angehängt werden, die über den Webdienst verfügbar gemacht werden.
2. Richtige Antwort: C
   a. **Falsch:** Eine Transaktionsverarbeitung ist für Webdienste in .NET Framework 2.0 verfügbar. Sie wird mithilfe der Eigenschaft **TransactionOption** des Attributs **WebMethod** festgelegt.
   b. **Falsch:** Der korrekte Name lautet **TransactionOption**, nicht **Transaction**.
   c. **Richtig:** Die Eigenschaft **TransactionOption** akzeptiert die folgenden Werte: **Disabled**, **NotSupported**, **Supported**, **Required** und **RequiredNew**.
   d. **Falsch:** Es gibt keine Eigenschaft **Transaction** für das Attribut **WebService**.
3. Richtige Antwort: B
   a. **Falsch:** Die Eigenschaft **OneWay** wird nicht über das Attribut **WebMethod** festgelegt.
   b. **Richtig:** Entweder verwenden Sie **SoapDocumentMethod** oder **SoapRpcMethod**, um das Attribut **OneWay** auf **true** festzulegen.
   c. **Falsch:** Zwar enthält der Namespace **System.Web.Services.Protocols** die Methoden **SoapDocumentMethod** und **SoapRpcMethod**, aber es gibt keine Methode namens **SoapProtocol**.
   d. **Falsch:** Zwar ist B richtig, A jedoch nicht.

Lektion 3

1. Richtige Antwort: B
   a. **Falsch:** Die Hilfeseite der Dienstmethode wird verwendet, um eine bestimmte Webmethode aufzurufen, sie zeigt aber keine Verknüpfung zu allen verwendbaren Webmethoden an.
   b. **Richtig:** Auf die Diensthilfeseite wird zugegriffen, indem zur ASMX-Datei eines Webdienstes navigiert wird. Diese Seite zeigt eine Verknüpfung zu allen verwendbaren Webmethoden in Ihrem Webdienst an.
   c. **Falsch:** Eine Hilfeseite für Webmethoden gibt es nicht.
   d. **Falsch:** Nur Antwort B ist richtig.

2. Richtige Antworten: A, C und D
   a. **Richtig:** Sie können über die ASMX-Datei in einem Webbrowser zu einem Webdienst navigieren.
   b. **Falsch:** Einen Webdienst-Objektbrowser gibt es nicht.
   c. **Richtig:** In einer Debugsitzung innerhalb des Webdienstprojekts können Sie den Code Ihrer Webmethode schrittweise durchgehen.
   d. **Richtig:** Sie können eine ASP.NET-Clientanwendung erstellen, um Ihre Webmethoden zu verwenden.
3. Richtige Antworten: A, C und D
   a. **Richtig:** Sie müssen einen Webverweis in Ihrer Testanwendung erstellen, der auf die ASMX-Datei zeigt. Erst danach können Sie auf die öffentlichen Webmethoden zugreifen.
   b. **Falsch:** Sie müssen keine Routine erstellen, um Ihren Webdienst zu veröffentlichen. Das Erstellen eines Webverweises, der auf die ASMX-Datei zeigt, sollte ausreichend sein, um eine Verbindung mit dem Webdienst herzustellen.
   c. **Richtig:** Sie müssen eine neue Variable instanzieren, die für den Zugriff auf die Webmethoden verwendet wird, die in Ihrem Webdienst verfügbar gemacht werden.
   d. **Richtig:** Sie müssen die Webmethode direkt aus dem Code heraus aufrufen und dabei die Variable verwenden, die Sie im vorherigen Schritt instanziert haben.

Kapitel 1: Antworten zu den Fallbeispielen

Fallbeispiel 1: Entscheidung für Webdienste

- Sie schlagen Ihrem Chef vor, statt dem Partnerunternehmen über einen SQL Server-Port Zugriff auf die Datenbank zu gewähren, eine Webdienstanwendung zu entwickeln, die nur die erforderlichen Schlüsseldaten zur Verfügung stellt. Sie erläutern, dass, wenn ein Unternehmenszugriff auf die gesamte Datenbank gewährt wird, verschiedene Sicherheitsrisiken entstehen, die es erforderlich machen können, die gesamte Netzwerkarchitektur in Frage zu stellen. Durch Verwendung von Webdiensten können Sie exakt steuern, welche Daten dem Partnerunternehmen verfügbar gemacht werden. Es lassen sich dann nur Daten abfragen, die über die von Ihnen bereitgestellten öffentlichen Methoden verfügbar gemacht werden.

Fallbeispiel 2: Testen eines Webdienstes

- Sie sollten Ihrem Chef nachdrücklich erklären, dass, auch wenn Sie sicher sind, dass Ihre Datenbankabfragen gültige Daten zurückgeben, genau dies unter Umständen nicht das ist, was der Kunde erwartet oder braucht. Sie würden Ihre Tests gerne dahingehend erweitern, dass eine Testanwendung erstellt wird, die alle öffentlich verfügbar gemachten Webmethoden verwendet. Die Testanwendung würde dann jeden einzelnen Unternehmenspartner simulieren und die Daten abrufen, die dieser Partner benötigt. Die Daten würden dann von der Anwendung angezeigt.

Weiter erläutern Sie, dass es, auch wenn Ihr Unternehmen nicht direkt für die Erstellung der Anwendungen zuständig ist, die diese Webdienste verwenden, unvernünftig wäre, wenn nicht überprüft würde, ob das, was sie bereitstellen, für die Kundenanwendung nützlich und leicht zu ändern ist. Ihr Chef pflichtet Ihnen bei und dankt Ihnen für Ihr proaktives Denken.

Kapitel 2: Antworten zu den Lernzielkontrollen

Lektion 1

1. Richtige Antwort: D
   a. **Falsch:** Es gibt kein Element **Action** für die Spezifikation 1.1.
   b. **Falsch:** Es gibt weder für die Spezifikation 1.1 noch für die Spezifikation 1.2 ein Element **Action**.
   c. **Falsch:** Zwar sind die Elemente hier korrekt, aber das Schlüsselwort **must** gibt an, dass alle Elemente mit Ausnahme des optionalen **Header**-Elements erforderlich sind.
   d. **Richtig:** SOAP-Nachrichten, die nach der Spezifikation 1.1 oder 1.2 formatiert sind, *können* ein **Envelope**-, **Header**- und **Body**-Element enthalten. Das **Header**-Element ist optional.
2. Richtige Antwort: A
   a. **Richtig:** Mit dem Codierungswert wird ein bestimmtes Formatierungsschema angegeben.
   b. **Falsch:** Der Codierungswert hat nichts mit der Verschlüsselung von Webmethoden zu tun. Diese wird von den Web Services Enhancements (WSE) behandelt.
   c. **Falsch:** Nicht **Encoding**, sondern **Literal** ist der Standardwert, der zur Parametercodierung verwendet wird.
   d. **Falsch: Encoding** ist nicht der Standardwert, der zur Parameterkapselung verwendet wird. Dieser Wert wird stattdessen zur Angabe der Parametercodierung verwendet.
3. Richtige Antwort: B
   a. **Falsch:** Die Eigenschaft, mit der die Konformität angezeigt wird, heißt nicht **Conformance**, sondern **ConformsTo**.
   b. **Richtig:** Dies ist die korrekte Syntax.
   c. **Falsch:** Die Eigenschaft, mit der die Konformität angezeigt wird, heißt nicht **Conformance**, sondern **ConformsTo**. Außerdem ist der Wert zur Angabe der WS-I-Konformität nicht korrekt.
   d. **Falsch:** Es gibt keine Eigenschaft namens **BindingName**.
4. Richtige Antwort: C
   a. **Falsch:** Es gibt keine Methode namens **ToSerial**.
   b. **Falsch: Deserialize** ist ein gültiges Objekt, aber es handelt sich um den zweiten Schritt im Serialisierungsvorgang, bei dem es um die Zuordnung des XML-Codes zu einem .NET-Objekt geht.
   c. **Richtig:** Die Methode **Serialize** stellt den ersten Schritt im Serialisierungsvorgang dar. Hiermit wird ein XML-Dokument erstellt.
   d. **Falsch:** Es gibt keine Methode namens **XmlSerialize**.

Lektion 2

1. Richtige Antworten: A, C und D
   a. **Richtig:** Normalerweise sind Informationen dazu, wie der Client Authentifizierung und Transaktionen behandeln soll, im SOAP-Header enthalten.
   b. **Falsch:** Die Version der SOAP-Spezifikation ist nicht im SOAP-Header enthalten.
   c. **Richtig:** Informationen dazu, wie die SOAP-Anforderung vom Client verarbeitet werden soll, sind normalerweise im SOAP-Header enthalten.
   d. **Richtig:** Das Attribut **encodingStyle** ist in einem Headerblock enthalten.
2. Richtige Antwort: B
   a. **Falsch:** Sie sollten eine Klasse erstellen, die vom Namespace **System.Web.Services.Protocols.SoapHeader** erbt. Dies ist Ihre benutzerdefinierte SOAP-Headerklasse.
   b. **Richtig:** Sie müssen eine Variable in Ihrer Webdienstklasse erstellen, die auf die neue SOAP-Headerklasse verweist, aber diese Variable sollte öffentlich und nicht privat sein.
   c. **Falsch:** Sie sollten ein **SoapHeader-**Attribut zu Ihrer öffentlichen Webmethode hinzufügen und außerdem sicherstellen, dass der Membername mit dem Variablennamen übereinstimmt, der in Ihrer Webdienstklasse definiert ist.
   d. **Falsch:** Sie sollten Code hinzufügen, der auf den Variablennamen verweist, den Sie in Ihrer Webdienstklasse angelegt haben. Allerdings muss diese Variable zu diesem Zweck als öffentlich deklariert werden.
3. Richtige Antwort: C
   a. **Falsch: In** und **Out** sind gültige Werte für die Eigenschaft **Direction**, aber es sind nicht die einzigen.
   b. **Falsch: In**, **Out** und **InOut** sind gültige Werte für die Eigenschaft **Direction**, aber es sind nicht die einzigen. Allerdings handelt es sich hierbei um die drei in .NET Framework Version 1.1 gültigen Werte.
   c. **Richtig:** Dies sind die vier in .NET Framework 2.0 gültigen Werte für die Eigenschaft **Direction**.
   d. **Falsch:** Der Wert **NoFault** ist keine gültige Option für die Eigenschaft **Direction**.

Lektion 3

1. Richtige Antwort: A
   a. **Richtig:** Dies findet während der Stufe BEFORESERIALIZE statt.
   b. **Falsch:** Dies findet während der Stufe BEFOREDESERIALIZE statt.
   c. **Falsch:** Dies findet während der Stufe AFTERSERIALIZE statt.
   d. **Falsch:** Dies findet während der Stufe AFTERDESERIALIZE statt.

2. Richtige Antwort: D
   a. **Falsch:** Die Methode **ChainStream** ermöglicht Ihnen den Zugriff auf den Speicherpuffer, in dem die SOAP-Nachricht abgelegt ist, aber Sie können hiermit nicht die Stufe ermitteln, in der sich die Verarbeitung gerade befindet.
   b. **Falsch:** Mit dieser Methode werden Daten initialisiert, die von der Erweiterung verwendet werden.
   c. **Falsch:** Es gibt keine Methode namens **ProcessStage**.
   d. **Richtig:** Mit dieser Methode wird die Enumeration **SoapMessageStage** überprüft, um festzustellen, welche Stufe gerade ausgeführt wird.
3. Richtige Antwort: C
   a. **Falsch:** Es gibt kein Konfigurationselement namens **<SoapExtension>**.
   b. **Falsch:** Es gibt kein Konfigurationselement namens **<SoapExtensionMethod>**.
   c. **Richtig:** Sie müssen eine Klasse hinzufügen, die von der Klasse **System.Web.Services.Protocols.SoapExtensionAttribute** erbt. Dies ermöglicht Ihnen, das neu erstellte **SoapExtensionAttribute** an eine bestimmte Webmethode anzuhängen.
   d. **Falsch:** Sie müssen ausschließlich von der Klasse **System.Web.Services.Protocols.SoapExtensionAttribute** erben lassen, nicht von der Klasse **System.Web.Services.Protocols**.

Kapitel 2: Antworten zu den Fallbeispielen

Fallbeispiel 1: Erstellen eines benutzerdefinierten SOAP-Headers

- Sie schlagen vor, dass ein benutzerdefinierter SOAP-Header erstellt und zur Übergabe eines Parameters verwendet werden sollte, der angibt, welcher Partner die Daten anfordert. Auf diese Weise könnten Sie mit nur einer Webmethode alle Partner abdecken. Der SOAP-Header würde verschiedene optionale Parameter akzeptieren; jeder Partner müsste dann eine Anleitung dazu erhalten, wie er die Parameter übergibt. Sie betonen, dass dies Ihnen nicht nur eine Verringerung der Webmethoden ermöglicht, die von Ihrem Webdienst verfügbar gemacht werden, sondern auch redundanten Code reduzieren.

Fallbeispiel 2: Erstellen einer SOAP-Erweiterung

- Sie schlagen vor, dass die XML-Serialisierung neben dem SOAP-Header verwendet werden kann, um die Authentifizierung des Anforderers zu behandeln. Der SOAP-Header akzeptiert einen Parameter, der in verschlüsselter Form ein Kennwort für den jeweiligen Partner enthält. Das verschlüsselte Kennwort wird dann in der Methode **ProcessMethod** verarbeitet und behandelt Daten, die in der Stufe **BeforeDeserialize** empfangen werden. Das verschlüsselte Kennwort, das über den eingehenden Datenstrom empfangen wird, wird mit der Datenbank verglichen. Ist es gültig, dann wird die Verarbeitung der Anfrage fortgesetzt. Andernfalls wird eine unautorisierte Anfrage protokolliert, und eine Warnung wird an den Serveradministrator gesendet.

Kapitel 3: Antworten zu den Lernzielkontrollen

Lektion 1

1. Richtige Antworten: C und D

   a. **Falsch:** Es gibt keine Eigenschaft namens **EnableApplication**. Außerdem ist es nicht erforderlich, den Anwendungsstatus zu deaktivieren, um den Sitzungsstatus verwenden zu können. Theoretisch lassen sich beide innerhalb desselben Webdienstes verwenden.

   b. **Falsch:** Zwar gibt es in der Datei **Web.config** einen Abschnitt **SessionState**, aber eine Eigenschaft **Enabled** gibt es nicht.

   c. **Richtig:** Sie müssen die Eigenschaft **EnableSession** mithilfe des Attributs **WebMethod** für jede Webmethode festlegen, die den Sitzungsstatus verwenden muss.

   d. **Richtig:** Sie können eine Sitzungsvariable mithilfe der Methode **Add** des **Session**-Objekts hinzufügen.

2. Richtige Antwort: A

   a. **Richtig:** Ein kleiner ganzzahliger Wert wie eine Mitarbeiternummer ließe sich höchstwahrscheinlich in einer Sitzungsvariablen speichern.

   b. **Falsch:** Der Text eines Dokuments wäre für eine Sitzungs- oder Anwendungsvariable zu groß. Besser wäre es, diesen Wert zwischenzuspeichern oder ihn bei jeder Anforderung einfach vom Webserver abzurufen.

   c. **Falsch:** Ein Array, das Käufe eines Kunden speichert, wäre für eine Sitzungs- oder Anwendungsvariable zu groß. Besser wäre es, diese Daten bei jeder Anforderung aus der Datenbank abzurufen.

   d. **Falsch:** DataSets beliebiger Größe sind zur Speicherung in einer Anwendungs- oder Sitzungsvariablen ungeeignet.

3. Richtige Antwort: B

   a. **Falsch:** Es gibt keine Eigenschaft **SessionCookie** für die Proxyklasse.

   b. **Richtig:** Sie müssen eine Instanz der Eigenschaft **CookieContainer** erstellen und dann auf die Eigenschaft **CookieContainer** der Proxyklasse verweisen.

   c. **Falsch:** Sie müssen den Wert der Eigenschaft **CookieContainer** zwar tatsächlich im Sitzungsstatus auf dem Client speichern, aber dies ist nicht der erste durchzuführende Schritt.

   d. **Falsch:** Sie müssen den Wert von **CookieContainer** nicht in einem clientseitigen Cookie speichern. Stattdessen würden Sie zu diesem Zweck den Sitzungsstatus verwenden, nachdem die Instanz erstellt und dann mit dem Wert der Eigenschaft **CookieContainer** der Proxyklasse festgelegt wurde.

Lektion 2

1. Richtige Antworten: A, C und D
   a. **Richtig:** Obwohl standardmäßig nicht installiert, ist HTTP POST eines der verfügbaren Nachrichtenprotokolle.
   b. **Falsch:** Eine sichere HTTP-Sitzung steht nicht als Nachrichtenprotokoll zur Verfügung.
   c. **Richtig:** Obwohl standardmäßig nicht installiert, ist HTTP GET eines der verfügbaren Nachrichtenprotokolle.
   d. **Richtig:** HTTP SOAP ist ein Nachrichtenprotokoll, das standardmäßig installiert wird.
2. Richtige Antwort: D
   a. **Falsch:** Es gibt kein Attribut **disableDocument** für das Element **protocol**.
   b. **Falsch:** Das Element **remove** kann zwar verwendet werden, um die Dokumentation zu deaktivieren, aber Antwort D ist am besten, weil sie auch die Antwort C umfasst, die ebenfalls richtig ist.
   c. **Falsch:** Das Element **wsdlHelpGenerator** kann zwar verwendet werden, um auf eine leere HTML-Seite zu verweisen, aber Antwort D ist am besten, weil sie auch die Antwort B umfasst, die ebenfalls richtig ist.
   d. **Richtig:** Die Antworten B und C sind richtig.
3. Richtige Antwort: C
   a. **Falsch:** Das Deaktivieren des Sitzungsstatus führt zu keinem Datenabruf.
   b. **Falsch:** Das Speichern des Sitzungsstatus auf dem SQL-Server stellt normalerweise nicht die schnellste Möglichkeit des Datenabrufs dar.
   c. **Richtig:** Der Standardmodus **InProc** gilt gemeinhin als schnellste Möglichkeit des Datenabrufs.
   d. **Falsch:** Wie der Modus **SQLServer** stellt auch **StateServer** normalerweise nicht die schnellste Möglichkeit des Datenabrufs dar.

Lektion 3

1. Richtige Antworten: A, B, C und D
   a. **Richtig:** Eine Discovery-Datei wird automatisch generiert, wenn Sie einen Webverweis auf einen Webdienst über eine ASP.NET-Anwendung hinzufügen.
   b. **Richtig:** Ein Discovery-Dokument wird durch Navigieren zu einer ASMX-Datei mit dem Suffix ?DISCO automatisch generiert.
   c. **Richtig:** Sie können die dynamische Discovery für alle Webdienste aktivieren, indem Sie ein Element **add** zum Abschnitt **httpHandlers** der Datei **Machine.config** Ihres Webservers hinzufügen.
   d. **Richtig:** Sie können eine statische Discovery-Datei generieren, die auf alle Dokumente verweist, die Ihren Webdienst unterstützen.

2. Richtig: D
   a. **Falsch:** Es gibt kein Element namens **wsdlRef**.
   b. **Falsch:** Das Element **discoveryRef** wird verwendet, um einen oder mehrere Verweise auf andere Discovery-Dateien mit der DISCO-Erweiterung hinzuzufügen.
   c. **Falsch:** Das Element **schemaRef** wird verwendet, um auf ein oder mehrere Schemas mit der Erweiterung XSD zu verweisen.
   d. **Richtig:** Das Element **contractRef** wird verwendet, um auf die WSDL-Datei zu verweisen, die mit Ihrem Webdienst verknüpft ist.
3. Richtige Antworten: A, B und C
   a. **Richtig:** DISCO-Dateien sind Discovery-Dateien, die von Benutzern verwendet werden, um die mit Ihrem Webdienst verknüpften Dateien zu suchen.
   b. **Richtig:** ASMX-Dateien repräsentieren die eigentlichen Webdienstdateien, auf die Benutzer Ihres Webdienstes über einen Webbrowser zugreifen können.
   c. **Richtig:** DLL-Dateien sind die kompilierten Ergebnisse, die in den Ordner **/bin** Ihres virtuellen Verzeichnisses kopiert werden sollten.
   d. **Falsch:** VB- und CS-Dateien sind Quelldateien, die nicht auf den Zielserver kopiert werden müssen, weil der Code in die DLL-Datei kompiliert wird.

Kapitel 3: Antworten zu den Fallbeispielen

Fallbeispiel 1: Erstellen einer Sitzungsvariablen zum Speichern der ausgewählten Lieferantenkennung

- Die einfachste Möglichkeit, die Anforderung des Lieferanten zu behandeln, besteht darin, Ihren Webdienst so zu ändern, dass er eine Sitzungsvariable verwendet. Die Variable speichert die Lieferantenkennung für jede Benutzersitzung. Sie können den Wert der Sitzungsvariablen zu dem Zeitpunkt festlegen, an dem ein Lieferant zum ersten Mal ausgewählt wird. Danach können alle anderen Webmethoden auf die Sitzungsvariable – statt auf den Parameter mit der Lieferantenkennung – verweisen.

Fallbeispiel 2: Erstellen einer benutzerdefinierten Hilfeseite für alle Ihre Webdienste

- Die einfachste Möglichkeit, Ihre Webdienste mit einem Firmenlogo zu versehen und alle Webdienste mit dem Corporate Design Ihres Unternehmens zu verknüpfen, besteht darin, die Vorlagenseite zu ändern, die zur Bereitstellung der Diensthilfeseiten für alle Webdienste dient. Standardmäßig heißt diese Seite **DefaultWsdlHelpGenerator.aspx** und befindet sich im gleichen Verzeichnis wie Ihre Datei **Machine.config**. Sie können diese Datei mit einem Texteditor öffnen und HTML-Code nach dem Body-Element einfügen. Der dort eingefügte HTML-Code wird dann gemeinsam mit der Diensthilfeseite für jeden Webdienst bereitgestellt, auf den auf diesem Computer zugegriffen wird.

Fallbeispiel 3: Erstellen von Setup-Projekten zur Bereitstellung von Webdiensten

- Sie befürworten, dass die Softwareteams mit der Erstellung von Websetup-Projekten beginnen, um die Bereitstellung aller Webanwendungen zu behandeln, die Webdienste enthalten. Anstatt sich darauf zu verlassen, dass die Teamleiter die Bereitstellungsdateien manuell auswählen, bündelt das Websetup-Projekt alle diese Dateien in einer Installationsdatei, die von einem Netzwerkadministrator ausgeführt werden kann. Mithilfe dieser Lösung lässt sich sicherstellen, dass bestimmte Abteilungsstandards beachtet werden und dass jede Bereitstellung alle erforderlichen Dateien für eine erfolgreiche Ausführung enthält.

Kapitel 4: Antworten zu den Lernzielkontrollen

Lektion 1

1. Richtige Antwort: A
   a. **Richtig: Singleton**-Objekte sind serveraktivierte Objekte, die mehreren Clients dienen und ihren Status über Methodenaufrufe hinweg beibehalten.
   b. **Falsch: SingleCall**-Objekte sind serveraktivierte Objekte, die für eine einzelne Anforderung verwendet werden, woraufhin das Objekt gelöscht wird. Der Status wird also nicht beibehalten.
   c. **Falsch:** Clientaktivierte Objekte werden vom Client verwaltet und initiiert. Sie können den Status zwar speichern, aber dieser wäre dann nur für diesen Client spezifisch, weswegen in diesem Fall **Singleton** die beste Wahl zur Beibehaltung des Status ist.
   d. **Falsch:** Ein serveraktiviertes Objekt ist zwar richtig, aber in diesem Fall müssen Sie präziser sein und ein **Singleton**-Objekt wählen.
2. Richtige Antworten: A, B und C
   a. **Richtig:** Sitzungs- und Anwendungsstatus in Verbindung mit Caching sind einige der integrierten Vorteile, die zur Verfügung stehen, wenn ASP.NET als Hostanwendung verwendet wird.
   b. **Richtig:** Bei Verwendung einer ASP.NET-Anwendung können Sie Secure Sockets Layer (SSL) für eine sichere Verbindung verwenden.
   c. **Richtig:** Ein manueller Start ist nicht erforderlich, weil IIS automatisch startet und nicht erfordert, dass ein Benutzer am Computer angemeldet ist.
   d. **Falsch:** Die SOAP-Formatierung gilt – insbesondere dann, wenn die Daten über einen HTTP- und nicht über einen TCP-Channel übertragen werden – nicht als schnellere Option im Vergleich zur binären Formatierung.

3. Richtige Antworten: B und D
   a. **Falsch:** Eine .NET-Komponente für Remoteobjekte gibt es nicht.
   b. **Richtig:** Sie benötigen einen Verweis auf die DLL-Datei für Ihr Remoteobjekt. Diese sollte denselben Namen wie das Projekt haben und die DLL-Dateinamenerweiterung aufweisen.
   c. **Falsch:** Einen Namespace **System.Remoting** gibt es nicht.
   d. **Richtig:** Sie müssen auf den Namespace **System.Runtime.Remoting** verweisen, wodurch Sie Zugriff auf die Klassen **RemotingConfiguration** und **RemotingServices** erhalten.

Lektion 2

1. Richtige Antwort: B
   a. **Falsch:** Dies ist gültiger Code zur Registrierung eines serveraktivierten **SingleCall**-Objekts, nicht jedoch eines **Singleton**-Objekts.
   b. **Richtig:** Dies ist der korrekte Code zur Registrierung eines serveraktivierten **Singleton**-Objekts.
   c. **Falsch:** Dies ist ungültiger Code, weil **RegisterActivatedServiceType** zur Registrierung eines clientaktivierten Objekts verwendet wird und die Methode außerdem keinen Parameter für den Objektmodus akzeptiert.
   d. **Falsch:** Dies ist gültiger Code zur Registrierung eines clientaktivierten Objekts, nicht jedoch eines **Singleton**-Objekts.
2. Richtige Antwort: A
   a. **Richtig:** Sie können bei der Registrierung des Objekts eine Version angeben; wenn aber keine Version angegeben wird und ein Konflikt auftritt, dann verwendet Remoting automatisch die aktuellste verfügbare Version.
   b. **Falsch:** Sie müssen keine Version angeben, weil Remoting automatisch die aktuelle Version verwendet. Wenn allerdings bekannt ist, dass mehrere Versionen existieren, bietet sich die Angabe der Versionsnummer an.
   c. **Falsch:** Sie haben zwei Assemblys mit identischen starken Namen auf demselben Computer, müssen aber die Version angeben, um sicherzustellen, dass die korrekte Assembly gefunden wird.
   d. **Falsch:** Es gibt keine Methode namens **RegisterVersion**.
3. Richtige Antwort: D
   a. **Falsch:** Diese Aussage trifft zu: Ein Channel kann nur ein einziges Mal mit derselben Portnummer registriert werden.
   b. **Falsch:** Diese Aussage trifft zu: Sie verwenden **RegisterChannel** zur Registrierung eines Channels.
   c. **Falsch:** Diese Aussage trifft zu: Sie verwenden **UnregisterChannel** zur Aufhebung der Registrierung eines Channels.
   d. **Richtig:** Dies ist eine ungültige Aussage, weil Sie einen Channel ohne Angabe einer Portnummer registrieren können.

Lektion 3

1. Richtige Antwort: C
   a. **Falsch:** Dieser XML-Code ist ungültig, weil kein Versionsattribut für das Element **<activated>** vorhanden ist.
   b. **Falsch:** Dieser XML-Code ist ungültig, weil der Assemblyname nicht im Attribut **type** enthalten ist.
   c. **Richtig:** Dieser XML-Code ist gültig, weil die Version im Attribut **type** enthalten ist.
   d. **Falsch:** Dieser XML-Code ist ungültig, weil der Assemblyname nicht im Attribut **type** enthalten ist. Die Version muss dort nicht vorhanden sein, wohl aber der Assemblyname.
2. Richtige Antwort: A
   a. **Richtig:** Das Attribut **portName** wird verwendet, um bei der Registrierung eines IPC-Channels den Port eindeutig zu identifizieren.
   b. **Falsch: port** ist ein gültiges Attribut, aber bei der Registrierung eines IPC-Channels wird nur **portName** verlangt.
   c. **Falsch:** Es gibt kein Attribut namens **portNumber**.
   d. **Falsch:** Das Attribut **useIPAddress** ist gültig, aber beim Registrieren eines IPC-Channels nicht erforderlich.

Kapitel 4: Antworten zu den Fallbeispielen

Fallbeispiel 1: Vorschlagen einer verteilten Technologie

- Da alle Daten im privaten Netzwerk des Instituts gesammelt und verarbeitet werden, können Sie beruhigt festhalten, dass .NET Framework als Host für Client- und Serveranwendungen dienen wird. Da die Datenerfassung und -analyse prozessorintensiv sein wird, stellen Sie ferner fest, dass die Effizienz für den Erfolg der vorgeschlagenen Lösung wichtig ist. Aus diesem Grund empfehlen Sie, .NET-Remotetypen zur Implementierung einer verteilten Lösung zu verwenden. Ferner schlagen Sie vor, dass die Remotetypen einen TCP-Kommunikationschannel und eine binäre Formatierung verwenden sollten, damit sichergestellt ist, dass die Daten so schnell wie möglich behandelt werden.

Fallbeispiel 2: Konfigurieren einer Remoteanwendung mithilfe einer Konfigurationsdatei

- Sie schlagen vor, eine Konfigurationsdatei zur Konfiguration der Remotelösung zu verwenden. Auf diese Weise können Sie Änderungen an den Werten in diesen Konfigurationsdateien vornehmen, ohne den Code erneut kompilieren zu müssen. Dies stellt angesichts des Bedarfs an wiederholt erforderlichen Konfigurationsänderungen die flexibelste Lösung dar.

Kapitel 5: Antworten zu den Lernzielkontrollen

Lektion 1

1. Richtige Antwort: A
   a. **Richtig:** Der IPC-Channel wird zur Interprozesskommunikation auf einem einzelnen Computer verwendet. IPC kann proprietäre Windows-Protokolle verwenden, die eine bessere Leistung als die HTTP- und TCP-Protokolle bieten, mit denen die computerübergreifende Kommunikation erfolgen muss.
   b. **Falsch:** Der HTTP-Channel erbringt auf demselben Computer nicht die gleiche Leistung wie IPC.
   c. **Falsch:** Der TCP-Channel erbringt auf demselben Computer nicht die gleiche Leistung wie IPC.
   d. **Falsch:** FTP ist kein gültiger Channelname.
2. Richtige Antworten: A, B und D
   a. **Richtig:** Remoteobjekte können auf dem Server als **Singleton**-Objekte aktiviert werden.
   b. **Richtig:** Remoteobjekte können auf dem Client aktiviert werden.
   c. **Falsch:** Remoteobjekte können auf dem Server-On-Demand nicht aktiviert werden.
   d. **Richtig:** Remoteobjekte können auf dem Server als **SingleCall**-Objekte aktiviert werden.
3. Richtige Antworten: A, C und D
   a. **Richtig:** Marshal-by-value-Objekte behalten ihren Status zwischen den Clientaufrufen bei.
   b. **Falsch:** Ein Proxy wird für ein Marshal-by-value-Remoteobjekt nicht erstellt, weil das Objekt auf den Client kopiert und dann als lokal definiertes Objekt aktiviert wird.
   c. **Richtig:** Marshal-by-reference-Objekte können direkt auf Serverressourcen wie beispielsweise Datenbanken zugreifen.
   d. **Richtig:** Für Marshal-by-reference-Objekte wird ein Proxyobjekt erstellt. Die Objekte befinden sich auf dem Server, und Objektaufrufe werden über den erstellten Proxy weitergeleitet.
   e. **Falsch:** Marshal-by-value-Objekte können nicht direkt auf Ressourcen auf dem Server zugreifen, weil sich die Objekte auf dem Client befinden.

Lektion 2

1. Richtige Antwort: C
   a. **Falsch:** Die Klasse **WellKnownClientTypeEntry** wird verwendet, um programmgesteuert ein serveraktiviertes Objekt zu laden.
   b. **Falsch:** Die Klasse **ChannelServices** wird verwendet, um einen Channel zu registrieren.
   c. **Richtig:** Die Klasse **RemotingConfiguration** wird verwendet, um eine Konfigurationsdatei zu laden.
   d. **Falsch:** Die Klasse **RemotingServices** wird verwendet, um eine Verbindung mit einem Remoteobjekt herzustellen.

2. Richtige Antwort: C
   a. **Falsch:** Das Element **<remoting>** ist kein gültiges Element.
   b. **Falsch:** Das Element **<configuration>** ist das Stammelement für die gesamte .NET-Konfigurationsdatei.
   c. **Richtig:** Das Element **<system.runtime.remoting>** ist das Stammelement für die .NET Remoting-Konfiguration.
   d. **Falsch:** Das Element **<service>** wird verwendet, um einen Dienst auf einem Server zu registrieren.

Lektion 3

1. Richtige Antwort: B
   a. **Falsch:** Der C#-Operator **new** erfordert das Schreiben von mehr Codezeilen.
   b. **Richtig:** Die Methode **Activator.GetObject** erfordert die wenigsten Codezeilen.
   c. **Falsch:** Der Visual Basic-Operator **New** erfordert das Schreiben von mehr Codezeilen.
   d. **Falsch:** Die Methode **Activator.Create** ist keine gültige Methode.
2. Richtige Antworten: A und C
   a. **Richtig:** Der C#-Operator **new** erfordert eine Konfiguration, bevor eine Instanz eines Remoteobjekts erstellt werden kann.
   b. **Falsch:** Die Methode **Activator.GetObject** erfordert keine Konfiguration, bevor eine Instanz eines Remoteobjekts erstellt werden kann.
   c. **Richtig:** Der Visual Basic-Operator **New** erfordert eine Konfiguration, bevor eine Instanz eines Remoteobjekts erstellt werden kann.
   d. **Falsch:** Die Methode **Activator.Create** ist keine gültige Methode.

Kapitel 5: Antworten zu den Fallbeispielen

Fallbeispiel 1: Erstellen einer sicheren, global verteilten Anwendung

- Die verfügbaren Kommunikationschannels sind HTTP und TCP. IPIPC steht außer Frage, da es nur für die Kommunikation auf einem einzelnen Computer verwendet werden kann. Im vorliegenden Szenario können über das Web nur HTTP oder TCP verwendet werden. Allerdings wird TCP typischerweise für die Intranetkommunikation und mit einer binären Formatierung verwendet. TCP könnte mit einer SOAP-Formatierung verwendet werden und so bei Verwenden eines unüblichen Ports einige sicherheitstechnische Vorteile bieten. Da aber IIS als Host für das Remoteobjekt dient, ist HTTP der Standardchannel und auch die perfekte Wahl für dieses Szenario.
- Das Remoteobjekt könnte auf dem Server oder auf dem Client aktiviert werden. Um die Leistung etwas zu verbessern, sollte das Remoteobjekt auf dem Server aktiviert werden, denn dieser Aufbau würde den Umfang der über das Web gesendeten Daten minimieren. Wenn das Objekt auf dem Client aktiviert wird, wird es vollständig an den Client übergeben. Außerdem hat es in diesem Fall

normalerweise keinen Zugriff auf die Datenbank auf dem Server. Wird das Objekt hingegen auf dem Server aktiviert, dann ist ein **Singleton**-Objekt für die Webumgebung am besten geeignet, denn es kann den Status zwischen den Aufrufen beibehalten.

Fallbeispiel 2: Verbessern des Remoteclients durch Schnittstellen

- Sie können den Entwurf Ihrer Anwendung zur Verbesserung der Sicherheit ändern, indem Sie Schnittstellen erstellen, die die Struktur Ihrer Remoteobjekte definieren. Ihre Remoteobjekte sollten die von Ihnen erstellten Schnittstellen implementieren, um die Kompatibilität mit der Schnittstelle zu gewährleisten. Wenn Sie Ihre Anwendung einem Client bereitstellen, dann ist eine Kopie des Remoteobjekts nicht erforderlich. Die Schnittstelle kann auf dem Client bereitgestellt werden. Der Client kann auf die Schnittstelle statt auf eine Kopie des Remoteobjekts verweisen, und der Client wird erfolgreich kompiliert. Durch Bereitstellung einer Schnittstelle statt einer Kopie des Remoteobjekts wird kein Quellcode an den Client weitergegeben. Aus diesem Grund ist diese Option noch besser als die Bereitstellung einer Kopie des Remoteobjekts, die verschlüsselten Quellcode enthält.

Kapitel 6: Antworten zu den Lernzielkontrollen

Lektion 1

1. Richtige Antworten: A und C
   a. **Richtig:** Eine Windows-Dienstanwendung kann als Host für .NET-Remoteobjekte dienen.
   b. **Falsch:** Eine Klassenbibliothek kann nicht selbst ausgeführt werden, sondern wird von anderen Anwendungen verwendet. Aus diesem Grund kann sie nicht als Host für .NET-Remoteobjekte dienen.
   c. **Richtig:** Eine ASP.NET-Webanwendung kann als Host für .NET-Remoteobjekte dienen, wenn IIS verwendet wird.
   d. **Falsch:** Eine Anwendung für intelligente Geräte kann nicht als Host für .NET-Remoteobjekte dienen, weil .NET Compact Framework in der Version 2.0 .NET Remoting nicht unterstützt.
2. Richtige Antwort: B
   a. **Falsch:** Durch die Bereitstellung der gesamten Remoteobjektassembly wird der Quellcode des Remoteobjekts auf dem Client angezeigt.
   b. **Richtig:** Das Bereitstellen einer Schnittstelle, die von der Remoteobjektassembly implementiert wird, schützt den Quellcode der Remoteobjektassembly und funktioniert mit einem Objekt, dessen Host eine Konsolenanwendung ist.
   c. **Falsch:** Das Extrahieren und Neuerstellen der gesamten Remoteobjektassembly zeigt den Quellcode des Remoteobjekts auf dem Client an. Außerdem kann SoapSuds nicht bei Objekten verwendet werden, deren Hosts Konsolenanwendungen sind.
   d. **Falsch:** SoapSuds kann nicht bei Objekten verwendet werden, deren Hosts Konsolenanwendungen sind.

3. Richtige Antwort: A
   a. **Richtig:** Wenn Sie ein Websetup-Projekt erstellen, werden eine MSI-Datei und eine ausführbare Setupdatei generiert.
   b. **Falsch:** Wenn Sie ein Websetup-Projekt erstellen, wird keine verwaltete .NET-Assembly generiert.
   c. **Falsch:** Wenn Sie ein Websetup-Projekt erstellen, wird keine verwaltete .NET-Assembly generiert.
   d. **Falsch:** Wenn Sie ein Websetup-Projekt erstellen, wird keine .NET-Konfigurationsdatei generiert.

Lektion 2

1. Richtige Antwort: D
   a. **Falsch:** Das Debuggen wird nicht in der Serveranwendung initiiert.
   b. **Falsch:** Das Debuggen wird nicht in einem Remoteobjekt initiiert.
   c. **Falsch:** Das Debuggen wird nicht in einem Proxyobjekt initiiert.
   d. **Richtig:** Das Debuggen wird von einer aufrufenden Clientanwendung initiiert.
2. Richtige Antworten: A, C und D
   a. **Richtig:** Der Leistungsindikator **Total Remote Calls** wird verwendet, um die Leistung von .NET-Remoteanwendungen nachzuverfolgen.
   b. **Falsch: Proxies Instantiated** ist kein gültiger Leistungsindikator.
   c. **Richtig:** Der Leistungsindikator **Context Proxies** wird verwendet, um die Leistung von .NET-Remoteanwendungen nachzuverfolgen.
   d. **Richtig:** Der Leistungsindikator **Channels** wird verwendet, um die Leistung von .NET-Remoteanwendungen nachzuverfolgen.
3. Richtige Antworten: A, B und D
   a. **Richtig:** Registrierte Objekte werden benachrichtigt, wenn ein Marshalling des Remoteobjekts durchgeführt wird.
   b. **Richtig:** Registrierte Objekte werden benachrichtigt, wenn ein Remoteobjekt getrennt wird.
   c. **Falsch:** Registrierte Objekte werden nicht benachrichtigt, wenn ein Remoteobjekt verbunden wird.
   d. **Richtig:** Registrierte Objekte werden benachrichtigt, wenn ein Unmarshalling für ein Remoteobjekt durchgeführt wird.

Lektion 3

1. Richtige Antwort: B
   a. **Falsch: InitializeLease** ist keine gültige Funktion.
   b. **Richtig:** Die Funktion **InitializeLifetimeService** müssen Sie überschreiben, um eine Lease zu initialisieren.
   c. **Falsch: InitializeLeaseService** ist keine gültige Funktion.
   d. **Falsch: InitializeLifetime** ist keine gültige Funktion.
2. Richtige Antwort: A
   a. **Richtig:** Der Standardwert lautet 5 Minuten.
   b. **Falsch:** 0 Minuten gibt eine unendliche Leasedauer an.
   c. **Falsch:** Der Standardwert lautet nicht 15 Minuten.
   d. **Falsch:** Der Standardwert lautet nicht 2 Minuten.
3. Richtige Antwort: B
   a. **Falsch:** Sie können vom Client aus kein neues Leaseobjekt auf dem Server anlegen.
   b. **Richtig:** Um die Dauer einer Lease vom Client aus zu verlängern, registrieren Sie einen Sponsor.
   c. **Falsch:** Sie können vom Client aus keine Lease programmgesteuert im Lease-Manager registrieren.
   d. **Falsch:** Sie können keine Lease im Lease-Manager registrieren, indem Sie vom Client aus eine Konfigurationsdatei verwenden.

Kapitel 6: Antworten zu den Fallbeispielen

Fallbeispiel 1: Nachverfolgen und Verbessern der Leistung einer verteilten Anwendung

1. Zwei der Ihnen zur Verfügung stehenden Einrichtungen, die in diesem Kapitel behandelt werden, sind hier die optimale Wahl. .NET Remoting-Nachverfolgungsdienste können zur Erstellung benutzerdefinierter Klassen verwendet werden, die benachrichtigt werden, wenn neue Instanzen von Remoteobjekten erstellt und gelöscht werden. Sie können auch Maßnahmen in den Methoden der Remoteobjekte selbst ergreifen, um die Leistungsanforderungen nachzuverfolgen. Die Nachverfolgung von Leistungswerten ist auch durch eine Integration von Leistungsindikatoren relativ einfach. Einige Leistungsindikatoren sind bereits speziell für die Nachverfolgung der Leistung von .NET-Remoteobjekten ausgelegt. Wenn Sie allerdings etwas nachverfolgen möchten, das nicht bereits nachverfolgt wird, dann können Sie dies tun, indem Sie Leistungsindikatoren programmgesteuert verwenden.
2. Microsoft unterstützt zwar derzeit den Netzwerklastenausgleich für .NET- Remotekomponenten, tut dies allerdings nur dann, wenn diese als serveraktivierte SingleCall-Remoteobjekte konfiguriert sind. Um die Skalierbarkeit sicherzustellen, empfiehlt Microsoft, IIS mit einem HTTP-Channel und der binären Formatierung als Host für Remoteobjekte zu verwenden. Ferner empfiehlt Microsoft, die Affinität des Netzwerklastenausgleichs auf **Keine** festzulegen.

Fallbeispiel 2: Vereinfachen der Bereitstellung von Remoteobjekten

- Die zukünftige Bereitstellung der Remoteobjekte für alle Museen könnte die Aufmerksamkeit des Entwicklers erfordern und unter Umständen übersehen werden. Sie können die aufwendige Bereitstellung der Remoteobjekte allerdings auch in die Hände der Partner legen, denn diese können mithilfe des Hilfsprogramms SoapSuds auf die Objekte zugreifen. Eine einfache Lösung könnte darin bestehen, Ihre Partner auf eine sichere Hilfeseite im Web umzuleiten, die den Uniform Resource Locator (URL) des Remoteobjekthosts und eine Anleitung zur Verwendung von SoapSuds enthält. Mit SoapSuds können dann Metadaten extrahiert werden, woraufhin sich eine nur Metadaten enthaltende Assembly auf dem Client erstellen lässt. Diese dient demselben Zweck wie die Bereitstellung einer Schnittstelle.

Kapitel 7: Antworten zu den Lernzielkontrollen

Lektion 1

1. Richtige Antworten: A, B und D
   a. **Richtig:** Ein Webverweis ist der erste Schritt zur Verwendung eines Webdienstes.
   b. **Richtig:** Eine Instanz des Objekts muss deklariert und instanziert werden, bevor ihre Methoden aufgerufen werden können.
   c. **Falsch:** Das direkte Aufrufen der Methode ruft die Methode synchron auf.
   d. **Richtig:** Der Aufruf von **<MethodName>async** ist erforderlich, um die asynchronen Methoden aufzurufen.
2. Richtige Antworten: A, B und C
   a. **Richtig:** Wenn ein Rückgabetyp der synchronen Methode vorhanden ist, dann sieht die Signatur in jedem Fall anders aus. Zumindest die Namen werden sich unterscheiden.
   b. **Richtig:** Der Zweck der Verwendung asynchroner Aufrufe besteht ausschließlich darin, den Ablauf weiterer Verarbeitungsschritte zuzulassen, während die Webmethode verarbeitet wird.
   c. **Richtig:** Das Ereignis **Completed** muss abgefangen werden, um bestimmen zu können, dass die Methode abgeschlossen wurde.
   d. **Falsch:** Hinsichtlich der meisten wesentlichen Aspekte unterscheiden sich die beiden Methoden erheblich.

Lektion 2

1. Richtige Antwort: B
   a. **Falsch:** Dieser Ansatz funktioniert bei einem Standardaufruf nicht.
   b. **Richtig:** Die Verwendung eines **IAsyncResult**-Objekts und das Abfragen, ob die Eigenschaft **IsCompleted** den Wert **true** hat, stellt eine zulässige Möglichkeit dar, dieses Ziel zu erreichen.

   c. **Falsch: IsCompleted** ist bei Verwendung eines Rückrufs nicht erforderlich, weil der Rückruf eine Benachrichtigung zurücksendet, wenn er abgeschlossen wurde.
   d. **Falsch:** Die Verwendung des Attributs **OneWay** ermöglicht einer Methode zwar die asynchrone Ausführung, sendet aber keine Benachrichtigung zum Abschluss.

2. Richtige Antworten: A, B und C
   a. **Richtig:** Wenn ein Rückgabetyp der synchronen Methode vorhanden ist, dann sieht die Signatur in jedem Fall anders aus. Zumindest die Methodennamen werden sich unterscheiden.
   b. **Richtig:** Der Zweck der Verwendung asynchroner Aufrufe besteht ausschließlich darin, den Ablauf weiterer Verarbeitungsschritte zuzulassen, während die Webmethode verarbeitet wird.
   c. **Richtig:** Das Ereignis **Completed** muss behandelt werden, um bestimmen zu können, dass die Methode abgeschlossen wurde.
   d. **Falsch:** Die beiden Methoden unterscheiden sich hinsichtlich der meisten wesentlichen Aspekte erheblich.

3. Richtige Antworten: B und D
   a. **Falsch:** Zwar ist es technisch möglich, einen Webdienst direkt aufzurufen, aber dies kann potenziell viele Probleme aufwerfen. Außerdem sind Webdienstaufrufe für die Durchführung über eine Proxyklasse gedacht und sollten nicht auf diese Weise durchgeführt werden.
   b. **Richtig:** Die Proxyklasse ermöglicht Clientcode das Aufrufen von Webdienstmethoden auf gleiche Weise wie bei jedem anderen Code.
   c. **Falsch:** Zwar können separate Threads zum asynchronen Aufruf von Methoden verwendet werden, aber die Verwendung von Delegaten ist ebenso möglich.
   d. **Richtig:** Threads sowie Delegaten können zum asynchronen Aufrufen von Methoden verwendet werden.

Kapitel 7: Antworten zu den Fallbeispielen

Fallbeispiel 1: Bereitstellen von Funktionen mit .NET-Webdiensten

1. CORBA war seinerzeit zwar interessant, aber nichts für die Zaghaften unter uns und für dieses Szenario gewiss nicht die optimale Lösung. XML-Webdienste erscheinen mir die einzige zulässige Antwort, und auf Grundlage der anderen Fragen behaupte ich, dass sie genau das Richtige sind.
2. .NET Remoting ist zwar nicht besonders komplex, aber auch nicht jedermanns Sache. Außerdem wäre es hier nicht die richtige Lösung. Würde alles auf verschiedenen internen Computern abgelegt, dann wäre .NET Remoting durchaus empfehlenswert, aber zur Bereitstellung von Funktionen nach außen trägt es wenig bei. Webdienste überbrücken diese Kluft, und das Beste daran ist, dass, nachdem ein Webverweis auf den Dienst zum Projekt hinzugefügt wurde, für seine Verwendung nicht mehr nötig bei jedem anderen Objekt. (Dies mag zwar übertrieben einfach dargestellt sein, ist aber von der Wahrheit nicht allzu weit entfernt.) Sogar ein Informatikstudent im ersten Semester sollte in der Lage sein, ein Objekt zu verwenden.

3. Alles, was wir nun tun müssen, ist, etwas Code zu schreiben, um die Daten in der SQL Server-Datenbank abzurufen, oder aber solchen Code zu schreiben, der mit jedem der proprietären Systeme kommunizieren kann. Von diesem Punkt an können wir die Daten über einen Webdienst zur Verfügung stellen, und Endbenutzer und Handelspartner können mit ihnen machen, was sie wollen. Wenn also Kundendaten in drei Anwendungen gespeichert sind, können wir eine Webmethode einsetzen, die alle diese Informationen so abrufen und die Daten an die Kunden zurückgeben kann, als ob sie aus einer Quelle stammten. Dies gilt für alles, was Kunden und Handelspartner haben sollen.

Fallbeispiel 2: Verfeinern der Verwendung von Webdiensten

1. Asynchrone Aufrufe müssen in vielen Fällen erfolgen. Glücklicherweise können, indem einfach ein Delegat mit einer Signatur deklariert wird, die einer gegebenen Methode entspricht, viele Methoden ohne umfassende Änderung der Codebasis asynchron aufgerufen werden. Allerdings muss mit Umsicht vorgegangen werden, weil das asynchrone Aufrufen einer Methode für sich genommen noch nicht bedeutet, dass diese Methode keine Daten zurückgibt. Zaubern können wir noch nicht, d. h. wenn 30 Sekunden für die Ausführung eines synchronen Methodenaufrufs benötigt werden, dann werden für einen asynchronen Methodenaufruf ebenfalls 30 Sekunden benötigt, sofern die Webmethode sich nicht ändert.
2. Das Attribut **OneWay** bietet Fire-and-Forget-Funktionen. Bei Methoden, die keine Rückgabewerte haben, oder bei unkritischen Methoden kann das Attribut **OneWay** problemlos verwendet werden. Allerdings sollten Sie vorsichtig sein, denn wenn etwas mit **OneWay** gekennzeichnet ist, kann es überhaupt keine Werte zurückgeben. Das kann ein sehr großes Problem darstellen.

Kapitel 8: Antworten zu den Lernzielkontrollen

Lektion 1

1. Richtige Antworten: A und B
   a. **Richtig:** Jede Methode, deren Verarbeitung unabhängig von den Vorgängen auf dem Server fortgesetzt werden muss, ist mit dem Attribut **OneWay** zu ergänzen.
   b. **Richtig:** Eine Schnittstelle wird unter Umständen nicht verwendet; falls aber doch, dann muss bei einer Methode das Attribut **OneWay** für Aufrufe definiert sein, die unidirektionale Funktionalität verwenden.
   c. **Falsch:** Weil die Methode auf dem Server verarbeitet wird, bewirkt das Festlegen des Attributs **OneWay** auf dem Client nicht, dass die Methode unabhängig vom Abschluss fortgesetzt wird.
   d. **Falsch:** Zwar kann ein Delegat die asynchrone Bearbeitung ermöglichen, er ignoriert aber keine Ausnahmen, die auf dem Server ausgelöst werden.
2. Richtige Antworten: A, B und C
   a. **Richtig:** Wenn ein Rückgabetyp der synchronen Methode vorhanden ist, dann sieht die Signatur in jedem Fall anders aus. Zumindest die Namen werden sich unterscheiden.
   b. **Richtig:** Der Zweck der Verwendung asynchroner Aufrufe besteht ausschließlich darin, den Ablauf weiterer Verarbeitungsschritte zuzulassen, während die Remotemethode verarbeitet wird.

c. **Richtig:** Das Ereignis **Completed** muss abgefangen werden, um bestimmen zu können, dass die Methode abgeschlossen wurde.

d. **Falsch:** Hinsichtlich der meisten wesentlichen Aspekte unterscheiden sich die beiden Methoden erheblich.

Lektion 2

1. Richtige Antwort: B

   a. **Falsch:** Dieser Ansatz funktioniert bei einem Standardaufruf nicht.

   b. **Richtig:** Die Verwendung eines **IAsyncResult**-Objekts und das Abfragen der Eigenschaft **IsCompleted** dahingehend, ob sie **true** ist, stellt eine zulässige Möglichkeit dar, dieses Ziel zu erreichen.

   c. **Falsch: IsCompleted** ist bei Verwendung eines Rückrufs nicht erforderlich, weil der Rückruf eine Benachrichtigung sendet, wenn er abgeschlossen wurde.

   d. **Falsch:** Die Verwendung des Attributs **OneWay** ermöglicht einer Methode zwar die asynchrone Ausführung, sendet aber keine Benachrichtigung zum Abschluss.

2. Richtige Antworten: A und B

   a. **Richtig:** Das Attribut **OneWay** kann zur Bereitstellung von Fire-and-Forget-Funktionen verwendet werden.

   b. **Richtig:** Methoden, die als unidirektional gekennzeichnet sind, können mit der Verarbeitung auch dann fortfahren, wenn der Server eine Ausnahme auslöst.

   c. **Falsch:** Das Attribut **OneWay** kann Clientcode nicht vor clientseitigen Ausnahmen schützen.

   d. **Falsch:** Sowohl die Servermethoden als auch die Schnittstelle müssen mit diesem Attribut gekennzeichnet werden, wenn eine Schnittstelle implementiert wird.

Lektion 3

1. Richtige Antworten: A, B, C und D

   a. **Richtig:** Die Verwendung des Attributs **OneWay** kann in jedem Fall zum Senden von Benachrichtigungen an Clients führen, die nicht mehr vorhanden sind, weil keine Ausnahmebenachrichtigung ausgelöst würde.

   b. **Richtig:** Alle **EventArgs**-Klassen müssen serialisierbar sein.

   c. **Richtig:** Weil alle Clients sich für Ereignisse registrieren müssen, fügt jeder zusätzliche Client Overhead zur Anwendung hinzu. Dieser Overhead kann die Skalierbarkeit erheblich einschränken.

   d. **Richtig:** Aufgrund der mit ihnen verbundenen Probleme sind Ereignisse meist am besten für Anwendungen geeignet, die auf demselben Computer ausgeführt werden, denn das Ausführen von Client und Server auf demselben Computer vermeidet viele ereignisspezifische Probleme.

Kapitel 8: Antworten zu den Fallbeispielen

Fallbeispiel 1: Erstellen robuster, skalierbarer Organisationsanwendungen

1. Mit .NET Remoting und Webdiensten lassen sich diese Probleme beheben. Angesichts der Anforderungen dieser Anwendung – Konfigurierbarkeit und maximale Leistung – ist .NET Remoting die beste Wahl.
2. .NET Remoting ermöglicht Clients das Verwenden neuer Anwendungsserver durch einfache Änderung einer Konfigurationsdatei. Es müssen keine neuen Bibliotheken verteilt werden. Außerdem müssen dank der Verwendung von Schnittstellen auch keine fest programmierten Bibliotheksverweise mehr verteilt werden. Eine solche Anordnung macht die Änderung von Servern und Logik ganz einfach.
3. .NET Remoting kann die Ausfallzeit aus den in der Antwort zu Frage 2 aufgeführten Gründen minimieren. Außerdem erhöht .NET Remoting die Anwendungsleistung über Webdienste, weil es TCP (Transmission Control Protocol) und die binäre Serialisierung verwenden kann. TCP und die binäre Serialisierung benötigen jeweils weniger Ressourcen und sind schneller als Extensible Markup Language (XML) über Hypertext Transfer Protocol (HTTP) – der Kombination, die von Webdiensten verwendet wird.

Kapitel 9: Antworten zu den Lernzielkontrollen

Lektion 1

1. Richtige Antworten: A, B und C
   a. **Richtig:** Diese Methode funktioniert zwar unter Umständen nicht bei Webanwendungen, wohl aber bei den meisten anderen Projekttypen.
   b. **Richtig:** Diese Methode funktioniert zwar unter Umständen nicht bei Webanwendungen, wohl aber bei den meisten anderen Projekttypen.
   c. **Richtig:** Diese Methode funktioniert bei jedem Projekttyp und stellt die sicherste Methode zum Hinzufügen eines Verweises zu einer WSE 3.0-Bibliothek dar.
   d. **Falsch:** Andere Objekte werden über die Proxyklasse importiert, aber der Proxy selbst kann keine Projektverweise auf WSE 3.0 erstellen.
2. Richtige Antwort: C
   a. **Falsch:** Diese Vererbung ist nicht in allen Fällen erforderlich, auch wenn solche Fälle vorstellbar sind.
   b. **Falsch:** Klassen, die keine WSE 3.0-Funktionen benötigen, müssen nicht auf WSE 3.0 verweisen und schon gar nicht von **WebServicesClientProtocol** erben.
   c. **Richtig:** Dies ist der wichtigste Einsatzzweck der Klasse **WebServicesClientProtocol**.
   d. **Falsch:** Die beiden Klassen können in manchen Fällen gegeneinander ausgetauscht werden, aber es stehen nicht alle Eigenschaften von **WebServicesClientProtocol** wie etwa **RequestSoapContext** und **ResponseSoapContext** in **SoapHttpClientProtocol** zur Verfügung.

3. Richtige Antwort: C
   a. **Falsch:** Eine Instanz von **WebServicesClientProtocol** kann in **SoapHttpClientProtocol** umgewandelt werden, ohne Ausnahmen auszulösen. Allerdings können **SoapHttpClientProtocol**-Objekte nicht in **WebServicesClientProtocol**-Objekte umgewandelt werden.
   b. **Falsch:** Nur die Eigenschaften, die in der Klasse **WebServicesClientProtocol** vorhanden sind und auch in der Klasse **SoapHttpClientProtocol** existieren, werden umgewandelt. Eigenschaften, die nicht vorhanden sind, führen in C# zu **null**- und in Visual Basic .NET zu **Nothing**-Werten.
   c. **Richtig:** Dies ist das Verhalten bei der Umwandlung von **WebServicesClientProtocol**-Objekten in **SoapHttpClientProtocol**-Objekte.
   d. **Falsch:** Die Klasse **WebServicesClientProtocol** erbt von der Klasse **SoapHttpClientProtocol**. Die Konvertierungsregeln sind in diesem Fall dieselben wie die beim Umwandeln zweier beliebiger Objekte, bei denen eines vom anderen erbt.

Lektion 2

1. Richtige Antworten: A, B und C
   a. **Richtig: soapExtensionTypes** kann über das Tag **add** hinzugefügt werden.
   b. **Richtig: soapExtensionTypes** kann mithilfe des Subtags **remove** aus der Anwendung entfernt werden.
   c. **Richtig:** Das Subtag **clear** kann alle vorhandenen Tags löschen.
   d. **Falsch:** Die Konfiguration lässt sich nicht nur zur Verwaltung von **soapExtensionTypes** verwenden, sie ist sogar die bevorzugte Methode.
2. Richtige Antwort: C
   a. **Falsch:** Niedrigere **priority**-Werte haben Vorrang vor höheren Werten, d. h. 1 hat Vorrang vor 2.
   b. **Falsch:** Niedrigere **group**-Werte haben Vorrang vor höheren Werten, d. h. 0 hat Vorrang vor 1.
   c. **Richtig:** Ein **priority**-Wert von 1 ersetzt einen Wert von 2.
   d. **Falsch:** Numerische Werte in beiden Subtags werden ausschließlich zum Festlegen der Priorität verwendet.
3. Richtige Antworten: A, B und C
   a. **Richtig:** Ein Eintrag im Abschnitt **<configSections>** der Konfigurationsdatei muss für jede **configSection** hinzugefügt werden, die verwendet werden soll.
   b. **Richtig:** Name, Version und Kultur der Assembly lassen sich im Abschnitt **<configSections>** der Konfigurationsdatei angeben.
   c. **Richtig:** Ein Eintrag, der dem im **<configSections>**-Abschnitt angegebenen Namen entspricht, muss in der Konfigurationsdatei enthalten sein.
   d. **Falsch: <appSettings>** kann für benutzerdefinierte Einstellungen verwendet werden, wird aber, wenn er hier gespeichert wird, nicht korrekt erkannt.

Lektion 3

1. Richtige Antworten: A, C und D
   a. **Richtig:** Digitale Signaturen dienen der Überprüfung von Absender und Empfänger.
   b. **Falsch:** Die Autorisierung ist kein spezielles Ziel digitaler Signaturen. Andere Funktionen – insbesondere die Authentifizierung – behandeln dieses Ziel.
   c. **Richtig:** Die Nachrichtenintegrität ist ein wesentliches Ziel digitaler Signaturen.
   d. **Richtig:** Die Vertraulichkeit ist ein wesentliches Ziel digitaler Signaturen.
2. Richtige Antworten: A, B, C und D
   a. **Richtig:** Kerberos-Token können in jedem Fall verwendet werden, auch wenn sie abhängig von dem Betriebssystem des Computers, der sie verwendet, nur begrenzt anwendbar sind.
   b. **Richtig:** X.509 ist einer der wesentlichen Mechanismen für die Tokenimplementierung.
   c. **Richtig:** **UserNameToken**-Objekte sind gültige und einfache Möglichkeiten der Tokenimplementierung.
   d. **Richtig:** Benutzerdefinierte Token können mit WSE 3.0 implementiert werden.

Kapitel 9: Antworten zu den Fallbeispielen

Fallbeispiel 1: Wie passt WSE in meine Anwendungsentwicklungsstrategie?

1. Die beiden wesentlichsten Gesichtspunkte sind Sicherheit und Leistungsfähigkeit. WSE kann beide optimieren, wenn Webdienste eingesetzt werden.
2. Das Erlernen der WS-*-Standards und das Schreiben von Code zu ihrer Implementierung würde viel Zeit kosten. Einen Standard zu erlernen und sich durch seine korrekte Anwendung zu hangeln, ist stets ein fehlerträchtiger Vorgang. Glücklicherweise hat uns Microsoft diese Aufgabe bereits abgenommen und stellt die gesamten erforderlichen Funktionen direkt bereit, ohne dass der Entwickler hierfür jede Nuance des Standards kennen müsste. Allerdings müssen Sie wie bei jeder anderen Technologie auch wissen, was Sie tun und warum Sie es tun. WSE vereinfacht diesen Vorgang erheblich, aber ein gewisser Lernaufwand ist immer noch erforderlich.
3. Wir sollten nur die bewährten Sicherheitsprotokolle verwenden. Jeder kann einen Verschlüsselungsalgorithmus schreiben, aber wie stark solche Algorithmen sind, kann der Verfasser eigentlich nicht garantieren. Allerdings hält diese Einschränkung nicht allzu viele Leute davon ab, eigene Verschlüsselungsalgorithmen zu schreiben. Die einzig sichere Vorgehensweise ist die Verwendung bewährter, kritisch geprüfter Sicherheitsstandards. Allerdings lässt sich innerhalb der Grenzen der Verwendung starker und anerkannter Algorithmen unglaublich viel anpassen. WSE bietet Ihnen das Beste aus beiden Welten.

Fallbeispiel 2: Kann der Prozess optimiert werden?

1. Es gibt eine ganze Menge Maßnahmen, die bei den vorliegenden Problemen Abhilfe schaffen könnten, aber die einzige, die keine neue Hardware erfordert, ist die Änderung der Datenübertragungsmethoden. WSE 1.0 und 2.0 haben DIME eingeführt, womit sich die Leistung verbessern ließ. Mit WSE 3.0 erfolgte dann die Einführung von MTOM. Mit diesen Technologien sollten sich die genannten Probleme beseitigen lassen.
2. DIME war in allen WSE-Versionen vor 3.0 vorhanden. Seit Version 3.0 wird DIME nicht mehr unterstützt, sondern wurde durch MTOM ersetzt. MTOM ist effizienter, aber der Hauptgrund für seine Verwendung ist die Überalterung. Zwar hat DIME eine Zeit lang gut funktioniert, aber es war nun schon veraltet, und MTOM ermöglicht einen wesentlich nahtloseren Übergang zur WCF.
3. In ihrer einfachsten Form lässt sich eine Anwendung mit ca. 20 Codezeilen auf die Verwendung von DIME oder MTOM umstellen (in manchen Fällen können es auch weniger sein, aber wir wollen realistische Zahlen angeben). Das Ergänzen von MTOM- oder DIME-Unterstützung beim Webdienst und beim Client ist eine simple Angelegenheit.

Kapitel 10: Antworten zu den Lernzielkontrollen

Lektion 1

1. Richtige Antworten: A, B, C und D
   a. **Richtig: Anonymous** ist eine gültige Authentifizierungsmethode. Eine Beschreibung dieser Authentifizierungsmethode finden Sie im Abschnitt "Hinzufügen von Richtlinienassertionen".
   b. **Richtig: Username** ist eine gültige Authentifizierungsmethode. Eine Beschreibung dieser Authentifizierungsmethode finden Sie im Abschnitt "Hinzufügen von Richtlinienassertionen".
   c. **Richtig: Certificate** ist eine gültige Authentifizierungsmethode. Eine Beschreibung dieser Authentifizierungsmethode finden Sie im Abschnitt "Hinzufügen von Richtlinienassertionen".
   d. **Richtig: Windows** ist eine gültige Authentifizierungsmethode. Eine Beschreibung dieser Authentifizierungsmethode finden Sie im Abschnitt "Hinzufügen von Richtlinienassertionen".
2. Richtige Antwort: D
   a. **Falsch:** Diese Aktion informiert die Anwendung nicht darüber, wo die Datei zu finden ist.
   b. **Falsch:** Diese Aktion informiert die Anwendung nicht darüber, wo die Datei zu finden ist.
   c. **Falsch:** Diese Aktion informiert die Anwendung nicht darüber, wo die Datei zu finden ist.
   d. **Richtig:** Sie können ein **<policy>**-Element mit einem Attribut **fileName** hinzufügen, um eine externe Richtliniendatei anzugeben.

Lektion 2

1. Richtige Antwort: B
   a. **Falsch:** Da symmetrische Algorithmen erfordern, dass mindestens zwei Parteien über den privaten Schlüssel verfügen, gelten sie gemeinhin als weniger sicher als ihre asymmetrischen Gegenstücke.
   b. **Richtig:** Asymmetrische Algorithmen ermöglichen dem Benutzer, den privaten Schlüssel völlig sicher aufzubewahren, während nur ein öffentlicher Schlüssel verteilt wird. Das Paar aus privatem und öffentlichem Schlüssel wird zur Ver- bzw. Entschlüsselung von Nachrichten verwendet und weist insofern ein wesentlich geringeres Gefährdungsrisiko auf.
   c. **Falsch:** Der bevorzugte Mechanismus zur Erstellung digitaler Signaturen ist das Hashing, und symmetrische Algorithmen sind hinsichtlich der Verschleierung von Daten durchaus von hohem Wert.
   d. **Falsch:** Der bevorzugte Mechanismus zur Erstellung digitaler Signaturen ist das Hashing, und asymmetrische Algorithmen sind hinsichtlich der Verschleierung von Daten durchaus von hohem Wert.
2. Richtige Antwort: A
   a. **Richtig:** Dies ist der einzige Teil, der standardmäßig geschützt wird, wenn eine SOAP-Nachricht verschlüsselt wird.
   b. **Falsch:** Der Header kann geschützt werden, wenn festgelegt wird, dass die enthaltenen Schutzinformationen erforderlich sind. Dies allerdings geschieht nicht ohne spezielle Implementierung vonseiten des Entwicklers.
   c. **Falsch:** Zwar kann **<RequestSecurityToken>** verwendet werden, um eine sicherere Lösung zu ermöglichen, aber es wird standardmäßig weder verschlüsselt noch geschützt.
   d. **Falsch:** Zwar kann **<RequestSecurityTokenResponse>** verwendet werden, um eine sicherere Lösung zu ermöglichen, aber es wird standardmäßig weder verschlüsselt noch geschützt.
3. Richtige Antworten: A, B, C und D
   a. **Richtig:** Sowohl der Header als auch der Textkörper können verschlüsselt werden, auch wenn standardmäßig nur der Textkörper auf diese Weise behandelt wird.
   b. **Richtig:** Ein **UsernameToken** kann zur Verschlüsselung einer Nachricht verwendet werden.
   c. **Richtig:** Zertifikate können verwendet werden, um die Schlüsselübertragung zwischen Parteien zu behandeln, die Daten sicher austauschen wollen.
   d. **Richtig:** WSE 3.0 bietet Mechanismen zur Verwendung asymmetrischer sowie symmetrischer Algorithmen.

Lektion 3

1. Richtige Antworten: A, B und C
   a. **Richtig:** Die Klasse **SoapFilter** kann als gültige Basisklasse verwendet werden, von der benutzerdefinierte Filter erben. Sie ist für Instanzen geeignet, bei denen die SOAP-Nachricht nicht geschützt wird.
   b. **Richtig:** Die Klasse **ReceiveSecurityFilter** kann als gültige Basisklasse verwendet werden, von der benutzerdefinierte Filter erben.
   c. **Richtig:** Die Klasse **SendSecurityFilter** kann als gültige Basisklasse verwendet werden, von der benutzerdefinierte Filter erben.
   d. **Falsch: ProcessMessage** ist eine Methode und sollte zwar in vielen Instanzen implementiert werden, aber sie kann nicht als gültige Basisklasse dienen.
2. Richtige Antwort: C
   a. **Falsch: ProcessMessage** sollte in Verbindung mit der Klasse **SoapFilter** verwendet werden, nicht mit der Klasse **SendSecurityFilter**.
   b. **Falsch: ValidateMessageSecurity** sollte in Verbindung mit der Klasse **ReceiveSecurityFilter** verwendet werden, nicht mit der Klasse **SendSecurityFilter**.
   c. **Richtig:** Dies ist die korrekte zu implementierende Methode.
   d. **Falsch: CreateClientOutputFilter** ist nur im Kontext von Richtlinienassertionen gültig und für den beschriebenen Zweck ungeeignet.

Kapitel 10: Antworten zu den Fallbeispielen

Fallbeispiel 1: Wie sicher ist sicher genug?

1. Selbstgemachte Sicherheit ist etwas, das grundsätzlich Stirnrunzeln hervorruft. Die Implementierung von Sicherheit durch Unklarheit (Security by Obscurity) wird heute nicht mehr toleriert. Zwar bietet ein solches Verschleiern ein gewisses Maß an Sicherheit, weil die Angriffsfläche schwerer zu definieren ist, aber die von WSE implementierten Sicherheitsmerkmale sind in der gesamten Branche omnipräsent. Jede Funktion kann in Verbindung mit den .NET Framework-Sicherheitsbibliotheken implementiert werden, die alle auf weit verbreiteten, kritisch geprüften und bewährten Implementierungen basieren. Die Stärke dieser Funktionen ist generell anerkannt, und auch wenn das Kritikerlob ihre Attraktivität für Angreifer steigert, ist es in den meisten Fällen derart schwierig, sie zu knacken, dass sie so viel Sicherheit bieten, wie ein Unternehmen es sich nur wünschen kann.
2. WSE implementiert die WS-* Security-Standards. Diese sind umfassend veröffentlicht und verteilt und insofern wohlbekannt. Da diese Spezifikation so umfassend bekannt ist, bringt sie ein erhebliches Maß an Glaubwürdigkeit mit sich.
3. Natürlich. Da bereits viele Whitepapers zur WS-* Security-Spezifikation verfasst wurden, kann auf bereits vorhandene Dokumentation verwiesen werden. Die Tatsache, dass bereits derart viel Dokumentation vorhanden ist, unterstützt den guten Ruf und die Glaubwürdigkeit der Spezifikation zusätzlich.

Kapitel 11: Antworten zu den Lernzielkontrollen

Lektion 1

1. Richtige Antwort: C
   a. **Falsch:** Zwar können die Klassen **SoapClient** und **SoapService** für unidirektionales Messaging verwendet werden, aber das Haupteinsatzgebiet ist das bidirektionale Messaging. Bei dieser Antwort sind die Klassen **SoapSender** und **SoapReceiver** korrekt.
   b. **Falsch:** Die Klassen **SoapClient** und **SoapService** werden für bidirektionales Messaging verwendet.
   c. **Richtig:** Die Klassen **SoapSender** und **SoapReceiver** werden für unidirektionales Messaging verwendet.
   d. **Falsch:** Die Klassen **SoapClient** und **SoapService** werden für bidirektionales Messaging verwendet. Bei dieser Antwort ist **SoapService** falsch.
2. Richtige Antworten: A und D
   a. **Richtig:** Sie müssen eine Klasse erstellen, die von der Klasse **SoapClient** erbt.
   b. **Falsch:** Die Klasse **SoapReceiver** wird bei der Implementierung des unidirektionalen Messagings verwendet.
   c. **Falsch:** Sie fügen einen Konstruktor hinzu, aber der URI wird nicht als Verweis übergeben.
   d. **Richtig:** Sie müssen zur neu erstellten Klasse einen Konstruktor hinzufügen, der ein **EndpointReference**-Objekt als Parameter akzeptiert.
3. Richtige Antwort: A
   a. **Richtig:** In diesem Fall wird das Element **<mtom>** im Element **<messaging>** verschachtelt.
   b. **Falsch:** In diesem Fall wird das Element **<mtom>** im Element **<messaging>** verschachtelt, aber der gesamte Bereich wird in ein Tag für WSE 2.0 (nicht für WSE 3.0) eingebunden.
   c. **Falsch:** Ein Element **attachments** gibt es hier nicht.
   d. **Falsch:** Ein Element **attachments** gibt es hier nicht.

Lektion 2

1. Richtige Antworten: A und D
   a. **Richtig:** Sie müssen einen Verweis auf den Namespace **System.Web.Services** hinzufügen.
   b. **Falsch:** Es gibt keinen Namespace namens **System.Web.Services2**.
   c. **Falsch:** Es gibt keinen Namespace namens **System.Web.Services3**.
   d. **Richtig:** Sie müssen einen Verweis auf den Namespace **Microsoft.Web.Services3** hinzufügen.

2. Richtige Antwort: C
   a. **Falsch:** Dieser Code wäre nur dann korrekt, wenn Sie einen Router mit WSE 2.0 und nicht mit Version 3.0 konfigurieren würden.
   b. **Falsch:** Dieser Code verweist nicht nur auf WSE 2.0, sondern gibt sogar an, dass die weiterzuleitende Datei wörtlich **webservices** heißt.
   c. **Richtig:** Dieser Code verweist auf die korrekte WSE-Version und verwendet einen Platzhalter zur Angabe aller Dateien mit der Dateierweiterung ASMX.
   d. **Falsch:** Dieser Code verweist auf die korrekte WSE-Version, gibt aber an, dass die weiterzuleitende Datei wörtlich **webservices** heißt.
3. Richtige Antwort: A
   a. **Richtig:** Das Element **<r:exact>** enthält den exakten Pfad, über den eine Anforderung weitergeleitet wird.
   b. **Falsch:** Dieses Element wird zwar zur Pfadangabe verwendet, dient aber nur als Containerelement für das Element **<r:exact>**, das die korrekte Antwort gewesen wäre.
   c. **Falsch:** Dieses Element ist das oberste Containerelement, das zur Angabe des endgültigen Ziels der weitergeleiteten Anforderung verwendet wird; das Element **<r:exact>** enthält den exakten Pfad.
   d. **Falsch:** Es gibt kein Element namens **<r:to>**.

Lektion 3

1. Richtige Antworten: B und D
   a. **Falsch:** Sie fügen keinen Code zum Konstruktor des WSE-Routers, sondern zu einer Klassendatei hinzu, die zum Ordner **App_Code** hinzugefügt und in der Methode **GetRequestPolicy** zurückgegeben wird.
   b. **Richtig:** Eine Alternative zum Hinzufügen von Code zu einer Richtlinienklassendatei besteht darin, eine XML-basierte Richtliniendatei zu erstellen und diese in der Methode **GetRequestPolicy** zurückzugeben.
   c. **Falsch:** Sie fügen keinen Code hinzu, um die Anmeldeinformationen des Signaturgebers zu überprüfen – schon gar nicht zur Methode **GetRequestPolicy**.
   d. **Richtig:** Sie können Code zu einer Klassendatei hinzufügen, mit dem eine Assertion zu einer Klassendatei hinzufügt wird, die von der Methode **GetRequestPolicy** zurückgegeben wird.
2. Richtige Antwort: B
   a. **Falsch:** Das X.509-Token verwendet einen öffentlichen Schlüssel, der im Zertifikat gespeichert und in der Nachricht enthalten ist.
   b. **Richtig:** Ein **UsernameToken** verwendet eine Kombination aus Benutzernamen und Kennwort, die in der Datenbank, in Active Directory oder in einem anderen Verzeichnisdienst gespeichert wird.
   c. **Falsch: UsernameOverTransport** sendet die Anmeldeinformationen über SSL.
   d. **Falsch: AnonymousOverX509** akzeptiert den öffentlichen Schlüssel eines Servers von einem anonymen oder unbekannten Client.

3. Richtige Antwort: A
   a. **Richtig:** In ein **<security>**-Element eingebunden, muss das Attribut **verifyTrust** auf **true** festgelegt sein, wenn das Attribut **allowTestRoot** auf **true** festgelegt ist.
   b. **Falsch:** Das Attribut **verifyTrust** muss auf **true** festgelegt sein, wenn **allowTestRoot** auf **true** festgelegt ist.
   c. **Falsch:** Zwar ist das Element **<x509>** korrekt, aber es ist in ein **<credentials>**-Element eingebunden, und dieses existiert nicht.
   d. **Falsch:** Das Attribut **verifyTrust** kann nicht auf **false** festgelegt werden, und das Element **<x509>** ist in ein **<credentials>**-Element eingebunden, das nicht existiert.

Kapitel 11: Antworten zu den Fallbeispielen

Fallbeispiel 1: Durchführen einer Serveraktualisierung

1. Vor der Serveraktualisierung müssen Sie bei der Vorbereitung eines Sicherungsservers helfen. Dieser Server wird als Host für die Webdienste verwendet, während der Originalserver aktualisiert wird. Ferner müssen Sie eine Datei **Web.config** vorbereiten, die auf eine neue Referral-Cachedatei verweist. Die neue Referral-Cachedatei enthält einen URL, der auf den Sicherungsserver verweist. Wenn der Originalserver offline genommen wird, werden die neuen Datei **Web.config** und die Referral-Cachedatei auf dem Computer abgelegt, der als Host des WSE-Routers fungiert.

Fallbeispiel 2: Auswählen einer Sicherheitsmethode für Ihren WSE-Router

1. In diesem Szenario würden Sie eine Sicherheitsmethode **AnonymousOverX509** empfehlen. Da die Leistung ein wesentlicher Gesichtspunkt ist, sollten Sie von der Idee, **UsernameOverTransport** zu verwenden, Abstand nehmen, da der mit der Verwendung von SSL verbundene Overhead Leistungsprobleme bei Ihren Webdiensten verursachen kann. Die Methode **AnonymousOverX509** bietet Sicherheit auf Nachrichtenebene und ermöglicht dem Client trotzdem eine anonyme Authentifizierung. Dies ist in dieser Situation akzeptabel, weil die einzigen Clients, die auf die Webdienste zugreifen, vertrauenswürdige Mitglieder sind, denen Sie den öffentlichen Schlüssel übergeben können.

Kapitel 12: Antworten zu den Lernzielkontrollen

Lektion 1

1. Richtige Antworten: B und D
   a. **Falsch:** Diese Schnittstelle existiert nicht. Eine Serviced Component muss von der Klasse **ServicedComponent** erben.
   b. **Richtig:** Die Basisklasse **ServicedComponent** befindet sich im Namespace **System.EnterpriseServices**.

c. **Falsch:** Dieser Namespace existiert nicht. Die Basisklasse **ServicedComponent** befindet sich im Namespace **System.EnterpriseServices**.

d. **Richtig:** Eine Serviced Component muss von der Klasse **ServicedComponent** erben.

2. Richtige Antworten: A, B und C

a. **Richtig: System.EnterpriseServices.AutoCompleteAttribute** wird verwendet, um eine Methode so zu kennzeichnen, dass sie in der Transaktion eine Entscheidung trifft.

b. **Richtig: System.Runtime.InteropServices.ComVisibleAttribute** wird verwendet, um Ihre Klasse als für COM+ sichtbar zu kennzeichnen.

c. **Richtig: System.EnterpriseServices.TransactionAttribute** wird verwendet, um anzugeben, ob Ihre Klasse an einer laufenden Transaktion teilnimmt oder eine neue Transaktion benötigt.

d. **Falsch: System.EnterpriseServices.JustInTimeActivationAttribute** wird verwendet, um die JIT-Aktivierung ein- oder auszuschalten.

3. Richtige Antworten: B und D

a. **Falsch:** Das Tool **Sn.exe** wird zur Erstellung von Schlüsselpaaren mit starken Namen verwendet.

b. **Richtig:** Das Tool **Regsvcs.exe** kann zur Registrierung einer Serviced Component verwendet werden.

c. **Falsch:** Der Ordner **C:\Programme\ComPlus** wird zwar bei der Verwendung der MSI-Bereitstellungsoption verwendet, aber durch das Ablegen einer Assembly in diesem Ordner wird sie nicht im COM+-Katalog registriert.

d. **Richtig:** Die Komponentendienste-Verwaltungskonsole kann zur Registrierung einer Serviced Component mithilfe von Drag & Drop verwendet werden.

Lektion 2

1. Richtige Antworten: B und D

a. **Falsch:** Auf **ServicedComponents** kann nicht mithilfe eines Webverweises verwiesen werden. Verwenden Sie das Befehlszeilenprogramm **SoapSuds**, wenn Sie einen Verweis auf eine SOAP-fähige COM+-Komponente erstellen wollen.

b. **Richtig:** Die Klasse muss öffentlich sein, damit sie außerhalb der Assembly sichtbar ist.

c. **Falsch:** Eine Serviced Component muss nicht explizit eine Schnittstelle implementieren. Für Queued Components hingegen wird dieses empfohlen.

d. **Richtig:** Auf diese Weise wird ein Dienst verwendet.

2. Richtige Antworten: A und B

a. **Richtig:** Dies funktioniert.

b. **Richtig:** Dies ist die bevorzugte Methode.

c. **Falsch:** Visual Studio ermöglicht Ihnen nicht, eine verwaltete Assembly als COM-Komponente zu behandeln; Sie müssen auf den Dienst als verwaltete Assembly verweisen.

3. Richtige Antworten: B und D

   a. **Falsch:** Zwar ist die Zuordnung eines Anwendungsnamens empfohlene Praxis, aber sie ist nicht erforderlich.

   b. **Richtig:** Eine Serviced Component erfordert die Registrierung eines starken Namens im COM+-Katalog.

   c. **Falsch:** Eine Serviced Component kann beliebige Komponenten aufrufen; weil aber eine Serviced Component einen starken Namen hat, kann sie nur Komponenten aufrufen, die ebenfalls starke Namen aufweisen.

   d. **Richtig:** Eine Komponente mit einem starken Namen kann nur andere Komponenten aufrufen, die auch einen starken Namen haben.

Kapitel 12: Antworten zu den Fallbeispielen

Fallbeispiel 1: Zuverlässigkeit über Transaktionen

Interviews

1. Wenn die verwendeten Datenspeicher keine Transaktionen unterstützen und nicht an einer verteilten Transaktion teilnehmen können, dann besteht der erste Schritt darin, die Datenspeicher auf ein Datenbankprodukt wie beispielsweise Microsoft SQL Server zu migrieren oder optional benutzerdefinierte Ressourcen-Manager für besagte Datenspeicher zu implementieren.

2. Eine Webanwendung wird normalerweise in einem Bereich bereitgestellt, der gemeinhin als Perimeternetzwerk bezeichnet wird. Dies ist eine Zone im Netzwerk, die vom Internet durch eine Firewall und von Ihrem Backoffice durch eine zweite Firewall – sowie durch beliebige weitere Sicherheitsmaßnahmen, die Ihr Unternehmen für geeignet hält – getrennt wird. Aus sicherheitstechnischer Sicht sollte der DTC eine Transaktion nicht netzwerkzonenübergreifend verwalten. Richten Sie Ihr Onlinegeschäft so ein, dass es .NET Remoting oder abgesicherte Webdienste zwischen dem Perimeternetzwerk und dem Anwendungsserver in Ihrem lokalen Netzwerk (LAN) verwendet. Der DTC kann Transaktionen vom Anwendungsserver über das LAN hinweg koordinieren.

3. Korrigieren Sie die Anwendungslogik so, dass Serviced Components zum Eintragen von Transaktionen in den DTC verwendet werden. Auf diese Weise wird eine Bestellung entweder sowohl an das Vertriebssystem als auch an das Versandsystem übermittelt, oder aber sie wird überhaupt nicht übermittelt; in letzterem Fall wird der Benutzer mit einer Fehlermeldung informiert.

Fallbeispiel 2: Optimieren der Leistungsfähigkeit

1. Wenn das Objektpooling deaktiviert ist, dann lassen sich Erstellung und Bereinigung von Ressourcen erheblich optimieren, indem es aktiviert wird. Führen Sie einige Berechnungen dazu durch, wie viele Benutzer zu einem beliebigen Zeitpunkt eine bestimmte Komponente verwenden, und bestimmen Sie die optimale Größe für den Objektpool.

2. Die JIT-Aktivierung ermöglicht einer Anwendung die Verwendung von Ressourcen nach Bedarf und die Freigabe der verwendeten Ressourcen, sobald die jeweilige Aufgabe abgeschlossen ist. Auf diese Weise wird zu jedem beliebigen Zeitpunkt die jeweils minimal erforderliche Ressourcenmenge beansprucht. Da der Status der Komponente zwischen Dienstaufrufen verloren geht, müssen Sie sicherstellen, dass Ihre Komponente entwurfsgemäß statusfrei ist.

Kapitel 13: Antworten zu den Lernzielkontrollen

Lektion 1

1. Richtige Antworten: C und D
   a. **Falsch:** Nur öffentliche Warteschlangen werden in Active Directory registriert.
   b. **Falsch:** Standardmäßig sind Warteschlangen öffentlich. Um eine Warteschlange als privat zu kennzeichnen, wird das Präfix **private$** benötigt.
   c. **Richtig:** Private Warteschlangen können im Arbeitsgruppenmodus betrieben werden, öffentliche hingegen nicht.
   d. **Richtig:** Dies ist die korrekte Syntax zur Erstellung einer öffentlichen Warteschlange.
2. Richtige Antworten: C und D
   a. **Falsch:** Wenn sich beim Löschen einer Warteschlange Nachrichten in der Warteschlange befinden, dann gehen sie verloren.
   b. **Falsch:** Es gibt keine Methode **MessageQueue.Remove**. Die korrekte Methode lautet **MessageQueue.Delete**.
   c. **Richtig:** Dies ist die korrekte Syntax zum programmgesteuerten Löschen einer Warteschlange.
   d. **Richtig:** Die Computerverwaltungs-Konsole kann verwendet werden, um eine Warteschlange zu löschen.
3. Richtige Antwort: D
   a. **Falsch:** Wenn Sie Queued Components verwenden, erfolgt die Erstellung einer Nachricht im Hintergrund. Der Nachteil besteht darin, dass Sie die Parameter des Dienstes **IPersistStream** implementieren müssen; wenn dies jedoch erfolgt, können sie als Parameter verwendet werden.
   b. **Falsch:** Beliebige Objekte können mit **MessageQueue.Send(...)** gesendet werden. Allerdings wird empfohlen, das Objekt in **Message.Body** einzubinden.
   c. **Falsch:** Die Art und Weise, wie der Nachrichtenkörper übertragen wird, wird von der Eigenschaft **Formatter** der Nachricht bestimmt.
   d. **Richtig:** Ob eine Nachricht als Teil einer Transaktion gesendet wird, wird in der Warteschlange und nicht in der Nachricht selbst definiert.

4. Richtige Antworten: A und D
   a. **Richtig:** Wenn die Option **Journal** aktiviert ist, dann werden alle verarbeiteten Nachrichten in das Journal kopiert.
   b. **Falsch:** Dies hängt davon ab, ob die Nachricht als **Recoverable** gekennzeichnet war.
   c. **Falsch: MessageQueue.Receive(...)** entfernt die Nachricht aus der Warteschlange, d. h. das Löschen ist weder erforderlich noch möglich.
   d. **Richtig: MessageQueue.Receive(...)** entfernt eine Nachricht aus der Warteschlange, sobald es eine Nachricht empfängt; **MessageQueue.Peek(...)** hingegen erstellt eine Kopie der Nachricht und belässt die Originalnachricht in der Warteschlange.

Lektion 2

1. Richtige Antwort: D
   a. **Falsch:** Dieser Code schlägt fehl, weil Sie im Arbeitsgruppenmodus ein **SenderCertificate** angeben müssen und bei der Nachricht **UseAuthentication** auf **true** festgelegt werden muss.
   b. **Falsch:** Zwar müssen Sie im Arbeitsgruppenmodus ein **SenderCertificate** angeben, aber der Code schlägt auch deswegen fehl, weil bei der Nachricht **UseAuthentication** auf **true** festgelegt werden muss.
   c. **Falsch:** Zwar muss bei der Nachricht **UseAuthentication** auf **true** festgelegt werden, aber der Code schlägt auch deswegen fehl, weil Sie im Arbeitsgruppenmodus ein **SenderCertificate** angeben müssen.
   d. **Richtig:** Die in den Antworten B und C beschriebenen Fehler müssen behoben werden, bevor dieser Code auf einem Computer im Arbeitsgruppenmodus ausgeführt werden kann.
2. Richtige Antwort: B
   a. **Falsch: GetAllMessages()** liest alle Nachrichten aus der Warteschlange, erstellt aber nur Kopien, statt sie zu löschen.
   b. **Richtig: Peek()** klont die erste Nachricht in der Warteschlange, löscht sie aber nicht.
   c. **Falsch: Receive()** liest die erste Nachricht in der Warteschlange und löscht sie dann.
   d. **Falsch: Delete()** existiert nicht.

Kapitel 13: Antworten zu den Fallbeispielen

Fallbeispiel 1: Onlineshop

1. Derzeit geben wir sofort eine Rückmeldung, dass die Bestellung verarbeitet wurde, sobald der Kunde auf „Kauf abschließen" klickt, aber dies hat seinen Preis. Alle Überprüfungen und Änderungen erfolgen innerhalb einer einzigen Transaktion. Der Benutzer muss bis zu 20 Sekunden warten, bis die Bestellung abgeschlossen ist. Durch Einführen von Message Queuing können wir, wenn der Kunde auf „Kauf abschließen" klickt, das Allernötigste erledigen. Der Kunde sieht sofort, dass seine Bestellung empfangen wurde. Das bedeutet, dass unser Onlineshop die Bestellung registriert hat und

MSMQ-Nachrichten an das Versand- und das Abrechnungssystem gesendet wurden. Diese werden verarbeitet, und danach senden diese Systeme Nachrichten zurück, um den Bestellstatus zu ändern. Der Onlineshop sendet dann eine E-Mail, die den Kunden informiert. Normalerweise geschieht dies innerhalb weniger Sekunden, kann aber auch länger dauern, wenn das Versand- oder das Abrechnungssystem ausgefallen ist. Dies erhöht die Kundenfreundlichkeit, und – was noch wichtiger ist – wir machen weiter Geschäfte.

2. Die aktuelle Lösung sind Webdienste unter Verwendung der WSE 3.0-Sicherheit. Weil sich der Onlineshop im Perimeternetzwerk befindet, wollen wir beim Zugriff auf die Server in unserem internen Netzwerk größtmögliche Sicherheit haben. Wir werden eine Anzahl Webdienstaufrufe durch MSMQ-Nachrichten ersetzen. Um unser hohes Maß an Sicherheit im Perimeternetzwerk beizubehalten, richten wir die Warteschlangen so ein, dass sie nur verschlüsselte und signierte Nachrichten akzeptieren.

Fallbeispiel 2: Stapel

1. Der Rechnungsstapel führt gegenwärtig eine SQL-Anweisung aus, um die Kunden mit den zugehörigen Bestellungen zu verknüpfen. Hierbei werden nur diejenigen Kunden ausgewählt, die innerhalb der Abrechnungsperiode tatsächlich eine Bestellung durchgeführt haben. Dies erzeugt einen DataSet. Für jeden Kunden im DataSet werden die Bestellungen abgerufen, pro Bestellung wird eine Bestellsumme berechnet, und auf der Basis dieser Summen wird eine Rechnung erstellt.

2. Die kleinste Arbeitseinheit ergibt sich aus den Lieferergebnissen. Wir könnten zwar die Berechnung der Bestellsummen als kleinste Arbeitseinheit einschätzen, aber das Lieferergebnis ist unklar, und die Reihenfolge, in der die Bestellungen verarbeitet werden, hat eine gewisse Relevanz, weil eine Rechnung erst vollständig ist, wenn alle Bestellungen auf der Rechnung abgerechnet wurden. Insofern ist die vollständige Rechnung das kleinste Lieferergebnis. Wir wollen den Stapel nun auf zwei separate Stapel umstellen. Der erste Stapel wählt die Kunden aus, für die eine Rechnung gestellt werden soll. Für jeden Kunden, dem eine Rechnung gestellt werden soll, reihen wir eine Nachricht in eine Nachrichtenwarteschlange ein. Als Nächstes erstellen wir eine Konsolenanwendung, die als Stapelverarbeitungs-Agent fungieren soll. Dieser überwacht die Warteschlange; sobald er eine Nachricht aus der Warteschlange empfängt, erstellt er eine Rechnung für den Kunden, der in der Nachricht benannt ist. Nach der Erstellung überprüft er, ob weitere Nachrichten zu verarbeiten sind. Das Tolle an dieser Lösung ist, dass wir beliebig viele Stapelverarbeitungs-Agenten auf beliebig vielen Computern starten können.

3. Der Auftrag wird gegenwärtig nur auf einem Server ausgeführt, aber es gibt mindestens drei oder vier weitere Server, die bei Bedarf Hilfestellung leisten könnten. Während des Entwicklungszeitraums zu bestimmen, wie viele Prozesse auf einem Computer ausgeführt werden können, ist fast unmöglich. Es sind einfach zu viele Faktoren mit im Spiel. Die hier entwickelte Lösung ermöglicht es uns, mit der Ausführung eines einzigen Stapelverarbeitungs-Agenten zu beginnen. Indem wir dann überprüfen, wie viele Nachrichten pro Minute verarbeitet werden, sehen wir, was geschieht, wenn wir einen zweiten Agenten, einen dritten usw. hinzufügen. Nach Ergänzen einiger Agenten wird am Computer irgendwann ein Leistungsengpass – höchstwahrscheinlich im Bereich des Festplattenzugriffs oder der Netzwerk-E/A – auftreten. Jetzt fügen wir keine weiteren Agenten mehr hinzu. Sie können nun Agenten auf einem anderen Computer starten. So fahren Sie fort, bis Ihr Datenbankserver keine weiteren Clients mehr annehmen kann. An dieser Stelle haben Sie das Maximum dessen erreicht, was mit Ihrer aktuellen Konfiguration möglich ist.

Glossar

Anwendungsdomäne Wird von der CLR zur Darstellung einer Grenze zwischen Objekten verwendet, die zu derselben Anwendung gehören.

Anwendungs-URL Ein Anwendungs-URL (Uniform Resource Locator) gibt den eindeutigen Speicherort einer Anwendung an.

Assertion Stellt eine Bedingung dar, von der Sie erwarten, dass sie zu einem bestimmten Zeitpunkt wahr sein wird. Wenn die Bedingung nicht wahr ist, schlägt die Assertion fehl.

Asymmetrischer Algorithmus Diese auch als Verschlüsselung mit öffentlichen Schlüsseln bekannte Methode verwendet ein Schlüsselpaar. Nachrichten, die mit dem öffentlichen Schlüssel signiert sind (der an mehrere Parteien verteilt werden kann), können nur mit dem privaten Schlüssel entschlüsselt werden.

asynchron Ein Aufruf, der die Verarbeitungsausführung nicht blockiert (d. h. ein asynchroner Aufruf blockiert während seiner Verarbeitung die Ausführung des laufenden Programms nicht).

Attribut Ein bestimmter Klassentyp in .NET Framework, mit dem Code deklarativ gebunden werden kann.

Authentifizierung Vorgang, bei dem die Identität von Absender und Empfänger überprüft wird.

Belastungstest Vorgang der Simulation einer tatsächlichen Arbeitsbelastung auf einem Server zum Zweck der Bestimmung von Schwellenwerten für bestimmte Anwendungen.

Benutzer Client, der auf die Webmethoden zugreift, die von einem Webdienst bereitgestellt werden.

Bindung Methode, mit der angegeben wird, dass eine XML-Webmethode einer bestimmten Spezifikation entspricht.

Blockieren Die Unterbrechung eines Threads, bis ein Wert zurückgegeben wird.

Channel Ein Kommunikationschannel dient als Leitung für die Kommunikation zwischen einer Clientanwendung und einem Server, der als Host für Remoteobjekte dient. .NET Framework bietet einen HTTP-, einen TCP- und einen IPC-Channel.

Codierung Vorgang des Anhängens bestimmter Attribute an ein XML-Element, um es in einem bestimmten Kontext identifizieren zu können.

Common Language Runtime (CLR) Das Kernmodul, das Code in .NET Framework verwaltet.

Computerverwaltungs-Konsole Dieses im Menü **Verwaltung** vorhandene Tool kann zur Überwachung und Konfiguration verschiedener Komponenten Ihres Computers verwendet werden. Das Tool kann auch gestartet werden, indem **Start**, **Ausführen** gewählt und dann **compmgmt.msc** eingegeben wird.

Cookies Kleine Textdateien, die auf einem Clientcomputer gespeichert und bei Anforderungen einer Webseite mit dem Webserver ausgetauscht werden.

Deserialisierung Vorgang der Konvertierung eines Streams in ein angegebenes Objekt.

Digitale Signatur Eine digitale Signatur übernimmt das Konzept der traditionellen handschriftlichen Signatur und wandelt es in einen elektronischen Fingerabdruck um. Dieser Fingerabdruck – die codierte Nachricht – ist sowohl für die Nachricht oder das Dokument als auch für den Signaturururheber eindeutig. Eine digitale Signatur gewährleistet, dass der Signaturururheber tatsächlich der Verfasser der Nachricht ist. Änderungen, die nach Signierung des Dokuments am Dokument vorgenommen werden, machen die Signatur ungültig. Auf diese Weise ist ein Schutz vor gefälschten Signaturen gegeben. Mithilfe digitaler Signaturen können Unternehmen Authentizität, Zuständigkeit, Datenintegrität und Nachweisbarkeit von Dokumenten und Transaktionen nachvollziehen.

Direct Internet Message Encapsulation (DIME) Ein kompaktes binäres Nachrichtenformat, das zur Kapselung einer oder mehrerer durch die Anwendung definierter Nutzlasten beliebigen Typs und beliebiger Größe in einem einzelnen Nachrichtenkonstrukt verwendet werden kann. Wird in WSE 3.0 durch MTOM ersetzt.

Enumeration (auch enum) Eine Liste benannter Konstanten, die gruppiert wurden.

Extensible Markup Language (XML) Auszeichnungssprache zur Darstellung von Nachrichten, die von Webdiensten gesendet und empfangen werden.

Fire-and-Forget Einleiten eines Methodenaufrufs, ohne dass nachfolgend deren Ergebnisse abgerufen werden, und zwar auch dann, wenn die Methode eine Ausnahme auslöst.

Integrität Vorgang der Bestätigung, dass eine Nachricht während der Übertragung nicht manipuliert wurde.

Kapselung Betrifft die Fähigkeit, interne Member eines Objekts zu verbergen und nur zur Verfügung zu stellen, was der Client auch benötigt.

Kerberos Proprietärer Microsoft-Standard, der Authentifizierungsfunktionen bietet.

Komponentendienste-Verwaltungskonsole Dieses im Menü **Verwaltung** vorhandene Tool kann zur Überwachung und Konfiguration Ihrer Serviced Components verwendet werden.

Lease Ein Lease wird verwendet, um anstelle einer Clientanwendung einen Verweis auf ein Remoteobjekt zu halten. Ein Lease wird zudem verwendet, um zu verhindern, dass der CLR-Garbage Collector (GC) ein Remoteobjekt abholt, weil keine lokalen Verweise auf dieses Remoteobjekt mehr vorhanden sind.

Leistungsindikator Ein Leistungsindikator wird vom Windows-Leistungsmonitor zur Überwachung der Leistung eines Anwendungsaspekts verwendet. Leistungsindikatoren können in einer Anwendung enthalten sein, wenn diese installiert wird, oder mithilfe von .NET Framework programmgesteuert erstellt werden.

Lightweight Transaction Manager Als Teil von **System.Transactions** implementiert, stuft diese Funktion eine (Lightweight-)Transaktion nur bei Bedarf auf eine vollständig verteilte Transaktion herauf.

Marshal-by-reference (MBR) Ein Marshal-by-reference-Objekt ist ein Remoteobjekt, auf das von einem Proxyobjekt verwiesen wird, das sich auf dem Clientcomputer befindet. Marshal-by-reference-Objekte befinden sich auf dem Server.

Marshal-by-value (MBV) Ein Marshal-by-value-Objekt ist ein Remoteobjekt, das auf den Clientcomputer kopiert wird. Es wird kein Proxyobjekt benötigt.

Message Transmission Optimization Mechanism (MTOM) MTOM hat DIME in WSE 3.0 ersetzt.

Metadaten Daten, die andere Daten beschreiben.

Microsoft Distributed Transaction Coordinator Eine Einrichtung für verteilte Transaktionen für Microsoft Windows-Plattformen, die eine bewährte Transaktionsverarbeitungstechnologie verwendet. Auch bei System-, Prozess- und Kommunikationsfehlern ist sie robust und nutzt lose verknüpfte Systeme zur Bereitstellung skalierbarer Leistung. Zudem ist sie einfach zu installieren, zu konfigurieren und zu verwalten.

Microsoft-Installer Eine MSI-Datei (Microsoft-Installer) ist ein Bereitstellungspaket, das von Microsoft Windows unterstützt wird. Microsoft-Installer ist eine Anwendung, die zur Installation von Anwendungen verwendet wird. Da der Hauptteil der Installationslogik bereits auf dem Zielsystem vorhanden ist, ist ein Microsoft-Installer-Bereitstellungspaket in der Regel wesentlich kleiner als gängige Setupprogramme.

Microsoft Message Queuing (MSMQ) Die MSMQ-Technologie ermöglicht Anwendungen, die zu unterschiedlichen Zeiten ausgeführt werden, die Kommunikation über heterogene Netzwerke und Systeme, die unter Umständen zeitweise offline sind. MSMQ bietet garantierte Nachrichtenzustellung, effizientes Routing, Sicherheit und prioritätsbasiertes Messaging. Es kann zur Implementierung von Lösungen in Szenarios mit asynchronem und synchronem Messaging gleichermaßen verwendet werden.

Nachrichtenprotokolle Methode zur Kommunikation zwischen zwei Parteien. Diese Methode kann bestimmte Regeln enthalten, welche Objekttypen erstellt werden und was sie enthalten können.

Nachrichtenwarteschlange Eine Komponente, die für die Interprozesskommunikation verwendet wird. Sie verwendet eine Warteschlange für das Messaging, d. h. das Übergeben von Steuerelementen, Inhalten oder Objekten.

Proxy Ein XML-Webdienstproxy stellt eine Klasse dar, die für die Kommunikation mit einem Webdienst erstellt und verwendet wird.

Proxyobjekt Ein Proxyobjekt wird zur Repräsentation eines anderen Objekts verwendet. Bei .NET Remoting wird ein Proxyobjekt für serveraktivierte Marshal-by-reference-Remoteobjekte angelegt.

Remotemethode Eine Methode, die auf einem anderen Computer als demjenigen verarbeitet wird, der sie aufgerufen hat.

Remoteobjektaktivierung Bevor ein Client eine Instanz eines Remoteobjekts erstellen kann, muss das Objekt aktiviert werden. In .NET Framework sind zwei Arten der Aktivierung möglich: Serveraktivierung und Clientaktivierung. Serveraktivierte Objekte können *SingleCall*- oder *Singleton*-Objekte sein.

Richtlinienassertion Eine bestimmte Anforderung oder Einstellung.

Richtlinienausdruck Gruppierung einer oder mehrerer Richtlinienassertionen.

Richtlinienframework Eine Anzahl Anforderungen oder Einstellungen, die einem oder mehreren Webdiensten zugewiesen sind. Die beiden hauptsächlichen Zielbereiche für Richtlinienframeworks sind Kryptografie und digitale Signaturen.

Rückruf Ein Objekt, das an eine Methode gesendet wird und den Aufrufer darüber informiert, dass die Verarbeitung abgeschlossen ist.

Serialisierung Prozess der Umwandlung eines Objekts in einen Bytestream, sodass es an eine andere Quelle geschrieben werden kann.

Setup-Projekte Mit Visual Studio erstellte Setup-Projekte werden zur Generierung von MSI-Dateien (Installationsdateien) verwendet, mit denen eine Anwendung verteilt werden kann.

Sicherheit auf Nachrichtenebene Der öffentliche Schlüssel, der zur Authentifizierung des Clients verwendet wird, ist in der Nachricht enthalten.

Simple Object Access Protocol (SOAP) Das für XML-Webdienste verwendete Kommunikationsprotokoll.

SoapSuds Das Dienstprogramm SoapSuds ist Bestandteil von .NET Framework 2.0 und dient dazu, Metadaten aus einem Remoteobjekt zu extrahieren und auf der Basis dieser Metadaten ein Remoteobjekt erneut zu erstellen.

Sponsor Ein Sponsor ist im Allgemeinen eine Clientanwendung, die registriert wird, um die Leasedauer (Lebensdauer) eines Remoteobjekts zu verlängern.

Status Stellt die Möglichkeit dar, Datenwerte zwischen Methodenaufrufen zu speichern und auf diese Weise die Notwendigkeit zu umgehen, alle Variablen als Parameterwerte zu übergeben.

Supercomputer In Bezug auf die Verarbeitungskapazität weltweit führender Computer, der in der Lage ist, eine Fülle von Aufgaben mit sehr hoher Geschwindigkeit zu bearbeiten.

Symmetrischer Algorithmus Heißt auch Verschlüsselung mit privaten Schlüsseln. Diese Methode setzt voraus, dass derselbe Schlüssel, der zur Signierung einer Nachricht verwendet wird, auch zu deren Entschlüsselung eingesetzt wird. Sie gilt gemeinhin als weniger sicher als Methoden mit öffentlichen Schlüsseln, weil der private Schlüssel verteilt werden muss.

synchron Art und Weise eines Methodenaufrufs, der sequenziell erfolgt, und zwar in der Reihenfolge, in der die Methode aufgerufen wurde. Wenn Ihr Programm Methode A und danach Methode B aufruft, dann wird Methode B erst aufgerufen, wenn Methode A zurückgekehrt ist.

Transaktionsisolierungsebenen COM+ gibt Entwicklern mehr Kontrolle über ihre Anwendungen, denn es bietet konfigurierbare Transaktionsisolierungsebenen.

Transportschichtsicherheit Wenn ein Transportmechanismus wie Secure Sockets Layer (SSL) verwendet wird, wird das Zertifikat des Clients zur Laufzeit bezogen.

unidirektional Mechanismus, der die Fortsetzung der clientseitigen Verarbeitung unabhängig von den Vorgängen auf dem Server ermöglicht.

URI (Uniform Resource Identifier) Verkürzte Version der Kennung, die eine im Intranet oder Internet verfügbare Ressource repräsentiert. Beim Remoting wird dieser URI serverseitig verwendet, um ein Remoteobjekt eindeutig zu identifizieren. Der bekanntere URL hingegen wird vom Client benutzt.

Verschlüsselung Vorgang des Verschleierns von Daten, um sie für Personen unlesbar zu machen, die nicht über den zur Dechiffrierung oder Entschlüsselung der Daten erforderlichen Schlüssel verfügen.

Vorlage Wird zur Darstellung von Standardeinstellungen und -formaten bei der Erstellung eines neuen Projekts in Visual Studio verwendet. Mithilfe der Vorlage kann eine Struktur für ein neues Projekt geladen werden, die bereits bestimmte Dateien enthält, die Sie als Startpunkt verwenden können.

Webdienst Eine Anwendung, die Ihnen die Übertragung von Daten über Hypertext Transfer Protocol (HTTP) und Simple Object Access Protocol (SOAP) gestattet.

Webmethode Methode eines Webdienstes.

Web Services Description Language (WSDL) Eine spezialisierte XML-Grammatik, mit der exakt definiert werden kann, was an eine Webdienstmethode übergeben wird.

Websetup-Projekte Ein Websetup-Projekt wird zur einfachen Bereitstellung und Konfiguration einer ASP.NET-Webanwendung verwendet.

WS-* Häufig verwendetes Akronym, das alle derzeit in der Entwicklung befindlichen Webdienststandards bezeichnet, die Sicherheit, zuverlässiges Messaging und Transaktionen in lose verknüpften Systemen umfassen.

XML-Infoset Datenmodell für ein XML-Dokument.

Zeitstempel Ein digitaler Vermerk, der einen bestimmten Zeitpunkt angibt, an dem die betreffende Aktion ausgeführt wurde. Im Allgemeinen sollten diese Werte vom System automatisch und ohne Benutzereingriff festgelegt werden.

Zertifikat Ein digitales Dokument, das mithilfe öffentlicher Schlüssel bestätigt, dass die Person, die das Zertifikat sendet, diejenige ist, die zu sein sie vorgibt.

Zugriffssteuerungsliste (Access Control List, ACL) Wird verwendet, um Benutzern oder Gruppen den Zugriff auf eine Datei oder einen Ordner explizit zu gestatten oder zu verweigern.

Index

A

B

B

C

D

E

F

G

H

J

K

L

M

N

O

P

Q

S

T

U

V

W

X

Z

Die Autoren

Sara Morgan

Sara Morgan, MCSD, MCDBA, arbeitet als unabhängige Autorin und Consultant in Baton Rouge, Louisiana. Sie ist auf die Entwicklung hochmoderner webgestützter Anwendungen mit Microsoft-Technologie spezialisiert. Seit sie die Louisiana State University 1993 mit einem Diplom in Quantitativer Unternehmensanalyse verließ, entwickelt sie Software für unterschiedliche Branchen, darunter ein nicht kommerzieller Klinikbetrieb, eine Hypothekenbank, ein Einzelhandelskonzern, ein Softwarehaus, das auf juristische Anwendungen spezialisiert ist, und ein Provider für Anwendungsserver.

Im Jahre 1998 verfasste sie einen Artikel über die Belastungsprüfung von Websites, den das MSDN Magazine, zuvor Microsoft Interactive Developer (MIND), zur Titelgeschichte machte. Seither schreibt sie Artikel für Enterprise Development, .NET Development, Visual Studio Magazine und DevX.com. Diese Beiträge von Sara Morgan finden Sie unter **http://www.custsolutions.net**. Diese Website stellt auch Saras neueste Forschungsprojekte vor und ist eine gute Quelle für Leser, die mehr über fortgeschrittene Datenverarbeitung wissen möchten.

Bill Ryan

Bill Ryan ist Consultant von Magenic Technologies in Atlanta und Microsoft MVP im Bereich Windows Embedded. Außerdem ist er Co-Autor von *Professional ADO.NET 2* und *Professional WinFX Beta*, beide von Wrox Press. Oft hält er Vorträge bei Veranstaltungen wie Microsoft Code Camps, Speech Server Days und bei .NET User's Groups und betreibt darüber hinaus zwei Websites zu .NET, **www.devbuzz.com** und **www.knowdotnet.com**.

Mark Blomsma

Mark Blomsma ist Softwarearchitekt und besitzt ein eigenes Unternehmen namens Develop-One (**www.develop-one.com**). Mit vielen Vorträgen und Artikeln für diverse Fachzeitschriften ist er auf Microsoft .NET, Entwicklung von Unternehmensanwendungen, Anwendungsintegration und Softwarerenovierung spezialisiert. Sein Blog finden Sie unter **http://blog.develop-one.com**.

Shannon Horn

Shannon ist Sprecher und Trainer für Unternehmen wie Microsoft, AppDev, Carrig Learning, WestLake Internet Training, LearnIt, Accelebrate, Webucator und Hands on Technology Transfer sowie Sprecher auf Schulungsvideos von LearnKey. Außerdem hat er für Großunternehmen wie Microsoft, Universal Studios, MGM Studios, Monster.com/FlipDog.com, Intel, Polygram Pictures, Prudential, Micro Accounting Systems, Sky Harbor International Airport und Evans Newton an Projekten mit Microsoft-Technologie wie Visual FoxPro, Visual Studio.NET, C#, ADO.NET und ASP.NET mitgewirkt. Im Moment bereitet er sich auf den schwarzen Gürtel in Tae Kwon Do (Kukkiwon/WTF zweiter Dan) bei Großmeister Won Ki Hong und Meister Choi (http://www.masterhong.com) vor. Seit seiner Jugend spielt er E-Bass und tritt jede Woche mit mehreren Bands in seiner Kirche in Peoria, Arizona (**http://www.lighthouseaz.com**) auf. Gesundheit und Sport sind ihm sehr wichtig, aber seine Kinder gehen ihm über alles! Mehr über Shannon erfahren Sie unter **http://shannonhorn.spaces.live.com/**.

Olof Nyström

Olof ist leitender Software-Entwickler und Microsoft-Trainer bei RBAM AB, einem schwedischen Software-Unternehmen. Er ist Microsoft Certified Trainer und spezialisiert auf verteilte .NET-Entwicklung. Oft hält er in Schweden Seminare und Schulungen für die größten CPLS des Landes ab.

Murray Gordon

Murray Gordon ist technischer Leiter bei Cambar Solutions (**www.cambarsolutions.com**), einem Unternehmen, das Consultingdienstleistungen und kundenspezifische Lieferantenkettensoftware für viele große Logistikkonzerne anbietet. Murray berät diese Unternehmen bei der Modernisierung ihrer Legacysoftware. Er hat die Vision, starre Individuallösungen in flexible, anpassungsfähige Umgebungen zu verwandeln, die mit zeitgenössischen Unternehmenslösungen mithalten können. Dabei respektiert und bewahrt er die unterschiedlichen Wettbewerbspraktiken seiner Kunden, deren Unternehmensprioritäten maßgeblich für den stufenweisen Umwandlungsprozess sind.

Murray war bereits leitender Consultant für die Entwicklung, Implementierung, Verwendung und Unterstützung von unternehmenskritischen Systemen in den Branchen Lebensmittel, Gesundheit, Öl, Finanzwirtschaft, Produktion und Einzelhandel. Seit 1994 ist er in der Entwicklung verteilter Computerarchitekturen aktiv. In der letzten Zeit arbeitet er an der Integration von Legacyhosts, SOA-Lösungen, Modernisierung von Benutzeroberflächen für Smart Clients und Thin Clients, E-Commerce-Anwendungen (B2B und B2C), Internet-/Intranetportalen und Systemen zur Berichterstellung, Lagerverwaltungssystemen, Auftragsverwaltungssystemen und Data Warehousing sowie Lösungen zur Transaktionsverarbeitung.

Murray hält häufig Vorträge auf Tagungen wie den Microsoft Code Camps und .NET User's Groups. Er ist Vorsitzender der Greater Charleston .NET User's Group (**www.gcnug.org**) in Charleston, South Carolina.

Scott Allen

Scott Allen kann auf 14 Jahre Erfahrung in der Erstellung kommerzieller Software für die unterschiedlichsten Plattformen zurückblicken, von eingebetteter 8-Bit-Firmware bis zu hochskalierbaren Webanwendungen. Scott ist Microsoft MVP und konzentriert sich gegenwärtig auf die Entwicklung mit .NET Framework. Er hat Bücher bei Wrox Press und Packt Publishing und Artikel im MSDN Magazine, Dr. Dobb's Journal und Windows Developer Magazine veröffentlicht. Außerdem hält er Vorträge vor nationalen Fachkonferenzen und regionalen Benutzergruppen. Scott ist Mitgründer von OdeToCode.com und schreibt regelmäßig für sein Blog unter **http://www.OdeToCode.com/blogs/scott**.

Systemvoraussetzungen

Wir empfehlen Ihnen, für die praktischen Übungen in diesem Buch nicht den Computer zu verwenden, den Sie als primäre Workstation einsetzen, denn Sie werden Änderungen am Betriebssystem und an der Anwendungskonfiguration vornehmen. Ferner werden Sie Änderungen an sicherheitsrelevanten Einstellungen vornehmen, die Ihre Workstation anfällig für Sicherheitsverstöße machen.

Hardwarevoraussetzungen

Die folgende Hardware ist erforderlich, um die praktischen Übungen zu bearbeiten:

- PC mit Pentium III oder gleichwertigem Prozessor, 600 MHz oder schneller (1 GHz oder schneller empfohlen)
- Mindestens 512 MB Arbeitsspeicher (mindestens 1 GB empfohlen)
- 600 MB freier Festplattenspeicher (mindestens 1 GB empfohlen)
- CD-ROM- oder DVD-ROM-Laufwerk
- Super VGA-Grafikkarte und Monitor mit einer Auflösung von 1024 × 768 oder höher
- Tastatur und Microsoft-Maus oder kompatibles Zeigegerät

Softwarevoraussetzungen

Die folgende Software ist erforderlich, um die praktischen Übungen zu bearbeiten: Sie benötigen Visual Studio 2005 und SQL Server 2005 Express, um die Übungen in den Kapiteln bearbeiten zu können. Diese Produkte können zwar auf einem Produktionsserver installiert werden, aber davon wird abgeraten. Am besten installieren Sie diese Produkte auf einem einzelnen Entwicklungscomputer und führen die Übungen in den Kapiteln dann darauf aus.

- Eines der folgenden Betriebssysteme:
  - Microsoft Windows 2000 mit Service Pack 4
  - Microsoft Windows 2000 Server Service Pack 4
  - Microsoft Windows 2000 Advanced Server Service Pack 4
  - Microsoft Windows 2000 Datacenter Server Service Pack 4
  - Microsoft Windows XP Professional x64 Edition (WOW)
  - Microsoft Windows XP Professional Service Pack 2
  - Microsoft Windows XP Home Edition Service Pack 2
  - Microsoft Windows XP Media Center Edition 2002 Service Pack 2

- Microsoft Windows XP Media Center Edition 2004 Service Pack 2
- Microsoft Windows XP Media Center Edition 2005
- Microsoft Windows XP Tablet PC Edition Service Pack 2
- Microsoft Windows Server 2003, Standard Edition Service Pack 1
- Microsoft Windows Server 2003, Enterprise Edition Service Pack 1
- Microsoft Windows Server 2003, Datacenter Edition Service Pack 1
- Microsoft Windows Server 2003, Web Edition Service Pack 1
- Microsoft Windows Server 2003, Standard x64 Edition Service Pack 1 (WOW)
- Microsoft Windows Server 2003, Enterprise x64 Edition Service Pack 1 (WOW)
- Microsoft Windows Server 2003, Datacenter x64 Edition Service Pack 1 (WOW)
- Microsoft Windows Server 2003 R2, Standard Edition
- Microsoft Windows Server 2003 R2, Standard x64 Edition (WOW)
- Microsoft Windows Server 2003 R2, Enterprise Edition
- Microsoft Windows Server 2003 R2, Enterprise x64 Edition (WOW)
- Microsoft Windows Server 2003 R2, Datacenter Edition
- Microsoft Windows Server 2003 R2, Datacenter x64 Edition (WOW)
- Microsoft Windows Vista

- Visual Studio 2005 (Eine 180 Tage gültige Evaluierungsversion kann kostenlos auf der MSDN-Website unter **http://www.microsoft.com/germany/msdn/vstudio/products/demounddownloads.mspx** heruntergeladen werden. Eine 180 Tage gültige Evaluierungsversion von Visual Studio 2005 Professional Edition finden Sie auf der Begleit-DVD zu diesem Buch.)

WICHTIG Die Evaluierungsversion von Microsoft Visual Studio 2005 ist kein Vollprodukt

Bei der zum Lieferumfang gehörenden 180-Tage-Evaluierungsversion handelt es sich nicht um die Vollversion von Microsoft Visual Studio 2005 Professional Edition. Diese Evaluierungsversion ist nur für die Verwendung im Rahmen dieses Trainings vorgesehen. Microsoft stellt keinen technischen Support für Evaluierungsversionen bereit.

Informationen zu eventuellen Problemen beim Einsatz der in diesem Training enthaltenen Evaluierungsversion werden im Supportbereich der Microsoft Press-Website veröffentlicht (www.microsoft.com/learning/support/books/). Informationen zum Erwerb der Vollversion von Microsoft-Softwareprodukten erhalten Sie bei Microsoft unter der Telefonnummer (800) 426-9400 oder unter www.microsoft.com.

- Microsoft SQL Server 2005 Express Edition (Diese Anwendung kann kostenlos unter **http://www.microsoft.com/germany/sql/editionen/express/default.mspx** heruntergeladen werden.)
- Die Adventure Works-Datenbank (Diese kann separat bei den Beispielen zu SQL Server 2005 unter **http://msdn.microsoft.com/vstudio/express/sql/default.aspx** heruntergeladen werden.)
- Microsoft Internet Explorer 6.0, Service Pack 1 oder höher
- Microsoft Internet Information Services (IIS) 5.0 oder höher